京师哲学
价值哲学

BNU Philosophy

中国公民价值观调查报告

国家·社会·个人

沈湘平 王怀秀 著

中国社会科学出版社

图书在版编目（CIP）数据

中国公民价值观调查报告：国家·社会·个人/沈湘平，王怀秀著. —北京：中国社会科学出版社，2021.6
ISBN 978 – 7 – 5203 – 8307 – 3

Ⅰ. ①中… Ⅱ. ①沈…②王… Ⅲ. ①公民—价值论—调查报告—中国 Ⅳ. ①D621.5

中国版本图书馆 CIP 数据核字（2021）第 068006 号

出 版 人	赵剑英
责任编辑	冯春凤
责任校对	张爱华
责任印制	张雪娇

出　版	中国社会科学出版社
社　址	北京鼓楼西大街甲 158 号
邮　编	100720
网　址	http://www.csspw.cn
发 行 部	010 – 84083685
门 市 部	010 – 84029450
经　销	新华书店及其他书店
印　刷	北京君升印刷有限公司
装　订	廊坊市广阳区广增装订厂
版　次	2021 年 6 月第 1 版
印　次	2021 年 6 月第 1 次印刷
开　本	710×1000　1/16
印　张	47
插　页	2
字　数	771 千字
定　价	278.00 元

凡购买中国社会科学出版社图书，如有质量问题请与本社营销中心联系调换
电话：010 – 84083683
版权所有　侵权必究

编委会

主　　编：吴向东
编委会成员：（按笔画排序）
　　　　　　田海平　兰久富　刘成纪　刘孝廷
　　　　　　杨　耕　李　红　李建会　李祥俊
　　　　　　李景林　吴玉军　张百春　张曙光
　　　　　　郭佳宏　韩　震

总序：面向变化着的世界的当代哲学

吴向东

真正的哲学总是时代精神的精华。进入 21 世纪 20 年代，世界的变化更加深刻，时代的挑战更加多元。全球化的深度发展使得各个国家、民族、个人从来没有像今天这样紧密地联系在一起。以理性和资本为核心的现代性，在创造和取得巨大物质财富与精神成就的同时，也日益显露着其紧张的内在矛盾、冲突及困境。现代科技的迅猛发展，特别是以人工智能为牵引的信息技术的颠覆性革命，带来了深刻的人类学改变。它不仅改变着人们的生产方式、交往方式，而且改变着人们的生活方式和价值观念。在世界历史背景下展开的中国特色社会主义的伟大实践，形成了中国特色社会主义道路、理论、制度、文化，意味着一种新型文明形态的可能性。变化着的世界与时代，以问题和文本的方式召唤着当代哲学家们，去理解这种深刻的变化，回应其内在的挑战，反思人的本性，重构文明秩序根基，塑造美好生活理念。为此，价值哲学、政治哲学、认知哲学、古典哲学，作为当代哲学重要的研究领域和方向，被时代和实践凸显出来。

价值哲学，是研究价值问题的哲学分支学科。尽管哲学史上一直有着强大的道德哲学和政治哲学的传统，但直到 19 世纪中后期，自洛采、尼采开始，价值哲学才因为价值和意义的现实问题所需作为一门学科兴起。经过新康德主义的张扬，现当代西方哲学的重大转向都在一定程度上蕴涵着价值哲学的旨趣。20 世纪上半叶，价值哲学在西方达到一个高峰，并逐渐形成先验主义、经验主义、心灵主义、语言分析等研究路向。其中胡塞尔的现象学开辟了新的理解价值的进路；杜威建构了以评价判断为核心的实验经验主义价值哲学；舍勒和哈特曼形成系统的价值伦理学，建构了相对于康德的形式主义伦理学的质料伦理学，还有一些哲学家利用分析哲学进路，试图在元伦理学的基础上对有关价值的表述进行分析。当代哲学家诺奇克、内格尔和泰勒等，一定程度上重新复兴了奥地利价值哲学学派，创造了在当代有关价值哲学的讨论语境。20世纪70年代以后，西方价值理论的研究重心从价值的元问题转向具体的道德和政治规范问题，其理论直接与公共的政治生活和个人的伦理生活相融合。

中国价值哲学研究兴起于20世纪80年代，缘于"文化大革命"的反思、改革开放实践的内在需要，并由真理标准的大讨论直接引发。四十年来，价值哲学经历了从分析价值概念到探究评价理论，再到聚焦价值观和社会主义核心价值观研究的发展历程，贯穿其中的主要特点是理论逻辑和实践逻辑的统一。在改革开放的实践中，我们首先通过内涵价值的科学真理观解决对与错的问题，其次通过"三个有利于"评价标准解决好与坏的问题，最后通过社会主义核心价值观，解决"什么是社会主义，如何建设社会主义"的问题。同时，与马克思主义哲学研究的相互交融促进，以及与国际价值哲学的交流和对话，也是价值哲学研究发展历程中的显著特点。中国价值哲学在价值本质、评价的合理性、价值观的结构、社会主义核心价值观的内涵与逻辑等一系列问题上形成了广泛学术争论，取得了诸多的理论进展。就其核心而言，我认为主要成就可归结为实践论基础上的主体性范式和社会主义核心价值观的理论建构这两个方面。中国价值哲学取得的成就具有强烈的时代性特征和阶段性特点。随着世界历史的充分展开和中国改革开放的不断深入，无论是回应、解答当代中国社会和人类发展的新矛盾与重大价值问题，还是价值哲学内部的广泛争论形成的理论空间，都预示着价值哲学未来的发展趋向：完善实践论基础上的主体性解释模式，实现价值基础理论的突破；深入探究新文明形态的价值理念与价值原则，不仅要深度建构和全幅拓展以社会主义核心价值观为主导的中国价值，还要探求人类命运共同体的价值基础，同时对人工智能为代表的当代科学技术进行价值反思和价值立法，以避免机器控制世界的技术冒险；多学科研究的交叉与融合，并上升为一种方法论自觉。

政治哲学是在哲学层面上对人类政治生活的探究，具有规范性和实践性。其核心主题是应该用什么规则或原则来确定我们如何在一起生活，包括政治制度的根本准则或理想标准，未来理想政治的设想，财产、权力、权利与自由的如何分配等。尽管东西方都具有丰富的政治哲学的传统，但

20世纪70年代以降，随着罗尔斯《正义论》发表才带来了规范性政治哲学在西方的复兴。其中，自由主义、共和主义、社群主义竞相在场，围绕正义、自由、平等、民主、所有权等一系列具体价值、价值原则及其理论基础相互论争，此起彼伏。与此同时，由"塔克—伍德"命题引发的马克思与正义问题的持续讨论，使得马克思的政治哲学思想在西方学界得到关注。新世纪以来，随着改革开放进入新的历史阶段，国内政治哲学研究开始兴起，并逐渐成为显学。这不仅表现在对西方政治哲学家的文本的大量译介和深入研究；更表现在马克思主义政治哲学研究的崛起，包括对马克思主义政治哲学的特征、基本内容等阐释以及对一些重大现实问题的理论回应等；同时也表现在对中国传统政治哲学的理论重构和现代阐释，以及从一般性视角对政治哲学的学科定位和方法论予以澄清和反思等。

无论是西方政治哲学的复兴，还是国内政治哲学研究的兴起，背后都能发现强烈的实践的逻辑，以及现实问题的理论诉求。面对当代实践和世界文明的裂变，政治哲学任重道远。一方面，马克思主义政治哲学本身并不是现成的，而是需要被不断建构的。马克思主义政治哲学有着自己的传统，其中人类解放，是马克思主义，也是马克思主义政治哲学的主题。在这一传统中，人的解放首要的取决于制度革命，制度革命其实包含着价值观的变革。所以，在当代理论和实践背景下讨论人的解放，不能离开正义、自由、平等、尊严等规范性价值，这些规范性价值在马克思主义政治哲学中需要被不断阐明。而在中国特色社会主义实践背景下建构当代中国马克思主义政治哲学，更应该是政治哲学研究的理论旨趣。另一方面，当代人类政治实践中的重大问题需要创新性研究。中国学界需要以马克思主义政治哲学为基本框架，综合各种思想资源，真正面对和回应当代人类政治实践中的矛盾和问题，诸如民粹主义、种族主义、环境政治、女性主义、全球正义、世界和平等等，做出具有人类视野、原则高度的时代性回答。

认知哲学是在关于认知的各种科学理论的基础上反思认知本质的哲学学科。哲学史上一直存在着关于认知的思辨的传统，但是直到20世纪中叶开始，随着具有跨学科性质的认知科学的诞生，认知哲学作为哲学的分支学科才真正确立起来，并以认知科学哲学为主要形态，涉及心理学哲学、人工智能哲学、心灵哲学、认知逻辑哲学和认知语言哲学等。它不仅处理认知科学领域内带有哲学性质的问题，包括心理表征、心理计算、意识、行动、感知等等，同时也处理认知科学本身的哲学问题，对认知神经科学、语言学、人工智能等研究中的方法、前提、范式进行哲学反思。随着认知诸科学，如计算机科学、认知心理学、认知语言学、人类学、认知神经科学等学科的发展，认知哲学的研究在西方学界不断推进。从图灵到西蒙、从普特南到福多，从德雷福斯到塞尔等等，科学家和哲学家们提出了他们自己各不相同的认知理论，共同推动了认知科学的范式转变。在认知本质问题上，当代的认知科学家和哲学家们先后提出了表征—计算主义、联结主义、涉身主义以及"4E+S"认知等多种理论，不仅深化了对认知的理解，也为认知科学发展清理障碍，提供重要的理论支持。国内的认知哲学研究与西方相比虽然有一定的滞后，但近些年来，与国际学界保持着紧密的联系与高度的合作，在计算主义、"4E+S"认知、知觉哲学、意向性、自由意志等领域和方向的研究，取得了积极进展。

认知哲学与认知科学的内在关系，以及其学科交叉性，决定了认知哲学依然是一个全新的学科领域，保持着充分的开放性和成长性。在新的时代背景下，随着认知诸科学的发展和突破，研究领域中新问题、新对象的不断涌现，认知哲学会朝着多元化方向行进。首先，认知哲学对已经拉开序幕的诸多认知科学领域中的重要问题要进行深入探索，包括心智双系统加工理论、自由意志、预测心智、知觉—认知—行动模型、人工智能伦理、道德决策、原始智能的涌现机制等等。其次，认知哲学会继续对认知科学本身的哲学前沿问题进行反思和批判，包括心理因果的本质、省略推理法的效力、意识的还原策略、涉身性的限度、情境要素的作用、交叉学科的动态发展结构、实验哲学方法等等，以期在认知科学新进展的基础上取得基础理论问题研究的突破。再次，认知哲学必然要向其他诸般研究人的活动的学科进行交叉。由于认知在人的活动中的基础性，关于认知本身的认识必然为与人的活动相关的一切问题研究提供基础。因此，认知哲学不仅本身是在学科交叉的基础上产生的，它也应该与经济学、社会学、政治学、法学等其他学科相结合，将其研究成果运用于诸学科领域中的相关问题的探讨。在哲学内部，认知哲学也必然会与其他领域哲学相结合，将其研究成果应用到形而上学、知识论、伦理学、美学诸领域。通过这种交叉、运用和结合，不仅相关学科和问题研究会得到推进，同时认知哲学自身也会获得新的发展。

　　古典哲学，是指东西传统哲学中的典型形态。西方古典哲学通常是指古希腊哲学和建立在古希腊哲学传统之上的中世纪哲学，同时也包括18世纪末到19世纪上半叶以康德和黑格尔为主的德国古典哲学，在某种意义上来说，康德和黑格尔就是古希腊的柏拉图和亚里士多德。无论是作为西方哲学源头的古希腊哲学，还是德国古典哲学，西方学界对它的研究各方面都相对比较成熟，十分注重文本和历史传承，讲究以原文为基础，在历史语境中专题化讨论问题。近年来一系列草纸卷轴的发现及文本的重新编译推动着古希腊哲学研究范式的转换，学者在更广阔的视野中理解古希腊哲学，或是采用分析的方法加以研究。德国古典哲学既达到了传统形而上学的最高峰，亦开启了现代西方哲学。20世纪德国现象学，法国存在主义、后现代主义等思想潮流从德国古典哲学中汲取了理论资源。特别是二战之后，通过与当代各种哲学思潮的互动、融合，参与当代问题的讨论，德国古典哲学的诸多理论话题、视阈和思想资源得到挖掘和彰显，其自身形象也得到了重塑。如现象学从自我意识、辩证法、社会正义等不同维度推动对古典哲学误解的消除工作，促成了对古典哲学大范围的科学研究、文本研究、问题研究。以法兰克福学派为首的西方马克思主义，从阐释黑格尔总体性、到探究否定辩证法，再到发展黑格尔承认理论，深刻继承并发挥了德国古典哲学的精神内核。在分析哲学潮流下，诸多学者开始用现代逻辑对德国古典哲学进行文本解读；采用实在论或实用主义进路，讨论德国观念论的现实性或现代性。此外，德国古典哲学研究也不乏与古代哲学的积极对话。在国内学界，古希腊哲学，特别是德国古典哲学，由于其与马克思主义哲学的密切关系，受到瞩目和重视。在过去的几十年中，古典哲学家的著作翻译工作得到了加强，出版了不同形式的全集或选集。研究的领域、主题和视阈得到扩展，如柏拉图和亚里士多德的伦理学、政治哲学，康德的理论哲学、美学与目的论、实践哲学、宗教哲学、人类学，黑格尔的辩证法、法哲学和伦理学的研究可谓方兴未艾。中国马克思主义学者从马克思主义哲学与德国古典哲学关系的视阈对古典哲学研究也是独具特色。

　　中国古典哲学，包括先秦子学、两汉经学、魏晋玄学、隋唐佛学、宋明理学等，是传统中国人对宇宙人生、家国天下的普遍性思考，具有自身独特的问题意识、研究方式、理论形态，构成中国传统文化的核心，深刻影响了中国人的生活方式、思维方式和价值世界。在近现代社会转型中，随着西学东渐，中国传统哲学学术思想得到重新建构，逐渐形成分别基于马克思主义、自由主义、保守主义的不同的中国古典哲学研究范式，表现为多元一体的研究态势与理论倾向。其中胡适、冯友兰等借鉴西方哲学传统，确立中国哲学学科范式。以侯外庐、张岱年、任继愈、冯契为代表，形成了马克思主义思想指导下的研究学派。从熊十力、梁漱溟到唐君毅、牟宗三为代表的现代新儒学，力图吸纳、融合、会通西学，实现理论创造。改革开放以来，很多研究者尝试用西方现代哲学诸流派以至后现代哲学的理论来整理中国传统学术思想材料，但总体上多元一体的研究态势和理论倾向并未改变。在新的时代背景下，随着中国现代化进程进入崭新阶段，面对变化世界中的矛盾和冲突，中国古典哲学研究无疑具有新的语境，有着新的使命。一方面，要彰显中国古典哲学自身的主体性。扬弃用西方哲学基本问题预设与义理体系简单移植的研究范式，对中国传统哲学自身基本问题义理体系进行反思探索和总体性的自觉建构，从而理解中国古典哲学的本真，挖掘和阐发其优秀传统，使中华民族最基本的文化基因与当代文化相适应、与现代社会相协调。另一方面，要回到当代生活世界，推动中国古典哲学的创造性转化、创新性发展。以当代人类实践中的重大问题为切入点，回溯和重释传统哲学，通过与马克思主义哲学、西方（古典和当代）哲学的深入对话，实现理论视阈的交融、理论内容的创新，着力提出能够体现中国立场、中国智慧、中国价值的理念、主张、方案，从而激活中国古典哲学的生命力，实现其内源性发展。

价值哲学、政治哲学、认知哲学、古典哲学，虽然是四个相对独立的领域与方向，然而它们又有着紧密的内在联系，相互影响、相互交融。政治哲学属于规范性哲学和实践哲学，它讨论的问题无论是政治价值、还是政治制度的准则，或者是政治理想，都属于价值问题，研究一般价值问题的价值哲学无疑为政治哲学提供了理论基础。认知哲学属于交叉学科，研究认知的本质，而无论是价值活动，还是政治活动，都不能离开认知，因而价值哲学和政治哲学，并不能离开认知哲学，反之亦然。古典哲学作为一种传统，是不可能也不应该为思想研究所割裂的。事实上，它为价值哲学、政治哲学、认知哲学的研究与发展提供了丰富的思想资源。无论是当代问题的解答，还是新的哲学思潮和流派的发展，往往都需要通过向古典哲学的回溯而获得思想资源和理论生长点，古典哲学也通过与新的哲学领域和方向的结合获得新的生命力。总之，为时代和实践所凸显的价值哲学、政治哲学、认知哲学、古典哲学，正是在它们相互联系相互交融中，共同把握时代的脉搏，解答时代课题，将人民最精致、最珍贵和看不见的精髓集中在自己的哲学思想里，实现哲学的当代发展。

北京师范大学哲学学科历史悠久、底蕴深厚，始终与时代共命运，为民族启慧思。1902年建校伊始，梁启超等一批国学名家在此弘文励教，为哲学学科的建设奠定了基础。1919年设立哲学教育系。1953年，在全国师范院校率先创办政治教育系。1979年改革开放之初，在原政治教育系的基础上，成立哲学系。2015年更名为哲学学院。经过几代学人的辛勤耕耘，不懈努力，哲学学科蓬勃发展。目前，哲学学科形成了从本科到博士后系统、完整的人才培养体系，拥有马克思主义哲学、外国哲学等国家重点学科、北京市重点学科，教育部人文社会科学重点研究基地价值与文化中心，国家教材建设重点研究基地"大中小学德育一体化教材研究基地"，Frontiers of Philosophy in China、《当代中国价值观研究》《思想政治课教学》三种学术期刊，等等，成为我国哲学教学与研究的重镇。

北京师范大学哲学学科始终坚持理论联系实际，不断凝聚研究方向，拓展研究领域。长期以来，我们在价值哲学、人的哲学、马克思主义哲学基础理论、儒家哲学、道家道教哲学、西方历史哲学、科学哲学、分析哲学、古希腊伦理学、形式逻辑、中国传统美学、俄罗斯哲学与宗教等一系列方向和领域，承担了一批国家重大重点研究项目，取得了有影响力的成果，形成了具有鲜明京师特色的学术传统和学科优势。面对当今时代的挑战，实践的召唤，我们立足于自己的学术传统，依循当代哲学发展的逻辑，进一步凝练学科方向，聚焦学术前沿，积极探索价值哲学、政治哲学、认知哲学、古典哲学的重大前沿问题。为此，北京师范大学哲学学院、教育部人文社会科学重点研究基地价值与文化研究中心和中国社会科学出版社合作，组织出版价值哲学、政治哲学、认知哲学、古典哲学之京师哲学丛书，以期反映学科最新研究成果，推动学术交流，促进学术发展。

世界历史正在进入新阶段，中国特色社会主义已经进入新时代。这是一个社会大变革的时代,也一定是哲学大发展的时代。世界的深刻变化和前无古人的伟大实践,必将给理论创造、学术繁荣提供强大动力和广阔空间。习近平指出:"这是一个需要理论而且一定能够产生理论的时代,这是一个需要思想而且一定能够产生思想的时代。我们不能辜负了这个时代。"北京师范大学哲学学科将和学界同道一起,共同努力,担负起应有的责任和使命,关注人类命运,研究中国问题,总结中国经验,创建中国理论,着力构建充分体现中国特色、中国风格、中国气派的哲学学科体系、学术体系、话语体系,为中华文明的伟大复兴贡献力量。

目　录

前言 ……………………………………………………………（1）
　一　价值观建设和研究必须重视价值观调查研究 …………（2）
　二　国内外价值观调查研究简评 ……………………………（3）
　三　当代中国公民价值观实证研究的基本思路 ……………（5）

公民国家价值观篇

调查方案说明 …………………………………………………（3）
　一　调查目的与调查对象 ……………………………………（3）
　二　调查内容与问卷设计 ……………………………………（3）
　三　调查方法与调查过程 ……………………………………（4）
　四　样本分布情况 ……………………………………………（5）
　五　统计分析说明 ……………………………………………（8）

第一章　公民国家价值观的总体状况 ……………………（10）
　一　公民对国家最重要功能与价值的认识 …………………（10）
　二　公民对国家、社区的认同程度 …………………………（20）
　三　公民对当前中国发展状况的评价 ………………………（28）
　四　公民对中国目前主要短板的判断 ………………………（37）
　五　公民对个人与国家、组织关系的判断 …………………（38）
　六　公民对国家间冲突本质的认识 …………………………（39）
　七　形成公民国家价值观的主要影响因素 …………………（41）

第二章　公民国家经济价值观分析 ………………………（42）
　一　公民对国家经济发展理想状态的描述 …………………（42）
　二　公民对国家经济底线状况的看法 ………………………（48）

三　公民对目前中国经济发展状况的总体评价 ……………（57）

第三章　公民国家政治价值观分析 …………………………（67）
　一　公民对理想政治体制的认知 …………………………（67）
　二　公民关于国家政治的底线认识 ………………………（73）
　三　公民对民主最基本要素的理解 ………………………（77）
　四　公民对目前国家政治状态的认同程度 ………………（83）
　五　公民对中国政治的优势、问题及发展前景的判断 …（94）
　六　公民对政治的兴趣程度及其原因 ……………………（99）

第四章　公民国家文化价值观分析 …………………………（102）
　一　公民的基本文化偏好 …………………………………（102）
　二　公民对中国文化的自信程度 …………………………（108）
　三　公民对我国文化建设现状的评价 ……………………（112）
　四　公民对社会主义核心价值观的认同情况和国人
　　　人文素质评价 …………………………………………（115）
　五　公民对中国文化发展面临问题与未来前景的看法 …（121）

第五章　公民国家社会价值观分析 …………………………（125）
　一　公民对社会的理想价值诉求 …………………………（125）
　二　公民基本生活保障和安全状况 ………………………（132）
　三　公民对社会服务和民生改善的满意程度 ……………（138）
　四　公民对中国社会发展前景的判断 ……………………（140）

第六章　公民国家生态价值观分析 …………………………（144）
　一　公民关于生态价值重要性与生态理想状态的看法 …（144）
　二　公民的生态意识与对政府的期待 ……………………（149）
　三　公民对目前生态文明建设的评价及存在问题的判断 ………（151）
　四　公民对中国未来生态状况的预判 ……………………（155）

公民社会价值观篇

调查方案说明 …………………………………………………（163）
　一　调查目的与调查对象 …………………………………（163）
　二　调查内容与问卷设计 …………………………………（163）
　三　调查方法与调查过程 …………………………………（164）

四　样本分布情况 …………………………………………（165）
　五　统计分析说明 …………………………………………（169）

第一章　公民社会价值观总体情况 ……………………………（171）
　一　公民的理想社会偏好 …………………………………（171）
　二　公民对当前社会的总体评价 …………………………（181）
　三　公民的社会公共选择倾向 ……………………………（189）
　四　公民生活环境、媒介的重要程度 ……………………（196）
　五　公民对构建理想社会最重要因素的认识 ……………（209）

第二章　公民社会安定价值观分析 ……………………………（216）
　一　公民对社会安定理想状态的描述 ……………………（216）
　二　公民对社会安定的现实及底线理解 …………………（222）
　三　公民对当前中国社会安定的评价 ……………………（232）
　四　公民对社会安定隐患及对策的看法 …………………（240）

第三章　公民社会自由价值观分析 ……………………………（243）
　一　公民对社会自由的理想偏好 …………………………（243）
　二　公民对社会自由的底线认知 …………………………（252）
　三　公民对当今中国社会自由程度的判断 ………………（269）

第四章　公民社会平等价值观分析 ……………………………（284）
　一　公民对社会平等的理想偏好 …………………………（284）
　二　公民对社会平等的底线诉求 …………………………（295）
　三　公民对当前中国社会平等状况的评价 ………………（300）
　四　公民对社会阶层地位的判断与展望 …………………（307）

第五章　公民社会公正价值观分析 ……………………………（314）
　一　公民对社会公正的理想偏好 …………………………（314）
　二　公民对社会公正的底线共识 …………………………（324）
　三　公民对当前中国社会公正状况的评价 ………………（329）
　四　公民的社会公正意识 …………………………………（339）

第六章　公民社会法治价值观分析 ……………………………（346）
　一　公民对社会法治的偏好倾向 …………………………（346）
　二　公民对当前中国法治状况的评价 ……………………（361）
　三　公民现实境遇中的法治选择 …………………………（373）

第七章　公民社会良善价值观分析 ……………………………（381）
　　一　公民对社会底线的认知 …………………………………（381）
　　二　公民对中国社会文明状况的评价 ………………………（387）
　　三　公民对社会不良现象的看法 ……………………………（396）
　　四　公民对提升社会文明程度的看法 ………………………（399）

第八章　公民社会和谐价值观分析 ……………………………（404）
　　一　公民对社会和谐的理解和描述 …………………………（404）
　　二　公民对当今中国社会和谐状况的评价 …………………（415）
　　三　公民关于社会和谐基本要求的看法 ……………………（426）

公民人生价值观篇

调查方案说明 ……………………………………………………（435）
　　一　调查目的与调查对象 ……………………………………（435）
　　二　调查内容与问卷设计 ……………………………………（435）
　　三　调查方法与调查过程 ……………………………………（436）
　　四　样本分布情况 ……………………………………………（437）
　　五　分析统计情况说明 ………………………………………（441）

第一章　公民人生价值观总体情况 ……………………………（443）
　　一　公民对理想人生的描述 …………………………………（443）
　　二　公民对目前生活的总体评价 ……………………………（448）
　　三　公民对自己人生价值倾向的评价 ………………………（452）
　　四　影响公民人生价值观的人际因素分析 …………………（457）

第二章　公民公私价值观分析 …………………………………（459）
　　一　公民关于公私关系的最理想状态与起码要求描述 ……（459）
　　二　公民关于公私观的现实评价 ……………………………（464）
　　三　公民公私决策行动的选择 ………………………………（477）

第三章　公民义利价值观分析 …………………………………（483）
　　一　公民关于义利关系最理想状态和最起码要求描述 ……（483）
　　二　公民对现实生活中义利关系的评价 ……………………（488）
　　三　公民现实中对义利关系的决策 …………………………（489）

第四章　公民苦乐价值观分析 …………………………………（496）

一　公民对苦乐关系的观念理解 …………………………………（496）
　　二　公民对苦乐问题的现实评价 …………………………………（506）
第五章　公民荣辱价值观分析 ……………………………………（509）
　　一　公民的荣辱偏好描述 …………………………………………（509）
　　二　公民对"八荣八耻"的认知认同情况 ………………………（519）
　　三　公民生活中荣辱观的具体体现 ………………………………（520）
第六章　公民生死价值观分析 ……………………………………（524）
　　一　公民有关生命和死亡的领悟 …………………………………（524）
　　二　公民对各种生死观的认同情况 ………………………………（529）
　　三　公民对自杀问题的看法 ………………………………………（537）
第七章　公民婚恋价值观分析 ……………………………………（539）
　　一　公民关于婚恋最理想和最起码诉求 …………………………（539）
　　二　公民婚恋中无法承受的状况分析 ……………………………（545）
　　三　公民对婚恋问题的现实评价 …………………………………（551）
第八章　公民友谊价值观分析 ……………………………………（577）
　　一　公民关于朋友的基本看法 ……………………………………（577）
　　二　公民关于友谊的理想状态和起码状态描述 …………………（579）
　　三　公民的择友标准分析 …………………………………………（591）
第九章　公民事业价值观分析 ……………………………………（593）
　　一　公民关于事业理想状态和起码标准的描述 …………………（593）
　　二　公民事业成就感的自我评价 …………………………………（601）
　　三　公民对劳动或工作观的看法 …………………………………（602）
第十章　公民幸福价值观分析 ……………………………………（613）
　　一　公民关于幸福最重要要素和起码条件的描述 ………………（613）
　　二　公民对幸福观的看法 …………………………………………（619）
　　三　公民关于不幸福的原因分析 …………………………………（625）

对策建议篇

第一章　中国公民价值观调查的基本结论 ………………………（637）
　　一　当代中国公民的价值观总体积极乐观，与社会主义
　　　　核心价值观要求的方向基本一致 ……………………………（637）

二　人们高度评价党领导下国家、社会发展取得的巨大
　　　成就 ……………………………………………………（639）
　三　党员价值观和群众价值观贴近度高，价值共同体依
　　　然牢固 …………………………………………………（640）
　四　公民价值观的中国特色十分鲜明 ……………………（641）
　五　价值观总体处于现代化转型快速嬗变时期 …………（642）
　六　公民价值理想与现实评价之间还存在巨大差距 ……（643）
　七　公民价值观差异乃至冲突日益复杂化 ………………（644）
第二章　价值观建设的对策建议 ………………………………（646）
　一　理念篇 …………………………………………………（646）
　二　内容篇 …………………………………………………（653）
　三　对象篇 …………………………………………………（666）
　四　方法篇 …………………………………………………（681）

附　件 ……………………………………………………………（688）
　一　公民国家价值观调查问卷（2017年）………………（688）
　二　公民社会价值观调查问卷（2018年）………………（700）
　三　公民人生价值观调查问卷（2019年）………………（713）
后记 ………………………………………………………………（727）

前　言

　　价值观是人们关于事物或人的意义的根本看法。文化是一个国家、一个民族的灵魂，而价值观是文化最深层的内核。归根到底，现代国家、社会是由价值观维系起来的共同体，人则是彰显价值观存在的具体主体。有什么样的价值观，就会有什么样的国家、社会和个人。在社会思想文化日益多元、多样、多变的当代中国，价值观问题特别是核心价值观问题被日益凸显出来。党的十八大明确提出培育和践行社会主义核心价值观的重大战略任务，实际上就是要解决我们建设什么样的国家、建设什么样的社会、培育什么样的公民的重大问题。党的十九大报告将"坚持社会主义核心价值体系"作为习近平新时代中国特色社会主义思想的基本方略之一；"培育和践行社会主义核心价值观"既是这一方略的重要内容，也是"坚定文化自信，推动社会主义文化繁荣兴盛"的重要内容；还特别强调"要以培养担当民族复兴大任的时代新人为着眼点，强化教育引导、实践养成、制度保障，发挥社会主义核心价值观对国民教育、精神文明创建、精神文化产品创作生产传播的引领作用，把社会主义核心价值观融入社会发展各方面，转化为人们的情感认同和行为习惯"[①]。社会主义核心价值观的培育和践行关乎国家的前途命运，关乎社会的和谐稳定，关乎人民的幸福安康。问题是时代的声音，解决时代提出的问题需要学术聚焦与探索，包括核心价值观在内的价值观研究无疑是当代中国一个事关全局的学术热点和焦点。

---

① 习近平：《决胜全面建成小康社会　夺取新时代中国特色社会主义伟大胜利——在中国共产党第十九次全国代表大会上的报告》，人民出版社 2017 年版，第 23、42 页。

一 价值观建设和研究必须重视价值观调查研究

任何价值观归根结底都是人的价值观,培育和践行某种价值观的最终主体也一定是人。价值观研究是价值观建设的基础支撑。总体而言,中国当代价值观研究包括价值观基础理论研究和价值观传播(宣传)教育研究或应用研究两个主要层面。这两个层面的研究在当代中国又始终交织着学术与政治两种话语方式,难以彻底厘清。但无论如何,在当前两个层面的价值观研究中,都十分注重人的问题。譬如,强调要以人为本,从现实的人出发,尊重人的主体地位;要求"以科学的理论武装人,以正确的舆论引导人,以高尚的精神塑造人,以优秀的作品鼓舞人",努力使正确的价值观"入心入脑","内化于心、外化于行";注重运用马克思的经典表述比如"人的根本就是人本身"等文本依据,并予以多方面的解读;等等。但是,我们也不得不承认,目前价值观研究中的一个突出问题,恰恰是在强调以人为本、尊重人的主体地位、"入心入脑""内化于心、外化于行"的同时,却鲜有对人的现实复杂性、人的主体素质、人的"行"、人的"心"和"脑"的状况进行细致研究。也就是说,目前的价值观研究过多强调了什么是价值观,以及人们"应该"拥有什么样的价值观;而相对忽视了现实的人是怎样的,以及人们"可能"拥有什么样的价值观等问题。这样一来,价值观研究中反复叙述和强调的"现实的人"等思想大多还停留于哲学抽象和政治原则,对于人的重视还主要止于形而上学的演绎和语言修辞性的宣誓,真正"现实的人"和"人的现实"却往往被这些抽象演绎和原则宣誓所遮蔽。马克思当年曾经批评过这样一种现象,"德国人习惯于用'历史'和'历史的'这些字眼随心所欲地想象,但就是不涉及现实"[①]。今天我们的价值观研究何尝不是如此!

价值观研究倘若不涉及现实和现实的人,我们的价值观构建就将存在上下断裂和错位的危险,即理论、原则的正确性或合理性最终未必能使人们认同价值观的合法性和保证价值观宣传教育的有效性。

正确认识到问题之所在,就预示着解决问题的正确方向。上述问题的

---

① 《马克思恩格斯选集》第1卷,人民出版社2012年版,第158页注释②。

核心启示是，价值观研究必须关注和回答这样一个基础性、前提性问题：对每一个真正现实的个人而言，接受和践行一定的价值观是如何可能的？对这个问题的学理回答就是走向一种自觉的人类学研究。自觉的人类学视角就意味着，真正地把价值观的主体看作非抽象的，而是现实的，处于具体社会、文化背景下，具有特定文化心理、生活经验和既定价值观的活生生的人，正视并以这样的多样性、复杂性为基础，从对"人是什么"的追问转变为对"人是怎样"的具体研究，从而使价值观研究获得日益全面的合理性、合法性和有效性。这是价值观研究的"最后一公里"，但也是最关键、最困难的"一公里"。"为山九仞，功亏一篑""行百里者半九十"，此之谓也！只有从如此高度进行重视才能够形成高度自觉。[①]

对公民价值观现状进行实证调查研究是自觉在人类学视野中进行价值观研究的重要方法。公民价值观现状调查研究尽管不能直接观察与精准测量出公民的价值观，但借助科学、严谨设计的问卷与程式化操作的深度访谈，研究者将获取详尽的数据与质性研究材料，运用统计软件进行统计处理，最后呈现出具有充分科学性与说服力的统计结果，凭借模型、图表与访谈文字描摹公民价值观的基本取向、主导偏好与总体评价，发现价值观中存在的异质性及其在政治面貌、职业、年龄、性别、地域、受教育程度、收入、宗教信仰等基本维度上的统计分布，为科学决策提供参考数据，为价值观建设提供依据，将公民价值观研究的学术成果真正转化为实践的指南。

二　国内外价值观调查研究简评

国外价值观调查由来已久，在世界和中国都具有广泛影响的主要有三个：一是奥尔波特等于1931年编制后逐渐修订的价值观研究量表，以六种理想价值类型为基本依据，即理论型、政治型、经济型、审美型、社会型和宗教型。二是1973年米尔顿·罗克奇编制的罗克奇价值观调查表（Rokeach Values Survey），主要考察终级性价值观和工具性价值观两个维度，各含18种价值，已成为很多价值观调查的范本。三是起源于1981年

[①] 沈湘平：《价值观研究亟需自觉的人类学视野》，《哲学动态》2016年第12期。

的世界价值观调查（WVS），是世界银行资助的由美国密歇根大学执行的世界性调查。目前已完成6次全球性调查，覆盖97个国家，中国在1990年、1995年、2001年、2007年、2014年都参与了调查，在国内产生广泛影响。调查设有200多个问卷项目，涉及个人层面、家庭层面、社会层面、国家层面、环境层面和全球层面等。国外关于价值观调查起步早、经验足，其问卷和调查方式有很多值得我们借鉴的地方，数据也值得我们好好挖掘利用，事实上国内已有人在运用这些工具进行调查研究。但是，这些量表和调查模式囿于西方文化，更适合于反映西方价值观，却难以准确反映中国价值观。我们必须基于本土化的价值观理论研究，制定反映本土实际的科学量表，运用符合中国国情的调查研究的方式方法，进行价值观调查。

改革开放以来，随着价值哲学的兴起和国家对价值观教育的重视，国内学者也逐渐关注中国的价值观现状问题，特别是90年代末本世纪初以来，出现了众多以价值观为主题的现状调查研究。总体可以分为两类：一是一般性的价值观调查研究；二是直接以社会主义核心价值观为主题的调查研究。

一般性的价值观调查研究成果比较丰富，概括起来有三种类型：（1）社会心理学角度的调查研究。具有较大影响的有：1994年黄希庭等完成的《当代中国青年的价值观与教育》，最先把价值观引入心理学，把价值观划分为人生价值观、政治价值观、道德价值观、人际价值观、职业价值观、审美价值观、宗教价值观、自我价值观、婚恋价值观和幸福价值观等10个方面，对当代中国青年价值观进行实证研究；2003年以来金盛华教授对工人、农民、企业家、专业人员和大学生的价值取向进行了持续调查；2014年北京社会心理研究所从历史方位意识、社会规范意识、社会秩序信念、价值本位意识和价值实践意识等5个方面，对当前北京居民价值观进行了研究。（2）思想政治工作（教育）角度的调查研究。这类调查研究占总量的大部分，主要涉及大中小学生、青年、企业员工等群体的价值观调查。其中有代表性有：2013年人民网进行的"当代中国青年价值观"调查研究，运用网络平台，从职业观、婚恋观、亲情观等方面进行了调研；2013年上海社会调查研究中心从基本价值观、宗教信仰、社会信任、国际关系四个维度进行了中国城市居民价值观调查；宇文利出版了《中国人的价值观》一书，从生命、政治、经济、文化和社会等维度对中国价值观现状进行了研究。（3）哲学和社会学结合的调查研究。最具代表性是 2005 年、2007 年、2013 年，北京师范大学价值与文化研究中心先后进行了全国性的价值观调查研究，涉及经济、政治、文化、社会、道德、生态等多个角度，先后出版了《跨入现代之门：当代中国的社会价值观报告》（赵孟营）、《中国社会价值观现状及演变趋势》（宣兆凯）、《中国公民价值观调查研究报告：生态观的现状与问题》（刘夏蓓、张曙光）等著作。

党的十八以来，直接以社会主义核心价值观为主题的调查研究逐渐增多。但是，一方面基本上是对某一群体尤其是学生的调查，缺少全国性的调研；另一方面主要考察的是关于社会主义核心价值观内涵的识记，而缺少认同、践行等比较深层次的挖掘。

总的来看，目前国内展开的一般性价值观调查已经形成相当规模，而社会主义核心价值观的调查研究则比较滞后。同时，我们必须认识到，当代中国的价值观现状研究必须自觉地以社会主义核心价值观为引领和核心内容，需要一般价值观调查与社会主义核心价值观调查的深度结合。目前来看，有三方面的问题亟待解决：一是如何综合哲学、社会学、心理学、思想政治工作的优势力量和方法，形成更加符合中国国情、国内比较公认的科学量表；二是如何在调查内容中能很好地与社会主义核心价值观对接，使调查结果能呈现弘扬和践行社会主义核心价值观面临的实际问题，从而给出具有可操作性、实效性的建议；三是如何能综合运用问卷调查、访谈调查、社会热点解读等科学与人文相结合的方法，更及时、准确、生动地反映当代中国人价值观的真实状况。

三　当代中国公民价值观实证研究的基本思路

基于上述理解，我们申请了"当代中国公民价值观实证研究"（教育部重点基地重大项目编号 16JJD710006）的课题。我们认为，中国是当今世界第二大经济体、世界上最大的发展中国家，当代中国价值观状况既是世界瞩目的大问题，也是事关中国自己实现"两个一百年"奋斗目标和中华民族伟大复兴的中国梦的大问题。立足当代中国，一方面，价值观现状的调查研究是价值理论研究的实证基础，价值观现状研究中制定的量表和探索的科学方法也将为以后的价值观调查提供重要的示范与启示；另一方面，及时、准确地把握价值观现状，是我们进一步弘扬和践行社会主义核心价值观、构建和坚持社会主义核心价值体系的重要前提，是社会主义核心价值体系与核心价值观建设把握规律性、突出针对性、提高实效性的重要手段，也必将为党和政府的各项决策提供重要参考。

本课题的研究基于如下前提性理解：

1. 从国家价值观、社会价值观、个人价值观三个层面描述公民价值观。公民是个法律概念，即具有一国国籍的人。所谓公民价值观是特指现代社会或公民社会中公民对包括自己在内的人、事物意义的根本看法。尽管可以从众多方面考察人们的价值观，但本课题认为，从公民的视角看，现代社会或公民社会中公民的价值观可以归为国家、社会和个人（人生）三个大的层面。这与社会主义核心价值观内涵的国家、社会、个人三个层面是基本对应和契合的，据此有利于把一般价值观调查研究与社会主义核心价值观的调查研究深度结合起来。

2. 从理想偏好、底线需要、现实评价三个维度考察公民价值观。结合现有的主要是西方关于价值观调查的量表设计以及本课题组深入研究，我们认为，任何一个层面（国家、社会、个人）的价值观都应该考察三个维度：一是理想偏好，即公民希望国家、社会、个人具有什么样的价值观，是对理想状态的一种想象和描述，也是公民终极价值观的体现；二是底线需要，即公民对国家、社会、个人最起码应该具备的价值观的一种描述和判断，是国家、社会、个人相对于公民具有合法性的临界点，也是公民基本价值观的体现；三是现实评价，即公民对现实中的国家、社会、个人实际上具有的作用、意义的判断。

3. 公民价值观描述需要调查研究之外的补充。价值观归根到底是人的价值观，人是世界上最复杂的存在物，其价值观总有科学手段所不及的部分，任何调查研究不仅容量有限，而且自身难以避免主客体交互作用产生"效果历史"的问题。因此，不能仅仅依靠科学实证的方式进行调查，而需要一些人文理解的方式予以补充。

基于上述理解，本课题分为两大部分、六个子课题。第一部分是公民价值观现状调查部分，包括三个子课题，即当代中国公民国家价值观现状研究、当代中国公民社会价值观现状研究和当代中国公民人生价值观现状研究，通过调查研究的科学实证方式对当代中国价值观现状进行把握。课题组已于2017年、2018年、2019年分别完成调查研究。第二部分三个子课题即三个年度社会热点价值评析，以人文解读方式研究当代中国公民价值观现状。课题组已经完成2016年、2017年、2018三年的年度热点价值评析，《解读：2016》《社会热点解读：2017》《社会热点解读：2018》已由北京出版社分别于2017年4月、2018年4月、2019年4月出版发行。

  作为当代中国公民价值观现状研究的核心成果，本书分为五大部分：公民国家价值观篇、公民社会价值观篇、公民人生价值观篇、价值观建设对策篇和附录部分。前三篇主要是依据调查研究的数据分析，详细呈现当前我国公民价值观的现状；启示对策篇得出价值观调查的总的基本结论，并对价值观建设提出系统的对策建议；附录部分主要包括三份调查问卷。

公民国家价值观篇

调查方案说明

一 调查目的与调查对象

现代国家是主权的政治共同体,也是意义想象的共同体。当代中国公民国家价值观的调查目的,就是要考察中国公民对于国家这个共同体的意义想象与现实认同状况。希望通过全国性调查了解当代中国公民的国家价值观状况,为坚持社会主义核心价值体系、践行社会主义核心价值观提出有针对性的对策性建议。

考虑到调查公民价值观只有对于接受过一定价值观教育、初步形成比较稳定的价值观的公民才有意义,本次调查的对象确定为年满16周岁即接受完9年义务教育的中国公民。

二 调查内容与问卷设计

根据中央关于国家建设"五位一体"总体布局的论述,本次调查从经济、政治、文化、社会、生态等五个维度及总体维度考察公民的国家价值观,公民国家价值观的测量又包括公民的理想偏好、底线需要和现实评价三个方面。因此,本次调查的内容包括从公民的理想偏好、底线需要和现实评价三个方面衡量的公民国家经济价值观、公民国家政治价值观、公民国家文化价值观、公民国家社会价值观、公民国家生态价值观以及公民国家总体价值观。

表1—1　　　　　中国公民的国家价值观的维度和方面

	A 理想偏好	B 底线需要	C 现实评价
总体			
国家经济价值观			
国家政治价值观			
国家文化价值观			
国家社会价值观			
国家生态价值观			

本次调查立足于公民国家价值观六个维度和三个方面，共设计了61道问题来测量公民的国家价值观。在设计问卷过程中借鉴了世界价值观调查（WVS）的问卷，并选用了2012年世界价值观调查问卷的12道原题。当然，考虑到社会文化差异和不同调查的语境，我们对其中5道问题进行了适当修改。

三　调查方法与调查过程

考虑到调查目的、调查对象和调查内容以及时间、财力等综合因素，本次调查采取了抽样调查方法，即从调查对象的总体中抽取一些个人或单位作为样本，通过对样本的调查研究来推论总体的状况。调查对象的总体是年满16周岁的中国公民。[①] 综合我国东中西、南北的差异，调查范围包括（辽宁）大连、（广东）广州、（浙江）杭州三个城市和河南、贵州两省。调查的具体方法采取访问式问卷调查法，并辅以深度访谈。本次调查最初确定的样本规模为2500份。抽样方案采取的是等距的两阶段等概率抽样。按照等距抽样方法，第一阶段从五个地区抽取10个社区，第二阶段再从每个社区抽取50户居民。

---

① 必须说明的是，首先，年满16周岁的中国公民是一个理论上的调查总体，在实际调查中，由于诸多因素影响，无法使总体中的每一个单位都有均等机会进入样本；其次，本次调查排除了一部分因各种情况不可能调查到的对象，如服现役军人和服刑犯人等；最后，调查总体中不包括台湾和香港、澳门公民。

为了检验调查问卷的效度，2017年6月17日，课题组成员在北京市海淀区国安社区、北京师范大学家属区、北京师范大学小西天住宿区、北京邮电大学家属区，采用街头拦截的方式进行了预调查。调查共收到有效问卷50份，访谈记录6份。随后，我们对问卷与访谈提纲做了进一步的修改。

2017年7月—8月课题组展开了正式调查。5个调查小组分赴大连、广州、杭州、河南、贵州调研，共发放问卷2500份，回收有效问卷2451份，问卷有效率为98%。同时，深度访谈45人，获得深度访谈记录45份。

四 样本分布情况

本次调查五个地区的有效样本具体分布如下图所示。

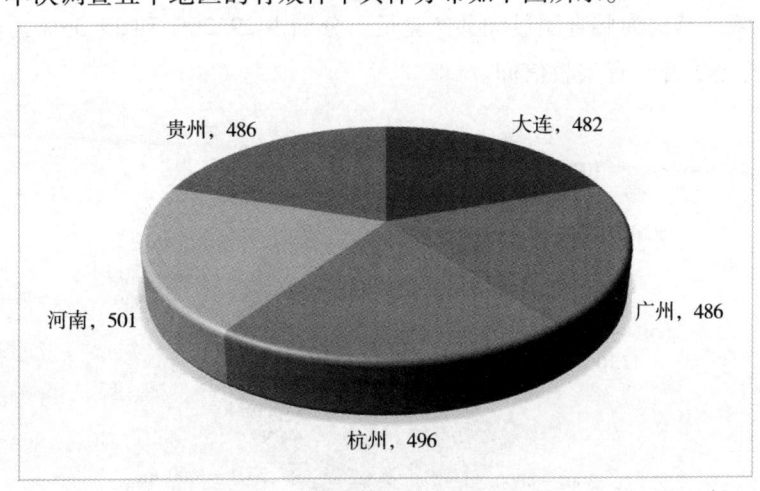

图1—1 有效样本地区分布（N=2451）

1. 性别、年龄与现居住地情况

从调查样本的性别、年龄和现居住地分布来看，受访者的男女比例大致相等，女性略多；平均年龄33岁，中位年龄29岁，"90后"最多，占43.25%，其次为"80后"，占23.22%，两者共占66.47%。将近70%的受访者现居住地为城市。

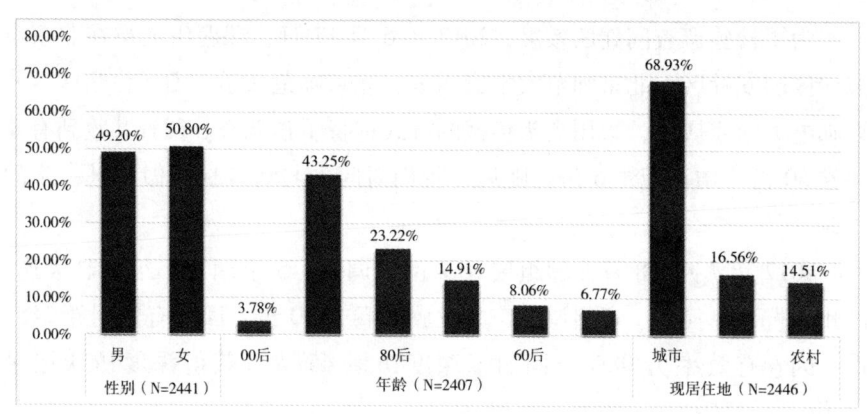

图 1—2　性别、年龄与现居住地情况

2. 民族、政治面貌与宗教信仰情况

受访者大多为汉族，占 90.75%。政治面貌为群众的受访者最多，占 44.49%，其次为共青团员和共产党员，分别占 29.26% 和 25.35%。超过 90% 的受访者没有宗教信仰。

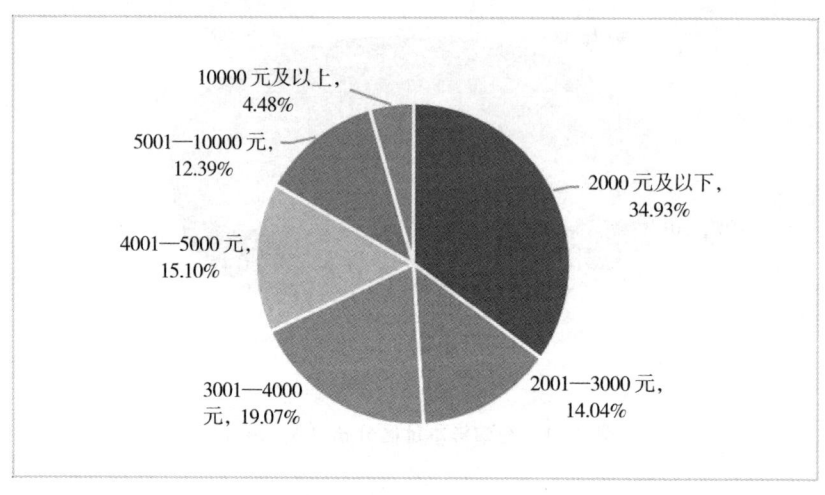

图 1—3　个人月收入（N = 2365）

3. 文化程度、当前职业与个人月收入情况

受访者文化水平相对较高，高中或中专以上（含）的人数占 82.28%。其中，大专及以上占 62.53%。受访者的当前职业是学生的比重最大，占三分之一（33.73%），其次是商业、服务业人员，占 15.92%。受访者个人

月收入相对较低,超过三之一(34.93%)的受访者个人月收入在2000元及以下,近一半(48.97%)的受访者个人月收入在3000元及以下,近70%的(68.04%)的受访者个人月收入在4000元及以下。个人月收入10000元及以上的受访者不到5%。

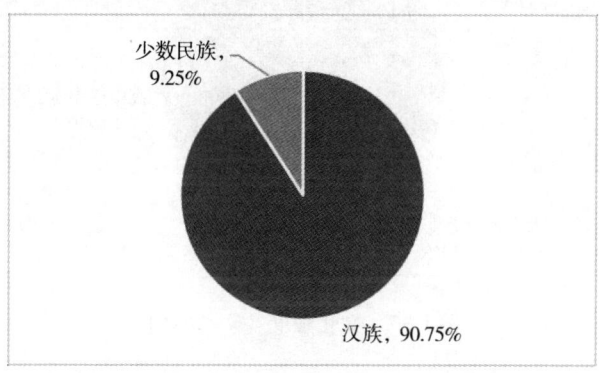

图1—4 民族情况(N=2400)

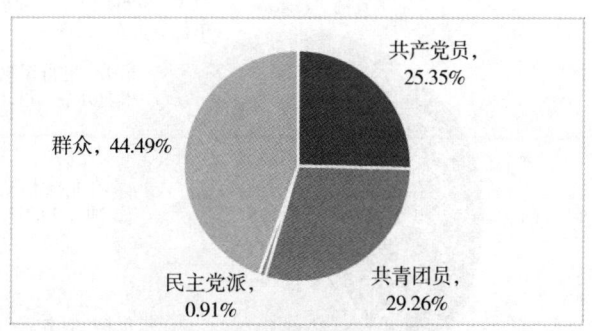

图1—5 政治面貌(N=2430)

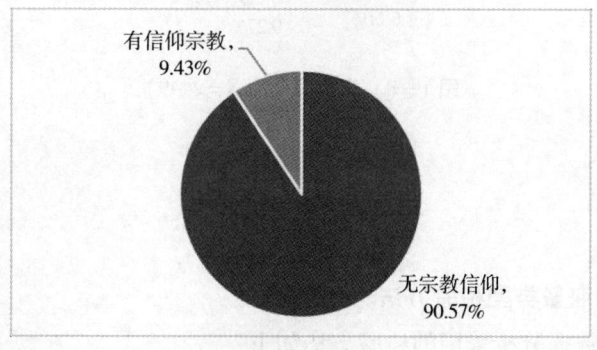

图1—6 宗教信仰情况(N=2163)

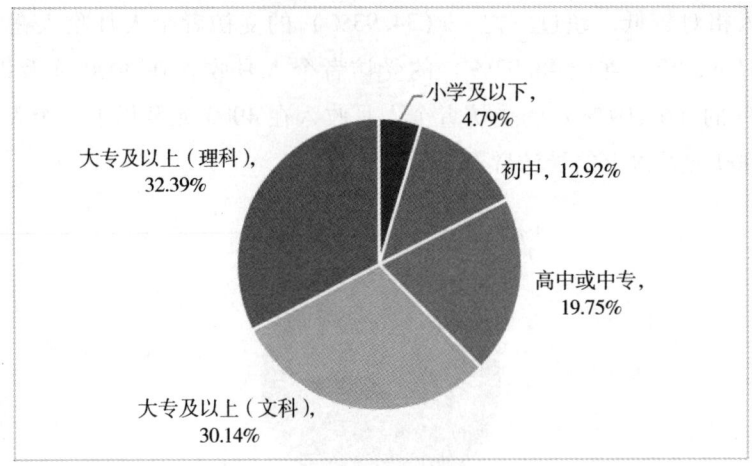

图 1—7　文化程度（N = 2445）

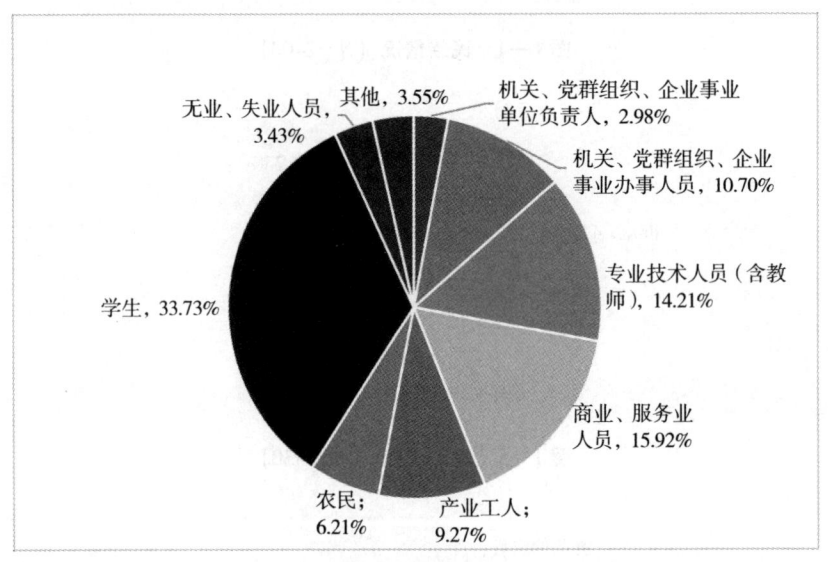

图 1—8　当前职业（N = 2449）

五　统计分析说明

1. 不同变量类型检验方法

本调查数据分析采用的检验方法如下：

表 1—2　　　　　　　　　不同变量类型的检验方法和读表

		价值观相关问题		
		定类变量	定序变量	定距变量
个人特征	二分变量	列联表卡方检验χ2。表中，看 chi2 统计量，p 值和 V 系数 V 系数最大为 1，越大说明相关性越强	四分、五分，也可看成定类变量。两样本定序时，用 Mann Whitney U 检验（Wilcoxon 秩和检验）。表中，看 z 统计量和 p 值	两总体均值 T 检验，看均值是否相等。看 t 统计量、p 值。或 mean-diff 是否带星号，有星号则显著，说明用样本均值推断总体均值，两总体均值有显著差异。看均值差的正负还可判断大小方向
	多分变量		Kruskal Wallis H 检验，单向方向秩检验。近似卡方分布。看 chi2 统计量和 p 值。判断在评分等级上有无显著差异	单因素方差分析，多个样本（类别）的均值是否相等。看 F 统计量和 p 值。多重比较看基于 Tukey 调整的 t 统计量和 p 值，判断谁大谁小，是否存在显著差异

2. 一些重要特征分类合并

根据调查结果的实际情况，为保障有足够的有效样本进行分析，在最终报告中对一些考察维度及公民个人特征进行了以下重要合并：

（1）"00 后"和"90 后"合并，"60 后"和"50 后"及以上合并；

（2）文化程度合并为"大学以下"和"大学以上"两类；

（3）"机关、党群组织、企业事业单位负责人"和"机关、党群组织、企业事业办事人员"合并为"机关、党群组织、企事业工作人员"；

（4）月收入情况合并为"3000 元以下"和"3000 元以上"两项；

（5）"小城镇"和"农村"合并为"小城镇和农村"。

第一章 公民国家价值观的总体状况

在当今人类，民族—国家是世界的脊梁。所谓公民，就是具有一国国籍的人。在公民价值观中，国家价值观居于最高层次，对其他价值具有统领作用。本次调查从公民对国家的理想意义想象、基本需要满足、现实认同与评价，以及形成这些价值观念的途径等方面考察公民的国家价值观的总体状况。结果表明，当代中国公民对人民幸福、经济发展、社会稳定的价值偏好十分明显；对国家的归属感较强，对目前中国的发展状况总体较满意，对现实中存在的问题也有清醒的认识，对国家未来的发展充满信心。调查中中国公民所体现的国家价值观与社会主义核心价值观倡导的富强、民主、文明、和谐基本一致。

一 公民对国家最重要功能与价值的认识

1. 在国家功能排序中经济、社会显著领先

在国家经济、政治、文化、社会、生态"五位一体"建设中，有32.1%的受访者认为经济建设最重要，29.26%的受访者选择社会最重要，两者合起来占到60%强；认为生态最重要和文化最重要的只有15%左右；认为政治建设最重要的只有8.88%，不到10%。

这表明：

（1）中国公民认为，国家的价值首先表现为通过发展经济提供人们生活所需的物质保障。这不仅与马克思主义经济基础决定上层建筑的思想一致，而且与国家以经济建设为中心，将发展作为第一要务的战略是相通的。当然，我们也看到，并非所有公民都将经济建设作为最重要的选项，社会、生态、文化、政治都占有一定比例。这也表明，随着我们经济发展

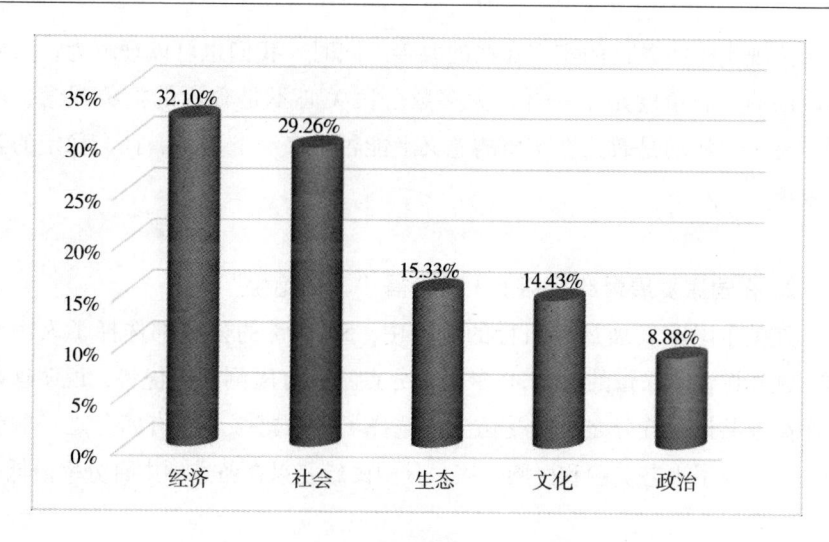

图1—9 对一个国家的建设来说，经济、政治、
社会、文化、生态哪项最重要（N=2433）

水平提高，从站起来、富起来进入到强起来的阶段，公民认为一个强起来的国家应该是综合性的，而不仅仅是经济方面的富裕。

（2）中国公民认为，与保障经济、物质条件几乎同等重要的是社会的和谐、稳定。中华文化自古就有追求国泰民安的社会稳定甚至是超稳定的偏好，改革开放初期形成的"稳定压倒一切"的观念成为执政党治国理政的重要原则，事实上中国公民也对此具有内在认同。经济富裕、社会稳定的生活是大多数（超六成）公民对国家的首要期望。

（3）在"五位一体"建设格局中，生态文明建设是最后加入的（明确于2012年党的十八大报告），但我们看到，中国公民对其关注已经超越了文化、政治。在党的十八大上确定的社会主义核心价值观的国家价值观中尚未考虑到生态的维度。在2017年的十九大报告中，关于2050年建设社会主义强国目标中，首次出现"美丽"即生态文明建设的价值目标。本调查是在十九大召开之前进行的，这正说明十九大精神是顺应民意、符合人民心声的。而且，我们认为，随着中国的进一步发展，生态美丽的价值重要性还会继续提升。

（4）政治在"五位一体"中相对而言被认为是最不重要的。这多少与我们在日常生活中感受有些不符合，但也很好解释。与国外人士和国内一些所谓公知对中国政治的特别关心形成鲜明对比，当代中国普通公民更加关注现实生活条件的实实在在的改善。同时，我们也可以理解为，人们对政治的关心角度是不一样，大多数公民关心不是政治的抽象观念、原则，更多关注的是政治在实质的意义上能否带来经济繁荣、社会稳定的客观效果。

2. 在国家发展最终目标上人民幸福"一骑绝尘"

在关于国家发展最终目标的调查中，51.59%的公民都选择了人民幸福，领先排在第二位的选项30多个百分点，具有压倒性的优势，说明这是一个高度共识；五分之一的受访公民选择了国家富强，另有四分之一的受访公民选择了生态美丽和民族复兴，其中民族复兴在备选项中百分率最低。

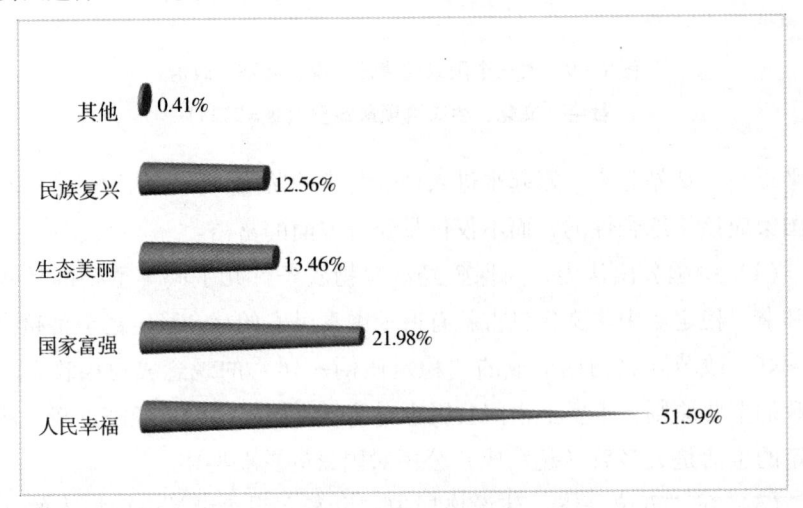

选项	百分比
其他	0.41%
民族复兴	12.56%
生态美丽	13.46%
国家富强	21.98%
人民幸福	51.59%

图1—10　您认为国家发展的最终目标是什么（N=2429）

过半受访公民将国家发展最终目标确定为人民幸福，这既符合古往今来思想家们的观点，也与中国共产党人关于为人民谋幸福的初心、使命一致。从古希腊的亚里士多德开始，就把幸福（eudaimonia, well being）理解为人的好的存在状态；只能作为目标而不能作为手段，也就是说幸福是人们一切活动的终极目的、意义所在。国家富强、民族振兴、人民幸福是中国梦的核心内涵。当然，这12个字并非是一种简单的并列关系，相对于人民幸福的终极目标而言，国家富强、民族振兴都还只是手段。同时，13.46%的人选择了"生态美丽"，超过了民族复兴的选择比率，这也是近几年发生的一个新变化，也表明生态美丽本身应该是中国梦的重要内涵。

3. 公民关于国家功能及最终目标认知的差异分析

（1）党员更看重政治和民族复兴而群众更看重经济和人民幸福。

通过秩和检验，我们发现，无论是对国家功能价值还是终极目标的认识中，与公民的政治面貌强相关。不同政治面貌的公民关于国家功能价值理解存在显著差异（$p < 0.001$）。群众对国家促进经济发展的功能最认可，明显高于党员，显著高于团员（相差9个百分点）；团员是唯一把国家社会功能排在第一位的，比党员高10个百分点，比群众高6个百分点；在三个群体中，群众比党员、团员更看重经济，党员比团员、群体更看重政治，团员比党员、群众更看重社会、文化。对于党员而言，在纪律上讲政治是第一位的，当然在价值观中凸显政治也就是情理之中了；群众对经济的兴趣更多是源于生活基础的理解。在关于国家最终目标的理解中，不同政治身份的中国公民也存在显著差异（$p < 0.05$）。虽然不同群体都是人民幸福的频次最高，但是，党员比团员、群众更在意民族复兴，高出3—4个百分点；团员、群众更在意人民幸福，分别高出党员9个和5个百分点。为人民谋幸福、为民族谋复兴，这是党的十九大报告作出的鲜明阐述和承诺。事实上，民族复兴和人民幸福存在手段与目标的关系，群众可能更注重最终的目标和当下的实质感受，而党员还要更多考虑这样一种终极标准实现的必要前提和根本途径。

表1—2　不同政治面貌公民关于国家功能和最终目标的认知差异

		党员	团员	群众	p-value	p12	p23	p13	Test
对一个国家来说，以下哪一项是最重要的	经济	33.0 (203)	26.7 (189)	35.7 (382)	<0.001	<0.001	<0.001	0.008	Pearson's chi-squared
	政治	11.7 (72)	8.1 (57)	7.7 (82)					
	文化	15.8 (97)	16.3 (115)	12.4 (133)					
	社会	24.2 (149)	34.8 (246)	28.7 (307)					
	生态	15.3 (94)	14.1 (100)	15.5 (166)					

续表

		党员	团员	群众	p-value	p12	p23	p13	Test
国家发展的最终目标是什么	国家富强	22.1 (135)	19.5 (136)	23.5 (251)	0.014	0.010	0.22	0.031	Pearson's chi-squared
	民族复兴	15.2 (93)	11.3 (79)	11.8 (126)					
	生态美丽	15.7 (96)	13.2 (92)	12.5 (134)					
	人民幸福	47.0 (287)	56.0 (391)	52.2 (559)					

(2) 有宗教信仰的公民对国家经济、社会方面的功能价值看得更为超脱。

调查显示，中国公民有无宗教信仰对国家功能价值和最终目标的认知上存在显著差异，p 值分别为 0.035 和 0.036，都小于 0.05。总的来看，有宗教信仰的公民在确认国家的功能价值时，选择经济项的低于无宗教信仰公民的经济项的选择，相差 6 个百分点；在社会维度上也是如此，相差近 5 个百分点；而在文化、生态方面，则有信仰的公民高于无信仰的公民，分别相差近 4 个百分点和 3 个百分点，尤其是在对国家终极发展目标上，生态美丽相差 7 个多百分点。也就是说，有宗教信仰的公民比无宗教信仰公民更重视国家的政治、文化、生态功能价值，而没有宗教信仰的公民比有宗教信仰的公民更重视国家的经济、社会功能价值。可见，神圣与世俗的世界观对公民的价值观的影响还是很明显的。

表 1—3　　有无宗教信仰公民关于国家功能和最终目标的认知差异

		无宗教信仰	有宗教信仰	p-value	Test
对一个国家来说，以下哪一项是最重要的	经济	32.5 (632)	26.5 (54)	0.035	Pearson's chi-squared
	政治	8.4 (163)	12.7 (26)		
	文化	14.4 (281)	18.1 (37)		
	社会	30.4 (592)	25.5 (52)		
	生态	14.3 (278)	17.2 (35)		

续表

		无宗教信仰	有宗教信仰	p-value	Test
国家发展的最终目标是什么	国家富强	21.7 (420)	20.0 (40)	0.036	Pearson's chi-squared
	民族复兴	12.6 (245)	11.5 (23)		
	生态美丽	12.2 (237)	19.5 (39)		
	人民幸福	53.5 (1,037)	49.0 (98)		

（3）文化程度越高的公民越重视国家的社会功能和人民幸福。

调查表明，不同文化程度的中国公民对国家的功能价值以及最终发展目标的看法存在显著差异，秩和检验 p 值分别是 0.013 和 0.002，小于 0.05。以是否受过大学教育划界，我们可以得出这样的结论：在关于国家的经济、政治功能与价值判断方面，以及关于国家发展最终目标的国家富强、民族复兴方面差别并不明显；接受过大学教育的公民更重视国家的文化、社会功能以及最终目标的人民幸福追求；未接受过大学教育的公民更在乎生态问题，在关于国家功能价值的生态维度和最终发展目标的生态美丽维度分别高出大学以上组 5 个百分点，正好两相可以印证。文化程度较低反而更重视生态问题，这与我们一般人的理解可能有出入，我们往往认为讲究生态重要性是一个很高端、很精英的问题。其实，文化程度高往往意味着生活条件更好一些，从经验上感受生态的重要性的机会反而会少一些或没有那么深刻。相反，文化程度稍低的公民有更多机会接触真正生态问题带来的恶果，反而能更深刻地体会到生态环境的重要性。

表1—4　不同文化程度公民关于国家功能和最终目标的认知差异

		大学以下	大学以上	p-value	Test
对一个国家来说，以下哪一项是最重要的	经济	32.3 (293)	32.0 (486)	0.013	Pearson's chi-squared
	政治	8.7 (79)	9.0 (136)		
	文化	14.0 (127)	14.7 (223)		
	社会	26.7 (242)	30.9 (469)		
	生态	18.4 (167)	13.5 (205)		

续表

		大学以下	大学以上	p-value	Test
国家发展的最终目标是什么	国家富强	21.5 (195)	22.3 (337)	0.002	Pearson's chi-squared
	民族复兴	13.3 (120)	12.2 (184)		
	生态美丽	16.8 (152)	11.6 (175)		
	人民幸福	48.4 (438)	53.8 (812)		

（4）社会精英阶层与大众阶层在国家功能价值及终极目标的理解上存在着十分显著差异，其中学生是唯一注重国家的社会功能超过经济功能的群体。

本调查还发现，不同职业的中国公民对于国家功能与价值的判断存在非常显著的差异（p<0.001）。其中，最看重国家的经济功能价值的职业是专业技术人员（含教师），相对而言最不看重此项的是学生，两者相差7个百分点；在国家的政治功能与价值选项中，机关、党群组织、企事业工作人员毫无悬念在各种职业中最为看重，而产业工人和农民最不看重，两者相差6个多百分点；对国家文化功能与价值的判断不同职业总体接近，但最看重的依然是机关、党群组织、企事业工作人员，最不看重的依然是产业工人和农民，两者相差4.7个百分点；相对而言，工人、农民、学生更看重国家的社会功能与价值，远远高于其他职业，相差在10个百分点左右，最大相差13.5个百分比（机关、党群组织、企事业工作人员与学生），这是个不能忽视的巨大差距。同样，不同职业的中国公民对于国家发展最终目标的看法存在非常显著的差异（p<0.001）。最在乎国家富强的是机关、党群组织、企事业工作人员，最不在乎的是产业工人和农民，两者相差超过9个百分点；最在乎民族复兴的也是机关、党群组织、企事业工作人员，商业、服务人员、产业工人、农民、学生在乎程度都差不多；在各种职业中，工人、农民和学生最在乎生态美丽，商业、服务人员、工人、农民比其他职业更在乎人民幸福，其中学生在乎程度最高，比机关、党群组织人员要高出16.7个百分比，也就是说，相对而言，机关、党群组织、企事业工作人员在各种职业中是在乎人民幸福程度最低的。不同职业事实上表明了在社会中的不同地位，在生活中遇到的具体情境、相关利益面不同，因此对国家价值的认识也就不同。

表1—5　　　不同职业公民关于国家功能和最终目标的认知差异

		机关、党群组织、企事业工作人员	专业技术人员(含教师)	商业、服务人员	产业工人和农民	学生	p-value	p12	p23	p13	Test
对一个国家来说，以下哪一项是最重要的	经济	31.1 (104)	35.7 (123)	34.4 (134)	34.9 (130)	28.6 (235)	<0.001	0.26	0.61	0.63	Pearson's chi-squared
	政治	12.0 (40)	7.8 (27)	11.3 (44)	5.6 (21)	8.8 (72)					
	文化	16.5 (55)	14.8 (51)	13.4 (52)	11.8 (44)	14.1 (116)					
	社会	21.9 (73)	24.9 (86)	24.2 (94)	32.8 (122)	35.4 (291)					
	生态	18.6 (62)	16.8 (58)	16.7 (65)	14.8 (55)	13.1 (108)					
国家发展的最终目标是什么	国家富强	28.4 (94)	23.2 (79)	24.2 (93)	19.3 (72)	20.0 (163)	<0.001	0.14	0.67	0.038	Pearson's chi-squared
	民族复兴	16.6 (55)	14.1 (48)	11.2 (43)	12.3 (46)	11.0 (90)					
	生态美丽	13.9 (46)	12.9 (44)	14.3 (55)	17.4 (65)	17.4 (65)					
	人民幸福	41.1 (136)	49.9 (170)	50.4 (194)	51.1 (191)	57.8 (471)					

（5）经济收入越低的公民越重视国家的社会功能价值和人民幸福的终极价值。

经济收入对中国公民的国家功能价值认知有显著影响，对国家终极目标理解也有重要影响，秩和检验 p 值均小于 0.05，前者更是小于 0.001。以月收入 3000 元为界，收入较低者更看重国家的社会功能与价值，收入较高者更看重国家的经济、文化功能与价值；收入较高者在国家富强、民族复兴、生态美丽等终极价值上都比收入较低者更为看重，在"人民幸福"的选项中，收入较低者比较高者多出 5.4 个百分比，也就是说，收入较低者比较高者明显更看重人民幸福的最终目标。

表 1—6　不同收入水平公民关于国家功能和最终目标的认知差异

		月收入 3000 元以下	月收入 3000 元以上	p-value	Test
对一个国家来说，以下哪一项是最重要的	经济	31.1 (358)	33.8 (405)	<0.001	Pearson's chi-squared
	政治	8.6 (99)	9.4 (113)		
	文化	13.2 (152)	15.2 (182)		
	社会	33.1 (381)	25.0 (299)		
	生态	14.0 (161)	16.5 (198)		
国家发展的最终目标是什么	国家富强	21.6 (248)	22.7 (270)	0.047	Pearson's chi-squared
	民族复兴	11.3 (130)	13.8 (164)		
	生态美丽	12.8 (147)	14.8 (176)		
	人民幸福	54.2 (621)	48.8 (581)		

（6）年轻公民更重视国家的文化、社会功能价值和人民幸福的终极目标。

不同年龄的中国公民，无论是对国家功能价值还是终极目标的认识中都存在显著差异。两者 p 值分别小于 0.001、0.003，均大大低于 0.05，即我们有 95% 的把握认为不同年龄关于国家功能价值、最终目标的理解存在显著差异。从表 1—7 中可见看出，随着年龄增长，公民更看重国家的经济的功能价值，更重视国家发展的富强指向，特别是关于经济功能价值的判断中，"60 后"及以上年龄组比"90""00"后组要高出 11.8 个百分比，差异十分悬殊，尤其是"90""00 后"，是各年龄组中明显不把经济功能价值看成国家最重要价值的年龄组，表明年青一代生长在一个富裕、丰裕社会中，对经济发展的要求远不如前代人那么强烈；不同年龄组对国家政治功能价值、民族复兴的终极目标的认知没有太大差异；"80 后"组对国家文化功能价值、生态功能价值以及生态美丽的国家终极目标的指认在各年龄段中都是最突出的；"90""00 后"则在国家的社会功能价值和人民幸福的终极目标上居于各年龄段中最突出的，表明年轻一代对国家在社会建设、促进人民幸福方面有着更多的重视和期望。

表 1—7　　不同年龄公民关于国家功能和最终目标的认知差异

		90、00后	80后	70后	60后及以上	p–value	p12	p23	p13	Test
对一个国家来说，以下哪一项是最重要的	经济	28.8 (324)	29.2 (162)	40.5 (143)	40.6 (145)	<0.001	0.001	0.13	0.032	Pearson's chi-squared
	政治	8.4 (95)	9.2 (51)	10.8 (38)	8.1 (29)					
	文化	15.6 (175)	17.0 (94)	9.6 (34)	11.2 (40)					
	社会	32.5 (366)	27.3 (151)	23.2 (82)	27.2 (97)					
	生态	14.7 (165)	17.3 (96)	15.9 (56)	12.9 (46)					
国家发展的最终目标是什么	国家富强	20.3 (226)	20.7 (114)	25.8 (92)	27.5 (97)	0.003	0.20	0.052	0.036	Pearson's chi-squared
	民族复兴	12.7 (142)	11.8 (65)	12.9 (46)	13.0 (46)					
	生态美丽	11.8 (132)	17.2 (95)	10.1 (36)	11.0 (39)					
	人民幸福	55.2 (616)	50.4 (278)	51.1 (182)	48.4 (171)					

（7）小城镇和农村公民更看重国家的社会功能价值和生态美丽的最终目标。

不同居住地的中国公民关于国家功能价值和终极目标的理解存在显著差异，秩和检验 p 值分别是 0.012 和小于 0.001，总体小于 0.05。如表 1—8 所示，在国家的文化、生态功能价值方面，不同居住地的居民理解差别不大；相对而言，城市居民更看重国家的经济、政治功能价值和国家富强的终极目标，比差分别达 5.3、1.7 和 6.2；但从国家终极目标来看，小城镇、农村居民比城市居民更看重生态美丽，百分比差达 5.5。中国已经进入城市社会，城市是整个社会的构成性中心和发展驱动中心，自然也是经济、政治中心，城市民居对经济、政治更为关注是情理之中。改革开放以来，我国高速现代化特别是其中的工业化在一定程度上是以牺牲生态环境为代价的,城市虽然也受到雾霾等环境问题的困扰,但比这些严重得多的生态问题都由小城镇特别是农村天然承担,农村是中国发展之生态代价的最后承担人,居民对生态破坏的切肤之痛,对生态美丽的向往都比城市居民更为明显和强烈,这也是完全可以理解的。

表1—8   不同居住地公民关于国家功能和最终目标的认知差异

		小城镇和农村	城市	p-value	Test
对一个国家来说,以下哪一项是最重要的	经济	28.4(215)	33.7(564)	0.012	Pearson's chi-squared
	政治	7.7(58)	9.4(158)		
	文化	14.6(110)	14.4(240)		
	社会	33.3(252)	27.5(459)		
	生态	16.0(121)	15.0(251)		
国家发展的最终目标是什么	国家富强	17.8(134)	24.0(399)	<0.001	Pearson's chi-squared
	民族复兴	11.7(88)	13.1(217)		
	生态美丽	17.3(130)	11.8(196)		
	人民幸福	53.3(401)	51.1(849)		

二　公民对国家、社区的认同程度

1. 绝大多数公民认同自己是中国公民

国家作为一个想象的共同体,公民的认同是其合法性的本质所在(合法性是被价值认同的程度)。公民的自我认同(self-identity)是一个多层次的系统,在本次调查中关于自我归属的描述中,认同自己是世界公民的达58.75%,认同自己是本社区(村)成员的达74.21%,认同自己是中国公民的达82.99%,认同自己是亚洲公民达62.87%,认为自己是一个自主的个人的有71.63%。在多认同中,受访公民最认同自己是中国公民。

其实,作为公民,对世界、亚洲、中国、社区的认同是不矛盾的,但从统计结果来看,认同是中国公民的比率要比认同亚洲、世界的高很多,其中认同中国的比认同世界的高出24%点,其中有超三分之一(36.67%)的公民不认同自己是世界公民。这一方面表明,爱国主义

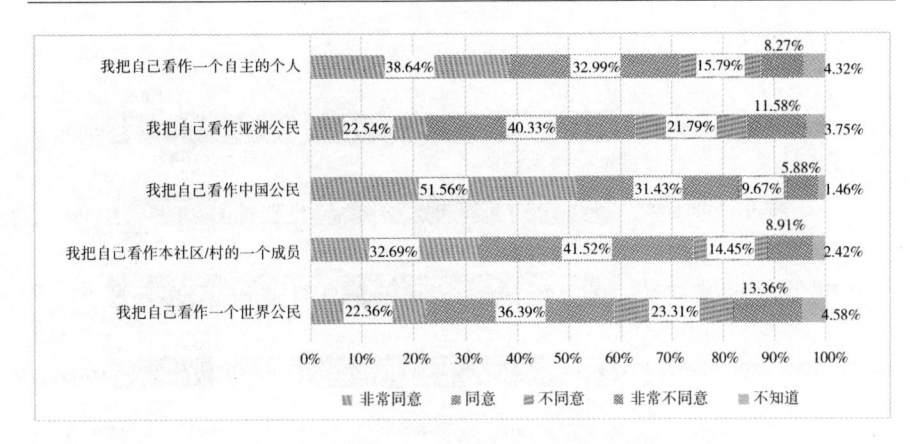

第一章 公民国家价值观的总体状况　　21

	非常同意	同意	不同意	非常不同意	不知道
我把自己看作一个自主的个人	38.64%	32.99%	15.79%	8.27%	4.32%
我把自己看作亚洲公民	22.54%	40.33%	21.79%	11.58%	3.75%
我把自己看作中国公民	51.56%	31.43%	9.67%	5.88%	1.46%
我把自己看作本社区/村的一个成员	32.69%	41.52%	14.45%	8.91%	2.42%
我把自己看作一个世界公民	22.36%	36.39%	23.31%	13.36%	4.58%

图1—11　对自我归属感不同描述的看法

是比较自然的感情，或者说我国爱国主义教育是比较成功的，公民对国家、亚洲、世界认同度的梯度递减也是"爱有差等"的自然呈现；另外，在全球化时代的社会主义国家，公民既作为国家一员又作为世界一员的教育还有待加强，甚至可以理解为，不少表现为爱国主义的价值观可能是基于一种值得警惕的民族主义、种族主义。认同自己是本社区（村）一员的比率仅次于中国公民，这符合中国文化的特点。传统上中国是个熟人社会，越熟悉的越认同。现在尽管这个熟人社会已经发生很大变化，但基因犹在。同时，我们经常说，爱国首先就体现在爱家乡，当然家乡首先就感性地表现为自己所在社区（村）。

该题源于2012年世界价值观调查原题（V212—216），2012年中国地区调查结果如图1—12（调查数据缺失作为亚洲公民一项）[①]。

两相对照可见，尽管2017年表示"同意"的认同率与2012年相比都有下降，但"非常同意"的比率都有显著上升，尤其是"把自己看做是中国公民"和"把自己看做是一个自主的人"的百分比分别上升了16.36、13.84个百分点，十分显著。这说明5年间一方面人们的认同变得更复杂；另一方面对自己的身份认同变得更清晰。"把自己作为一个世

---

① 2012年世界价值观调查结果均引自"世界价值观调查"网站http://www.worldvaluessurvey.org/WVSDocumentationWV6.jsp。下同。需要说明的是，2012年世界价值观调查中国部分所有题目的数据统计均将未作答的无效问卷记入了样本总数，本报告在引用时进行了修正，剔除了无效样本，只对有效样本进行了统计。

我把自己看作一个自主的个人	24.80%	64.00%		0.90% 7.20% 3.10%
我把自己看作中国公民	35.20%	60.30%		0.30% 2.10% 2.10%
我把自己看作本社区/村的一个成员	26.20%	66.10%		0.50% 4.20% 3.00%
我把自己看作一个世界公民	13.30%	49.30%	16.50%	3.90% 17.00%

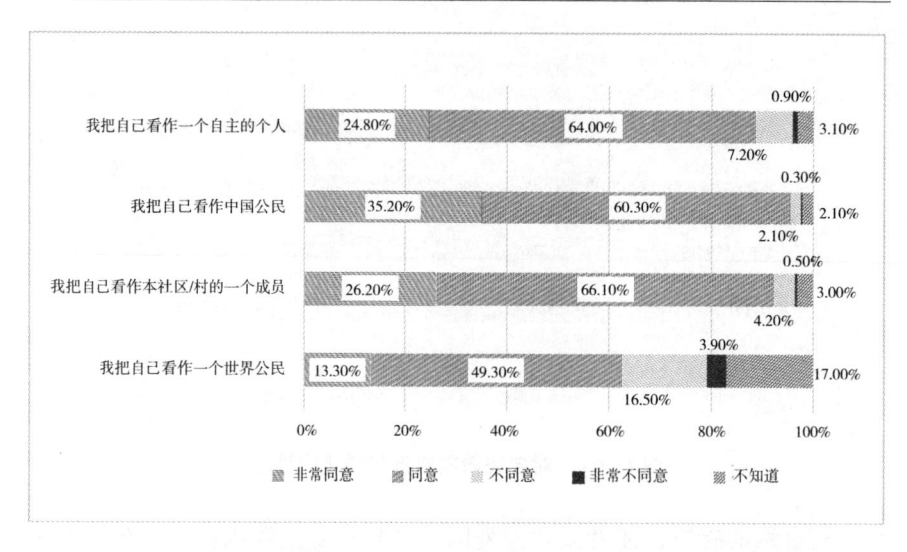

■ 非常同意　■ 同意　■ 不同意　■ 非常不同意　■ 不知道

图 1—12　世界价值观调查 2012 年（中国地区）关于自我归属感的调查结果

界公民"的百分比变化更说明这一点。2012 年，有 17% 的受访者选择了"不知道"，而 2017 年这个选项只占 4.58%，相差 12.42 个百分点，显著表明 5 年后的公民对自己的身份认同更为清晰。

2. 大多数公民为自己是中国人而骄傲但与美国、印度存在明显差异

在关于作为中国人的骄傲度的调查中，五分之四（69.9%）的公民感到骄傲，比上述认同中国公民身份的略低；5.06% 的公民根本不骄傲，与上述非常不认同中国公民身份（5.88%）基本相当。骄傲是以认同为基础的，认同不一定骄傲，骄傲一定是认同的。为身为中国人骄傲与否既考察了认同问题，事实上也包含着公民对当前中国的评价。超过 5% 的受访公民非常不认同自己的中国公民身份，根本不为自己身为中国人而骄傲，占受访公民的二十分之一，这是一个值得注意的问题。

世界价值观调查（WVS）2012 年调查同一问题的中国调查数据显示，25.3% 的人表示非常骄傲，64.2% 表示骄傲，合计 89.5%。2017 年的数据与之相比有所下降，相差近 20 个百分点。

美国 WVS2011 年对这项题目的数据结果为 56.1% 的人表示非常骄傲，30.6% 表示骄傲，合计 86.7%；印度 WVS2012 年对同一题目的数据结果是：69.2% 的人表示非常骄傲，26% 的人表示骄傲，合计 95.2%。

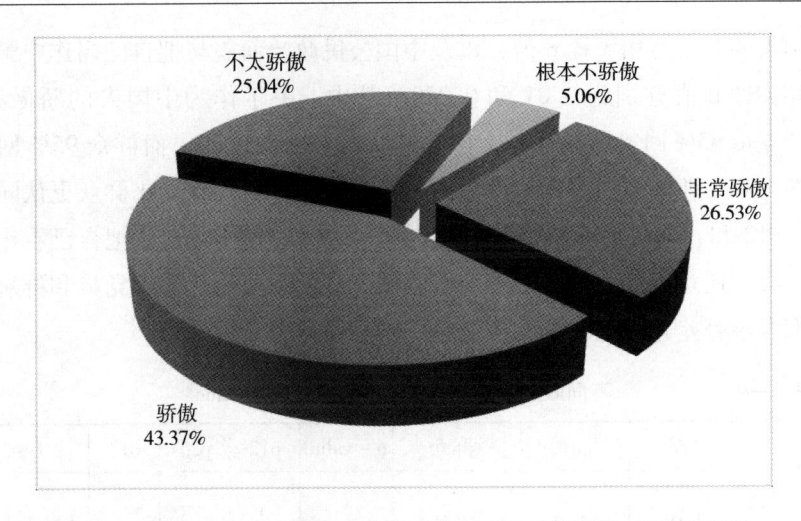

图 1—13　作为一个中国人，您在多大程度上感到骄傲（N＝2412）

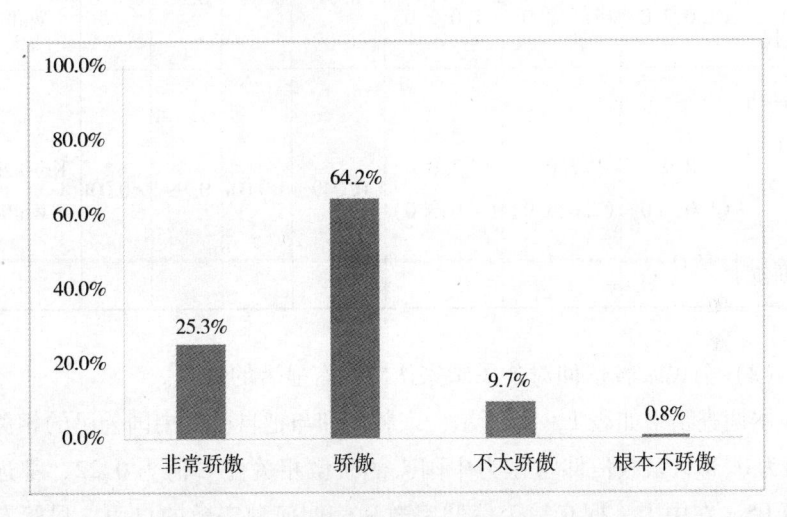

图 1—14　世界价值观调查 2012 年关于作为
中国人是否骄傲的调查结果

通过对比，可以看到，中国人对国家的认同感和美国、印度等国家相比的差距主要在"非常骄傲"的部分。

3. 公民对国家认同的差异分析
（1）党员比群众更认同自己的国家。
中国公民国家认同与政治面貌有强相关性，中国公民政治面貌与作为中国人的骄傲感相关性 p 值，以及中国公民政治面貌与把自己当作中国公民相关性 p 值分别为 0.01 和 0.049。其中，关于作为中国人的骄傲感，共产党员 95% 回答落在 1 与 2 即非常骄傲和骄傲之间，而群众 95% 回答落在 1 和 3 即非常骄傲和不太骄傲之间。可见，共产党员比群众更认同国家。p12 和 p13 都小于 0.05，而 p23 大于 0.05，说明无论是把自己看作中国公民，还是是否为身为中国人而骄傲，党员和团员之间、党员和群众之间都有显著差异，但团员与群众差别不明显。

表 1—9　　　　　不同政治面貌公民对国家认同的 p – value

	党员	团员	群众	p – value	p12	p23	p13	Test
我把自己看作中国公民	1.0 (1.0,2.0)	1.0 (1.0,2.0)	1.0 (1.0,2.0)	0.01	0.045	0.83	0.020	Kruskal – Wallis
作为一个中国人，您在多大程度上感到骄傲	2.0 (1.0,2.0)	2.0 (2.0,3.0)	2.0 (1.0,3.0)	0.049	<0.001	0.99	<0.001	Kruskal – Wallis

（2）公民宗教信仰对公民国家认同没有显著的影响。

本调查结果如表 1—10 所示，宗教信仰与把自己当中国公民的相关性 p 值为 0.36，宗教信仰与作为中国人的骄傲相关性 p 值为 0.22，都远高于 0.05。在中国，拥有是否信仰宗教和信仰何种宗教的自由，尽管有些宗教是从国外传来的，并与境外至今还有着千丝万缕的联系，但总体都具有爱国、自主的传统，在国家认同方面总体上不存在问题。

表 1—10　　　　　有无宗教信仰公民对国家认同的差异

	无宗教信仰	有宗教信仰	p – value	Test
把自己看作中国公民	1.0 (1.0, 2.0)	1.0 (1.0, 2.0)	0.36	Wilcoxon rank – sum

续表

	无宗教信仰	有宗教信仰	p-value	Test
作为中国人的骄傲感	2.0 (1.0, 3.0)	2.0 (2.0, 3.0)	0.22	Wilcoxon rank-sum

（3）受教育程度越高越认同自己的中国公民身份。

中国公民受教育程度与国家公民身份认同及骄傲度的相关性 p 值分别为小于 0.001 和 0.072，前者小于 0.05，后者大于 0.05。这表明，中国公民受教育程度与国家认同强相关，但与是否为自己是中国人而骄傲没有显著的关系。在作为公民的身份认同调查中，受访公民 95% 的回答落在 1—2 即非常同意与同意，但大学以上组中位数为 1 即非常同意，大学以下组中位数为 2 即同意。可见，大学以上文化程度更认同自己的中国公民身份，也说明接受高等教育是促进国家认同的重要途径。

表 1—11　　　　不同受教育程度公民对国家认同的差异

	大学以下	大学及以上	p-value	Test
我把自己看作中国公民	2.0 (1.0, 2.0)	1.0 (1.0, 2.0)	0.001	Wilcoxon rank-sum
作为一个中国人，您在多大程度上感到骄傲	2.0 (1.0, 3.0)	2.0 (1.0, 3.0)	0.072	Wilcoxon rank-sum

（4）机关、党群、企事业单位人员更为自己身为中国人而骄傲。

中国公民当前职业与作为中国公民认同的相关性 p 值为 0.091，大于 0.05，表明两者相关性不显著。中国公民当前职业与作为中国人的骄傲感之间 p 值小于 0.001，表明两者强相关。表 1—12 表明，机关、党群组织、企事业工作人员 95% 的回答落在 1 与 2 即非常骄傲和骄傲之间，而产业工人、农民、学生 95% 的回答落在 2 与 3 即骄傲和不太骄傲之间。可见，机关、党群组织、企事业工作人员比工人、农民、学生等职业更认同国家。同时，p12 显著大于 0.05，表明机关、党群组织、企事业的工作人员与专业技术人员（含教师）在国家认同方面没有显著差别；p23、p13 都小于 0.05，表明机关、党群组织、企事业工作人员与商业、服务业人员在国家认同方面存在显著差异。

表1—12　　　　　　　　不同职业公民对国家认同的差异

	机关、党群组织、企业事业单位工作人员	专业技术人员（含教师）	商业、服务业人员	产业工人和农民	学生	p-value	p12	p23	p13	Test
我把自己看作中国公民	1.0 (1.0, 2.0)	1.0 (1.0, 2.0)	2.0 (1.0, 2.0)	1.0 (1.0, 2.0)	1.0 (1.0, 2.0)	0.091	0.91	0.036	0.038	Kruskal-Wallis
作为一个中国人，您在多大程度上感到骄傲	2.0 (1.0, 2.0)	2.0 (1.0, 3.0)	2.0 (1.0, 3.0)	2.0 (2.0, 3.0)	2.0 (2.0, 3.0)	<0.001	0.39	0.028	0.002	Kruskal-Wallis

（5）中国公民收入越高越为自己身为中国人而骄傲。

中国公民收入情况与作为中国公民认同度的相关性 p 值为 0.13，显著高于 0.05，表明两者相关性很低。公民收入情况与作为中国人的骄傲度的相关性 p 值为 0.019，小于 0.05，表明两者具有显著关联性。如表1—13所示，月收入3000元以上受访公民关于作为中国人的骄傲度回答95%落在1—3即非常骄傲、骄傲和不太骄傲之间，月收入3000元以下受访公民回答95%落在2—3即骄傲、不太骄傲之间，基本可以推断，收入越高的公民越对身为中国人感到骄傲。

表1—13　　　　　　　不同收入水平公民对国家认同的差异

	月收入3000元以下	月收入3000元以上	p-value	Test
我把自己看作中国公民	1.0 (1.0, 2.0)	1.0 (1.0, 2.0)	0.13	Wilcoxon rank-sum
作为一个中国人，您在多大程度上感到骄傲	2.0 (2.0, 3.0)	2.0 (1.0, 3.0)	0.019	Wilcoxon rank-sum

(6)公民对国家的认同与年龄不存在显著的关系。

秩和检验可见,中国公民的国家认同与年龄并没有多大关系。公民年龄与把自己当作中国公民的相关性 p 值、公民年龄与作为中国人是否骄傲的相关性 p 值分别为 0.53 和 0.11,都大大大于 0.05。p12、p23 值都显著大于 0.05,表明 90 后、00 后、80 后在国家认同方面没有明显差异。p13 为 0.033,小于 0.05,表明 70 后与 80 后、90 后、00 后之间在中国公民身份认同方面有显著差异,不过,关于国家骄傲度的调查显示,p13 为 0.75,显著大于 0.05,表明各年龄段不存在显著差异。与经验相符的是,70 后及以上公民与 80 后及以下公民在国家认同上有差异,但与不少主观想象不同的是,这种差异并不存在一种诸如年龄越小越对国家不认同的所谓规律。

表 1—14　　　　　　不同年龄公民对国家认同的差异

	90 后和 00 后	80 后	70 后	60 后及以前	p-value	p12	p23	p13	Test
我把自己看作中国公民	1.0 (1.0,2.0)	1.0 (1.0,2.0)	2.0 (1.0,2.0)	1.0 (1.0,2.0)	0.11	0.48	0.17	0.033	Kruskal–Wallis
作为一个中国人,您在多大程度上感到骄傲?	2.0 (2.0,3.0)	2.0 (1.0,3.0)	2.0 (1.0,3.0)	2.0 (1.0,3.0)	0.53	0.29	0.30	0.75	Kruskal–Wallis

(7)城市居民更认同自己的国家也更为自己身为中国人而骄傲。

公民居住地与作为中国公民认同及作为中国人的骄傲度之间的相关性 p 值均小于 0.001,显著小于 0.05。可见,公民的国家认同与居住地极其相关。在关于作为公民的身份认同的选择中,在 95% 回答区间一致的情况下,小城镇和农村居民回答的中位数为 2 即认同,而城市公民回答的中位数是 1 即非常认同,可以推断城市公民更认同自己是中国公民。在关于作为中国人骄傲度调查中,尽管中位数都是 2 即骄傲,但小城镇和农村居民 95% 的回答落在 2—3 即骄傲和不太骄傲之间,城市居民 95% 的回答落在 1—3 即非常骄傲、骄傲、不太骄傲之间。可见,城市居民更为国家感到骄傲。

表1—15　　　　　　不同居住地公民对国家认同的差异

	小城镇和农村	城市	p – value	Test
我把自己看作中国公民	2.0 (1.0,2.0)	1.0 (1.0,2.0)	0.001	Wilcoxon rank – sum
作为一个中国人，您在多大程度上感到骄傲？	2.0 (2.0,3.0)	2.0 (1.0,3.0)	0.001	Wilcoxon rank – sum

三　公民对当前中国发展状况的评价

1. 公民对中国在世界上的地位认识总体客观、理性

近些年，随着中国经济发展创造的奇迹（2017年对世界经济贡献已超过三分之一），以及美国连续退出多个重要国际组织，中外媒体关于中国已经引领世界发展的说法不时出现。我们的调查显示，对于"中国已经引领世界发展"这一观点，赞同和不赞同的分别占到48.43%和51.57%，基本各占一半而不赞同的超过赞同2个百分点。可见，一方面并没有一边倒地认为中国已经引领世界发展了，公民对中国发展状况的判断基本上可以说是理性的。另一方面，赞同与不赞同双方基本势均力敌也表明，关于中国目前状况的认识差异很大，甚至相反。同一个事实的基本对立式的认识，既表明信息不对称，也表明看问题的角度和价值观不一样。

与此同时，在"中国的经济总量已居世界第二，这是否意味着中国已经是世界强国"的调查中，65.04%的受访者认为中国的经济总量虽然已居世界第二，但并不意味着中国已经是世界强国。这表明大多数中国公民对当前中国发展状况认识是非常客观的。

2. 大多数公民认为中国目前的总体发展状况是好的

调查显示，对目前中国总体状况的判断，在1分（非常不好）到10分（非常好）的分值选择中，6—10分的选择率达到85.36%，且均值达7.32分，与前述认同自己是中国公民（82.99%）和为自己是中国人骄傲（69.9%）综合起来看，大多数公民对中国目前的总体发展状况持肯定态

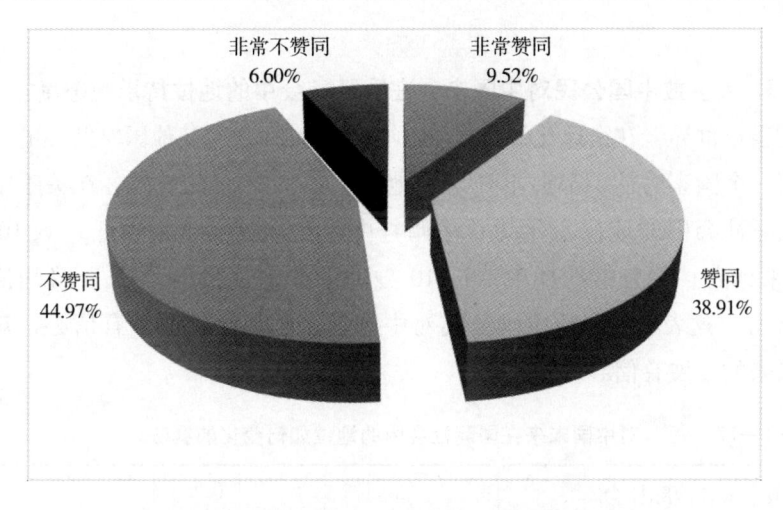

图 1—15　对中国已经引领世界发展这一观点的看法（N = 2395）

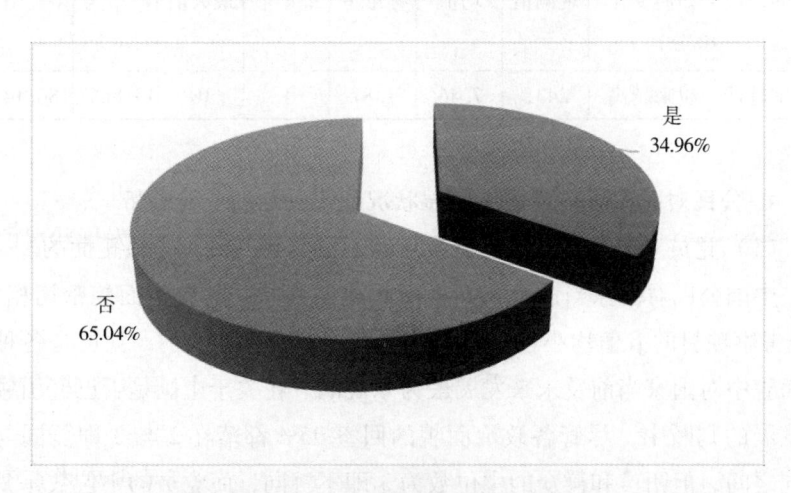

图 1—16　中国的经济总量已居世界第二，
这是否意味着中国已经是世界强国（N = 2440）

度，也就是说国家对于他们来说是正面价值的。

表 1—16　　　　　公民对中国目前总体发展状况的看法

对目前中国总体发展状况的看法（1—10 分）	观测值	均值	标准差	最小值	最大值	1—5 分	6—10 分
非常不好—非常好	2438	7.32	1.84	1	10	14.64%	85.36%

3. 大多数中国公民对中国未来在国际社会中的地位持乐观态度

当今世界，在全球化的背景下，任何国家都是与其他国家共在的，对任何一个国家的认识都离不开与"他者"（others）的比较。在关于中国在国际社会中的地位变化的看法调查中，在 1 分（越来越低）到 10 分（越来越高）的分值选择中，6—10 分的选择率达到 86.14%，且均值达 7.46 分。这表明大多数中国公民对中国越来越强大的前景有信心，对中国未来的发展有信心。

表1—17　对中国未来在国际社会中的地位如何变化的看法

中国未来在国际社会中的地位会如何变化（1—10 分）	观测值	均值	标准差	最小值	最大值	1—5 分	6—10 分
越来越低—越来越高	2431	7.46	1.87	1	10	13.86%	86.14%

4. 公民对国家当前及未来发展状况认识判断的差异分析

（1）党员对国家当前及未来发展状况的认识判断都是最正面的。

中国公民对国家当前及未来发展状况的判断与其政治面貌密切相关，3 个考察项目的 p 值均小于 0.001，大大小于 0.05。其中，党员是各种政治面貌中对国家当前及未来发展最为乐观的。在关于中国是否已经引领世界发展的判断中，尽管各政治面貌的回答 95% 都落在 2 与 3 即赞同与不赞同之间，但团员和群众的中位数为 3 即不赞同，而党员的中位数是 2 即赞同，差异明显；在如何看待中国目前总体发展状况的判断中，党员不仅中位数 8 高于团员和群众的 7，而且，党员 95% 回答落在 7—9 之间，高于团员（6—8）、群众（6—9）的评价；在对中国未来的判断中，党员、团员比群众更乐观，党员、团员中位数都是 8，且 95% 回答落在 7—9 之间，而群众的中位数是 7，95% 的回答落在 6—9 之间。对中国是否引领世界发展的判断中，p12、p23、p13 均小于 0.05，表明党员、团员、群众之间存在显著差异；在如何看待中国总体发展状况的判断中，p12、p13 都小于 0.001，而 p23 为 0.4，大于 0.05，因此，党员、团员、群众之间对中国总体发展状况的判断存在显著差异，但团员与群众的差异不明显；

关于中国未来在国际社会中的地位，p12 为 0.88，显著大于 0.05，p23、p13 都小于 0.001，可见党员和团员之间没有明显差异，而团员与群众、党员与群众之间存在显著差异。

表1—18　不同政治面貌公民对国家目前和未来发展状况判断的差异

	共产党员	共青团员	群众	p-value	p12	p23	p13	Test
您对中国已经引领世界发展对这种观点的看法	2.0 (2.0,3.0)	3.0 (2.0,3.0)	3.0 (2.0,3.0)	<0.001	<0.001	<0.001	0.067	Kruskal-Wallis
您如何看待中国目前的总体发展状况	8.0 (7.0,9.0) 7.6 [±1.8]	7.0 (6.0,8.0) 7.2 [±1.8]	7.0 (6.0,9.0) 7.2 [±1.9]	<0.001 <0.001	<0.001 <0.001	0.40 0.32	<0.001 <0.001	Kruskal-Wallis ANOVA
您认为中国未来在国际社会中地位会	8.0 (7.0,9.0) 7.7 [±1.8]	8.0 (7.0,9.0) 7.7 [±1.8]	7.0 (6.0,9.0) 7.2 [±1.9]	<0.001 <0.001	0.63 0.88	<0.001 <0.001	<0.001 <0.001	Kruskal-Wallis ANOVA

（2）无宗教信仰的中国公民对中国总体发展状况更乐观。

中国公民宗教信仰与判断中国是否引领世界、中国未来在国际社会的地位相关性不明显，p 值分别为 0.24 和 0.12，都显著大于 0.05。只是在判断目前中国的总体发展状况时，p 值为 0.006，显著小于 0.05，也就意味着公民是否有宗教信仰与此判断强相关。在 1（非常不好）—10（非常好）的分值中，无宗教信仰公民回答 95% 落在 6—9，中位数为 8，而有宗教信仰的公民落在 6—8，中位数为 7。显然，无宗教信仰的公民要比有宗教信仰的公民对中国目前总体发展状况更乐观。

表1—19　有无宗教信仰公民对国家目前和未来发展状况判断的差异

	无宗教信仰	有宗教信仰	p-value	Test
您对中国已经引领世界发展对这种观点的看法	3.0 (2.0, 3.0)	3.0 (2.0, 3.0)	0.24	Wilcoxon rank-sum

续表

	无宗教信仰	有宗教信仰	p – value	Test
您如何看待中国目前的总体发展状况	8.0 (6.0, 9.0)	7.0 (6.0, 8.0)	0.016	Wilcoxon rank – sum
	7.4 [±1.8]	7.0 [±2.1]	0.006	Two sample t test
您认为中国未来在国际社会中地位会	8.0 (6.0, 9.0)	7.0 (6.0, 9.0)	0.12	Wilcoxon rank – sum
	7.5 [±1.8]	7.3 [±2.1]	0.056	Two sample t test

（3）受教育程度越高的公民越看好中国的未来发展前景。

中国公民对国家现状与未来的看法与受教育程度紧密相关，3个考察项目相关 p 值分别为小于 0.001、0.002、小于 0.001。在关于中国是否引领世界发展的判断中，虽然各教育程度的回答 95% 都落在 2 与 3 即赞同和不赞同之间，但大学以下文化程度的中位数是 2 即赞同，而大学以上文化程度中位数为 3 即不赞同。在对中国目前总体发展状态的评价中，大学以下文化程度公民 95% 回答落在 6—9，中位数为 8，比大学以上文化程度公民（中位数 7、区间为 6—8）要更积极。但是，在关于中国未来的国际社会地位的瞻望中，虽然各文化程度 95% 回答都落在 6—9 之间，但大学以上文化程度公民的中位数（8）大于大学以下文化程度公民（7），更为乐观。也就是说，总体来看，接受教育程度越高，对目前中国的发展现状的评价更加理性、谨慎，但对未来中国的发展前景更为乐观。

表 1—20　不同受教育程度公民对国家目前和未来发展状况判断的差异

	大学以下	大学以上	p – value	Test
您对中国已经引领世界发展对这种观点的看法	2.0 (2.0, 3.0)	3.0 (2.0, 3.0)	<0.001	Wilcoxon rank – sum
您如何看待中国目前的总体发展状况	8.0 (6.0, 9.0)	7.0 (6.0, 8.0)	0.002	Wilcoxon rank – sum
	7.4 [±1.9]	7.2 [±1.8]	0.010	Two sample t test

第一章 公民国家价值观的总体状况　　33

续表

	大学以下	大学以上	p-value	Test
您认为中国未来在国际社会中地位会	7.0 (6.0, 9.0)	8.0 (6.0, 9.0)	<0.001	Wilcoxon rank-sum
	7.3 [±1.9]	7.6 [±1.8]	<0.001	Two sample t test

(4) 产业工人和农民对国家当前及未来评价总体低于其他职业。

中国公民对国家当前及未来评价与其当前职业强相关。如表1—21所示，3个考察项目秩和检验p值两个小于0.001，一个为0.032，均小于0.05。相对而言，工人、农民、学生最不认同中国已经引领世界发展的说法，虽然所有职业公民的回答95%都落在2与3即赞同与不赞同之间，但工人、农民、学生的中位数是3即不赞同，机关、党群组织、企事业工作人员和技术人员、商业、服务业人员的中位数则都为2即赞同。在对待中国目前的总体发展状况的判断上，机关、党群组织、企事业工作人员和技术人员明显评价更为积极，中位数都是8，其他职业为7。但在中国未来国际地位的瞻望中，商业、服务人员、工人、农民的估计要低于其他职业，相对而言，学生最为乐观，中位数为8，95%回答落在7—9之间。

表1—21　不同职业公民对国家目前和未来发展状况判断的差异

	机关、党群组织、企事业工作人员	专业技术人员(含教师)	商业、服务人员	产业工人、农民	学生	p-value	p12	p23	p13	Test
您对中国已经引领世界发展对这种观点的看法	2.0 (2.0, 3.0)	2.0 (2.0, 3.0)	2.0 (2.0, 3.0)	3.0 (2.0, 3.0)	3.0 (2.0, 3.0)	<0.001	0.23	0.84	0.31	Kruskal-Wallis
您如何看待中国目前的总体发展状况	8.0 (7.0, 9.0)	8.0 (6.0, 9.0)	7.0 (6.0, 9.0)	7.0 (6.0, 8.0)	7.0 (6.0, 8.0)	0.032	0.42	0.39	0.093	Kruskal-Wallis
	7.6 [±1.8]	7.5 [±1.9]	7.3 [±2.0]	7.3 [±1.7]	7.2 [±1.8]	0.034	0.34	0.31	0.048	ANOVA

续表

	机关、党群组织、企事业工作人员	专业技术人员（含教师）	商业、服务人员	产业工人、农民	学生	p-value	p12	p23	p13	Test
您认为中国未来在国际社会中地位会	8.0 (6.0, 9.0)	8.0 (6.0, 9.0)	7.0 (6.0, 9.0)	7.0 (6.0, 8.0)	8.0 (7.0, 9.0)	<0.001	<0.001	0.19	0.002	Kruskal-Wallis
	7.4 [±2.0]	7.7 [±1.9]	7.2 [±2.0]	7.1 [±1.7]	7.7 [±1.7]	<0.001	0.15	0.003	0.16	ANOVA

（5）公民收入越高对目前中国状况的评价越积极。

调查显示，中国公民收入状况与其对中国未来发展前景预期并没有强相关性，秩和检验p值为0.71，大于0.05。但是，另外两个维度的p值分别为0.012和0.007，均小于0.005，表明公民对中国目前现状的判断与其收入状况有着强相关性。在关于中国是否引领世界发展的判断中，虽然95%的回答落在2—3即赞同与不赞同之间，但月收入3000元以下组的中位数为3即不赞同，而月收入3000元以上组的中位数为2即赞同，这其中有着鲜明的差别。在对中国目前总体状况的判断中，月收入3000元以下组95%回答区间（6—8）略差于月收入3000元以上组（6—9），而且中位数是7，明显差于后者的8。综合起来大致可以得出这样的结论：经济收入越高的人对中国目前发展状况的评价越积极，反之亦然。

表1—22　不同收入水平公民对国家目前和未来发展状况判断的差异

	3000元以下	3000元以上	p-value	Test
您对中国已经引领世界发展对这种观点的看法	3.0 (2.0, 3.0)	2.0 (2.0, 3.0)	0.012	Wilcoxon rank-sum

续表

	3000 元以下	3000 元以上	p – value	Test
您如何看待中国目前的总体发展状况	7.0 (6.0, 8.0)	8.0 (6.0, 9.0)	0.007	Wilcoxon rank – sum
	7.2 [±1.8]	7.4 [±1.8]	0.003	Two sample t test
您认为中国未来在国际社会中地位会	7.0 (6.0, 9.0)	8.0 (6.0, 9.0)	0.71	Wilcoxon rank – sum
	7.4 [±1.8]	7.6 [±2.0]	0.10	Two sample t test

(6) 年青一代公民对现状的理解更谨慎、理性，但对未来发展更乐观。

中国公民对国家现状与未来发展趋势的判断与年龄强相关，3个考查项目的 p 值均小于 0.001。在关于中国是否已经引领世界发展的判断中，95%的回答都落在 2—3 即赞同与不赞同之间，但"90""00后"的中位数是 3 即不赞同，"70后"60后及以上中位数为 2 即赞同，两者对比很鲜明，而 80 后中位数为 2.5，界于两者之间，对中国是否引领世界判断模棱两可。在看待中国目前的总体发展状况时，70、60 后及以上，80、90、00 后形成明两个阵营，前者无论是 95% 回答所落区间（7—9，6—9），还是中位数（8）都高于后者（6—8，7），也就是说 70 后、60 后及以上的判断更乐观。在对未来中国国际地位的预见中，90、00 后却是各年龄段中最为乐观的，95% 回答落在 7—9 之间，中位数为 8，在各年龄中最优。在对未来中国国际地位的判断中，p12 值小于 0.001，显著小于 0.005，表明 90、00 后与 80 后之间存在显著差异；在关于中国已经引领世界发展、如何看待中国目前总体发展状况的判断中，p13 值都小于 0.001，显著小于 0.05，说明 90、00 后与 70 后在这两个方面判断存在突出的差异。总体基本可以认为，在对中国现状与未来发展判断中，年青一代与年老一代有着显著差别，90、00 后对现状的理解更谨慎、理性，但对未来发展更乐观。

表1—23　不同年龄公民对国家目前和未来发展状况判断的差异

	00、90后	80后	70后	60后及以上	p-value	p12	p23	p13	Test
您对中国已经引领世界发展对这种观点的看法	3.0 (2.0, 3.0)	2.5 (2.0, 3.0)	2.0 (2.0, 3.0)	2.0 (2.0, 3.0)	<0.001	0.033	0.091	<0.001	Kruskal-Wallis
您如何看待中国目前的总体发展状况	7.0 (6.0, 8.0)	7.0 (6.0, 8.0)	8.0 (7.0, 9.0)	8.0 (6.0, 9.0)	<0.001	0.48	0.006	<0.001	Kruskal-Wallis
	7.2 [±1.8]	7.3 [±1.9]	7.6 [±1.8]	7.6 [±1.9]	<0.001	0.53	0.006	<0.001	ANOVA
您认为中国未来在国际社会中地位会	8.0 (7.0, 9.0)	7.0 (6.0, 9.0)	8.0 (6.0, 9.0)	7.0 (6.0, 9.0)	<0.001	<0.001	0.020	0.54	Kruskal-Wallis
	7.6 [±1.8]	7.2 [±1.9]	7.5 [±1.9]	7.4 [±1.9]	0.001	<0.001	0.037	0.37	ANOVA

（7）城市居民对目前中国在国际上的位置和未来发展前景都比小城镇和农村居民更为乐观。

不同居住地的公民对其关于中国目前总体发展状况的影响不大，秩和检验p值为0.94，大于0.05。但是，公民居住地对公民关于中国现在和未来在世界上的地位的判断有重要影响，秩和检验p值都小于0.001。在关于中国是否已经引领世界发展的判断中，虽然不同居住地公民95%回答都落在2—3即赞同与不赞同之间，但农村、小城镇的中位数为3即不赞同，与城市居民（中位数为2即赞同）的判断明显不同；在关于目前中国的总体发展状况的判断中，城市居民和农村、小城镇居民的中位数分别为8和7，差异明显。因此，总体上，城市居民对目前中国在国际上的位置和未来发展前景都比小城镇和农村居民更为乐观。

表1—24　不同居住地公民对国家目前和未来发展状况判断的差异

	小城镇和农村	城市	p-value	Test
您对中国已经引领世界发展对这种观点的看法	3.0 (2.0, 3.0)	2.0 (2.0, 3.0)	<0.001	Wilcoxon rank-sum
您如何看待中国目前的总体发展状况	8.0 (6.0, 8.0)	7.0 (6.0, 9.0)	0.94	Wilcoxon rank-sum
	7.3 [±1.9]	7.3 [±1.8]	0.72	Two sample t test
您认为中国未来在国际社会中地位会	7.0 (6.0, 8.0)	8.0 (6.0, 9.0)	<0.001	Wilcoxon rank-sum
	7.3 [±1.8]	7.5 [±1.9]	<0.001	Two sample t test

四　公民对中国目前主要短板的判断

　　经过站起来、富起来，中国终于进入强起来的阶段。"强起来"是一个过程，就意味着还是进行时，而不是完成时。按照十九大的擘画，我们要到2049年左右才能真正建成现代化强国。那么，目前中国还需要在哪些方面做出努力呢？当然，经济的继续壮大、强大是毫无疑问的。除此之外，调查中给出了涉及"五位一体"建设中各方面的选项，结果显示，更加规范的法治秩序以22.64%的响应百分比和56.65%的个案百分比位列第一，这与中共十九届四中全会关于推进国家治理能力和治理体系现代化的精神是深度契合的（本调查在十九大之前完成），也表明了公民对法治价值的尊崇与追求。更加公正的社会制度以18.64%排在第二位，表明了公民对公正价值的强烈诉求。更加健康宜居的生态环境、更强的文化软实力、更加民主的政治所占百分比接近，分别是15.08%、15.03%、14.96%，凸显了生态、文化、政治的价值。更加和谐有活力的社会以12.01%垫底，一方面表明这是一个需要继续建设的方面；另一方面其当前的满意度比其他项要高，乃至可以说，和谐有活力的社会恰恰是中国社会与其他国家相比较的一个重要优势。

表 1—25　　　　　　中国成为世界强国的主要短板

中国成为世界强国的短板	频次	响应百分比	个案百分比
更加公正的社会制度	765	18.64	46.65
更加规范的法治秩序	929	22.64	56.65
更加民主的政治	614	14.96	37.44
更强的文化软实力	617	15.03	37.62
更加和谐有活力的社会	493	12.01	30.06
更加健康宜居的生态环境	619	15.08	37.74
其他	67	1.63	4.09
合计	4104	100.00	250.24

注：有效个案1640。

五　公民对个人与国家、组织关系的判断

1. 国家与个人的责任担当

前述关于公民的自我归属感的描述中，有71.63%的公民认同自己是自主的个人。在关于国家与个人应该承担生活的责任调查中，在1分（国家承担更多）到10分（个人承担更多）的分值选择中，6—10分的选择率是61.78%，也就是说有近四成公民认为，个人生活的责任应该更多由国家承担，考虑到均值为5.99分，可以理解为其实认为个人生活国家应该承担更多，与个人承担更多基本相当，个人承担更多的选择只占微弱优势。因此，中国公民总体的担当意识还是不强的。中国自古家国意识强烈，即使在进入社会主义时期，也始终有把国家作为"大家庭"的习惯，形成政府大包大揽的政府依赖意识，甚至有"社会主义巨婴"之说。这的确值得我们思考。

表 1—26　　　　　国家与个人谁应该承担个人生活的责任

国家与个人谁应该承担个人生活的责任（1—10分）	观测值	均值	标准差	最小值	最大值	1—5分	6—10分
国家承担更多——个人承担更多	2415	5.99	2.19	1	10	38.22%	61.78%

该题源自 2012 年世界价值观调查原题（V98），只做了措辞上的修改。当年在中国的调查结果如下：

表1—27　世界价值观调查 2012 年：您更倾向于国家还是个人承担个人生活责任

选择倾向（1—10 分）	观测值	均值	标准差	最小值	最大值	1—5 分	6—10 分
国家应承担更多——个人应承担更多	2145	4.65	2.65	1	10	75.0%	25.0%

两相对照，公民的观念发生了显著变化。2012 年多数公民是倾向于国家应该为个人生活承担更多责任，1—5 分的选择率为 75%，比 2017 年高出近 37 个百分点，均值为 4.65，也显著低于 2017 年的 5.99。排除问卷措辞变化和调查误差的影响，我们依然可以说，5 年里人们的观念发生了巨大变化，那就是从总体上依赖国家为个人生活负责转变为总体上倾向于由个人为自己的生活负责。这是社会进步、公民成熟的重要表征，值得祝贺和欣慰。

2. 个人与国家、政党、政府的利益关系

正如马克思指出的，人们奋斗的一切都和他们的利益有关，而利益就是被意识到了的需要。离开需要和利益谈价值观，注定要出丑；对利益的态度从根本上反映公民的价值观。受访的中国公民在谈到政党、政府、国家、个人的利益发生冲突时的优先选择时，71.69% 国家利益优先，6.82% 政府利益优先，4.34% 政党利益优先，17.15% 个人利益优先。可见，多数公民有着国家利益至上的价值观。同时，国家利益、政府利益、政党利益优先三者之和达到 82.85%，说明公民比较普遍地持一种为了集体利益可以牺牲个人利益的集体主义价值观。当然，有将近五分之一的公民在集体利益和个人利益发生冲突时个人利益优先，这是很真实的，也是值得我们反思的。

六　公民对国家间冲突本质的认识

如前已及，一个国家的存在和发展是在国际社会中与作为他者的其他国家的认异中获得认同的。国与国相处之道也反映一国的国家价值观，国与国相处最能体现各自国家价值观的是如何对待国际冲突。关于国际间冲

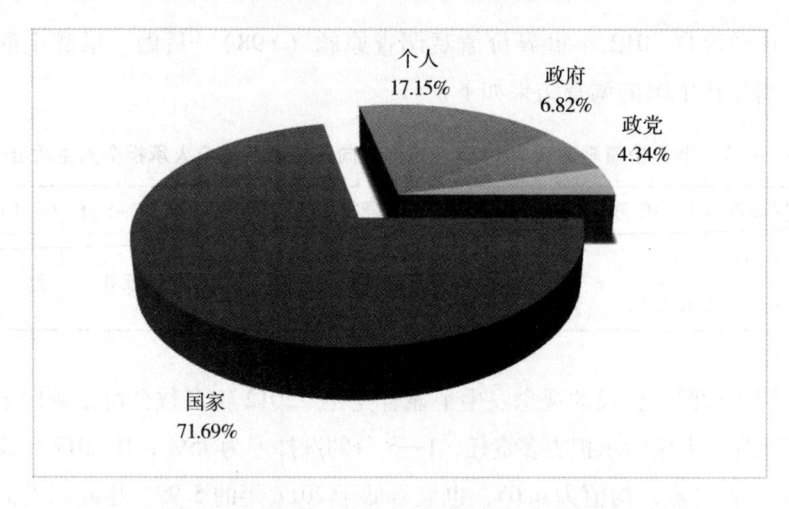

图 1—17 政党、政府、国家、个人的利益发生冲突时的优先选择什么

突的本质,历来有不同的观点,汤因比、亨廷顿关于文明、文化冲突的观点影响广泛,社会制度及意识形态之间冲突的观点也很有市场,但调查的结果显示,近六成(59.96%)受访中国公民认为国际冲突的本质是利益冲突,认为本质上是制度冲突的占约四分之一(24.91%),认为本质是文化冲突的只有 14.19%。

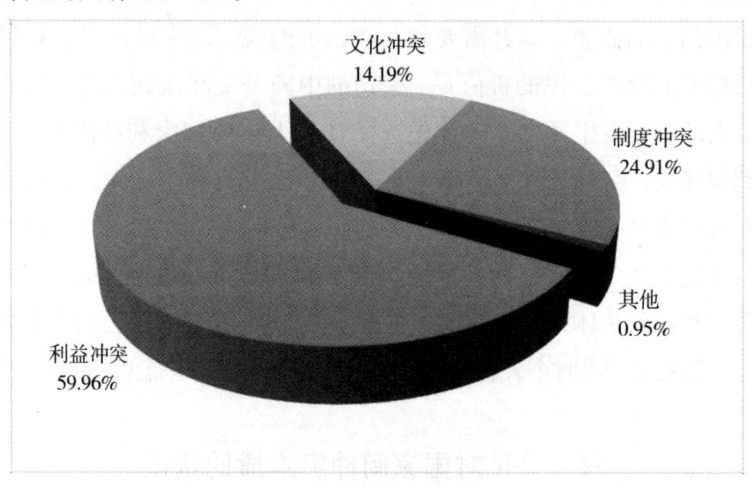

图 1—18 您认为国际间冲突的本质是什么 (N = 2425)

在马克思主义看来,包括国际关系在内的一切冲突都可以追溯到利益的冲突。中国公民对国际冲突本质的把握基本是科学、理性的,这既与长

期以来国家对公民进行的马克思主义教育有关,也与中国多年来在国际社会中的遭遇有关,更与中国引入市场经济后的洗礼有关。同时,综合前述中国公民把经济发展作为国家最重要的功能、价值,我们也可以认为,中国公民对国家的想象偏重于经济、利益的共同体。

七 形成公民国家价值观的主要影响因素

在影响中国公民对国家看法的主要影响因素调查中,上网以最高频次排在第一,有52.56%的公民选择了此项,在各种因素中占比20.85%,也居各因素第一。在信息网络时代,中国实现了弯道超车,基于智能手机的互联网交往领先于世界,对人们的生活方式产生巨大影响,极大影响了人们价值观念的形成。频次、个案百分比、响应百分比排在第二的是看电视,表明在互联网时代,电视依然是极其重要的大众传媒。相反,我们经常认为是思想政治或价值观教育主战场的学校在各因素占比中只有15.43%,仅排第三位;看书这一传统方式则排在第五位,占比不到十分之一。值得欣慰的是,自己思考因素占比达14.49%,排在第四,超过读书、和别人交流、听广播,直逼学校教育和电视影响,这是当代中国人主体性的体现。总之,目前中国公民国家观的形成受媒体特别是互联网、电视影响巨大,受学校教育的影响低于人们预期,自我思考的影响凸显。

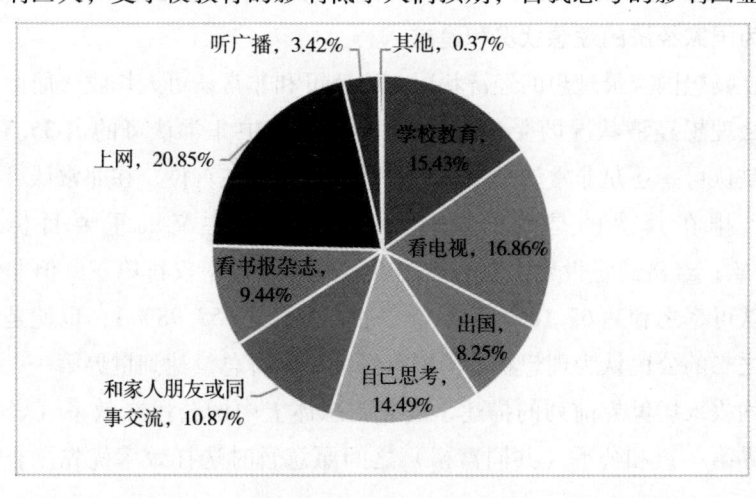

图1—19 形成对国家看法的主要因素 (N=6143)

第二章　公民国家经济价值观分析

正如马克思所揭示的，"全部人类历史的第一个前提无疑是有生命的个人的存在"①，这也意味着一定的物质条件是人得以存在的前提，而这些物质条件满足的前提是人们能够将其生产出来、配置到位，这其实就是最广义的经济活动。经济基础决定上层建筑，经济功能对于一个国家来说是基础性和前提性的。改革开放以来，中国共产党始终强调以经济建设为中心、坚持发展就是硬道理。公民对国家的经济功能方面的根本看法与态度即公民经济价值观是公民国家价值观的基础内容。

一　公民对国家经济发展理想状态的描述

1. 大多数公民将人均收入居世界前列、经济总量世界第一、共同富裕视为国家经济的理想状况和追求

在畅想国家最理想的经济状况时，认可和非常认可人均收入居世界前列是最理想经济状况的受访者占 67.54%，其中非常认可的占 35.37%，无论是认可率还是非常认可率都在各种描述中排在首位；在非常认可的描述中，排在其次的是共同富裕——这是社会主义的重要目标，达 31.62%；经济总量世界第一的描述虽然非常认可率仅排第三，但非常认可和认可率之和达 65.16%，大大超过共同富裕（57.98%），也就是说近三分之二的公民认为理想状态的国家经济是经济总量达到世界第一，仅次于人均收入居世界前列的描述，这表明总体上中国公民在效率（经济总量世界第一）和公平（共同富裕）之间愿意暂时选择效率优先。非常有

---

① 《马克思恩格斯选集》第 1 卷，人民出版社 2012 年版，第 146 页。

意思的是,认可或非常认可完全实行市场经济是最理想经济状况的受访者占41.80%,其中非常认可的占15.27%;一半左右的受访者不认可或非常不认可该看法;认可或非常认可完全实行私有制是最理想经济状况的受访者占32.41%,近60%的受访者不认可或非常不认可该看法。在各项不认可项中,完全实行私有制一项拔得头筹,达25.81%,也就是说四分之一多的公民非常不认可实行完全的私有制。可以初步得出,中国多数公民想象的中国经济的理想状况是:人均收入居世界前列,经济总量世界第一,逐步实现共同富裕,公有制为主体,有条件的市场经济。这基本上和我们社会主义初级阶段所描述的经济状况相当,很中国,也很社会主义。

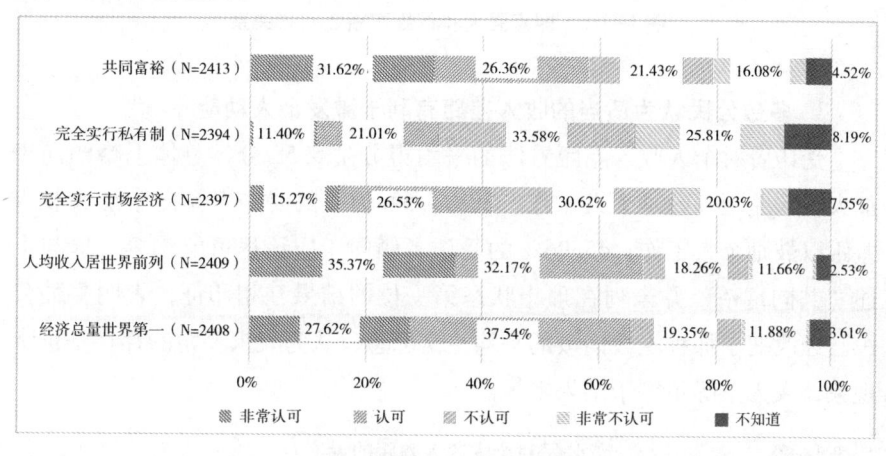

项目	非常认可	认可	不认可	非常不认可	不知道
共同富裕(N=2413)	31.62%	26.36%	21.43%	16.08%	4.52%
完全实行私有制(N=2394)	11.40%	21.01%	33.58%	25.81%	8.19%
完全实行市场经济(N=2397)	15.27%	26.53%	30.62%	20.03%	7.55%
人均收入居世界前列(N=2409)	35.37%	32.17%	18.26%	11.66%	2.53%
经济总量世界第一(N=2408)	27.62%	37.54%	19.35%	11.88%	3.61%

图1—20 对国家最理想经济状况相关看法的态度

2. 多数公民认为国强和民富应该相辅相成

国家强大和百姓富裕之间的关系选择是体现公民国家经济价值观的重要方面。21.33%受访公民选择了国强才会民富,这应该是一种比较传统的观点;11.38%受访公民选择了民富才会国强,这是一种自亚当·斯密就定型了的方法论个人主义的自由主义经济学观点。但是,61.48%也是多数受访公民选择的是国强和民富两者相辅相成、互相促进。这是一种比较辩证、符合实际、符合马克思主义的观点。可见,受访公民多数对国强与民富关系有正确的理解。

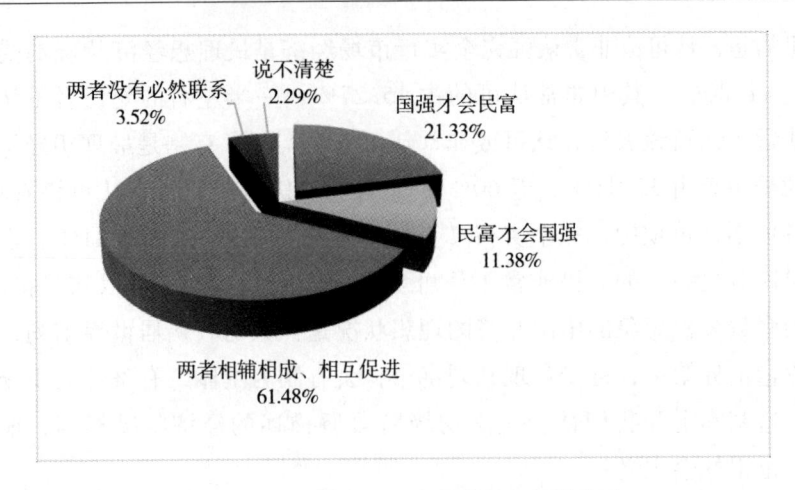

图 1—21　国家强大和百姓富裕之间的关系

3. 多数公民认为适当的收入差距有利于激发个人动能

受访者对个人收入差距看法的平均得分是 5.58 分，总体上略倾向于加大收入差距以鼓励个人工作。其中，54.04% 的受访者倾向于加大收入差距以鼓励个人工作，45.96% 的受访者倾向于应该尽可能均等。这与上述"共同富裕"并未列在理想状态第一位的结果互相印证，表明多数公民已经改变了那种吃大锅饭的平均主义思想，认为收入差距的存在是正常现象，人人平等不等于结果平等。

表 1—28　　　　　　　　公民对个人收入差距的看法

对个人收入差距的看法 （1—10 分）	观测值	均值	标准差	最小值	最大值	1—5 分	6—10 分
收入应尽可能均等——应该加大收入差距鼓励个人工作	2413	5.58	2.41	1	10	45.96%	54.04%

该题源自 2012 年世界价值观调查原题（V96），当年在中国的调查结果如下：

表 1—29　　2012 年世界价值观调查：您对收入差距的看法

选择倾向（1—10 分）	观测值	均值	标准差	最小值	最大值	1—5 分	6—10 分
收入尽可能均等——加大差距鼓励个人努力工作	2153	4.45	2.75	1	10	65.6%	34.4%

两相对照，我们发现 5 年时间情况发生了显著变化，那就是 2012 年时受访公民总体上是倾向于收入均等的，1—5 分选择比 65.6%，比 2017 年（45.96%）高出 19.64 个百分点，十分显著；均值则由 2012 年的 4.45 提升到 2017 年的 5.58。总体上，公民从倾向于收入均等转变为加大差距。

（1）共产党员最赞成加大收入差距以发挥激励功能。

秩和检验表明，对收入差距的看法与公民政治面貌有强相关关系，p 值为 0.019，小于 0.05。虽然中位数都是 6，但共产党员 95% 的回答落在 4—8 之间，略高于共青团员、群众 4—7 区间；同时，方差分析显示，党员均值为 5.8，明显高于共青团和群众的均值 5.5。p23 大于 0.05，p12、p13 小于 0.05，表明共产党员与团员、与群众之间关于收入差距看法有显著差异，而团员与群众之间差异不明显。可见，在各政治面貌的公民中，共产党员最赞成加大收入差距以发挥激励功能。

表 1—30　　不同政治面貌公民对个人收入差距看法的差异

	共产党员	共青团员	群众	p-value	p12	p23	p13	Test
您对个人收入差距的看法	6.0 (4.0,8.0)	6.0 (4.0,7.0)	6.0 (4.0,7.0)	0.019	0.016	0.96	0.010	Kruskal-Wallis
	5.8 [±2.5]	5.5 [±2.3]	5.5 [±2.4]	0.021	0.020	0.93	0.011	ANOVA

（2）机关、党群组织、企事业工作人员比其他职业更倾向于扩大收入差距，工人、农民、学生则最保守。

不同职业对公民关于收入差距的看法有重要影响，秩和检验 p 值等于

0.003，大大小于0.05。虽然中位数均为6，但机关、党群组织、企业事业单位工作人员95%的回答落在5—8之间，略高于其他职业4—7或4—8之间；同时，方差分析看出，机关、党群组织、企事业工作人员均值为5.9，高于其他职业，其中工人、农民、学生的均值最低，为5.4。可以认为，机关、党群组织、企事业工作人员比其他职业更倾向于扩大收入差距，工人、农民、学生则最保守。

表1—31　　　　不同职业公民对个人收入差距看法的差异

您对个人收入差距的看法	机关、党群组织、企业事业单位工作人员	专业技术人员（含教师）	商业、服务业人员	产业工人和农民	学生	p-value	p12	p23	p13	Test
	6.0 (5.0, 8.0)	6.0 (4.0, 8.0)	6.0 (4.0, 8.0)	6.0 (4.0, 7.0)	6.0 (4.0, 7.0)	0.003	0.87	0.37	0.21	Kruskal-Wallis
	5.9 [±2.3]	5.8 [±2.6]	5.7 [±2.4]	5.4 [±2.4]	5.4 [±2.2]	0.002	0.62	0.54	0.25	ANOVA

（3）收入越高越倾向于扩大收入差距。

表1-32显示，不同收入水平的公民与对收入差距的看法之间秩和检验p值小于0.001，表明两者强相关。方差分析显示，月收入3000元以下公民均值为5.4，而月收入3000元以上的公民的均值为5.8，因此总的来看，收入越高越倾向于扩大收入差距。

表1—32　　　　不同收入水平公民对个人收入差距看法的差异

您对个人收入差距的看法。	3000元（含）以下	3000元以上	p-value	Test
	6.0 (4.0, 7.0)	6.0 (4.0, 8.0)	<0.001	Wilcoxon rank-sum
	5.4 [±2.3]	5.8 [±2.5]	<0.001	Two sample t test

（4）60后及以上公民对收入差距扩大最持保守意见。

不同年龄对个人收入差距的看法有重要影响，秩和检验p值小于0.001。其中，只有60后及以上的中位数为5，其他年龄段中位数均为6；

同时，方差分析显示，60后及以上公民均值为5.2，明显小于其他年龄段，有意思的是70、80比较接近，均值都是5.8，而00、90后反而更接近60后及以上，均值为5.5。p12和p13都小于0.05，而p23则大大大于0.05，说明00、90后和80、70后之间的看法有显著差异，而70、80之间没有明显差异。综合起来可以说，60后及以上公民对收入差距扩大最持保守意见，在年轻一代中90、00后也对收入差距持较保守态度。合理的解释是，60后及以上公民在"站起来"的阶段经历了传统的计划经济、平均主义严重的时期，对收入差距扩大有种本能的抗拒；70、80后是在改革开放过程中成长起来的，在"富起来"的阶段发展，效率优先、兼顾公平的观念已经根深蒂固，在他们很多人的理解中，扩大收入差距是情理之中的事情；90、00后走向历史舞台时中国已经进入"强起来"的阶段，对公平正义、共同富裕的追求更加强烈，对收入差距的缩小变得日益自觉。

表1—33　　　　　不同年龄公民对个人收入差距看法的差异

您对个人收入差距的看法	90后和00后	80后	70后	60后及以前	p-value	p12	p23	p13	Test
	6.0 (4.0,7.0)	6.0 (4.0,8.0)	6.0 (4.0,8.0)	5.0 (3.0,8.0)	<0.001	0.002	0.94	0.011	Kruskal-Wallis
	5.5 [±2.2]	5.8 [±2.4]	5.8 [±2.6]	5.2 [±2.8]	<0.001	0.002	0.96	0.011	ANOVA

（5）小城镇、农村居民比城市居民更加接受扩大收入差距以调动个人积极性的观点。

居住地与公民对收入差距的看法之间秩和检验p值小于0.001，表明两者强相关。如表1—34所示，小城镇和农村居民95%回答落在4—8的区间，中位数为7，显著高于城市居民的中位数5；同时，方差分析显示，小城镇和农村居民的均值为5.9，城市居民均值为5.4。也就是说，小城镇、农村居民比城市居民更加接受扩大收入差距以调动个人积极性的观点。由于发展的不均衡，我国城乡差距较大，总体上可以说，城市已经进入"强起来"的阶段，而大部分农村和小城镇还处于"富起来"阶段后期，两种居住地事实上是两个极端，对待效率与公平优先性的问题会有不同的看法。

表1—34　不同居住地公民对个人收入差距看法的差异

您对个人收入差距的看法。	小城镇和农村	城市	p – value	Test
	7.0 (4.0, 8.0)	5.0 (4.0, 7.0)	<0.001	Wilcoxon rank – sum
	5.9 [±2.4]	5.4 [±2.4]	<0.001	Two sample t test

（6）公民对收入差距的看法与宗教信仰、受教育程度不太相关。

秩和检验显示，中国公民对个人收入差距的看法与宗教信仰、受教育程度没有明显的关系，其 p 值分别为 0.18 和 0.45，均显著大于 0.05。

表1—35　不同宗教信仰和受教育程度公民对个人收入差距看法的差异

您对个人收入差距的看法	无宗教信仰	有信仰宗教	p – value	Test
	6.0 (4.0, 7.0)	6.0 (4.0, 8.0)	0.18	Wilcoxon rank – sum
	5.6 [±2.4]	5.8 [±2.5]	0.14	Two sample t test
	没上过大学	上过大学	p – value	Test
	6.0 (4.0, 7.0)	6.0 (4.0, 7.0)	0.45	Wilcoxon rank – sum
	5.5 [±2.5]	5.6 [±2.3]	0.34	Two sample t test

二　公民对国家经济底线状况的看法

国家作为一个经济体，其经济发展是其获得合法性亦即得到人民认同的首要方面。人们的认同有一个基于自身需要的度或底线，突破了这个底线，人们就将不再认同。或者反过来，人们对国家的经济功能有底线需要，如果国家没有满足这种底线需要，就意味着在公民看来是没有价值的，国家也就失去了存在的合法性。

1. 大多数公民认为国家最起码的经济功能应该是解决百姓的衣食住行问题

在关于"不可忍受的国家经济状况"的调查中，"百姓衣食住行得不到基本满足"以 45.25% 的"非常认可"率排在第一位，显著高于其他项，比排第二位（37.36%）的选项高出近8个百分点；同时，在"非常认可"和"认可"两项之和中，"百姓衣食住行得不到满足"达 72.27%，依然处于第一位。这表明保证老百姓的衣食住行是中国公民对国家经济功能的底线要求。这符合马斯洛需要层次理论关于最低需要是生理需要的理论，也符合马克思主义唯物史观关于人首先必须吃、喝、住、穿然后才能从事其他活动的思想，也说明长期以来我们国家强调人权首先是生存权的观点的正确性。

调查显示，"企业大规模倒闭""国库空虚、债台高筑""货币严重贬值"等项"非常认可"率均在36%以上，"非常认可"和"认可"之和在67%以上，也就是得到三分之二公民的认可，其中"国库空虚、债台高筑"达71%，接近"百姓衣食住行得不到满足"的72.27%。可见，这些项都是公民认为国家经济底线价值的重要考察点，而这几个点事实上又都直接或间接地与解决百姓衣食住行问题相关。

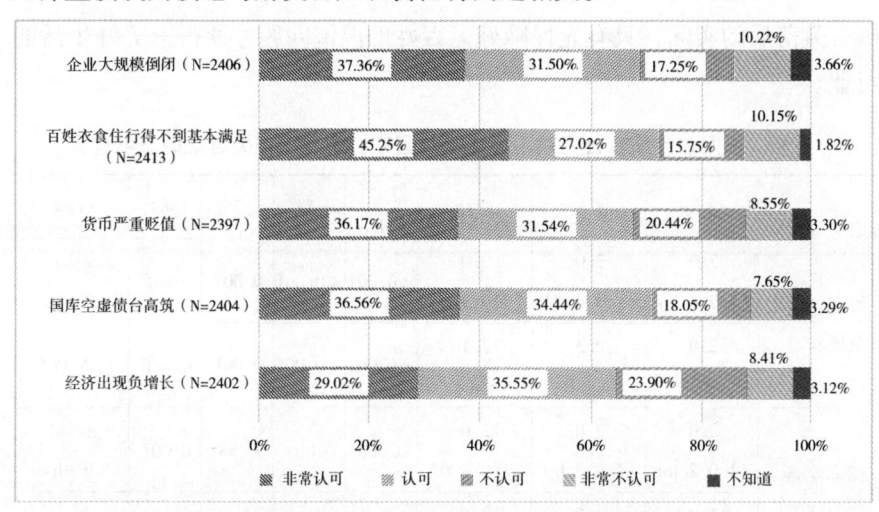

图1—22 对不可忍受的国家经济状况相关看法的态度

2. 公民对国家经济底线状况认识的差异分析

（1）党员更为自觉地将保障老百姓温饱的问题作为国家经济的底线价值。

考察中国公民政治面目与国家经济底线价值观各维度的相关性，p值最大为0.003，最小为小于0.001，均大大小于0.05，表明两者有着强相关关系。除开"经济出现负增长"一项外，党员各项95%的选择落在1—2即非常认可和认可，而团员、群众的相应的都落在1—3即非常认可、认可、不认可之间；方差分析显示，党员各项均值都是最小，即比其他政治面目者更接近认可、非常认可。可见，党员是各政治面貌中最认可关于国家经济底线价值的描述的。特别是在"百姓衣食住行得不到基本满足"中，党员的中位数是1，团员、群众的中位数都是2，可见党员更为自觉地将保障老百姓温饱的问题作为国家经济的底线价值。同时，通过p12、p23、p13值可以看出，除关于"经济出现负增长"项外，其他各项p23都显著大于0.05，也就是说团员和群众的看法没有显著差异；所有各项p12、p23值都小于0.05，表明党员和团员、党员与群众之间的价值观有着显著差异。中国共产党的宗旨是为人民服务，更以实现人民对美好生活的期盼作为自己的奋斗目标，情为民所系、利为民所谋，既是党的合法性所在，更是党的先进性所在。坚持唯物史观立场，立基于近代以来的中国贫穷落后的实际，只有先保障好老百姓的温饱问题才谈得上美好生活的可能。

表1—36　不同政治面貌公民对不可忍受的国家经济状况相关看法的态度差异

	党员	团员	群众	p-value	p12	p23	p13	Test
经济出现负增长	2.0 (1.0,3.0)	2.0 (1.0,3.0)	2.0 (1.0,3.0)	<0.001	<0.001	0.001	0.015	Kruskal-Wallis
	2.0 [±0.9]	2.3 [±1.0]	2.1 [±0.9]	<0.001	<0.001	0.001	0.006	ANOVA
国库空虚、债台高筑	2.0 (1.0,2.0)	2.0 (1.0,3.0)	2.0 (1.0,3.0)	0.003	0.004	0.98	0.001	Kruskal-Wallis
	1.9 [±0.9]	2.0 [±1.0]	2.0 [±0.9]	0.002	0.001	0.64	0.002	ANOVA
货币严重贬值	2.0 (1.0,2.0)	2.0 (1.0,3.0)	2.0 (1.0,3.0)	<0.001	<0.001	0.33	<0.001	Kruskal-Wallis
	1.9 [±0.9]	2.1 [±1.0]	2.0 [±1.0]	<0.001	<0.001	0.41	<0.001	ANOVA
百姓衣食住行得不到基本满足	1.0 (1.0,2.0)	2.0 (1.0,3.0)	2.0 (1.0,3.0)	<0.001	0.013	0.10	<0.001	Kruskal-Wallis
	1.7 [±0.9]	1.9 [±1.0]	2.0 [±1.0]	<0.001	0.002	0.18	<0.001	ANOVA

续表

	党员	团员	群众	p-value	p12	p23	p13	Test
企业出现大规模倒闭现象	2.0 (1.0,2.0)	2.0 (1.0,3.0)	2.0 (1.0,3.0)	0.001	<0.001	0.55	0.002	Kruskal-Wallis
	1.9 [±0.9]	2.1 [±1.0]	2.0 [±1.0]	<0.001	<0.001	0.73	<0.001	ANOVA

（2）有宗教信仰的公民更加清晰地认为，一个国家的经济发展不能忍受出现企业大规模倒闭现象。

考察中国公民宗教信仰与其国家经济底线价值观各维度之间的相关性，表1—37表明，只有"企业出现大规模倒闭"一项p值为0.013，小于0.05，表明两者强相关，其他各项p值都远大于0.05，表明其相关性很弱。方差分析可见，有宗教信仰的公民均值为1.8，而无宗教信仰的公民均值为2。可见，有宗教信仰的公民更加清晰地认为，一个国家的经济发展不能忍受出现企业大规模倒闭现象。

表1—37 有无宗教信仰公民对不可忍受的国家经济状况相关看法的态度差异

	无宗教信仰	有宗教信仰	p-value	Test
经济出现负增长	2.0 (1.0, 3.0)	2.0 (1.0, 3.0)	0.090	Wilcoxon rank-sum
	2.2 [±0.9]	2.0 [±0.9]	0.099	Two sample t test
国库空虚、债台高筑	2.0 (1.0, 3.0)	2.0 (1.0, 2.5)	0.89	Wilcoxon rank-sum
	2.0 [±0.9]	2.0 [±0.9]	0.86	Two sample t test
货币严重贬值	2.0 (1.0, 3.0)	2.0 (1.0, 3.0)	0.81	Wilcoxon rank-sum
	2.0 [±1.0]	2.0 [±1.0]	0.64	Two sample t test
百姓衣食住行得不到基本满足	2.0 (1.0, 3.0)	2.0 (1.0, 3.0)	0.67	Wilcoxon rank-sum
	1.9 [±1.0]	1.9 [±1.1]	0.51	Two sample t test
企业出现大规模倒闭现象	2.0 (1.0, 3.0)	2.0 (1.0, 2.0)	0.013	Wilcoxon rank-sum
	2.0 [±1.0]	1.8 [±1.0]	0.033	Two sample t test

（3）受教育程度越高，对国家经济底线价值的认同越清晰、越重视。

考察中国公民受教育程度与国家经济底线价值观各维度之间的相关性，除"经济增长出现负增长"一项 p 值为 0.40，显著大于 0.05 外，其他最大为 0.004，都显著小于 0.05，也就是说其他 4 项与受教育程度强相关。结合方差分析，接受过大学教育的公民在各项认同度都高于没有接受过大学教育的公民，尤其是关于"百姓衣食住行得不到基本满足"这一项，上过大学的公民的秩和检验中位数为 1，方差分析均值为 1.8，没上过大学的公民则分别是 2 和 2.1，差异非常明显。也就是说，受教育程度越高，对国家经济底线价值的认同越清晰、越重视，特别是关于百姓温饱的底线认识更深刻。

表1—38　不同受教育程度公民对不可忍受的国家经济状况相关看法的态度差异

	没上过大学	上过大学	p-value	Test
经济出现负增长	2.0 (1.0, 3.0)	2.0 (1.0, 3.0)	0.40	Wilcoxon rank-sum
	2.1 [±0.9]	2.1 [±1.0]	0.33	Two sample t test
国库空虚、债台高筑	2.0 (1.0, 3.0)	2.0 (1.0, 3.0)	<0.001	Wilcoxon rank-sum
	2.0 [±0.9]	1.9 [±0.9]	0.004	Two sample t test
货币严重贬值	2.0 (1.0, 3.0)	2.0 (1.0, 3.0)	0.001	Wilcoxon rank-sum
	2.1 [±1.0]	2.0 [±1.0]	0.001	Two sample t test
百姓衣食住行得不到基本满足	2.0 (1.0, 3.0)	1.0 (1.0, 2.0)	<0.001	Wilcoxon rank-sum
	2.1 [±1.0]	1.8 [±1.0]	<0.001	Two sample t test
企业出现大规模倒闭现象	2.0 (1.0, 3.0)	2.0 (1.0, 3.0)	<0.001	Wilcoxon rank-sum
	2.1 [±1.0]	1.9 [±1.0]	<0.001	Two sample t test

（4）商业、服务业人员和机关、党群组织、企事业工作人员更在乎经济出现负增长，专业技术人员（含教师）和学生更加在乎百姓衣食住行得不到基本满足，机关、党群组织、企事业工作人员更关注企业出现大规模倒闭现象。

考察中国公民职业与国家经济底线价值观各维度的相关性，"百姓衣食住行得不到基本满足""经济出现负增长"两项 p 值都小于 0.001，"企业大规模倒闭",一项的 p 值分别为 0.042,都小于 0.05,表明这三项与职业强相关,其他各项均大大大于 0.05,关系不显著。综合通过方差分析可以看出,商业、服务业人员和机关、党群组织、企事业工作人员比其他职业更在乎经济出现负增长,学生则相对最不在乎。因为经济负增长会直接影响到商业、服务业、企业的经营状况,也会使体制内的工作人员感到政绩压力,而学生在校园内对这些相对不敏感。专业技术人员(含教师)和学生更加在乎百姓衣食住行得不到基本满足,体现了一种悲悯情怀;机关、党群组织、企事业工作人员更关注企业出现大规模倒闭现象,这当然与其直接利益、政绩相关。十分意外的是,在各种职业中,工人、农民最不在乎"百姓衣食住行得不到满足",方差分析均值为 2.1。

表1—39 不同职业公民对不可忍受的国家经济状况相关看法的态度差异

	机关、党群组织、企事业工作人员	专业技术人员(含教师)	商业、服务业人员	产业工人、农民	学生	p-value	p12	p23	p13	Test
经济出现负增长	2.0 (1.0, 3.0)	2.0 (1.0, 3.0)	2.0 (1.0, 3.0)	2.0 (1.0, 3.0)	2.0 (1.0, 3.0)	<0.001	0.66	0.55	0.87	Kruskal-Wallis
	2.0 [±0.9]	2.1 [±0.9]	2.0 [±0.9]	2.1 [±0.9]	2.2 [±1.0]	<0.001	0.50	0.40	0.89	ANOVA
国库空虚、债台高筑	2.0 (1.0, 3.0)	2.0 (1.0, 2.0)	2.0 (1.0, 3.0)	2.0 (1.0, 3.0)	2.0 (1.0, 3.0)	0.68	0.53	0.22	0.58	Kruskal-Wallis
	1.9 [±0.9]	1.9 [±0.9]	2.0 [±0.9]	2.0 [±1.0]	2.0 [±1.0]	0.65	0.76	0.44	0.65	ANOVA
货币严重贬值	2.0 (1.0, 3.0)	2.0 (1.0, 3.0)	2.0 (1.0, 3.0)	2.0 (1.0, 3.0)	2.0 (1.0, 3.0)	0.086	0.62	0.46	0.84	Kruskal-Wallis
	2.0 [±0.9]	1.9 [±1.0]	2.0 [±0.9]	2.1 [±1.0]	2.1 [±1.0]	0.061	0.69	0.60	0.92	ANOVA

续表

	机关、党群组织、企事业工作人员	专业技术人员(含教师)	商业、服务业人员	产业工人、农民	学生	p-value	p12	p23	p13	Test
百姓衣食住行得不到基本满足	2.0 (1.0, 2.0)	1.0 (1.0, 2.0)	2.0 (1.0, 3.0)	2.0 (1.0, 3.0)	1.0 (1.0, 2.0)	<0.001	0.17	0.012	0.25	Kruskal-Wallis
	1.9 [±1.0]	1.8 [±0.9]	2.0 [±1.0]	2.1 [±1.0]	1.8 [±1.0]	<0.001	0.22	0.009	0.17	ANOVA
企业出现大规模倒闭现象	2.0 (1.0, 2.0)	2.0 (1.0, 3.0)	2.0 (1.0, 3.0)	2.0 (1.0, 3.0)	2.0 (1.0, 3.0)	0.042	0.71	0.024	0.007	Kruskal-Wallis
	1.9 [±0.9]	1.9 [±1.0]	2.1 [±1.0]	2.0 [±1.0]	2.0 [±1.0]	0.042	0.55	0.029	0.005	ANOVA

（5）收入越高越认同国家经济方面的底线是经济不出现负增长、货币不出现严重贬值和企业不出现大规模倒闭。

考察中国公民收入与国家经济底线价值观各维度之间的相关性，"国库空虚、债台高筑"和"百姓衣食住行得不到基本满足"两项 p 值分别为 0.053 和 0.59，都大于 0.05，特别是后者显著大于 0.05，表明这两项与公民收入之间关系不大。其他 3 项相关 p 值分别为 0.001、0.01、0.03，表明其与公民收入有密切关系。综合方差分析可见，收入越高越认同国家经济方面的底线是经济不出现负增长、货币不出现严重贬值。非常有意思的是，收入低的公民对"百姓衣食住行得不到基本满足"的认可并没有比收入高的更好，收入因素对这个问题的认识没有多大影响。结合上述工人、农民这些相对处于社会底层的职业反而更不在乎温饱问题。合理的解释可能是，一方面处于社会底层的公民解决温饱问题的能力比我们想象的要强；另一方面是随着中国的发展，即使处于社会底层的人绝大多数也都解决好了温饱问题。

表1—40 不同收入水平公民对不可忍受的国家经济状况相关看法的态度差异

	3000元(含)以下	3000元以上	p-value	Test
经济出现负增长	2.0 (1.0, 3.0)	2.0 (1.0, 3.0)	0.001	Wilcoxon rank-sum
	2.2 [±0.9]	2.0 [±0.9]	<0.001	Two sample t test
国库空虚、债台高筑	2.0 (1.0, 3.0)	2.0 (1.0, 2.0)	0.053	Wilcoxon rank-sum
	2.0 [±1.0]	1.9 [±0.9]	0.017	Two sample t test
货币严重贬值	2.0 (1.0, 3.0)	2.0 (1.0, 3.0)	0.010	Wilcoxon rank-sum
	2.1 [±1.0]	2.0 [±0.9]	0.006	Two sample t test
百姓衣食住行得不到基本满足	2.0 (1.0, 3.0)	2.0 (1.0, 3.0)	0.59	Wilcoxon rank-sum
	1.9 [±1.0]	1.9 [±1.0]	0.76	Two sample t test
企业出现大规模倒闭现象	2.0 (1.0, 3.0)	2.0 (1.0, 3.0)	0.030	Wilcoxon rank-sum
	2.0 [±1.0]	2.0 [±1.0]	0.065	Two sample t test

（6）60后及以上年长者能容忍的国家经济底线状况更严苛。

考察公民年龄与国家经济底线价值观各维度的相关性，"百姓衣食住行得不到基本满足""企业大规模倒闭"两项的p值分别为0.31和0.088，都大于0.05，可见两者相关性不强。其他3项秩和检验p值最大0.022，最小小于0.001，都小于0.05，表明都具有密切关系。通过方差分析可以看出，都是90、00后的选择与60后及以上形成两极。也就是说，60后及以上年龄段比90、00后更不能接受国家出现经济负增长、国库空虚、债台高筑、货币严重贬值等现象发生。除开"经济出现负增长"外，p12、p23、p13值都大大大于0.05，表明90、00、80、70后两两比较过程中差异不是很明显。

表1—41 不同年龄公民对不可忍受的国家经济状况相关看法的态度差异

	90后和00后	80后	70后	60后及以上	p-value	p12	p23	p13	Test
经济出现负增长	2.0 (1.0, 3.0)	2.0 (1.0, 3.0)	2.0 (1.0, 3.0)	2.0 (1.0, 2.0)	<0.001	0.006	0.46	0.001	Kruskal-Wallis
	2.2 [±1.0]	2.1 [±0.9]	2.0 [±0.9]	1.9 [±0.9]	<0.001	0.004	0.39	<0.001	ANOVA

续表

	90后和00后	80后	70后	60后及以上	p-value	p12	p23	p13	Test
国库空虚、债台高筑	2.0 (1.0, 3.0)	2.0 (1.0, 2.0)	2.0 (1.0, 3.0)	2.0 (1.0, 2.0)	0.022	0.36	0.69	0.70	Kruskal-Wallis
	2.0 [±1.0]	1.9 [±0.9]	2.0 [±0.9]	1.8 [±0.9]	0.006	0.13	0.70	0.39	ANOVA
货币严重贬值	2.0 (1.0, 3.0)	2.0 (1.0, 3.0)	2.0 (1.0, 3.0)	2.0 (1.0, 2.0)	<0.001	0.35	0.86	0.55	Kruskal-Wallis
	2.1 [±1.0]	2.0 [±1.0]	2.0 [±0.9]	1.8 [±0.9]	<0.001	0.36	1.00	0.44	ANOVA
百姓衣食住行得不到基本满足	2.0 (1.0, 3.0)	2.0 (1.0, 3.0)	2.0 (1.0, 3.0)	2.0 (1.0, 2.0)	0.31	0.74	0.25	0.12	Kruskal-Wallis
	1.9 [±1.1]	1.9 [±1.0]	2.0 [±1.0]	1.8 [±0.9]	0.42	0.79	0.33	0.43	ANOVA
企业出现大规模倒闭现象	2.0 (1.0, 3.0)	2.0 (1.0, 3.0)	2.0 (1.0, 3.0)	2.0 (1.0, 3.0)	0.088	0.039	0.27	0.58	Kruskal-Wallis
	2.1 [±1.0]	1.9 [±1.0]	2.0 [±1.0]	1.9 [±1.0]	0.099	0.033	0.27	0.54	ANOVA

（7）城市居民更加清晰确认、重视国家经济发展的底线。

考察不同居住地的中国公民与国家经济底线价值观各维度之间的相关性，p值均小于0.001，表明中国公民关于国家经济的底线价值观与居住地有着全面的强相关性。而且，通过方差分析可见，城市公民均值各项都小于小城镇、农村公民0.2—0.3，即更接近非常认同一端。也就是说，十分明显的是，居住在城市的公民比居住在小城镇和农村的公民更加清晰确认、重视国家经济发展的底线。其中，关于"百姓衣食住行得不到基本满足"项的秩和检验,小城镇、农村公民中位数为2,城市公民中位数为1,差异十分显著,合理的解释是,在农村和小城镇,拥有自己承包的土地,解决温饱问题要相对容易一些,对其感受反而会更弱些;在城市中,一旦失去工作,温饱问题就成为大威胁,所以感受会更深刻些。

表1—42 不同居住地公民对不可忍受的国家经济状况相关看法的态度差异

	小城镇和农村	城市	p – value	Test
经济出现负增长	2.0 (1.0, 3.0)	2.0 (1.0, 3.0)	<0.001	Wilcoxon rank – sum
	2.3 [±1.0]	2.0 [±0.9]	<0.001	Two sample t test
国库空虚、债台高筑	2.0 (1.0, 3.0)	2.0 (1.0, 2.0)	<0.001	Wilcoxon rank – sum
	2.1 [±1.0]	1.9 [±0.9]	<0.001	Two sample t test
货币严重贬值	2.0 (1.0, 3.0)	2.0 (1.0, 3.0)	<0.001	Wilcoxon rank – sum
	2.2 [±1.0]	1.9 [±0.9]	<0.001	Two sample t test
百姓衣食住行得不到基本满足	2.0 (1.0, 3.0)	1.0 (1.0, 2.0)	<0.001	Wilcoxon rank – sum
	2.1 [±1.1]	1.8 [±1.0]	<0.001	Two sample t test
企业出现大规模倒闭现象	2.0 (1.0, 3.0)	2.0 (1.0, 2.0)	<0.001	Wilcoxon rank – sum
	2.2 [±1.1]	1.9 [±1.0]	<0.001	Two sample t test

三 公民对目前中国经济发展状况的总体评价

1. 公民对目前中国经济发展状况的总体满意

受访者对目前中国经济状况的总体评价平均得分是6.71分。其中,倾向于满意的受访者占76.49%,占到四分之三强;倾向于不满意的受访者占23.51%。但与前述对目前中国总体(不止经济)状况评价均值7.32分和倾向满意的选择率达到85.36%比较起来,公民对经济状况的满意度要低很多。综合来看,受访公民对中国经济发展评价总体是正向的,多数持满意态度。

表 1—43　　　中国公民对目前中国经济状况的总体评价

对目前中国经济状况的总体评价（1—10 分）	观测值	均值	标准差	最小值	最大值	1—5 分	6—10 分
非常不满意—非常满意	2407	6.71	1.93	1	10	23.51%	76.49%

（1）党员对中国经济现状的总体评价最积极、满意。

考察中国公民政治面貌与对中国经济现状的总体评价之间关系，非参数检验 p 值为 0.005，小于 0.05，表明两者强相关。p12 值和 p13 值都小于 0.05，而 p23 显著大于 0.05，这表明，团员、群众对中国经济现状的总体评价没有什么显著差异，而党员与团员、党员与群众之间有显著差异。党员对中国经济现状的总体评价是最积极、满意的，方差分析其均值为 6.9，明显高于团员、群众的均值 6.6。

表 1—44　　　不同政治面貌公民对目前中国经济现状总体评价

	党员	团员	群众	p-value	p12	p23	p13	Test
您对目前中国经济状况的总体评价	7.0 (6.0,8.0)	7.0 (6.0,8.0)	7.0 (5.0,8.0)	0.005	0.002	0.59	0.008	Kruskal-Wallis
	6.9 [±1.9]	6.6 [±1.9]	6.6 [±2.0]	0.007	0.006	0.95	0.004	ANOVA

（2）受教育程度越高的公民总体上对中国经济现状评价更为严苛。

考察中国公民受教育程度与对中国经济现状的总体评价之间的关系，秩和检验 p 值小于 0.001，表明两者强相关。方差分析显示，没有接受大学教育的公民均值为 6.8，接受过大学教育的公民均值为 6.6，也就是说，接受过大学教育的公民总体上比没有接受过大学教育的人对中国经济现状评价更为严苛。

表 1—45　　　不同受教育程度公民对目前中国经济状况总体评价

	没上过大学	上过大学	p-value	Test
您对目前中国经济状况的总体评价	7.0 (6.0, 8.0)	7.0 (6.0, 8.0)	<0.001	Wilcoxon rank-sum
	6.8 [±2.1]	6.6 [±1.8]	0.006	Two sample t test

（3）工人、农民和机关党群组织企事业工作人员对中国经济状况评价略高。

考察中国公民当前职业与对中国经济现状总体评价之间的相关性，秩和检验 p 值为 0.046，小于 0.05，表明两者有密切关系。方差分析显示，在不同职业中，工人、农民和机关党群组织企事业工作人员评价略高，均值分别为 6.9 和 6.8，其他各职业为 6.7。

表 1—46　　　　不同职业公民对目前中国经济状况总体评价

	机关、党群组织、企事业工作人员	专业技术人员（含教师）	商业、服务业人员	工人、农民	学生	p-value
您对目前中国经济状况的总体评价	7.0 (6.0, 8.0)	7.0 (6.0, 8.0)	7.0 (5.0, 8.0)	7.0 (6.0, 8.0)	7.0 (6.0, 8.0)	0.046
	6.8 [±2.0]	6.7 [±1.9]	6.7 [±2.0]	6.9 [±2.0]	6.7 [±1.8]	0.27

（4）70 后公民对国家当前经济状况总体评价相对最为积极、满意。

考察中国公民年龄与对中国当前经济状况总体评价之间的相关性，非参数检验 p 值为 0.025，表明两者强相关。方差分析显示，70 后均值为 6.9，明显高于其他年龄段（其他均值都是 6.7），说明 70 后对国家当前经济状况总体评价相对最为积极、满意。p13 为 0.011，小于 0.05，表明 70 后与 00、90 后之间关于中国当前经济状况的总体评价有显著差异。

表 1—47　　　　不同年龄公民对中国目前经济状况总体评价

	00、90 后	80 后	70 后	60 后及以上	p-value	p12	p23	p13	Test
您对目前中国经济状况的总体评价	7.0 (6.0, 8.0)	7.0 (6.0, 8.0)	7.0 (6.0, 8.0)	7.0 (5.0, 8.0)	0.025	0.096	0.32	0.011	Kruskal-Wallis
	6.7 [±1.8]	6.7 [±1.9]	6.9 [±2.0]	6.7 [±2.3]	0.29	0.32	0.34	0.046	ANOVA

(5) 小城镇、农村公民对中国经济现状的评价要比城市居民更为积极、满意。

考察中国公民居住地与对中国当前经济状况总体评价之间的相关性，秩和检验总体 p 值小于 0.001，说明两者强相关。方差分析显示，小城镇、农村公民均值为 7，显著高于城市居民均值 6.6，说明小城镇、农村公民对中国经济现状的评价要比城市居民更为积极、满意。

表 1—48　不同居住地的公民对目前中国经济状况总体评价

	小城镇和农村	城市	p – value	Test
您对目前中国经济状况的总体评价	7.0 (6.0, 8.0)	7.0 (5.0, 8.0)	<0.001	Wilcoxon rank – sum
	7.0 [±1.9]	6.6 [±1.9]	<0.001	Two sample t test

(6) 公民对中国经济现状的总体评价与宗教信仰、收入水平相关性小。

分别考察中国公民宗教信仰、收入状况与对中国经济现状总体评价之间的相关性，秩和检验 p 值分别为 0.12 和 0.27，都显著高于 0.05，可见宗教信仰、收入情况与对中国经济现状总体评价没有显著影响。

表 1—49　有无宗教信仰和不同收入水平的公民对目前中国经济现状的总体评价

	无宗教信仰	有宗教信仰	p – value	Test
您对目前中国经济状况的总体评价	7.0 (6.0, 8.0)	7.0 (5.0, 8.0)	0.12	Wilcoxon rank – sum
	6.7 [±1.9]	6.5 [±2.1]	0.099	Two sample t test
	月收入 3000 元以下	月收入 3000 元以上	p – value	Test
您对目前中国经济状况的总体评价	7.0 (6.0, 8.0)	7.0 (6.0, 8.0)	0.27	Wilcoxon rank – sum
	6.7 [±1.9]	6.8 [±1.9]	0.26	Two sample t test

2. 公民认为中国经济最突出优势是人力资源丰富

调查结果显示，受访公民认为，当前中国经济方面最突出的优势是人力资源丰富，占比达 29.75%；其次是强有力的中央政府和国内外市场前景广阔，分别占 21.74% 和 21.66%，旗鼓相当。科技创新能力强大占 10.30%；选择经济体制优越的仅为 7.89%。可见，受访公民认为中国经济发展的优势是基于过去若干年发展经验中得出的，主要体现为一些传统优势，其中一些传统优势如人力资源丰富，也正在逐步丧失。而一些真正具有现代性特点的，能支撑中国经济长期可持续发展的科技创新、经济体制方面的优势则很不明显，需要大力激发、完善。

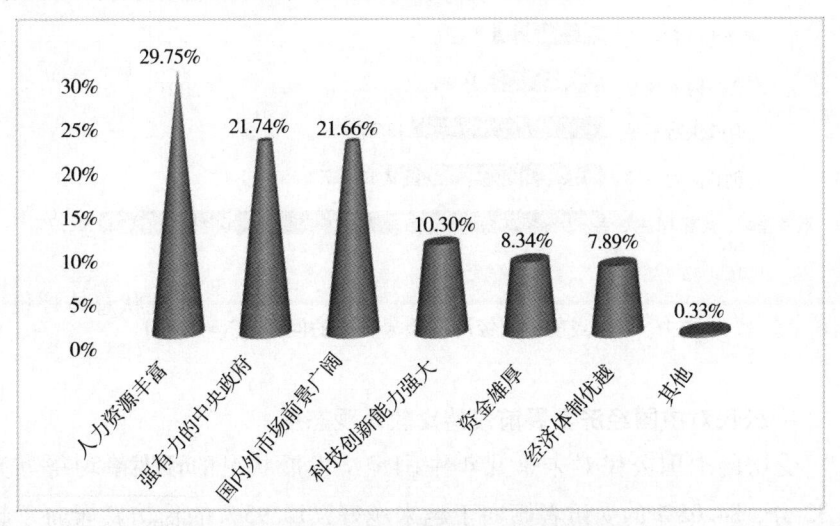

图1—23　当前中国经济方面最突出的优势 （N = 2451）

3. 公民认为中国经济发展最突出的问题是城乡、贫富差距大

目前中国经济发展依然存在着诸多问题。调查显示，36.77% 也就是三分之一强的受访公民认为中国经济发展最突出的问题是城乡差距、贫富差距大。该项选择率高出列第二位的选项 21 个百分点，可见是共识度非常高。创新能力不足、有效供给不足分列二三位，分别有 15.72% 和 13.76% 的受访者选择。中国要从富起来进到强起来，除开经济外还有不少短板，在关于"中国成为世界强国的短板主要有哪些"（限选2项）的回答中，"更加规范的法治秩序"和"更加公正的社会制度"遥遥领先，

分别达到 56.65% 和 46.65% 的选择率。这与中国经济发展最突出的问题是城乡、贫富差距内在一致，城乡、贫富差距是不平衡不充分的发展造成的，解决之道除开继续发展之外，关键在于公平正义的制度安排。这同时也意味着，经济问题的极限处就是政治，政治是经济的集中体现，国家经济价值观与政治价值观本为一体。

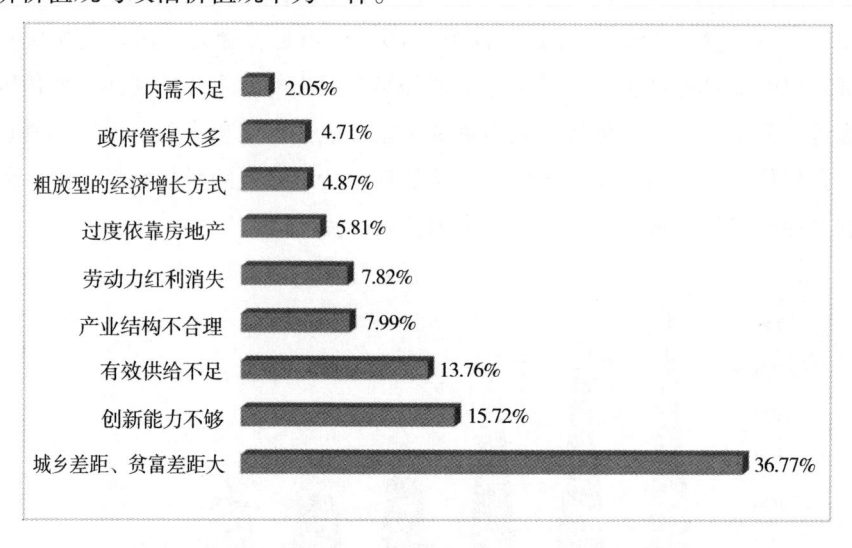

问题	比例
内需不足	2.05%
政府管得太多	4.71%
粗放型的经济增长方式	4.87%
过度依靠房地产	5.81%
劳动力红利消失	7.82%
产业结构不合理	7.99%
有效供给不足	13.76%
创新能力不够	15.72%
城乡差距、贫富差距大	36.77%

图 1—24　当前中国经济发展最突出的问题（N = 2442）

4. 公民对中国经济发展前景持比较乐观态度

受访的中国公民对未来几年中国经济发展状况的预期平均得分为 7.32 分，84.05% 的受访者倾向于越来越好，15.95% 的受访者倾向于越来越差，整体上中国公民对未来几年中国经济发展状况持比较乐观的态度（需要特别提醒的是，本调查是 2017 年进行的）。

表 1—50　　公民对未来几年中国经济发展前景的预判

未来几年中国经济发展状况（1—10 分）	观测值	均值	标准差	最小值	最大值	1—5 分	6—10 分
越来越差—越来越好	2433	7.32	1.82	1	10	15.95%	84.05%

（1）共产党员对中国未来经济发展前景最为乐观。

政治面貌与公民对中国未来几年经济发展前景的预判相关性分析 p 值

小于0.001，表明两者强相关。95%共产党员的选择落在7—9区间，中位数为8，与团员、群众相比，无论在区间，还是中位数都更高。同时，方差分析显示，共产党员均值7.6，高于共青团员（7.4）和群众（7.1）。p12大于0.05，而p23和p13都显著小于0.05，表明共产党员与共青团员没有明显差异，共产党员与群众、共青团员与群众都有显著差异。也就是说，共产党员、团员对中国未来经济发展前景普遍比群众更乐观，其中共产党员最乐观。

表1—51　不同政治面貌公民对中国经济发展前景预判的差异

	共产党员	共青团员	群众	p-value	p12	p23	p13	Test
您认为未来几年中国经济发展会	8.0 (7.0,9.0)	7.0 (6.0,9.0)	7.0 (6.0,8.0)	<0.001	0.15	0.004	<0.001	Kruskal-Wallis
	7.6 [±1.7]	7.4 [±1.8]	7.1 [±1.9]	<0.001	0.15	0.001	<0.001	ANOVA

（2）无宗教信仰公民比有宗教信仰的中国公民对中国经济发展前景更乐观。

宗教信仰与中国公民对中国未来几年经济发展前景的预判的相关性p值为0.042，小于0.05，表明两者存在相关性。95%的无宗教信仰的中国公民在1—10的选择中中位数为8，高于有宗教信仰者的中位数7。同时，方差分析显示，无宗教信仰中国公民的均值为7.4，有宗教信仰中国公民的均值为7.1。因此，可以说无宗教信仰公民比有宗教信仰的中国公民对中国经济发展前景更乐观。

表1—52　有无宗教信仰的公民对中国经济发展前景预判的差异

	无宗教信仰	有信仰宗教	p-value	Test
您认为未来几年中国经济发展会	8.0 (6.0, 9.0)	7.0 (6.0, 8.0)	0.042	Wilcoxon rank-sum
	7.4 [±1.8]	7.1 [±2.0]	0.027	Two sample t test

（3）对中国经济发展前景，机关、党群组织、企事业工作人员最乐观，工人、农民最不乐观。

职业与公民对中国未来经济发展前景的预判的相关性分析p值为

0.003，显著小于0.05，表明两者强相关。在各种职业中，专业技术人员（含教师）95%选择落在7—9之间，中位数为8，产业工人和农民95%选择落在6—8之间，中位数为7；同样在方差分析中，专业技术人员（含教师）均值为7.6，产业工人和农民是7.1，分别是各职业中最高分和最低分。因此，可以推断，在公民对中国未来经济发展总体乐观的前提下，机关、党群组织、企事业工作人员和工人、农民分别代表着不同职业中最乐观和更不乐观的群体。在社会各阶层中，产业工人和农民一直处于相对底层，对经济变化造成的冲击很敏感，近些年在产业转型升级过程中，产业工人和农民受到的影响较大，他们总体乐观中的谨慎是合情合理的。

表1—53　　不同职业公民对中国经济发展前景预判的差异

	机关、党群组织、企事业单位工作人员	专业技术人员（含教师）	商业、服务业人员	产业工人和农民	学生	p-value	p12	p23	p13	Test
您认为未来几年中国经济发展会	7.5 (6.0, 9.0)	8.0 (7.0, 9.0)	8.0 (6.0, 9.0)	7.0 (6.0, 8.0)	7.0 (6.0, 9.0)	0.003	0.24	0.014	0.21	Kruskal-Wallis
	7.4 [±1.8]	7.6 [±1.7]	7.2 [±1.9]	7.1 [±1.8]	7.4 [±1.8]	0.001	0.24	0.005	0.11	ANOVA

（4）公民收入越高，对中国经济未来前景的预判越乐观。

收入与中国公民对中国未来经济发展前景的预判相关性分析p值为0.004，表明两者强相关。表1—54显示，月收入3000元以上的中国公民95%选择的中位数为8，大于月收入3000元以下中国公民中位数7；方差分析也显示，月收入3000元以上的中国公民的均值为7.4，而月收入3000元以下的中国公民均值为7.2。因此可以说明，中国公民收入越高，对中国经济未来前景的预判越乐观。

表 1—54　不同收入水平公民对中国未来经济发展前景预判的差异

	月收入 3000 元以下	月收入 3000 元以上	p - value	Test
您认为未来几年	7.0 (6.0, 8.0)	8.0 (6.0, 9.0)	0.004	Wilcoxon rank – sum
中国经济发展会	7.2 [±1.8]	7.4 [±1.8]	0.010	Two sample t test

（5）60 后及以上中国公民对国家未来经济发展的预判要更为乐观。

年龄与中国公民对中国未来经济发展状况的预判的相关性分析 p 值为 0.034，小于 0.05，表明两者具有强相关性。比较鲜明的是，在 1—10 的分值选择中，70 后、60 后及以上中位数为 8，80、90、00 后的中位数均为 7；同时，方差分析显示，60 后及以上公民均值为 7.5，80 后均值为 7.2，分别为最高与最低值，而 90、00 后与 70 后均值都是 7.4，p13 大于 0.005，表明两者没有显著差异。因此，可以说，60 后及以上中国公民对国家未来经济发展的预判要更为乐观。

表 1—55　不同年龄公民对中国未来经济发展预判的差异

	90 后和 00 后	80 后	70 后	60 后及以上	p - value	p12	p23	p13	Test
您认为未来几年中国经济发展会	7.0 (6.0,9.0)	7.0 (6.0,8.0)	8.0 (7.0,9.0)	8.0 (6.0,9.0)	0.034	0.098	0.021	0.23	Kruskal – Wallis
	7.4 [±1.8]	7.2 [±1.8]	7.4 [±1.8]	7.5 [±1.8]	0.12	0.11	0.044	0.38	ANOVA

（6）公民受教育程度、居住地与公民关于中国经济发展前景的预判没有太大关系。

秩和检验还表明，中国公民接受教育程度、居住地与其对中国经济发展前景的看法相关性 p 值分别为 0.22 和 0.16，大大大于 0.05，也就是说，公民受教育程度、居住地对公民形成中国经济发展前景的看法没有明显影响。当然，直观数据可见，大学以上受教育程度公民回答中位数比大学以下受教育程度公民更小；城市居民回答中位数比小城镇、农村居民回答中位数更大。

表1—56　不同受教育程度、居住地的公民对中国未来经济发展预判的差异

	大学以下	大学以上	p – value	Test
您认为未来几年中国经济发展会	8.0 (6.0, 9.0)	7.0 (6.0, 9.0)	0.22	Wilcoxon rank – sum
	7.4 [±1.9]	7.3 [±1.8]	0.44	Two sample t test
	小城镇、农村	城市	p – value	Test
您认为未来几年中国经济发展会	7.0 (6.0, 8.0)	8.0 (6.0, 9.0)	0.16	Wilcoxon rank – sum
	7.3 [±1.8]	7.3 [±1.9]	0.42	Two sample t test

第三章 公民国家政治价值观分析

正如亚里士多德指出的，人是天生的政治动物。人是复数、差异的存在，但是为了生存和发展，人们必须通过相互协助，以共在的方式存在。要使复数、差异状态的个体的共同存在成为可能，就需要管理众人之事的政治组织、系统及其活动。人们对这些政治组织、系统、活动及种种政治现象的看法、态度、评价就是人们的政治价值观。对于一个国家及其政府而言，人们的政治认同是其统治合法性的核心所在。随着中国从"站起来""富起来"进到"强起来"阶段和社会主要矛盾转向人民日益增长的美好生活需要和不平衡不充分的发展之间的矛盾，人们对国家政治生活更加关注，也有了更高的要求，公民的国家政治价值观的重要性日益凸显。

一 公民对理想政治体制的认知

1. 公民对理想政治体制的认知比较模糊

政治体制是一个国家政治体系运作的形式，主要指政府的组织结构和管理体制，在全部政治生活中发挥关键、根本、更长远的作用。公民对政治体制的选择，综合而集中地反映其政治偏好。在本次调查中，我们综合了世界价值观调查（WVS）的问卷设计，列举了当今世界四种典型的政治体制，询问受访者，假如在我国采用这种政治体制，他的态度将如何。结果显示，受访者对四种形式的政治体制的态度都倾向于否定，即不认可和非常不认可之和占比例都超过了50%。其中，对实行军事统治不认可或非常不认可的比例最大，达到70.99%，其次是实行美国式的政治体制不认可或非常不认可的比例为69.81%。相对而言，受访者对有一个不受人大选举干扰的强有力的领袖认可或非常认可比例最大（31.42%），对实行美国式政治体制表示犹豫、不确定、不知道的比例最大（13.29%），显著高于其他各项。

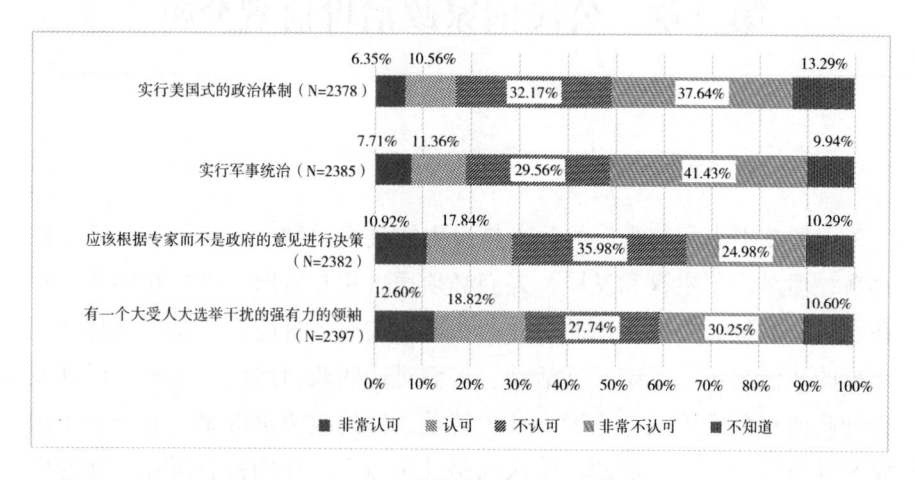

图1—25　对不同形式政治体制的态度

美国式的政治体制一直被包括中国自由派在内的世界广泛的赞许、甚至膜拜，被称为是现代民主政治的典范，国内一些人一直致力于使中国在政治上美国化，而中国执政者也一直担心出现这样的演变或颜色革命。但是调查显示，受访公民近七成不认可美国式政治制度，反感程度仅次于实行军事统治。这表明一些试图使中国美国化的所谓"精英"是脱离中国民众和国情的。当然，正是因为长期以来自由派的宣传，使得美国式政治体制在国内产生了广泛的影响，这从13.29%的不确定、犹豫比率就可以看出来。有一个不受人大选举干扰的强有力的领袖在四种政治体制中认可度最高，代表着中国公民基于一种传统思维和现实境遇的想象，值得注意。但总体来说，四种体制的认可度都在1/3以下，而不认可度都超过50%，并且都有10%左右的不确定、犹豫比率，表明中国公民对于"坏"的政治体制有"免疫力"，但对理想的政治体制并没有清晰而比较集中的想象。

2012年世界价值观调查原题（V127—130）在中国的调查结果如下：

表 1—57　2012 年世界价值观调查：公民对不同形式政治体制的态度

选项		非常好	好	不好	非常不好	不知道
有一个不受人大选举干扰的强有力的领袖	频数	120	589	835	153	484
	百分比	5.5%	27.0%	38.3%	7.0%	22.2%
应该依据专家而不是政府的意见，进行决策	频数	83	555	929	115	494
	百分比	3.8%	25.5%	42.7%	5.3%	22.7%
实行军事统治	频数	50	257	955	477	437
	百分比	2.3%	11.8%	43.9%	21.9%	20.1%
实行民主政治体制	频数	614	1007	131	33	392
	百分比	28.2%	46.3%	6.0%	1.5%	18.0%

两相对照可见：(1) 除"实行民主政治体制"外，其他三项的比率没有显著变化；(2) 2012 年每项都有 20% 即五分之一左右的受访者选择"不知道"，显著高于 2017 年此项的选择，表明五年间人们这方面的自主判断更加清晰；(3) 2012 年"实行民主政治体制"一项赞同比为 74.5%，但是这样设置选项可能会导致有人认为预设了一种判断立场，那就是中国目前实行的不是民主政治体制。故在选入本调查过程中，修改为"实行美国式的政治体制"。结果赞成比只有 16.91%。尽管这种选择不能完全理解为人们对民主政治体制的偏好显著下降了，但一如前述，长期以来不少人都把美国政治体制视为民主政治体制的典范，2017 年并"不理想"的选择率至少表明这个典范有些失色了。原因可能跟近些年来美国在世界范围内有些有悖民主、让人大跌眼镜的作为有关，也与中国人对比之下对自身政治体制的自信有关。

2. 公民总体倾向于有一个强有力的政府

政治价值观一个非常重要的问题是什么样的政府是好政府。围绕这个问题，除开有无政府主义这种不现实的主张外，主要是大政府与小政府之争。这里所谓的大小，既指机构、人员的规模，更指政府管理的多少。在对政府干预程度（1—10）的回答中，倾向于管得越多越好的受访者占 65.92%，倾向于管得越少越好的受访者占 34.08%，平均得分为 6.24。可见，中国公民总体上倾向于赞同政府干预，有一种大政府思维传统。但是，6.24 的平均分也表明，中国公民所期望的大政府及政府干预并不是那种大包大揽，什么都进行干预的政府，而是一种有限干预。

表 1—58　　　　　　　　公民对政府干预程度的看法

对政府干预程度的看法（1—10 分）	观测值	均值	标准差	最小值	最大值	1—5 分	6—10 分
管得越少越好—管得越多越好	2441	6.24	2.06	1	10	34.08%	65.92%

（1）群众最希望政府管得多，团员对政府干预态度最谨慎。

Kruskal - Wallis 检验和 ANOVA 检验表明，中国公民对政府干预程度的看法与政治面貌的相关性 p 值都小于 0.001，远小于 0.05，也就是说两者具有强相关性。p12、p23、p13 值都小于 0.05，表明党员、团员、群众之间的态度显著不同。ANOVA 显示，群众的均值为 6.4，明显高于党员和团员，团员均值最小（6.0）。这表明，群众最希望政府管更多，普通群众是传统大政府思维更顽固的群体。共青团员属于年青一代，思想观念更为开放，虽然总体上倾向于政府干预，但在各群体中团员是对政府干预持最谨慎态度的。

表 1—59　　　　不同政治面貌公民对政府干预程度的看法差异

	党员	共青团员	群众	p-value	p12	p23	p13	Test
对政府干预程度的看法	6.0 (5.0, 8.0)	6.0 (5.0, 7.0)	6.0 (5.0, 8.0)	<0.001	0.100	<0.001	0.014	Kruskal - Wallis
	6.2 [±2.1]	6.0 [±1.9]	6.4 [±2.1]	<0.001	0.23	<0.001	0.016	ANOVA

(2) 公民文化程度越低越倾向于政府干预得越多越好。

考察中国公民文化程度与对政府干预程度态度的相关性，两种检验方法的 p 值都小于 0.001，大大小于 0.05，说明公民文化程度与对政府干预的态度强相关。表 1—60 表明，在秩和检验中，大学以下公民中位数为 7，大学以上公民中位数为 6；在双样本检验中，大学以下公民均值为 6.6，大学以上公民均值为 6。也就是说，大学以下文化程度的公民与大学以上文化程度的公民相比，显著地倾向于认为政府干预得越多越好。

表 1—60　　　不同文化程度公民对政府干预程度的看法差异

	大学以下	大学及以上	p - value	Test
对政府干预程度的看法	7.0 (5.0, 8.0)	6.0 (5.0, 7.0)	<0.001	Wilcoxon rank - sum
	6.6 [±2.0]	6.0 [±2.0]	<0.001	Two sample t test

(3) 产业工人和农民最倾向于加大政府干预力度，而学生则最不倾向如此。

考察中国公民职业与对政府干预程度态度的相关性，两种检验方法的 p 值都小于 0.001，大大小于 0.05，说明两者是强相关的。但是 p12、p23、p13 值都显著大于 0.05，表明机关、党群组织、企事业工作人员和专业技术人员（含教师）、商业服务业人员之间态度没有显著差异。Kruskal - Wallis 检验表明，产业工人和农民回答 95% 落在 6—8 之间，中位数为 7，而其他各职业的中位数都为 6；方差分析中，产业工人和农民的均值为 6.7，高出其他职业至少 0.4，学生均值最低（6.0）。可见，产业工人和农民是各职业中最倾向于加大政府干预力度，而学生则最不倾向如此。在各种职业中，工人、农民以前具有很高的政治地位，这种地位与计划经济、强政府有着历史的联系；在市场化的过程中，他们客观上处于逐渐边缘、弱势的状态，获得感比较低。因此，其倾向于期盼政府更多干预理所当然。学生是年青一代，崇尚自由个性，也少有生活压力，成为更不倾向于加大政府干预力度的群体完全可以理解。

表 1—61　　　　不同职业公民对政府干预程度的看法差异

	机关、党群组织、企业事业工作人员	专业技术人员（含教师）	商业、服务业人员	产业工人和农民	学生	p-value	p12	p23	p13	Test
对政府干预的看法	6.0 (5.0, 8.0)	6.0 (5.0, 8.0)	6.0 (5.0, 8.0)	7.0 (6.0, 8.0)	6.0 (5.0, 7.0)	<0.001	0.84	0.99	0.86	Kruskal-Wallis
	6.3 [±2.2]	6.2 [±2.2]	6.3 [±2.2]	6.7 [±1.9]	6.0 [±1.9]	<0.001	0.58	0.62	0.93	ANOVA

（4）60后及以上公民最倾向于加大政府干预力度，公民越年轻越最不倾向如此。

两种检验方式 p 值都小于 0.001，显著小于 0.05，表明中国公民年龄与对政府干预的态度之间具有强相关性。两种检验方式都显示，随着年龄的增长，公民更倾向于加强政府干预。Kruskal-Wallis 检验表明，60后及以上公民中位数为 7，70后为 6.5，而 90、00 后则为 6；方差分析表明，60后及以上均值最高为 6.7，90、00 后均值最低为 6.1。可以说，60后及以上公民最倾向于加大政府干预力度，90、00 后公民则最不倾向于加大政府干预力度，70后态度基本处于两者的中间位置。60后及以上公民经历过计划经济时代，加上进入老年，潜意识里希望能在其生活方面起到更大作用；90、00后成长于逐步市场化、思想解放的年代。两相对照观念差别十分明显。

表 1—62　　　　不同年龄公民对政府干预程度的看法差异

	90后和00后	80后	70后	60后及以上	p-value	p12	p23	p13	Test
对政府干预的看法	6.0 (5.0, 7.0)	6.0 (5.0, 8.0)	6.5 (5.0, 8.0)	7.0 (6.0, 8.0)	<0.001	0.065	0.18	0.001	Kruskal-Wallis
	6.1 [±1.9]	6.2 [±2.1]	6.4 [±2.3]	6.7 [±2.1]	<0.001	0.078	0.32	0.007	ANOVA

（5）小城镇和农村公民更倾向于认为政府管理得越多越好。

考察中国公民居住地与其对政府干预的看法，两种检验方法的 p 值都小于 0.001，显著小于 0.05，意味着两者是强相关的。Wilcoxon rank-sum 检验显示，小城镇和农村公民和城市公民 95% 回答都落在了 5—8，但小城镇和农村公民中位数为 7，城市公民为 6，差别显著；Two samplet test 显示，小城镇和农村公民均值为 6.5，也显著高于城市公民均值 6.1。因此，小城镇和农村公民比城市公民更倾向于认为政府管理得越多越好。

表 1—63　不同居住地公民对政府干预程度的看法差异

	小城镇和农村	城市	p-value	Test
对政府干预的看法	7.0 (5.0, 8.0)	6.0 (5.0, 8.0)	<0.001	Wilcoxon rank-sum
	6.5 [±2.0]	6.1 [±2.1]	<0.001	Two samplet test

（6）公民对政府干预程度的看法与宗教信仰、收入状况无关。

两种检验方法显示，公民宗教信仰、收入状态与其对政府干预的看法之间相关性 p 都显著大于 0.05，表明公民对政府干预的看法与其是否有宗教信仰、收入状况如何并没有密切的关系。

表 1—64　不同宗教信仰、收入水平公民对政府干预程度的看法差异

	无宗教信仰	有宗教信仰	p-value	Test
对政府干预的看法	6.0 (5.0, 8.0)	6.0 (5.0, 8.0)	0.21	Wilcoxon rank-sum
	6.2 [±2.0]	6.4 [±2.2]	0.26	Two samplet test
	3000 元（含）以下	3000 元以上	p-value	Test
对政府干预的看法	6.0 (5.0, 8.0)	6.0 (5.0, 8.0)	0.12	Wilcoxon rank-sum
	6.2 [±1.9]	6.3 [±2.2]	0.43	Two sample t test

二　公民关于国家政治的底线认识

1. 公民总体上认同稳定是国家政治生活的底线

政治得以运行有其基本的条件或底线。调查显示，关于"稳定压倒

一切"的观点,倾向于认同的受访者占 65.79%,倾向于不认同的受访者占 34.21%,在 1—10 分分值中,选择最多的是 8,最后平均得分是 6.26 分。因此,可以基本得出,中国公民总体上认同稳定作为国家政治生活的底线。国泰民安、长治久安是自古以来中国老百姓和统治者的追求,在大一统的国家中保持确定的秩序,维持稳定成为一种基因,一种价值追求,甚至是超稳定结构。即使是改革开放 40 年来,包括政治领域的各项改革不断推进,但都不可触及稳定这个底线。甚至可以说,中国共产党政治哲学的第一原则就是邓小平曾经提出的这句话:稳定压倒一切。从调查结果看来,这条原则不仅是执政者基于历史、现实的领悟,也具有比较广泛的民众基础。当然,34.21% 的不认同率也决不可小视,说明事情已经起变化,需要我们进一步细致的分析。

表 1—65　　　　　公民对"稳定压倒一切"的认同程度

对稳定压倒一切的认同程度(1—10 分)	观测值	均值	标准差	最小值	最大值	1—5 分	6—10 分
完全不认同—完全认同	2441	6.26	2.36	1	10	34.21%	65.79%

2. 公民关于国家政治底线认识的差异分析

(1) 党员和群众都高度认同稳定是国家政治生活的底线。

考察中国公民政治面貌与其关于"稳定压倒一切"认同之间的相关性,两种检验方法的 p 值均小于 0.001,显著小于 0.05,说明是强相关关系。p12、p23 小于 0.001,而 p13 显著大于 0.05,这说明党员和团员、团员与群众之间有显著差异,反而党员和群众之间没有显著差异。Kruskal – Wallis 检验显示,共产党员与群众的中位数都是 7,都高于共青团员的中位数 6;ANOVA 检验显示,共产党员和群众均值分别为 6.5、6.4,显著高于团员的 5.8。可见,在"稳定压倒一切"这点上,普通老百姓与作为执政党一员的党员没有显著差异,而共青团员的认同度大大低于两者。党员倾向于此固然是执政党意识的重要体现,老百姓的倾向则更多是民族传统心理使然,共青团员代表着年轻人,思想更为活跃,受传统的影响相对为少,社会体悟不那么深。

第三章　公民国家政治价值观分析

表1—66　不同政治面貌公民对"稳定压倒一切"的认同差异

	共产党员	共青团员	群众	p-value	p12	p23	p13	Test
对"稳定压倒一切"的认同	7.0 (5.0, 8.0)	6.0 (4.0, 8.0)	7.0 (5.0, 8.0)	<0.001	<0.001	<0.001	0.38	Kruskal-Wallis
	6.5 [±2.4]	5.8 [±2.4]	6.4 [±2.3]	<0.001	<0.001	<0.001	0.47	ANOVA

（2）文化程度越低越认同稳定是国家政治底线。

两种检验方式显示，中国公民文化程度与对"稳定压倒一切"认同程度之间强相关，因为 p 值都小于 0.001，显著小于 0.05。Wilcoxon rank-sum 检验显示，没有受过大学教育的公民的中位数为 7，而上过大学的公民的中位数为 6；Two sample t test 显示，没有上过大学的公民的均值为 6.6，显著高于上过大学的公民的均值 6.0。因此，中国公民受教育程度与对"稳定压倒一切"的认同度成反比，越是文化程度低的公民越认同。

表1—67　不同受教育程度的公民对"稳定压倒一切"的认同差异

	没上过大学	上过大学	p-value	Test
对"稳定压倒一切"的认同	7.0 (5.0, 8.0)	6.0 (5.0, 8.0)	<0.001	Wilcoxon rank-sum
	6.6 [±2.2]	6.0 [±2.4]	<0.001	Two sample t test

（3）学生对稳定是国家政治底线的认同度最低。

考察公民职业与对"稳定压倒一切"的认同度，两种检验方法 p 值都小于 0.001，表明两者强相关。Kruskal-Wallis 检验显示，学生的中位数为 6，其他各职业公民中位数都是 7；ANOVA 检验显示，学生均值最低为 5.8，产业工人、农民和机关、党群组织、企事业工作人员、专业技术人员（含教师）均值在 6.7—6.5，比较接近，显著高于学生。因此，产业工人、农民和机关、党群组织、企事业工作人员、专业技术人员（含教师）等都倾向于稳定压倒一切，而学生则在各职业群体中最不倾向这一观念。再次说明工人、农民等普通老百姓与社会精英在强调稳定这个问题是有共识的，但学生年轻，思想解放，缺乏对中国社会现实的真切了解，其对这个问题的理解与其他群体有差异，也在情理之中。

表 1—68　　　　不同职业公民对"稳定压倒一切"的认同差异

	机关、党群组织、企业事业工作人员	专业技术人员（含教师）	商业、服务业人员	产业工人和农民	学生	p – value	Test
对"稳定压倒一切"的认同	7.0 (5.0, 8.0)	7.0 (5.0, 8.0)	7.0 (5.0, 8.0)	7.0 (5.0, 8.0)	6.0 (4.0, 8.0)	<0.001	Kruskal – Wallis
	6.6 [±2.4]	6.5 [±2.4]	6.3 [±2.4]	6.7 [±2.0]	5.8 [±2.3]	<0.001	ANOVA

（4）公民收入越高越认同稳定是国家政治底线。

考察中国公民收入状况与关于"稳定压倒一切"认同度的相关性，两种检验方法的 p 值都小于 0.001，显著小于 0.05，因此两者强相关。Wilcoxon rank – sum 检验显示，月收入 3000 元以上公民中位数为 7，高于月收入 3000 元以下公民的中位数 6；Two sample t test 显示，月收入 3000 元以上公民均值为 6.5，明显高于月收入 3000 元以下公民均值 6.1。由此可以推断，收入越高的公民越希望稳定。

表 1—69　　　　不同收入水平公民对"稳定压倒一切"的认同差异

	3000 元（含）以下	3000 元以上	p – value	Test
对"稳定压倒一切"的认同	6.0 (5.0, 8.0)	7.0 (5.0, 8.0)	<0.001	Wilcoxon rank – sum
	6.1 [±2.3]	6.5 [±2.3]	<0.001	Two sample t test

（5）70 后最认同而年青一代最不认同稳定是国家政治底线。

考察中国公民年龄与其对"稳定压倒一切"的认同度，两种检验方法 p 值都小于 0.001，表明两者有强相关关系。p12、p23、p13 值也都显著小于 0.05，表明 00/90 后和 80 后、70 后之间差异显著。Kruskal – Wallis 检验显示，00/90 后中位数为 6，其他年龄段都是 7；ANOVA 检验显示,00/90后均值为5.9,是各年龄段中分值最小的,70后均值为6.9,是最高值。因此,在各年龄段中,70后最认同"稳定压倒一切",00/90后对此认同度最低。70后目前在社会各领域都处于领导、骨干的位置,加之受传统影响较大,所以更为认同;相反,00后、90后是年轻人,涉世未深,受传统影响也相对较小,因此对此的认同度也相对较低。

表1—70　　　不同年龄公民对"稳定压倒一切"的认同差异

	90后和00后	80后	70后	60后及以前	p-value	p12	p23	p13	Test
对"稳定压倒一切"发认同	6.0 (4.0, 8.0)	7.0 (5.0, 8.0)	7.0 (6.0, 8.0)	7.0 (5.0, 8.0)	<0.001	<0.001	<0.001	<0.001	Kruskal-Wallis
	5.9 [±2.4]	6.5 [±2.2]	6.9 [±2.4]	6.6 [±2.2]	<0.001	<0.001	0.009	<0.001	ANOVA

(6) 小城镇和农村居民更认同稳定是国家政治底线。

两种检验方法显示,中国公民对"稳定压倒一切"的认同与其居住地有着密切的联系,相关性p值都小于0.001,显著小于0.05。Wilcoxon rank-sum 检验显示,城市居民中位数为6,而小城镇和农村公民中位数为7;Two sample t test 显示,小城镇和农村公民的均值为6.6,而城市公民均值为6.1。我们可以推断,小城镇和农村居民比城市居民更倾向于稳定压倒一切。

表1—71　　　不同居住地公民对"稳定压倒一切"的认同差异

	小城镇和农村	城市	p-value	Test
对"稳定压倒一切"的认同	7.0 (5.0, 8.0)	6.0 (5.0, 8.0)	<0.001	Wilcoxon rank-sum
	6.6 [±2.3]	6.1 [±2.4]	<0.001	Two sample t test

三　公民对民主最基本要素的理解

(一) 公民最倾向于把平等、自由和保障民生作为民主的基本要素

本次调查采取用2012年世界价值观调查问卷中关于民主基本要素的

原题（V131—139）对受访公民进行了关于政治价值中核心观念民主的考察。结果显示，受访者最倾向于将女人与男人享有同等权利（均值7.74，81.01%）、人们的自由不受侵犯是受宪法保护的公民权利（均值7.43，79.77%）、政府提供失业救济（均值7.00，74.56%）视为民主的基本要素，其次是国家让居民收入平等、通过自由选举来选择领导人、民众服从他们的统治者、政府向富人收税补贴穷人。宗教领袖可以解释法律、当政府无能时军队应该接管等选项均值、百分比都不过半，表明大多数公民不将之视为最不代表民主的要素。公民最倾向于把平等、自由和保障民生作为民主的基本要素，特别是将男女平等置于自由之前。调查结果与2012年世界价值观调查中国部分的结论完全吻合。

表1—72　　　　　　　公民对民主最基本要素的看法

是否民主最基本要素 （不是—是1—10分）	观测值	均值	标准差	最小值	最大值	1—5分	6—10分
政府向富人 收税补贴穷人	2314	5.73	2.97	1	10	46.02%	53.98%
宗教领袖可以 解释法律	2261	3.72	2.95	1	10	71.43%	28.57%
通过自由选举 来选择领导人	2312	5.89	2.98	1	10	41.22%	58.78%
政府提供失业救济	2355	7.00	2.51	1	10	25.44%	74.56%
当政府无能时 军队应该接管	2250	4.91	3.05	1	10	55.33%	44.67%
人们的自由不受侵犯是 受宪法保护的公民权利	2358	7.43	2.5	1	10	20.23%	79.77%
国家让居民收入平等	2356	6.28	2.81	1	10	36.04%	63.96%
民众服从他们的统治者	2310	5.58	2.93	1	10	45.84%	54.16%
女人与男人享有同等权利	2365	7.74	2.46	1	10	18.99%	81.01%

2012年世界价值观调查中国部分的调查结果如表1—73。

表 1—73　　　　2012 年世界价值观调查：民主的基本要素

是否民主最基本要素 （不是—是 1—10 分）	观测值	均值	标准差	最小值	最大值	1—5 分	6—10 分
政府向富人收税补贴穷人	1991	7.29	2.61	1	10	22.6%	77.4%
宗教领袖可以解释法律	1612	3.02	2.49	1	10	81.2%	18.8%
通过自由选举来选择领导人	1902	7.52	2.42	1	10	18.6%	81.4%
政府提供失业救济	1972	8.22	1.95	1	10	9.5%	90.5%
当政府无能时军队应该接管	1553	5.25	2.78	1	10	55.4%	44.5%
人们的自由不受侵犯是受宪法保护的公民权利	1952	8.39	1.87	1	10	9.2%	90.8%
国家让居民收入平等	1976	7.84	2.17	1	10	13.5%	86.5%
民众服从他们的统治者	1831	6.60	2.64	1	10	32.4%	67.6%
女人与男人享有同等权利	2002	8.71	1.75	1	10	6.8%	93.2%

2012 年和 2017 年调查结果两相对照我们可以看出：

（1）从 6—10 分的选择比可知，人们对民主要素的确认以及各要素的重要性排序没有变化。男女平等、自由权利受宪法保护、政府提供失业救济排在前三，即认为民主的基本要素是平等、自由和民生保障。

（2）即使是公民认同的民主基本要素，2017 年的认同比率也比 2012 年有了显著下降。以前三位为例，分别下降了 12、11、16 个百分点。特别是"通过自由选举来选择领导人"一项由 2012 年的 81.4% 下降到了 2017 年的 58.78%，直降 22.62 个百分点，极其显著。这表明，近 5 年里，国内外发生的一系列事情给予中国公民观念以很大的影响。人们在政治理想、民主追求中日益注重自己的国情，更加充满自信，而不再是简单地以西方某种模式为圭臬。

同时，世界价值观调查 2011 年美国部分同题调查结果还显示，美国受访者对民主基本要素的理解为："人们通过自由选举来选择领导人""女人与男人享有同等权利""人们的自由不受侵犯,是受宪法保护的公民权利"。我们既看到了相同的部分,更看到了明显的不同部分,那就是自由与平等的优先性以及自由民主的表现形式的差异。中国公民同样重视自由、平等,但明显地突出平等优先于自由。在均值和选择率都超过60%的4个选项中,有两个是有关平等,即"女人与男人享有同等权利"和"国家让居民收入平等",尤其是前者在民主内容理解中排在第一位。美国是西方资产阶级民主国家的典范,其所体现的是自由主义价值观,尽管在其社会生活中大量存在性别、种族不平等的问题,但他们始终把自由选举看成民主最重要的内涵。中国是社会主义价值观国度,对平等的价值观诉求根深蒂固,男女性别平等一方面表明现实中这样的问题还存在,其实另一方面也表明在中国人们容易把平等设想到比较具体、实在的层面。同时,从"政府提供失业救济"能位列前三甲,表明大多数中国公民依然把生存保障,而非一种更严格意义的政治权利理解为民主。这应该与社会主义特点和刚刚走过"富起来"阶段都有关系。当然,更细致的变量分析我们将选择最重要的三个方面来考察。

(二)公民对民主要素理解的差异分析

1. 党员最倾向于把平等、自由作为民主最基本的要素。

考察公民政治面貌与对民主要素理解的关系,"政府提供失业救济"一项相关 p 值显著大于 0.05,故相关性不显著。关于自由权利的两种检验方法 p 值都小于 0.05,表明与政治面貌强相关,ANOVA 检验显示,$p12$、$p13$ 小于 0.05 而 $p23$ 大于 0.05,即党员和团员、党员和群众之间差异显著,而群众与团员之间差异不明显,党员均值为 7.7,明显高于团员和群众;ANOVA 也显示,在关于男女平等问题的检验中,$p12$ 和 $p23$ 都小于 0.05 而 $p13$ 显著大于 0.05,也就是说党员和群众之间差异不明显,党员和团员之间、团员和群众之间差异倒是很明显,党员和群众均值分别为 7.9 和 7.8,团员则明显最小(7.5)。因此,在各政治面貌中,党员最倾向于把男女平等、自由不受侵犯作为民主最基本的因素,其中关于男女平等在民主中的重要性理解和普通群众基本一致。

表 1—74　　　不同政治面貌公民对民主最基本要素的理解差异

	共产党员	共青团员	群众	p-value	p12	p23	p13	Test
政府提供失业救济	8.0 (5.0,9.0)	7.0 (5.0,9.0)	8.0 (6.0,9.0)	0.18	0.55	0.063	0.31	Kruskal-Wallis
	6.9 [±2.6]	6.9 [±2.4]	7.1 [±2.5]	0.33	0.91	0.18	0.26	ANOVA
人们的自由不受侵犯是受宪法保护的公民权利	8.0 (6.0,10.0)	8.0 (6.0,10.0)	8.0 (6.0,10.0)	0.006	0.003	0.45	0.006	Kruskal-Wallis
	7.7 [±2.4]	7.2 [±2.7]	7.4 [±2.4]	0.005	0.002	0.13	0.034	ANOVA
女人与男人享有同等权利	9.0 (6.0,10.0)	8.0 (6.0,10.0)	8.0 (6.0,10.0)	0.067	0.021	0.15	0.25	Kruskal-Wallis
	7.9 [±2.3]	7.5 [±2.6]	7.8 [±2.4]	0.014	0.007	0.030	0.34	ANOVA

2. 公民收入越低越倾向于将政府提供民生保障理解为民主的最基本要素。

考察中国公民收入与对民主基本要素理解的影响，两种检验方法显示，只有关于"政府提供失业救济"一项 p 值小于 0.05，也就是说影响显著。Two sample t test 显示，月收入低的公民均值为 7.2，明显高于月收入相对高的公民均值（6.8），也就是说，收入越低越倾向于将政府提供失业救济理解为民主的最基本要素。

表 1—75　　　不同收入水平公民对民主最基本要素的理解差异

	3000 元（含）以下	3000 元以上	p-value	Test
政府提供失业救济	8.0 (6.0, 9.0)	8.0 (5.0, 9.0)	0.008	Wilcoxon rank-sum
	7.2 [±2.4]	6.8 [±2.6]	0.002	Two sample t test

续表

	3000元（含）以下	3000元以上	p-value	Test
人们的自由不受侵犯是受宪法保护的公民权利	8.0 (6.0, 10.0)	8.0 (6.0, 10.0)	0.13	Wilcoxon rank-sum
	7.5 [±2.4]	7.3 [±2.6]	0.066	Two sample t test
女人与男人享有同等权利	8.0 (6.0, 10.0)	8.0 (6.0, 10.0)	0.18	Wilcoxon rank-sum
	7.8 [±2.4]	7.6 [±2.5]	0.057	Two sample t test

3. 60后公民最倾向于把民生保障、自由和平等理解为民主最基本要素。

中国公民对民主基本要素的理解部分与其年龄有着重要的关系，例如关于政府提供失业救济、自由权利的选项，两种检验方法 p 值均小于 0.05，表明是强相关的。Kruskal-Wallis 和 ANOVA 检验显示，关于政府提供失业救济一项理解中，95%落在区域以及中位数、均值都呈现出随年龄增长而增加的趋势，00后、90后最低，60后及以上最高。也就是说，年龄越大越倾向于把政府提供失业救济理解为民主最基本要素，60后及以上最倾向于此，90/00后最不倾向于此。关于自由权利和男女平等两项理解中，ANOVA 检验显示，60后及以上的均值最高。

表1—76　　不同年龄公民对民主最基本要素的理解差异

	90后和00后	80后	70后	60后及以上	p-value	p12	p23	p13	Test
政府提供失业救济	7.0 (5.0, 9.0)	8.0 (5.0, 9.0)	8.0 (6.0, 9.0)	8.0 (6.0, 10.0)	0.001	0.53	0.74	0.35	Kruskal-Wallis
	6.9 [±2.5]	6.9 [±2.6]	7.0 [±2.4]	7.4 [±2.5]	0.010	0.74	0.59	0.37	ANOVA

续表

	90后和00后	80后	70后	60后及以上	p-value	p12	p23	p13	Test
人们的自由不受侵犯是受宪法保护的公民权利	8.0 (6.0, 10.0)	8.0 (6.0, 10.0)	8.0 (6.0, 10.0)	8.0 (7.0, 10.0)	0.013	0.26	0.12	0.49	Kruskal-Wallis
	7.4 [±2.6]	7.3 [±2.5]	7.6 [±2.4]	7.9 [±2.2]	0.004	0.42	0.095	0.26	ANOVA
女人与男人享有同等权利	8.0 (6.0, 10.0)	8.0 (6.0, 10.0)	9.0 (6.0, 10.0)	9.0 (7.0, 10.0)	0.21	0.33	0.16	0.51	Kruskal-Wallis
	7.7 [±2.5]	7.6 [±2.5]	7.9 [±2.3]	8.0 [±2.2]	0.055	0.44	0.096	0.25	ANOVA

（4）公民对民主基本要素的理解与宗教信仰、文化程度、职业和居住地关系不大。

考察公民对民主基本要素与信仰、文化程度、职业、居住地的关系，检验p值都大于0.05，也就是它们之间没有显著的关系。

四 公民对目前国家政治状态的认同程度

1. 公民普遍认同中国是人民当家作主、代表人民利益的国家，但满意度还不够高。

人民代表大会制度是我国最根本的政治制度，是我国的政体。人民代表大会制度为的是从根本制度的角度保障中国始终是人民当家做主、代表人民利益的国家。国家是否代表人民的利益、人民是否当家做主，涉及国家性质、国家政治的实质内容。那么，现实生活中公民对此的评价和感受是怎样的呢？调查显示，受访公民89.76%认同中国是人民当家做主、代表人民利益的国家，不认同的只占11.24%，但平均得分只有6.42分，最高选择频率出现在7、8。这表明，一方面受访公民整体上认同中国是人民当家做主、代表人民利益的国家;另一方面,平均得分不是很高则表明,与人民十分满意还有很大差距,还有很大努力空间。

表1—77 公民对目前中国是人民当家做主、代表人民利益的国家的认同程度

对目前中国是人民当家做主、代表人民利益的国家的认同程度（1—10 分）	观测值	均值	标准差	最小值	最大值	1—5 分	6—10 分
完全不认同—完全认同	2438	6.42	2.24	1	10	11.24%	89.76%

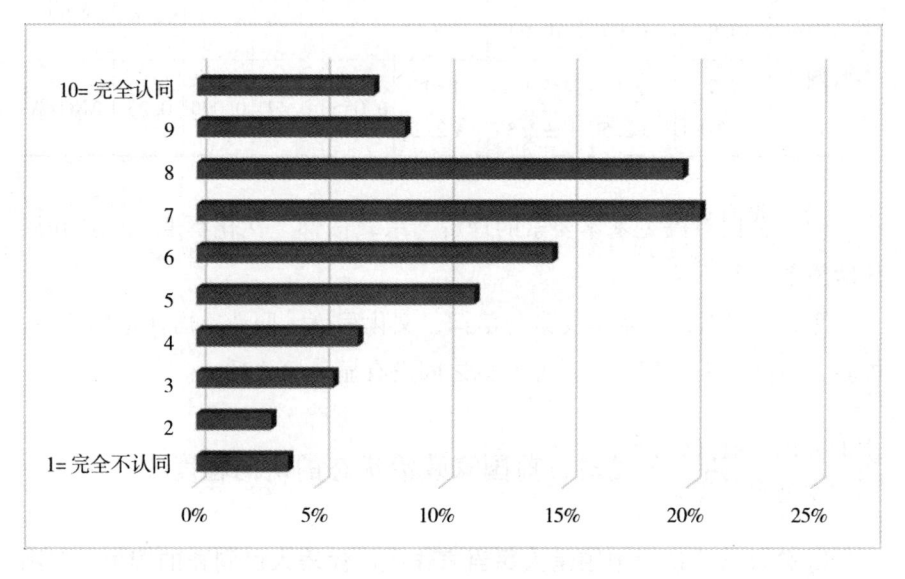

图1—26 对目前中国是人民当家做主、
代表人民利益的国家的认同程度

(1) 党员最认同中国是人民当家做主、代表人民利益的国家,共青团员认同度最低。

考察公民政治面貌与对人民当做主、代表人民利益的现实评价之间关系,两种检验方法 p 值都小于 0.001,显著小于 0.05,说明二者是强相关关系。p12、p23、p13 都显著小于 0.05,说明党员、团员、群众之间存在显著差异。ANOVA 检验显示,党员均值最高 (6.7),团员均值最低

(6.1)。也就是说,党员最认同中国是人民当家做主、代表人民利益的国家,普通群众次之,共青团员对此认同度最低。中国共产党是执政党,党员的感受可以理解;共青团员是年青一代,对人民当家做主的要求会更为严苛。

表1—78　　　　不同政治面貌公民对目前中国是人民当家做主、
　　　　　　　　代表人民利益的国家的认同程度

	共产党员	共青团员	群众	p-value	p12	p23	p13	Test
中国是人民当家做主、代表人民利益的国家吗	7.0 (6.0,8.0)	7.0 (4.0,8.0)	7.0 (5.0,8.0)	<0.001	<0.001	<0.001	0.008	Kruskal–Wallis
	6.7 [±2.2]	6.1 [±2.3]	6.5 [±2.2]	<0.001	<0.001	<0.001	0.018	ANOVA

(2) 没有上过大学的公民更认同中国是人民当家做主、代表人民利益的国家。

受访的中国公民对人民当家做主、代表人民利益的现实评价与文化程度存在强相关关系,两种检验方法 p 值都小于 0.001,显著小于 0.05. Two sample t test 显示,没有上过大学的公民均值(6.7)明显高于上过大学的公民均值(6.2)。也就是说,没有上过大学的公民更认同中国是人民当家做主、代表人民利益的国家。

表1—79　　　　不同受教育程度公民对中国是人民当家做主、
　　　　　　　　代表人民利益的国家的认同程度

	没上过大学	上过大学	p-value	Test
中国是人民当家做主、代表人民利益的国家吗	7.0 (6.0, 8.0)	7.0 (5.0, 8.0)	<0.001	Wilcoxon rank–sum
	6.7 [±2.1]	6.2 [±2.3]	<0.001	Two sample t test

（3）公民收入越低对中国是人民当家做主、代表人民利益的国家的认同度越低。

受访的中国公民关于人民当家做主、代表人民利益的现实评价与收入存在强相关关系，两种检验方法 p 值均显著小于 0.05。Two sample t test 显示，月收入 3000 元以上的公民均值（6.6）高于月收入低于 3000 元的公民（6.3）。可以说，收入越低越不倾向于认为中国是人民当家做主、代表人民利益的国家。我们认为，这主要是与低收入的人们的获得感比较低有关。

表1—80　　　不同收入水平公民对中国是人民当家做主、
代表人民利益的国家的认同程度

	3000 元（含）以下	3000 元以上	p-value	Test
中国是人民当家做主、代表人民利益的国家吗	7.0 (5.0, 8.0)	7.0 (5.0, 8.0)	<0.001	Wilcoxon rank-sum
	6.3 [±2.2]	6.6 [±2.3]	0.009	Two sample t test

（4）70 后及以上公民更认同中国是人民当家做主、代表人民利益的国家，而青年一代认同度最低。

两种检验方法显示，公民对人民当家做主、代表人民利益的现实评价与年龄的相关性 p 值均小于 0.001，显著小于 0.05，表明是强相关。p12 大于 0.05，而 p23、p13 都显著小于 0.05，表明 90/00 后与 80 后没有显著差异，他们都与 70 后有显著差异。ANOVA 检验显示，70 后均值与 60 后及以上（6.8）接近而 70 后最高（6.9），90、00 后与 80 后差异不大而 90/00 后最低（6.2）。因此，总体看，70 后及以上更认同中国是人民当家做主、代表人民利益的国家，其中 70 后认同度最高；80 后及以下对此持保守态度，其中 90/00 后最为保守。70 后属于目前的"当权派"，90/00 后一方面处于爬坡阶段；另一方面思想更加开放，受西方影响也更直接。

表 1—81　不同年龄公民对中国是人民当家做主、代表人民利益的国家的认同程度

	90后和00后	80后	70后	60后及以上	p-value	p12	p23	p13	Test
中国是人民当家做主、代表人民利益的国家吗	7.0 (5.0, 8.0)	7.0 (5.0, 8.0)	7.0 (6.0, 8.0)	7.0 (6.0, 8.0)	<0.001	0.13	0.001	<0.001	Kruskal-Wallis
	6.2 [±2.2]	6.4 [±2.3]	6.9 [±2.2]	6.8 [±2.0]	<0.001	0.17	0.003	<0.001	ANOVA

（5）公民对中国是人民当家做主、代表人民利益的国家的认同程度与宗教信仰、职业和居住地关系不大。

两种检验方法显示，公民对人民当家做主、代表人民利益的现实评价与其宗教信仰、职业和居住地并没有显著的关系，p值均显著大于0.05。

2. 公民对共产党领导下的多党合作制普遍认同和满意

现代政治是政党政治，中国共产党领导的多党合作和政治协商制度，是中国的一项基本政治制度。它是在中国长期革命和建设中形成和发展起来的，也是中国共产党和各民主党派的共同创造。高达82.26%受访公民对这项制度表示肯定，有17.74%认为不好，在1—10的分值中，平均得分为7.28，选择比率最高的是8、7、10，有17%左右的受访公民选择给了满分（10分）。这说明，中国公民对中国共产党领导下的多党合作制度普遍认同和满意。

表 1—82　　　　　公民对共产党领导下的多党合作制的看法

对共产党领导下的多党合作制的看法（1—10分）	观测值	均值	标准差	最小值	最大值	1—5分	6—10分
非常不好—非常好	2441	7.28	2.02	1	10	17.74%	82.26%

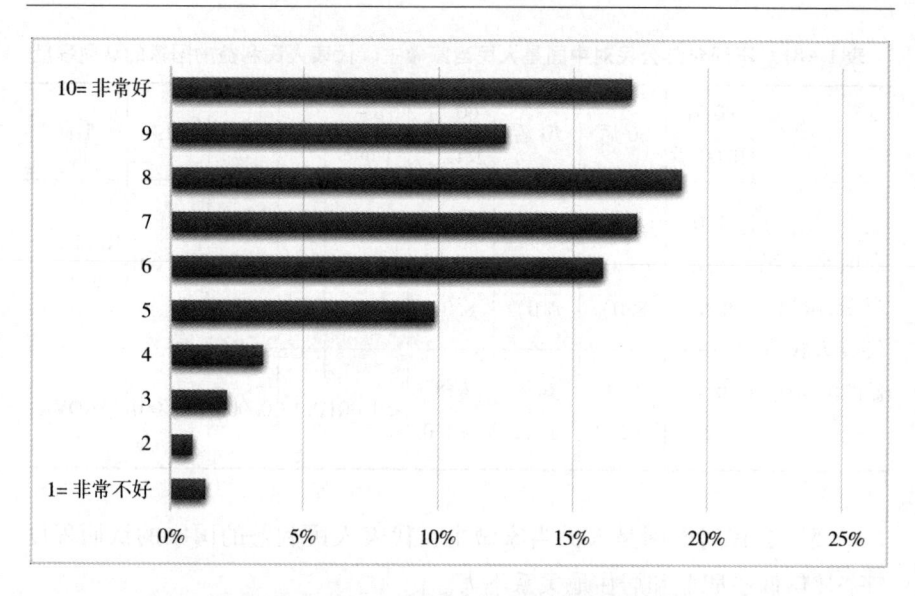

图 1—27 对共产党领导下的多党合作制的看法

3. 公民认同中国是民主国家，对现实民主状况基本满意

调查显示，77.92%受访公民认为当前中国是民主的，22.08%则不同程度予以否认，在1—10分的分值中，均值为6.77，选择率最高的是8，有近四分之一的受访者选择这个分值。可见，公民基本上认同中国是民主国家，对其现实民主状况基本满意。分值不高和五分之一的不认同，表明一方面是思想观念、感受不同；另一方面是中国民主还任重而道远。

表 1—83　　　　公民对我国民主程度的看法

对我国民主程度的看法（1—10分）	观测值	均值	标准差	最小值	最大值	1—5分	6—10分
一点也不民主—非常民主	2440	6.77	2.00	1	10	22.08%	77.92%

该题源自2012年世界价值观调查原题（V141），当年在中国的调查结果如表1—84。

表1—84　　　　　2012年世界价值观调查：我国的民主程度如何

选择倾向（1—10分）	观测值	均值	标准差	最小值	最大值	1—5分	6—10分
一点儿也不民主—非常民主	1964	6.43	1.99	1	10	28.6%	71.4%

两相对照可见，6—10分的百分比从2012年的71.4%升至2017年的77.92%，提升6个百分点；均值也由6.43升到6.77。也就是说，如果能排斥调查的误差，我们可以推断，5年来公民觉得中国更加民主了。

（1）党员对我国的民主程度评价最高。

两种检验方法表明，中国公民对中国民主程度如何的判断与其政治面貌强相关，p值得都小于0.05。同时，ANOVA分析显示，p12、p13都小于0.05而p23大于0.05，也就是说，党员与团员、群众有显著差异，而团员与群众没有显著差异。ANOVA检验显示，党员均值为7，明显高于团员和群众均值。因此，党员对我国的民主程度评价最高，团员与群众没有明显差别。

表1—85　　　　不同政治面貌公民对我国民主程度判断的差异

	共产党员	共青团员	群众	p-value	p12	p23	p13	Test
我国的民主程度如何？	7.0 (6.0,8.0)	7.0 (6.0,8.0)	7.0 (6.0,8.0)	0.011	0.002	0.12	0.083	Kruskal-Wallis
	7.0 [±1.9]	6.6 [±2.0]	6.7 [±2.1]	0.009	0.002	0.26	0.029	ANOVA

（2）公民受教育程度越低对我国目前的民主程度评价越高。

考察中国公民的文化程度与对我国目前民主程度的判断的相关性，两种检验方法的p值都小于0.001，显著小于0.05，表明两者是强相关关系。Two sample t test显示，没上过大学的公民的均值（7.1）要明显高于上过大学的公民（6.6），也就是说，没上过大学比上过大学的公民对我国目前的民主程度评价更高。之所以如此，接受大学教育的公民对民主的理解更为严格，与其他国家的比较也会更多。

表1—86　　　不同受教育程度公民对我国民主程度判断的差异

	没上过大学	上过大学	p-value	Test
我国的民主程度如何	7.0 (6.0, 8.0)	7.0 (6.0, 8.0)	<0.001	Wilcoxon rank-sum
	7.1 [±2.0]	6.6 [±2.0]	<0.001	Two sample t test

(3) 产业工人、农民对我国民主程度评价最高。

考察中国公民职业与对国家民主程度的判断，两种检验方法的 p 值都小于 0.05，表明两者是强相关关系。ANOVA 检验显示，对我国民主程度评价最高的是工人、农民（均值 7.1），评价最低的是学生（均值 6.7）。尽管近年来，工人、农民的政治地位相较于改革开放前降低了不少，但我国国体依然规定是以工农联盟为基础的；同时，工人、农民相对而言可能不太理解和关注民主的一些表现形式。相对而言，作为年青一代的学生接触的现代甚至西方事物、理念更多，对中国民主的评价更为苛刻一些。

表1—87　　　不同职业公民对中国民主程度判断的差异

	机关、党群组织、企业事业单位工作人员	专业技术人员（含教师）	商业、服务业人员	产业工人和农民	学生	p-value	p12	p23	p13	Test
我国的民主程度如何	7.0 (6.0, 8.0)	7.0 (6.0, 8.0)	7.0 (5.0, 8.0)	7.0 (6.0, 8.0)	7.0 (6.0, 8.0)	0.015	0.88	0.30	0.23	Kruskal-Wallis
	6.9 [±2.0]	6.8 [±2.0]	6.7 [±2.1]	7.1 [±1.9]	6.7 [±1.9]	0.031	0.67	0.35	0.17	ANOVA

(4) 年轻公民对国家民主程度的评价低于年长公民。

两种检验方法显示，公民年龄与对国家民主程度的相关性 p 值都小于

0.001，显著小于 0.05，说明两者是强相关关系。p13 小于 0.001，说明 90/00 后与 70 之间显著不同；ANOVA 显示，70 后均值最高（7.1），90/00 后均值最低（6.6）。总体上，年轻人对国家民主程度的评价要低于年长者，70 后对国家民主程度的评价最高，90/00 后的评价最低。

表 1—88　　　　不同年龄公民对我国民主程度判断的差异

	90 后和 00 后	80 后	70 后	60 后及以前	p-value	p12	p23	p13	Test
我国的民主程度如何	7.0 (6.0, 8.0)	7.0 (6.0, 8.0)	7.0 (6.0, 8.0)	7.0 (6.0, 8.0)	<0.001	0.067	0.011	<0.001	Kruskal-Wallis
	6.6 [±2.0]	6.8 [±2.1]	7.1 [±2.0]	7.0 [±2.0]	<0.001	0.18	0.016	<0.001	ANOVA

（5）小城镇和农村公民对国家民主程度的评价更高。

两种检验方法显示，中国公民对我国民主程度的评价与居住地强相关，p 值均小于 0.001，显著小于 0.05。Wilcoxon rank-sum 显示，小城镇和农村居民的中位数为 8，城市居民中位数为 7；Two sample t test 显示，小城镇和农村公民均值为 7，城市公民均值为 6.7。可见，小城镇和农村公民对国家民主程度的评价显著高于城市公民的评价。

表 1—89　　　　不同居住地公民对中国民主程度判断的差异

	小城镇和农村	城市	p-value	Test
我国的民主程度如何？	8.0 (6.0, 8.0)	7.0 (6.0, 8.0)	<0.001	Wilcoxon rank-sum
	7.0 [±2.0]	6.7 [±2.0]	<0.001	Two sample t test

4. 大多数公民认为自己是自由的

自由是人的天性，公民自由程度是现代政治的一个重要检验维度。尽管存在积极自由、消极自由等关于自由内涵的争论，但每个公民的自由一定意味着对生活可能性的一种选择和把握。在关于选择和把握自己生活程度的访谈中，74.14%的受访公民认为自己能选择和掌握自己的生活，25.86%的受访公民则作了否定的回答，1—10分的分值选择中均值为6.55，最高选择频率为7。因此，公民基本上认为自己是自由的。但是，低均值和四分之一多的公民认为自己不够自由反映了问题的复杂，值得我们进一步细致分析。

表1—90　　　　　公民选择和掌握自己生活的程度

选择和掌握自己生活的程度（1—10分）	观测值	均值	标准差	最小值	最大值	1—5分	6—10分
根本无法掌握—完全可以掌握	2441	6.55	1.94	1	10	25.86%	74.14%

该题是世界价值观调查2012年原题（V55），当年中国调查结果如下：

表1—91　　　2012年世界价值观调查：您觉得自己是否可以完全选择和掌握自己的生活

选择倾向（1—10分）	观测值	均值	标准差	最小值	最大值	1—5分	6—10分
根本无法掌握—完全可以掌握	2138	6.88	2.02	1	10	23.8%	76.2%

两相对照，2017年数据在6—10分的选择率及均值都略低于2012年数据，但没有质的差异。彼此可以印证，能够反映出当前中国公民对自己自由状态的基本感受和认识。

（1）党员比团员和群众体验到更大的自由。

两种检验方法显示，中国公民的政治面貌与是否可以选择和掌握自己的生活之间强相关，p值都小于0.05。p12、p13小于0.05而p23大于0.05，表明党员与团员、群众有显著差异，而团员与群众没有明显差异。ANOVA显示，党员均值6.8，显著高于团员、群众。因此，党员比团员、群众更感到自己能选择和掌握自己的生活，体验到更大的自由。

表1—92 不同政治面貌公民选择和掌握自己生活的程度

	共产党员	共青团员	群众	p-value	p12	p23	p13	Test
是否可以选择和掌握自己的生活	7.0 (6.0,8.0)	7.0 (5.0,8.0)	7.0 (5.0,8.0)	0.020	0.019	0.87	0.009	Kruskal-Wallis
	6.8 [±1.8]	6.5 [±1.9]	6.5 [±2.0]	0.008	0.011	0.72	0.003	ANOVA

（2）无宗教信仰的公民更能体验到自由。

考察中国公民宗教信仰与能否选择和掌握自己的生活之间的相关性，两者检验方法的p值都小于0.05，说明两者强相关。Wilcoxon rank-sum显示，无宗教信仰公民中位数为7，有宗教信仰的公民中位数为6；Two sample t test显示，无宗教信仰公民均值为6.6，显著高于有宗教信仰公民（6.2）。因此，无宗教信仰的公民比有宗教信仰的公民感到更能选择和把握自己的生活，感到更多的自由。

表1—93 有无宗教信仰的公民选择和掌握自己生活的程度

	无宗教信仰	有信仰宗教	p-value	Test
是否可以选择和掌握自己的生活	7.0 (5.0, 8.0)	6.0 (5.0, 8.0)	0.023	Wilcoxon rank-sum
	6.6 [±1.9]	6.2 [±2.0]	0.026	Two sample t test

（3）公民收入越高自由感越强。

两种检验方法显示，中国公民可否选择和掌握自己的生活与其收入存在强相关关系，p值显著小于0.05。Two sample t test显示，月收入3000元以上公民均值（6.7）明显高于月收入3000元以下公民（6.5）。因此，中国公民的收入越高越感到自己能选择和掌握自己的生活，自由感更强。

表 1—94　不同收入水平的公民选择和掌握自己生活的程度

	3000元（含）以下	3000元以上	p – value	Test
是否可以选择和掌握自己的生活	7.0 (5.0, 8.0)	7.0 (6.0, 8.0)	0.004	Wilcoxon rank – sum
	6.5 [±1.9]	6.7 [±2.0]	0.007	Two sample t test

（4）公民的自由感与职业、文化程度、年龄、居住地关系不大。

两种检验方法也显示，公民是否能选择和掌握自己的生活，与其职业、文化程度、年龄、居住地都没有强相关关系，p 值均显著大于 0.05。

五　公民对中国政治的优势、问题及发展前景的判断

1. 公民认为中国政治最突出的优势是中国共产党执政地位稳固，最突出的问题是政治体制改革滞后

受访的中国公民认为，中国共产党执政地位稳固、与时俱进的中国特色社会主义理论、集中力量办大事的举国体制是当前中国政治方面最突出的优势，三者之和占比达 76.3%。可见，中国公民对目前中国特色的政治制度总体上是满意的。尤其是 31.06% 受访公民将"中国共产党执政地位稳固"作为中国政治最大优势，这与习近平在十九大报告中指出"中国特色社会主义最本质的特征是中国共产党领导，中国特色社会主义制度的最大优势是中国共产党领导"① 完全吻合。

同时，受访公民将政治体制改革滞后、贪污腐败、法治不健全视为当前中国政治方面最突出的问题，总占比达 81.77%，其中政治体制改革滞后这一项占 34.81%，也就是说有三分之一的受访的中国公民认为中国应该加快政治体制改革。结合前述受访公民对政治体制的偏好，对民主、自由状况的评价以及当前最大优势的判断，可以得出，公民认为要加快政治体制改革并非根本制度的改变，而是指要加快以中国共产党领导的、中国

---

① 习近平：《决胜全面建成小康社会夺取新时代中国特色社会主义伟大胜利》，人民出版社 2017 年版，第 20 页。

第三章 公民国家政治价值观分析

特色社会主义政治体制的完善。

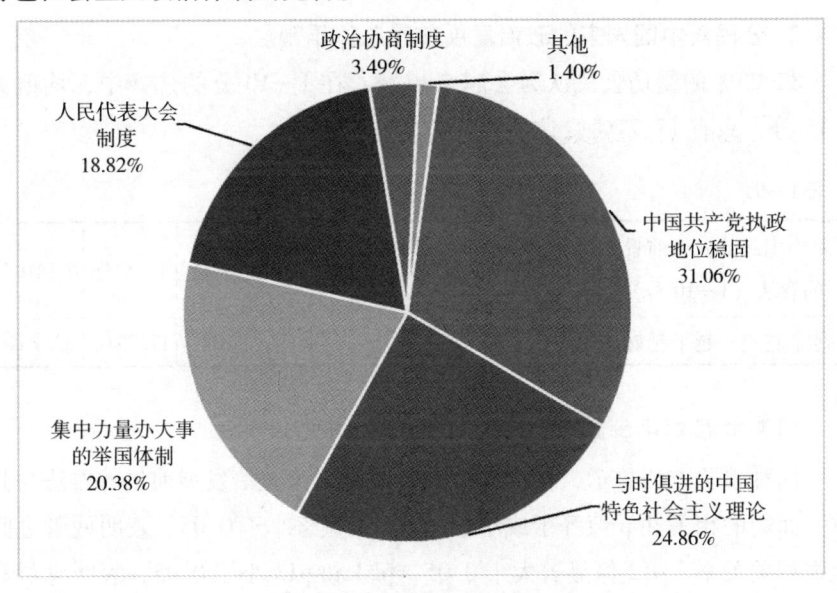

图1—28 当前中国政治方面最突出的优势（N=2434）

- 中国共产党执政地位稳固 31.06%
- 与时俱进的中国特色社会主义理论 24.86%
- 集中力量办大事的举国体制 20.38%
- 人民代表大会制度 18.82%
- 政治协商制度 3.49%
- 其他 1.40%

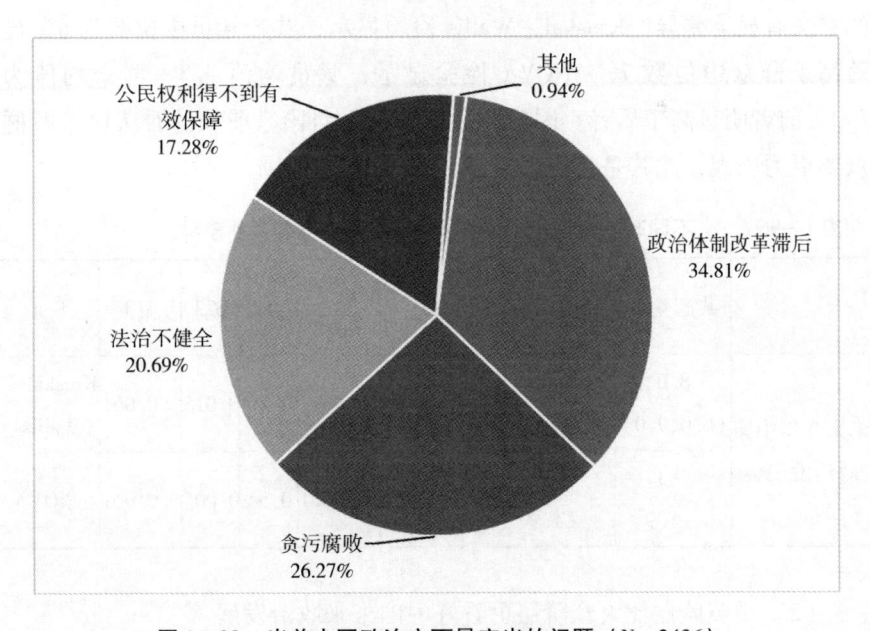

图1—29 当前中国政治方面最突出的问题（N=2436）

- 政治体制改革滞后 34.81%
- 贪污腐败 26.27%
- 法治不健全 20.69%
- 公民权利得不到有效保障 17.28%
- 其他 0.94%

2. 公民对中国未来的政治发展前景总体乐观。

82.23%的受访公民认为会越来越好，在1—10分的选择中，均值为7.15分，只有17.77%受访公民认为是越来越差。

表1—95　　　　　公民对中国政治发展前景的判断

对中国政治发展前景的看法（1—10分）	观测值	均值	标准差	最小值	最大值	1—5分	6—10分
越来越差—越来越好	2443	7.15	1.91	1	10	17.77%	82.23%

（1）党员对中国政治发展前景最乐观。

两种检验方法显示，受访的中国公民对国家政治发展前景的看法与其政治面貌的相关性p值等于或小于0.001，显著小于0.05，表明两者之间是强相关关系。p12值显著大于0.05，p23和p13小于0.05，表明党员和团员对国家政治前景的判断没有明显差异，而团员与群众、党员与群众间的看法有显著差异。Kruskal – Wallis检验显示，共产党员中位数为8，显著高于群众中位数7；ANOVA检验显示，党员均值7.3，群众均值为7.0，前者明显高于后者。因此，党员和团员对国家前景的看法比一般群众要更为乐观，尤其是党员是最乐观的群体。

表1—96　　　不同政治面貌公民对中国政治发展前景的判断差异

	共产党员	共青团员	群众	p-value	p12	p23	p13	Test
未来几年中国政治发展会	8.0 (6.0,9.0)	7.0 (6.0,9.0)	7.0 (6.0,8.0)	0.001	0.39	0.015	<0.001	Kruskal – Wallis
	7.3 [±1.9]	7.2 [±1.9]	7.0 [±1.9]	<0.001	0.54	0.005	<0.001	ANOVA

（2）精英阶层比大众阶层更看好中国未来政治发展。

两种检验方法显示，中国公民对国家未来政治发展的预判与职业有着强相关关系，p值小于0.001，显著小于0.05。p12值显著大于0.05，而p23和p13都显著小于0.05，即机关、党群组织、企事业工作人员与专业技术人员（含教师）对国家未来政治发展状况没有显著差异，而他们与商业、服务业人员等却有显著差异。Kruskal – Wallis 检验显示，机关、党群组织、企事业工作人员与专业技术人员（含教师）中位数均为 8，商业、服务业人员、工人、农民、学生的中位数均为 7；ANOVA 检验显示，机关、党群组织、企事业工作人员与专业技术人员（含教师）均值最高，分别为 7.3、7.4，商业、服务业人员、工人、农民均值最低，分别为 6.9、6.8。可以得出结论，机关、党群组织、企事业工作人员和专业技术人员（含教师）对国家未来政治发展是最乐观的，而商业、服务业人员和工人、农民则相对谨慎。前者属于一般所说的社会精英阶层，后者属于一般所说的大众阶层，也说明，中国精英阶层比大众阶层更看好中国未来政治发展。

表 1—97　　不同职业公民对国家未来政治发展前景的判断差异

	机关、党群组织、企事业单位工作人员	专业技术人员（含教师）	商业、服务业人员	产业工人和农民	学生	p - value	p12	p23	p13	Test
未来中国政治发展会	8.0 (6.0, 9.0)	8.0 (6.0, 9.0)	7.0 (6.0, 8.0)	7.0 (6.0, 8.0)	7.0 (6.0, 9.0)	<0.001	0.90	0.004	0.009	Kruskal – Wallis
	7.3 [±1.9]	7.4 [±1.8]	6.9 [±2.0]	6.8 [±1.8]	7.3 [±1.9]	<0.001	0.91	0.003	0.006	ANOVA

（3）70 后公民对国家政治未来发展的判断最乐观。

两种检验方法显示，公民年龄与其对国家政治未来发展的看法的相关性 p 值都略大于但接近 0.05（分别为 0.054 和 0.055），表明两者有较小的关联性。p12、p13 都大于 0.05，p23 显著小于 0.05，说明 80 后与 70 后对国家政治未来发展的看法有显著差异。Kruskal – Wallis 检验显示，70 后中位数为 8，其他年龄段中位数都是 7；ANOVA 检验显示，70 后均值为 7.4，明显高于其他年龄段。因此可以认为，70 后对国家政治未来发展的看法是各年龄段中最乐观的，00、90、80 后之间没有太大区别。70 后处于40—50岁之间，是社会最中坚的力量，他们对国家政治未来的乐观在一定程度上也包含着对自己的事业的乐观。

表1—98　　　　不同年龄公民对国家政治未来发展的判断差异

	90后和00后	80后	70后	60后及以前	p-value	p12	p23	p13	Test
未来中国政治发展会	7.0 (6.0, 8.0)	7.0 (6.0, 8.0)	8.0 (6.0, 9.0)	7.0 (6.0, 8.0)	0.054	0.12	0.006	0.078	Kruskal-Wallis
	7.2 [±1.9]	7.0 [±1.9]	7.4 [±1.8]	7.2 [±1.9]	0.055	0.15	0.005	0.064	ANOVA

（4）公民对国家政治未来发展的判断与宗教信仰、文化程度、收入水平和居住地关联性不大。

两种检验方法显示，中国公民关于国家未来政治发展前景的判断与有无宗教信仰、文化程度、收入高低、居住地之间相关性p值都大于0.05，也就是说相关性不强。

表1—99　　　不同宗教信仰、文化程度、收入水平和居住地公民
　　　　　　　对国家未来政治发展前景的判断差异

	无宗教信仰	有信仰宗教	p-value	Test
未来中国政治发展会	7.0 (6.0, 8.0)	7.0 (6.0, 8.0)	0.39	Wilcoxon rank-sum
	7.2 [±1.9]	7.1 [±2.0]	0.39	Two sample t test
	大学以下	大学及以上		
	7.0 (6.0, 8.0)	7.0 (6.0, 8.0)	0.22	Wilcoxon rank-sum
	7.1 [±1.9]	7.2 [±1.9]	0.24	Two sample t test
	月收入3000元以下	月收入3000元以上		
	7.0 (6.0, 8.0)	7.0 (6.0, 8.0)	0.24	Wilcoxon rank-sum
	7.1 [±1.9]	7.2 [±1.9]	0.25	Two sample t test

	小城镇和农村	城市	p-value	Test
未来中国政治发展会	7.0 (6.0, 8.0)	7.0 (6.0, 9.0)	0.071	Wilcoxon rank-sum
	7.1 [±1.8]	7.2 [±2.0]	0.23	Two sample t test

六　公民对政治的兴趣程度及其原因

1. 超半数公民对政治不感兴趣

调查显示，55.11%的受访公民认为自己对政治不感兴趣，超过对政治感兴趣公民（41.85%）近13个百分比。其中一点也不感兴趣的公民（14.96%）也远超对政治很感兴趣（9.68%）的公民。大致地说，对政治不感兴趣的中国公民超过感兴趣的中国公民，有七分之一左右的公民对政治毫不感兴趣。原因可能在于：在一个丰裕的后现代社会，政治冷漠症是世界性的现象，人们更关心一些生活中与己相关的小事，告别了"宏大叙事"的政治；人们对政治做了狭义或特定含义的理解，把不喜欢某种政治现象理解为了自己对政治不感兴趣。但无论如何，公民对政治的兴趣状况值得我们反思和研究。

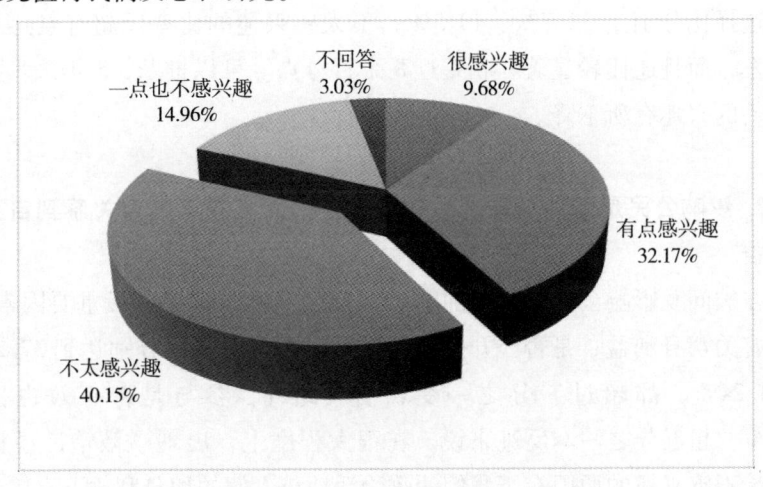

图1—30　对政治是否感兴趣（N=2406）

该题源于世界价值观调查 2012 年原题（V84），当年在中国的调查结果如下：

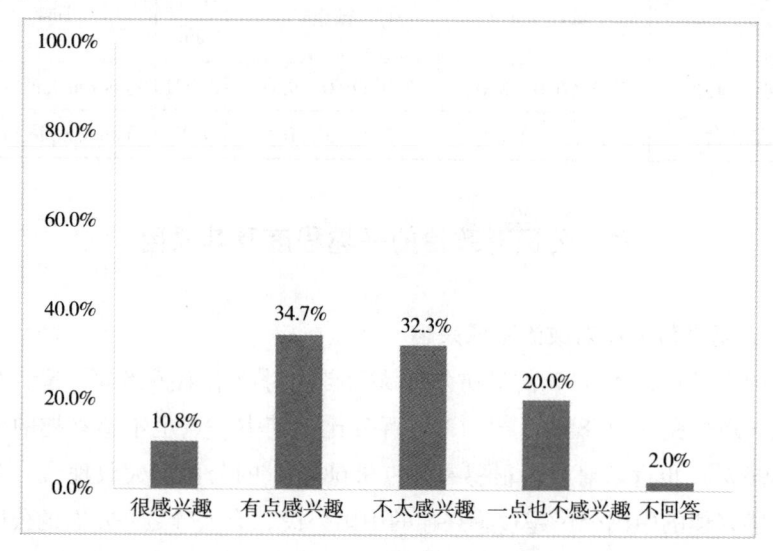

图 1—31　2012 年世界价值观调查：您对政治感兴趣吗？

两相对照，数据有所不变也有所变。所谓不变，那就是基本格局、趋势没有变化。所谓有所变，主要是体现在：2012 年选择"有点感兴趣"的比率（34.7%）高于"不太感兴趣"的比率（32.3%），而 2017 年两者的选择比分别是 32.7%、40.5%，不太感兴趣的比率反超有点感兴趣的比率，而且还比较显著，相差近 8 个百分点。可以推断，5 年来，人们对政治的兴趣有所下降。

2. 影响公民是否参加政治活动最重要的因素在于是否关系到自身切身利益

在被问及影响公民是否参加基层（社区、村）选举的最重要因素时，是否有关切身利益、是否公开公正占住了头两位，占比分别达到 37.27% 和 33.24%，都超过三分之一受访者。此外，参与是否有效也占到 20.4%，超五分之一。反过来说，在很大程度上，出现"政治冷漠症"、对政治不感兴趣的原因在于我们的政治活动与人们的切身利益不直接、活动本身不够公开、公民在参与之后觉得没有效果。可见，总起来是一方面在实质上"没有用"；另一方面质疑在形式和程序上不公正。

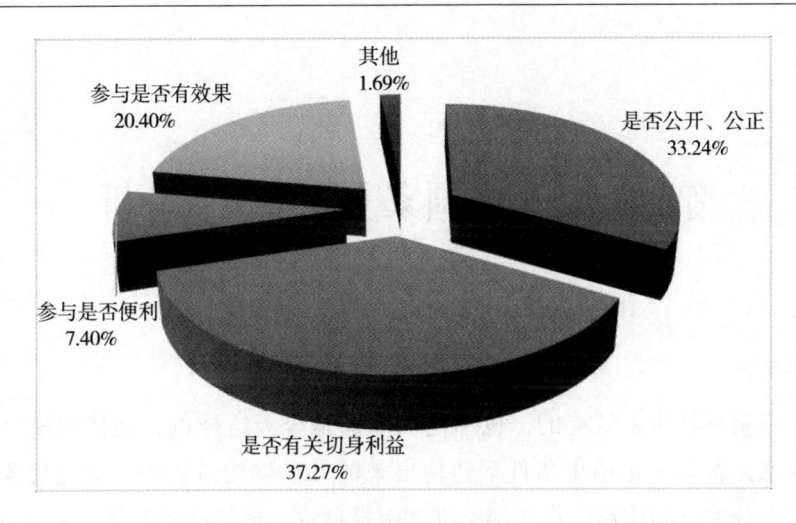

图 1—32　影响您参加基层（社区、村）选举的
最重要因素（N=2431）

第四章 公民国家文化价值观分析

国家不是从来就有的，也不是从来都是今天这样的，现代国家（民族国家）都是一定历史条件下建构出来的，在建构过程中，文化想象起到了十分关键的作用。作为国家维度中最自觉、最能动的部分，文化不仅是"五位一体"中的"一位"，而且是"五位"能成为"一体"的纽带；文化不仅反映、表达国家，而且凝聚国家、引导国家，它是一个国家、一个民族的灵魂。与其他方面相比，文化是最深层、最基础、最根本的力量。文化兴国则运兴，文化强则民族强。文化的核心乃是价值，公民的国家文化价值观代表着公民国家价值观中最直接的部分。

一 公民的基本文化偏好

1. 多数公民偏好多元、多样的文化

在人类学意义上，文化差异最直接、生动的体现在不同民族之间，如何看待和处理不同民族差异，非常直观地体现出文化偏好。在关于如何处理国内不同民族之间的关系的问题上，37.71%的受访公民认为要尽量保护和突出少数民族的特色，35.05%的受访公民认为不要人为干预，要让各民族自然而然地发展，两项相加占比达72.76%。选择各民族应该尽快融合成为一个民族的占21.01%，超五分之一。众所周知，中国是个多民族国家，近些年某些少数民族出现极少数的极端分离主义现象，人们对于融合为一个民族的呼声自然增长。但即使在这种情况下，仍然有七成多的中国公民强调要尊重民族多样性，这是尊重和包容文化多样性的重要表现。

同样，在面对"十里不同风，百里不同俗"这一现象时，在1—10

第四章 公民国家文化价值观分析

饼图内容：
- 不确定 6.22%
- 要尽量保护和突出少数民族的特色 37.71%
- 不要人为干预，要让各民族自然而然地发展 35.05%
- 各民族应该尽快融合成一个民族 21.01%

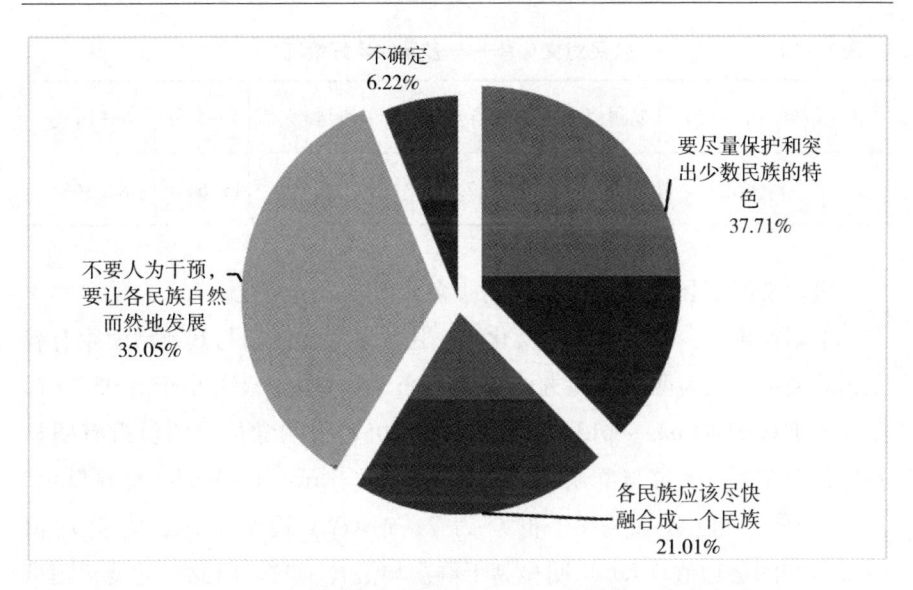

图1—33　对处理国内不同民族之间关系的看法（N = 2442）

分代表从"学会欣赏"到"用先进的现代生活方式改变"的分值情况下，58.28%的受访公民倾向于学会欣赏，均值为4.75，即倾向于欣赏。这也表明，在经历了40年以工业化、城市化等同一性为重要特征的现代化高速发展后，人们总体上开始眷恋和学会欣赏"前现代"的生活方式多样性，而这种生活方式的多样性正是文化多样性最具生命力的体现。当然，五分之二多的公民倾向改变而不是欣赏这种多样性，也表明人们对现代化同一性的反思才刚刚开始。

表1—100　　公民对"十里不同风，百里不同俗"的态度

对"十里不同风，百里不同俗"的态度（1—10 分）	观测值	均值	标准差	最小值	最大值	1—5 分	6—10 分
这种不同很好，我们要学会欣赏—应该用先进的现代生活方式改变它们	2433	4.75	2.65	1	10	58.28%	41.72%

在关于文化偏好从单一到多元（1—10）选择中，6—10 分即倾向于多元文化选择的公民占82.36%，倾向于单一文化的只有17.64%，均值达到7.4，这再次说明，公民大部分都偏向于多元文化。

表 1—101　　　　　公民对文化单一与多元的偏好情况

文化偏好（1—10）	观测值	均值	标准差	最小值	最大值	1—5 分	6—10 分
单一与多元	2437	7.40	2.12	1	10	17.64%	82.36%

（1）党员、团员比群众更偏向于多元而非单一文化。

本调查显示，中国公民对文化单一还是多元的倾向与其政治面貌有着强相关关系，因为两种检验方法 p 值都小于 0.001，显著小于 0.05。p12 显著大于 0.05 而 p23、p13 都显著小于 0.05，说明党员和团员没有明显差异，而党员、团员与群众之间有显著差异。Kruskal - Wallis 检验显示，党员、团员中位数都为 8，群众为 7；ANOVA 检验显示，党员均值（7.5）和团员均值（7.6）明显高于群众均值（7.2）。因此，党员、团员比群众更偏向于多元而非单一文化，体现出比较明显的先进性。

表 1—102　　　　不同政治面貌公民对文化单一与多元的偏好差异

文化偏好	共产党员	共青团员	群众	p - value	p12	p23	p13	Test
单一与多元	8.0 (6.0,9.0)	8.0 (6.0,9.0)	7.0 (6.0,9.0)	<0.001	0.86	<0.001	<0.001	Kruskal - Wallis
	7.5 [±2.2]	7.6 [±2.2]	7.2 [±2.0]	<0.001	0.83	<0.001	0.001	ANOVA

（2）公民受教育程度越高越偏好文化多元。

两种检验方法表明，中国公民对文化单一还是多元的偏好与其文化程度的相关性 p 值都小于 0.001，显著小于 0.05，是强相关关系。Wilcoxon rank - sum 显示，没上过大学的中国公民中位数是 7，上过大学的中国公民的中位数是 8；Two sample t test 显示，没上过大学的中国公民均值为 6.9，上过大学的中国公民均值为 7.7。可见，上过大学的中国公民比没上过大学的中国公民显著地更偏好文化多元。

表1—103　　不同文化程度公民对文化单一与多元的偏好差异

文化偏好	没上过大学	上过大学	p-value	Test
单一与多元	7.0（6.0, 8.0）	8.0（7.0, 9.0）	<0.001	Wilcoxon rank-sum
	6.9［±2.2］	7.7［±2.0］	<0.001	Two sample t test

（3）学生最倾向于文化多元而产业工人、农民对文化多元偏好度最低。

两种检验方法说明，中国公民对文化单一还是多元偏好与其职业强相关，p值都小于0.001，显著小于0.05。p12显著大于0.05，而p23、p13显著小于0.05，表明机关、党群、企事业工作人员与专业技术人员（含教师）没有明显差异，而他们与商业、服务业人员有显著差异。Kruskal-Wallis显示，商业、服务业人员和工人、农民中位数均为7，其他职业均为8；ANOVA显示，商业、服务业人员、工人、农民均值显著低于其他职业，其中，学生均值最高（7.8），工人、农民均值最小（6.7），相差竟达1.1。因此，机关、党群、企事业工作人员、专业技术人员（含教师）、学生最偏向于文化多元，尤以学生为最；商业、服务业人员和工人、农民最偏向于单一文化，尤以工人、农民为最。大致也可以说，处于社会底层的中国公民更倾向于单一文化。

表1—104　　不同职业公民对文化单一与多元的偏好差异

文化偏好	机关、党群组织、企事业单位工作人员	专业技术人员（含教师）	商业、服务业人员	产业工人和农民	学生	p-value	p12	p23	p13	Test
单一与多元	8.0（6.0, 9.0）	8.0（7.0, 9.0）	7.0（5.0, 8.0）	7.0（5.0, 8.0）	8.0（7.0, 10.0）	<0.001	0.71	<0.001	<0.001	Kruskal-Wallis
	7.6［±2.1］	7.6［±2.1］	7.0［±2.1］	6.7［±2.1］	7.8［±2.0］	<0.001	0.72	<0.001	<0.001	ANOVA

（4）最年长的一代公民最倾向于文化单一，最年轻的一代公民最倾向于文化多元。

两种检验方法表明，中国公民对文化单一还是多元的偏好与其年龄有着强相关关系，p值均小于0.001，显著小于0.05。p12、p13都小于0.001而p23显著大于0.05，说明90/00后与80、70都有显著差异，而70后与80后差异不大。ANOVA显示，90/00后均值最高为7.8，60后及以上均值最低为6.9，差距显著。可见，60后及以上更倾向于文化单一，而90/00后更倾向于文化多元。年龄差异背后是历史文化的差异，60后及以上是从文化相对单一的年代走过来，而90/00后就在文化多样的时代中长大，形成差异是顺理成章的。

表1—105　不同年龄公民对文化单一与多元的偏好差异

文化偏好	90后和00后	80后	70后	60后及以上	p-value	p12	p23	p13	Test
单一与多元	8.0 (7.0, 9.0)	7.0 (6.0, 9.0)	8.0 (6.0, 9.0)	7.0 (5.0, 8.0)	<0.001	<0.001	0.10	<0.001	Kruskal-Wallis
	7.8 [±2.0]	7.2 [±2.1]	7.4 [±2.0]	6.9 [±2.2]	<0.001	<0.001	0.094	0.001	ANOVA

（5）城市居民更倾向于文化多元。

两种检验方法显示，中国公民对文化单一还是多元的偏好与其居住地强相关，p值都小于0.001，显著小于0.05。Wilcoxon rank-sum显示，小城镇和农村居民中位数为7，城市居民中位数为8；Two sample t test显示，小城镇和农村居民均值为7.1，而城市居民均值为7.6。可见，城市居民明显比小城镇、农村居民更倾向于文化多元。这与小城镇农村相对封闭而城市更加开放多元的现实条件有关。

表1—106　不同居住地公民对文化单一与多元的偏好差异

文化偏好	小城镇和农村	城市	p-value	Test
单一与多元	7.0 (6.0, 8.0)	8.0 (6.0, 9.0)	<0.001	Wilcoxon rank-sum
	7.1 [±2.2]	7.6 [±2.1]	<0.001	Two sample t test

2. 多数公民偏好合作、进取的文化

文化从来不是静态的，总是意味着一种行动取向或梁漱溟所谓的"意欲"方向，这会突出体现在自身发展倾向和处理不同文化相互关系上。在这两方面往往形成竞争与合作、安定自足与流动进取的不同偏好。在关于竞争—合作、安定自足—流动进取的文化偏好选择中，受访的中国公民多数倾向于合作、流动进取的文化。两者占比大致相当，倾向于合作的74.84%，倾向于流动进取的74.92%，均值也接近，分别为6.94和7.05。市场经济激发一种竞争文化，而多元差异的社会呼唤一种合作文化；中国传统上是一种安土重迁、自足自给的文化，而高速现代化催生了流动进取的文化。中国公民多数倾向于合作、流动进取的文化，表明形成了一种与现代化发展相适应的文化偏好。

表1—107　　公民对文化竞争与合作、安定自足与流动进取的偏好

文化偏好（1—10）	观测值	均值	标准差	最小值	最大值	1—5分	6—10分
竞争—合作	2428	6.94	2.33	1	10	25.16%	74.84%
安定自足—流动进取	2428	7.05	2.31	1	10	25.08%	74.92%

3. 多数公民偏好高雅文化胜于通俗文化

文化自古有雅俗之分，在大众文化兴盛的时代，文化雅俗关系与偏好的问题更加突出。在对通俗文化、高雅文化1—10分值的调查中，63.2%的受访的中国公民偏向于高雅，36.8%的公民偏向于通俗，均值5.99。这表明，多数公民更喜欢高雅文化，或者至少是希望自己更喜欢高雅文化。通俗文化并非十恶不赦的，一般来说，更喜欢哪种文化并不能说明什么问题，但作为一个民族的总体来看，多数人能更倾向于高雅文化当然是很好的事情。

表1—108　　公民对高雅文化和通俗文化的态度

对高雅文化和通俗文化的态度（1—10分）	观测值	均值	标准差	最小值	最大值	1—5分	6—10分
更喜欢通俗文化—更喜欢高雅文化	2440	5.99	2.18	1	10	36.80%	63.20%

二 公民对中国文化的自信程度

1. 多数公民更喜爱中国自己的文化

在当代中国，文化不仅是与外国文化——主要是西方文化（欧美文化）这个重要他者（others）比较而存在，而且，由于独特历史发展，自身文化也可以分为传统文化、革命文化（红色文化）和当代文化三块大的内容。34%也就是三分之一的受访公民最喜欢中国传统文化，33%也即近三分之一受访公民最喜欢当代中国文化，这两者就已经三分天下而有其二了，再加上11%受访者最喜欢红色文化，喜欢中国文化的公民占到78.27%。回顾百年来文化论争，曾经一度出现于对于中国文化妄自菲薄的情况，而今随着中国全方面的崛起和强大，人们对文化的自信已经逐渐增长。当然，最爱西方文化（欧美文化）的公民占到21.73%、革命文化（红色文化）只占到11%，这两个数字都值得我们注意。

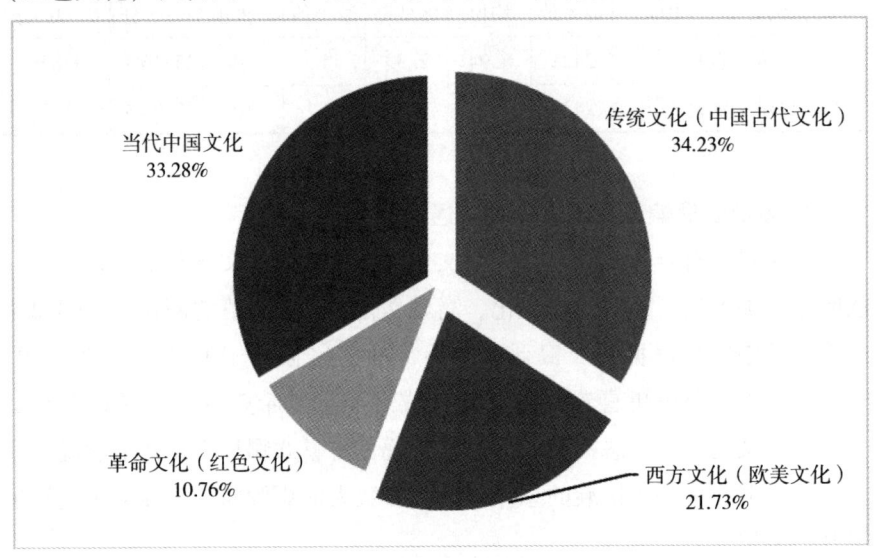

图1—34　最喜欢的文化类型（N=2407）

2. 公民对中国文化总体上很自信

文化自信是相对于文化"他信"而言的，是对既有文化的高度认同和自豪，对现有文化的强大定力，对文化未来的坚定信念。正如习近平多次指出的，文化自信是一个国家、一个民族发展中更基本、更深沉、更持久的力量；没有高度的文化自信，就没有中华民族伟大复兴。在关于中国公民对自己文化的自信的调查显示，在非常不自信到非常自信的1—10分值中，80.16%倾向自信，不自信的只有19.84%，均值为7.28。也就是有超过五分之四的公民对中国文化是自信的。当然这其中有着群体和个体的巨大差异。

表1—109　　　　　　公民对中国文化的自信程度

文化自信程度（1—10）	观测值	均值	标准差	最小值	最大值	1—5分	6—10分
非常不自信—非常自信	2444	7.28	2.08	1	10	19.84%	80.16%

（1）团员对中国文化自信程度超过党员和群众。

考察中国公民对中国文化自信程度与政治面貌之间的关系，两种检验方法P都小于0.05，表明是强相关关系。p12和p13大于0.05，p23小于0.05，表明团员与群众间有显著差异。Kruskal–Wallis显示，党员、团员中位数都是8，而群众中位数为7；ANOVA检验显示，团员均值为7.5，党员其次（7.3），群众最低（7.2）。可见，团员对中国文化的自信程度超过党员和群众。团员是年青一代，正赶上了中国复兴的时代，天然就拥有比其他群体更高的自信。

表1—110　　　不同政治面貌公民对中国文化自信程度的差异

	共产党员	共青团员	群众	p-value	p12	p23	p13	Test
对中国文化自信程度	8.0 (6.0,9.0)	8.0 (6.0,9.0)	7.0 (6.0,9.0)	0.004	0.15	<0.001	0.14	Kruskal–Wallis
	7.3 [±2.2]	7.5 [±2.0]	7.2 [±2.0]	0.012	0.075	0.003	0.38	ANOVA

（2）学生对中国文化的自信程度最高，商业、服务业人员和工人、农民对中国文化自信较低。

两种检验方法说明，中国公民对中国文化自信的程度与其职业有着强相关性，p 值都小于 0.001，显著小于 0.05。p23 和 p13 都小于 0.001，表明不同职业间差异显著。Kruskal - Wallis 检验显示，商业、服务业人员和工人、农民的中位数为 7，其他职业中位数均为 8；ANOVA 检验显示，商业、服务业、工人、农民的均值接近，属于较低组，其他职业属于较高组，其中学生最高。可见，商业、服务业人员和工人、农民对中国文化自信较低，尤其是商业、服务业人员在各职业中最低，学生的文化自信最强。

表 1—111　　　　不同职业公民对中国文化自信程度的差异

	机关、党群组织、企业事业工作人员	专业技术人员（含教师）	商业、服务业人员	产业工人和农民	学生	p-value	p12	p23	p13	Test
对中国文化自信程度	8.0 (6.0, 9.0)	8.0 (6.0, 9.0)	7.0 (5.0, 8.0)	7.0 (6.0, 8.0)	8.0 (6.0, 9.0)	<0.001	0.89	<0.001	<0.001	Kruskal - Wallis
	7.4 [±2.1]	7.4 [±2.1]	6.8 [±2.2]	6.9 [±2.0]	7.6 [±2.0]	<0.001	0.88	<0.001	<0.001	ANOVA

（3）青年一代对中国文化自信程度更高。

考察中国公民对中国文化自信程度与年龄的相关性，两种检验方法 p 值都小于 0.001，显著小于 0.05，说明两者强相关。Kruskal - Wallis 检验显示，除开 90/00 后中位数为 8 外，其他年龄段均为 7；ANOVA 检验显示，80 后、70 后、60 后及以上均值接近，都小于 90/00 后的均值（7.5），最低为 60 后及以上（7.0）。可见，90/00 后在各年龄段中是对中国文化最自信的，而其他年龄段接近，但 60 后及以上自信程度相对最低。与上述共青团员、学生最自信相一致，90/00 是出生和成长在中国腾飞、复兴的时代，天然带着自信，也说明这些年我们的相关教育是成功的；60 后及以上经历过 80 年代的文化论争，甚至是"文化大革命"的劫难，对中国文化的自信稍低完全可以理解。

表1—112　　　不同年龄公民对中国文化自信程度的差异

	90后和00后	80后	70后	60后及以上	p-value	p12	p23	p13	Test
对中国文化的自信程度	8.0 (6.0, 9.0)	7.0 (6.0, 9.0)	7.0 (6.0, 9.0)	7.0 (6.0, 8.0)	<0.001	<0.001	0.80	0.003	Kruskal-Wallis
	7.5 [±2.0]	7.1 [±2.1]	7.2 [±2.1]	7.0 [±2.1]	<0.001	<0.001	0.82	0.002	ANOVA

（4）公民受教育程度越高对中国的文化自信越强。

两种检验方法说明，公民对中国文化自信程度与受教育程度有着强关系，p值都小于0.001，显著小于0.05。Wilcoxon rank-sum 显示，大学以下文化程度公民中位数为7，大学以上受教育程度公民中位数为8；Two sample t test 显示，大学以下受教育程度公民均值为7.0，而大学以上受教育程度公民均值为7.4。也就是说，大学以上文化程度的公民文化自信要显著高于大学以下文化程度的公民。

表1—113　　　不同文化程度公民对中国文化自信程度的差异

	大学以下	大学以上	p-value	Test
对中国文化的自信程度	7.0 (6.0, 8.0)	8.0 (6.0, 9.0)	<0.001	Wilcoxon rank-sum
	7.0 [±2.1]	7.4 [±2.1]	<0.001	Two sample t test

（5）城市居民对中国文化的自信程度高于小城镇和农村居民。

两种检验方法说明，公民对中国文化自信程度与其居住地有着强相关关系，p值都小于0.001，显著小于0.05。Wilcoxon rank-sum 显示，小城镇和农村居民中位数为7，城市居民中位数为8；Two sample t test 显示，小城镇和农村居民均值为7.1，而城市居民均值为7.4。也就是说，城市居民的文化自信要显著高于小城镇和农村居民对中国文化的自信。

表 1—114　　不同居住地公民对中国文化自信程度的差异

	小城镇和农村	城市	p – value	Test
对中国文化的自信程度	7.0 (6.0, 8.0)	8.0 (6.0, 9.0)	<0.001	Wilcoxon rank – sum
	7.1 [±2.1]	7.4 [±2.1]	<0.001	Two sample t test

（6）公民对中国文化的自信程度与收入水平、是否信仰宗教相关性不强。

两种检验方法显示，公民对中国文化的自信程度与收入水平、是否信仰宗教的相关性 p 值均显著大于 0.05，表明没有显著关系。

三　公民对我国文化建设现状的评价

文化事业和文化产业是文化建设的重要组成部分，前者重在社会效益，后者重在经济效益；公共文化服务则是由政府主导、社会参与的，直接保障和满足人们基本文化权益的服务。对这三者的现状评价是公民对当前国家文化建设评价的极其重要的方面。

1. 公民对当前我国文化事业发展总体持肯定态度，但满意度不高

考察公民对目前中国包括学术研究、道德建设、公共文化服务、文艺创作在内的文化事业发展的评价，在非常不好到非常好的 1—10 分选择中，80% 多的受访公民给予好的评价，不到 20% 的选择了不好，均值 6.14。可见，中国公民对目前文化事业发展状况总体还是肯定的。但均值较低也表明其相对于人们对美好生活的需要而言还有不小的距离，满意度不够高。

表 1—115　　公民对当前文化事业发展的总体评价

对当前中国的学术研究、道德建设、公共文化服务、文艺创作等总体评价（1—10）	观测值	均值	标准差	最小值	最大值	1—5 分	6—10 分
非常不好—非常好	2441	6.14	2.02	1	10	19.84%	80.16%

2. 公民对当前我国文化产业发展及其提供的文化产品总体评价较低

公民对目前我国包括电影、电视剧、游戏、旅游等文化产品的提供情况，在非常不满意到非常满意 1—10 分选择中，受访公民满意率刚过 60%，有近四成公民不满意，均值为 5.84，刚过不满意的线，属于基本满意，总体评价不高。

表 1—116　　　　　公民对当前提供的文化产品的满意度

对当前提供的文化产品满意度（1—10 分）	观测值	均值	标准差	最小值	最大值	1—5 分	6—10 分
非常不满意—非常满意	2443	5.84	2.16	1	10	39.99%	60.01%

3. 近半数公民认为自己的文化需要没有得到满足

满足人们日益增长的文化需要是文化发展特别是公共文化服务的本质任务。52.18% 受访公民认为自己的文化需要得到了满足，但 47.82% 的公民则认为自己的文化需要没有得到满足，也占到了近一半，在 1—10 分的分值中，均值为 5.53，处于在满足与不满足的交界线上。近半数公民文化需要没有得到满足，这表明文化建设特别是公共文化服务方面任重而道远。

表 1—117　　　　　　公民文化需要的满足程度

文化需要满足程度（1—10）	观测值	均值	标准差	最小值	最大值	1—5 分	6—10 分
能得到满足—得不到满足	2434	5.53	2.29	1	10	47.82%	52.18%

（1）机关、党群组织、企事业工作人员和学生文化需要满足程度较低。

考察中国公民的文化需要满足情况与职业相关性，两种检验方法 p 值都显著小于 0.05，因此具有强相关关系。Kruskal – Wallis 检验显示，机关、党群组织、企事业工作人员中位数为 5，其他职业都为 6；ANOVA 检验显示，产业工人、农民均值最高为 5.9，学生和机关、党群组织、企事业工作人员均值最低为 5.4。也就是说，机关、党群组织、企事业工作人员以及学生文化需要满足情况不如工人、农民。这与我们想象的可能很不相符合。原因在于，工人、农民本身文化需要就少，所以其未能得到满足的感受也就相对小些；相反，机关、党群组织、企事业工作人员和学生，在社会群体中属于"文化人"，最有文化，也最需要文化，而且文化需要层面、方面都很丰富、很复杂、很个性化，满足起来是一件大难事。

表1—118　　　　不同职业公民文化需要满足程度差异

	机关、党群组织、企业事业单位工作人员	专业技术人员（含教师）	商业、服务业人员	产业工人和农民	学生	p-value	p12	p23	p13	Test
文化需要的满足	5.0 (4.0, 7.0)	6.0 (4.0, 7.0)	6.0 (4.0, 7.0)	6.0 (5.0, 8.0)	6.0 (4.0, 7.0)	0.010	0.39	0.83	0.41	Kruskal–Wallis
	5.4 [±2.4]	5.5 [±2.4]	5.5 [±2.2]	5.9 [±2.1]	5.4 [±2.3]	0.009	0.43	0.94	0.36	ANOVA

（2）公民受教育程度越高越感到文化需要没有得到满足。

考察中国公民的文化需要满足情况与其文化程度关系，两种检验方法 p 值均小于 0.05，表明两者强相关。Two sample t test 显示，没上过大学的中国公民比上过大学的均值要高，也就是说，上过大学的中国公民比没上过大学的中国公民文化需要上反而感到更不满足。这是文化不同于物质的特性，文化程度越低，文化的量、质、紧迫性要求往往也越低，相反，文化程度越高，对文化需要的方面、层次、紧迫性都要求越高。

表1—119　　　　不同文化程度公民的文化需要满足程度差异

	没上过大学	上过大学	p-value	Test
文化需要的满足	6.0 (4.0, 7.0)	6.0 (4.0, 7.0)	0.013	Wilcoxon rank-sum
	5.7 [±2.3]	5.4 [±2.3]	0.007	Two sample t test

（3）城市居民的文化需要满足程度更低。

两种检验方法显示，中国公民文化需要满足的状况与其居住地有强相关关系，p值都小于0.001，显著小于0.05。Wilcoxon rank-sum显示，小城镇和农村居民中位数为6；城市居民中位数为5；Two sample t test显示，小城镇居民均值为5.9，而城市居民为5.4。可见，城市民居对文化需要的满足程度显著低于小城镇、农村居民。城市是文化中心，居民的文化见识和需要一般比小城镇和农村居民更大。

表1—120　　　　不同居住地公民文化需要满足程度差异

	小城镇和农村	城市	p-value	Test
文化需要的满足	6.0 (4.0, 8.0)	5.0 (4.0, 7.0)	<0.001	Wilcoxon rank-sum
	5.9 [±2.2]	5.4 [±2.3]	<0.001	Two sample t test

（4）公民政治面貌、宗教信仰、收入、年龄与其文化需要满足程度没有显著关系。

两种检验方法也显示，公民文化需要满足程度与其政治面貌、宗教信仰、收入、年龄的相关性p值均显著大于0.05，表明相关性很小。

四　公民对社会主义核心价值观的认同情况和国人人文素质评价

文化的核心是价值，一个国家、民族最持久、最深层的力量就是全社会认可的核心价值观。富强、民主、文明、和谐、自由、平等、公正、法治、爱国、敬业、诚信、友善的社会主义核心价值观是当代中国精神的集中体现，凝结着全体人民共同的价值追求。社会主义核心价值观只有得到广大人民群众的认知与践行，才能真正发挥其应该发挥的作用。人文素质的核心是人文精神与人文价值观念，只有将社会主义核心价值观内化为公民的人文素质，才可能得到真正的践行。

1. 公民普遍认同社会主义核心价值观，但对中国公民人文素质的评价不乐观

在对社会主义核心价值观的态度上，86.19%的受访公民是认同的，只有13.81%的受访公民不认同，在1—10分的选择中均值达到7.8。可见，公民对社会主义核心价值观的认同度虽然不算完美，但还是较好的。更重要的是，我们同时也看到，对于中国公民目前的人文素质的看法，只有65.75%的受访公民持正面看法，高达34.25%即超过三分之一的公民对中国公民目前的人文素质持负面看法，认为人文素质低。

表1—121　　　公民对社会主义核心价值观的态度

对社会主义核心价值观的态度（1—10）	观测值	均值	标准差	最小值	最大值	1—5分	6—10分
非常不认同—非常认同	2441	7.8	1.99	1	10	13.81%	86.19%

表1—122　　　公民对目前中国公民人文素质水平的评价

目前中国公民人文素质水平（1—10）	观测值	均值	标准差	最小值	最大值	1—5分	6—10分
非常低—非常高	2444	6.17	2.07	1	10	34.25%	65.75%

近年来，关于道德滑坡、人心不古的说法不绝于耳。而且随着生活水平提高，中国公民大规模出国求学、旅游已经很平常，但也时时传来中国"没素质"的新闻，国内大加挞伐。这里所谓"没素质"指的显然不是科学素质，而是人文素质。公民对社会主义核心价值观的认同度很高，而认为公民人文素质却很不乐观。这其中的原因可能在于：一是对社会主义核心价值观认同是谈自己的认同，而对人文素质的考察是对别人，多少反映公民对自己素质的估计总是比对别人高；二是不少公民对社会主义核心价值观的认同可能还只是认知性质的，并没有内化为一种人文素质，没有真

正达到知行合一，付诸实践。

2. 公民对社会主义核心价值观认同程度和对公民人文素质评价的差异分析

（1）党员最认同社会主义核心价值观，也对目前公民人文素质评价最高。

交叉分析显示，中国公民对社会主义核心价值观的认同、对公民人文素质评价与其政治面貌紧密相关，除开"公民人文素质评价"的Kruskal–Wallis检验外，p值都小于0.05。ANOVA显示，党员、团员对社会主义核心价值观最为认同，明显高于群众；党员对公民人文素质的评价也是最高，明显高于团员、群众。这说明，总体上对社会主义核心价值观认同越高对公民人文素质评价也越高，反之亦然。当然，这其中有个意外，那就是团员对社会主义核心价值观的认同度是最高的，但对公民人文素质的评价则和群众一样是最低的。这说明，共青团员具有强烈的发现问题、批判现实的精神，但在知行合一、从我做起方面也许还需要进一步努力。

表 1—123　　不同政治面貌公民对社会主义核心价值观认同和目前公民人文素质评价的差异

	共产党员	共青团员	群众	p-value	p12	p23	p13	Test
对社会主义核心价值观的认同	8.0 (7.0,10.0)	8.0 (7.0,10.0)	8.0 (6.0,9.0)	<0.001	0.34	<0.001	0.006	Kruskal–Wallis
	7.9 [±2.0]	8.0 [±2.0]	7.6 [±2.0]	0.001	0.49	<0.001	0.012	ANOVA
对目前公民人文素质水平评价	7.0 (5.0,8.0)	6.0 (5.0,8.0)	6.0 (5.0,8.0)	0.078	0.028	0.49	0.084	Kruskal–Wallis
	6.4 [±2.1]	6.1 [±2.1]	6.1 [±2.1]	0.033	0.011	0.44	0.043	ANOVA

(2) 文化程度越高越认同社会主义核心价值观，但对目前公民人文素质评价越低。

考察公民对社会主义核心价值观认同、对公民人文素质的评价与其文化程度关系，两种检验方法 p 值都小于 0.001，显著小于 0.05，说明存在强相关关系。Wilcoxon rank – sum 显示，关于社会主义价值观认同，中位数一样（8），但没上过大学的公民 95% 的回答落在 6—9 区域，上过大学的公民落在 7—10，后者略高于前者；关于公民人文素质评价则没有上过大学的公民中位数（7）明显高于上过大学的公民中位数（6）。Two sample t test 显示，关于社会主义核心价值观认同，上过大学的公民均值（7.9）高于没上过大学的公民；关于公民人文素质评价，没上过大学的公民均值（6.5）显著高于上过大学的公民（6.0）。可见，文化程度越高基本上越认同社会主义核心价值观，同时也越倾向于认为目前公民的人文素质比较低。

表 1—124　　　不同文化程度公民对社会主义核心价值观认同和目前公民人文素质评价的差异

	没上过大学	上过大学	p – value	Test
对社会主义核心价值观的认同	8.0 (6.0, 9.0)	8.0 (7.0, 10.0)	<0.001	Wilcoxon rank – sum
	7.6 [±2.0]	7.9 [±2.0]	<0.001	Two sample t test
对目前公民人文素质水平评价	7.0 (5.0, 8.0)	6.0 (5.0, 8.0)	<0.001	Wilcoxon rank – sum
	6.5 [±2.1]	6.0 [±2.0]	<0.001	Two sample t test

(3) 产业工人、农民对社会主义核心价值观认同度最低但对目前公民人文素质评价最高。

中国公民对社会主义核心价值观认同、对目前公民人文素质的评价与其职业有着强相关关系，两种检验方法 p 值都显著小于 0.05。在关于社会主义核心价值观认同中，Kruskal – Wallis 显示，产业工人和农民中位数为 7，其他各职业均为 8；对公民人文素质评价中，专业技术人员和工人、农民中位数为 7，其他职业为 6。ANOVA 显示，在社会主义核心价值观认同中，产业工人、农民认同度均值最低（7.3），显著低于商业、服务人员之外的职业；对公民人文素质评价中，产业工人、农民均值最高（6.5）。可见，工人、农民对社会主义核心价值观认同度最低，但他们对公民人文素质的评价是最高的。工人、农民可能囿于知识、观念的特殊性，未必完全认同社会主义核心价值观，但其总体淳朴、忠厚，与人为善。

表1—125　　不同职业公民对社会主义核心价值观认同和目前公民人文素质评价的差异

	机关、党群组织、企业事业单位工作人员	专业技术人员（含教师）	商业、服务业人员	产业工人和农民	学生	p-value	p12	p23	p13	Test
对社会主义核心价值观的认同	8.0 (7.0, 10.0)	8.0 (7.0, 10.0)	8.0 (6.0, 10.0)	7.0 (6.0, 9.0)	8.0 (7.0, 10.0)	<0.001	0.95	0.025	0.032	Kruskal-Wallis
	8.0 [±2.0]	8.0 [±1.9]	7.7 [±2.0]	7.3 [±1.9]	8.0 [±1.9]	<0.001	0.75	0.015	0.043	ANOVA
对目前公民人文素质水平评价	6.0 (5.0, 8.0)	7.0 (5.0, 8.0)	6.0 (5.0, 8.0)	7.0 (5.0, 8.0)	6.0 (5.0, 7.0)	<0.001	0.40	0.53	0.80	Kruskal-Wallis
	6.1 [±2.0]	6.2 [±2.1]	6.2 [±2.2]	6.5 [±1.9]	6.0 [±2.0]	0.006	0.52	0.67	0.82	ANOVA

（4）最年青的一代公民最认同社会主义核心价值观但对目前公民人文素质评价最低。

考察中国公民对社会主义核心价值观认同、对当前公民人文素质评价与年龄关系，两种检验方法p值均小于0.05，表明存在强相关性。关于社会主义核心价值观认同，ANOVA显示，90、00后均值最高（8.0），80后最低（7.6）；关于公民人文素质评价，Kruskal-Wallis检验显示，90、00后中位数为6，其他年龄段为7；ANOVA显示，90、00后均值最低为6.0，其他年龄段均值均为6.3。可见，90/00最认同社会主义核心价值观，但对公民人文素质状况评价最低，与其他年龄段形成比较鲜明的对比。00/90后作为年轻一代，在其评价公民人文素质时可能更多的是对年长者素质的质疑。

表1—126　　不同年龄公民对社会主义核心价值观认同和
目前公民人文素质评价的差异

	90后和00后	80后	70后	60后及以上	p-value	p12	p23	p13	Test
对社会主义核心价值观的认同	8.0 (7.0, 10.0)	8.0 (6.0, 9.0)	8.0 (7.0, 10.0)	8.0 (6.0, 9.0)	<0.001	<0.001	0.14	<0.001	Kruskal-Wallis
	8.0 [±2.0]	7.6 [±2.0]	7.9 [±1.9]	7.7 [±2.0]	0.002	0.001	0.060	<0.001	ANOVA
对目前公民人文素质水平评价	6.0 (5.0, 7.0)	7.0 (5.0, 8.0)	7.0 (5.0, 8.0)	7.0 (5.0, 8.0)	0.012	0.006	0.25	0.082	Kruskal-Wallis
	6.0 [±2.0]	6.3 [±2.1]	6.3 [±2.0]	6.3 [±2.1]	0.044	0.014	0.10	0.26	ANOVA

（5）城市居民更认同社会主义核心价值观但对目前公民人文素质评价较低。

考察中国公民对社会主义核心价值观、对目前公民人文素质评价与其居住地的关系，两种检验方法p值都小于0.001，显著小于0.05，表明存在强相关性。Two sample t test 显示，城市居民关于社会主义核心价值观认同均值（7.9）高于小城镇、农村居民，而对公民人文素质评价均值（6.0）显著低于小城镇、农村居民。Wilcoxon rank-sum 显示，小城镇、农村居民关于公民人文素质的评价中位数（7）明显高于城市居民（6）。可见，城市居民对社会主义核心价值观认同度高于小城镇、农村居民，但对公民人文素质的评价上低于小城镇、农村居民。作为文化中心的城市，居民对社会主义核心价值观的认同感更高在情理之中，但其对公民人文素质作更低的评价，可能源于其素质要求标准更高。

表 1—127　　不同居住地公民对社会主义核心价值观认同和
目前公民人文素质评价的差异

	小城镇和农村	城市	p – value	Test
对社会主义核心价值观的认同	8.0 (6.0, 9.0)	8.0 (7.0, 10.0)	<0.001	Wilcoxon rank – sum
	7.6 [±2.0]	7.9 [±2.0]	<0.001	Two sample t test
对目前公民人文素质的评价	7.0 (6.0, 8.0)	6.0 (5.0, 8.0)	<0.001	Wilcoxon rank – sum
	6.5 [±2.0]	6.0 [±2.1]	<0.001	Two sample t test

（6）公民对社会主义核心价值观认同和目前公民人文素质评价与收入水平、宗教信仰相关性不大。

公民对社会主义核心价值观认同和目前公民人文素质评价与其收入水平、宗教信仰没有显著关系，两种检验方法相关性 p 值都大于 0.05。

五　公民对中国文化发展面临问题与未来前景的看法

1. 公民认为目前中国文化发展面临着低俗化、过度市场化、传统文化弘扬不够等突出问题

调查显示，34.81% 也就是超三分之一的受访的中国公民认为中国文化发展最突出的问题是低俗化、过度市场化，列在二、三位的分别是中国传统文化弘扬力度不够（25.64%，占到四分之一强）、国外先进文化吸收力度不够（20.87%，占到五分之一强），此外，缺乏创新也占到 17.8%。这表明，低俗化、过度市场化，中国传统文化弘扬力度不够，国外先进文化吸收力度不够，缺乏创新，都是公民认为比较突出的问题。这占比比较接近而分散的分布同时也意味着，中国文化建设亟待全面提升。尤其是在近年，从中央到社会都高度重视传统文化的继承与发展，仍然有四分之一的人认为弘扬传统文化力度不够，其中原因也值得我们深思。

2. 公民对中国文化未来发展前景比较乐观

受访的中国公民对中国文化发展前景的判断从越来越差到越来越好的

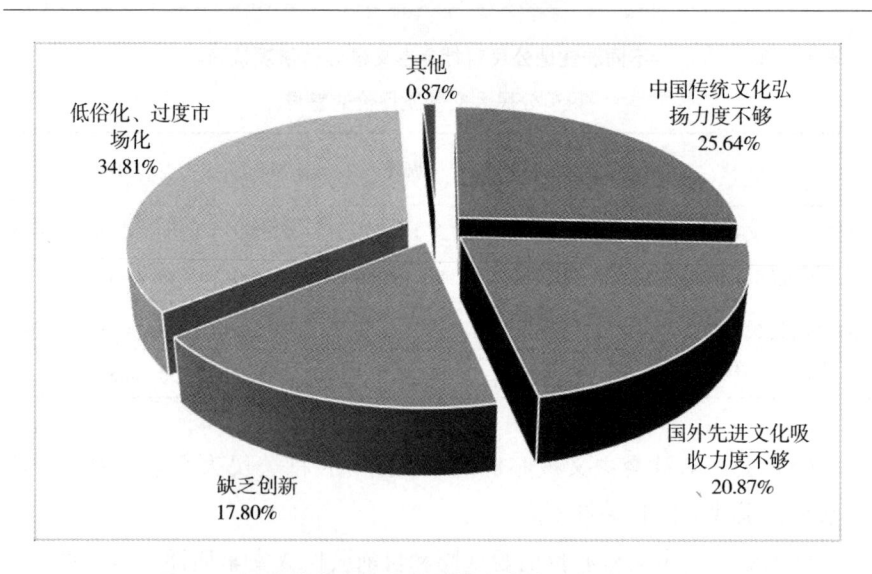

图1—35 当前中国文化发展最突出的问题 (N=2410)

1—10分值中，倾向于越来越好的占79.10%，接近8成；倾向于越来越差的占20.90%，均值为6.96。可见，公民对中国文化发展前景总体比较乐观。

表1—128　　　　　公民对未来中国文化发展前景的看法

未来中国文化发展前景（1—10分）	观测值	均值	标准差	最小值	最大值	1—5分	6—10分
越来越差—越来越好	2416	6.96	1.95	1	10	20.90%	79.10%

（1）党员、团员对中国文化发展前景比群众更乐观。

两种检验方法显示，中国公民对中国文化发展前景的看法与其政治面貌具有强相关性，p 值均小于0.001，显著小于0.05。p12 大于0.05，p23、p13 小于0.05，即党员和团员没有明显差异，而党员、团员与群众之间有显著差异。ANOVA显示，党员均值最高（7.2），群众均值最低（6.8）。也就是说，党员、团员对中国文化发展前景要比群众更乐观，尤其是党员最倾向于越来越好。

表1—129　不同政治面貌公民对未来中国文化发展前景的看法差异

	共产党员	共青团员	群众	p-value	p12	p23	p13	Test
对中国文化发展前景的看法	7.0 (6.0,8.0)	7.0 (6.0,8.0)	7.0 (6.0,8.0)	<0.001	0.25	0.010	<0.001	Kruskal-Wallis
	7.2 [±1.9]	7.1 [±1.9]	6.8 [±2.0]	<0.001	0.36	0.004	<0.001	ANOVA

（2）学生对中国文化发展前景最乐观，相对最不乐观的是工人、农民。

中国公民对中国文化发展前景的看法与其职业强相关，两种检验方法p值都小于0.05。ANOVA显示，机关、党群组织、企业事业单位工作人员、专业技术人员（含教师）和学生的均值明显高于商业、服务业人员和工人、农民，其中，学生最高（7.1），产业工人和农民最低（6.7）。因此，对中国文化发展前景最乐观的是学生，最不乐观的是工人、农民。

表1—130　不同职业公民对中国文化发展前景的看法差异

	机关、党群组织、企业事业单位工作人员	专业技术人员(含教师)	商业、服务业人员	产业工人和农民	学生	p-value	Test
对中国文化发展前景的看法	7.0 (6.0,8.0)	7.0 (6.0,8.0)	7.0 (6.0,8.0)	7.0 (6.0,8.0)	7.0 (6.0,8.0)	0.008	Kruskal-Wallis
	7.0 [±2.1]	7.0 [±1.9]	6.8 [±1.9]	6.7 [±1.9]	7.1 [±1.9]	0.020	ANOVA

（3）70后公民对中国文化发展前景最看好，60后及以上公民则最不乐观。

两种检验方法显示，公民对中国文化发展前景的看法与其年龄的相关性p值都小于0.05，说明有强相关性。ANOVA显示，00/90后、80后没显著差别，70后均值最高（7.2），60后及以上均值最小（6.7）。这说明，70后对中国文化发展前景最看好，60后及以上对中国文化发展前景的看法则最为不乐观。

表1—131　　不同年龄公民对中国文化发展前景的看法差异

	90后和00后	80后	70后	60后及以上	p-value	Test
对中国文化发展前景的看法	7.0 (6.0, 8.0)	7.0 (6.0, 8.0)	7.0 (6.0, 8.0)	7.0 (5.0, 8.0)	0.035	Kruskal-Wallis
	7.0 [±1.9]	6.9 [±1.9]	7.2 [±1.8]	6.7 [±2.2]	0.009	ANOVA

（4）城市居民对中国文化发展前景的看法比小城镇、农村居民更为乐观。

两种检验方法表明，中国公民对中国文化发展前景的看法与其居住地有强相关性，p值都小于0.05。Two sample t test显示，城市居民均值（7.0）高于小城镇、农村居民均值（6.8），即城市居民对中国文化发展前景的看法比小城镇、农村居民更为乐观。

表1—132　　不同居住地公民对中国文化发展前景的看法差异

	小城镇和农村	城市	p-value	Test
对中国文化发展前景的看法	7.0 (6.0, 8.0)	7.0 (6.0, 8.0)	0.020	Wilcoxon rank-sum
	6.8 [±1.9]	7.0 [±2.0]	0.044	Two sample t test

（5）公民对中国文化发展前景的看法与其宗教信仰、文化程度、收入状况都没有显著关系。

公民对中国文化发展前景的看法与其宗教信仰、文化程度、收入状况都没有显著关系，两种检验方法相关性p值都大于0.05。

第五章　公民国家社会价值观分析

社会是人们公共生活的共同体，在现代话语中，往往与国家及作为其象征的政府相对。在一定意义上，国家及其政府不常在而社会永恒。甚至政府、执政者即国家统治者的重要合法性就在于能否维系一个好的社会。追求一个好的社会是人们自古以来奋斗的目标，柏拉图所谓理想国、康帕内拉所谓乌托邦和中国孔子所谓大同世界、陶渊明所谓世外桃源，其实都是理想社会的追求。马克思所创立的科学社会主义在本质和终极的意义上是消灭国家而本于社会的，是建立在"人类社会或社会化的人类"的基础之上的，故曰"社会"主义。尽管在"五位一体"语境中的"社会"的含义要狭小得多，但我们必须在广义的社会中去理解狭义的社会。公民对国家的社会功能方面的根本看法与态度就构成了公民的国家社会价值观。

一　公民对社会的理想价值诉求

1. 公民认为和谐是理想社会的首要特征

在关于理想社会最重要特点的调查中，和谐以22.2%位居第一位，安居乐业以17.86%列第二，之后依次是平等（14.13%）、自由（13.72）、安全（11.88%）、稳定（10.82%），垫底的是公正（9.38%）。和谐被认为是理想社会首要特征，这与我们社会主义核心价值关于社会维度的价值"和谐"是吻合的。和谐和安居乐业排在前两位，加起来占比达40%多，很具有中国特色。在西方社会，主流的自由主义一般认为社会的首善是正义（公正），而自由、平等被认为是正义的两个方面。而在中国都排在了后头，公正更是垫了底。当然，具体到不同群体、个体又是有着很大差异的。

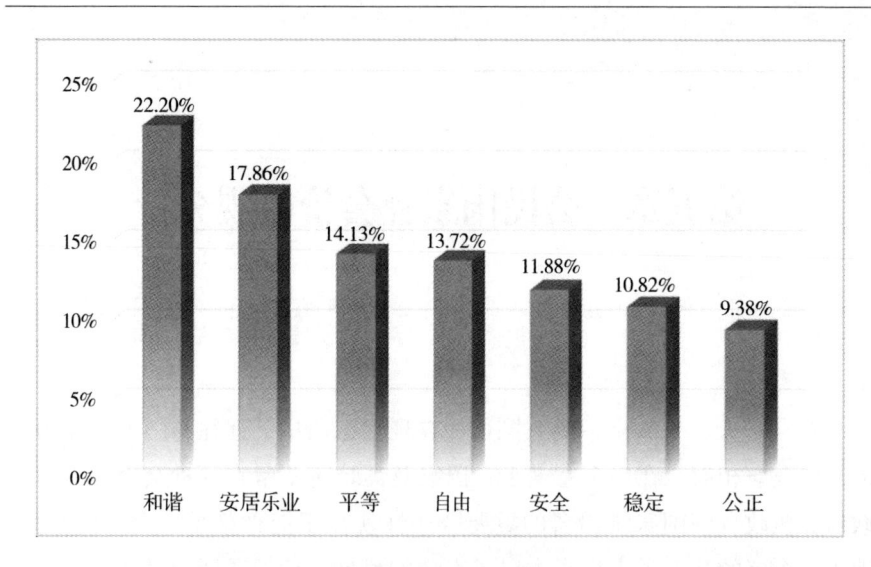

图1—36　理想社会最重要的特征（N=2441）

（1）团员最突出社会理想的和谐价值，群众更在意稳定、安居乐业，党员更关心自由、平等、公正。

Pearson's chi–squared 检验显示，中国公民对理想社会最重要特点的判断与其职业强相关，p值为0.002，显著小于0.05。无论何种政治面貌，和谐选择比率都是各项第一，但相对而言，团员选择比率最高，占到25.2%；团员选择安全的比率也居首位；在稳定、安居乐业两方面群众居首，这符合一般百姓的真实想法。自由、平等、公正三项都是党员选择率最高，相对而言，党员比群众确实能更多超越传统文化的思维定式。

表1—133　不同政治面貌公民对理想社会最重要特征的判断差异

		党员	团员	群众	p–value	p12	p23	p13	Test
理想社会最重要特征	稳定	11.6 (71)	7.6 (54)	12.6 (136)	0.002	0.042	<0.001	0.14	Pearson's chi–squared
	安全	11.9 (73)	14.1 (100)	10.7 (115)					
	自由	15.2 (93)	13.4 (95)	12.7 (137)					

续表

		党员	团员	群众	p-value	p12	p23	p13	Test
理想社会最重要特征	平等	15.2(93)	12.8(91)	14.3(154)	0.002	0.042	<0.001	0.14	Pearson's chi-squared
	和谐	19.9(122)	25.2(179)	21.2(228)					
	安居乐业	15.7(96)	16.6(118)	20.2(218)					
	公正	10.6(65)	10.2(72)	8.3(90)					

（2）文化程度低的公民更在意社会的和谐、平等与稳定，文化程度高的公民更在意安居乐业、公正、安全和自由。

Pearson's chi-squared 检验显示，公民对理想社会的最重要特征判断与其文化程度强相关，p 值小于 0.001，显著小于 0.05。两相对照我们发现，没上过大学的公民在和谐、平等、稳定等方面选择率超过上过大学的公民，而上过大学的公民则在安居乐业、公正、安全、自由方面选择率超过没上过大学的公民。上过大学的公民接受更多现代价值，对公正、自由的呼求更高，上过大学毕业之后居住、工作是个大问题，其对安居乐业、安全方面更加关注。

表 1—134　不同文化程度公民对理想社会最重要特征的判断差异

		没上大学	上过大学	p-value	Test
理想社会最重要特征	稳定	12.6(115)	9.7(148)	<0.001	Pearson's chi-squared
	安全	10.6(97)	12.7(193)		
	自由	13.4(122)	13.8(210)		
	平等	15.8(144)	13.1(200)		
	和谐	24.3(222)	21.0(320)		
	安居乐业	16.3(149)	18.8(286)		
	公正	7.0(64)	10.8(165)		

（3）工人和农民最认同社会和谐、平等，商业、服务业人员更在意稳定、自由，学生注重安全、公正，专业技术人员（含教师）更强调安居乐业。

Pearson's chi–squared 检验显示，中国公民对理想社会最重要特点的理解与其职业有强相关性，p 值为 0.005，显著小于 0.05。我们看到，最崇尚稳定的是商业、服务业人员，因为其工作最不稳定；最强调安全的是学生，最不在乎安全的是工人和农民；最强调自由的是商业、服务业人员，自由的价值确实与市场经济相伴而生；最在意平等的是产业工人和农民，相对被剥夺者更诉求平等；最认同和谐的也是工人、农民，和谐是一种中国传统价值；最突出安居乐业是专业技术人员（含教师）；最关注公正的是学生，学生群体年轻而有文化，对社会持有一种批判眼光和普世的关怀。

表 1—135　不同职业公民对理想社会最重要特征的判断差异

		机关、党群组织、企业事业单位工作人员	专业技术人员（含教师）	商业、服务业人员	产业工人和农民	学生	p-value	p12	p23	p13	Test
理想社会最重要特征	稳定	11.7(39)	11.8(41)	15.2(59)	9.6(36)	7.4(61)	0.005	0.89	0.70	0.64	Pearson's chi-squared
	安全	12.9(43)	11.3(39)	10.3(40)	9.0(34)	14.2(117)					
	自由	12.6(42)	14.2(49)	15.2(59)	12.5(47)	14.9(123)					
	平等	14.7(49)	13.6(47)	13.9(54)	16.8(63)	13.0(107)					
	和谐	22.2(74)	19.4(67)	20.4(79)	27.1(102)	22.6(186)					
	安居乐业	17.4(58)	19.7(68)	17.5(68)	18.4(69)	16.4(135)					
	公正	8.7(29)	10.1(35)	7.5(29)	6.6(25)	11.5(95)					

（4）公民收入越高越在乎稳定、自由、安居乐业，收入越低越强调安全、平等、和谐和公正

中国公民对理想社会最重要特点的理解与其收入状况强相关，Pearson's chi-squared 检验 p 值显著小于 0.05。收入越高的公民越在乎稳定、自由、安居乐业，收入越低的越强调安全、平等、和谐和公正。

表1—136　不同收入水平公民对理想社会最重要特征的判断差异

		3000元（含）以下	3000元以上	p-value	Test
理想社会最重要特征	稳定	8.4 (97)	12.9 (155)	0.003	Pearson's chi-squared
	安全	13.3 (154)	10.2 (122)		
	自由	13.3 (154)	14.3 (172)		
	平等	14.4 (166)	14.2 (170)		
	和谐	24.2 (279)	21.2 (255)		
	安居乐业	17.0 (196)	18.2 (218)		
	公正	9.4 (109)	9.1 (109)		

（5）60后及以上公民更在意稳定、平等，年青一代更注重安全、公正。

Pearson's chi-squared 检验显示，中国公民对理想社会最重要特点的理解与其年龄强相关，p 值小于 0.001，显著小于 0.05。可以看到，与其他年龄段相比，60后及以上的公民更在意稳定、平等，更不在意自由、安全、公正，带有典型的老一代特征；70后更强调和谐、安居乐业，更不在乎平等、公正，反映了当前社会中坚力量的价值诉求；80后更强调自由；90、00后更突出安全、公正，更不在乎稳定、安居乐业。年青一代更注重社会的安全和公正。

表1—137　不同年龄公民对理想社会最重要特征的判断差异

		90后和00后	80后	70后	60后及以上	p-value	p12	p23	p13	Test
理想社会	稳定	8.0 (90)	9.7 (54)	13.7 (49)	19.0 (68)					

续表

		90后和00后	80后	70后	60后及以上	p-value	p12	p23	p13	Test
最重要特征	安全	13.3(150)	9.9(55)	10.9(39)	9.5(34)	<0.001	0.26	0.32	0.085	Pearson's chi-squared
	自由	14.6(165)	15.1(84)	11.5(41)	9.0(32)					
	平等	13.3(150)	15.9(88)	10.6(38)	17.6(63)					
	和谐	23.2(262)	23.2(129)	23.5(84)	17.6(63)					
	安居乐业	16.7(189)	17.8(99)	21.8(78)	19.3(69)					
	公正	10.9(123)	8.3(46)	7.8(28)	7.8(28)					

（6）城市居民更注重稳定、安全、自由、公正，小城镇和农村居民更注重平等、和谐、安居乐业。

Pearson's chi-squared 检验显示，公民对理想社会最重要特点的理解与其居住地强相关，p 值小于 0.001，显著小于 0.05。相对而言，居住在城市的公民更注重稳定、安全、自由、公正；居住在小城镇、农村的公民更注重平等、和谐、安居乐业。

表 1—138　不同居住地的公民对理想社会最重要特征的判断差异

		小城镇和农村	城市	p-value	Test
理想社会最重要特征	稳定	7.3(55)	12.4(208)	<0.001	Pearson's chi-squared
	安全	9.2(70)	13.1(220)		
	自由	11.2(85)	14.8(249)		
	平等	15.6(118)	13.5(227)		
	和谐	28.5(216)	19.2(323)		
	安居乐业	19.3(146)	17.3(290)		
	公正	9.0(68)	9.6(161)		

(7) 公民对理想社会最重要特征的理解与其宗教信仰相关性不强。

2. 大多数公民认同橄榄型的理想社会阶层结构

正如系统论所示，结构决定功能。社会阶层结构反映社会经济、政治、文化诸多关系，决定着社会的合理性程度。在现代社会学理论中，将社会阶层结构分为金字塔形（底层阶级、中产阶级、顶层阶级人数由多到少递减）、橄榄球形（中产阶级人数最多，底层和顶层最少）和倒金字塔形（顶层阶级、中产阶级、底层阶级人数由多到少递减）等几种类型，且认为橄榄型社会是现代国家追求的理想类型。在关于合理的社会阶层结构调查中，70.51%的受访公民选择橄榄形，选择金字塔形的占19.38%，选择倒金字塔形的9.08%，不到1成。也就是说，大多数公民认同理想的社会阶层结构是"两头小、中间大"的橄榄型社会。

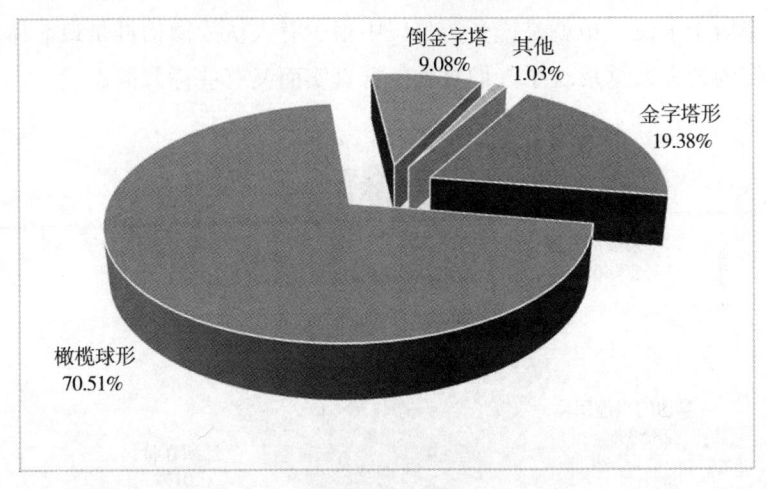

图1—37 中国公民对合理的社会阶层结构的看法（N=2435）

3. 公民认为参加兴趣团体、单位工作、社区生活最能体现自己的价值

人们需要社会，离不开社会，甚至说人天生是社会动物，不仅在于社会为每个个人提供了其生活的一般条件，而且还在于只有在社会中，个人的价值才得以实现。受访公民28.53%即近3成认为在参加的兴趣团体中最能体现自己的价值，27.75%则认为是在工作单位，还有21.01%即超过2成的受访公民选择的是社区生活。此外是亲戚朋友圈（13.46%）和

各种微信群（7.91%）。也就是说，兴趣团体、工作所在单位、生活所在社区是公民认为最能体现自己价值的三大社会场所。一般认为，工作单位是体现自己价值的地方，但调查表明，参加兴趣团体的比率超过工作单位，可见有不少人在工作中要么自己的价值没有得到很好体现，要么干脆是把工作当作谋生手段。兴趣团体是自愿组织，"好之者不如乐之者"，能有兴趣团体使人们的价值得到体现，弥补专业化、制度化工作的不足，这是社会的进步。同时，随着"单位人"的渐渐蜕去，人们越来越在乎自己家庭所在的社区生活，事实上不少兴趣团体也都与社区有很大重合。有意思的是，亲戚朋友圈的价值实现感并不高，显著低于社区生活，这也是中国传统价值观念发生转变的重要体现。在智能手机时代，每个人都有不少因为业缘、学缘、趣缘、亲缘等形成的所谓"微信群"，似乎须臾不能离开，付出了巨大的关注、时间，但在调查中，在各种所列的项目中，选择率居于末位，也就是说受访公民中很少有人认为微信群是最能体现自己价值的地方，这反映了人们对微信群真实而又有些悖谬的态度。

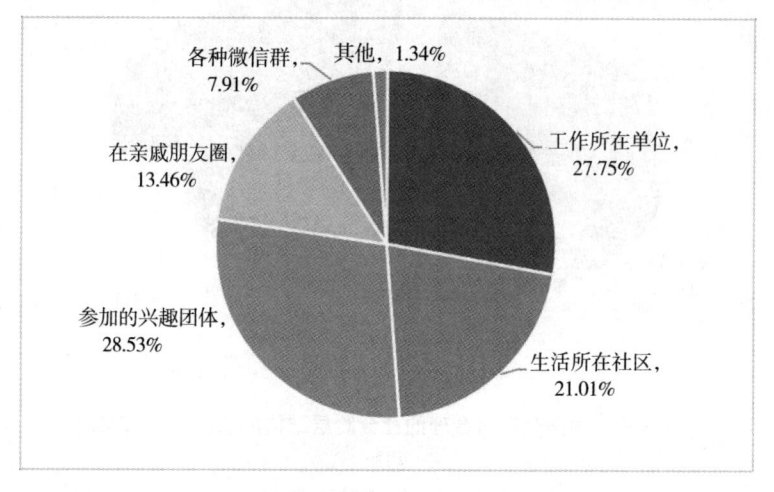

图1—38 在下列哪些组织中最能体现自己的价值

二 公民基本生活保障和安全状况

1. 公民基本生活保障得到较好的解决

一个社会最起码的功能是使公民生活得到基本保障。调查显示，中国公民在这方面得到了比较好的解决。75.03%的受访公民认为自己和家人过去一年从未出现过没有足够食物的情况，加上"很少"选项，占比达92.49%；62.41%的受访公民认为自己和家人过去一年未出现过在家感到不安全的情况，加上"很少"选项，占比达88.72%；54.64%的受访公民认为自己和家人过去一年没有发生得不到需要的药品与医疗的事情，加上"很少"项，占比达82.71%；64.23%的受访公民认为自己和家人过去一年没有发生过没有现金收入的情况，加上"很少"项，占比达86.28%。可见，尽管导致这些状况的原因是多方面的，但大致可以得出结论认为，中国公民民生得到了基本的"兜底"保障。相对而言，公民"有饭可吃"的问题保障最好，而及时获得所需药品和医疗方面要弱一些，比前者低超过20个百分点。

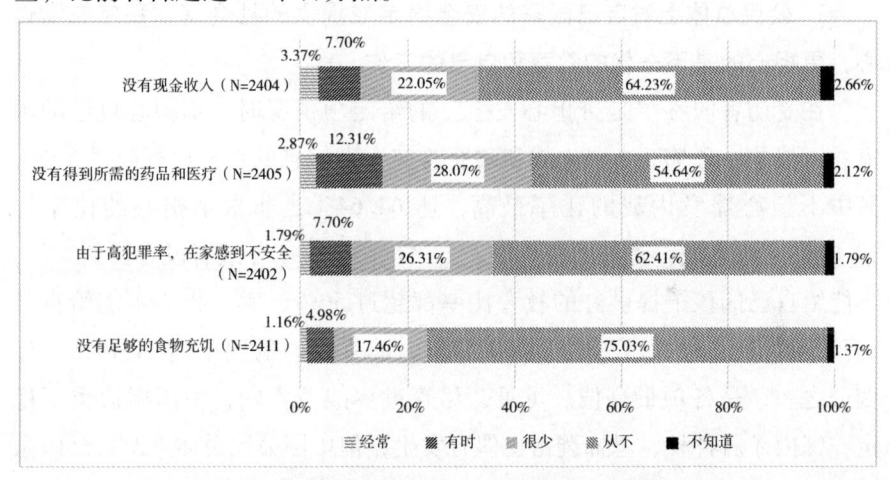

图1—39　过去一年您和您家人出现以下状况的频率

该题源自2012年世界价值观调查原题（V181—186），当年在中国的调查结果如图1—40。

两相对照，5年间变化不大，虽有数据波动但不显著。只有"没有得到所需的药品和医疗"一项，回答"从不"的比率从2012年的69%下降到2017年的54.64%，相差超过14个百分点，即使排除一些调查上的误差，这也是比较显著的。这表明，在基本生活保障方面，病有所医的问题更加凸显。

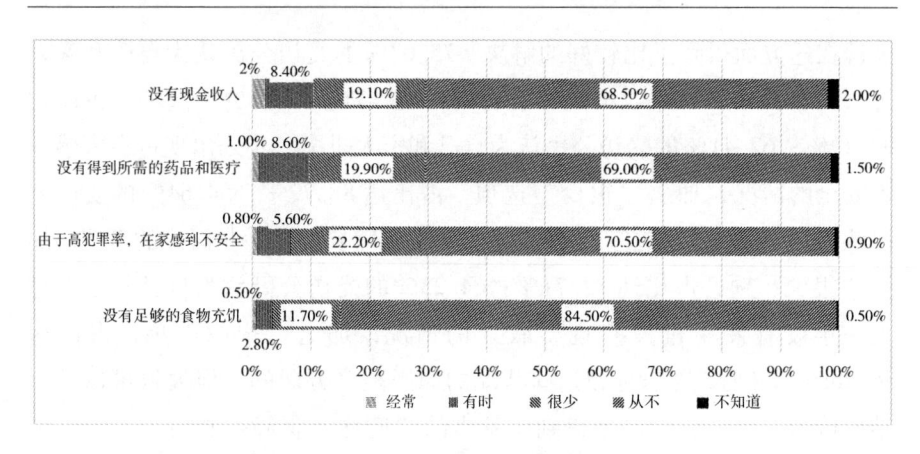

图1—40　2012年世界价值观调查相关结果

2. 公民总体上对自己国家的安全稳定或提供的社会基本秩序充满信心，更担心的是下一代的教育和自己的工作

在受访者回答"是否担心发生"的给定项情况时，不担心自己的国家卷入战争、恐怖袭击、内战和政府监控个人信息的百分比都超过50%，其中不担心爆发内战的比率最高，达64.64%，非常不担心的比率达29.65%，近三成，是各项最高值。公民担心失去工作或者没有找到工作，不能给自己的孩子提供好的教育比率都超过56%，其中担心不能给自己的孩子提供很好的教育占比达60.77%，非常担心的比率达24.19%，近四分之一，是各项最高值。可见，尽管世界战争不断，中国周边也不稳定，国内矛盾种种，恐怖袭击也偶有发生，但中国公民总体上对自己国家的安全稳定或提供的社会基本秩序充满信心，更担心是下一代的教育和自己的工作。对不能给自己孩子提供好的教育的担心甚至可以说是恐惧是新时代中国特色的问题，一方面为自己的孩子未来筹划，关心其教育是中国古来的传统；另一方面当前的问题不是孩子得不到教育的问题，而是如何竞争到好的教育即获得优质教育的问题，这是人们对美好生活需要日益增长的典型体现。在给定项中，"政府监控个人信息"属于非传统型的问题，不担心比为52.64%，在不担心各项中垫底，同时，该项选择"不知道"比率最高，为6.12%，是其他的2倍以上。这些表明，人们对新型的信息安全问题有了一些理解，在如何界定自己的权利与国家权力之间存在一些模糊，正处于从不担心向担心转变的关口。

第五章 公民国家社会价值观分析

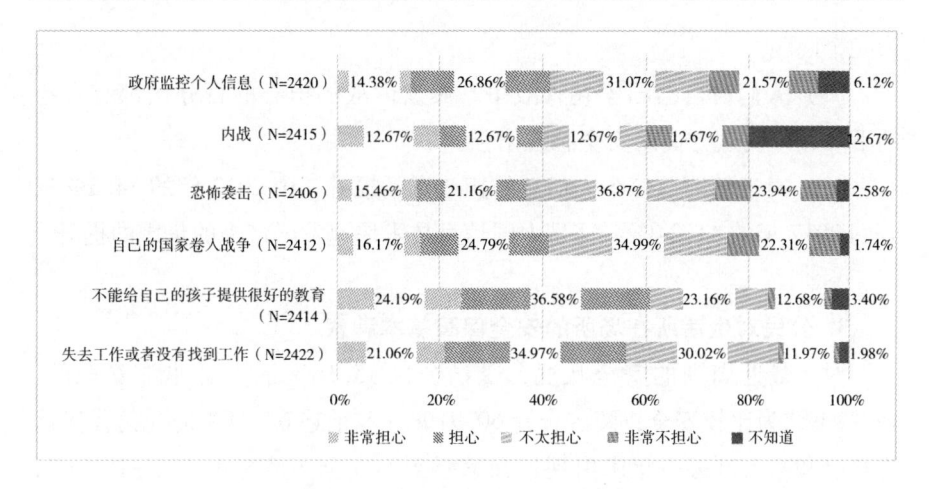

图 1—41 是否担心发生以下状况

该题源自 2012 年世界价值观调查原题（V181—186），选入时作了一些修改。当年在中国的调查结果如下：

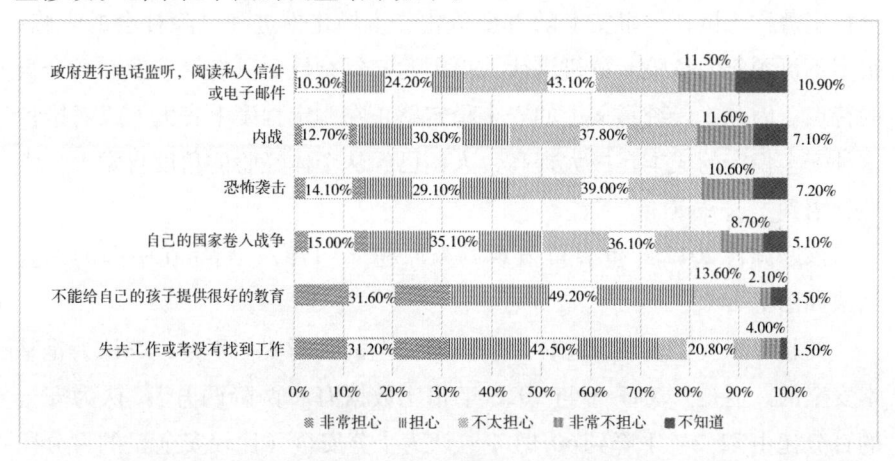

图 1—42 2012 年世界价值观调查：是否担心发生以下状况

两相对照发现，5 年间有变也有不变。不变的是，担心不能给孩子提供好的教育、担心失去工作或找不到工作依然排在前两位；对国家提供的社会公共安全保障基本满意。变化的有：

（1）排在第一位的由 2012 年的对工作的担心改变为对孩子教育的担心，尤其是对工作担心的百分比下降了 18 个百分点，十分显著，表明现在工作比以前更有保障了，或者说孩子受到好的教育的问题变得越来越成为一个问题。

（2）人们对自己国家卷入战争、爆发内战的担心的百分比都有不小的下降，说明这方面的安全感在增强。

（3）对于政府监控个人信息的担心有了提升，由2012年的34.5%提升到2017年的41.24%。这是中国信息技术快速发展带来的焦虑的提升。

3. 公民对生活所在场所的安全保障基本满意

对于最近周围的安全状况，受访公民15.16%认为是非常安全的，45.75%认为比较安全，两者合计60.91%（与前述62.41%的受访公民认为自己和家人过去一年未出现过在家感到不安全的情况可以互相印证）；认为不是很安全的28.32%，认为非常不安全的8.5%，合计36.82%。可见，总体上公民对生活所在场所的安全保障是基本满意的。但是，8.5%的"一点都不安全"的比率也值得我们警惕。一直以来，中国都是以安全稳定著称于世，但事实上随着全球化、市场化推进和风险社会的来临，很多不可预料的危险、危机潜伏，更因为其复杂性而具有牵一发而动全身的特点。因此，传统意义上的安全稳定感正在一定程度上丧失，或者维护这种安全稳定的成本在极大提高，人们已经从个体经验的角度自觉不自觉地领悟到了这一点。

该题源自2012年世界价值观调查原题（V170），当年在中国的调查结果如图1—44。

两相对照我们发现，总体上公民对安全的判断变化不大，都认为是基本安全的。但是，2017年与2012年相比数据有"两降两升"：认为安全的百分比由72.2%下降到60.91%；认为十分安全（比较安全）的百分比由59.2%下降到45.75%；认为不是很安全的百分比由17.8%上升到28.32%；认为一点都不安全（非常不安全）的百分比由1.3%上升到8.5%。可以基本推断，5年来，公民的安全感是稳中有降。

4. 公民对当前社会安全总体放心，且具备一定的安全意识

受访公民有53%曾出于安全考虑不携带太多钱财，46.03%晚上尽量少出门，至于曾携带自卫工具的只有18.1%。这表明中国当前的社会安全状况总体可以，同时，公民也具备一定的安全意识，采取了一定的安全措施。

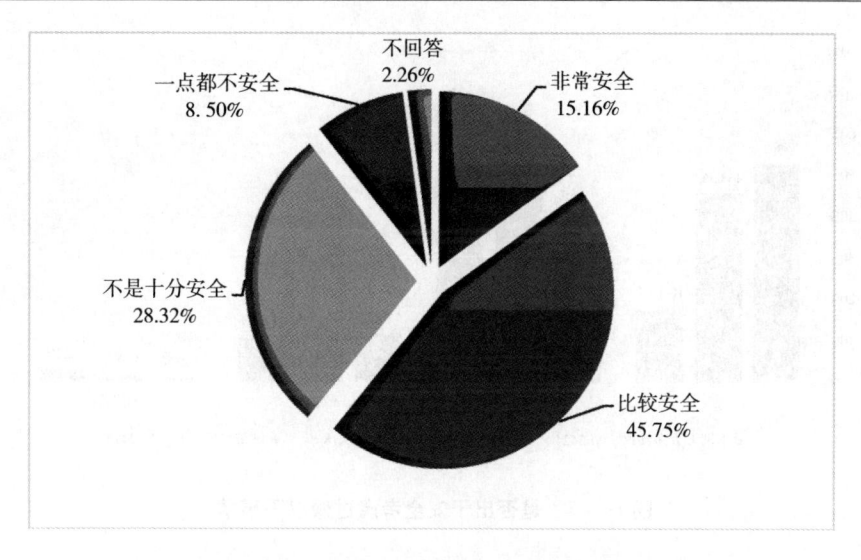

第五章 公民国家社会价值观分析　　　137

图1—43　最近您家周围或者是居住的地区是否安全（N=2341）

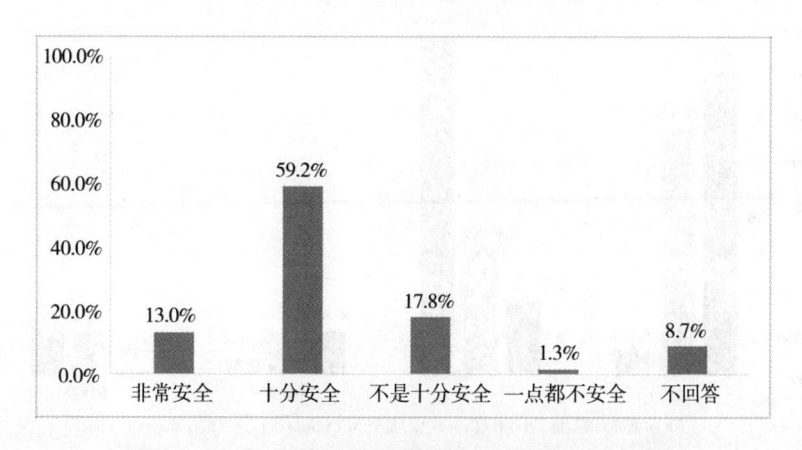

图1—44　2012年世界价值观调查：您觉得最近您家
周围或者是居住的地区安全吗？

该题源自2012年世界价值观调查原题（V176—178），当年在中国的调查结果如图1—46：

两相对照可以看出，2017年与2012年比较，不携带太多钱财出门、晚上尽量少出门的百分比显著下降，原因可能在于：一是现在手机支付功能有了质的飞跃，自然实现少带钱财出门的状况；二是随着生活水平的提高，人们更加重视夜间生活。但是，携带自卫工具的比列由6.2%提高到了18.1%，这也表明公民的安全意识有一定的提高。

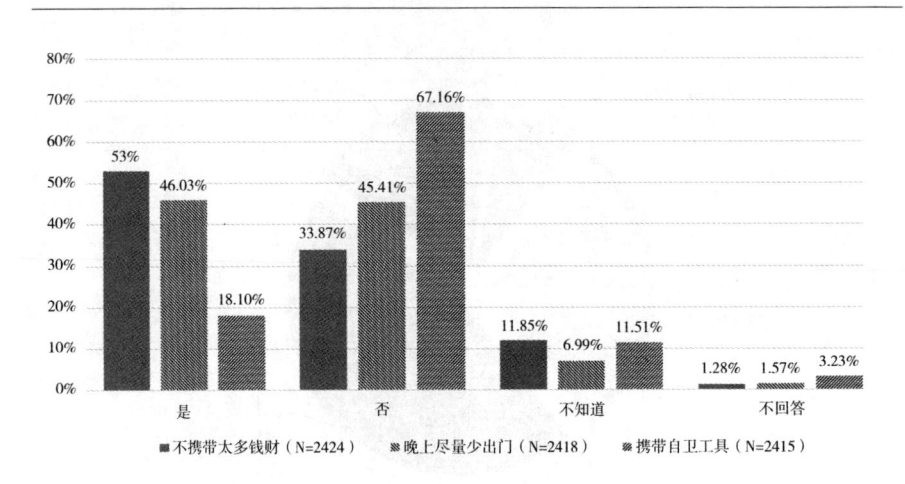

图 1—45　是否出于安全考虑过做以下事情

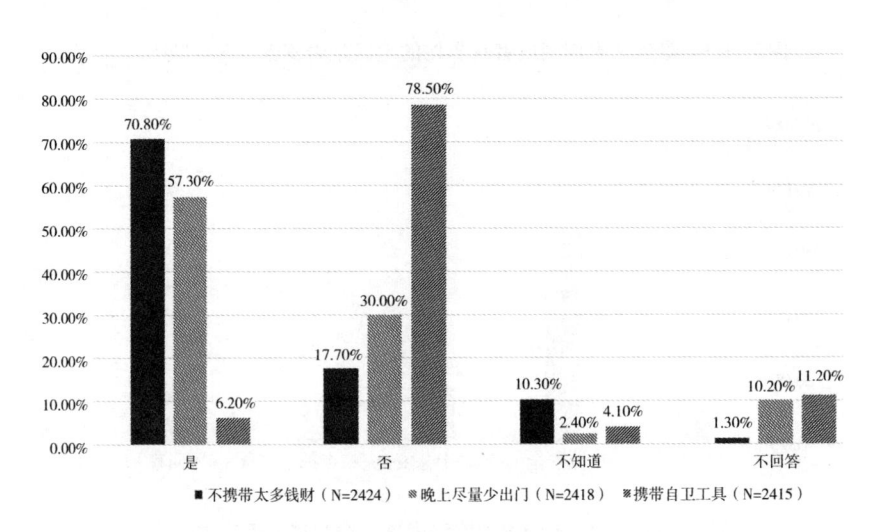

图 1—46　2012 年世界价值观调查：您是否出于安全考虑过做以下事情？

三　公民对社会服务和民生改善的满意程度

1. 大部分公民对目前提供的社会服务比较满意

衣食住行用是人们最基本的生活，在现代条件下，这些保障与完成都有赖于社会的服务。受访公民中 76.15% 对相关服务持满意态度，在非常不满意到非常满意 1—10 分的分值中，均值为 6.68 分。也就是说，公民对社会在衣、食、住、行、用等方面提供的服务是比较满意的，但还有很大提升空间。

表1—139　公民对社会在衣、食、住、行、用等方面提供相关服务的满意度

相关服务满意度（1—10分）	观测值	均值	标准差	最小值	最大值	1—5分	6—10分
非常不满意—非常满意	2436	6.68	1.86	1	10	23.85%	76.15%

（1）党员比群众对社会服务的满意度高。

两种检验方法显示，公民对社会服务的满意度与其政治面貌有着强相关关系，p值均显著小于0.05。p13显著小于0.05，表明党员和群众之间有显著差别；p12显著大于0.05，表明党员和团员之间差异不明显。ANOVA检验显示，党员均值最高（6.8），群众均值最低（6.6）。可见，党员比群众对社会服务的满意度要高。

表1—140　　不同政治面貌公民对社会服务的满意度差异

	共产党员	共青团员	群众	p-value	p12	p23	p13	Test
对社会服务的满意度	7.0 (6.0,8.0)	7.0 (6.0,8.0)	7.0 (5.0,8.0)	0.016	0.14	0.18	0.005	Kruskal-Wallis
	6.8 [±1.8]	6.7 [±1.8]	6.6 [±1.9]	0.009	0.19	0.094	0.003	ANOVA

（2）公民对社会服务的满意度与公民宗教信仰、职业、文化程度、收入、年龄、居住地无关。

两种检验方法显示，公民对社会服务的满意度与公民宗教信仰、职业、文化程度、收入、年龄、居住地之间的相关性p值都显著大于0.05，也就是说它们之间没有显著的关系。

2. 公民认为目前民生问题中教育解决得最好，医疗、住房问题解决得最不好。

受访公民30.34%即有三成多认为五大民生问题（教育、就业、医

疗、养老、住房）中教育问题解决得最好，选择就业（23.71%）、医疗（22.2%）问题解决最好的分列第2、3位，养老得票最少（8.14%）。同时，受访公民34.09%即超三分之一认为五大民生问题中解决得最不好的是医疗，其次是住房（29.76%，近三成），教育得票最低——与上述认为解决得最好对应。可见，正反两方面都证明学有所教（教育）是解决最成功的，人们相对最满意的民生问题。舆论中关于教育问题总是沸沸扬扬，似乎一无是处，但是没有比较就没有真相，人们往往把对于更优质教育追求带来的问题简单地理解为作为社会民生的问题。医疗（病有所医）、住房（住有所居）依然是老百姓最希望尽快改善的方面。特别是其中的医疗，得不到及时治疗、假冒伪劣药品、因病致贫、医患矛盾等问题时有出现，超三分之一的公民将之视为解决得最不好的民生问题，在情理之中。

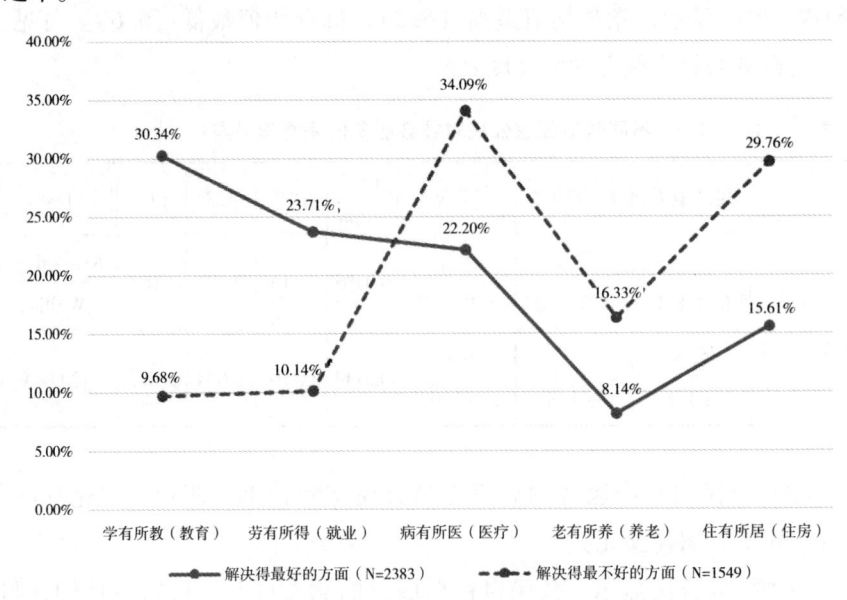

图1—47 当前中国解决得最好的和解决得最不好的民生问题

四 公民对中国社会发展前景的判断

调查表明，86.16%的受访公民认为中国未来社会发展前景是越来越好，只有13.84%的认为将是越来越差；在1—10分的分值中，均值为

7.46。可以推断，大多数公民对中国未来社会发展的前景是乐观、看好的。

表1—141　　　　　　公民对中国社会发展前景的看法

对中国未来社会发展会（1—10分）	观测值	均值	标准差	最小值	最大值	1—5分	6—10分
越来越差—越来越好	2442	7.46	1.86	1	10	13.84%	86.16%

（1）党员、团员对中国未来社会发展前景的判断比群众更为乐观。

两种检验方法显示，中国公民对中国未来社会发展前景的判断与其政治面貌有强相关关系，p值都小于0.001，显著小于0.05。p12显著大于0.05，而p23、p13显著小于0.05，说明党员、团员之间没有显著差异，而党员、团员与群众之间有显著差异。Kruskal - Wallis检验显示，党员、团员中位数均为8，群众为7；ANOVA检验显示，党员、团员均值分别为7.7、7.6，群众均值为7.2。因此，党员、团员对中国未来社会发展前景的判断比群众更为乐观。

表1—142　　　不同政治面貌公民对中国社会发展前景的判断差异

	共产党员	共青团员	群众	p-value	p12	p23	p13	Test
中国未来社会发展会	8.0 (7.0,9.0)	8.0 (7.0,9.0)	7.0 (6.0,8.0)	<0.001	0.38	<0.001	<0.001	Kruskal - Wallis
	7.7 [±1.8]	7.6 [±1.8]	7.2 [±1.9]	<0.001	0.53	<0.001	<0.001	ANOVA

（2）社会精英阶层对中国社会未来发展更为乐观。

两种检验方法显示，中国公民对中国未来社会发展前景的判断与其职业强相关，p值都小于或等于0.001，显著小于0.05。Kruskal - Wallis显示，产业工人和农民中位数为7，其他职业中位数均为8；ANOVA检验显示，机关、党群组织、企事业工作人员均值最高（7.7），专业技术人员（含教师、7.6）、学生（7.5）次之，商业、服务业人员和产业工人、农民均值最小，分别为7.2和7.3。也就是说，作为社会精英阶层的机关、党群组织、企事业工作人员和专业技术人员（含教师）对未来社会发展前景更乐观，其中机关、党群组织、企事业工作人员最乐观；商业、服务业人员和工人、农民等相对处于社会底层的公民的乐观程度要低些。对未来的判断事实上基于对现实的总体评价。在中国目前社会保障还存在职业、阶层差异的前提下，他们感受的差异是正常的，工人、农民、商业和服务业人员最能敏感地体会到社会保障、公共服务的实际水平，从而对未来做出自己的判断。

表1—143　　不同职业公民对中国社会发展前景的判断差异

	机关、党群组织、企业事业单位工作人员	专业技术人员（含教师）	商业、服务业人员	产业工人和农民	学生	p-value	p12	p23	p13	Test
中国未来社会发展前景	8.0 (6.0, 9.0)	8.0 (7.0, 9.0)	8.0 (6.0, 8.5)	7.0 (6.0, 8.0)	8.0 (7.0, 9.0)	<0.001	0.70	0.005	0.001	Kruskal-Wallis
	7.7 [±1.9]	7.6 [±1.9]	7.2 [±1.9]	7.3 [±1.7]	7.5 [±1.8]	0.001	0.67	0.006	0.001	ANOVA

（3）公民受教育程度越高对中国社会发展前景更乐观。

两种检验方法显示，中国公民对中国未来社会发展前景的判断与其文化程度强相关，p值都显著小于0.05。Two sample t test 显示，上过大学的公民的均值为7.6，没有上过大学的公民的均值为7.3。也就是说，上过大学的中国公民比没有上过大学的公民对中国未来社会发展前景更为乐观。

表1—144　　不同文化程度公民对中国社会发展前景的判断差异

	没上过大学	上过大学	p-value	Test
中国未来社会发展会	8.0 (6.0, 9.0)	8.0 (6.0, 9.0)	0.003	Wilcoxon rank-sum
	7.3 [±1.9]	7.6 [±1.8]	0.001	Two sample t test

（4）公民收入越高对中国社会发展前景越乐观。

两种检验方法显示，中国公民对中国未来社会发展的判断与其收入存在强相关关系，p值都小于0.05。Wilcoxon rank-sum 显示，月收入3000元及以下的公民中位数为7，而月收入3000元以上的公民的中位数为8；

Two sample t test 显示，月收入 3000 元及以下公民均值为 7.3，月收入 3000 元以上公民均值为 7.5。也就是说，收入越高的中国公民对中国未来社会发展前景越乐观。

表 1—145　　不同收入水平公民对中国社会发展前景的判断差异

	3000 元（含）以下	3000 元以上	p – value	Test
中国未来社会发展会	7.0 (6.0, 8.0)	8.0 (6.0, 9.0)	0.003	Wilcoxon rank – sum
	7.3 [±1.8]	7.5 [±1.9]	0.013	Two sample t test

（5）公民对中国未来社会发展的判断与其宗教信仰、年龄、居住地相关性不大。

两种检验方法还显示，公民对中国未来社会发展前景的判断与其宗教信仰、年龄、居住地的相关性 p 值都大于 0.05，也就是说没有强相关关系。

第六章　公民国家生态价值观分析

人类来源于自然，而且永远都不可能摆脱自然，因为人始终是自然的一部分，人与自然是生命共同体。人类只有遵循自然规律才能有效防止在开发利用自然上走弯路，人类对大自然的伤害最终会伤及人类自身，这是无法抗拒的规律。对于一个民族、国家来说，自然生态是其存在和发展的自然基础，具有最彻底的前提性。真正理想的现代化一定是人与自然和谐共生的现代化，一个真正现代化的国家既要创造更多物质财富和精神财富以满足人民日益增长的美好生活需要，也要提供更多优质生态产品以满足人民日益增长的优美生态环境需要。简单地说，既要金山银山，也要绿水青山。在科技日益发达，人们改造自然力度空前强大的时代，保护生态日益凸显，能否维持良好生态已经成为一个国家执政合法性的重要方面。公民基于国家层面对生态价值的根本看法就形成了公民的国家生态价值观。

一　公民关于生态价值重要性与生态理想状态的看法

1. 公民认为生态价值与经济价值两者重要性不相上下

发展是一个完全的现代观念，近代以来，由于古典经济学的盛行，一个国家的发展曾经一度被理解为经济增长，直到20世纪后半期可持续发展观念提出以后，环境保护的问题才真正变成发展的内生因素。在中国，随着以人为本的科学发展观和以人民为中心的新发展观的提出与贯彻，环境保护与经济增长的关系，甚至可以直接说环境保护与GDP政绩追求的关系问题，真正凸显出来。49.77%即接近半数的受访公民倾向于经济增长优先，50.23%即略过半数受访公民倾向于环境保护优先，在1—10的分值中均值5.21，略偏向经济增长优先。总体而言，倾向于经济增长优先于环境保护优先的两种观点势均力敌。考虑到以往是经济增长优先占主导地位，我们应该把这种势均力敌的局面理解为一种进步——尽管这种进步还差强人意，理解为两种对立的思想观点已经进入一个重要的交叉点，未来的趋势一定是此（经济增长优先）消彼长（环境保护优先）。

表1—146　公民对环境保护和经济增长何者优先的看法

环境保护和经济增长何者优先（1—10分）	观测值	均值	标准差	最小值	最大值	1—5分	6—10分
环境保护优先—经济增长优先	2435	5.21	2.4	1	10	50.23%	49.77%

该题源自世界价值观调查2012年原题（V81），选入作了修改。2012年原题为选择题，题干为"当人们讨论环境保护和经济增长时，经常会有下列两种观点，请您告诉我，哪一种更接近您的看法？"备选有"［1］环境保护优先，即使因此有可能放慢经济增长速度和增加失业；［2］经济增长和增加就业优先，即使因此有可能使环境遭到一些破坏；［3］其他（请注明）；［4］不知道"。在中国调查的结果如图1—48。

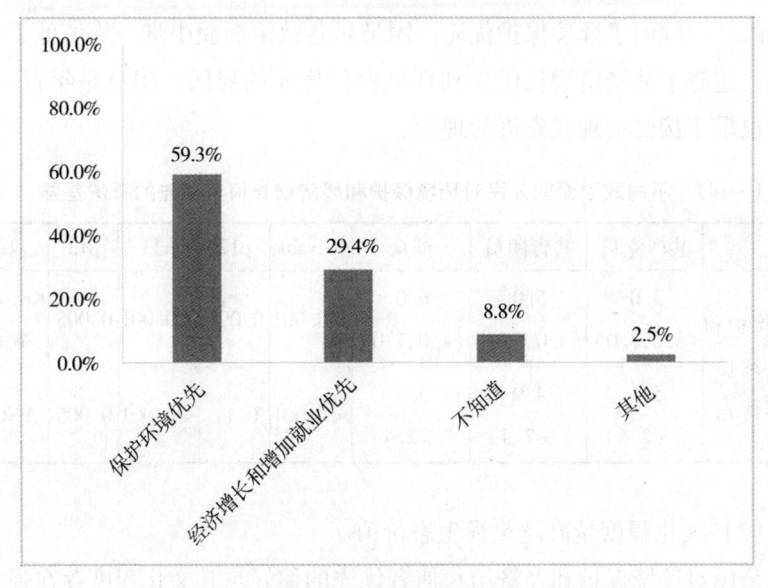

图1—48　2012年世界价值观调查：环境保护与经济增长何者优先的看法

由图可见，支持保护环境优先的百分比（59.3%）显著超过支持经济增长的百分比（29.4%），相差近30个百分比，十分悬殊。除开由于题型转换、调查误差带来的问题外，合理的解释在于：一方面，2012年左右我国环境危机十分严重，大家普遍感受到了30多年高速发展带来的环境代价，生态文明建设也刚刚进入执政党的视野，而5年后的2017年环境保护已取得一定的成绩；另一方面，2012年及以前，中国连续30多年经济高速增长，故对经济增长的压力感受不明显，而5年后的2017年，中国经济已经进入告别高速增长的新常态，甚至不少人们已经开始担心经济的增长速度了。

（1）党员和团员比群众更重视生态价值，其中团员最强调生态价值。

两种检验方法显示，公民对环境保护与经济增长优先性的偏好与其政治面貌强相关，p值都小于0.001，显著小于0.05。p12显著大于0.05而p23、p13显著小于0.05，说明党员、团员之间没有显著差异，而党员、团员与群众之间有显著差异。Kruskal-Wallis检验显示，群众中位数为6，党员、团员均为5；ANOVA检验显示，群众均值为5.5，而党员、团员均值分别为5.1和4.9。可见，党员和团员比群众更倾向于环境保护优先，其中团员最倾向于环境保护优先。团员是各政治面貌中唯一均值低于5的群体，超越了从经济增长优先到环境保护优先的界限。团员是年青一代，易于也乐于接受最现代先进的理念。

表1—147　不同政治面貌公民对环境保护和经济增长何者优先的看法差异

	共产党员	共青团员	群众	p-value	p12	p23	p13	Test
环境保护和经济增长何者优先	5.0 (3.0,7.0)	5.0 (3.0,7.0)	6.0 (4.0,7.0)	<0.001	0.099	<0.001	0.005	Kruskal-Wallis
	5.1 [±2.5]	4.9 [±2.4]	5.5 [±2.4]	<0.001	0.11	<0.001	0.005	ANOVA

（2）文化程度越高越重视生态价值。

公民对环境保护和经济增长何者优先的偏好与其文化程度存在强相关关系，两者检验方法p值都小于0.001，显著小于0.05。Wilcoxon rank-sum显示，没上过大学的公民中位数为6，上过大学的公民的中位数为5；

Two sample t test 显示，没上过大学的公民均值为 5.6，上过大学的公民均值为 5。可见，上过大学的公民更倾向于环境保护优先于经济增长。

表 1—148　不同文化程度公民对环境保护和经济增长何者优先的看法差异

	没上过大学	上过大学	p – value	Test
环境保护和经济增长何者优先	6.0（4.0, 7.0）	5.0（3.0, 7.0）	<0.001	Wilcoxon rank – sum
	5.6［±2.3］	5.0［±2.4］	<0.001	Two sample t test

（3）产业工人和农民更重视经济价值，学生和机关、党群组织、企事业单位工作人员更重视生态价值。

中国公民对环境保护与经济增长何者优先的偏好与其职业存在强相关关系，两种检验方法 p 值都小于 0.001，显著小于 0.05。Kruskal – Wallis 检验显示，商业、服务业人员和工人、农民中位数都是 6，其他职业中位数都是 5；ANOVA 检验显示，产业工人、农民均值最高（5.7），学生和机关、党群组织、企事业单位工作人员均值最低（5）。因此，产业工人和农民最倾向于经济增长优先于环境保护，学生和机关、党群组织、企事业单位工作人员最倾向于环境保护优先于经济增长。这其中既有见识、认识的差异，更有利益的关系。一般而言，严厉执行环境保护优先于经济增长的原则，许多产业工人、农民的自身利益就将受到一定的损害或者说只能获得比原来更少的利益。

表 1—149　不同职业公民对环境保护和经济增长何者优先的看法差异

	机关、党群组织、企业事业单位工作人员	专业技术人员（含教师）	商业、服务业人员	产业工人和农民	学生	p – value	p12	p23	p13	Test
环境保护和经济增长何者优先	5.0（3.0, 7.0）	5.0（3.0, 7.0）	6.0（4.0, 7.0）	6.0（5.0, 7.0）	5.0（3.0, 7.0）	<0.001	0.19	0.57	0.053	Kruskal – Wallis
	5.0［±2.7］	5.3［±2.5］	5.4［±2.3］	5.7［±1.9］	5.0［±2.4］	<0.001	0.17	0.52	0.038	ANOVA

（4）70后更倾向于经济价值而最年青一代更重视生态价值。

中国公民对环境保护与经济增长何者优先的判断与其年龄存在强相关性，两者检验方法p值都小于0.05。p13显著小于0.05，表明90/00后与70后之间存在显著差异。Kruskal–Wallis检验显示，90/00后中位数为5，其他年龄段中位数均为6；ANOVA检验显示，90、00后均值最低（5.1），70后均值最高（5.5）。也就是说，70后最倾向于经济增长优先于环境保护，00、90后最倾向于环境保护优先于经济增长。70后是社会中坚力量，成长于追求效率、强调竞争的时代，出于成绩、政绩的考虑会多一些，90/00后是社会最新力量，其成长过程中所受教育以及整个的社会氛围，对环境保护都更强调，甚至可以称为环保原住民。

表1—150 不同年龄公民对环境保护和经济增长何者优先的看法差异

	90后和00后	80后	70后	60后及以前	p–value	p12	p23	p13	Test
环境保护和经济增长何者优先	5.0 (3.0,7.0)	6.0 (4.0,7.0)	6.0 (3.0,7.0)	6.0 (4.0,7.0)	0.002	0.68	0.15	<0.001	Kruskal–Wallis
	5.1 [±2.4]	5.3 [±2.4]	5.5 [±2.6]	5.2 [±2.4]	0.025	0.53	0.33	0.003	ANOVA

（5）城市居民更重视生态价值，而小城镇和农村居民更重视经济价值。

中国公民对环境保护与经济增长何者优先的偏好与其居住地强相关，两种检验方法p值都小于0.001，显著小于0.05。Wilcoxon rank–sum检验显示，小城镇和农村居民中位数为6，城市民居则为5；Two sample t test显示，小城镇和农村居民均值为5.9，城市居民为4.9，前者显著大于后者。可见，城市居民显著倾向于环境保护优先，而小城镇、农村居民倾向于经济增长优先，两者差异对比十分鲜明。这种空间差异可以理解为不同发展阶段的差异即时间的差异。城市完全是人工物，在逻辑上是逆自然的，当其发展到一定阶段进入反思阶段后就会有一种强烈的思乡病。相反，相对落后的小城镇、农村还依然把逆自然的现代化看成自己追求的目标。

表1—151 不同居住地公民对环境保护和经济增长何者优先的看法差异

	小城镇和农村	城市	p-value	Test
环境保护和经济增长何者优先	6.0 (5.0, 7.0)	5.0 (3.0, 7.0)	<0.001	Wilcoxon rank-sum
	5.9 [±2.2]	4.9 [±2.4]	<0.001	Two sample t test

（6）公民对生态价值与经济价值的优先偏好与收入水平、是否信仰宗教没有显著关系。

2. 大多数公民认同资源节约型、环境友好型社会建设方向

资源节约型、环境友好型社会是我国最先提出的，从根本上整体性解决生态问题的理想模式。所谓资源节约型社会是通过对资源的合理配置、高效和循环利用、有效保护和替代，使经济社会发展与资源环境承载能力相适应，使污染物产生量最小化并使废弃物得到无害化处理，构建人与自然和谐共处的社会；所谓环境友好型社会就是全社会都采取有利于环境保护的生产方式、生活方式、消费方式，建立人与环境良性互动的关系。作为一种人与自然和谐互动、可持续发展的理想状态，82.59%的受访公民予以认可，只有17.41%的受访公民不认可，在1—10分值中，均值为7.38。也就是说，大多数公民都认可未来的社会应该是资源节约型、环境友好型社会。

表1—152 公民对未来社会应当是资源节约型和环境友好型社会的认可程度

对未来社会应当是资源节约型和环境友好型社会的认可程度（1—10分）	观测值	均值	标准差	最小值	最大值	1—5分	6—10分
非常不认可—非常认可	2441	7.38	2.07	1	10	17.41%	82.59%

二 公民的生态意识与对政府的期待

1. 公民大多有较好的生态环境危机意识

生态环境是大家共同的生态环境，只有人人都有危机意识、责任意

识，生态环境的保护才有可能落到实处。调查中，80.31%的受访公民都担心石油、天然气、水等自然资源枯竭，只有19.69%的受访公民不担心；在从不担心到非常担心的1—10分的分值中，均值为7.12。这表明，大多数公民具有生态环境的危机意识。当然，近2成公民认识不到资源枯竭危机和7.12分的均值，也表明公民生态危机意识还需进一步加强。

表1—153　　　　　　　　是否担心自然资源枯竭

是否担心石油、天然气、水等自然资源枯竭（1—10分）	观测值	均值	标准差	最小值	最大值	1—5分	6—10分
从不担心—非常担心	2438	7.12	2.31	1	10	19.69%	80.31%

2. 多数公民有较好的生态责任意识

雾霾是生态环境受到破坏后出现的典型的灾害性天气，雾霾治理也成为了不少地区特别是城市的一项重要工作。调查显示，53.25%的受访公民认为治理雾霾人人有责，都应该尽一份力；20.9%的中国公民认为雾霾治理完全是企业的责任；16.39%的公民认为应该按照谁造成的谁负责的原则划清责任；只有9.46%的中国公民认为雾霾治理完全是政府的事情。可见，绝大多数中国公民并不认为治理雾霾都是政府的责任，多数人认识到每个人都有责任，也倾向于那些造成雾霾的责任主体要付出更多责任。应该说，这些认识总体上是比较客观、理性的，尤其是对自己责任的认识总体是清醒的，当然依然还需要进一步提升。

3. 近半数公民希望政府在世界性生态问题上承担更多责任

在科技高度发达、全球化高速发展的今天，很多生态问题是世界性的，比方说气候变化问题。中国是一个迅速崛起的发展中大国，国内依然有包括生态建设在内众多任务需要完成，那么对于越出民族—国家界限的世界性生态问题，中国应该采取什么样的态度呢？49.12%即近半的受访公民认为，中国应该在世界性生态问题上承担更多责任；30.05%即超3成的公民则选择了否；还有20.84%即两成多的公民采取无所谓的态度。如果说生态环境保护是基于人与自然是生命共同体，那么在全球化时代，

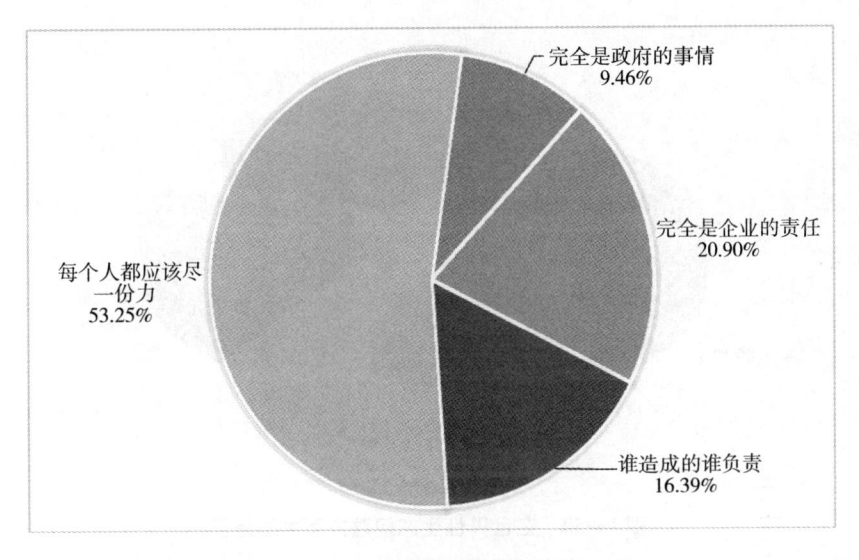

图1—49 雾霾治理的责任归属（N=2971）

整个人类就是一个命运共同体。构建人类命运共同体正是中国给世界贡献的一种智慧。在共同体中，一荣俱荣，一损俱损。因此，作为负责任的大国，中国在世界性生态问题方面承担更多责任是理所当然，近半数公民的期望也是顺应此理。相反，还有三成多公民否认中国在世界性生态问题上应该承担更多责任，可能主要还是传统的民族—国家思维影响，觉得自己国家做好了就行；抑或是认为目前国内的生态问题还未能很好解决。这说明，公民在这方面的启蒙还需要花很大功夫。

三 公民对目前生态文明建设的评价及存在问题的判断

1. 公民对目前生态文明建设总体不太满意

调查显示，27.1%的受访公民对目前国家生态文明建设不满意，非常不满意的有2.67%；只有24.59%的受访公民对目前的生态文明建设是满意的，非常满意有5.04%；有48.31%即近半公民选择了"一般"即不好不坏的选项。有两点最为突出：一是不满意的超过满意的；二是认为表现一般、不好不坏的接近半数。这说明，尽管近些年来，国家政府在生态建设方面付出了很多努力，但一方面以往生态问题欠账太多，生态建设不能立竿见影；另一方面确实是政府的努力与人们的期望还有不小的距离。

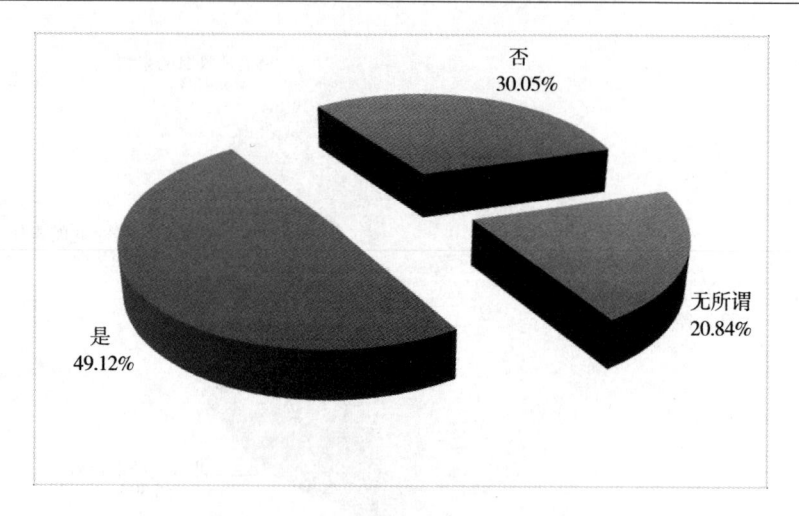

图 1—50　在世界性生态问题方面中国是否
应该承担更多责任（N=2433）

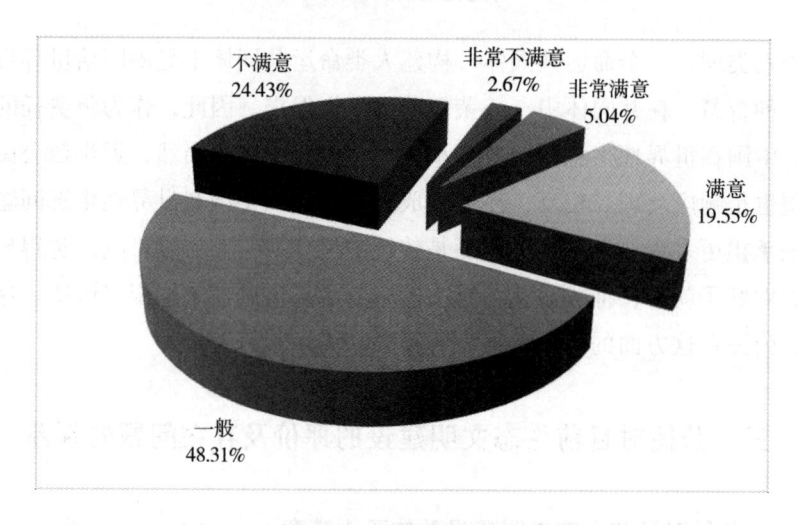

图 1—51　中国公民对目前开展的生态文明建设满意度（N=2399）

（1）群众比党员、团员对生态文明建设更不满意。

Kruskal – Wallis 检验显示，中国公民对生态文明建设的满意度与其政治面貌有着强相关性，p 值为 0.005，显著小于 0.05。p12 显著大于 0.05，而 p23、p13 都显著小于 0.05，说明党员、团员之间差异不明显，而他们与群众之间差异明显。虽然中位数都是 3，但党员 95% 的回答落在 2—3 之间，即满意与一般，群众 95% 的回答落在了 3—4 之间，即一般与不满意之间。非常明显，党员对生态文明建设的满意度高于群众。

表1—154　　　不同政治面貌公民对生态文明建设的满意度差异

	共产党员	共青团员	群众	p-value	p12	p23	p13	Test
对目前生态文明建设的满意度	3.0 (2.0,3.0)	3.0 (3.0,3.0)	3.0 (3.0,4.0)	0.005	0.97	0.006	0.008	Kruskal-Wallis

（2）产业工人和农民对生态文明建设满意度最低，机关、党群组织、企事业单位工作人员满意度最高。

Kruskal-Wallis检验显示，公民对生态文明建设的满意度与其职业的相关性p值小于0.001，显著小于0.05，表明两者强相关。虽然中位数都是3，但是机关、党群组织、企事业单位工作人员95%回答落在2—3之间，即满意与一般之间，而产业工人、农民95%的回答落在3—4之间，即一般与不满意之间。这是各职业中态度的两个极端。也就是说，各职业中，产业工人和农民的满意度最低，机关、党群组织、企事业单位工作人员满意度最高。

表1—155　　　不同职业公民对生态文明建设的满意度差异

	机关、党群组织、企业事业单位工作人员	专业技术人员（含教师）	商业、服务业人员	产业工人和农民	学生	p-value	Test
对目前生态文明建设的满意度	3.0 (2.0,3.0)	3.0 (2.0,4.0)	3.0 (2.0,4.0)	3.0 (3.0,4.0)	3.0 (3.0,3.0)	<0.001	Kruskal-Wallis

（3）低收入公民对生态文明建设更不满意。

Wilcoxon rank-sum显示，公民对目前生态文明建设满意度与其收入强相关，p值小于0.05；中位数虽然都是3，但月收入3000元及以下公民95%回答落在3—4即一般与不满意之间,而月收入3000元以上的公民95%回答落在2—4即满意与不满意之间。也就是说,收入高的公民对当前生态文明建设的满意度要高于收入低的公民。

表1—156　　不同收入水平公民对生态文明建设的满意度

	3000元(含)以下	3000元以上	p – value	Test
对目前生态文明建设的满意度	3.0 (3.0, 4.0)	3.0 (2.0, 4.0)	0.012	Wilcoxon rank – sum

(4) 小城镇和农村居民对生态建设的满意度低于城市居民。

Wilcoxon rank – sum 显示,公民对目前生态文明建设的满意度与其居住地强相关,p值小于0.001,显著小于0.05;虽然中位数都是3,但小城镇和农村居民95%回答落在3—4即一般和不满意之间,而城市居民95%的回答落在2—3即满意与一般之间。可以推断,城市居民对目前生态文明建设的满意度要好于小城镇和农村居民。

表1—157　　不同居住地公民对生态文明建设的满意度差异

	小城镇和农村	城市	p – value	Test
对目前生态文明建设的满意度	3.0 (3.0, 4.0)	3.0 (2.0, 3.0)	<0.001	Wilcoxon rank – sum

(5) 公民对生态文明建设的满意度与年龄、受教育程度和是否信仰宗教没有关联性。

2. 公民认为当前中国生态文明建设最大问题是工业排放严重和人们环保意识不足

调查显示,近三成(29.43%)受访公民认为当前中国生态方面最突出的问题是工业排放严重;23.89%则认为是人们缺少环保意识;18.4%认为是人口太多;还各有十分之一强的公民认为是经济发展压力大(10.53%)、技术创新能力不够(10.25%)。

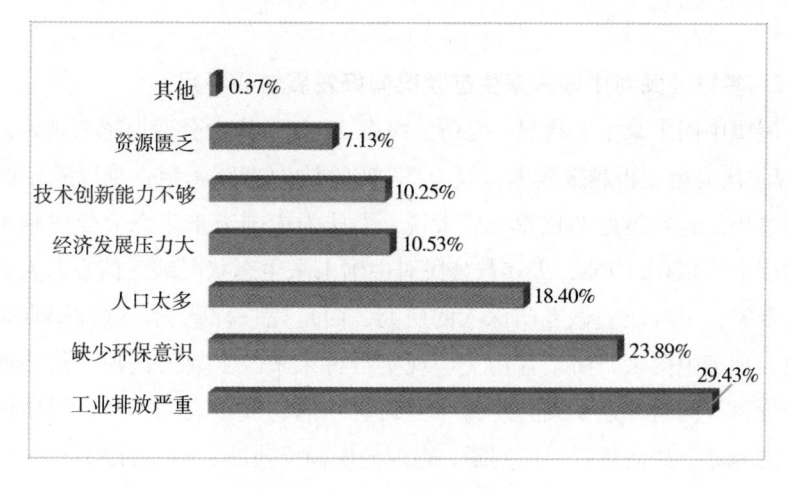

第六章　公民国家生态价值观分析　　155

其他　0.37%
资源匮乏　7.13%
技术创新能力不够　10.25%
经济发展压力大　10.53%
人口太多　18.40%
缺少环保意识　23.89%
工业排放严重　29.43%

图1—52　当前中国生态方面最突出的问题（N=2440）

四　公民对中国未来生态状况的预判

1. 不少公民对政府改善生态环境心存疑虑

调查显示，66.82%的受访公民相信政府会大力改善生态环境，33.18%则不相信。在从完全不相信到完全相信的1—10分的分值中，均值为6.27。可见，有三分之一的公民不相信政府会大力改善生态环境。政府公信力是一个政府合法性的直接表现，公信力高，合法性就强，反之亦然。在以往的政府合法性考虑中，很少有关于生态环境的内容。但进入新时代，更好的生态环境成为人们美好生活的重要内容，生态文明建设得怎样，也就成为统治合法性重要内容，而现实的状况就影响到民众对政府的信心，民众对政府生态建设方面信心则又会延展到其他方面乃至全方位。三分之一公民不相信政府会大力改善生态环境，这是一个必须加以严肃对待的严峻事实。

表1—158　　　　　公民对政府大力改善生态环境的信任度

是否相信政府会大力改善生态环境（1—10分）	观测值	均值	标准差	最小值	最大值	1—5分	6—10分
完全不相信—完全相信	2438	6.27	2.18	1	10	33.18%	66.82%

2. 多数公民对中国未来生态状况向好发展信心不足

展望中国未来生态状况，受访公民有37.33%认为会变得越来越好，有24.07%认为会变得越来越差，还有38.60%认为难以确定，难以确定的比率超过相信越来越好的比率。或者说，不认为中国未来生态会变得越来越好的比率达到62.67%，即多数公民对中国未来生态状况缺乏信心。人们并不是专家，不可能去做专门深入的研究，而是凭一种感觉，这种感觉是从历史、现实中得来，所谓让历史、现实告诉未来。多数公民缺乏信心值得我们忧思。同时，近4成的公民"不确定"的态度也表明，他们对中国未来生态究竟会如何难以做出判断，态度的模糊反映的是内心的迷茫。

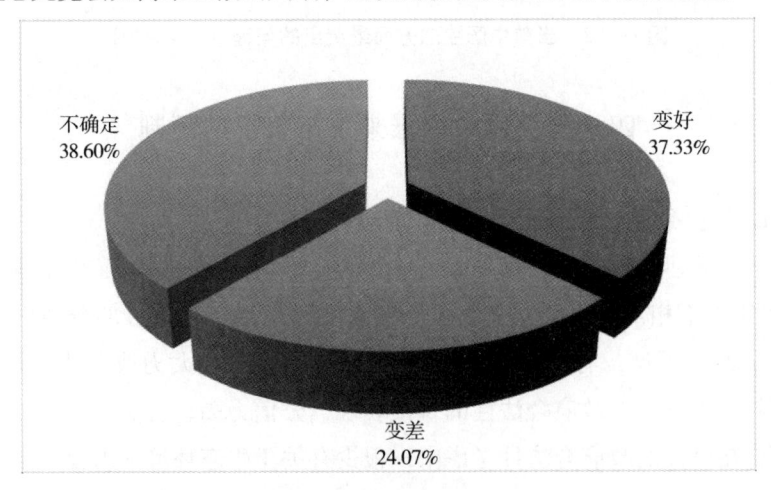

图1—53 您认为中国未来的生态状况会如何变化（N=2443）

（1）对中国未来生态状况的判断党员最乐观，团员最悲观，群众最迷茫。

Pearson's chi-squared 检验显示，公民对未来生态状况的判断与其政治面貌强相关，p值小于0.001，显著小于0.05。从表中可以看出，党员认为越来越好的占到43.8%，占比最大，高出平均数6个多百分点；团员认为越来越差占到27.4%，高出平均数3个多百分点；群众认为不确定的占到41.9%，高出平均数3个多百分点。可以说，对于中国未来生态状况，虽然普遍比较悲观，但相对而言，党员最乐观，团员最悲观，群众最迷茫。

表 1—159　不同政治面貌公民对中国未来生态状况的判断差异

		共产党员	共青团员	群众	p - value	Test
对中国未来的生态状况的判断	变好	43.8 (269)	38.5 (273)	32.9 (355)	<0.001	Pearson's chi - squared
	变差	18.7 (115)	27.4 (194)	25.2 (272)		
	不确定	37.5 (230)	34.1 (242)	41.9 (452)		

（2）公民受教育程度越低对中国未来生态状况的预判更消极。

Pearson's chi - squared 检验显示，中国公民对未来生态状况的判断与其文化程度强相关，p 值小于 0.001，显著小于 0.05。从表中可以看出，上过大学的公民对于"不确定"选项的选择显著少于没上过大学的公民（相差接近 11 个百分点）；认为中国未来生态状况越来越好的比率也比没上过大学的高出近 9 个百分点。因此可以说，对于中国未来生态状况，上过大学的公民与没上过大学的公民相比，有显著的能力做出自己的自主判断，并更多倾向于乐观。

表 1—160　不同文化程度公民对中国未来生态状况的判断差异

		没上过大学	上过大学	p - value	Test
对中国未来的生态状况的判断	变好	31.7 (289)	40.6 (619)	<0.001	Pearson's chi - squared
	变差	23.0 (210)	24.8 (378)		
	不确定	45.3 (414)	34.6 (527)		

（3）机关、党群组织、企事业单位工作人员对中国未来生态状况预判最乐观，工人、农民最悲观，专业技术人员（含教师）则最倾向于说不清楚。

Pearson's chi - squared 检验显示，中国公民对未来生态状况的判断与其职业强相关，p 值小于 0.001，显著小于 0.05。从表中可以看出，41.9% 的机关、党群组织、企事业单位工作人员认为中国未来生态会越来越好，在各职业中占比最高，高出平均值 4 个多百分点；34.5% 的产业工人、农民认为中国未来生态状况会越来越差，在各职业中占比最高，高出平均值 10 个多百分点；41.7% 的专业技术人员（含教师）对中国未来生态状况不确定、说不清楚，在各职业中占比最高，高出平均值 3 个百分点。因此，在各种职业中，机关、党群组织、企事业单位工作人员最倾于认为中国未来生态会越来越好，工人，农民最倾向于认为中国未来生态状况越来越差，专业技术人员（含教师）则最倾向于说不清楚。

表1—161　　不同职业公民对中国未来生态状况的判断差异

对中国未来的生态状况的判断		机关、党群组织、企业事业单位工作人员	专业技术人员（含教师）	商业、服务业人员	产业工人和农民	学生	p‑value	Test
	变好	41.9 (140)	40.3 (139)	37.7 (147)	26.8 (101)	41.0 (338)	<0.001	Pearson's chi‑squared
	变差	18.9 (63)	18.0 (62)	23.6 (92)	34.5 (130)	24.9 (205)		
	不确定	39.2 (131)	41.7 (144)	38.7 (151)	38.7 (146)	34.1 (281)		

（4）60后及以上公民对未来生态状况最乐观，90/00后最不乐观，70后最倾向于说不清楚。

Pearson's chi‑squared检验显示，公民对中国未来生态状况的判断与其年龄有着强相关关系，p值为0.027，小于0.05。从表中可以看出，40.3%的60后及以上公民认为越来越好，在各年龄段中占比最高，高出平均值3个百分点；25.8%的90/00后认为越来越差，在各年龄段中最高，高出平均值1个百分点；43.7%的70后选择了"不确定"，在各年龄段中最高，高于平均值5个百分点。也就是说，在各年龄段中，60后及以上公民最乐观，90/00后最不乐观，70后则最倾向于说不清楚。

表1—162　　不同年龄公民对中国未来生态状况的判断差异

对中国未来生态状况的判断		90后和00后	80后	70后	60后及以上	p‑value	Test
	变好	38.7 (436)	35.0 (195)	37.3 (133)	40.3 (144)	0.027	Pearson's chi‑squared
	变差	25.8 (291)	23.3 (130)	19.0 (68)	22.4 (80)		
	不确定	35.5 (401)	41.7 (232)	43.7 (156)	37.3 (133)		

(5) 城市居民更相信中国未来生态越来越好，小城镇和农村居民则更悲观或迷茫。

Pearson's chi-squared 检验显示，公民对中国未来生态状况的判断与其居住地也有着强相关关系，p 值小于 0.001，显著小于 0.05。从表中可以看出，在越来越好一项，城市居民高于小城镇和农村居民 12.6 个百分点，高于平均值 4 个百分点，可谓极其显著；在越来越差一项，小城镇和农村居民高于城市居民 7.5 个百分点，高于平均值近 5 个百分点；在不确定一项，小城镇和农村居民高于城市居民 5 个百分点，高于平均值 3.5 个百分点。也就是说，城市居民比小城镇居民非常显著地更倾向于中国未来的生态状况会更好，相对而言，小城镇和农村居民对中国未来的生态状态比城市居民更为悲观和迷茫。

表 1—163　不同居住地公民对中国未来生态状况的判断差异

		小城镇和农村	城市	p-value	Test
对中国未来生态状况的判断	变好	28.7 (217)	41.3 (695)	<0.001	Pearson's chi-squared
	变差	29.2 (221)	21.7 (364)		
	不确定	42.1 (319)	37.0 (622)		

(6) 公民对中国未来生态状况的判断与收入水平、是否信仰宗教没有显著关联性。

公民社会价值观篇

调查方案说明

一 调查目的与调查对象

社会是人们通过交往形成的社会关系的总和，人的本质在其社会属性。现代社会与国家相对并构成其基础，好社会是人们的重要价值追求。党的十九大报告明确指出，进入新时代，我国社会主要矛盾发生了关系全局的历史性变化，已经转变为人民日益增长的美好生活需要和不平衡不充分的发展之间的矛盾。人民对美好生活的向往主要体现为对美好社会生活的向往。本次关于当代中国公民社会价值观的调查目的正是考察中国公民对于"好社会"的意义想象与现实社会认同状况。希望通过全国性调查了解当代中国公民的社会价值观，为坚持社会主义核心价值体系、践行社会主义核心价值观提出有针对性的对策性建议。

考虑到调查公民价值观只有对于接受过一定价值观教育、初步形成比较稳定的价值观的公民才有意义，本次调查的对象确定为已年满16周岁即已接受完9年义务教育的中国公民。

二 调查内容与问卷设计

根据社会主义核心价值观中关于"自由、平等、公正、法治"的论述，综合马斯洛需要理论、马克思关于人的需要的论述以及中国社会传统、现实特征，本次调查从安定、自由、平等、公正、法治、良善、和谐等七个维度及总体维度考察公民的社会价值观。同时，每项公民社会价值观的测量又包括公民的理想偏好、底线需要和现实评价三个方面。因此，本次调查的内容包括从公民的理想偏好、底线需要和现实评价三个方面衡量的公民社会安定价值观、公民社会自由价值观、公民社会平等价值观、公民社会公正价值观、公民社会法治价值观、公民社会良善价值观、公民社会和谐价值观以及公民社会总体价值观。

表2—1　　　　　　中国公民的社会价值观的维度和方面

	理想偏好	底线需要	现实评价
总体			
安定			
自由			
平等			
公正			
法治			
良善（文明风尚）			
和谐			

本次调查立足于公民社会价值观七个维度和三个方面，共设计了52道题目来测量公民的社会价值观。在设计问卷过程中借鉴了世界价值观调查（WVS）的问卷，并沿用了2012年世界价值观调查问卷的3道原题。当然，考虑到社会文化差异和不同调查语境，我们对其中2个问题进行了适当修改。

三　调查方法与调查过程

考虑到调查目的、调查对象和调查内容以及时间、财力等因素，本次调查采取判断抽样与等距两阶段随机抽样法相结合的模式，即先按东中西部及南北地域差异和经济发展水平一共选取5个城市，即上海、厦门、长沙、哈尔滨、兰州作为调查点，再在每个城市中随机抽取城市辖区，即上海长宁区、徐汇区、青浦区、嘉定区，兰州城关区、西固区、永登县，哈尔滨松北区、五常区、宾县、南岗区，长沙天心区、岳麓区、宁乡市，厦门思明区、集美区、翔安区，最后从抽取到的城市辖区再随机抽取相应地域内的社区街道作为样本。调查对象的总体是年满16周岁的中国公民。[①] 调查采用结构式问卷入户面访方式进行，并辅之以深度访谈。本次调查最初确定的样本规模为2700份。抽样具体方案主要为等距两阶段随机抽样。实际操作如前述，即第一阶段从五个地区抽取17个城市辖区，第二阶段再从每个辖区抽取两个街道办事处，而后从相应街道办事处抽取5个社区，最后每个社区约入户发放17份问卷展开面访。

在大规模调查展开前，为了检验调查问卷的基本信度与效度，2018年5月25日至6月5日，课题组成员进行了预调研，分别为海淀区北太平庄社区25份，东城区安德路社区20份，西城区德新社区20份，石景山区远洋山水社区10份，平谷区马坊镇社区25份，共计100份。随后，我们对问卷做了进一步的修改。

2018年7—8月课题组展开了正式调查。5个调查小组分赴哈尔滨、兰州、上海、长沙、厦门调研，共发问卷放2700份，回收有效问卷2627份，问卷有效回收率为97.29.%。同时，深度访谈50人，获得深度访谈记录50份。

四 样本分布情况

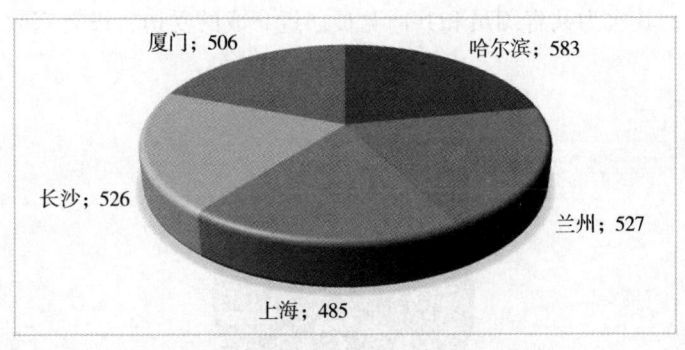

我们调查了五个地区，回收了2627份问卷，具体分布如下。

图2—1 有效样本地区分布（N=2627）

---

① 必须说明的是，首先，年满16周岁的中国公民是一个理论上的调查总体，在实际调查中，由于诸多因素影响，无法使总体中的每一个单位都有均等机会进入样本；其次，本次调查排除了一部分因各种情况不可能调查到的对象，如服现役军人和服刑犯人等；最后，调查总体中不包括台湾和香港、澳门公民。

样本其他基本维度上的频数分布如下：

1. 性别、年龄与现居住地情况

从调查样本的性别、年龄和现居住地分布来看，受访女性多于男性；80后、90后为主，合占72.7%；约64%受访者居住在城市。

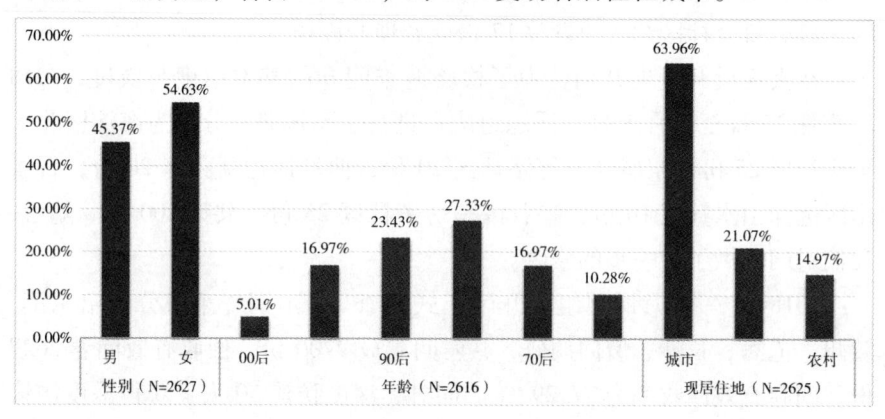

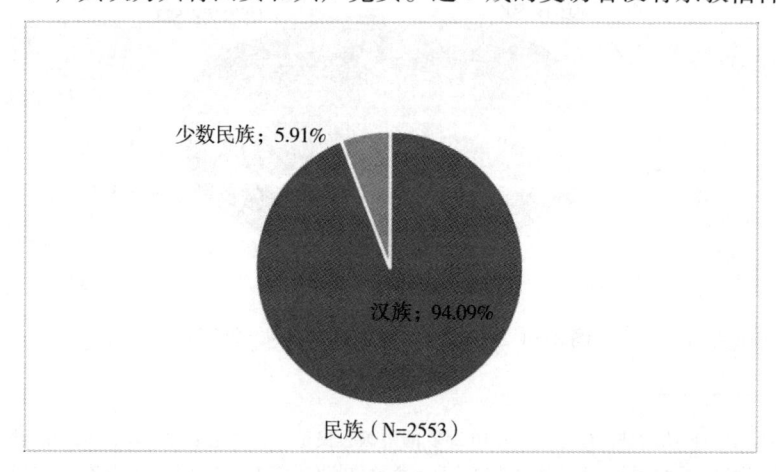

图2—2　性别、年龄与现居住地情况

2. 受访者民族、政治面貌与宗教信仰情况

受访者大多为汉族，达94.09%。政治面貌为群众的受访者最多，占46.17%，其次为共青团员和共产党员。近9成的受访者没有宗教信仰。

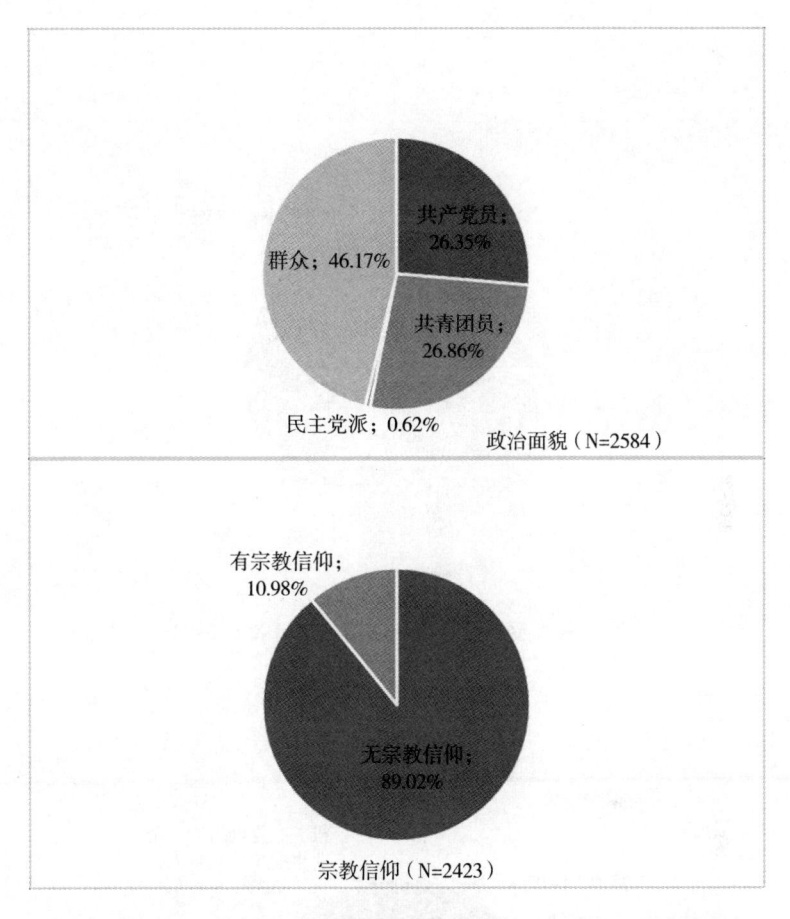

图 2—3、图 2—4、图 2—5　受访者民族、政治面貌与宗教信仰情况

3. 受访者文化程度、当前职业与家庭收入情况

受访者文化水平相对较高，初中及以下文化程度仅占 12% 左右，大专及以上占 68.41%。受访者的当前职业是学生的比重最大，约占四分之一（26.11%），其次是机关、党群组织、企业事业办事人员，占 19.37%。超过三之一（38.5%）的受访者个人年收入在 5 万元及以下，个人年收入在 10 万元及以下的受访者占 73.49%。

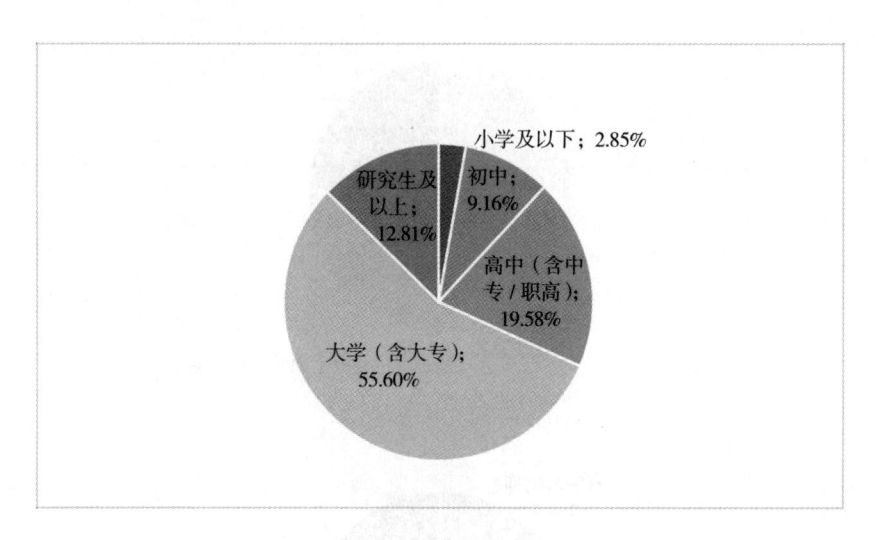

图2—6 受访公民文化程度构成（N=2599）

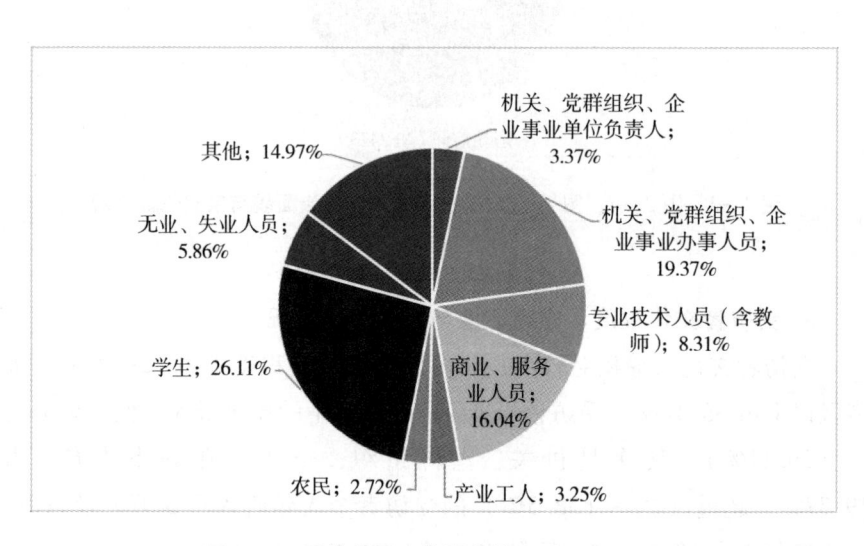

图2—7 受访公民当前职业情况（N=2612）

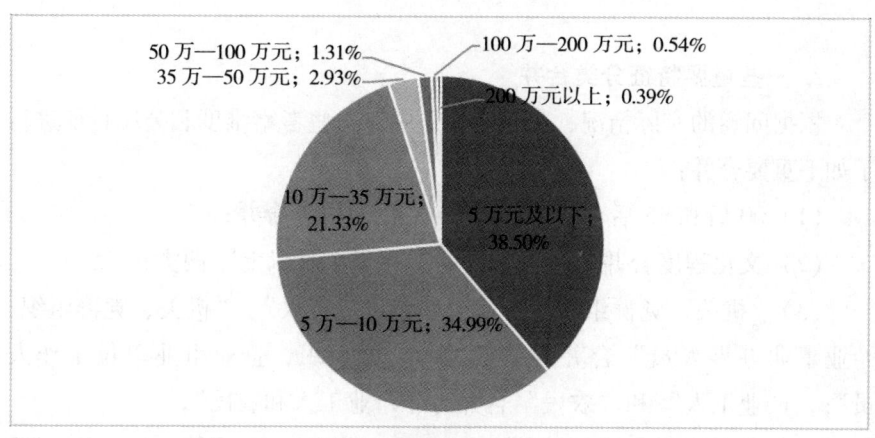

图 2—8　受访公民家庭年收入情况（N = 2592）

五　统计分析说明

1. 不同变量类型检验方法

本调查数据分析采用的检验方法如表 2—2。

表 2—2　　　　　　　不同变量类型的检验方法和读表

检验方法		价值观相关问题（因变量）		
		定类变量	定序变量	定距变量
个人特征（自变量）	二分变量	Pearson's chi-squared 列联表卡方检验 chi2。表中，看 chi2 统计量，p 值和 V 系数 V 系数最大为 1，越大说明相关性越强	四分、五分，也可看成定类变量。变量为定序时，用 Mann Whitney U 检验（Wilcoxon rank-sum）。表中，看 z 统计量和 p 值	Two sample t test 两总体均值 T 检验，看均值是否相等。看 t 统计量、p 值。或 meandiff 是否带星号，有星号则显著，说明用样本均值推断总体均值，两总体均值有显著差异。看均值差的正负还可判断大小方向
	多分变量		Kruskal Wallis H 检验，单向方向秩检验。近似卡方分布。看 chi2 统计量和 p 值。判断在评分等级上有无显著差异	ANOVA 单因素方差分析，多个样本（类别）的均值是否相等。看 F 统计量和 p 值。多重比较看 p 值，判断谁大谁小，是否存在显著差异

2. 一些重要特征分类合并

根据问卷的实际情况,在最终报告中对一些考察维度和公民特征进行了如下重要合并:

(1) 00后和95后合并,70后和60后及以上合并;

(2) 文化程度合并为"大学以下"和"大学以上"两类;

(3) "机关、党群组织、企业事业单位负责人"、"机关、党群组织、企业事业办事人员"合并为"机关、党群组织、企业事业单位工作人员";"产业工人"和"农民"合并为"产业工人和农民";

(4) 家庭年收入将"11万—35万""36万—50万""51万—100万""100万—200万""200万以上"合并为"10万以上";

(5) "小城镇"和"农村"合并为"小城镇和农村"。

第一章　公民社会价值观总体情况

在公民价值观中，社会价值观上承国家价值观、下接个人价值观，能很好地反映公民作为社会关系存在物的价值观倾向、对美好生活的向往，也总体上体现出社会发展的文明程度。本次调查从公民对社会的理想偏好、现实评价和底线需求，以及影响这些价值观念形成和变化的因素等方面考察公民社会价值观的总体状况。结果表明，绝大多数中国公民都认同安定、自由、平等、公正、法治、良善、和谐的价值诉求，这与我国社会主义核心价值观社会层面的自由、平等、公正、法治基本相一致，但更加突出对安定的偏好；对中国社会的归属感较强，对当前中国社会发展状况总体满意，认为中国社会最大的优势就在于安全稳定和集中力量办大事；构建更加美好的社会需要在维护社会秩序的基础上吸收民众广泛参与社会治理。

一　公民的理想社会偏好

调查结果显示，大多数公民认为理想的"好社会"应该是安定、自由、平等、公正、法治、良善、和谐的社会。

1. 公民对"好社会"的理解很全面

调查显示，公民关于理想社会的价值偏好，在1（很不重要）到10分（很重要）的分值选择中，以上7项价值6—10分的选择率均超过90.00%，且均值都在9分以上，非常接近，只有细微的差异。

表 2—3　　　　　　　理想社会价值的重要性排序

理想社会特征	观测值	平均值	标准差	最小值	最大值	1—5 分	6—10 分
安定	2605	9.31	1.61	1	10	4.72	95.28

续表

理想社会特征	观测值	平均值	标准差	最小值	最大值	1—5 分	6—10 分
自由	2598	9.12	1.68	1	10	5.39	94.61
平等	2596	9.27	1.59	1	10	4.16	95.84
公正	2599	9.35	1.53	1	10	3.85	96.15
法治	2598	9.40	1.48	1	10	3.39	96.61
良善	2595	9.27	1.57	1	10	3.58	96.42
和谐	2600	9.27	1.63	1	10	4.19	95.81

从表2—3可以看出：

（1）公民偏好自由、平等、公正、法治，而这四项价值正是社会主义核心价值观社会层面的价值，这表明社会主义核心价值观中的社会价值观的概括还是比较精准的，符合广大中国公民对理想社会的偏好。

（2）公民对未列入社会主义核心价值观中社会价值的安定、良善、和谐（该项在社会主义核心价值观中列在国家价值观层面）有着不低于自由、平等、公正、法治的偏好。中国文化自古就有追求国泰民安的社会稳定甚至是超稳定的偏好，改革开放初期形成的"稳定压倒一切"观念事实上成为执政党治国理政的第一原则，而且中国公民也对此形成内在认同。尤其是在当前世界并不太平的国际大环境下，人们通过对比更加崇尚和珍惜安定、和谐的社会状况。人是社会环境的产物，社会风气、风俗也是社会环境的重要方面，人们对良善的偏好正表明了这一点。

（3）在细微差别中，我们总体上看到两点：公民对法治、公正、安定的偏好高于其他价值；公民对自由的偏好是分值最小的。这表明：一方面，正如十九大报告指出的，进入新时代，人民日益增长的美好生活需要之重要体现就在于"民主、法治、公平、正义、安全、环境等方面的要求日益增长"，以往在经济生活水平比较低的时代不太在意的法治、公正等"软需求"现在成了"刚需"，法治偏好甚至排在所有价值偏好中的第一位；另一方面，自由毫无疑问是公民社会价值诉求的重要方面，但中国公民总体上很务实，在价值排序中并不如西方人理解的那样作为最高、首要价值。

2. 公民理想社会偏好的差异分析

（1）群众比党员、共青团员更看重安定、自由、平等、良善与和谐。

在关于理想社会价值偏好的判断中，公正和法治的秩和检验（Kruskal – Wallis）p 值（p – Value, Probability, Pr）分别为 0.079 和 0.34，均大于 0.05，说明不同政治面貌的中国公民对公正和法治的态度差异不显著。安定、自由、平等、良善、和谐的秩和检验 p 值均小于 0.05。"安定" p12 和 p23 均小于 0.05，方差分析显示，党员和群众的均值（9.4）显著大于共青团员（9.2），表明群众和党员比团员更看重社会安定；"自由" p23 小于 0.05，群众的均值（9.2）显著大于团员（9.0），说明群众比共青团员更看重社会自由；"平等" p23 小于 0.05，群众均值（9.3）显著大于团员（9.2），说明群众比团员更看重平等；"良善" p12 和 p23 均小于 0.05，群众和党员均值（9.3）显著大于团员（9.2），说明群众和党员比团员更看重良善；"和谐" p23 小于 0.05，群众均值（9.3）显著大于团员（9.2），表示群众比团员更看重和谐。

表 2—4　　不同政治面貌公民理想社会的价值偏好差异

		党员	共青团员	群众	p – value	p12	p23	p13	Test
关于理想社会的价值偏好	安定	10.0(10.0, 10.0)	10.0(9.0, 10.0)	10.0(10.0, 10.0)	0.007	0.027	0.002	0.57	Kruskal – Wallis
		9.4 [±1.5]	9.2 [±1.7]	9.4 [±1.6]	0.040	0.022	0.032	0.70	ANOVA
	自由	10.0(9.0, 10.0)	10.0(8.0, 10.0)	10.0(9.0, 10.0)	<0.001	0.084	<0.001	0.073	Kruskal – Wallis
		9.1 [±1.7]	9.0 [±1.7]	9.2 [±1.7]	0.061	0.35	0.020	0.21	ANOVA
	平等	10.0(9.0, 10.0)	10.0(9.0, 10.0)	10.0(10.0, 10.0)	0.005	0.11	0.001	0.15	Kruskal – Wallis
		9.3 [±1.5]	9.2 [±1.6]	9.3 [±1.6]	0.20	0.18	0.087	0.82	ANOVA

续表

		党员	共青团员	群众	p-value	p12	p23	p13	Test
关于理想社会的价值偏好	公正	10.0(10.0, 10.0)	10.0(9.0, 10.0)	10.0(10.0, 10.0)	0.079	0.16	0.025	0.53	Kruskal-Wallis
		9.4 [±1.5]	9.3 [±1.5]	9.4 [±1.6]	0.67	0.39	0.47	0.84	ANOVA
	法治	10.0(10.0, 10.0)	10.0(9.0, 10.0)	10.0(10.0, 10.0)	0.34	0.19	0.21	0.82	Kruskal-Wallis
		9.4 [±1.4]	9.4 [±1.5]	9.4 [±1.5]	0.63	0.33	0.71	0.50	ANOVA
	良善	10.0(9.0, 10.0)	10.0(9.0, 10.0)	10.0(9.0, 10.0)	0.003	0.034	<0.001	0.38	Kruskal-Wallis
		9.3 [±1.6]	9.2 [±1.6]	9.3 [±1.6]	0.14	0.23	0.049	0.54	ANOVA
	和谐	10.0(9.0, 10.0)	10.0(9.0, 10.0)	10.0(10.0, 10.0)	<0.001	0.025	<0.001	0.17	Kruskal-Wallis
		9.3 [±1.7]	9.2 [±1.6]	9.3 [±1.6]	0.093	0.30	0.029	0.32	ANOVA

（2）机关、党群组织、企事业单位工作人员对社会价值的敏感、偏好度较高，产业工人和农民最低。

本调查发现，不同职业的中国公民对安定、自由、平等、良善、和谐的偏好存在非常显著差异，p值均显著低于0.05。"安定"和"自由"p12和p23均小于0.05，方差分析数据表明，机关、党群组织、企事业单位工作人员（9.4和9.2）和商业、服务业人员（9.3和9.2）比专业技术人员（9.2和9.0）明显更偏好社会安定和自由；"平等""公正""法治""良善"与"和谐"p12均小于0.05，p23和p13均大于0.05，说明第二类和第三类职业、第一类和第三类职业公民之间的判断差异不显著；方差分析数据表明，第一类职业公民比第二类职业公民对平等、法治、和谐的偏好度更高；秩和检验表明，关于"公正"和"良善"价值观，在中位数一致的情况下，第一类职业均落在区间 10 和 10 上，第二类落在 9 和 10 之间，因此大致可以推断出机关、党群组织、企事业单位工作人员比专业技术服务业人员（含教师）对平等、公正、法治、良善与和谐价值观的偏好度更高。

表 2—5　　　　不同职业公民理想社会的价值偏好差异

		机关、党群组织、企事业单位工作人员	专业技术人员（含教师）	商业、服务业人员	产业工人和农民	学生	p-value	p12	p23	p13	Test
关于理想社会的价值偏好	安定	10.0 (10.0, 10.0)	10.0 (9.0, 10.0)	10.0 (10.0, 10.0)	10.0 (9.0, 10.0)	10.0 (9.0, 10.0)	<0.001	<0.001	0.032	0.18	Kruskal-Wallis
		9.4 [±1.5]	9.2 [±1.5]	9.3 [±1.6]	9.0 [±2.0]	9.1 [±1.8]	0.003	0.052	0.30	0.31	ANOVA
	自由	10.0 (9.0, 10.0)	10.0 (9.0, 10.0)	10.0 (9.0, 10.0)	10.0 (8.0, 10.0)	10.0 (8.0, 10.0)	<0.001	0.002	0.021	0.39	Kruskal-Wallis
		9.2 [±1.6]	9.0 [±1.6]	9.2 [±1.5]	8.8 [±2.0]	8.9 [±1.7]	0.002	0.086	0.093	0.97	ANOVA
	平等	10.0 (10.0, 10.0)	10.0 (9.0, 10.0)	10.0 (9.0, 10.0)	10.0 (8.0, 10.0)	10.0 (9.0, 10.0)	<0.001	0.003	0.078	0.21	Kruskal-Wallis
		9.4 [±1.5]	9.2 [±1.4]	9.3 [±1.5]	9.0 [±1.8]	9.1 [±1.7]	0.007	0.16	0.41	0.50	ANOVA
	公正	10.0 (10.0, 10.0)	10.0 (9.0, 10.0)	10.0 (9.0, 10.0)	10.0 (9.0, 10.0)	10.0 (9.0, 10.0)	0.005	0.020	0.40	0.092	Kruskal-Wallis
		9.4 [±1.5]	9.4 [±1.2]	9.3 [±1.5]	9.1 [±1.8]	9.3 [±1.6]	0.15	0.94	0.68	0.56	ANOVA
	法治	10.0 (10.0, 10.0)	10.0 (9.0, 10.0)	10.0 (10.0, 10.0)	10.0 (9.0, 10.0)	10.0 (9.0, 10.0)	0.001	<0.001	0.075	0.079	Kruskal-Wallis
		9.5 [±1.5]	9.3 [±1.3]	9.4 [±1.4]	9.1 [±1.8]	9.3 [±1.6]	0.12	0.29	0.60	0.52	ANOVA
	良善	10.0 (10.0, 10.0)	10.0 (9.0, 10.0)	10.0 (10.0, 10.0)	10.0 (8.0, 10.0)	10.0 (9.0, 10.0)	<0.001	0.008	0.093	0.32	Kruskal-Wallis
		9.3 [±1.7]	9.3 [±1.3]	9.3 [±1.5]	9.0 [±1.9]	9.1 [±1.7]	0.012	0.87	0.77	0.89	ANOVA
	和谐	10.0 (10.0, 10.0)	10.0 (9.0, 10.0)	10.0 (10.0, 10.0)	10.0 (8.0, 10.0)	10.0 (9.0, 10.0)	<0.001	0.006	0.063	0.38	Kruskal-Wallis
		9.3 [±1.7]	9.2 [±1.5]	9.3 [±1.6]	9.1 [±1.8]	9.0 [±1.8]	0.013	0.55	0.55	0.99	ANOVA

(3) 文化程度低的公民更偏好和谐和良善。

为了便于统计和分析，以大学为界线将中国公民文化程度划分为"上过大学"和"没上过大学"两类。安定、自由、平等、公正、法治的秩和检验 p 值均大于 0.05，说明不同文化程度的中国公民对这些价值观的偏好不存在显著差异；良善、和谐的秩和检验 p 值均小于 0.05，在中位数一致的情况下，没上过大学公民回答落在 9.5 和 10 之间，上过大学公民落在 9 和 10 之间，表明文化程度低的中国公民对良善的偏好度更高；方差分析数据表明，没上过大学公民的均值（9.4）显著大于上过大学公民（9.2），说明文化程度低的公民对和谐的偏好度更高。

表 2—6　　　　不同文化程度公民理想社会的价值偏好差异

		没上过大学	上过大学	p – value	Test
关于理想社会的价值偏好	安定	10.0（10.0, 10.0）	10.0（10.0, 10.0）	0.70	Wilcoxon rank – sum
		9.3 [±1.7]	9.3 [±1.6]	0.33	Two sample t test
	自由	10.0（9.0, 10.0）	10.0（9.0, 10.0）	0.41	Wilcoxon rank – sum
		9.1 [±1.9]	9.1 [±1.6]	0.23	Two sample t test
	平等	10.0（9.0, 10.0）	10.0（9.0, 10.0）	0.51	Wilcoxon rank – sum
		9.2 [±1.7]	9.3 [±1.5]	0.48	Two sample t test
	公正	10.0（9.0, 10.0）	10.0（9.5, 10.0）	0.36	Wilcoxon rank – sum
		9.2 [±1.7]	9.4 [±1.4]	0.005	Two sample t test
	法治	10.0（9.5, 10.0）	10.0（10.0, 10.0）	0.097	Wilcoxon rank – sum
		9.3 [±1.6]	9.5 [±1.4]	0.028	Two sample t test
	良善	10.0（9.5, 10.0）	10.0（9.0, 10.0）	0.017	Wilcoxon rank – sum
		9.3 [±1.5]	9.3 [±1.6]	0.24	Two sample t test
	和谐	10.0（10.0, 10.0）	10.0（9.0, 10.0）	<0.001	Wilcoxon rank – sum
		9.4 [±1.5]	9.2 [±1.7]	0.010	Two sample t test

(4) 低收入公民比中高收入公民对美好社会的诉求更强烈。

为了便于统计和分析，将公民家庭收入水平合并为三类，5 万及以下、5 万—10 万元、10 万元以上。为了便于分析，我们可以将收入低于 5 万的群体视为低收入群体，5 万—10 万为中等收入，10 万及以上为高收入。这一划分也基本接近2018年国家统计局的划分①。安定、自由、平等、公正、法治、良善、和谐的秩和检验 p 值均小于0.001，显著低于0.05，说明不同收入水平的中国公民关于理想社会价值的判断存在显著差异。以上七项价值的 p12 和 p13 均小于0.001，显著低于0.05，方差分析显示，安定、自由、平等、良善、和谐这五项价值观，收入低于5万的公民的均值均大于5万—10万、10万以上收入者；关于公正和法治价值观，在中位数一致的情况下，低于5万收入者公民回答95%均落在10和10上，5万—10万和10万以上公民回答均落在9和10之间，由此可以判断出，低收入水平的中国公民比中高收入的中国公民明显更偏好安定、自由、平等、公正、法治、良善、和谐价值观。也就是说，收入越低的人越向往更加美好的社会生活；收入越高的人对于好社会呈现"边际效益递减"的特点。

表2—7　　　　不同收入水平公民理想社会的价值偏好差异

		5万及以下	5万—10万元	10万元以上	p-value	p12	p23	p13	Test
关于理想社会的价值偏好	安定	10.0(10.0, 10.0)	10.0(9.0, 10.0)	10.0(9.0, 10.0)	<0.001	<0.001	0.84	<0.001	Kruskal-Wallis
		9.4 [±1.6]	9.3 [±1.5]	9.2 [±1.7]	0.068	0.080	0.56	0.036	ANOVA
	自由	10.0(9.0, 10.0)	10.0(9.0, 10.0)	10.0(8.0, 10.0)	<0.001	<0.001	0.42	<0.001	Kruskal-Wallis
		9.2 [±1.8]	9.1 [±1.6]	9.0 [±1.7]	0.036	0.063	0.47	0.019	ANOVA
	平等	10.0(10.0, 10.0)	10.0(9.0, 10.0)	10.0(9.0, 10.0)	<0.001	<0.001	0.25	<0.001	Kruskal-Wallis
		9.4 [±1.6]	9.2 [±1.5]	9.1 [±1.7]	0.004	0.015	0.35	0.002	ANOVA

---

① 《统计局解读2018年全国时间利用调查数据》（http://www.gov.cn/xinwen/2019-01/25/content_5361066.htm）。

续表

		5万及以下	5万—10万元	10万元以上	p-value	p12	p23	p13	Test
关于理想社会的价值偏好	公正	10.0(10.0, 10.0)	10.0(9.0, 10.0)	10.0(9.0, 10.0)	<0.001	<0.001	0.40	<0.001	Kruskal-Wallis
		9.4 [±1.7]	9.4 [±1.3]	9.3 [±1.6]	0.27	0.55	0.27	0.13	ANOVA
	法治	10.0(10.0, 10.0)	10.0(9.0, 10.0)	10.0(9.0, 10.0)	<0.001	<0.001	0.72	<0.001	Kruskal-Wallis
		9.4 [±1.6]	9.4 [±1.3]	9.3 [±1.6]	0.35	0.35	0.56	0.18	ANOVA
	良善	10.0(10.0, 10.0)	10.0(9.0, 10.0)	10.0(9.0, 10.0)	<0.001	<0.001	0.22	<0.001	Kruskal-Wallis
		9.4 [±1.7]	9.3 [±1.4]	9.1 [±1.7]	0.002	0.079	0.042	<0.001	ANOVA
	和谐	10.0(10.0, 10.0)	10.0(9.0, 10.0)	10.0(9.0, 10.0)	<0.001	<0.001	0.11	<0.001	Kruskal-Wallis
		9.4 [±1.7]	9.3 [±1.4]	9.0 [±1.9]	<0.001	0.030	0.005	<0.001	ANOVA

（5）城市居民比小城镇和农村居民更偏好社会安定、自由、公正、和谐价值观。

为了便于统计分析，将小城镇与农村进行了合并。平等、法治、良善的秩和检验 p 值均大于 0.05，说明不同居住地的中国公民对这三项价值观的偏好不存在显著差异；"安定"秩和检验 p 值显著低于 0.05，方差分析显示，中国城市居民判断均值（9.4）显著大于小城镇和农村居民（9.2），说明城市居民更偏好社会安定；"自由""公正""和谐"秩和检验 p 值均小于 0.05，方差分析数据表明，关于这三类价值判断，城市居民均值均显著大于小城镇和农村，表明前者比后者更偏好这三类价值。综上，城市居民比小城镇和农村居民更偏好安定、自由、公正与和谐价值观。

表 2—8　　　　　　不同居住地公民理想社会的价值偏好差异

		小城镇和农村	城市	p-value	Test
关于理想社会的价值偏好	安定	10.0（9.0,10.0）	10.0（10.0,10.0）	<0.001	Wilcoxon rank-sum
		9.2［±1.7］	9.4［±1.5］	0.010	Two sample t test
	自由	10.0 9.0,10.0)	10.0（9.0,10.0）	0.005	Wilcoxon rank-sum
		9.0［±1.7］	9.2［±1.6］	0.028	Two sample t test
	平等	10.0（9.0,10.0）	10.0（9.0,10.0）	0.051	Wilcoxon rank-sum
		9.2［±1.6］	9.3［±1.6］	0.16	Two sample t test
	公正	10.0（9.0,10.0）	10.0（10.0,10.0）	0.028	Wilcoxon rank-sum
		9.3［±1.6］	9.4［±1.5］	0.034	Two sample t test
	法治	10.0（9.0,10.0）	10.0（10.0,10.0）	0.066	Wilcoxon rank-sum
		9.3［±1.6］	9.4［±1.4］	0.10	Two sample t test
	良善	10.0（9.0,10.0）	10.0（9.0,10.0）	0.085	Wilcoxon rank-sum
		9.2［±1.7］	9.3［±1.5］	0.044	Two sample t test
	和谐	10.0（9.0,10.0）	10.0（9.0,10.0）	0.006	Wilcoxon rank-sum
		9.2［±1.7］	9.3［±1.6］	0.014	Two sample t test

（6）80后及以上公民比90后及以下公民对理想社会的价值观偏好度更高。

为了便于统计分析，将95后与00后进行了合并，70后和60后及以上进行了合并。安定、自由、平等、良善、和谐的秩和检验p值均小于0.001，显著低于0.05，表明不同年龄的中国公民对以上价值观的判断存在非常显著的差异。两两对比分析发现，安定、自由、平等、良善、和谐的p23和p13均小于0.05，方差分析数据表明，80后判断均值均大于90后，大于95后与00后。可见，80后比90后和95与00后公民对安定、自由、平等、良善、和谐价值观的偏好度明显更高。公正和法治秩和检验p值分别为0.001和0.004，均小于0.05，同时p23和p13均小于0.05，80后判断均值均显著大于90后，大于95后与00后。可见，80后比90后和95与00后公民对公正和法治价值观的偏好度明显更高。同时，70后及以上受访者各项数据与80后接近，明显高于90后及以后公民。因此可以推断，80后及其以上公民对理想社会各项价值观的偏好程度高于90后及以下公民。

表2—9　　　　　　不同年龄公民理想社会的价值偏好差异

		95后与00后	90后	80后	70后及以上	p-value	p12	p23	p13	Test
关于理想社会的价值偏好	安定	10.0(9.0, 10.0)	10.0(9.0, 10.0)	10.0(10.0, 10.0)	10.0(10.0, 10.0)	<0.001	0.47	<0.001	<0.001	Kruskal-Wallis
		9.1 [±1.7]	9.2 [±1.7]	9.4 [±1.5]	9.5 [±1.5]	<0.001	0.70	0.003	<0.001	ANOVA
	自由	10.0(8.0, 10.0)	10.0(8.0, 10.0)	10.0(9.0, 10.0)	10.0(9.0, 10.0)	<0.001	0.23	0.002	<0.001	Kruskal-Wallis
		9.0 [±1.7]	9.0 [±1.7]	9.2 [±1.6]	9.2 [±1.7]	0.008	0.65	0.011	0.003	ANOVA
	平等	10.0(9.0, 10.0)	10.0(9.0, 10.0)	10.0(10.0, 10.0)	10.0(10.0, 10.0)	<0.001	0.15	0.010	<0.001	Kruskal-Wallis
		9.1 [±1.6]	9.2 [±1.7]	9.4 [±1.4]	9.3 [±1.6]	0.010	0.76	0.010	0.003	ANOVA
	公正	10.0(9.0, 10.0)	10.0(9.0, 10.0)	10.0(10.0, 10.0)	10.0(10.0, 10.0)	0.001	0.58	0.013	0.002	Kruskal-Wallis
		9.3 [±1.5]	9.3 [±1.6]	9.4 [±1.4]	9.4 [±1.6]	0.12	0.82	0.041	0.068	ANOVA
	法治	10.0(9.0, 10.0)	10.0(9.0, 10.0)	10.0(10.0, 10.0)	10.0(10.0, 10.0)	0.004	0.46	0.008	0.060	Kruskal-Wallis
		9.4 [±1.5]	9.3 [±1.6]	9.5 [±1.4]	9.5 [±1.5]	0.067	0.33	0.018	0.18	ANOVA
	良善	10.0(9.0, 10.0)	10.0(9.0, 10.0)	10.0(9.0, 10.0)	10.0(10.0, 10.0)	<0.001	0.32	0.004	<0.001	Kruskal-Wallis
		9.1 [±1.6]	9.1 [±1.7]	9.4 [±1.5]	9.4 [±1.6]	<0.001	0.99	0.010	0.008	ANOVA
	和谐	10.0(9.0, 10.0)	10.0(9.0, 10.0)	10.0(10.0, 10.0)	10.0(10.0, 10.0)	<0.001	0.82	0.003	<0.001	Kruskal-Wallis
		9.2 [±1.6]	9.1 [±1.8]	9.3 [±1.6]	9.4 [±1.5]	<0.001	0.36	0.007	0.072	ANOVA

（7）公民对理想社会的价值偏好与宗教信仰没有必然关系。

下列七项价值观的秩和检验 p 值均大于 0.05，表明有无宗教信仰的公民对这些价值观的判断没有显著差异。

表 2—10　　　有无宗教信仰公民理想社会的价值偏好差异

		无宗教信仰	有宗教信仰	p-value	Test
关于理想社会的价值偏好	安定	10.0 (10.0, 10.0)	10.0 (10.0, 10.0)	0.61	Wilcoxon rank-sum
		9.3 [±1.6]	9.3 [±1.7]	0.65	Two sample t test
	自由	10.0 (9.0, 10.0)	10.0 (9.0, 10.0)	0.36	Wilcoxon rank-sum
		9.1 [±1.6]	9.0 [±1.8]	0.14	Two sample t test
	平等	10.0 (9.0, 10.0)	10.0 (9.0, 10.0)	0.83	Wilcoxon rank-sum
		9.3 [±1.6]	9.3 [±1.5]	0.78	Two sample t test
	公正	10.0 (10.0, 10.0)	10.0 (10.0, 10.0)	0.93	Wilcoxon rank-sum
		9.4 [±1.5]	9.3 [±1.6]	0.37	Two sample t test
	法治	10.0 (10.0, 10.0)	10.0 (10.0, 10.0)	0.41	Wilcoxon rank-sum
		9.4 [±1.5]	9.4 [±1.4]	0.40	Two sample t test
	良善	10.0 (9.0, 10.0)	10.0 (9.0, 10.0)	0.40	Wilcoxon rank-sum
		9.3 [±1.6]	9.2 [±1.5]	0.43	Two sample t test
	和谐	10.0 (9.0, 10.0)	10.0 (10.0, 10.0)	0.73	Wilcoxon rank-sum
		9.3 [±1.6]	9.3 [±1.4]	0.86	Two sample t test

二　公民对当前社会的总体评价

在当前中国社会的评价中，公民对安全稳定、集中力量办大事、大多数人善良这些方面持明显的积极肯定态度，认为其是中国社会和其他社会比较起来的显著优势。

1. 安全稳定是中国社会的最大优势

常言"没有比较就没有伤害"，其实也"没有比较就看不出优势"。"和其他国家相比，中国社会的最大优点"这一问题的调查结果表明，有43.90%的受访者认为是安全稳定是最大的优势，另有22.07%的受访者选择了集中力量办大事,还有 15.70% 的受访者认同绝大多数人都是善良的这一说法。相对而言,社会保障制度比较完善(8.87%)、生活很方便(5.29%)、人与人之间重情义(4.17%)的选择率较低,占比均低于 10%。

选项	百分比
安全稳定	43.90%
集中力量办大事	22.07%
绝大多数人是善良的	15.70%
社会保障制度比较完善	8.87%
生活很方便	5.29%
人与人之间重情义	4.17%

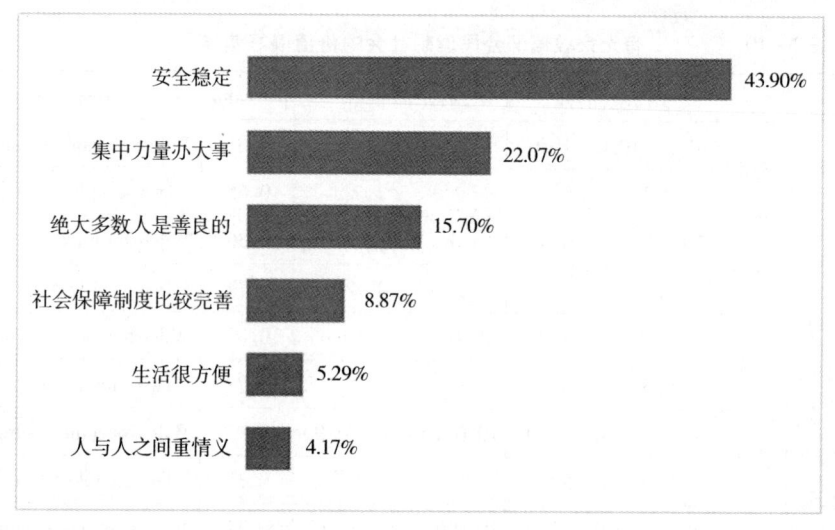

图 2—9　和其他国家相比中国社会的最大优点（N = 2592）

（1）中国公民认为中国社会安全稳定是相对于其他国家的最大优势,百分比超过其次选项近 20 个百分点,可见是高度共识。其实这也是全世界的共识,也与我们日常生活中的感受相吻合。应该说,形成安全稳定的社会局面与中国传统社会注重安全稳定的基因紧密相关,更是改革开放以来中国共产党领导下的社会治理有关。

（2）有近四分之一的公民认为集中力量办大事是中国社会最大优势。这与中共十九届四中全会关于"坚持全国一盘棋,我国社会主义制度可以协调、调动各方资源和力量,集中力量办大事"的"优势"论述是契合的。

（3）与西方相比,中国传统上是一个重情的国度,很多思想家们例如梁漱溟、钱穆、林语堂、李泽厚都对此作过专门论述,李泽厚还提出中华文化情本体说。然而,"人与人之间重情义"选择率最低。这首先意味着它依然是中国社会优越于其他国家的重要之处,毕竟有不少人将之作为排他性的"最大优势";其次,其不高的选择率也表明,中国高速的现代化进程,在很大程度上告别了人情、礼教的传统社会,逐渐走向现代法治社会，中国公民大多拥有了对公正、民主、平等、法治的偏好。

2. 公民对当前中国社会评价的差异分析

（1）群众对"绝大多数人是善良的"的优势认同度比党员、团员高，团员在"社会保障制度比较完善"的优势认同度更高。

不同政治面貌的中国公民对社会最大优势的看法存在显著差异，卡方检验 p 值小于 0.001，显著低于 0.05。相对而言，群众不如党员、团员认同"集中力量办大事"，认同率比后者低 7、8 个百分点，十分显著；同时，群众比党员、团员更认同"绝大多数人是善良的"这一优势，比后者分别多 3.3、8.7 个百分点，差异十分显著，而且群众对于"绝多数人是善良的"的选择率仅次于"安全稳定"，是各群体中唯一居于第二位的选择。可见中国的老百姓是十分淳朴的。共青团员最认同"集中力量办大事"，占比（26.1%）高出党员和群众 1.2 和 8.2 个百分点；对"社会保障制度比较完善"的选择率显著高于党员和群众，分别高 4.6、2.1 个百分点；"绝大多数人是善良的"选择率则显著低于党员、群众，分别低 5.4、8.7 个百分点。这些跟团员的组织纪律性、出生在丰裕社会、成长在祛魅的陌生化现代化社会有关。p12、p23、p13 值都显著小于 0.05，表明三种不同政治面貌的公民对于中国社会最大优势的判断差异是显著的。

表 2—11　　　　　不同政治面貌公民对社会最大优势的看法

		共产党员	共青团员	群众	p-value	p12	p23	p13	Test
和其他国家比较起来，中国社会最大的优点是	集中力量办大事	24.9 (167)	26.1 (178)	17.9 (210)	<0.001	0.004	<0.001	0.006	Pearson's chi-squared
	安全稳定	44.0 (295)	43.5 (297)	44.2 (517)					
	绝大多数人是善良的	15.5 (104)	10.1 (69)	18.8 (220)					
	生活很方便	4.6 (31)	5.7 (39)	5.6 (65)					
	人与人之间重情义	4.2 (28)	3.4 (23)	4.4 (52)					
	社会保障制度比较完善	6.7 (45)	11.3 (77)	9.1 (106)					

（2）产业工人和农民对"人与人之间重情义"的优势认同度最高；学生最认同"集中力量办大事"，但对"绝大多数人是善良的"认同度最低。

不同职业的中国公民对于中国社会最大优势的判断存在显著差异，卡方检验 p 值小于 0.001，显著小于 0.05。其中，"集中力量办大事"的认同度中，学生选择率最高；"安全稳定"项机关、党群组织、企事业单位工作人员选择率最高；"绝大多数人是善良的""生活很方便"两选项商业、服务业人员选择率最高；"人与人之间重情义"选项产业工人和农民的选择率显著高于其他职业，百分比高了近一倍；"社会保障制度比较完善"项机关、党群组织、企事业单位工作人员选择率最高。特别值得注意的是，在"绝大多数是善良的"一项选择中，学生群体百分比为 9.6%，显著低于其他职业从事人员（18.6%、12.2%、19.3%、18.3%），几乎只有其他职业人员的选择比的一半。这表明年青一代由于复杂的现实原因，对社会、他人的认知发生了巨大变化。p12、p13 值小于 0.05，表明机关、党群、企业事业单位工作人员与专业技术人员、商业服务业人员关于中国社会最大优势的判断有显著差异。p23 值大于 0.05，表明专业技术人员与商业服务业人员关于中国社会最大优势的判断差异不大。

表 2—12　　　　不同职业公民对社会最大优点的看法

		机关、党群组织、企事业单位工作人员	专业技术人员(含教师)	商业、服务业人员	产业工人和农民	学生	p-value	p12	p23	p13	Test
和其他国家比较起来，中国社会最大的优点是	集中力量办大事	16.3 (95)	24.9 (53)	22.2 (91)	20.9 (32)	30.9 (209)	<0.001	0.017	0.097	0.033	Pearson's chi-squared
	安全稳定	47.3 (275)	46.5 (99)	38.1 (156)	41.2 (63)	42.3 (286)					
	绝大多数人是善良的	18.6 (108)	12.2 (26)	19.3 (79)	18.3 (28)	9.6 (65)					
	生活很方便	4.3 (25)	5.2 (11)	6.6 (27)	4.6 (7)	6.5 (44)					
	人与人之间重情义	3.1 (18)	4.7 (10)	3.9 (16)	7.8 (12)	3.6 (24)					
	社会保障制度比较完善	10.5 (61)	6.6 (14)	9.8 (40)	7.2 (11)	7.1 (48)					

（3）接受过大学教育的公民更认同"集中力量办大事""安全稳定"的优势，未接受过大学教育的对"绝大多数人是善良的"和"人与人之间重情义"的优势认同度更高。

不同受教育程度的中国公民对中国社会最大优势的判断存在非常显著的差异，卡方检验 p 值小于 0.001，显著小于 0.05。文化程度高的中国公民更认同"集中力量办大事""安全稳定"是最大优势，占比分别高出没上过大学公民 7.1 和 3.1 个百分点；同时，文化程度高的公民也更认同"生活很方便"。没上过大学的公民更认同"绝大多数人是善良的""人与人之间重情义"和"社会保障制度比较完善"，特别是认同"绝大多数人是善良的"的选择率比上过大学的公民高出 9.4 个百分点。可以说，教育程度越低越淳朴，教育程度越高越理性。

表2—13　　　　不同受教育程度公民对社会最大优点的看法

		没上过大学	上过大学	p-value	Test
和其他国家比较起来，中国社会最大的优点是	集中力量办大事	17.3（140）	24.4（427）	<0.001	Pearson's chi-squared
	安全稳定	41.9（339）	45.0（786）		
	绝大多数人是善良的	21.9（177）	12.5（219）		
	生活很方便	3.8（31）	6.0（105）		
	人与人之间重情义	5.3（43）	3.5（61）		
	社会保障制度比较完善	9.8（79）	8.5（149）		

（4）收入越高的公民越认同"集中力量办大事""生活很方便"的优势，收入越低的公民越认同"社会保障制度比较完善""绝大多数人是善良的"的优势。

不同收入水平的中国公民对中国社会最大优势的判断存在显著差异，卡方检验 p 值小于 0.001，显著小于 0.05。中国公民收入越高，越认同"集中力量办大事"，收入越低越认同"安全稳定"，数据显示，前者的比例随着收入增长而增长，后者随收入增长而降低。对于"集中力量办大事"，家庭年收入在 10 万元以上的公民的认同率比年收入在 5 万及以下公民高 11.2 个百分点，十分显著。与此相同，"生活很方便"也呈现出相同的规律，即收入越高越认同"生活很方便"。收入越低越认同"绝大多数人是善良的"和"社会保障制度比较完善"。其中，年收入 5 万元以下公民对"绝大多数人是善良的"的认同率分别比年收入 5 万—10 万、年收入 10 万元以上公民高出 3.8、7.7 个百分比，十分显著。p12、p23、p13 值都小于 0.05，表明不同收入公民的判断有显著差异。

表 2—14　　　不同收入水平公民对社会最大优点的看法

		5 万及以下	5—10 万元	10 万元以上	p-value	p12	p23	p13	Test
和其他国家比较起来，中国社会最大的优点是	集中力量办大事	17.6 (172)	21.8 (194)	28.8 (195)	<0.001	<0.001	0.008	<0.001	Pearson's chi-squared
	安全稳定	45.8 (448)	44.0 (392)	41.4 (281)					
	绝大多数人是善良的	19.2 (188)	15.4 (137)	11.5 (78)					
	生活很方便	2.8 (27)	6.1 (54)	7.7 (52)					
	人与人之间重情义	4.3 (42)	4.5 (40)	3.4 (23)					
	社会保障制度比较完善	10.4 (102)	8.3 (74)	7.2 (49)					

（5）城市居民更认同"安全稳定""生活很方便"的优势，农村和小城镇居民则更认同"集中力量大大事"，"绝大多数人是善良的"的优势。

不同居住地的中国公民对中国社会最大优势的判断存在非常显著的差异，卡方检验 p 值为 0.003，小于 0.05。小城镇和农村居民更认同"集中力量办大事"，占比 24.4%，高出城市居民 3.6 个百分点；城市居民更认同"安全稳定"，占比 45.5%，高于小城镇和农村居民 4.3 个百分点；其他选项中，小城镇和农村居民更认同"绝大多数人是善良的"和"社会制度比较完善"，城市居民更认同"生活很方便"和"人与人之间重情义"。

表 2—15　　　　　　不同居住地公民对社会最大优点的看法

		小城镇和农村	城市	p－value	Test
和其他国家比较起来，中国社会最大的优点是	集中力量办大事	24.4（227）	20.8（343）	0.003	Pearson's chi-squared
	安全稳定	41.2（383）	45.5（751）		
	绝大多数人是善良的	17.3（161）	14.8（245）		
	生活很方便	3.7（34）	6.1（101）		
	人与人之间重情义	3.7（34）	4.5（74）		
	社会保障制度比较完善	9.8（91）	8.3（137）		

（6）以80后和90后为界，公民年龄越小越认同"集中力量办大事"的优势，年龄越大越认同"安全稳定""绝大多数人是善良的"的优势。

中国公民对中国社会最大优势的判断与年龄强相关，卡方检验 p 值小于0.001，显著小于0.05。年龄越小越认同"集中力量办大事"，年龄越大越认同"安全稳定""绝大多数人是善良的"。特别是后者，70后及以上公民的选择率比80后、90后、95与00后分别高出5.3、7、8.9个百分点，十分显著。结合前述共青团员、学生的相关数据，也可以相互印证，年轻一代比年长一代在"绝大多数人是善良的"这个优势上的认知有显著差异。95后与00后最认同"生活和方便"，占比最高（6.9%）；80后最认同"人与人之间重情义"和"社会保障制度比较完善"，占比分别为5.1%和10.2%。p12 大于0.05，表明95后、00后和90后的在关于社会最大优势的判断总体差异不大；p23、p13 小于0.05，表明80后与90后出生的公民关于中国社会最大优势的判断有着显著差异。

表 2—16　　　　　　不同年龄公民对中国最大优势的看法

		95后与00后	90后	80后	70后及以上	p-value	p12	p23	p13	Test
和其他国家比较起来，中国社会最大的优点是	集中力量办大事	26.2 (149)	26.1 (158)	19.3 (136)	18.2 (127)	<0.001	0.87	0.032	0.027	Pearson's chi-squared
	安全稳定	42.5 (242)	43.0 (260)	44.0 (309)	45.4 (316)					
	绝大多数人是善良的	11.8 (67)	13.7 (83)	15.4 (108)	20.7 (144)					
	生活很方便	6.9 (39)	6.1 (37)	6.0 (42)	2.7 (19)					
	人与人之间重情义	3.3 (19)	3.1 (19)	5.1 (36)	4.7 (33)					
	社会保障制度比较完善	9.3 (53)	7.9 (48)	10.2 (72)	8.2 (57)					

（7）公民对中国社会最大优势的判断与宗教信仰基本无关。

卡方检验 p 值为 0.98，显著大于 0.05，表明相关性很小。但从统计数据直观来看，令人吃惊的是，关于"绝大多数人是善良的"和"人与人之间重情义"这两个选项，都是无宗教信仰的公民选择率高于有宗教信仰的公民。

表 2—17　　　　　　有无宗教信仰公民对社会最大优点的看法

		无宗教信仰	有宗教信仰	p-value	Test
和其他国家比较起来，中国社会最大的优点是	集中力量办大事	22.7 (482)	22.8 (60)	0.98	Pearson's chi-squared
	安全稳定	43.2 (915)	43.0 (113)		
	绝大多数人是善良的	15.6 (330)	14.4 (38)		
	生活很方便	5.2 (111)	6.1 (16)		
	人与人之间重情义	4.2 (90)	3.8 (10)		
	社会保障制度比较完善	9.1 (192)	9.9 (26)		

三 公民的社会公共选择倾向

社会是一个共同体，经常面临着公共选择的难题，而"邻避效应"是当代社会中非常突出的现象。所谓"邻避效应"就是指，居民或当地单位因担心建设项目（如垃圾场、核电厂、化工厂、殡仪馆等邻避设施）对身体健康、环境质量和资产价值等带来诸多负面影响，从而激发人们的嫌恶情结，滋生"不要建在我家后院"的心理，即采取强烈和坚决的、有时高度情绪化的集体反对甚至抗争行为。这种典型场景下的选择能很好反映公民的社会价值观。在问卷中，我们设置了关于建设核电站、垃圾场、化工厂或殡仪馆等选址的意见，公民对这一问题的回答反映了一些重要信息。

1. 多数公民认为公共决策应该充分尊重民意和民利

半数以上中国公民（56.29%）认为建设核电站、垃圾场、化工厂或殡仪馆选址应该由当地百姓充分讨论，并作出相关利益补偿。这反映了公民权利意识、民主意识、公正意识的觉醒。当然不到60%的比率也表明这种意识还不够。有13.6%的公民认为要建在离我住的地方越远越好，这是本能的、利己主义倾向的选择。有近两成公民（19.53%）希望选择相对偏远落后一点儿的地方，这是为了大多数人利益的功利主义选择。此外，10.58%的中国公民支持政府统一规划，而且政府决定后就应该强制执行，说明有一成多的公民选择相信政府的决策，个人利益应该无条件服从集体利益。

2. 公民社会公共选择倾向的差异分析

（1）共青团员民主意识最强，在自利本能和相信政府决策方面群众最明显。

不同政治面貌的中国公民对于建设核电站选址的看法存在非常显著的差异，卡方检验p值小于0.001，显著小于0.05。共青团员比党员和群众更加支持选址应充分考虑当地百姓意见，作出相关利益补偿，有72.8%的共青团员选择率此项，比共产党员、群众分别高出15.6和25.9，差别显著。共青团员是年青一代，具有更突出的民主意识，是完全可以理解的。在"建的地方离我住的地方越远越好"和"由政府统一规划并强制

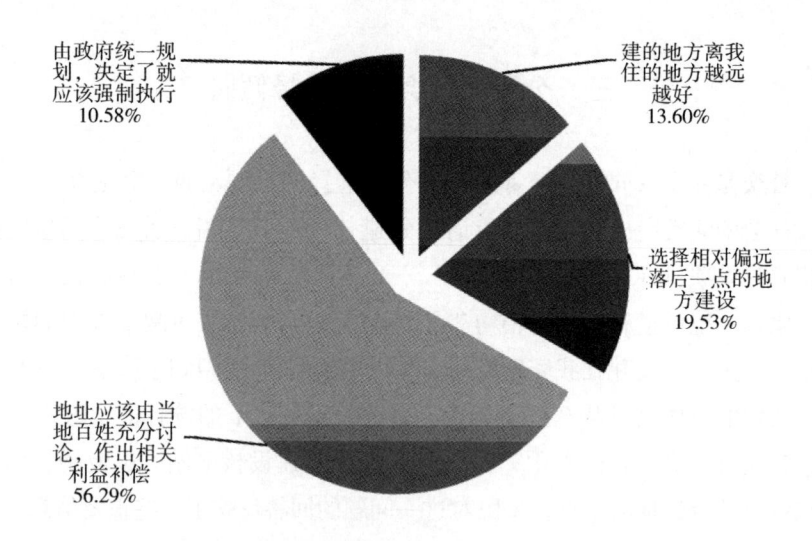

图2—10 对于建设核电站、垃圾场、化工厂或
殡仪馆选址的看法（N=2581）

执行"两项选择中，群众选择率都是最高的，前者比共产党员、团员分别高出4.5、10.5个百分点，后者比党员、团员分别高出5.9、7.1个百分点，十分显著。这表明，群众由于觉悟较低，更本能地倾向于从自己利益的角度考虑问题；群众也更习惯于相信政府决策、听从政府。同时，p12、p23、p13值得都显著小于0.05，表明共产党员、团员、群众之间的选择差异是十分显著的。

表2—18 不同政治面貌公民对于建设核电站、垃圾场、化工厂或殡仪馆的选址看法

对于建设核电站、垃圾场、化工厂或殡仪馆的选址，您的看法		共产党员	共青团员	群众	p-value	p12	p23	p13	Test
	建的地方离我住的地方越远越好	13.0 (86)	7.0 (48)	17.5 (204)	<0.001	<0.001	<0.001	<0.001	Pearson's chi-squared
	选择相对偏远落后一点的地方建设	21.8 (145)	13.4 (91)	21.7 (254)					
	选址应该由当地百姓充分讨论，作出相关利益补偿	57.2 (380)	72.8 (496)	46.9 (548)					
	由政府统一规划，决定了就应该强制执行	8.0 (53)	6.8 (46)	13.9 (162)					

（2）学生最可能超越个人本能利益，最具有民主、公平意识。

不同职业的中国公民对核电站建设选址的判断存在显著差异，卡方检验 p 值小于 0.001，显著小于 0.05。学生最支持选址应该由当地百姓充分讨论，作出相关利益补偿，选择率高达（80.2%），比别的职业公民高出 30 多个百分点，更是高出产业工人和农民近 1 倍（40.8%）；在"建的地方离我住的地方越远越好"和"由政府统一规划，决定了就应该强制执行"两项选择中，学生都显著低于其他职业公民，表明一方面学生能超越本能自利的角度思考问题；另一方面对政府的决策的合法性也保持警惕。这些都表明学生在各种职业公民中最具有现代的民主、公平意识，最接近我们所提倡的社会主义核心价值观中的社会价值观。与此对照，在"建的地方离我住的地方越远越好"和"由政府统一规划，决定了就应该强制执行"两项选择中，产业工人和农民意愿更高，尤其是前者高于其他行业人员 8.5 到 20.1 个百分点，十分显著。表明产业工人和农民在本能上更倾向于从自我利益出发考虑问题，同时更加期望或依赖政府来解决问题。p12 值大于 0.05，表明机关、党群组织、企业事业单位工作人员和专业技术人员之间的差异不明显。

表2—19 不同职业公民对于建设核电站、垃圾场、化工厂或殡仪馆的选址看法

对于建设核电站、垃圾场、化工厂或殡仪馆的选址，您的看法		机关、党群组织、企业事业单位工作人员	专业技术人员（含教师）	商业、服务业人员	产业工人和农民	学生	p-value	p12	p23	p13	Test
	建的地方离我住的地方越远越好	10.7 (62)	14.2 (30)	17.2 (70)	25.7 (39)	5.6 (38)					
	选择相对偏远落后一点的地方建设	24.5 (142)	25.0 (53)	21.6 (88)	19.7 (30)	9.4 (63)					
	选址应该由当地百姓充分讨论，作出相关利益补偿	53.1 (308)	54.7 (116)	47.3 (193)	40.8 (62)	80.2 (540)	<0.001	0.092	0.014	0.012	Pearson's chi-squared
	由政府统一规划，决定了就应该强制执行	11.7 (68)	6.1 (13)	14.0 (57)	13.8 (21)	4.8 (32)					

（3）文化程度越高的公民越重视尊重民意和民利。

不同受教育程度的中国公民对建设核电站等选址的判断存在非常显著的差异，卡方检验 p 值小于 0.001，显著小于 0.05。在建设核电站、垃圾场、化工厂和殡仪馆选址问题上，中国公民文化程度越高，越重视尊重民意和利益补偿，63.0% 的上过大学的中国公民认为应尊重民意，而没上过大学公民的这一比例是 42.6%，相差 20.4 个百分点。不论上没上过大学，公民都比较不支持政府统一规划并强制执行，但没上过大学的公民比例仍显著高于（3 个百分点）上过大学的比例。文化程度越低的公民越希望选址离居住地越远越好，没上过大学的选择率是 21.0%，上过大学的是 10.2%，相差 10.8 个百分点。同样，没上过大学的公民比上过大学公民更加认同选择相对偏远落后的地方建设，二者相差 6.7 个百分点。

表2—20　　　　　不同受教育程度公民对于建设核电站、
垃圾场、化工厂或殡仪馆的选址看法

		没上过大学	上过大学	p - value	Test
对于建设核电站、垃圾场、化工厂或殡仪馆的选址，您的看法	建的地方离我住的地方越远越好	21.0 (168)	10.2 (178)	<0.001	Pearson's chi-squared
	选择相对偏远落后一点的地方建设	24.0 (192)	17.3 (301)		
	选址应该由当地百姓充分讨论，作出相关利益补偿	42.6 (341)	63.0 (1,099)		
	由政府统一规划，决定了就应该强制执行	12.5 (100)	9.5 (166)		

（4）收入越高的中国公民越注重尊重民意和民利，收入越低的公民倾向于政府决策的更多。

不同收入水平的中国公民对建设核电站、垃圾场等选址的判断存在非常显著的差异，卡方检验 p 值小于 0.001，显著小于 0.05。收入越高的中国公民越倾向于重视民意和利益补偿，中国公民对尊重民意和做出利益补偿的选择率与收入水平之间呈正相关关系，家庭收入超过10万元的中国公民选择此项的比例最高（65.1%），收入不足5万的中国公民的选择率最低（48.9%）。收入越低的中国公民越倾向于认可政府统一规划并采取强制措施，收入不足5万的低收入的中国公民中支持此项的比例最高（13.4%），而收入超过10万的高收入与中国公民的选择率最低（8.3%）。收入越低的公民越希望选址在偏远落后的地方，且离自己居住地越远越好，公民的选择率与收入水平呈负相关，可见，不论收入高低，追求高质量生活环境是人们的共同愿望。p12、p23、p13值都显著低于0.05，表明不同收入之间的选择是显著不同的。

表2—21　　　　不同收入水平公民对于建设核电站、垃圾场、
化工厂或殡仪馆的选址看法

		5万及以下	5万—10万元	10万元以上	p-value	p12	p23	p13	Test
对于建设核电站、垃圾场、化工厂或殡仪馆的选址，您的看法	建的地方离我住的地方越远越好	16.8 (163)	14.4 (128)	7.8 (53)	<0.001	0.001	<0.001	<0.001	Pearson's chi-squared
	选择相对偏远落后一点的地方建设	20.9 (203)	18.7 (166)	18.8 (127)					
	选址应该由当地百姓充分讨论，作出相关利益补偿	48.9 (475)	57.5 (511)	65.1 (441)					
	由政府统一规划，决定了就应该强制执行	13.4 (130)	9.4 (84)	8.3 (56)					

（5）小城镇和农村居民更倾向于尊重民和民利，城市居民更倾向于由政府决策。

不同居住地的中国公民对建设核电站、垃圾场等选址的判断存在显著差异，卡方检验p值为0.002，小于0.05。小城镇和农村居民更倾向于重视尊重民意和利益补偿，小城镇和农村居民（60.4%）和城市居民（54.2%）的选择率相差6.2个百分点，说明城乡居民都比较认同尊重民意并作出相关利益补偿，但小城镇和农村居民的诉求比城市居民更加强烈。相比较而言，城市居民更希望建设地离自己居住地越远越好（比小

城镇、农村居民高 2.3 个百分点），这可能与城市居民对核电站污染具有更加深刻的体会和认识有所关联。同样，城市居民比小城镇和农村公民更倾向于支持政府统一规划和强制执行，城市居民普遍受教育水平较高，他们可能对政策实施过程中的阻力有所认识，更能认识到一定的强制力对于推动政策实施的重要性。

表 2—22　不同居住地公民对于建设核电站、垃圾场、化工厂或殡仪馆的选址看法

		小城镇和农村	城市	p – value	Test
对于建设核电站、垃圾场、化工厂或殡仪馆的选址，您的看法	建的地方离我住的地方越远越好	12.0 （111）	14.3 （236）	0.002	Pearson's chi – squared
	选择相对偏远落后一点的地方建设	19.5 （180）	19.6 （322）		
	选址应该由当地百姓充分讨论，作出相关利益补偿	60.4 （559）	54.2 （891）		
	由政府统一规划，决定了就应该强制执行	8.1 （75）	11.9 （196）		

（6）越年轻的公民越倾向于诉诸公共理性，越年长的公民越倾向于个体理性和政府决策。

不同年龄的中国公民对建设核电站、化工厂等选址的判断存在极其显著的差异，卡方检验 p 值小于 0.001，显著小于 0.05。越年轻的中国公民越倾向于尊重民意和利益补偿，在选址应该由当地百姓充分讨论，作出相关利益补偿这一项上，支持者比例最高的是 95 后与 00 后公民（73.2%），最低的是 70 后公民（40.8%），相差 32.4 个百分点，极其显著；年龄越大的公民越赞成政府统一规划和强制执行，70 后及以上公民的选择率是 13.9%，80 后是 12.1%，90 后是 8.5%，95 后与 00 后最低是 6.3%，表明年青一代的中国公民具有较强的民主意识，渴望参与政府决策，凸显出较为明显的主人翁意识。年龄越大的公民更希望选址在相对偏远落后的地

方,70 后及以上公民最希望选址离自己居住地越远越好,比例为 22.7%,相对而言,95 后与 00 后似乎并不在意这一点,仅有 7.1% 的人选择了此项。80 后及以上年龄公民中 46.6% 的人希望建址选择在相对偏远落后的地方,而在 90 后及以下公民中选择此项的比例仅有 30.2%。p12 显著大于 0.05,而 p23、p13 值均显著小于 0.05,这表明,90 后、00 后之间没有显著差异,但 90 后与 80 后之间存在着显著差异。

表 2—23　不同年龄公民对于建设核电站、垃圾场、化工厂或殡仪馆的选址看法

		95 后与 00 后	90 后	80 后	70 后及以上	p-value	p12	p23	p13	Test
对于建设核电站、垃圾场、化工厂或殡仪馆的选址,您的看法	建的地方离我住的地方越远越好	7.1 (40)	8.0 (48)	14.2 (100)	22.7 (157)	<0.001	0.10	<0.001	<0.001	Pearson's chi-squared
	选择相对偏远落后一点的地方建设	13.4 (76)	16.8 (101)	23.9 (168)	22.7 (157)					
	选址应该由当地百姓充分讨论,作出相关利益补偿	73.2 (415)	66.7 (400)	49.7 (349)	40.8 (283)					
	由政府统一规划,决定了就应该强制执行	6.3 (36)	8.5 (51)	12.1 (85)	13.9 (96)					

(7) 无宗教信仰公民比有宗教信仰的公民更注重公共讨论,也更相信政府的公正。

有无宗教信仰的中国公民对建设核电站、垃圾场等选址的判断存在非常显著的差异,卡方检验 p 值为 0.005,小于 0.05。无宗教信仰公民比有宗教信仰公民更看重民意和利益补偿,有 58.4% 的无宗教信仰公民认为应该由当地百姓充分讨论并作出相关利益补偿,而在有宗教信仰的公民中有 51.2% 的支持这一观点,低于前者 7.3 个百分点;有宗教信仰的公民更希望建设选址在相对偏远落后的地方,且离自己越远越好,比例分别是

22.3%和18.8%，均高于无宗教信仰的公民。可见，无宗教信仰者更愿意突破自身，对公共选择进行公共性的讨论。同时，无宗教信仰比有宗教信仰更看重政府统一规划和强制执行，前者比例为10.5%，后者是7.7%，高出2.8个百分点。

表2—24　　有无宗教信仰公民对于建设核电站、垃圾场、化工厂或殡仪馆的选址看法

		无宗教信仰	有宗教信仰	p-value	Test
对于建设核电站、垃圾场、化工厂或殡仪馆的选址，您的看法	建的地方离我住的地方越远越好	12.4（263）	18.8（49）	0.005	Pearson's chi-squared
	选择相对偏远落后一点的地方建设	18.6（393）	22.3（58）		
	选址应该由当地百姓充分讨论，作出相关利益补偿	58.4（1,236）	51.2（133）		
	由政府统一规划，决定了就应该强制执行	10.5（223）	7.7（20）		

四　公民生活环境、媒介的重要程度

环境、媒介是影响人们价值观的重要因素，波兹曼甚至认为媒介即认识论，通过什么样的媒介就会获得什么样的认识，从而形成什么样的价值观。人们对不同环境、媒介的重要性的判断可以看出其对公民价值观影响的程度。调查显示，家庭、朋友、亲戚、学校、互联网是中国公民生活中最看重的事物，也是影响其价值观的关键因素。

1. 家庭在中国公民生活中居于绝对重要地位

在关于生活环境及媒介重要性判断中，根据评分在6—10的选择率进行排序，家庭的选择率最高（97.66%），可见，家庭在中国公民心目中占据绝对重要位置。这与家庭是人生第一所学校的重要地位和中国几千年

重视家庭生活的传统都不可分。朋友、亲戚紧随家庭排在前三，选择率分别高达94.93%、90.15%，说明尽管中国在经济上已经进入市场经济起决定性作用的陌生人社会，但家庭、朋友、亲戚的熟人关系、血缘情感关系十分牢固和有生命力，构成公民生活的主体部分。排在后三位的是报纸杂志、信仰和广播电视，选择率分别是68.96%、72.28%和73.11%，伴随着科学技术进步，通信设备越来越多样化便捷化，报纸杂志、广播电视等这类传统媒介正在淡出人们的生活，取而代之的是互联网，成为了大众生活中不可或缺的必需品。信仰在中国公民生活中重要性较低，仅有72.28%的公民认为它重要。这反映了中国是个世俗国家、信仰传统相对较弱的传统和现实。值得注意的是，互联网以88.97%的选择率紧追学校（89.71%），这反映了高度发达互联网时代的真实与尴尬。

表2—25　　　　　　　　下列各项在您生活中的重要程度

	观测值	平均值	标准差	最小值	最大值	1—5分	6—10分
家庭	2612	9.50	1.27	1	10	2.34	97.66
亲戚	2608	8.38	1.95	1	10	9.85	90.15
朋友	2606	8.66	1.62	1	10	5.07	94.93
邻里	2607	7.86	2.15	1	10	14.04	85.96
社区	2602	7.63	2.31	1	10	17.79	82.21
学校	2594	8.37	2.03	1	10	10.29	89.71
信仰	2594	7.03	2.85	1	10	27.72	72.28
互联网	2602	8.20	2.05	1	10	11.03	88.97
广播电视	2603	7.02	2.59	1	10	26.89	73.11
报纸杂志	2606	6.77	2.69	1	10	31.04	68.96

2. 公民生活环境、媒介重要程度的差异分析

（1）群众比党员、团员更看重家庭、亲戚、邻里、社区、学校的重要性，而团员对亲戚、邻里、社区、学校、信仰、广播电视、报刊杂志的重要性评价都低于党员和群众。

不同政治面貌的中国公民关于环境、媒介重要性的选择存在显著差异，十项p值均显著小于0.05。不同政治面貌的中国公民对"家庭"的评价存在显著的差异，p23、p13均小于0.05，方差分析显示，群众的均值最高（9.6分），党员和团员相等（9.4分），说明群众比党员和团员更看重家庭的重要性；不同政治面貌的中国公民对"亲戚"的评价的秩和检验显示，p12、p23和p13均小于0.001，显著低于0.05，表明三者的之差异显著，方差分析显示，群众的均值为8.6分，党员为8.4分，团员只有7.9分，表明群众最看重亲戚，团员最不看重亲戚；同样，群众最看重朋友和邻里，团员最不看重（分析同上）。邻里、社区和学校在群众中的重要性明显高于党员和团员，p12、p23和p13全部小于0.05，且方差分析显示，三项中群众的评分均值最高，分别是8.1、7.9和8.5分；互联网在群众、党员和团员中都重要，但在群众中的重要性高于团员，而在党员中的重要性最低；广播电视和报刊杂志对于群众而言仍是重要的媒介，但对党员和团员并不是那么重要。公民对"信仰"在生活中重要程度的评价p12小于0.001，显著低于0.05，说明党员和团员之间存在显著差异，方差分析显示，在1（根本不重要）到10（特别重要）的分值选择中，党员评分均值（7.3）高于团员（6.8），说明党员比团员更看重信仰在生活中的作用。

表2—26　　不同政治面貌公民对各种环境、媒介重要程度的看法

		共产党员	共青团员	群众	p-value	p12	p23	p13	Test
各项环境、媒介在您生活中的重要程度	家庭	10.0(10.0, 10.0)	10.0(9.0, 10.0)	10.0(10.0, 10.0)	<0.001	0.38	<0.001	<0.001	Kruskal-Wallis
		9.4 [±1.3]	9.4 [±1.3]	9.6 [±1.2]	0.009	0.70	0.005	0.021	ANOVA
	亲戚	9.0(8.0, 10.0)	8.0(7.0, 9.0)	9.0(8.0, 10.0)	<0.001	<0.001	<0.001	<0.001	Kruskal-Wallis
		8.4 [±1.9]	7.9 [±2.0]	8.6 [±1.9]	<0.001	<0.001	<0.001	0.006	ANOVA
	朋友	9.0(8.0, 10.0)	9.0(8.0, 10.0)	9.0(8.0, 10.0)	<0.001	0.15	<0.001	<0.001	Kruskal-Wallis
		8.5 [±1.7]	8.5 [±1.5]	8.8 [±1.6]	<0.001	0.97	<0.001	<0.001	ANOVA

续表

		共产党员	共青团员	群众	p-value	p12	p23	p13	Test
各项环境、媒介在您生活中的重要程度	邻里	8.0(7.0, 10.0)	8.0(6.0, 9.0)	9.0(7.0, 10.0)	<0.001	<0.001	<0.001	<0.001	Kruskal-Wallis
		7.8 [±2.2]	7.4 [±2.0]	8.1 [±2.2]	<0.001	0.003	<0.001	<0.001	ANOVA
	社区	8.0(6.0, 10.0)	7.0(6.0, 9.0)	9.0(7.0, 10.0)	<0.001	<0.001	<0.001	<0.001	Kruskal-Wallis
		7.6 [±2.3]	7.1 [±2.2]	7.9 [±2.3]	<0.001	<0.001	<0.001	<0.001	ANOVA
	学校	9.0(8.0, 10.0)	8.0(7.0, 10.0)	9.0(8.0, 10.0)	<0.001	0.001	<0.001	0.008	Kruskal-Wallis
		8.4 [±2.0]	8.1 [±1.9]	8.5 [±2.1]	0.001	0.029	<0.001	0.22	ANOVA
	信仰	8.0(6.0, 10.0)	7.0(5.0, 9.0)	8.0(5.0, 10.0)	0.004	<0.001	0.013	0.32	Kruskal-Wallis
		7.3 [±2.7]	6.8 [±2.8]	7.0 [±2.9]	0.006	0.001	0.071	0.081	ANOVA
	互联网	8.0(7.0, 10.0)	9.0(7.0, 10.0)	9.0(7.0, 10.0)	<0.001	0.22	0.002	<0.001	Kruskal-Wallis
		8.0 [±2.0]	8.2 [±1.9]	8.3 [±2.2]	0.071	0.21	0.34	0.025	ANOVA
	广播电视	7.0(5.0, 9.0)	7.0(5.0, 8.0)	8.0(6.0, 10.0)	<0.001	<0.001	<0.001	<0.001	Kruskal-Wallis
		7.0 [±2.5]	6.4 [±2.5]	7.3 [±2.6]	<0.001	<0.001	<0.001	0.002	ANOVA
	报纸杂志	7.0(5.0, 9.0)	6.0(5.0, 8.0)	8.0(5.0, 10.0)	<0.001	0.022	<0.001	<0.001	Kruskal-Wallis
		6.6 [±2.6]	6.3 [±2.5]	7.0 [±2.8]	<0.001	0.032	<0.001	0.001	ANOVA

（2）不同职业的中国公民都重视家庭生活，学生对除家庭外的环境、媒介的重要性评价都最低。

不同职业的中国公民对"家庭"在生活中的重要性评价存在显著差异，秩和检验 p 值为 0.054，大于 0.05，表明不论公民从事何种职业都普遍认可家庭在生活中的重要性。不同职业的中国公民对其他各项媒介在生活中重要性的评价存在极其显著的差异，秩和检验 p 值均小于 0.001，显著低于 0.05。方差分析显示，相对而言，机关、党群组织、企事业单位工作人员更看重亲戚、朋友、学校、信仰、广播电视，专业技术人员（含教师）更看重报纸杂志，商业、服务业人员更重视互联网，产业工人和农民更看重邻里、社区。特殊值得注意的是，学生在可比的九项（除开家庭外）中，选择率都居各种职业公民中最低值，特别是关于邻里、社区、信仰、广播电视、报纸杂志的重要性的判断都显著低于其他职业，连对学生自己所在学校的重要性也低于其他职业公民。这表明，学生一代对周围事物重要性的兴趣、判断普遍降低，更关注的是自己的生活感受。

表 2—27　　不同职业公民对各种环境、媒介重要程度的看法

		机关、党群组织、企业事业单位工作人员	专业技术人员（含教师）	商业、服务业人员	产业工人和农民	学生	p-value	p12	p23	p13	Test
各项环境、媒介在您生活中的重要程度	家庭	10.0(10.0, 10.0)	10.0(9.0, 10.0)	10.0(10.0, 10.0)	10.0(10.0, 10.0)	10.0(9.0, 10.0)	0.054	0.27	0.16	0.61	Kruskal-Wallis
		9.5 [±1.4]	9.3 [±1.5]	9.5 [±1.3]	9.5 [±1.4]	9.5 [±1.2]	0.68	0.24	0.17	0.79	ANOVA
	亲戚	9.0(8.0, 10.0)	9.0(8.0, 10.0)	9.0(8.0, 10.0)	10.0(8.0, 10.0)	8.0(7.0, 9.0)	<0.001	0.010	0.58	0.019	Kruskal-Wallis
		8.7 [±1.7]	8.4 [±1.9]	8.4 [±2.0]	8.6 [±2.2]	7.7 [±2.0]	<0.001	0.026	0.97	0.007	ANOVA
	朋友	9.0(8.0, 10.0)	9.0(8.0, 10.0)	9.0(8.0, 10.0)	9.0(8.0, 10.0)	9.0(8.0, 10.0)	<0.001	0.088	0.29	0.50	Kruskal-Wallis
		8.7 [±1.7]	8.5 [±1.8]	8.6 [±1.6]	8.6 [±2.0]	8.5 [±1.4]	0.38	0.22	0.33	0.77	ANOVA

续表

	机关、党群组织、企业事业单位工作人员	专业技术人员（含教师）	商业、服务业人员	产业工人和农民	学生	p-value	p12	p23	p13	Test
邻里	9.0(7.0, 10.0)	8.0(7.0, 10.0)	9.0(7.0, 10.0)	9.0(7.0, 10.0)	7.0(6.0, 8.0)	<0.001	0.068	0.24	0.46	Kruskal-Wallis
	8.1 [±2.1]	7.9 [±2.1]	8.0 [±2.1]	8.2 [±2.3]	7.0 [±2.1]	<0.001	0.20	0.40	0.62	ANOVA
社区	8.0(7.0, 10.0)	8.0(6.0, 10.0)	8.0(6.0, 10.0)	9.0(7.0, 10.0)	7.0(5.0, 8.0)	<0.001	0.54	0.88	0.35	Kruskal-Wallis
	7.9 [±2.3]	7.9 [±2.1]	7.8 [±2.2]	8.0 [±2.3]	6.6 [±2.2]	<0.001	0.98	0.69	0.59	ANOVA
学校	9.0(8.0, 10.0)	9.0(8.0, 10.0)	9.0(7.0, 10.0)	9.0(7.0, 10.0)	8.0(7.0, 10.0)	<0.001	0.20	0.84	0.072	Kruskal-Wallis
	8.5 [±2.0]	8.4 [±1.9]	8.3 [±2.0]	8.3 [±2.3]	8.0 [±1.9]	<0.001	0.66	0.63	0.25	ANOVA
信仰	8.0(6.0, 10.0)	8.0(6.0, 10.0)	8.0(5.0, 9.0)	7.5(5.0, 10.0)	7.0(5.0, 9.0)	<0.001	0.22	0.22	0.002	Kruskal-Wallis
	7.4 [±2.8]	7.1 [±2.9]	7.0 [±2.8]	6.8 [±3.2]	6.4 [±2.8]	<0.001	0.17	0.53	0.010	ANOVA
互联网	9.0(7.0, 10.0)	8.0(7.0, 10.0)	9.0(7.0, 10.0)	9.0(7.0, 10.0)	8.0(7.0, 10.0)	<0.001	0.066	0.034	0.77	Kruskal-Wallis
	8.3 [±2.1]	8.1 [±2.0]	8.4 [±2.0]	8.1 [±2.4]	8.0 [±1.9]	0.048	0.30	0.11	0.45	ANOVA
广播电视	8.0(6.0, 10.0)	8.0(6.0, 9.0)	8.0(5.0, 10.0)	8.0(6.0, 10.0)	6.0(5.0, 8.0)	<0.001	0.14	0.78	0.15	Kruskal-Wallis
	7.4 [±2.4]	7.1 [±2.6]	7.2 [±2.6]	7.4 [±2.7]	6.0 [±2.5]	<0.001	0.10	0.90	0.072	ANOVA
报纸杂志	7.0(5.0, 10.0)	7.0(5.0, 9.0)	7.0(5.0, 10.0)	8.0(6.0, 10.0)	6.0(4.0, 8.0)	<0.001	0.93	0.22	0.13	Kruskal-Wallis
	7.0 [±2.6]	7.1 [±2.6]	6.8 [±2.7]	7.1 [±3.0]	5.9 [±2.5]	<0.001	0.78	0.18	0.16	ANOVA

（3）文化程度越低的公民越重视亲戚、朋友、邻里、社区、广播电视、报刊杂志。

不同文化程度的中国公民对信仰和互联网在生活重要性的评价没有显

著差异，秩和检验 p 值分别是 0.73 和 0.85，均大于 0.05，表明不论有没有上过大学，公民对信仰和互联网在生活中重要性的看法基本一致。"家庭"秩和检验 p 值小于 0.05，表明不同文化程度公民对家庭在生活中重要性的看法存在差异。"亲戚"和"朋友"的秩和检验 p 值均小于 0.001，显著低于 0.05，方差分析显示，没上过大学公民的均值都显著高于上过大学公民的均值，可见文化程度低的公民比文化程度高的更重视亲戚和朋友在生活中的重要性。"邻里"和"社区"秩和检验 p 值均小于 0.001，显著低于 0.05，方差分析显示，没上过大学公民评分均值均显著大于上过大学公民的均值，说明邻里和社区在文化程度低的公民生活中更重要；"学校"秩和检验 p 值为 0.004，小于 0.05，没上过大学公民的回答落在区间 7 和 10 之间，而上过大学公民落在 8 和 10 之间，可以推断出，文化程度高的公民更重视学校的作用；"广播电视"和"报纸杂志"秩和检验 p 值小于 0.001，显著低于 0.05，没上过大学公民的评分均值均显著高于上过大学的公民，表明文化程度低的人更看重广播电视和报纸杂志的作用。

表 2—28　不同文化程度公民对各种环境、媒介重要程度的看法

		没上过大学	上过大学	p - value	Test
各项环境、媒介在您生活中的重要程度	家庭	10.0（10.0, 10.0）	10.0（10.0, 10.0）	0.014	Wilcoxon rank - sum
		9.5［±1.3］	9.5［±1.2］	0.50	Two sample t test
	亲戚	9.0（8.0, 10.0）	9.0（7.0, 10.0）	<0.001	Wilcoxon rank - sum
		8.6［±1.9］	8.3［±1.9］	<0.001	Two sample t test
	朋友	9.0（8.0, 10.0）	9.0（8.0, 10.0）	<0.001	Wilcoxon rank - sum
		8.7［±1.7］	8.6［±1.5］	0.14	Two sample t test
	邻里	9.0（7.0, 10.0）	8.0（7.0, 9.0）	<0.001	Wilcoxon rank - sum
		8.2［±2.1］	7.7［±2.1］	<0.001	Two sample t test
	社区	9.0（7.0, 10.0）	8.0（6.0, 9.0）	<0.001	Wilcoxon rank - sum
		7.9［±2.4］	7.5［±2.2］	<0.001	Two sample t test
	学校	9.0（7.0, 10.0）	9.0（8.0, 10.0）	0.004	Wilcoxon rank - sum
		8.4［±2.3］	8.4［±1.9］	0.88	Two sample t test

续表

		没上过大学	上过大学	p – value	Test
各项环境、媒介在您生活中的重要程度	信仰	8.0 (5.0, 10.0)	8.0 (5.0, 10.0)	0.73	Wilcoxon rank – sum
		7.0 [±3.0]	7.1 [±2.8]	0.53	Two sample t test
	互联网	9.0 (7.0, 10.0)	9.0 (7.0, 10.0)	0.85	Wilcoxon rank – sum
		8.0 [±2.4]	8.3 [±1.9]	0.003	Two sample t test
	广播电视	8.0 (6.0, 10.0)	7.0 (5.0, 9.0)	<0.001	Wilcoxon rank – sum
		7.3 [±2.7]	6.9 [±2.5]	<0.001	Two sample t test
	报纸杂志	8.0 (5.0, 10.0)	7.0 (5.0, 9.0)	<0.001	Wilcoxon rank – sum
		7.0 [±2.8]	6.6 [±2.6]	0.001	Two sample t test

（4）收入越高的公民对家庭、亲戚、朋友、邻里等等各种环境、媒介的重要性判断越低，但不同收入公民对互联网的重要性判断没有显著差别。

不同家庭收入的中农工公民对以下各项在生活中的重要性评价存在极其显著的差异，秩和检验 p 值均小于 0.001，显著低于 0.05。"家庭"方差分析显示，收入不足 5 万的中国公民的均值为 9.6 分，高于 5—10 万和 10 万以上收入公民的均值，说明低收入的中国公民比中高收入的中国公民更看重家庭在生活中的重要性；方差分析显示，公民对亲戚、朋友、邻里、社区、学校和信仰的评价均值随着收入水平的增加而下降，即收入越低的公民越看重亲戚、朋友、邻里、社区、学校和信仰，收入越高越不看重；公民对广播电视、报纸杂志和互联网重要性评价的均值随着收入水平增高而逐渐降低，不论是传统媒介还是现代媒介，收入越低的群体重视程度越高，收入越高重视程度越低。10 项选择中，p12、p23、p13 值中，只有互联网一项均显著大于 0.05，表明不同收入人群关于互联网的重要性判断没有显著差异。

表 2—29　不同收入水平公民对各种环境、媒介重要程度的看法

		5万及以下	5万—10万元	10万元以上	p-value	p12	p23	p13	Test
各项环境、媒介在您生活中的重要程度	家庭	10.0(10.0, 10.0)	10.0(10.0, 10.0)	10.0(10.0, 10.0)	<0.001	<0.001	0.88	<0.001	Kruskal-Wallis
		9.6 [±1.2]	9.5 [±1.3]	9.4 [±1.3]	0.014	0.013	0.83	0.012	ANOVA
	亲戚	10.0(8.0, 10.0)	9.0(7.0, 10.0)	9.0(7.0, 10.0)	<0.001	<0.001	<0.001	<0.001	Kruskal-Wallis
		8.8 [±1.8]	8.3 [±1.9]	8.0 [±2.1]	<0.001	<0.001	0.002	<0.001	ANOVA
	朋友	10.0(8.0, 10.0)	9.0(8.0, 10.0)	9.0(8.0, 10.0)	<0.001	<0.001	0.001	<0.001	Kruskal-Wallis
		8.8 [±1.7]	8.6 [±1.6]	8.4 [±1.5]	<0.001	0.007	0.015	<0.001	ANOVA
	邻里	9.0(7.0, 10.0)	8.0(7.0, 10.0)	8.0(6.0, 9.0)	<0.001	<0.001	<0.001	<0.001	Kruskal-Wallis
		8.3 [±2.1]	7.8 [±2.0]	7.3 [±2.2]	<0.001	<0.001	<0.001	<0.001	ANOVA
	社区	9.0(7.0, 10.0)	8.0(6.0, 10.0)	7.0(6.0, 9.0)	<0.001	<0.001	<0.001	<0.001	Kruskal-Wallis
		8.0 [±2.3]	7.7 [±2.2]	7.1 [±2.3]	<0.001	0.002	<0.001	<0.001	ANOVA
	学校	10.0(8.0, 10.0)	9.0(8.0, 10.0)	8.0(7.0, 10.0)	<0.001	<0.001	<0.001	<0.001	Kruskal-Wallis
		8.6 [±2.1]	8.4 [±1.9]	8.1 [±2.0]	<0.001	0.051	0.002	<0.001	ANOVA
	信仰	8.0(5.0, 10.0)	8.0(5.0, 10.0)	7.0(5.0, 9.0)	<0.001	0.33	0.004	<0.001	Kruskal-Wallis

第一章 公民社会价值观总体情况

续表

		5万及以下	5万—10万元	10万元以上	p-value	p12	p23	p13	Test
各项环境、媒介在您生活中的重要程度	信仰	7.1 [±3.0]	7.1 [±2.7]	6.7 [±2.8]	0.007	0.92	0.004	0.007	ANOVA
	互联网	9.0(7.0, 10.0)	9.0(7.0, 10.0)	8.0(7.0, 10.0)	<0.001	0.040	0.018	<0.001	Kruskal-Wallis
		8.3 [±2.2]	8.2 [±2.0]	8.1 [±1.9]	0.22	0.83	0.14	0.11	ANOVA
	广播电视	8.0(6.0, 10.0)	7.0(5.0, 9.0)	7.0(5.0, 8.0)	<0.001	<0.001	<0.001	<0.001	Kruskal-Wallis
		7.4 [±2.7]	7.0 [±2.5]	6.5 [±2.5]	<0.001	0.005	<0.001	<0.001	ANOVA
	报纸杂志	8.0(5.0, 10.0)	7.0(5.0, 9.0)	7.0(5.0, 8.0)	<0.001	0.002	0.001	<0.001	Kruskal-Wallis
		7.0 [±2.9]	6.8 [±2.6]	6.4 [±2.5]	<0.001	0.048	0.003	<0.001	ANOVA

（5）城市公民比小城镇、农村的公民更看重家庭的重要性，其他方面没有显著差异。

不同居住地的中国公民对家庭在生活中重要性的评价存在显著差异，秩和检验p值为0.018，小于0.05。方差分析显示，城市居民的评价均值为9.6分，显著高于小城镇和农村居民的均值（9.4分），说明城市居民比小城镇和农村公民更加看重家庭。不同居住地的中国公民对其他项重要性的评价没有显著差异，秩和检验p值均大于0.05。城市公民比小城镇、农村公民更看重家庭，可能与我们的想象不大相同。其实，在高速现代化进程中，农村、小城镇居民到大城市务工，导致家庭不能团圆、农村空心化的情况十分普遍和严重，这在一定程度上削弱了家庭观念。

表2—30　　不同居住地公民对各种环境、媒介重要程度的看法

		小城镇和农村	城市	p-value	Test
各项环境、媒介在您生活中的重要程度	家庭	10.0 (10.0, 10.0)	10.0 (10.0, 10.0)	0.018	Wilcoxon rank-sum
		9.4 [±1.4]	9.6 [±1.2]	0.006	Two sample t test
	亲戚	9.0 (8.0, 10.0)	9.0 (8.0, 10.0)	0.21	Wilcoxon rank-sum
		8.4 [±1.9]	8.4 [±2.0]	0.62	Two sample t test
	朋友	9.0 (8.0, 10.0)	9.0 (8.0, 10.0)	0.19	Wilcoxon rank-sum
		8.6 [±1.7]	8.7 [±1.6]	0.24	Two sample t test
	邻里	8.0 (7.0, 10.0)	8.0 (7.0, 10.0)	0.46	Wilcoxon rank-sum
		7.9 [±2.1]	7.8 [±2.2]	0.31	Two sample t test
	社区	8.0 (6.0, 10.0)	8.0 (6.0, 10.0)	0.74	Wilcoxon rank-sum
		7.7 [±2.3]	7.6 [±2.3]	0.56	Two sample t test
	学校	9.0 (8.0, 10.0)	9.0 (7.0, 10.0)	1.00	Wilcoxon rank-sum
		8.4 [±1.9]	8.3 [±2.1]	0.31	Two sample t test
	信仰	8.0 (5.0, 10.0)	8.0 (5.0, 10.0)	0.93	Wilcoxon rank-sum
		7.0 [±2.9]	7.0 [±2.8]	0.93	Two sample t test
	互联网	9.0 (7.0, 10.0)	9.0 (7.0, 10.0)	0.31	Wilcoxon rank-sum
		8.2 [±2.1]	8.2 [±2.1]	0.47	Two sample t test
	广播电视	7.0 (5.0, 9.0)	7.0 (5.0, 10.0)	0.72	Wilcoxon rank-sum
		7.0 [±2.6]	7.0 [±2.6]	0.87	Two sample t test
	报纸杂志	7.0 (5.0, 9.0)	7.0 (5.0, 9.0)	0.37	Wilcoxon rank-sum
		6.8 [±2.7]	6.7 [±2.7]	0.36	Two sample t test

（6）除互联网外，年龄越大越重视环境、媒介影响，90后公民最看重互联网在生活中的作用。

不同年龄的中国公民对"互联网"在生活中重要性的评价存在显著差异，秩和检验p值为0.002，小于0.05，90后公民的评价均值最高（8.3分），70后、95后与00后均值最低（8.0分），可见，90后公民最看重互联网在生活中的作用。不同年龄的中国公民对其他各项在生活中的重要性评价存在显著差异，秩和检验p值均小于0.001，显著低于0.05。

方差分析显示,年龄越大越看重家庭、亲戚、朋友、邻里、社区、学校、信仰、广播电视和报纸杂志,数据显示,在前三类群体中,公民的选择比例随着年龄增长而增长,呈现出正相关趋势。

表 2—31　　　不同年龄公民对各种环境、媒介重要程度的看法

		95后与00后	90后	80后	70后及以上	p-value	p12	p23	p13	Test
各项环境、媒介在您生活中的重要程度	家庭	10.0(9.0, 10.0)	10.0(10.0, 10.0)	10.0(10.0, 10.0)	10.0(10.0, 10.0)	<0.001	0.20	0.046	<0.001	Kruskal-Wallis
		9.4 [±1.3]	9.4 [±1.3]	9.5 [±1.4]	9.6 [±1.1]	0.006	0.68	0.47	0.26	ANOVA
	亲戚	8.0(7.0, 9.0)	9.0(7.0, 10.0)	9.0(8.0, 10.0)	10.0(8.0, 10.0)	<0.001	0.001	<0.001	<0.001	Kruskal-Wallis
		7.7 [±2.1]	8.1 [±2.0]	8.7 [±1.8]	8.9 [±1.7]	<0.001	0.002	<0.001	<0.001	ANOVA
	朋友	9.0(8.0, 10.0)	9.0(8.0, 10.0)	9.0(8.0, 10.0)	9.0(8.0, 10.0)	<0.001	0.090	0.017	<0.001	Kruskal-Wallis
		8.5 [±1.4]	8.6 [±1.5]	8.7 [±1.6]	8.7 [±1.8]	0.076	0.18	0.29	0.020	ANOVA
	邻里	7.0(6.0, 9.0)	8.0(6.0, 9.0)	9.0(7.0, 10.0)	9.0(8.0, 10.0)	<0.001	<0.001	<0.001	<0.001	Kruskal-Wallis
		7.0 [±2.2]	7.5 [±2.1]	8.1 [±2.1]	8.5 [±1.9]	<0.001	<0.001	<0.001	<0.001	ANOVA
	社区	7.0(5.0, 8.0)	8.0(6.0, 10.0)	8.0(7.0, 10.0)	9.0(7.0, 10.0)	<0.001	<0.001	<0.001	<0.001	Kruskal-Wallis
		6.7 [±2.3]	7.3 [±2.2]	8.0 [±2.2]	8.3 [±2.2]	<0.001	<0.001	<0.001	<0.001	ANOVA
	学校	8.0(7.0, 10.0)	9.0(7.0, 10.0)	10.0(8.0, 10.0)	10.0(8.0, 10.0)	<0.001	<0.001	<0.001	<0.001	Kruskal-Wallis
		7.9 [±2.0]	8.3 [±1.9]	8.6 [±2.0]	8.6 [±2.2]	<0.001	<0.001	0.001	<0.001	ANOVA
	信仰	7.0(4.0, 9.0)	8.0(5.0, 10.0)	8.0(5.0, 10.0)	8.0(6.0, 10.0)	<0.001	<0.001	0.15	<0.001	Kruskal-Wallis

续表

		95后与00后	90后	80后	70后及以上	p-value	p12	p23	p13	Test
各项环境、媒介在您生活中的重要程度	信仰	6.4 [±2.9]	7.0 [±2.7]	7.2 [±2.8]	7.3 [±2.9]	<0.001	<0.001	0.38	<0.001	ANOVA
	互联网	8.0(7.0, 10.0)	9.0(7.0, 10.0)	9.0(7.0, 10.0)	9.0(7.0, 10.0)	0.002	0.001	0.72	<0.001	Kruskal-Wallis
		8.0 [±2.0]	8.4 [±1.7]	8.3 [±2.0]	8.0 [±2.3]	<0.001	<0.001	0.49	0.004	ANOVA
	广播电视	6.0(5.0, 8.0)	7.0(5.0, 9.0)	8.0(6.0, 10.0)	8.0(6.0, 10.0)	<0.001	<0.001	<0.001	<0.001	Kruskal-Wallis
		6.2 [±2.6]	6.9 [±2.5]	7.4 [±2.5]	7.4 [±2.6]	<0.001	<0.001	<0.001	<0.001	ANOVA
	报纸杂志	6.0(5.0, 8.0)	7.0(5.0, 9.0)	7.0(5.0, 10.0)	8.0(5.0, 10.0)	<0.001	0.001	<0.001	<0.001	Kruskal-Wallis
		6.1 [±2.6]	6.6 [±2.6]	7.0 [±2.7]	7.2 [±2.7]	<0.001	0.002	0.003	<0.001	ANOVA

（7）有宗教信仰的公民更看重信仰在生活中的重要性。

有无宗教信仰的中国公民对信仰在生活中重要性的评价存在极其显著的差异，秩和检验p值小于0.001，显著低于0.05，方差分析显示，有宗教信仰公民更加看重信仰在生活中的重要性，前者均值（8.0），显著大于后者（6.9）。有无宗教信仰的中国公民对其他各项重要性的评价没有显著差异，秩和检验p值均大于0.05。

表2—32　有无宗教信仰公民对各种环境、媒介重要程度的看法

		无宗教信仰	有宗教信仰	p-value	Test
各项环境、媒介在	家庭	10.0 (10.0, 10.0)	10.0 (10.0, 10.0)	0.47	Wilcoxon rank-sum
		9.5 [±1.2]	9.4 [±1.7]	0.025	Two sample t test
	亲戚	9.0 (8.0, 10.0)	9.0 (7.0, 10.0)	0.61	Wilcoxon rank-sum
		8.4 [±1.9]	8.2 [±2.1]	0.26	Two sample t test

续表

		无宗教信仰	有宗教信仰	p-value	Test
您生活中的重要程度	朋友	9.0 (8.0, 10.0)	9.0 (8.0, 10.0)	0.53	Wilcoxon rank-sum
		8.7 [±1.6]	8.5 [±1.8]	0.13	Two sample t test
	邻里	8.0 (7.0, 10.0)	8.0 (7.0, 10.0)	0.35	Wilcoxon rank-sum
		7.8 [±2.1]	7.8 [±2.3]	0.78	Two sample t test
	社区	8.0 (6.0, 10.0)	8.0 (6.0, 10.0)	0.23	Wilcoxon rank-sum
		7.6 [±2.3]	7.6 [±2.5]	0.75	Two sample t test
	学校	9.0 (8.0, 10.0)	9.0 (7.0, 10.0)	0.32	Wilcoxon rank-sum
		8.4 [±2.0]	8.2 [±2.3]	0.097	Two sample t test
	信仰	7.0 (5.0, 10.0)	9.0 (7.0, 10.0)	<0.001	Wilcoxon rank-sum
		6.9 [±2.9]	8.0 [±2.4]	<0.001	Two sample t test
	互联网	9.0 (7.0, 10.0)	8.5 (7.0, 10.0)	0.80	Wilcoxon rank-sum
		8.2 [±2.0]	8.1 [±2.2]	0.35	Two sample t test
	广播电视	7.0 (5.0, 9.0)	7.0 (6.0, 10.0)	0.26	Wilcoxon rank-sum
		6.9 [±2.6]	7.1 [±2.6]	0.35	Two sample t test
	报纸杂志	7.0 (5.0, 9.0)	7.0 (5.0, 9.0)	0.39	Wilcoxon rank-sum
		6.7 [±2.7]	6.8 [±2.7]	0.47	Two sample t test

五　公民对构建理想社会最重要因素的认识

调查数据显示，公民认为维持良好的社会秩序是构建理想社会的首要因素，选择率为60.58%，远高于其他项，这与前述公民普遍认为安全稳定是中国社会最大的优势相一致，可见，中国是一个爱好和平与安定的民族。同时也反映出一种隐忧，那就是构建理想社会受到最大的挑战可能就是良好社会秩序的失去。有超过五分之一（21.13%）的公民认为构建理想社会最重要的因素在于民众广泛参与社会治理。这一方面需要政府创造民众广泛参与社会治理的可能途径；另一方面需要公民有自觉的参与社会治理的意识和能力。值得注意的是，只有不到5%的公民认为，构建理想社会最重要的因素是保障言论自由，其重要性甚至不如控制物价上涨和保护自然环境。这与许多自由派公知的鼓吹有很大差距。

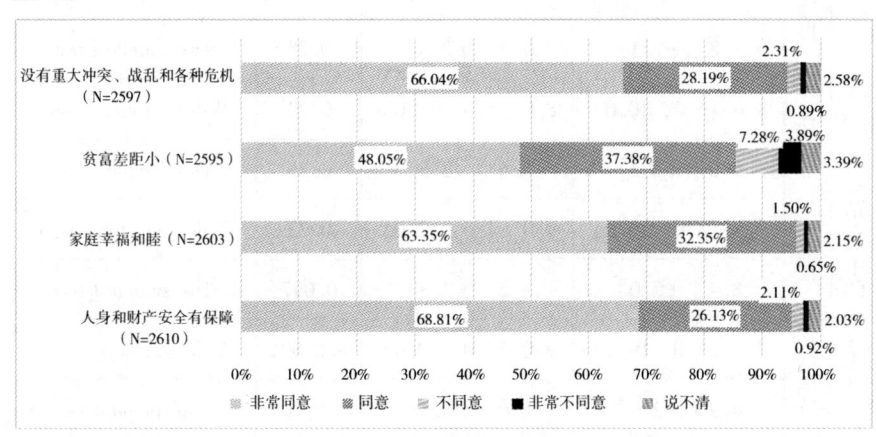

图 2—11 构建理想社会最重要的因素分析

（1）社会秩序方面团员最重视，民众参与治理方面党员最重视，物价和言论自由问题群众最重视。

不同政治面貌的中国公民对构建理想社会的看法存在显著差异，秩和检验 p 值为 0.012，小于 0.05。p13 显著小于 0.05，表明党员与群众差异显著。在认为最重要的是维持良好社会秩序的选项中，团员选择率最高（65.1%）；在认为最重要是的民众广泛参与社会治理的选项中，党员选择率最高（21.9%）；在认为最重要的是抑制物价上涨的选项中，群众选择率最高（8.9%）；在认为最重要的是保障言论自由选项中，群众选择率最高（6.5%）而党员最低（2.6%）。其他两项差异不是很大。可见，团员更关注社会秩序，党员更关注民众的参与，群众更关注物价和言论自由。

表 2—33　　　　不同政治面貌公民对构建理想社会的看法

您认为构建理想社会，最重要的是	党员	团员	群众	p-value	p12	p23	p13	Test
维持良好的社会秩序	62.4 (337)	65.1 (368)	60.4 (536)	0.012	0.30	0.057	0.008	Pearson's chi-squared
民众广泛参与社会治理	21.9 (118)	18.6 (105)	18.5 (164)					
控制物价上涨	6.5 (35)	5.1 (29)	8.9 (79)					
保障言论自由	2.6 (14)	4.6 (26)	6.5 (58)					
繁荣文学艺术	1.1 (6)	1.4 (8)	1.0 (9)					
保护自然环境	5.6 (30)	5.1 (29)	4.6 (41)					

（2）学生最重秩序和言论自由，专业技师人员比其他群众更重民众参与但相对最不重言论自由和繁荣文学艺术。

不同职业的中国公民对构建理想社会的看法存在非常显著的差异，秩和检验 p 值小于 0.001，显著小于 0.05。学生认为最重要的是维持良好社会秩序，选择率最高（65.0%）；在认为最重要的是保障言论自由选项中，他们的选择率也是最高（6.3%）。在认为最重要的是抑制物价上涨的选项中，产业工人和农民选择率最高（11.8%），因为这与之息息相关。专业技术人员（含教师）在认为最重要的是民众广泛参与社会治理的选项中，选择率最高（26.3%）；在认为最重要的是保障言论自由选项中，选择率最低（2.9%）；在最重要的是繁荣文学艺术的选项中，选择率最低，为 0。这类群体对言论自由、文学意识之于理想社会的重要性的认知，与日常感受有较大差距。只能说，他们更加理性，真正选择了"最重要"的方面。

表2—34　　　　不同职业公民对构建理想社会的看法

您认为构建理想社会，最重要的是	机关、党群组织、企业事业单位工作人员	专业技术人员（含教师）	商业、服务业人员	产业工人和农民	学生	p-value	p12	p23	p13	Test
维持良好的社会秩序	63.2 (314)	59.4 (104)	62.6 (176)	53.8 (64)	65.0 (373)	<0.001	0.47	0.093	0.23	Pearson's chi-squared
民众广泛参与社会治理	20.5 (102)	26.3 (46)	17.1 (48)	23.5 (28)	18.6 (107)					
控制物价上涨	7.4 (37)	6.3 (11)	7.5 (21)	11.8 (14)	2.3 (13)					
保障言论自由	4.2 (21)	2.9 (5)	4.3 (12)	5.9 (7)	6.3 (36)					
繁荣文学艺术	0.6 (3)	0.0 (0)	2.1 (6)	1.7 (2)	1.6 (9)					
保护自然环境	4.0 (20)	5.1 (9)	6.4 (18)	3.4 (4)	6.3 (36)					

（3）公民对构建理想社会最重要因素的看法与文化程度关系不大。

公民对构建理想社会的看法与文化程度相关性秩和检验p值为0.068，略大于0.05，表明相关性不强。但数据直观体现，上过大学的受访者在社会秩序、民众参与、言论自由等项选择率更高，而没上过大学的受访者在物价、文学艺术、保护环境等方面选择率更高。

表2—35　　　　不同文化程度公民对构建理想社会的看法

您认为构建理想社会，最重要的是	没上过大学	上过大学	p-value	Test
维持良好的社会秩序	60.2 (365)	63.1 (891)	0.068	Pearson's chi-squared
民众广泛参与社会治理	18.5 (112)	19.6 (277)		
控制物价上涨	9.1 (55)	6.4 (90)		
保障言论自由	4.1 (25)	5.2 (73)		
繁荣文学艺术	1.8 (11)	1.1 (15)		
保护自然环境	6.3 (38)	4.6 (65)		

（4）公民收入越高越重视民众参与社会治理，最低收入阶层更在意物价、言论自由。

不同文化程度的中国公民对构建理想社会的看法存在显著差异，秩和检验 p 值为 0.025，小于 0.05。家庭年收入 5 万—10 万元的受访者认为最重要的是维持良好社会秩序，选择率最高（65.2%）；在认为最重要是的民众广泛参与社会治理的选项中，家庭年收入 10 万元以上的受访者选择率最高（22.5%）；在认为最重要的是控制物价上涨的选项中，家庭年收入 5 万元及以下群体选择率最高（8.9%）；在认为最重要的是保障言论自由选项中，家庭年收入 5 万元及以下群体选择率最高。

表 2—36　　　　不同文化程度公民对构建理想社会的看法

您认为构建理想社会，最重要的是	5 万及以下	5 万—10 万元	10 万元以上	p-value	p12	p23	p13	Test
维持良好的社会秩序	61.9 (499)	65.2 (445)	58.0 (302)	0.025	0.11	0.17	0.024	Pearson's chi-squared
民众广泛参与社会治理	17.5 (141)	19.0 (130)	22.5 (117)					
控制物价上涨	8.9 (72)	6.1 (42)	6.7 (35)					
保障言论自由	5.8 (47)	4.2 (29)	4.8 (25)					
繁荣文学艺术	1.7 (14)	0.9 (6)	1.2 (6)					
保护自然环境	4.1 (33)	4.5 (31)	6.9 (36)					

（5）小城镇和农村居民比城市居民更盼望民众参与社会治理，城市居民比小城镇和农村居民更重视言论自由。

公民对构建理想社会的看法与居住地相关性秩和检验 p 值为 0.017，小于 0.05，表明相关性较强。数据显示，小城镇和农村居民比城市居民更重视民众广泛参与社会治理，城市居民更注重社会秩序、物价问题，环境保护，特别是注重言论自由，高出 2.6 个百分点。

表 2—37　　　　不同居住地公民对构建理想社会的看法

您认为构建理想社会，最重要的是	小城镇和农村	城市	p – value	Test
维持良好的社会秩序	61.9（449）	62.1（816）	0.017	Pearson's chi – squared
民众广泛参与社会治理	22.1（160）	17.8（234）		
控制物价上涨	6.2（45）	7.9（104）		
保障言论自由	3.3（24）	5.9（77）		
繁荣文学艺术	1.7（12）	1.1（14）		
保护自然环境	4.8（35）	5.2（68）		

（6）95、00 后比别的群体更关注良好社会秩序、言论自由，80 后比别的群体更关注民众参与治理、民生的问题。

不同年龄的中国公民对构建理想社会的看法存在非常显著差异，p 值为 0.001，显著小于 0.05。p12、p13 小于 0.05 而 p23 大于 0.05，表明 80 后、90 后差异不大。比较显著的数据在于，95 后和 00 后在认为最重要的是良好社会秩序的选项中选择率最高，达 65.5%，在保障言论自由一项的选择率也最高（6%）；80 后在民众参与、物价问题的关注上都显著超过其他群体，而在文学艺术、环境保护重要性方面又显著低于其他群体。

表 2—38　　　　不同年龄公民对构建理想社会的看法

您认为构建理想社会，最重要的是	95 后和 00 后	90 后	80 后	70 后及以上	p – value	p12	p23	p13	Test
维持良好的社会秩序	65.5（304）	60.7（297）	59.4（323）	63.3（335）	0.001	0.031	0.10	<0.001	Pearson's chi – squared
民众广泛参与社会治理	18.1（84）	19.6（96）	21.1（115）	18.5（98）					
控制物价上涨	2.4（11）	7.0（34）	9.9（54）	8.7（46）					

续表

您认为构建理想社会，最重要的是	95后和00后	90后	80后	70后及以上	p-value	p12	p23	p13	Test
保障言论自由	6.0 (28)	4.9 (24)	5.3 (29)	3.8 (20)	0.001	0.031	0.10	<0.001	Pearson's chi-squared
繁荣文学艺术	1.7 (8)	1.6 (8)	0.6 (3)	1.1 (6)					
保护自然环境	6.3 (29)	6.1 (30)	3.7 (20)	4.5 (24)					

（7）公民构建理想社会的判断与宗教信仰关联性不强。

有无宗教信仰的中国公民认为构建理想社会最重要事项的判断没有显著差异，p值为0.13，显著大于0.05。但数据显示，无宗教信仰者在选择良好秩序、保障言论自由、繁荣文学艺术等方面选择率高于有宗教信仰者，有宗教信仰者在民众广泛参与治理、物价上涨、保护环境等方面选择率高于无宗教信仰者。

表2—39　　有无宗教信仰公民对构建理想社会的看法

您认为构建理想社会，最重要的是	无宗教信仰	有宗教信仰	p-value	Test
维持良好的社会秩序	63.3 (1,090)	56.9 (91)	0.13	Pearson's chi-squared
民众广泛参与社会治理	18.6 (321)	20.6 (33)		
控制物价上涨	6.7 (115)	11.3 (18)		
保障言论自由	5.0 (86)	4.4 (7)		
繁荣文学艺术	1.3 (22)	0.0 (0)		
保护自然环境	5.2 (89)	6.9 (11)		

第二章　公民社会安定价值观分析

国家安全和社会稳定一直以来就是人民群众追求的理想社会状态，也是人民安居乐业的前提和基础。国家只有在保障外部不受别国侵略，内部社会安定，秩序井然的情况下，才能为政治、经济和文化的发展与繁荣提供更好的环境，为人民创造更加舒适美好的物质生活条件和丰富的精神生活环境，人民对美好生活的向往才可能变成现实。公民对社会安定的偏好、评价等构成公民的社会安定价值观，构成公民社会价值观的重要内容；公民的社会安定价值观也能够反映一个国家安全和稳定的程度。

一　公民对社会安定理想状态的描述

1. 公民认同家庭幸福和睦是安定社会的首要表现，人身和财产安全有保障、社会和平是其基础

家庭是构成社会的子单元，家庭幸福和睦，社会方能安定和谐。调查数据显示，95.7%的受访者认为一个安定的社会首先应该是"家庭幸福和睦"的社会；与此同时，有94.94%的受访者同意安定的社会应该是"能够保障人身和财产安全"的社会；有94.23%的受访者认同安定的社会应该是"没有重大冲突、战乱和各种危机"的社会。这三者占比差异并不大。不过，"非常同意"的比例差异就比较明显，分别是63.35%、68.81%、66.04%。这表明，公民虽然认同家庭幸福和睦的极端重要性，但另外两个方面更具有基础性，也就有时代性特征。"人身和财产安全有保障"被高度认同，一方面是因为现代社会人们的权利意识增强了；另一方面也可能是现实中见到因此而起的不安定或自身有着切肤之痛。"没有重大冲突、战乱和各种危机"被高度认同，一来中国人爱好和平的传

统深入骨髓;二来可能是当今世界并不太平,诸多国家、地区由于重大冲突、战乱导致的不安定给人以自然的心理投射。另外值得注意的是,"贫富差距小"这一选项中,"非常不同意"其作为社会安定理想状态因素的占比是其他三项的4—6倍,表明相对于其他几项,公民总体并不认为社会安定与贫富差距有很大关系。

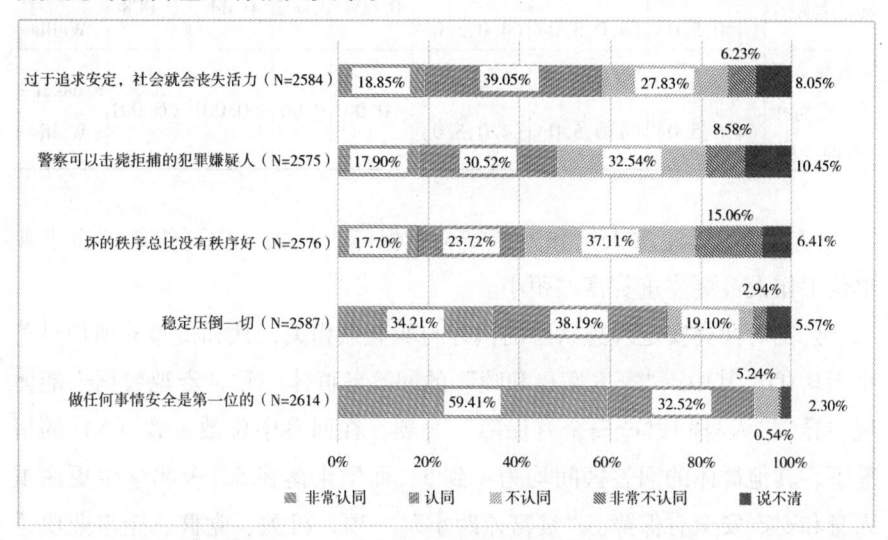

图2—12 公民关于社会安定的理想状态的评价

2. 公民对社会安定理想状态描述的差异分析

(1)党员更重视贫富差距小。

公民对社会安定理想状态的描述与政治面貌显著相关,秩和检验p值均显著低于0.05。"贫富差距小"一项,p12和p13值分别均显著小于0.05而p23值显著大于0.05,表明在党员与团员、群众显著不同,且党员回答中位数为5,团员和群众回答中位数均为4,可见,党员比团员、群众更注重贫富差距小。其他三项各群体的回答中位数和区间都一致,因此宏观数据未能显示具体差异。

表2—40 不同政治面貌公民对社会安定理想状态的偏好差异

	共产党员	共青团员	群众	p-value	p12	p23	p13	Test
人身和财产安全有保障	5.0 (4.0,5.0)	5.0 (4.0,5.0)	5.0 (4.0,5.0)	<0.001	0.61	<0.001	<0.001	Kruskal-Wallis

续表

	共产党员	共青团员	群众	p-value	p12	p23	p13	Test
家庭幸福和睦	5.0 (4.0,5.0)	5.0 (4.0,5.0)	5.0 (4.0,5.0)	<0.001	0.39	0.006	<0.001	Kruskal-Wallis
贫富差距小	5.0 (4.0,5.0)	4.0 (4.0,5.0)	4.0 (4.0,5.0)	0.004	0.002	0.44	0.008	Kruskal-Wallis
没有重大冲突、战乱和各种危机	5.0 (4.0,5.0)	5.0 (4.0,5.0)	5.0 (4.0,5.0)	<0.001	0.96	<0.001	<0.001	Kruskal-Wallis

（2）学生更注重人身和财产安全有保障，机关、党群组织、企事业单位工作人员更注重贫富差距小。

公民对社会安定理想状态的偏好与职业强相关，秩和检验p值均显著小于0.05。其中，"家庭幸福和睦"的回答各群体一致，宏观数据未能体现差异。"人身和财产安全有保障"一项，在回答中位数一致（5）的情况下，其他群体的回答区间均为4到5，而学生落在5，表明学生更注重人身和财产安全有保障。"贫富差距小"一项，机关、党群、企事业单位工作人员的回答中位数为5，其他群体为4，可见机关、党群组织、企事业单位工作人员更注重贫富差距小对于社会安定的重要性。

表2—41　不同职业公民对社会安定理想状态的偏好差异

	机关、党群组织、企业事业单位工作人员	专业技术人员（含教师）	商业、服务业人员	产业工人和农民	学生	p-value	p12	p23	p13	Test
人身和财产安全有保障	5.0 (4.0, 5.0)	5.0 (4.0, 5.0)	5.0 (4.0, 5.0)	5.0 (4.0, 5.0)	5.0 (5.0, 5.0)	<0.001	0.11	0.14	<0.001	Kruskal-Wallis
家庭幸福和睦	5.0 (4.0, 5.0)	5.0 (4.0, 5.0)	5.0 (4.0, 5.0)	5.0 (4.0, 5.0)	5.0 (4.0, 5.0)	0.002	0.19	0.12	<0.001	Kruskal-Wallis
贫富差距小	5.0 (4.0, 5.0)	4.0 (4.0, 5.0)	4.0 (4.0, 5.0)	4.0 (4.0, 5.0)	4.0 (4.0, 5.0)	<0.001	0.017	0.67	<0.001	Kruskal-Wallis
没有重大冲突、战乱和各种危机	5.0 (4.0, 5.0)	5.0 (4.0, 5.0)	5.0 (4.0, 5.0)	5.0 (4.0, 5.0)	5.0 (5.0, 5.0)	<0.001	0.30	0.33	0.010	Kruskal-Wallis

第二章 公民社会安定价值观分析

(3) 公民文化程度越高越偏好贫富差距小。

公民对社会安定理想状态的偏好与文化程度强相关，秩和检验 p 值均小于 0.001，显著低于 0.05。"贫富差距小"一项，上过大学的公民的回答中位数为 5，未上过大学的公民回答中位数为 4，可见文化程度越高越重视财富平等对于社会安定的意义。其他各项回答中位数、区间完全一致，宏观数据未能体现具体差异。

表 2—42　　不同文化程度公民对社会安定理想状态的偏好差异

	没上过大学	上过大学	p – value	Test
人身和财产安全有保障	5.0 (4.0, 5.0)	5.0 (4.0, 5.0)	<0.001	Wilcoxon rank – sum
家庭幸福和睦	5.0 (4.0, 5.0)	5.0 (4.0, 5.0)	<0.001	Wilcoxon rank – sum
贫富差距小	4.0 (4.0, 5.0)	5.0 (4.0, 5.0)	<0.001	Wilcoxon rank – sum
没有重大冲突、战乱和各种危机	5.0 (4.0, 5.0)	5.0 (4.0, 5.0)	<0.001	Wilcoxon rank – sum

(4) 低收入公民更重视贫富差距小。

公民对社会安定理想状态的偏好与收入水平相关，其中"人身和财产安全有保障""家庭幸福和睦""没有重大冲突、战乱和各种危机"的秩和检验 p 值均小于 0.05，但各群体回答基本一致，故宏观数据未能体现显著差异。"贫富差距小"一项，p 值为 0.56，显著大于 0.05，表明相关性很小。但数据直观体现，低收入公民的回答中位数为 5，其他群体公民回答中位数为 4，也就是说低收入公民或许更重视贫富差距问题。

表 2—43　　不同收入水平公民对社会安定理想状态的偏好差异

	5 万及以下	5 万—10 万元	10 万元以上	p – value	p12	p23	p13	Test
人身和财产安全有保障	5.0 (4.0,5.0)	5.0 (4.0,5.0)	5.0 (5.0,5.0)	<0.001	0.077	<0.001	<0.001	Kruskal – Wallis
家庭幸福和睦	5.0 (4.0,5.0)	5.0 (4.0,5.0)	5.0 (4.0,5.0)	0.022	0.40	0.047	0.007	Kruskal – Wallis

续表

	5万及以下	5万—10万元	10万元以上	p-value	p12	p23	p13	Test
贫富差距小	5.0 (4.0,5.0)	4.0 (4.0,5.0)	4.0 (4.0,5.0)	0.56	0.33	0.96	0.40	Kruskal-Wallis
没有重大冲突、战乱和各种危机	5.0 (4.0,5.0)	5.0 (4.0,5.0)	5.0 (4.0,5.0)	<0.001	0.069	<0.001	<0.001	Kruskal-Wallis

（5）城市居民比小城镇、农村居民更重视贫富差距小。

公民对社会安定理想状态的偏好与居住地具有强相关关系，秩和检验 p 值均小于 0.001，显著低于 0.05。其中，"贫富差距小"一项，小城镇和农村居民的回答中位数为 4，而城市居民的中位数为 5，也就是说，城市居民比小城镇和农村居民更关注贫富差距问题。其他项的回答中位数、区间完全一致，在宏观数据上未能看出具体差异。

表 2—44　不同居住地公民对社会安定理想状态的偏好差异

	小城镇和农村	城市	p-value	Test
人身和财产安全有保障	5.0 (4.0, 5.0)	5.0 (4.0, 5.0)	<0.001	Wilcoxon rank-sum
家庭幸福和睦	5.0 (4.0, 5.0)	5.0 (4.0, 5.0)	<0.001	Wilcoxon rank-sum
贫富差距小	4.0 (4.0, 5.0)	5.0 (4.0, 5.0)	<0.001	Wilcoxon rank-sum
没有重大冲突、战乱和各种危机	5.0 (4.0, 5.0)	5.0 (4.0, 5.0)	<0.001	Wilcoxon rank-sum

（6）80 后更注重贫富差距小。

公民对社会安定理想状态的偏好与年龄具有相关关系，秩和检验 p 值均小于 0.05。其中，"贫富差距小"一项，80 后回答中位数为 5，其他年龄段的中位数均为 4，表明 80 后更关注贫富差距问题。其他项的回答中位数、区间完全一致，在宏观数据上未能看出具体差异。

表 2—45　　　不同年龄公民对社会安定理想状态的偏好差异

	95 后与 00 后	90 后	80 后	70 后及以上	p-value	p12	p23	p13	Test
人身和财产安全有保障	5.0(4.0, 5.0)	5.0(4.0, 5.0)	5.0(4.0, 5.0)	5.0(4.0, 5.0)	<0.001	0.61	0.046	0.15	Kruskal-Wallis
家庭幸福和睦	5.0(4.0, 5.0)	5.0(4.0, 5.0)	5.0(4.0, 5.0)	5.0(4.0, 5.0)	0.028	0.12	0.52	0.022	Kruskal-Wallis
贫富差距小	4.0(4.0, 5.0)	4.0(4.0, 5.0)	5.0(4.0, 5.0)	4.0(4.0, 5.0)	<0.001	0.001	0.34	<0.001	Kruskal-Wallis
没有重大冲突、战乱和各种危机	5.0(4.0, 5.0)	5.0(4.0, 5.0)	5.0(4.0, 5.0)	5.0(4.0, 5.0)	<0.001	0.96	0.011	0.015	Kruskal-Wallis

（7）公民对"人身财产安全有保障""没有重大冲突、战乱和各种危机"的偏好与宗教信仰有关，但宏观数据未能显示具体差异。

公民对"家庭幸福和睦""贫富差距小"的偏好与有无宗教信仰相关性很小，秩和检验 p 值均显著大于 0.05。其他两项的 p 值均为 0.01，小于 0.05，表明具有相关性，但所有回答的中位数、区间一致，宏观数据未能体现具体差异。

表 2—46　　　有无宗教信仰公民对社会安定理想状态的偏好差异

	无宗教信仰	有宗教信仰	p-value	Test
人身和财产安全有保障	5.0 (4.0, 5.0)	5.0 (4.0, 5.0)	0.010	Wilcoxon rank-sum
家庭幸福和睦	5.0 (4.0, 5.0)	5.0 (4.0, 5.0)	0.91	Wilcoxon rank-sum
贫富差距小	4.0 (4.0, 5.0)	4.0 (4.0, 5.0)	0.82	Wilcoxon rank-sum
没有重大冲突、战乱和各种危机	5.0 (4.0, 5.0)	5.0 (4.0, 5.0)	0.010	Wilcoxon rank-sum

二　公民对社会安定的现实及底线理解

1. 公民视安全为社会安定头等大事

调查数据显示，91.93%的受访者认同"做任何事情安全是第一位的"观点，其中59.41%的人表示非常认同；相对而言，只有72.4%的受访者选择认同"稳定压倒一切"，表明公民知晓"安全第一"和"稳定第一"的差别，并不追求绝对的稳定，但追求绝对的安全。人们虽然偏爱有秩序的生活，但相比于坏秩序而言，人们宁可选择没有秩序，有过半数（52.17%）的受访者不认同"坏的秩序总比没有秩序好"，超过了认同者的比例（41.42%）。对于警察是否可以击毙拒捕的犯罪嫌疑人这一观点，48.42%的受访者支持，41.12%的受访者不支持，面对这一难题，仍然一成多（10.45%）的受访者说不清。一方面说明中国公民具有强烈的正义感；另一方面也能够体现出中国公民身上的法治意识、人权意识和道德纠结感。半数以上公民（57.90%）认同"过于追求安定，社会就会丧失活力"。上述信息表明，公民在把安全放在第一位的同时，并不意味着可以为安全牺牲其他方面；很多人都认识到，稳定、秩序并不天然合理，需要合法性的前提，人们追求好的秩序、尊重人权的稳定。

（1）团员的看法与党员、群众明显不同，更为新锐。

不同政治面貌的中国公民对"过于追求安定，社会就会丧失活力"的看法没有显著差异，p 值 0.15，大于 0.05。除此，其他四项的 p 值都小于 0.05。四项 p12、p23 值均大于 0.05，而 p13 均显著大于 0.05，这表明党员与团员、团员与群众之间差异显著，而党员与群众没有显著差异，也就是说团员与党员、群众显著不同。"稳定压倒一切"一项，团员的回答落在 2 和 4 即不认同和认同之间，党员和群众都落在 4 和 5 即认同和非常认同之间，基本可以推断，党员和群众比团员更加愿意相信"稳定压倒一切"的道理。"坏秩序总比没有秩序好"一项，党员、团员和群众的回答都落在 2 和 4 即不认同与认同之间，但群众回答的中位数落在 3 即说不清上，而党员和团员都落在 2 即不认同上，可以推断出，党员和团员比群众在对待坏的秩序上的态度更加明确。"警察可以击毙拒捕的犯罪嫌疑人"一项，所有公民回答区间一致的情况下，团员回答的中位数落在 2

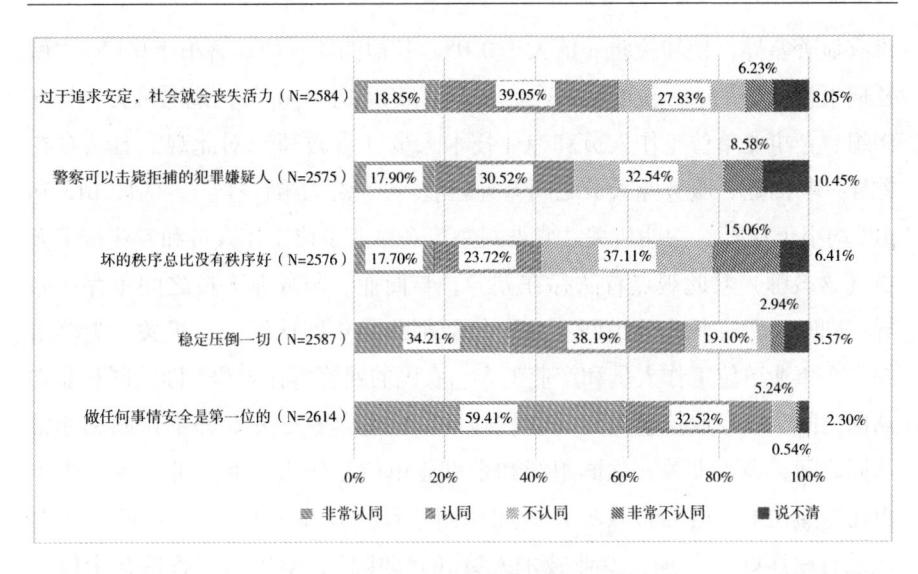

图 2—13 公民关于社会安定的看法

即不认同上,而党员和群众回答的中位数是 4 即认同上,由此基本断定,团员比党员、群众更不认同警察可以击毙拒捕的犯罪嫌疑人的观点。比较而言,团员的看法更明确,也更为新锐。

表 2—47　　　　不同政治面貌公民关于社会安定的看法差异

	共产党员	共青团员	群众	p-value	p12	p23	p13	Test
做任何事情安全是第一位的	5.0 (4.0, 5.0)	5.0 (4.0, 5.0)	5.0 (4.0, 5.0)	0.008	0.002	0.027	0.23	Kruskal-Wallis
稳定压倒一切	4.0 (4.0, 5.0)	4.0 (2.0, 4.0)	4.0 (4.0, 5.0)	<0.001	<0.001	<0.001	0.20	Kruskal-Wallis
坏的秩序总比没有秩序好	2.0 (2.0, 4.0)	2.0 (2.0, 4.0)	3.0 (2.0, 4.0)	<0.001	<0.001	<0.001	0.26	Kruskal-Wallis
警察可以击毙拒捕的犯罪嫌疑人	4.0 (2.0, 4.0)	2.0 (2.0, 4.0)	4.0 (2.0, 4.0)	<0.001	<0.001	<0.001	0.57	Kruskal-Wallis
过于追求安定,社会就会丧失活力	4.0 (2.0, 4.0)	4.0 (2.0, 4.0)	4.0 (2.0, 4.0)	0.15	0.13	0.063	0.87	Kruskal-Wallis

(2) 机关、党群组织和企事业单位工作人员和产业工人、农民更认同传统社会安定观,学生的社会安定观更具现代意识。

不同职业的中国公民对"过于追求安定,社会就会丧失活力"的看法没有显著差异，秩和检验 p 值大于 0.05。其他四项 p 值显著小于 0.05。"做任何事情安全是第一位的"一项，p13 和 p12 均小于 0.05，说明机关、党群组织、企事业单位工作人员和专业技术人员（含教师）对此观点看法存在差异，与商业、服务业人员之间差异显著。"稳定压倒一切"一项，p13 和 p12 均小于 0.05，说明机关、党群组织、企事业单位工作人员和专业技术人员（含教师）对此观点看法存在差异，与商业、服务业人员之间也存在差异；同时，所有职业公民回答的中位数都落在 4 即认同上，机关、党群组织、企事业单位工作人员和产业工人、农民的回答落在 4 和 5 即认同和非常认同之间，而专业技术人员（含教师）的回答落在 2 和 5 即不认同和非常认同之间，表明机关、党群组织和企事业单位工作人员和产业工人、农民更比专业技术人员（含教师）更加认同"稳定压倒一切"。"坏的秩序总比没有秩序好"一项，专业技术人员（含教师）、学生的回答落在中位数 2 即非常不认同上，机关、党群组织、企事业单位工作人员、商业、服务业人员的回答落在 3 即说不清上；产业工人和农民回答落在 4 即认同上。由此基本可以推断，专业技术人员（教师）、学生是各职业中最不认同"坏秩序总比没有秩序好"的，而产业工人和农民则是最认同这一观点的。其中差异不言而喻与文化素质有着直接关系。"警察可以击毙拒捕的犯罪嫌疑人"一项，机关、党群组织、企事业单位工作人员、产业工人和农民的回答落在中位数 4 即认同上，专业技术人员（含教师）和商业、服务业人员的回答落在中位数 3 即说不清上，学生的回答落在中位数 2 即不认同上。由此基本能够推断出，机关、党群组织、企事业单位工作人员和产业工人、农民是各职业中最赞成这一观点的，而学生是最反对这一观点的，专业技术人员和商业、服务业人员则处于两者之间。

表 2—48　　　　　不同职业公民关于社会安定的看法差异

	机关、党群组织、企事业单位工作人员	专业技术人员（含教师）	商业、服务业人员	产业工人和农民	学生	p-value	p12	p23	p13	Test
做任何事情安全是第一位的	5.0 (4.0, 5.0)	5.0 (4.0, 5.0)	5.0 (4.0, 5.0)	5.0 (4.0, 5.0)	5.0 (4.0, 5.0)	<0.001	0.026	0.41	<0.001	Kruskal–Wallis

第二章 公民社会安定价值观分析

续表

	机关、党群组织、企业事业单位工作人员	专业技术人员（含教师）	商业、服务业人员	产业工人和农民	学生	p-value	p12	p23	p13	Test
稳定压倒一切	4.0 (4.0, 5.0)	4.0 (2.0, 5.0)	4.0 (3.0, 5.0)	4.0 (4.0, 5.0)	4.0 (2.0, 4.0)	<0.001	<0.001	0.95	<0.001	Kruskal-Wallis
坏的秩序总比没有秩序好	3.0 (2.0, 5.0)	2.0 (2.0, 4.0)	3.0 (2.0, 4.0)	4.0 (2.0, 4.0)	2.0 (2.0, 4.0)	<0.001	0.002	0.29	0.012	Kruskal-Wallis
警察可以击毙拒捕的犯罪嫌疑人	4.0 (2.0, 5.0)	3.0 (2.0, 4.0)	4.0 (2.0, 4.0)	4.0 (2.0, 4.0)	2.0 (2.0, 4.0)	<0.001	<0.001	0.078	0.001	Kruskal-Wallis
过于追求安定，社会就会丧失活力	4.0 (2.0, 4.0)	4.0 (2.0, 4.0)	4.0 (2.0, 4.0)	4.0 (2.0, 4.0)	4.0 (2.0, 4.0)	0.48	0.96	0.85	0.89	Kruskal-Wallis

（3）文化程度越高社会安定观越复杂、辩证，文化程度越低社会安定观越单纯和确定。

不同文化程度的中国公民在"做任何事情安全是第一位的"和"过于追求安定，社会就会丧失活力"两项上没有显著差异，p值都显著大于0.05，表明这两者判断与文化程度相关性很小。其他三项p值显著低于0.05，表明其与受访者文化程度强相关。"稳定压倒一切"一项，在回答中位数一致的情况下，没上过大学公民的回答落在4和5即认同和非常认同之间，上过大学公民落在3和5即说不清和非常认同之间，基本可以推断，文化程度高的公民对"稳定压倒一切"的认同度更低。"坏的秩序总比没有秩序好"一项，在回答区间一致的情况下，没上过大学公民的回答落在中位数3.5即说不清上，而上过大学公民落在2即不认同上，可以推断，文化程度低的公民更认同"坏的秩序总比没有秩序好"。"警察可以击毙拒捕的犯罪嫌疑人"一项，在回答区间一致的情况下，没上过大学公民的回答落在中位数4即认同上，上过大学公民落在3即说不清上，可见文化程度低的公民更认同"警察可以击毙拒捕的犯罪嫌疑人"。

表2—49　　　　不同文化程度公民关于社会安定的看法差异

	没上过大学	上过大学	p-value	Test
做任何事情安全是第一位的	5.0（4.0，5.0）	5.0（4.0，5.0）	0.27	Wilcoxon rank-sum
稳定压倒一切	4.0（4.0，5.0）	4.0（3.0，5.0）	<0.001	Wilcoxon rank-sum
坏的秩序总比没有秩序好	3.5（2.0，4.0）	2.0（2.0，4.0）	<0.001	Wilcoxon rank-sum
警察可以击毙拒捕的犯罪嫌疑人	4.0（2.0，4.0）	3.0（2.0，4.0）	<0.001	Wilcoxon rank-sum
过于追求安定，社会就会丧失活力	4.0（2.0，4.0）	4.0（2.0，4.0）	0.71	Wilcoxon rank-sum

（4）收入越低的公民更看重稳定，收入越高的公民更看重秩序、稳定的合法性。

不同收入水平的中国公民在"做任何事情安全是第一位的"和"过于追求安定，社会就会丧失活力"两项上没有显著差异p值都大于0.05。其他三项相关性p值显著小于0.05，表明不同收入水平在这三项上存在显著差异。且这三项的p12、p13值都显著小于0.05，而p23值均大于0.05，也就是表明，年收入5万及以下受访者判断与5万以上收入的受访存在显著差异。"稳定压倒一切"一项，在回答中位数相等的情况下，收入低于5万元公民的回答落在4和5即认同和非常认同之间，5万—10万收入公民落在3和5即说不清和非常认同之间，超过10万元收入公民落在2和5即不认同和非常认同之间，由此可以推断，公民家庭收入越低越看重稳定。"坏的秩序总比没有秩序好"一项，在回答区间一致的情况下，收入低于5万元公民的回答落在中位数3即说不清上，而5万元以上收入公民则落在2即不认同上，基本可以推断，高收入公民更不认同"坏秩序总比没有秩序好"。"警察可以击毙拒捕的犯罪嫌疑人"秩和检验p值显著低于0.05，在回答区间一致情况下，收入低于5万元公民的回答落在中位数4即认同上，而5万元以上收入者则落在3即说不清上，基本可以推断，低收入公民更认同"警察可以击毙拒捕的犯罪嫌疑人"。

表 2—50　　　　　不同收入水平公民关于社会安定的看法差异

	5万及以下	5万—10万元	10万元以上	p-value	p12	p23	p13	Test
做任何事情安全是第一位的	5.0 (4.0, 5.0)	5.0 (4.0, 5.0)	5.0 (4.0, 5.0)	0.054	0.024	0.78	0.073	Kruskal-Wallis
稳定压倒一切	4.0 (4.0, 5.0)	4.0 (3.0, 5.0)	4.0 (2.0, 5.0)	<0.001	<0.001	0.074	<0.001	Kruskal-Wallis
坏的秩序总比没有秩序好	3.0 (2.0, 4.0)	2.0 (2.0, 4.0)	2.0 (2.0, 4.0)	<0.001	<0.001	0.42	<0.001	Kruskal-Wallis
警察可以击毙拒捕的犯罪嫌疑人	4.0 (2.0, 4.0)	3.0 (2.0, 4.0)	3.0 (2.0, 4.0)	<0.001	<0.001	0.68	0.001	Kruskal-Wallis
过于追求安定,社会就会丧失活力	4.0 (2.0, 4.0)	4.0 (2.0, 4.0)	4.0 (2.0, 4.0)	0.21	0.46	0.070	0.28	Kruskal-Wallis

（5）中国公民对社会安定观的现实理解与居住地相关性不强。

不同居住地的中国公民只有"做任何事情全是第一位的"秩和检验 p 值小于 0.001，显著低于 0.05，表明城乡居民对该观点看法差异显著，其他四项 p 值都显著大于 0.05，表明不同居住地的中国公民在其他四项上没有显著差异。即使在"做任何事情全是第一位的"一项，其回答的中位数和所落区间都一致，宏观上看不出明显差异。

表 2—51　　　　　不同居住地公民关于社会安定的看法差异

	小城镇和农村	城市	p-value	Test
做任何事情安全是第一位的	5.0 (4.0, 5.0)	5.0 (4.0, 5.0)	<0.001	Wilcoxon rank-sum
稳定压倒一切	4.0 (3.0, 5.0)	4.0 (3.0, 5.0)	0.29	Wilcoxon rank-sum
坏的秩序总比没有秩序好	3.0 (2.0, 4.0)	2.0 (2.0, 4.0)	0.37	Wilcoxon rank-sum
警察可以击毙拒捕的犯罪嫌疑人	3.0 (2.0, 4.0)	3.0 (2.0, 4.0)	0.19	Wilcoxon rank-sum

续表

	小城镇和农村	城市	p-value	Test
过于追求安定，社会就会丧失活力	4.0 (2.0, 4.0)	4.0 (2.0, 4.0)	0.063	Wilcoxon rank-sum

（6）以80后、90后为界，年龄越大越认同传统的社会安定观，年龄越小越持复杂、辩证的社会安定观。

在不同年龄的中国公民在社会安定观的差异分析中，除"过于追求安定，社会就会丧失活力"外，p值都显著小于0.05。p12大于0.05（b项除外），p23、p13显著小于0.05（a项除外），表明90后与00后之间差别不大，但90后及以后与80后有显著差异。"稳定压倒一切"一项，在所有公民的回答中位数相等的情况下，80后及以上公民的回答落在4和5即认同和非常认同之间，90后和95后与00后落在2和4即不认同和认同之间，由此可以推断出，年龄越大的公民更加认同"稳定压倒一切"说法。"坏的秩序总比没有秩序好"一项，在所有公民回答区间一致的情况下，80后及以上公民的回答落在中位数3即说不清上，90后及以下回答落在中位数2即不认同上，大致可以推断出，年轻公民更不认同"坏的秩序总比没有秩序好"这一说法。"警察可以击毙拒捕的犯罪嫌疑人"一项，在所有公民回答区间一致的情况下，80后及以上公民的回答落在中位数4即认同上，90后、95后与00后回答落在3即说不清上，由此基本可以推断，年龄大的公民对"警察可以击毙拒捕的犯罪嫌疑人"的认同度更高。

表2—52　　　　不同年龄公民关于社会安定的看法差异

	95后与00后	90后	80后	70后及以上	p-value	p12	p23	p13	Test
做任何事情安全是第一位的	5.0(4.0, 5.0)	5.0(4.0, 5.0)	5.0(4.0, 5.0)	5.0(4.0, 5.0)	<0.001	0.061	0.080	<0.001	Kruskal-Wallis
稳定压倒一切	4.0(2.0, 4.0)	4.0(2.0, 4.0)	4.0(4.0, 5.0)	4.0(4.0, 5.0)	<0.001	0.032	<0.001	<0.001	Kruskal-Wallis

续表

	95后与00后	90后	80后	70后及以上	p-value	p12	p23	p13	Test
坏的秩序总比没有秩序好	2.0(2.0, 4.0)	2.0(2.0, 4.0)	3.0(2.0, 4.0)	3.0(2.0, 4.0)	<0.001	0.086	<0.001	<0.001	Kruskal-Wallis
警察可以击毙拒捕的犯罪嫌疑人	3.0(2.0, 4.0)	3.0(2.0, 4.0)	4.0(2.0, 4.0)	4.0(2.0, 4.0)	<0.001	0.26	<0.001	<0.001	Kruskal-Wallis
过于追求安定,社会就会丧失活力	4.0(2.0, 4.0)	4.0(2.0, 4.0)	4.0(2.0, 4.0)	4.0(2.0, 4.0)	0.43	0.44	0.87	0.34	Kruskal-Wallis

(7) 公民的社会安定观与宗教信仰没有直接关系。

有无宗教信仰的中国公民对社会安定相关说法的态度没有显著差异,p值均大于0.05。

表2—53　　有无宗教信仰公民关于社会安定的看法差异

	无宗教信仰	有宗教信仰	p-value	Test
做任何事情安全是第一位的	5.0 (4.0, 5.0)	5.0 (4.0, 5.0)	0.57	Wilcoxon rank-sum
稳定压倒一切	4.0 (3.0, 5.0)	4.0 (3.0, 5.0)	0.27	Wilcoxon rank-sum
坏的秩序总比没有秩序好	2.0 (2.0, 4.0)	3.0 (2.0, 4.0)	0.17	Wilcoxon rank-sum
警察可以击毙拒捕的犯罪嫌疑人	3.0 (2.0, 4.0)	3.0 (2.0, 4.0)	0.26	Wilcoxon rank-sum
过于追求安定,社会就会丧失活力	4.0 (2.0, 4.0)	4.0 (2.0, 4.0)	0.41	Wilcoxon rank-sum

2. 绝大多数公民认同的社会安定底线是生态、隐私和食品安全

社会安定当然要以各方面的具体安全为基础和底线。调查数据显示，93.75%的受访者表示担心生态环境恶化，92.57%的人担心个人信息被监控或窃取，还有92.09%的人对担心食物、药品有害健康。从担心程度来看，"非常担心"中位列前三的依然是生态、个人隐私和食品药品安全；非常担心食物、药品有害健康比例最高，为61.94%，个人信息被监控或窃取是59.38%，与之较为接近的是生态环境日益恶化，为56.77%。人们所担心生态、个人隐私和食品安全问题具有很强的时代性、现实性。相对而言，人们对"失去自己拥有的财产"最不担心，仅有80.30%的受访者表示担心，而担心"领土受到侵犯或卷入战争"（84.61%）、"发生经济危机"（85.69%）、"发生暴力恐怖袭击"（85.49%）和"身体受到伤害"（85.65%）的人数比例十分接近。同时，名列"非常不担心"前3名的是"发生暴力恐怖袭击""领土受到侵犯或卷入战争""失去自己拥有的财产"。如果说中国公民最担心的三个问题具有时代性、世界性的话，那么中国公民最不担心的三个问题就具有中国的特殊性，因为这些问题目前在很多国家都是很突出的问题，这与前述公民对中国社会最大优势就是安全稳定的看法高度吻合，并进一步表明为什么说中国社会的最大优势在于安全稳定。

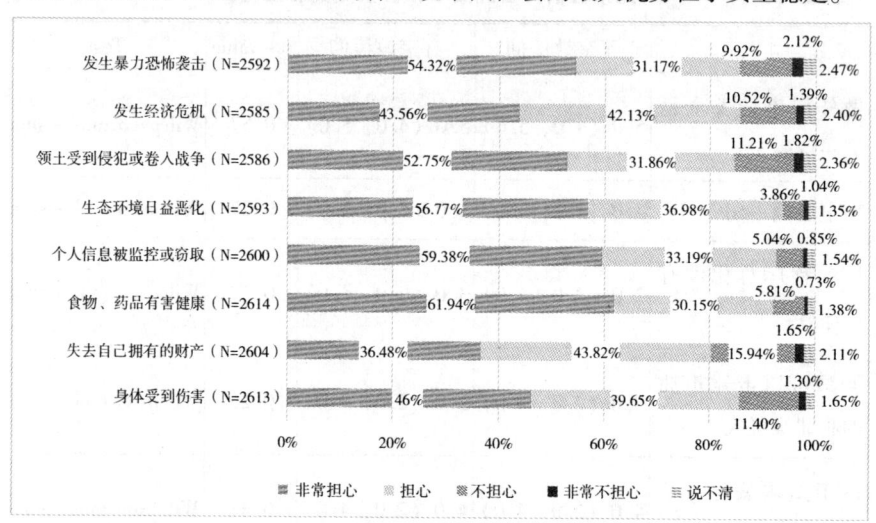

项目	非常担心	担心	不担心	非常不担心	说不清
发生暴力恐怖袭击（N=2592）	54.32%	31.17%	9.92%	2.12%	2.47%
发生经济危机（N=2585）	43.56%	42.13%	10.52%	1.39%	2.40%
领土受到侵犯或卷入战争（N=2586）	52.75%	31.86%	11.21%	1.82%	2.36%
生态环境日益恶化（N=2593）	56.77%	36.98%	3.86%	1.04%	1.35%
个人信息被监控或窃取（N=2600）	59.38%	33.19%	5.04%	0.85%	1.54%
食物、药品有害健康（N=2614）	61.94%	30.15%	5.81%	0.73%	1.38%
失去自己拥有的财产（N=2604）	36.48%	43.82%	15.94%	1.65%	2.11%
身体受到伤害（N=2613）	46%	39.65%	11.40%	1.30%	1.65%

图2—14 中国公民对社会安定的底线需求

本题设计参考了 2012 年世界价值调查原题（V181—186）。从可直接比较的项目来看，主要有以下三方面：

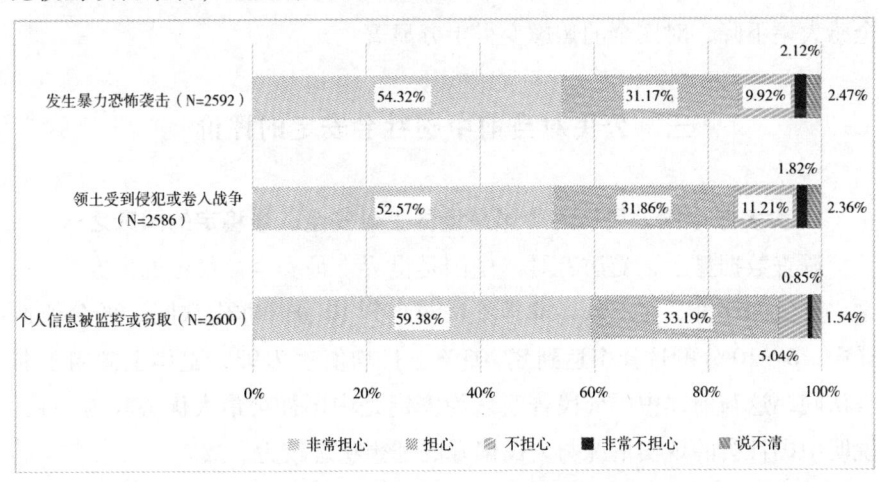

图 2—15　中国公民价值观调查结果（2018）

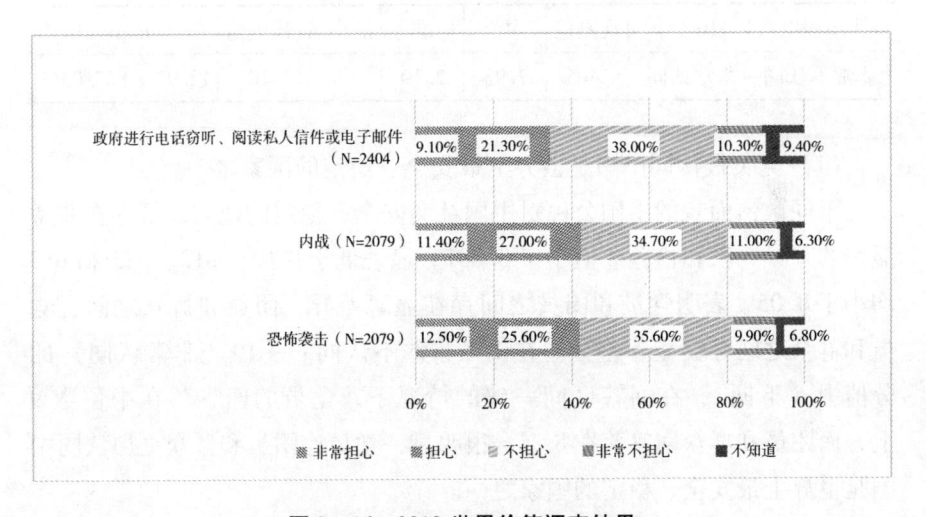

图 2—16　2012 世界价值调查结果

两相比较我们可以看出，2012 年时，中国公民担心信息被监控或窃取（政府进行电话窃听、阅读私人信件或电子邮件）的比率只占到 30.4%，而 2018 年提高到 92.57%；2012 年，中国公民对卷入战争（内战）的担心比率为 38.4%，而 2018 年提升到 84.61%；2012 年，中国公民对恐怖袭击的担心比率为 38.1%，而 2018 年提升到了 85.49%。当然这其中的差异与出题角度、表述方式等有很大关系，但仍然可以从极其显著的落差——40 到 60 个百分点的差异可以看出，相对于以前，人们的安全感大幅下降，对安全的焦虑变得十分显著。

三 公民对当前中国社会安定的评价

1. 大多数中国公民认为中国是世界上最安全、最稳定的国家之一

调查数据显示，受访者对"中国是世界上最安全、稳定的国家之一"这一看法的评价，在 1 分（非常不认同）到 10 分（非常认同）的分值选择中，6—10 分的选择率达到 87.03%，且均值达 7.93，整体上倾向于非常认同，这与前述中国公民普遍认为安定是中国社会最大优势较为一致，说明中国社会的现实情况与公民偏好的理想状态较为一致。

表 2—54　公民对"中国是世界上最安全、稳定的国家之一"这一说法的评价

认同程度（1—10 分）	观测值	均值	标准差	最小值	最大值	1—5 分	6—10 分
非常不认同—非常认同	2405	7.93	2.19	1	10	12.97%	87.03%

（1）党员最认同中国是世界上最安全、稳定的国家之一。

不同政治面貌的中国公民对中国社会安全、稳定的现实评价存在非常显著的差异，秩和检验 p 值小于 0.001，显著低于 0.05。p12、p23 和 p13 均小于 0.05，表明党员和团员之间存在显著差异，团员和群众之间、党员和群众之间存在显著差异。在 1（非常不认同）—10（非常认同）的分值中（下同），在回答区间一致的情况下，党员的回答落在中位数 9 上，而团员和群众回答落在 8 上，很明显，党员比团员和群众更加认同中国是世界上最安全、稳定的国家之一。

表 2—55　不同政治面貌公民对中国社会安全、稳定的现实评价差异

	共产党员	共青团员	群众	p - value	p12	p23	p13	Test
中国是世界上最安全、稳定的国家之一	9.0(7.0, 10.0)	8.0(7.0, 10.0)	8.0(7.0, 10.0)	<0.001	<0.001	0.015	0.031	Kruskal - Wallis
	8.2 [±2.0]	7.8 [±1.9]	7.8 [±2.4]	0.002	<0.001	0.93	0.002	ANOVA

第二章　公民社会安定价值观分析

（2）机关、党群组织、企业事业单位工作人员更认同中国是世界上最安全、稳定的国家之一。

不同职业的中国公民对中国社会安全稳定的评价存在非常显著的差异，秩和检验 p 值小于 0.001，显著低于 0.05。在 1（非常不认同）—10（非常认同）的分值中，回答区间一致的情况下，机关、党群组织、企事业单位工作人员的回答落在中位数 9 上，其他职业均落在 8 上，可见机关、党群组织、企事业单位工作人员更加认同中国是最安全、稳定的国家。

表 2—56　不同职业公民对中国社会安全、稳定的现实评价差异

中国是世界上最安全、稳定的国家之一。	机关、党群组织、企业事业单位工作人员	专业技术人员（含教师）	商业、服务业人员	产业工人和农民	学生	p-value	p12	p23	p13	Test
	9.0 (7.0, 10.0)	8.0 (7.0, 9.0)	8.0 (7.0, 10.0)	8.0 (6.0, 10.0)	8.0 (7.0, 9.0)	<0.001	<0.001	0.51	<0.001	Kruskal-Wallis
	8.2 [±2.2]	7.8 [±2.0]	7.9 [±2.1]	7.3 [±2.7]	7.8 [±1.9]	<0.001	0.021	0.84	0.011	ANOVA

（3）受教育程度越低越倾向于认同中国是世界上最安全、稳定的国家之一。

不同受教育程度的中国公民对中国社会安全稳定的评价存在显著差异，秩和检验 p 值为 0.009，小于 0.05。在 1（非常不认同）—10（非常认同）的分值中，所有公民的回答区间一致的情况下，没上过大学公民的回答落在中位数 9 上，而上过大学公民落在 8 上，由此可以推断，受教育水平低的公民更加认同中国是最安全稳定的国家之一。

表 2—57　不同受教育程度公民对中国社会安全、稳定的现实评价差异

中国是世界上最安全、稳定的国家之一。	没上过大学	上过大学	p-value	Test
	9.0 (7.0, 10.0)	8.0 (7.0, 10.0)	0.009	Wilcoxon rank-sum
	8.0 [±2.2]	7.9 [±2.2]	0.10	Two sample t test

（4）公民收入越低越认同中国是世界上最安全、最稳定的国家之一。

不同收入水平的中国公民对中国社会安全稳定的评价存在显著差异，

秩和检验 p 值为 0.003，小于 0.05。p12、p13 值显著小于 0.05，而 p23 显著大于 0.05，表明家庭年收入 5 万元上下受访者的看法有显著差异。在 1（非常不认同）—10（非常认同）的分值中，所有公民的回答区间一致的情况下，低于 5 万收入公民的回答落在中位数 9 上，而 5 万—10 万收入和超过 10 万收入公民都落在中位数 8 上，由此可以推断，家庭收入越低的公民越认可中国是最安全、稳定的国家之一。

表 2—58　不同收入水平公民对中国社会安全、稳定的现实评价差异

	5 万及以下	5 万—10 万元	10 万元以上	p-value	p12	p23	p13	Test
中国是世界上最安全、稳定的国家之一。	9.0 (7.0, 10.0)	8.0 (7.0, 10.0)	8.0 (7.0, 10.0)	0.003	0.002	0.91	0.007	Kruskal-Wallis
	8.0 [±2.3]	7.9 [±2.1]	7.9 [±2.2]	0.18	0.12	0.89	0.12	ANOVA

（5）公民年龄越大越认同中国是世界上最安全、稳定的国家之一。

不同年龄的中国公民对中国社会安全稳定的评价存在非常显著的差异，秩和检验 p 值小于 0.001，显著低于 0.05。p23 和 p13 分别为 0.003 和 0.027，均小于 0.05，而 p12 值显著大于 0.05，这表明 90 后与 00 后之间不存在显著差异，但 90 后、00 后和 80 后之间存在显著差异。所有公民的回答区间一致的情况下，70 后及以上受访者的中位数为 9，其他各年龄段均为 8，可见，70 后及以上公民对中国是世界上最安全、稳定的国家之一的认同度最高。

表 2—59　不同年龄公民对中国社会安全、稳定的现实评价差异

	95 后与 00 后	90 后	80 后	70 后及以上	p-value	p12	p23	p13	Test
中国是世界上最安全、稳定的国家之一。	8.0(7.0, 10.0)	8.0(7.0, 10.0)	8.0(7.0, 10.0)	9.0(7.0, 10.0)	<0.001	0.39	0.003	0.027	Kruskal-Wallis
	7.9 [±1.9]	7.8 [±2.1]	8.0 [±2.3]	8.1 [±2.4]	0.070	0.26	0.10	0.59	ANOVA

（6）公民对中国社会安全稳定的评价与其居住地、宗教信仰没有明显相关性。

数据显示，不同居住地和有无宗教信仰的中国公民对中国社会安全稳定的判断没有显著差异，秩和检验 p 值都显著大于 0.05。

表 2—60　不同居住地公民对中国社会安全、稳定的现实评价差异

	小城镇和农村	城市	p - value	Test
中国是世界上最安全、稳定的国家之一。	8.0（7.0, 10.0）	8.0（7.0, 10.0）	0.30	Wilcoxon rank - sum
	7.9 [±2.2]	8.0 [±2.2]	0.51	Two sample t test

表 2—61　有无宗教信仰公民对中国社会安全、稳定的现实评价差异

	无宗教信仰	有宗教信仰	p - value	Test
中国是世界上最安全、稳定的国家之一。	8.0（7.0, 10.0）	8.0（7.0, 10.0）	0.38	Wilcoxon rank - sum
	7.9 [±2.2]	7.8 [±2.3]	0.27	Two sample t test

2. 绝大多数公民认为当前和未来中国都是个社会安定的国家，但对未来的确信显著小于现实评价

数据显示，不论是与其他国家比较，还是与过去比较，还是对未来进行展望，公民普遍认可中国是一个安定的国家。调查数据显示，92.5% 的受访者认同中国是比其他国家更加安定的国家，90.48% 的人认为中国比以前更加安定了，83.39% 的公民相信未来的中国将会更加安定。值得注意的是，未来预期比现实判断（同以往相比）要低 6 个多百分点，而且有 16.62% 的受访者对未来社会是否会更加安定有些信心不足，不认同中国未来会更加安定或说不清中国社会未来是否会更加安定。其中"非常不认同"的比率是前两者的 2 倍多，"说不清"是前两者的近 3 倍。这表明，虽然公民总体上对中国社会未来的安定持乐观态度，但也有不少担忧。

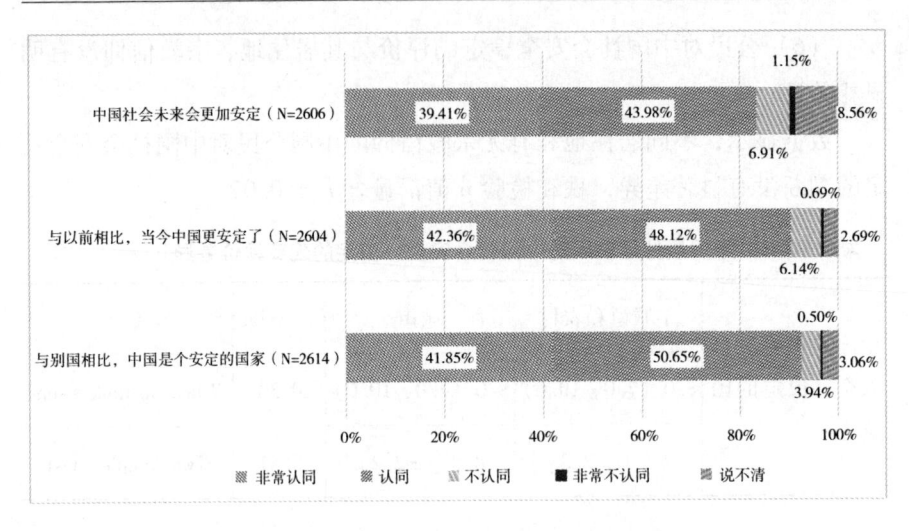

图2—17 公民对中国社会安定状况的评价

（1）党员、团员、群众关于中国社会安定的综合判断有显著差异，但在宏观统计中看不出具体差异。

不同政治面貌的中国公民关于中国社会安定的综合判断与政治面貌存在显著差异，p值均显著小于0.05。p12除第二项略高于0.05外，都显著小于0.05；p13值均显著小于0.05；而p23值均显著大于0.05。这表明，共产党员和团员、群众的判断有显著差异，而团员与群众的判断差异性不明显。但是，三类群体回答中位数和区间完全一致，宏观统计看不出具体差异。

表2—62 不同政治面貌公民关于中国社会安定的综合判断差异

	共产党员	共青团员	群众	p-value	p12	p23	p13	Test
与别国相比，中国是个安定的国家	4.0 (4.0, 5.0)	4.0 (4.0, 5.0)	4.0 (4.0, 5.0)	<0.001	<0.001	0.71	<0.001	Kruskal-Wallis
与以前相比，当今中国更加安定了	4.0 (4.0, 5.0)	4.0 (4.0, 5.0)	4.0 (4.0, 5.0)	0.025	0.086	0.46	0.006	Kruskal-Wallis
中国社会未来会更加安定	4.0 (4.0, 5.0)	4.0 (4.0, 5.0)	4.0 (4.0, 5.0)	<0.001	<0.001	0.76	<0.001	Kruskal-Wallis

(2) 机关、党群组织、企业事业单位工作人员或对中国社会安定的综合判断更为积极、乐观。

本调查显示，不同职业的中国公民对中国社会安定的综合判断与其职业的相关性三项 p 值均显著小于 0.05，说明强相关。宏观上五类群体回答的中位数和区间完全一致，无法判断具体差异。但是，p12 值均小于 0.05，p23 值均显著大于 0.05，这表明，机关、党群组织、企业事业单位工作人员与另两个群体的差异是明显的。结合上述"机关、党群组织、企业事业单位工作人员更认同中国是世界上最安全、稳定的国家"的结论，或许可以判断，机关、党群组织、企业事业单位工作人员对中国社会安定的综合判断更为积极、乐观。

表 2—63　　不同职业公民关于中国社会安定的综合判断差异

	机关、党群组织、企业事业单位工作人员	专业技术人员（含教师）	商业、服务业人员	产业工人和农民	学生	p-value	p12	p23	p13	Test
与别国相比，中国是个安定的国家	4.0 (4.0, 5.0)	4.0 (4.0, 5.0)	4.0 (4.0, 5.0)	4.0 (4.0, 5.0)	4.0 (4.0, 5.0)	0.011	0.030	0.98	0.008	Kruskal-Wallis
与以前相比，当今中国更加安定了	4.0 (4.0, 5.0)	4.0 (4.0, 5.0)	4.0 (4.0, 5.0)	4.0 (4.0, 5.0)	4.0 (4.0, 5.0)	0.001	0.013	0.18	0.15	Kruskal-Wallis
中国社会未来会更加安定	4.0 (4.0, 5.0)	4.0 (4.0, 5.0)	4.0 (4.0, 5.0)	4.0 (4.0, 5.0)	4.0 (4.0, 5.0)	0.001	0.005	0.99	<0.001	Kruskal-Wallis

(3) 公民受教育程度越低或对中国未来社会的安定预期越乐观。

不同受教育程度的中国公民在对中国社会安定的综合判断差异性分析中，"与别国相比，中国是个安定的国家"和"与以前相比，当今中国更加安定了"的秩和检验 p 值分别是 0.28 和 0.75，均大于 0.05，表明不同文化程度的中国公民对此观点的看法不显著；"中国社会未来会更加安定"秩和检验 p 值为 0.008，显著小于 0.05，说明不同文化程度公民对

"中国未来社会更加安定"的态度存在明显差异。联系前述"受教育程度越低越倾向于认同中国是世界上最安全、稳定的国家"的结论，或许可以判断，受教育程度越低的公民对中国未来安定的预期更为乐观。

表 2—64　不同受教育程度公民关于中国社会安定的综合判断差异

	没上过大学	上过大学	p-value	Test
与别国相比，中国是个安定的国家	4.0 (4.0, 5.0)	4.0 (4.0, 5.0)	0.28	Wilcoxon rank-sum
与以前相比，当今中国更加安定了	4.0 (4.0, 5.0)	4.0 (4.0, 5.0)	0.75	Wilcoxon rank-sum
中国社会未来会更加安定	4.0 (4.0, 5.0)	4.0 (4.0, 5.0)	0.008	Wilcoxon rank-sum

（4）收入越低的公民或对中国当下与未来的社会安定持更为积极的评价。

不同收入水平的中国公民对中国社会安定的综合判断的显著性分析中，"与别国相比，中国是个安定的国家"的秩和验 p 值为 0.40，显著大于 0.05，表明不同收入水平的中国公民对此观点的态度与收入相关性较小。"与以前相比，当今中国更加安定了"和"中国社会未来会更加安定"秩和检验 p 值分别是 0.026 和 0.023，均小于 0.05，表明不同收入水平的中国公民在这两项上具有显著的差异。同时，两项的 p12 均小于 0.05，p23 值均大于 0.05，p13 值则前者大于 0.05 而后者小于 0.05。这表明，总体上家庭年收入 5 万元及以下的公民与 5 万元以上的公民的判断有显著差异。综合上述"公民收入越低越认同中国是世界上最安全、最稳定的国家"的结论，或许可以得出，收入越低的公民对中国当今和未来的社会安定持更为积极的评价。

表 2—65　不同收入水平公民关于中国社会安定的综合判断差异

	5万及以下	5万—10万元	10万元以上	p-value	p12	p23	p13	Test
与别国相比，中国是个安定的国家	4.0 (4.0, 5.0)	4.0 (4.0, 5.0)	4.0 (4.0, 5.0)	0.40	0.18	0.63	0.45	Kruskal-Wallis

第二章　公民社会安定价值观分析

续表

	5万及以下	5万—10万元	10万元以上	p-value	p12	p23	p13	Test
与以前相比，当今中国更加安定了	4.0 (4.0, 5.0)	4.0 (4.0, 5.0)	4.0 (4.0, 5.0)	0.026	0.006	0.22	0.22	Kruskal-Wallis
中国社会未来会更加安定	4.0 (4.0, 5.0)	4.0 (4.0, 5.0)	4.0 (4.0, 5.0)	0.023	0.014	0.91	0.030	Kruskal-Wallis

（5）不同居住地对中国是否比以前更安定的判断有差异，但宏观上难以体现。

不同居住地的中国公民对中国社会安定的综合判断的显著性分析中，"与别国相比，中国是个安定的国家"和"中国社会未来会更加安定"两项的秩和检验 p 值分别是 0.071 和 0.49，均显著大于 0.05，表明不同居住地的中国公民对此观点的看法没有显著差异。"与以前相比，当今中国更加安定了"一项的秩和检验 p 值为 0.002，低于 0.05，说明城乡居民对当前中国社会比以前更安定的态度有所差异，但得分区间和中位数完全一致，从宏观上难以看出其差异。

表 2—66　不同居住地公民关于中国社会安定的综合判断差异

	小城镇和农村	城市	p-value	Test
与别国相比，中国是个安定的国家	4.0 (4.0, 5.0)	4.0 (4.0, 5.0)	0.071	Wilcoxon rank-sum
与以前相比，当今中国更加安定了	4.0 (4.0, 5.0)	4.0 (4.0, 5.0)	0.002	Wilcoxon rank-sum
中国社会未来会更加安定	4.0 (4.0, 5.0)	4.0 (4.0, 5.0)	0.49	Wilcoxon rank-sum

（6）公民对中国社会安定的综合判断与年龄、宗教信仰基本无关。

不同年龄、宗教信仰的受访者对中国社会安定的综合判断的差异分析中，所有项目的秩和检验 p 值均大于 0.05，也就是说，受访者对中国社会安定的综合判断与年龄、宗教信仰没有显著差异。

表 2—67　不同年龄公民关于中国社会安定的综合判断差异

	95 后与 00 后	90 后	80 后	70 后及以上	p-value	p12	p23	p13	Test
与别国相比，中国是个安定的国家	4.0(4.0, 5.0)	4.0(4.0, 5.0)	4.0(4.0, 5.0)	4.0(4.0, 5.0)	0.34	0.22	0.29	0.82	Kruskal-Wallis
与以前相比，当今中国更加安定了	4.0(4.0, 5.0)	4.0(4.0, 5.0)	4.0(4.0, 5.0)	4.0(4.0, 5.0)	0.054	0.070	0.39	0.007	Kruskal-Wallis
中国社会未来会更加安定	4.0(4.0, 5.0)	4.0(4.0, 5.0)	4.0(4.0, 5.0)	4.0(4.0, 5.0)	0.074	0.053	0.16	0.52	Kruskal-Wallis

表 2—68　有无宗教信仰公民关于中国社会安定的综合判断差异

	无宗教信仰	有宗教信仰	p-value	Test
与别国相比，中国是个安定的国家	4.0 (4.0, 5.0)	4.0 (4.0, 5.0)	0.28	Wilcoxon rank-sum
与以前相比，当今中国更加安定了	4.0 (4.0, 5.0)	4.0 (4.0, 5.0)	0.77	Wilcoxon rank-sum
中国社会未来会更加安定	4.0 (4.0, 5.0)	4.0 (4.0, 5.0)	0.52	Wilcoxon rank-sum

四　公民对社会安定隐患及对策的看法

1. 公民认为当前社会安定最大隐患是道德滑坡，房地产泡沫、台独港独等分裂活动次之

调查数据显示，近五分之一（24.98%）的受访者认为当前中国社会最大的安全隐患是道德滑坡。房地产泡沫、台独港独等分裂活动位列第二和第三，比例分别为 17.75% 和 12.43%。再随其后的是生态危机（9.49%）、恐怖袭击（8%）、群体性事件（7.73%）。相对而言，人们对金融危机和外敌入侵并不感到非常忧虑，仅有 6.01% 和 6.35% 的受访者选择。我们看到，受访者认为的最大安全隐患涉及政治、经济、文化、社会和生态等多方面，"社会道德滑坡"一枝独秀，与许多人日常感受还是有些差别的。这表明，大家都有一种深深的忧虑，在经济上富起来之后，社会道德建设相对落后可能会造成恐慌。

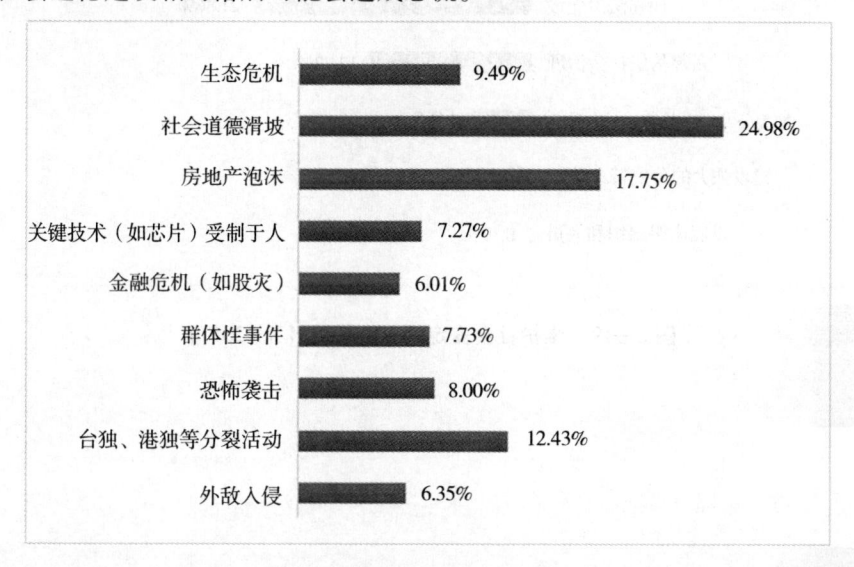

类别	百分比
生态危机	9.49%
社会道德滑坡	24.98%
房地产泡沫	17.75%
关键技术（如芯片）受制于人	7.27%
金融危机（如股灾）	6.01%
群体性事件	7.73%
恐怖袭击	8.00%
台独、港独等分裂活动	12.43%
外敌入侵	6.35%

图2—18 当前中国社会最大的安全隐患（N=2614）

2. 公民认为维护社会安定首要在于提高公民素质，缩小贫富差距、加强法治次之

调查数据显示，近三分之一（32.48%）的受访者认为维护社会安定首先要提高公民素质和责任意识，其次在于缩小贫富差距（26.33%）、加强法治建设（21.86%）和完善基层社会治理（12.72%）。此外，加大公共安全检查、监控力度、建设强大的公安警察队伍、发展志愿组织和人员都有助于维护社会安全稳定。一般而言，我们往往认为，维护社会安定要靠法治建设、完善基层社会治理、加大公共安全检查、监控力度等，但结果是"提高国民素质和责任意识"居于首位，也与上述"道德滑坡是社会最大安全隐患"的结论正相对应。可见，维护社会安定最根本的还是要改变人自身的素质，变他律为自律。当然，超过四分之一的受访者认为要缩小贫富差距，事实上是体现在经济和民生方面的公平正义问题，这对于社会安定而言具有基础性作用。

措施	百分比
提高公民素质和责任意识	32.48%
缩小贫富差距	26.33%
加强法治建设	21.86%
完善基层社会治理	12.72%
加大公共安全检查、监控力度	4.66%
建设强大的公安警察队伍	1.76%
发展志愿组织和人员	0.19%

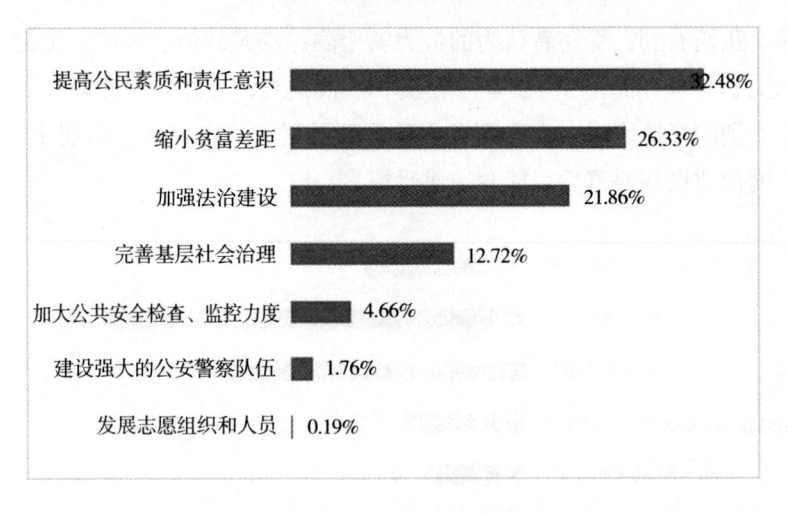

图2—19 维护社会安定的主要措施（N = 2617）

第三章 公民社会自由价值观分析

追求意志、生存、发展的自由,是人和动物相区分的根本性标志之一。近代以来,西方将自由理解为天赋人权;马克思学说本质上可以说是人类自由解放的学说,最终追求的正是每个人的自由全面发展;中华人民共和国的建立和社会主义的选择正是近代以来中国人追求自由的历史结果,自由是社会主义核心价值观重要内容之一。自由是人类的共同价值,是人们对理想社会美好向往。也就是说,一个社会是否是个好社会,自由是重要的价值标准,公民对社会自由的判断是反映其社会价值观的重要内容。

一 公民对社会自由的理想偏好

1. 公民基本认同自由至高无上的价值观

调查从对"生命诚可贵,爱情价更高,若为自由故,两者皆可抛"这句诗的评价分析人们对自由至高无上的价值观的看法。结果显示,在1分(非常不认同)到10分(非常认同)的分值选择中,6—10分的选择率为57.80%,1—5分选择率43.20%,且均值达为5.88,大于5分,说明公民基本认同自由至高无上的观点。

表2—69 对《自由与爱情》体现自由至高无上的价值观这一看法的评价

认同程度(1—10分)	观测值	均值	标准差	最小值	最大值	1—5分	6—10分
非常不认同—非常认同	2588	5.88	2.81	1	10	43.20%	57.80%

(1)共青团员对自由至高无上的认同低于党员和群众。

不同政治面貌的受访者对自由的看法和政治面貌存在显著差异,秩和检验 p 值小于 0.001，显著低于 0.05。在 1 分（非常不认同）到 10 分（非常认同）的分值选择中，党员、团员和群众的回答都落在中位数 6 上，但方差分析中共青团员的平均值（5.5 分）低于另外二者（6.0 分）。同时，p12、p23 值都显著小于 0.05，而 p13 值显著大于 0.05，表明团员与党员、群众有显著差异，共青团员对自由至高无上的价值观的认同度相对较低。

表 2—70　　不同政治面貌公民对自由至高无上的认同差异

共产党员	共青团员	群众	p-value	p12	p23	p13	Test
6.0 (4.0, 8.0)	6.0 (4.0, 8.0)	6.0 (4.0, 8.0)	<0.001	0.001	<0.001	0.55	Kruskal-Wallis
6.0〔±2.8〕	5.5〔±2.6〕	6.0〔±2.9〕	<0.001	0.002	<0.001	0.68	ANOVA

（2）产业工人和农民最倾向于认同自由至上的价值，而学生群众最不倾向于认同自由至上的价值。

不同职业的受访者对自由重要性的看法存在显著的差异，秩和检验 p 值小于 0.001，显著低于 0.05。在 1 分（非常不认同）到 10 分（非常认同）的分值选择中，机关、党群组织、企事业单位工作人员（6.0 分）、专业技术人员（含教师）（6.0 分）和商业、服务业人员（6.0 分）的均值相同，而且 p12、p23、p13 值都显著大于 0.05，表明三者之间没有显著差异；产业工人和农民的回答落在中位数 7 上，学生在 5 上，其他职业公民落在 6 上。在方差分析中，产业工人和农民评分均值最高（6.3 分），表现出对自由至高无上的价值观的相对偏好；学生最低（5.5 分），表现出较弱的偏向性。

表 2—71　　不同职业公民对自由至高无上的认同差异

机关、党群组织、企业事业单位工作人员	专业技术人员（含教师）	商业、服务业人员	产业工人和农民	学生	p-value	p12	p23	p13	Test
6.0 (3.0, 8.0)	6.0 (5.0, 8.0)	6.0 (4.0, 8.0)	7.0 (4.0, 9.0)	5.0 (4.0, 7.0)	<0.001	0.55	0.87	0.44	Kruskal-Wallis

续表

机关、党群组织、企业事业单位工作人员	专业技术人员（含教师）	商业、服务业人员	产业工人和农民	学生	p-value	p12	p23	p13	Test
6.0 [±3.0]	6.0 [±2.6]	6.0 [±2.7]	6.3 [±3.0]	5.5 [±2.5]	<0.001	0.80	0.97	0.71	ANOVA

（3）受教育程度低的公民更认同自由是至高无上的价值。

不同文化程度的中国公民对自由的评价存在显著差异，秩和检验p值为0.007，显著低于0.05。在1分（非常不认同）到10分（非常认同）的分值选择中，两类公民的均回答落在4和8之间，以6为中位数。但没上过大学的中国公民的平均分（6.1）高于上过大学的中国公民（5.8）。由此可以推断出，文化程度低的中国公民更倾向于认同自由至高无上的价值观。这也许是因为文化程度较低者通常从事简单低水平、流水线式的工作，更加受规章约束，自由程度较低。

表2—72　　　不同文化程度公民对自由至高无上的认同差异

没上过大学	上过大学	p-value	Test
6.0 (4.0, 8.0)	6.0 (4.0, 8.0)	0.007	Wilcoxon rank-sum
6.1 [±2.9]	5.8 [±2.8]	0.007	Two sample t test

（4）收入越低越偏好自由。

不同收入水平的中国公民对自由的评价与其收入水平相关。秩和检验p值小于0.001，显著低于0.05。p23、p13值都显著小于0.05，而p12值不显著，故家庭收入10万元以下的两类公民差异不显著，而分别与10万元以上公民有显著差异。在1分（非常不认同）到10分（非常认同）的分值选择中，收入低于5万公民的、5万—10万和10万以上公民的回答以6为中位数。在方差分析中，5万以下收入者为6.1分，5万—10万收入者为5.9分，而10万以上则是5.6分。由此可以初步判断，收入越低越倾向于认同自由价值观。

表2—73　　　不同收入水平公民对自由至高无上的认同差异

5万及以下	5万—10万元	10万元以上	p-value	p12	p23	p13	Test
6.0 (4.0, 9.0)	6.0 (4.0, 8.0)	6.0 (4.0, 8.0)	<0.001	0.049	0.012	<0.001	Kruskal-Wallis
6.1 [±3.0]	5.9 [±2.7]	5.6 [±2.6]	<0.001	0.090	0.012	<0.001	ANOVA

（5）年龄越大的公民越认同自由至高无上的价值。

不同年龄的中国公民对自由的态度存在显著差异。秩和检验p值小于0.001，显著低于0.05。p23、p13值显著小于0.05，而p12值显著大于0.05，表明，90后与00后之间差异不显著，而80后与90后及以后之间差异明显。在1分（非常不认同）到10分（非常认同）的分值选择中，70后及以上公民回答的中位数落在7上，而80后、90后、95后与00后都落在6上，说明70后比以后出生的人更倾向于认同自由至高无上的观点。方差分析显示，70后及以上最高，为6.1分，其次是80后，6.0分，往后是90后、95与00后的5.7分和5.6分。由此可大致推断，年龄越大的公民越偏好自由。

表2—74　　　不同年龄公民对自由至高无上的认同差异

95后与00后	90后	80后	70后及以上	p-value	p12	p23	p13	Test
6.0 (4.0, 7.0)	6.0 (4.0, 8.0)	6.0 (4.0, 8.0)	7.0 (4.0, 9.0)	<0.001	0.60	0.007	0.001	Kruskal-Wallis
5.6 [±2.4]	5.7 [±2.7]	6.0 [±2.8]	6.1 [±3.1]	<0.001	0.81	0.014	0.006	ANOVA

（6）公民对自由的偏好与宗教信仰、居住地没有很强的关联性。

有无宗教信仰、不同居住地的中国公民对自由的评价没有显著差异。秩和检验p值分别是0.61和0.068，均大于0.05。

表 2—75　有无宗教信仰、不同居住地公民对自由至高无上的认同差异

无宗教信仰	有宗教信仰	p – value	Test
6.0（4.0, 8.0）	6.0（4.0, 8.0）	0.61	Wilcoxon rank – sum
5.9［±2.8］	5.8［±2.9］	0.67	Two sample t test
小城镇和农村	城市	p – value	Test
6.0（4.0, 8.0）	6.0（4.0, 8.0）	0.068	Wilcoxon rank – sum
5.8［±2.8］	6.0［±2.8］	0.077	Two sample t test

2. 中国公民最看重人身自由，对信仰自由关注最少

自由拥有丰富的内涵，从公民权利的角度，综合来说，主要可以归结为人身、言论、信仰、生存、发展等方面。调查数据显示，43.57%的受访者认为人身自由最重要，其次是言论自由（21.40%），选择生存自由（15.57%）与发展自由（15.60%）几乎一致，只有3.86%的公民选择了信仰自由。

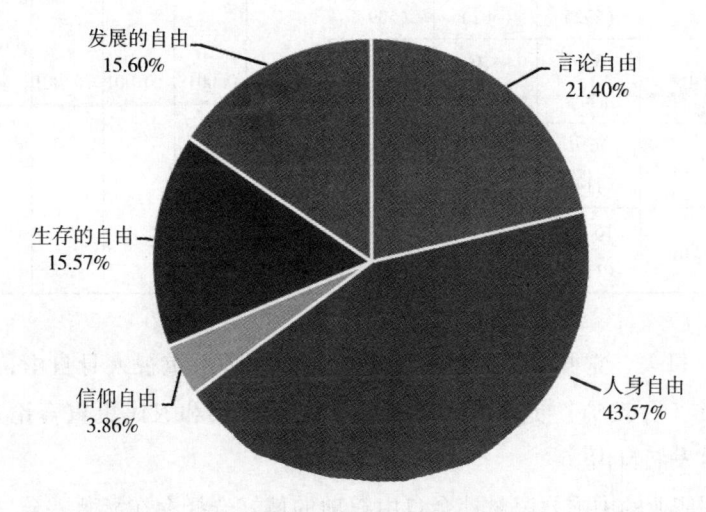

图 2—20　公民对社会自由的理想偏好（N = 2589）

（1）群众更看重言论自由，党员更看重生存自由，团员更看重发展自由。

不同政治面貌的中国公民对社会自由权项的偏好选择存在显著差异。卡方检验 p 值小于 0.001，显著小于 0.05。同时，p12、p23、p13 值均显著

小于0.05，表明党员、团员、群众之间各项选择都差异显著。从数据可以看出，关于人身自由，虽有差异，但比率非常接近，只是团员略高（分别高出0.9和0.5个百分点）。比较而言，群众最看重言论自由，团员最不看重，两者相差13.4个百分点。相比于团员和群众，党员不那么看重信仰自由，前两者与后者相差0.4个百分点。党员比团员和群众更重视生存的自由，分别高出1.4和1.9个百分点。团员是最看重发展自由的公民群体，显著高于其他群体，比例为23.3%，高出党员6.76个百分点，高出群众12.5个百分点；群众最不看重发展的自由。团员是青年，处于人生中求学、就业、晋升的关键时期，对于发展自由的关注当是情理之中的事情。

表2—76　　　　不同政治面貌公民对社会自由的偏好差异

	共产党员	共青团员	群众	p-value	p12	p23	p13	Test
言论自由	19.9 (134)	13.0 (89)	26.4 (308)	<0.001	0.001	<0.001	<0.001	Pearson's chi-squared
人身自由	43.3 (292)	44.2 (302)	43.7 (509)					
信仰自由	3.6 (24)	4.0 (27)	4.0 (47)					
生存的自由	16.9 (114)	15.5 (106)	15.0 (175)					
发展的自由	16.54 (111)	23.3 (159)	10.8 (126)					

（2）机关、党群组织、企事业单位工作人员最重视人身自由，专业技术人员（含教师）更重视信仰自由，产业工人和农民更重言论自由，学生更重发展自由。

不同职业的中国公民对社会自由权项的偏好选择存在显著差异。卡方检验p值小于0.001，显著小于0.05。产业工人和农民最看重言论自由，有28.9%的人员选择了此项，而学生最不偏好言论自由（11.6%），与前者相差17.3个百分点。相对而言，机关、党群组织、企事业单位工作人员最重视人身自由，产业工人和农民相对不看重人身自由，二者相差10个百分点。商业、服务业人员对信仰自由的选取比例显著低于其他群体，仅有2.2%；

仅高于此类人员的学生的选取比例虽然也仅有4.1%，但将近翻了一倍；专业技术人员（含教师）最重视信仰自由（6.5%）。专业技术人员（含教师）比其他群体更加重视生存的自由，选取比例为17.1%；机关、党群组织、企事业单位工作人员和商业、服务业人员的选取比例较低，分别为15.4%和15.3%。学生是最重视发展的自由的群体，而机关、党群组织、企事业单位工作人员最不看重；两者相差了16.7个百分点。

表2—77　　　　　　　　不同职业公民对社会自由的偏好差异

	机关、党群组织、企业事业单位工作人员	专业技术人员（含教师）	商业、服务业人员	产业工人和农民	学生	p-value	p12	p23	p13	Test
言论自由	20.2 (118)	21.3 (46)	25.5 (105)	28.9 (43)	11.6 (79)	<0.001	0.30	0.055	0.024	Pearson's chi-squared
人身自由	48.9 (285)	41.2 (89)	44.9 (185)	38.9 (58)	41.5 (282)					
信仰自由	5.5 (32)	6.5 (14)	2.2 (9)	4.7 (7)	4.1 (28)					
生存的自由	15.4 (90)	17.1 (37)	15.3 (63)	16.1 (24)	16.2 (110)					
发展的自由	9.9 (58)	13.9 (30)	12.1 (50)	11.4 (17)	26.6 (181)					

（3）受教育程度低的人更重视言论自由，文化程度高的人更重视人身自由、信仰自由、生存的自由和发展的自由。

不同受教育程度的中国公民对社会自由权项的偏好选择存在显著差异。卡方检验p值小于0.001，显著小于0.05。文化程度低的中国公民更加重视言论自由，没上过大学的人中有28.5%认为言论自由最重要，而上过大学的这一比例是17.8%，相差10.7个百分点。文化程度高的人更重视人身自由，没上过大学的人中有43.2%认为人身自由最重要，而上过大学的人中有43.8%。文化程度高的人更重视信仰自由，没上过大学的比例是3.6%，比上过大学低0.3个百分点。文化程度高的人更加重视生存的自由和发展的自由：上过大学的中国公民的选取比例比没上过大学的中国公民的分别高出2.5和7.2个百分点。

表2—78　　不同教育程度公民对社会自由的偏好差异

	没上过大学	上过大学	p - value	Test
言论自由	28.5（229）	17.8（312）	<0.001	Pearson's chi - squared
人身自由	43.2（347）	43.8（766）		
信仰自由	3.6（29）	3.9（68）		
生存的自由	13.9（112）	16.4（287）		
发展的自由	10.8（87）	18.0（315）		

（4）收入越低的公民越重视言论自由，收入越高的公民越重视信仰自由、生存的自由和发展的自由。

不同收入水平的中国公民对社会自由权项的偏好选择存在显著差异。卡方检验 p 值小于 0.001，显著小于 0.05。p12、p13 值显著小于 0.05 而 p23 显著大于 0.05，表明家庭年收入 5 万及以下与其他收入群体间有显著差异。对言论自由的重视程度与收入负相关：收入由低到高的三类群体的选取比例分别为 27.4%、19.7%、14.7%。对信仰自由、生存的自由和发展的自由的重视程度与收入正相关；10 万以上收入的人（4.6%、16.9%、19.4%）最看重这三种自由，其次是 5 万—10 万收入的人（3.7%、15.8%、17.7%），最后是 5 万以下收入的公民（3.5%、14.6%、11.2%）。

表2—79　　不同收入水平公民对社会自由的偏好差异

	5万及以下	5万—10万元	10万元以上	p-value	p12	p23	p13	Test
言论自由	27.4（269）	19.7（176）	14.7（99）	<0.001	<0.001	0.12	<0.001	Pearson's chi - squared
人身自由	43.3（424）	43.2（387）	44.4（299）					
信仰自由	3.5（34）	3.7（33）	4.6（31）					
生存的自由	14.6（143）	15.8（141）	16.9（114）					
发展的自由	11.2（110）	17.7（158）	19.4（131）					

（5）年轻公民更看重生存和发展的自由，不那么看重言论自由。

公民对社会自由权项的偏好选择与年龄强相关。卡方检验 p 值小于 0.001，显著小于 0.05。p12 值显著大于 0.05，而 p23、p13 值显著小于 0.05 可见 90 后各年龄段差异不大，而与 80 后及以上差别显著。越年轻的公民越不重视言论自由，95 后与 00 后的选取比例为 14.0%，90 后、80 后、70 后及以上的比例分别为 16.5%、24.7%、27.9%，最大差距达 13.9 个百分点。80 后公民最重视人身自由，选取比例为 45.9%；70 后及以上则最不看重人身自由，比例为 40.6%。相对而言，80 后公民是最不重视信仰自由、生存的自由和发展的自由的群体，三项在所有年龄段中比例最低。95 后与 00 后最看重生存的自由和发展的自由。对于 95 后、00 后来说，生存、发展是其人生阶段的大问题。

表 2—80　　　　　　不同年龄公民对社会自由的偏好差异

	95 后与 00 后	90 后	80 后	70 后及以上	p-value	p12	p23	p13	Test
言论自由	14.0 (80)	16.5 (99)	24.7 (175)	27.9 (192)	<0.001	0.80	<0.001	<0.001	Pearson's chi-squared
人身自由	44.5 (254)	42.9 (258)	45.9 (325)	40.6 (279)					
信仰自由	3.7 (21)	4.2 (25)	3.4 (24)	4.4 (30)					
生存的自由	16.5 (94)	16.1 (97)	14.7 (104)	15.6 (107)					
发展的自由	21.4 (122)	20.3 (122)	11.3 (80)	11.6 (80)					

(6) 公民对社会自由权项的偏好选择与宗教信仰、居住地没有明显关系。

有无宗教信仰、不同居住地的中国公民对社会自由权项的偏好选择没有显著差异，卡方检验 p 值分别是 0.17 和 0.60，均大于 0.05，表明中国公民对最重要的社会自由的看法与宗教信仰和居住地的关联不大。当然，从直观的数据来看，有宗教信仰的公民更重视言论自由、人身自由、信仰自由，而无宗教信仰的公民更重视生存和发展的自由；城市居民更重视言论自由、人身自由，小城镇和农村居民更重视信仰自由、生存自由和发展自由。

表 2—81　有无宗教信仰、不同居住地公民对社会自由的偏好差异

	无宗教信仰	有宗教信仰	p - value	Test
言论自由	19.5（413）	23.6（61）	0.17	Pearson's chi - squared
人身自由	44.3（938）	47.1（122）		
信仰自由	3.8（81）	4.2（11）		
生存的自由	16.1（341）	12.0（31）		
发展的自由	16.3（346）	13.1（34）		
	小城镇和农村	城市	p - value	Test
言论自由	20.7（193）	21.8（358）	0.60	Pearson's chi - squared
人身自由	42.7（398）	44.0（724）		
信仰自由	4.5（42）	3.5（58）		
生存的自由	15.6（146）	15.5（255）		
发展的自由	16.5（154）	15.1（249）		

二　公民对社会自由的底线认知

1. 公民认为生存自由是最起码的社会自由，人身自由次之

调查数据显示，公民认为生存自由是最基本和最应该保障的社会自由

(36.20%),其次是人身自由(31.43%),两者合计占受访者三分之二(67.63%)强。言论自由仅居第三(16.88%)。有近一成公民认为信仰自由是最起码的自由,而认为发展自由是最起码的社会自由的受访者占比为6.09%。正如马克思所说,"全部人类历史的第一个前提是有生命的个体的存在",所以生存和人身的自由的确是最起码的。大多数中国公民的认知是正确的。

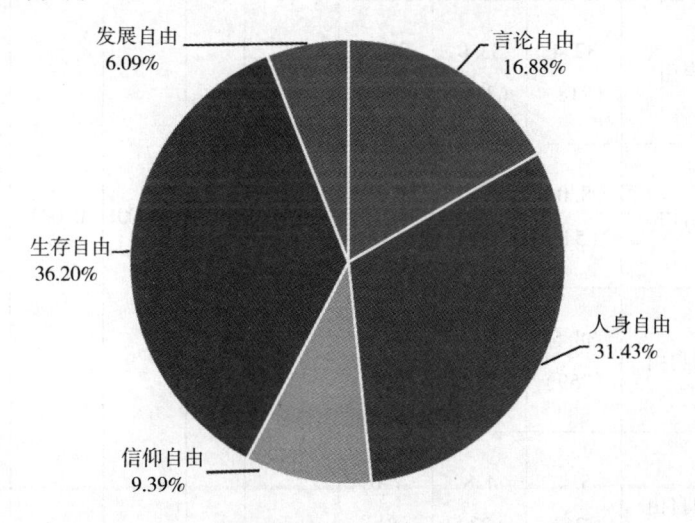

图2—21 公民对社会自由的底线需求(N=2577)

(1)团员最认同人身自由和生存自由是最基本的自由;群众则更突出言论自由、信仰自由和发展的自由在社会基本自由中的重要性。

不同政治面貌的中国公民对最基本社会自由的判断存在显著差异。卡方检验 p 值小于 0.001,显著低于 0.05。同时,p12 值显著大于 0.05,而 p23 和 p13 显著小于 0.05,说明党员和团员之间的差异较小,而群众与两者之间的差异显著。相对而言,群众比党员和团员更倾向于认同言论自由、信仰自由和发展的自由的底线价值;群众在言论自由上比党员和团员则分别高出3.1和3.4个百分点,在信仰自由上分别高出3.8和6.4个百分点,在发展的自由上分别高出1.6和2.2个百分点。团员最倾向于认同人身自由和生存自由,群众对这两种自由的认同相对较弱;前者比例分别是33.0%和41.4%,后者分别是30.6%和31.9%。团员最不认同信仰自由、发展自由是最起码的自由,对两者选取比例都显著低于其他两个政治面貌公民。

表 2—82　　不同政治面貌公民对最基本社会自由需求的差异

	共产党员	共青团员	群众	p–value	p12	p23	p13	Test
言论自由	15.6（105）	15.3（104）	18.7（217）	<0.001	0.36	<0.001	0.003	Pearson's chi-squared
人身自由	32.4（218）	33.0（225）	30.6（354）					
信仰自由	8.0（54）	5.4（37）	11.8（137）					
生存的自由	38.5（259）	41.4（282）	31.9（369）					
发展的自由	5.4（36）	4.8（33）	7.0（81）					

（2）学生最倾向于认同生存的自由是基本社会自由，产业工人和农民最看重人身、信仰自由，商业、服务业人员最看重发展自由。

不同职业的中国公民对最基本社会自由的评价存在显著差异。卡方检验 p 值小于 0.001，显著低于 0.05。相对而言，机关、党群组织、企业事业单位工作人员最认同言论自由是最基本的自由，而学生对此认同度最低，两者选取率相差 3.7 个百分点。产业工人和农民最认同人身自由是最起码的自由，而专业技术人员（含教师）对此认同度最低，两者选取率相差 10.1 个百分点。产业工人和农民最认同信仰自由是起码的自由，而学生对此最不认同，两者选取率相差达 18.2 个百分点。相反，学生最认同生存自由是最起码的自由，而产业工人和农民对此认同度最低，两者选取率相差 22.3 个百分点！

表 2—83　　　不同职业公民对最基本社会自由需求的差异

	机关、党群组织、企业事业单位工作人员	专业技术人员(含教师)	商业、服务业人员	产业工人和农民	学生	p-value	p12	p23	p13	Test
言论自由	18.3 (106)	14.8 (32)	15.4 (63)	16.9 (25)	14.6 (99)	<0.001	0.18	0.26	0.50	Pearson's chi-squared
人身自由	31.0 (180)	25.0 (54)	30.3 (124)	35.1 (52)	33.5 (228)					
信仰自由	10.0 (58)	13.4 (29)	9.0 (37)	22.3 (33)	4.1 (28)					
生存的自由	34.3 (199)	40.3 (87)	36.7 (150)	20.9 (31)	43.2 (294)					
发展的自由	6.4 (37)	6.5 (14)	8.6 (35)	4.7 (7)	4.6 (31)					

（3）文化程度高的公民明显更看重生存自由和言论自由，文化程度低的公民明显更认同信仰自由、人身自由、发展自由。

不同文化程度的中国公民对最基本社会自由的判断存在显著差异。卡方检验 p 值小于 0.001，显著低于 0.05。没上过大学的受访者更倾向于认同人身自由、信仰自由和发展的自由是最基本的自由，对这三种自由的选取比例分别高出上过大学的人 1.0、7.8、1.4 个百分点，其中信仰自由选取率近上过大学公民的 2 倍。上过大学的人更倾向于认同言论自由、生存的自由，对这两种自由的选取比例分别高出没上过大学的人 1.1 和 9.2 个百分点。

表 2—84　　　不同文化程度公民对最基本社会自由需求的差异

	没上过大学	上过大学	p-value	Test
言论自由	16.0 (128)	17.1 (297)	<0.001	Pearson's chi-squared
人身自由	32.3 (258)	31.3 (545)		
信仰自由	14.6 (117)	6.8 (119)		
生存的自由	30.0 (240)	39.2 (682)		
发展的自由	7.0 (56)	5.6 (98)		

（4）收入越低越倾向于认同人身自由、信仰自由和发展自由，高收入群体更认同言论自由和生存自由。

不同收入水平的受访者对最基本社会自由的判断存在显著差异。卡方检验 p 值小于 0.001，显著低于 0.05。p12、p23、p13 值均显著小于 0.05，表明不同收入公民之间的选择差异显著。家庭收入 10 万元以上公民更倾向于将言论自由、生存的自由视为最基本的自由，其选择比率分别高出其他两个群体 2.6、3.7 个百分点和 14.9、6 个百分点。同时，比较而言，这个群体也是最不认同信仰自由、发展的自由是最基本的自由的群体。家庭年收入 5 万及以下的公民更倾向于认同人身自由、信仰自由和发展的自由是最基本的自由。

表2—85　不同收入水平公民对最基本社会自由需求的差异

	5万及以下	5万—10万元	10万元以上	p-value	p12	p23	p13	Test
言论自由	16.4（160）	15.3（136）	19.0（128）	<0.001	<0.001	<0.001	<0.001	Pearson's chi-squared
人身自由	34.4（336）	31.3（279）	27.5（185）					
信仰自由	12.8（125）	9.0（80）	4.8（32）					
生存的自由	29.3（286）	38.2（340）	44.2（297）					
发展的自由	7.1（69）	6.3（56）	4.5（30）					

（5）老年人更强调信仰自由和发展自由，年轻人倾向于生存的自由。

不同年龄的中国公民对最基本社会自由的判断存在显著差异。卡方检验 p 值小于 0.001，显著低于 0.05。p12 值显著大于 0.05 而 p23、p13 值显著小于 0.05，故 90 后与 00 后选择没有显著差异，而 90 后及以后与 80 后及以上之间有显著差异。95 后与 00 后最看重人身自由的底线价值：其对该自由的选取比例高出第二位的 70 后 2.9 个百分点。年龄越大的公民越强调信仰自由与发展自由，70后与95后、00后之间的两项选取比例跨度分别为7.9、2.7个百分点。以90年为界，年轻人比老年人更看重生存自由；95后、00后与90后对该自由的选取比例均高于80后与70后。

表2—86　　不同年龄公民对最基本社会自由需求的差异

	95后与00后	90后	80后	70后及以上	p-value	p12	p23	p13	Test
言论自由	15.2(87)	17.5(105)	18.7(131)	16.0(109)	<0.001	0.56	0.003	<0.001	Pearson's chi-squared
人身自由	34.7(198)	30.3(182)	29.3(206)	31.8(217)					
信仰自由	5.4(31)	6.0(36)	11.5(81)	13.3(91)					
生存的自由	39.8(227)	40.9(246)	34.2(240)	31.2(213)					
发展的自由	4.9(28)	5.3(32)	6.3(44)	7.6(52)					

（6）相对而言，有宗教信仰的公民比无宗教信教公民更倾向于认同信仰自由、言论自由是最基本的自由。

有无宗教信仰的中国公民对最基本社会自由的判断与宗教信仰强相关。卡方检验p值为0.042，小于0.05。不信教者则更认同人身、生存和发展的自由的底线价值，信教者更倾向于认同言论自由和信仰自由的价值。无信仰宗教公民对人身自由、生存自由和发展自由的选择率分别高出有信仰公民1.2、6.1、0.6个百分点；有信仰公民对言论自由、信仰自由的选取率分别高出无信仰公民3.2、4.7个百分点。

表2—87　　有无宗教信仰公民对最基本社会自由需求的差异

	无宗教信仰	有宗教信仰	p – value	Test
言论自由	17.1（361）	20.3（52）	0.042	Pearson's chi – squared
人身自由	31.3（660）	30.1（77）		
信仰自由	7.8（165）	12.5（32）		
生存的自由	37.7（796）	31.6（81）		
发展的自由	6.1（129）	5.5（14）		

（7）公民对最基本社会自由的需求与其居住地没有显著关系。

不同居住地的受访者关于最基本社会自由的判断没有显著差异，卡方检验p值为0.051，大于0.05，表明没有显著关系。但直观数据显示，城市居民更认同人身自由，生存自由和发展的自由。

表2—88　　不同居住地公民对最基本社会自由需求的差异

	小城镇和农村	城市	p – value	Test
言论自由	16.9（157）	16.9（277）	0.051	Pearson's chi – squared
人身自由	30.4（282）	31.9（523）		
信仰自由	11.6（108）	8.1（132）		
生存的自由	35.5（329）	36.7（600）		
发展的自由	5.6（52）	6.4（105）		

2. 大多数公民认同自由是在法律允许的范围内进行选择

自由的含义很丰富和复杂，明白其基本含义也是理解自由基本价值的重要方面。调查数据显示，受访者对"自由是不想干什么就不干什么"与"自由是想干什么就干什么"的观点主要持反对意见，分别达58.17%、73.09%。83.3%的受访者都认同"有选择才有自由"。的确，自由有千万种含义，但最基本、原始的含义就意味着多样的选择。差不多同样多（83.56%）的公民认同"自由是做法律允许的事情"。这是一个最早由孟德斯鸠提出的思想，已经成为当今法治社会的基本共识。这也表明大多数中国公民具有了现代的自由意识，"选择"和"法律"成为公民理解自由两个核心词，法律也是自由的边界和底线。在对"人生处处有障碍，谈不上自由"的判断中，持不认同态度的比例过半（54.32%），高于认同的比率（35.66%）。同时，值得注意的是，"说不清"选项的选择（10.02%）是其他选项的近3倍。这说明，一方面多数中国公民对社会自由度是乐观的；另一方面也有不少人（一成公民）对社会自由问题感到困惑。

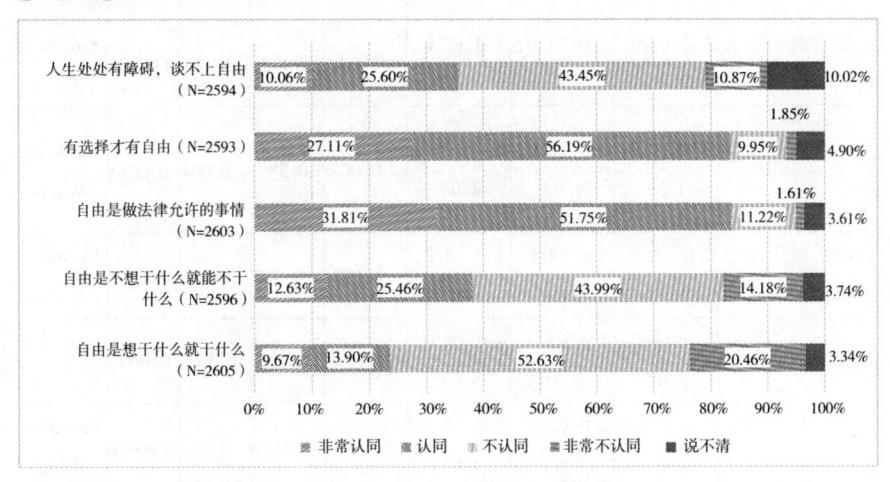

图 2—22　公民对社会自由相关观点的评价

（1）党员对自由含义的理解最为全面，群众对人生自由感受相对不太乐观。

不同政治面貌的中国公民对自由含义的理解上，除了"有选择才有自由"外，其他4个选项的秩和检验 p 值均小于 0.05。4个选项中，"自由是不想干什么就可以不干什么"和"自由是做法律允许的事情"的秩和检验结果一样，表明在宏观层面看不出差异。差异主要体现在"自由是想干什么就干什么"与"人生处处有障碍，谈不上自由"两个命题的判断上。在对"自由是想干什么就干什么"的判断上，p12、p23、p13 值均显著小于 0.05，表明三个群体间存在显著差异。党员几乎全都落在 2 即"不认同"上，团员有落在 1 即"完全不认同"的现象，群众则有落在 3 和 4 即"说不清"和"认同"的现象。可见，党员比团员、群众更为坚定、清晰地摒弃对自由的粗俗、错误理解，而群众对于这些错误理解还存在模糊认识。在对"人生处处有障碍，谈不上自由"的判断上，p12、p23、p13 值均小于 0.05，表明三个群体间差异显著。但明显的是党员和团员的中位数都落在 2 上,而群众则落在 3 上,这表明党员与团员对社会自由的感受要比群众更加乐观。

表 2—89　　　　不同政治面貌公民对自由含义的理解差异

	共产党员	共青团员	群众	p-value	p12	p23	p13	Test
自由是想干什么就干什么	2.0 (2.0, 2.0)	2.0 (1.0, 2.0)	2.0 (2.0, 4.0)	<0.001	0.002	<0.001	<0.001	Kruskal-Wallis
自由是不想干什么就可以不干什么	2.0 (2.0, 4.0)	2.0 (2.0, 4.0)	2.0 (2.0, 4.0)	<0.001	0.28	<0.001	0.001	Kruskal-Wallis
自由是做法律允许的事情	4.0 (4.0, 5.0)	4.0 (4.0, 5.0)	4.0 (4.0, 5.0)	<0.001	<0.001	0.002	0.36	Kruskal-Wallis
有选择才有自由	4.0 (4.0, 5.0)	4.0 (4.0, 5.0)	4.0 (4.0, 5.0)	0.12	0.73	0.15	0.060	Kruskal-Wallis
人生处处有障碍,谈不上自由	2.0 (2.0, 4.0)	2.0 (2.0, 4.0)	3.0 (2.0, 4.0)	<0.001	0.033	<0.001	<0.001	Kruskal-Wallis

(2) 机关、党群组织、企事业单位工作人员和技术人员(含教师)、学生对自由的理解相对明确,商业、服务业人员和产业工人、农民则存在一些模糊认识。

不同职业的中国公民对自由的内涵理解存在显著差异。所有选项的秩和检验 p 值全部显著小于 0.05。"自由是想干什么就干什么"一项,机关、党群组织、企事业单位工作人员和商业、服务业人员以及产业工人、农民回答落在 2 和 4 即不认同和认同之间,专业技术人员(含教师)和学生都落在了 1 和 2 即非常不认同和不认同之间。由此可以推断,专业技术人员(含教师)和学生对自由的看法比其他群体公民更加谨慎。"自由是做法律允许的事情"一项,产业工人和农民的回答出现落在 3 即说不清的现象,其他群体的回答都仅落在 4 和 5 即认同与非常认同之间。由此大致可以推断,工人和农民对自由与法律关系的认识相对于其他群体较为模糊。"有选择才有自由"一项,不同群体的回答的中位数都落在 4 即认同上;机关、党群组织、企事业单位工作人员和学生回答出现了回答落在 5 即非常认同的情况,专业技术人员(含教师)和商业、服务业人员全都落在 4 即认同上，而产业工人和农民则出现了落在 3 即说不清的情况。这说明产业工人和农民对自由的原初含义也有些模糊。"人生处处有障碍，谈不上自由"一项，机关、党群组织、企业事业单位工作人员和专业技术人员（含教师）以及学生的回答的中位数落在 2 即不认同上，商业、服务业人员和产业工人、农民的回答的中位数落在 3 即说不清上；这说明前一类群体对自由的认识比后一类群体更为乐观。

表 2—90　　　　　　不同职业公民对自由含义理解的差异

	机关、党群组织、企业事业单位工作人员	专业技术人员（含教师）	商业、服务业人员	产业工人和农民	学生	p-value	p12	p23	p13	Test
自由是想干什么就干什么	2.0 (2.0, 4.0)	2.0 (1.0, 2.0)	2.0 (2.0, 4.0)	2.0 (2.0, 4.0)	2.0 (1.0, 2.0)	<0.001	<0.001	<0.001	0.86	Kruskal-Wallis
自由是不想干什么就可以不干什么	2.0 (2.0, 4.0)	2.0 (2.0, 4.0)	2.0 (2.0, 4.0)	2.0 (2.0, 4.0)	2.0 (2.0, 4.0)	<0.001	0.017	0.014	0.87	Kruskal-Wallis
自由是做法律允许的事情	4.0 (4.0, 5.0)	4.0 (4.0, 5.0)	4.0 (4.0, 5.0)	4.0 (3.0, 5.0)	4.0 (4.0, 5.0)	<0.001	0.008	0.63	0.007	Kruskal-Wallis
有选择才有自由	4.0 (4.0, 5.0)	4.0 (4.0, 4.0)	4.0 (4.0, 4.0)	4.0 (3.0, 4.0)	4.0 (4.0, 5.0)	<0.001	0.23	0.90	0.19	Kruskal-Wallis
人生处处有障碍，谈不上自由	2.0 (2.0, 4.0)	2.0 (2.0, 4.0)	3.0 (2.0, 4.0)	3.0 (2.0, 4.0)	2.0 (2.0, 3.0)	<0.001	<0.001	<0.001	0.45	Kruskal-Wallis

（3）受教育程度越高的公民对自由有更为理性的理解，而受教育程度低的公民对社会自由的感受较悲观。

不同受教育水平的中国公民对自由含义的理解上"自由是做法律允

许的事情"的秩和检验 p 值为 0.72，大于 0.05；这说明对于自由和法律的关系的理解与受教育水平关系不大。其他选项的秩和检验 p 值均小于 0.05。较明显的差异表现在两项。"自由是想干什么就干什么"一项，上过大学的受访者中位数和区间都是 2 即不认同，而没有上过大学的受访者中位数是 2，区间为（2，4），即有落在 3 即说不清和 4 即认同的情况。这说明没上过大学的受访者对自由的理解存在模糊甚至不理性的理解。"人生处处有障碍，谈不上自由"一项，上过大学的受访者回答落在中位数 2 即认同上，而没上过大学的公民的回答则落在 3 即说不清上；由此可以推断出，文化程度低的公民对社会自由的看法较悲观。

表 2—91　　　不同受教育水平公民对自由含义理解的差异

	没上过大学	上过大学	p-value	Test
自由是想干什么就干什么	2.0（2.0，4.0）	2.0（2.0，2.0）	<0.001	Wilcoxon rank-sum
自由是不想干什么就可以不干什么	2.0（2.0，4.0）	2.0（2.0，4.0）	<0.001	Wilcoxon rank-sum
自由是做法律允许的事情	4.0（4.0，5.0）	4.0（4.0，5.0）	0.72	Wilcoxon rank-sum
有选择才有自由	4.0（4.0，4.0）	4.0（4.0，5.0）	<0.001	Wilcoxon rank-sum
人生处处有障碍，谈不上自由	3.0（2.0，4.0）	2.0（2.0，4.0）	<0.001	Wilcoxon rank-sum

（4）收入越低的公民越倾向将自由理解为为所欲为，对社会自由的感受也越悲观。

公民对自由相关说法的看法与收入水平具有相关关系。"自由是不想干什么就不干什么"和"自由是做法律允许的事情"的秩和检验 p 值分别是 0.34 和 0.35，都大于 0.05，说明人们对这两个命题的态度与其收入关联不大。其他 3 项 p 值均显著小于 0.05，表明强相关。对"自由是想干什么就干什么"的看法中，p12、p23、p13 值都显著小于 0.05，说明三者差异明显。家庭年收入 5 万以下受访者回答落在 2 和 4 即不认同与认同之间，5 万—10 万收入者落在 2 和 3 即说不清与认同之间，10 万以上者落在 1 和 2 即非常不认同和不认同之间。基本可以推断，收入越低的人越倾向于认同自由是想干什么就是什么。对于"人生处处有障碍，谈不上自由"，p12、p13 值显著小于 0.05 而 p23 显著大于 0.05，即家庭年收入 5 万元及以下者与 5 万元以上者之家有显著差异。家庭年收入低于 5 万的群体的回答落在中位数 3 即说不清上，而收入在 5 万—10 万和 10 万以上的群体的回答则落在 2 即不认同上。可以推断，低收入群体比高收入群体对自由的看法更为悲观。

表 2—92　　不同收入水平公民对自由含义理解的差异

	5 万及以下	5 万—10 万元	10 万元以上	p-value	p12	p23	p13	Test
自由是想干什么就干什么	2.0 (2.0, 4.0)	2.0 (2.0, 3.0)	2.0 (1.0, 2.0)	<0.001	<0.001	0.002	<0.001	Kruskal-Wallis
自由是不想干什么就可以不干什么	2.0 (2.0, 4.0)	2.0 (2.0, 4.0)	2.0 (2.0, 4.0)	0.34	0.20	0.21	0.95	Kruskal-Wallis
自由是做法律允许的事情	4.0 (4.0, 5.0)	4.0 (4.0, 5.0)	4.0 (4.0, 5.0)	0.35	0.29	0.67	0.17	Kruskal-Wallis
有选择才有自由	4.0 (4.0, 5.0)	4.0 (4.0, 5.0)	4.0 (4.0, 5.0)	<0.001	0.61	0.002	<0.001	Kruskal-Wallis
人生处处有障碍，谈不上自由	3.0 (2.0, 4.0)	2.0 (2.0, 4.0)	2.0 (2.0, 4.0)	<0.001	<0.001	0.39	<0.001	Kruskal-Wallis

（5）年龄越小对自由的理解越理性，对社会自由的理解也越乐观。

不同年龄的中国公民对自由相关说法的看法存在显著差异。秩和检验的 p 值全都小于 0.001，显著低于 0.05。p12 大多大于 0.05，p23、p13 则大多小于 0.05，故总体上 90 后及以后差异不太，而 90 后及以后与 80 后及以上之间差异显著。对于"自由是想干什么就干什么"，80 后与 70 后及以上公民的回答落在 2 和 4 即认同与不认同之间，90 后落在 2 即不认同上，95 后与 00 后则落在 1 和 2 即非常不认同和不认同之间。由此可以推断，年龄越小越反而对自由的理解越理性。在"有选择才有自由"上，70 后及以上的回答落在 4 即认同上，而 80 后、90 后，以及 95 后与 00 后都落在 4 和 5 即认同与非常认同之间。同时，对于"人生处处有障碍，谈不上自由"，所有群体的回答都落在2和4即不认同与认同之间，但90后以及95后、00后的中位数为2即不认同，80后、70后及以上则为3即说不清。这说明年轻人对社会自由的感受相对乐观。

表 2—93　　　　　不同年龄公民对自由含义理解的差异

	95后与00后	90后	80后	70后及以上	p-value	p12	p23	p13	Test
自由是想干什么就干什么	2.0(1.0, 2.0)	2.0(2.0, 2.0)	2.0(2.0, 4.0)	2.0(2.0, 4.0)	<0.001	0.081	<0.001	<0.001	Kruskal-Wallis
自由是不想干什么就可以不干什么	2.0(2.0, 4.0)	2.0(2.0, 4.0)	2.0(2.0, 4.0)	2.0(2.0, 4.0)	<0.001	0.053	0.009	<0.001	Kruskal-Wallis
自由是做法律允许的事情	4.0(4.0, 5.0)	4.0(4.0, 5.0)	4.0(4.0, 5.0)	4.0(4.0, 5.0)	<0.001	0.87	<0.001	<0.001	Kruskal-Wallis
有选择才有自由	4.0(4.0, 5.0)	4.0(4.0, 5.0)	4.0(4.0, 5.0)	4.0(4.0, 5.0)	<0.001	0.53	0.20	0.57	Kruskal-Wallis
人生处处有障碍，谈不上自由	2.0(2.0, 4.0)	2.0(2.0, 4.0)	3.0(2.0, 4.0)	3.0(2.0, 4.0)	<0.001	0.008	<0.001	<0.001	Kruskal-Wallis

（6）无宗教信仰的公民比有宗教信仰的公民对自由的理解更为理性。

在5项选题中，有无宗教信仰的受访者只有"自由是想干什么就干什么"的看法存在显著差异，秩和检验p值<0.001，小于0.05。其他几项p值都显著大于0.05，表明公民的看法受其宗教信仰的影响较小。就"自由是想干什么就干什么"的选择中，无信仰宗教受访者落在2即不认同上，有宗教信仰的受访者落在2和4即不认同和认同之间。由此可以推断出，有宗教信仰公民更倾向于自由是绝对的。

第三章　公民社会自由价值观分析

表 2—94　　　　有无宗教信仰公民对自由含义理解的差异

	无宗教信仰	有宗教信仰	p – value	Test
自由是想干什么就干什么	2.0（2.0, 2.0）	2.0（2.0, 4.0）	<0.001	Wilcoxon rank – sum
自由是不想干什么就可以不干什么	2.0（2.0, 4.0）	2.0（2.0, 4.0）	0.25	Wilcoxon rank – sum
自由是做法律允许的事情	4.0（4.0, 5.0）	4.0（4.0, 5.0）	0.83	Wilcoxon rank – sum
有选择才有自由	4.0（4.0, 5.0）	4.0（4.0, 5.0）	0.68	Wilcoxon rank – sum
人生处处有障碍，谈不上自由	2.0（2.0, 4.0）	3.0（2.0, 4.0）	0.054	Wilcoxon rank – sum

（7）城市居民比小城镇、农村居民更认同有选择才有自由。

不同居住地的中国公民对自由内涵的理解的差异分析中，有 3 项 p 值显著大于 0.05，差异不显著。而"自由是做法律允许的事情"与"有选择才有自由"项 p 值都显著小于 0.05，表明不同居住地的中国公民在这两项上差异显著。"自由是做法律允许的事情"一项，秩和检验数据完全一样，也就是从宏观上看不出差异。"有选择才有自由"一项，中位数都是 4 即认同，但小城镇和农村受访者落在 4 即认同，城市受访者落在 4 和 5 即认同和非常认同之间，也就是说，比较而言，城市居民比小城镇、农村居民更认同有选择才有自由。

表 2—95　　　　不同居住地公民对自由含义理解的差异

	小城镇和农村	城市	p – value	Test
自由是想干什么就干什么	2.0（2.0, 3.0）	2.0（2.0, 3.0）	0.94	Wilcoxon rank – sum
自由是不想干什么就可以不干什么	2.0（2.0, 4.0）	2.0（2.0, 4.0）	0.066	Wilcoxon rank – sum

续表

	小城镇和农村	城市	p – value	Test
自由是做法律允许的事情	4.0 (4.0, 5.0)	4.0 (4.0, 5.0)	<0.001	Wilcoxon rank – sum
有选择才有自由	4.0 (4.0, 4.0)	4.0 (4.0, 5.0)	0.001	Wilcoxon rank – sum
人生处处有障碍，谈不上自由	2.0 (2.0, 4.0)	2.0 (2.0, 4.0)	0.80	Wilcoxon rank – sum

3. 公民对虚拟世界自由的认识较为理性

在网络虚拟时代，自由不仅仅涉及现实世界，也涉及虚拟世界。对于"网络虚拟世界（包括微信群、朋友圈）可以想怎么说就怎么说"的观点，受访者普遍不认同。调查数据表示，在 1—10 分（非常不认同——非常认同）的选择中，70.64% 的受访者持低于 5 分即不认同的态度，均值为 3.87 分，认同度很低，这说明中国公民总体上对网络环境中的自由具有较为理性、慎重的认识。

表 2—96　中国公民对"网络虚拟世界可以想怎么说就怎么说"的认同程度

认同程度（1—10 分）	样本数	均值	标准差	最小值	最大值	1—5 分	6—10 分
非常不认同—非常认同	2510	3.87	2.94	1	10	70.64%	29.36%

（1）党员和团员比群众对虚拟世界的自由问题的认识更为理性。

不同政治面貌的中国公民对虚拟世界自由的看法存在显著差异，秩和检验 p 值 <0.001，显著小于 0.05。三类群体的回答的中位数和平均值都低于 5，说明三者对网络自由的认识都较为慎重、理性。p12 值显著大于 0.05，p23、p13 值显著小于 0.05，说明党员和团员之间差异不大，群众与党员、团员之间差异明显。数据显示，群众的中位数与平均值都高于团员和党员，且出现了回答落在 5 以上的分数的现象，这说明相比于群众，党员和团员对网络自由的态度更加理性。

表 2—97　　不同政治面貌公民对虚拟世界自由问题的认识差异

共产党员	共青团员	群众	p - value	p12	p23	p13	Test
2.0 (1.0, 5.0)	3.0 (1.0, 5.0)	4.0 (1.0, 7.0)	<0.001	0.71	<0.001	<0.001	Kruskal - Wallis
3.4 [±2.8]	3.2 [±2.5]	4.4 [±3.1]	<0.001	0.19	<0.001	<0.001	ANOVA

（2）社会精英群体对虚拟世界自由理解相对理性，学生的理解最为理性。

公民对虚拟世界自由的看法与职业强相关。秩和检验 p 值小于 0.001，显著小于 0.05。各类群体的回答的中位数与平均值都没有大于 5。学生、机关、党群组织、企事业单位工作人员专业技术人员（含教师）的中位数分别落在 2、3 和 3 上；学生不仅中位数最小，而且区间为 (1—4)，是唯一没有超过 5 的群体，表明学生对虚拟世界的自由认识最为理性。商业、服务业人员与产业工人、农民的中位数分别为 4 和 5；产业工人、农民群体所处的 (2—8)，是唯一缺少 1 即完全不赞同和达到 8（非常赞同）的区间，表明产业工人和农民对虚拟世界自由的理解不那么理性。

表 2—98　　不同职业公民对虚拟世界自由问题的认识差异

机关、党群组织、企业事业单位工作人员	专业技术人员（含教师）	商业、服务业人员	产业工人和农民	学生	p - value	p12	p23	p13	Test
3.0 (1.0, 6.0)	3.0 (1.0, 6.0)	4.0 (1.0, 7.0)	5.0 (2.0, 8.0)	2.0 (1.0, 4.0)	<0.001	0.81	0.062	0.067	Kruskal - Wallis
3.9 [±3.1]	3.7 [±2.7]	4.2 [±3.0]	5.0 [±3.1]	3.0 [±2.3]	<0.001	0.34	0.023	0.098	ANOVA

（3）受教育程度越高对虚拟世界自由的理解越理性。

不同受教育程度的中国公民对虚拟世界自由的看法存在显著差异。秩和检验 p 值小于 0.001，显著小于 0.05。没上过大学公民的回答的中位数落在 5 上，高于上过大学公民的 3；方差分析的情形类似。这说明受教育程度越高的人越倾向于认同网络自由的相对性。

表 2—99　不同受教育程度公民对虚拟世界自由问题的认识差异

没上过大学	上过大学	p – value	Test
5.0（1.0，7.0）	3.0（1.0，5.0）	<0.001	Wilcoxon rank – sum
4.7［±3.1］	3.5［±2.8］	<0.001	Two sample t test

（4）公民收入越高对虚拟世界的自由认识越理性。

不同收入水平的中国公民对虚拟世界自由的看法存在显著差异。秩和检验 p 值小于 0.001，显著小于 0.05。回答的中位数与平均值都随着收入水平的增加而降低，区间也在缩小。可以基本判断，收入越高对虚拟世界自由的认识越理性。

表 2—100　不同收入水平公民对虚拟世界自由问题的认识差异

（单位：人民币元）

5 万及以下	5—10 万	10 万以上	p – value	p12	p23	p13	Test
4.0（1.0，7.0）	3.0（1.0，6.0）	3.0（1.0，5.0）	<0.001	<0.001	0.014	<0.001	Kruskal – Wallis
4.3［±3.2］	3.8［±2.9］	3.3［±2.5］	<0.001	<0.001	0.002	<0.001	ANOVA

（5）90 后、00 后对虚拟世界自由的认识相较于 80 后及其以上的公民更为理性。

不同年龄的中国公民对虚拟世界自由的看法存在显著差异。秩和检验 p 值小于 0.001，显著小于 0.05。p12 值显著大于 0.05 而 p23、p13 值显著小于 0.05，故 90 后及其后差异不明显，而与 80 后及以上差异明显。对中位数和平均值的分析显示，以 90、80 后为界，年龄越大的群体越倾向于选择更高的分数，即对网络世界的绝对自由表现出更高的认同程度。在平均值上，分数更是与年龄正相关。可以基本推断，年长的公民倾向于认同虚拟世界的绝对自由，而年青一代对虚拟世界的自由认识更理性。

表 2—101　　不同年龄公民对虚拟世界自由问题的认识差异

95后与00后	90后	80后	70后及以上	p-value	p12	p23	p13	Test
3.0（1.0, 5.0）	3.0（1.0, 5.0）	3.0（1.0, 6.0）	3.5（1.0, 7.0）	<0.001	0.85	0.002	<0.001	Kruskal-Wallis
3.4 [±2.6]	3.5 [±2.7]	4.1 [±3.0]	4.3 [±3.2]	<0.001	0.72	<0.001	<0.001	ANOVA

（6）无宗教信仰的公民较之有宗教信仰的公民对虚拟世界的自由理解更保守些。

不同居住地的中国公民对虚拟世界自由的看法没有显著差异。两个秩和检验 p 值分别是 0.67 和 0.71，均大于 0.05。有无宗教信仰的中国公民对虚拟世界自由的看法存在显著差异，两个检验 p 值分别为 0.027 与 0.022，小于 0.05。对中位数与平均数的分析均显示，有信仰群众的选取分值高于不信教群众，但未高于 5 分。这说明在一定的限度内，有宗教信仰的群体对网络虚拟世界自由的态度更加开放。

表 2—102　　不同居住地公民对虚拟世界自由问题的认识差异

小城镇和农村	城市	p-value	Test
3.0（1.0, 6.0）	3.0（1.0, 6.0）	0.67	Wilcoxon rank-sum
3.8 [±3.0]	3.9 [±2.9]	0.71	Two sample t test
无宗教信仰	有宗教信仰	p-value	Test
3.0（1.0, 6.0）	4.0（1.0, 6.0）	0.027	Wilcoxon rank-sum
3.7 [±2.9]	4.2 [±3.0]	0.022	Two sample t test

三　公民对当今中国社会自由程度的判断

1. 大多数公民认同中国是个自由的国家

调查数据显示，70.09% 的受访者认为与其他国家相比，中国是个自由的国家；84.46%的受访者认同当今中国比以前更加自由；76.20%的公民相信中国未来会更加自由。可见，在绝大多数人心目中，当前的中国是一个自由的国家，并且未来将会更加自由。三个维度相比，今昔对比的认同度最高。同时有两点值得注意：一是"与别国相比"一项，有近五分之一的（23.06%）受访者不认同或非常不认同，差不多是其他两项目的两倍，可见判断分歧还是很明显的；二是"未来更加自由"一项有12.4%受访者选择"说不清"，接近其他项目的两倍，表明有不少人对中国社会未来的自由度存有疑虑或无从判断。

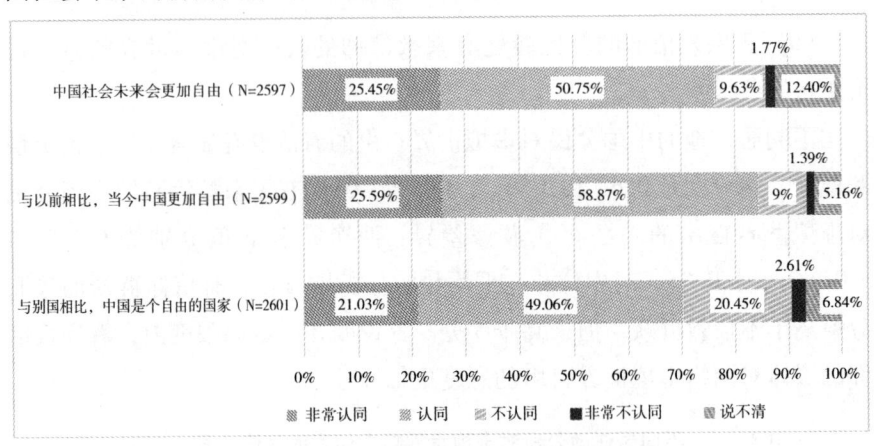

图2—23 公民对中国社会自由的评价

（1）党员和群众对中国的自由状况评价比团员更乐观，而团员的评价更为谨慎。

不同政治面貌的中国公民对中国自由水平的评价存在显著差异。秩和检验 p 值分别是 <0.001、0.001 和 <0.001，均显著小于 0.05。对于"与别国相比，中国是个自由的国家"，p12、p23 值显著小于 0.05 而 p13 显著大于 0.05，表明党员和群众没有显著差异，团员与两者有显著差异；数据显示，党员和群众回答落在 3 和 4 即说不清和认同之间，团员则落在 2 和 4 即不认同和认同之间，表明团员的判断相对保守。在"与以前相比，当今中国更加自由"中，在中位数一样的情况下，只有团员的回答区间没有落到 5 即非常认同上，表明团员的判断更为谨慎。在"中国社会未来会更加自由"中，党员的回答落在 4 和 5 即认同和非常认同之间，团员落在 3 和 4 即说不清和认同之间，群众落在 3 和 5 即说不清和非常认

同之间，可以说团员的判断还是最为谨慎的，党员对未来中国的自由状况更为自信。总体可以判断，党员和群众对中国的自由状况评价比团员更乐观，而团员的评价更为谨慎。

表2—103　　不同政治面貌公民对中国自由状况评价的差异

	共产党员	共青团员	群众	p-value	p12	p23	p13	Test
与别国相比，中国是个自由的国家	4.0 (3.0, 4.0)	4.0 (2.0, 4.0)	4.0 (3.0, 4.0)	<0.001	<0.001	<0.001	0.24	Kruskal-Wallis
与以前相比，当今中国更加自由	4.0 (4.0, 5.0)	4.0 (4.0, 4.0)	4.0 (4.0, 5.0)	0.001	<0.001	0.36	0.004	Kruskal-Wallis
中国社会未来会更加自由	4.0 (4.0, 5.0)	4.0 (3.0, 4.0)	4.0 (3.0, 5.0)	<0.001	<0.001	0.22	0.001	Kruskal-Wallis

（2）机关、党群组织、企业事业单位工作人员最认可中国是个自由的国家，专业技术人员（含教师）和学生判断最为谨慎。

不同职业的中国公民对中国自由水平的评价存在显著差异。秩和检验的 p 值分别是 <0.001、0.008 和 <0.001，均小于 0.05。"与别国相比，中国是个自由的国家"项中，机关、党群组织、企事业单位工作人员回答落在4和5即认同和非常认同之间，专业技术人员（含教师）和学生都落在2和4即不认同和认同之间，商业、服务业人员落在3和4即说不清和认同之间，产业工人和农民落在3和5即说不清和非常认同之间。基本可以推断出，机关、党群组织、企业事业单位工作人员更倾向于认可中国在世界范围内是自由的国家，而学生、专业技术人员（含教师）最为谨慎。在"与以前相比，当今中国更加自由"这一项中，机关、党群组织、企事业单位工作人员与产业工人和农民回答落在4和5即认同与非常认同之间，其他群体都落在4和4即认同上，也就是说，机关、党群组织、企业事业单位工作人员和产业工人、农民比其他群体更认同中国比以往更自由。在"中国社会未来会更加自由"中，机关、党群组织、企事业单位工作人员回答落在4和5即认同与非常认同之间，专业技术人员

（含教师）落在4即认同上，其他群体落在3和4即说不清和认同之间，可以推断出，相比于其他群体，机关、党群组织、企业事业单位工作人员对中国未来的社会自由状况更有信心。

表2—104　　　不同职业公民对中国自由状况评价的差异

	机关、党群组织、企业事业单位工作人员	专业技术人员（含教师）	商业、服务业人员	产业工人和农民	学生	p-value	p12	p23	p13	Test
与别国相比，中国是个自由的国家	4.0 (4.0, 5.0)	4.0 (2.0, 4.0)	4.0 (3.0, 4.0)	4.0 (3.0, 5.0)	4.0 (2.0, 4.0)	<0.001	<0.001	0.11	0.020	Kruskal-Wallis
与以前相比，当今中国更加自由	4.0 (4.0, 5.0)	4.0 (4.0, 4.0)	4.0 (4.0, 4.0)	4.0 (4.0, 5.0)	4.0 (4.0, 4.0)	0.008	0.031	0.81	0.004	Kruskal-Wallis
中国社会未来会更加自由	4.0 (4.0, 5.0)	4.0 (4.0, 4.0)	4.0 (3.0, 4.0)	4.0 (3.0, 4.0)	4.0 (3.0, 4.0)	<0.001	<0.001	0.33	<0.001	Kruskal-Wallis

（3）文化程度低的人更认同中国是自由的国家。

不同受教育水平的中国公民对"与别国相比，中国是个自由的国家"的看法存在非常显著的差异。秩和检验p值小于0.001，显著低于0.05。没上过大学公民回答落在4和5即认同与非常认同之间，而上过大学公民则落在2和4即不认同和认同之间。可以推断，受教育水平低的人更愿意相信中国比别国更自由。公民对对比过去和展望未来的看法的秩和检验p值均大于0.05，表明文化程度对此影响不大。

表2—105　　　不同受教育水平公民对中国自由状况评价的差异

	没上过大学	上过大学	p-value	Test
与别国相比，中国是个自由的国家	4.0 (4.0, 5.0)	4.0 (2.0, 4.0)	<0.001	Wilcoxon rank-sum

续表

	没上过大学	上过大学	p-value	Test
与以前相比,当今中国更加自由	4.0 (4.0, 5.0)	4.0 (4.0, 4.0)	0.47	Wilcoxon rank-sum
中国社会未来会更加自由	4.0 (3.0, 5.0)	4.0 (4.0, 5.0)	0.96	Wilcoxon rank-sum

(4) 收入越低的公民越认同中国比别的国家更自由。

不同收入水平的中国公民对于"与别国相比,中国是个自由的国家"的态度存在显著差异。秩和检验 p 值<0.001,低于 0.05。在中位数相等的情况下,家庭收入 5 万及以下收入的公民的回答落在 3 和 5 即说不清和非常认同之间,5 万—10 万收入的公民落在 3 和 4 即说不清和认同之间,10 万以上收入的公民落在 2 和 4 即不认同和认同之间。这说明收入较低的群体更满意中国与别国相比的自由状况。另外两栏数据的秩和检验 p 值均显著大于 0.05,说明差异不显著。

表 2—106　　**不同收入水平公民对中国自由状况评价的差异**

	5万及以下	5—10万元	10万元以上	p-value	p12	p23	p13	Test
与别国相比,中国是个自由的国家	4.0 (3.0, 5.0)	4.0 (3.0, 4.0)	4.0 (2.0, 4.0)	<0.001	0.001	0.001	<0.001	Kruskal-Wallis
与以前相比,当今中国更加自由	4.0 (4.0, 5.0)	4.0 (4.0, 5.0)	4.0 (4.0, 4.0)	0.31	0.40	0.46	0.13	Kruskal-Wallis
中国社会未来会更加自由	4.0 (4.0, 5.0)	4.0 (4.0, 4.0)	4.0 (4.0, 4.0)	0.15	0.15	0.64	0.073	Kruskal-Wallis

(5) 中老年公民对中国社会自由的评价更为积极乐观,90 后、00 后相对更加谨慎。

在"与别国相比"和"未来展望"两栏中,秩和检验 p 值分别为<

0.001和0.019，均小于0.05。对于"与别国相比，中国是个自由的国家"，p12显著大于0.05，而p23、p13值都显著小于0.05，表明90后、00后之间差异不大，90后与80后及以上差异较大；在中位数相等的情况下，90后、95后与00后回答落在2和4即不认同与认同之间，80后落在3和4即说不清和认同之间，70后及以上落在3和5即说不清和非常认同之间；据此可以推断出，年龄越大越认同中国相对于别国是自由的，90后及以上的认同度则要小。在对未来的展望中，在中位数相等的情况下，90后、95后与00后回答落在3和4即说不清和认同之间，而80后和70后及以上落在4和5即认同和非常认同之间，由此可以判断，年龄越大的公民对中国社会未来的自由情况越乐观。"与以前相比，当今中国更加自由"一栏的秩和检验p值显著高于0.75，说明差异不显著。

表2—107　　不同年龄公民对中国自由状况评价的差异

	95后与00后	90后	80后	70后及以上	p-value	p12	p23	p13	Test
与别国相比，中国是个自由的国家	4.0 (2.0, 4.0)	4.0 (2.0, 4.0)	4.0 (3.0, 4.0)	4.0 (3.0, 5.0)	<0.001	0.32	<0.001	<0.001	Kruskal-Wallis
与以前相比，当今中国更加自由	4.0 (4.0, 4.0)	4.0 (4.0, 4.0)	4.0 (4.0, 5.0)	4.0 (4.0, 5.0)	0.75	0.93	0.65	0.72	Kruskal-Wallis
中国社会未来会更自由	4.0 (3.0, 4.0)	4.0 (3.0, 4.0)	4.0 (4.0, 5.0)	4.0 (4.0, 5.0)	0.019	0.74	0.19	0.11	Kruskal-Wallis

（6）公民对中国社会自由评价同居住地与宗教信仰的关联性不强。

除基于宗教信仰考察的"与以前相比，当今中国更加自由"一栏外，不同居住地、有无宗教信仰的中国公民对当前中国自由的评价没有显著差异，秩和检验p值均显著大于0.05，说明差异不显著。

表 2—108 不同居住地、有无宗教信仰公民对中国自由状况评价的差异

	小城镇和农村	城市	p-value	Test
与别国相比，中国是个自由的国家	4.0 (3.0, 4.0)	4.0 (3.0, 4.0)	0.83	Wilcoxon rank-sum
与以前相比，当今中国更加自由	4.0 (4.0, 4.0)	4.0 (4.0, 5.0)	0.24	Wilcoxon rank-sum
中国社会未来会更加自由	4.0 (4.0, 4.0)	4.0 (4.0, 5.0)	0.33	Wilcoxon rank-sum
	无宗教信仰	有宗教信仰	p-value	Test
与别国相比，中国是个自由的国家	4.0 (3.0, 4.0)	4.0 (3.0, 4.0)	0.91	Wilcoxon rank-sum
与以前相比，当今中国更加自由	4.0 (4.0, 5.0)	4.0 (4.0, 4.0)	0.098	Wilcoxon rank-sum
中国社会未来会更加自由	4.0 (4.0, 5.0)	4.0 (3.0, 4.0)	0.27	Wilcoxon rank-sum

2. 公民认为中国社会自由中做得最好的是信仰自由，做得最不够的是言论自由

数据显示，在"做得最好"的选择项中，超四分之一（26.34%）的受访者选择了信仰自由，排在第一位；同时，在"做得最不够的"选项中，信仰自由排倒数第二（9.19%）。两相对照，说明公民认为信仰自由是目前中国做得最好的。在"做得最不够的"选项中，言论自由以接近半数（45.32%）遥遥领先，比第二名"发展自由"，高出 17.62 个百分点。同时，在"做得最好"的选择项中，言论自由选择率只有 10.03%，低于倒数第二的选项 10 多个百分点。两相对照，可以说明，公民非常集中地认为当前中国的言论自由做的最不够。

（1）共青团员对中国目前的言论自由情况最不满意。

不同政治面貌的中国公民关于中国做得最好的社会自由的判断没有显著差异，卡方检验 p 值为 0.60，显著大于 0.05。公民关于中国做得最不够的社会自由的看法与政治面貌强相关，卡方检验 p 值小于 0.001，显著

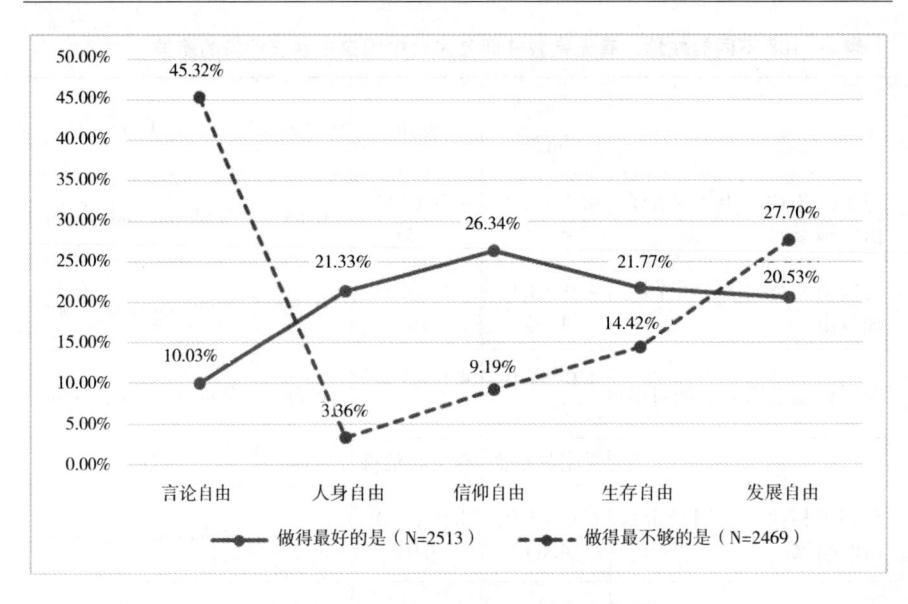

图 2—24 公民对社会自由的现实评价

低于 0.05。p12、p23、p13 都小于 0.05，表明三者之间差异明显。不同群体都认为言论自由做得最不够，其中团员的占比最高，超过半数（53.9%），分别高出党员和群众 8.6 和 13.1 个百分点。相对而言，党员对人身自由、发展自由不太满意，群众则对生存自由、信仰自由不太满意。

表 2—10 不同政治面貌公民关于中国自由做得最好、最不够的判断差异

		共产党员	共青团员	群众	p-value	p12	p23	p13	Test
目前中国做得最好的是	言论自由	8.9(58)	9.1(61)	10.5(119)	0.60	0.53	0.86	0.28	Pearson's chi-squared
	人身自由	24.0(156)	21.0(141)	20.1(227)					
	信仰自由	25.8(168)	27.0(182)	26.5(299)					
	生存的自由	22.3(145)	21.1(142)	21.7(245)					
	发展的自由	18.9(123)	21.8(147)	21.1(238)					
目前中国做得最不够的是	言论自由	45.3(289)	53.9(359)	40.8(450)	<0.001	0.005	<0.001	0.047	Pearson's chi-squared
	人身自由	4.5(29)	2.4(16)	3.4(37)					
	信仰自由	7.5(48)	8.7(58)	10.4(115)					
	生存的自由	13.6(87)	10.7(71)	16.8(185)					
	发展的自由	29.0(185)	24.3(162)	28.6(315)					

（2）专业技术人员（含教师）认为做得最好的是人身自由，各群体特别是学生都认为言论自由有待提升。

不同职业的公民关于中国社会自由的现实评价存在显著的差异。卡方检验 p 值小于 0.001，显著低于 0.05。专业技术人员（含教师）认为做得最好的是人身自由，占比达 29.2%，是各群体唯一超过信仰自由项的。同时，商业、服务业人员关于做得最好的选择"发展的自由"（28.4%）与"信仰自由"（28.9%）比率非常接近。各类群体都认为做得最不够的是言论自由，学生尤为突出，占比高达 60.0%，高出第二名的商业、服务业人员 15.6 个百分点。值得注意的是，在中国目前做得最不够的选项中，有 32.1% 的机关、党群组织、企业事业单位工作人员和 31.8% 的专业技术人员（含教师）选择了发展的自由，位列"言论自由"之后。产业工人、农民虽然也最不满意言论自由，但选择率（31.7%）显著低于其他群体，同时，其对生存自由、发展自由的不满也旗鼓相当，选择率分别是 27.6% 和 25.5%，其中生存的自由是各群体中选择率最高的，高出其他群体 10 个多百分比。学生最不满意的除开言论自由外也是发展的自由。

表 2—110 不同职业公民关于中国自由做得最好、最不够的判断差异

		机关、党群组织、企业事业单位工作人员	专业技术人员（含教师）	商业、服务业人员	产业工人和农民	学生	p-value	p12	p23	p13	Test
目前中国做得最好的是	言论自由	14.0 (79)	9.9 (21)	8.5 (34)	15.2 (22)	6.0 (40)	<0.001	0.23	0.005	<0.001	Pearson's chi-squared
	人身自由	22.2 (125)	29.2 (62)	19.6 (78)	16.6 (24)	20.8 (139)					
	信仰自由	23.9 (135)	24.1 (51)	28.9 (115)	29.7 (43)	28.7 (192)					
	生存的自由	21.1 (119)	18.9 (40)	14.6 (58)	22.1 (32)	24.8 (166)					
	发展的自由	18.8 (106)	17.9 (38)	28.4 (113)	16.6 (24)	19.7 (132)					

续表

		机关、党群组织、企业事业单位工作人员	专业技术人员（含教师）	商业、服务业人员	产业工人和农民	学生	p-value	p12	p23	p13	Test
目前中国做得最不够的是	言论自由	38.6 (212)	43.1 (91)	44.4 (172)	31.7 (46)	60.0 (402)	<0.001	0.76	0.49	0.020	Pearson's chi-squared
	人身自由	4.7 (26)	3.8 (8)	3.6 (14)	4.1 (6)	1.6 (11)					
	信仰自由	8.2 (45)	6.6 (14)	9.6 (37)	11.0 (16)	9.1 (61)					
	生存的自由	16.4 (90)	14.7 (31)	16.5 (64)	27.6 (40)	7.0 (47)					
	发展的自由	32.1 (176)	31.8 (67)	25.8 (100)	25.5 (37)	22.2 (149)					

（3）受教育程度越高越不满意目前中国的言论自由状况，受教育程度越低的公民相对而言更关注生存自由。

公民对中国社会自由的现实评价与受教育水平相关。卡方检验 p 值均小于 0.001，显著低于 0.05。无论是否上过大学，人们都认为目前中国做得最好的是信仰自由，做得最不够的是言论自由。其中，受教育水平较高的群体对言论自由的不满显著强于受教育水平较低的群体，二者相差 19.1 个百分点。受教育水平较低的群体对生存自由的不满显著强于另一类群体，两者的选取比例相差 11 个百分点。此外，除言论自由外，无论上过大学还是没上过大学，公民都对发展的自由不满意，分别占比为 26.4%、30.3%。

表 2—111　不同受教育程度公民关于中国自由做得最好、最不够的判断差异

		没上过大学	上过大学	p-value	Test
目前中国做得最好的是	言论自由	13.8（108）	8.3（141）	<0.001	Pearson's chi-squared
	人身自由	19.3（151）	22.1（374）		
	信仰自由	27.7（217）	25.5（433）		
	生存的自由	19.9（156）	22.8（386）		
	发展的自由	19.2（150）	21.3（361）		

续表

		没上过大学	上过大学	p-value	Test
目前中国做得最不够的是	言论自由	32.5（246）	51.6（865）	<0.001	Pearson's chi-squared
	人身自由	4.8（36）	2.7（45）		
	信仰自由	10.6（80）	8.4（141）		
	生存的自由	21.9（166）	10.9（183）		
	发展的自由	30.3（229）	26.4（443）		

（4）收入越高的公民对言论自由状况越不满意，收入越低的公民更在意发展的自由的不足。

不同收入水平的中国公民关于中国社会自由的判断存在显著差异。卡方检验p值分别是0.009和小于0.001，均小于0.05。三类群体都认为目前中国做得最好的是信仰自由，做得最不好的言论自由。其中，对言论自由的满意状况同收入水平负相关；在"做得最好"一栏中，对言论自由的选取比例随着收入水平的提高而降低；在"做得最不够"一栏中，对言论自由的选取比例随着收入水平的提高而显著增加。收入越高的公民对言论自由状况越不满意。同时，家庭收入5万元以下公民有31.5%认为目前中国做得最不够的是发展的自由，显著高于其他群体，而生存自由项与其他群体差异不大。可见，低收入群体的生存问题基本解决，而发展问题成为突出问题。

表2—112 不同收入水平公民关于中国自由做得最好、最不够的判断差异

		5万及以下	5—10万元	10万元以上	p-value	p12	p23	p13	Test
目前中国做得最好的是	言论自由	12.6(120)	10.3(90)	6.2(40)	0.009	0.35	0.055	<0.001	Pearson's chi-squared
	人身自由	19.5(186)	22.3(195)	22.9(148)					
	信仰自由	25.9(247)	27.0(236)	26.3(170)					
	生存的自由	21.7(207)	20.4(178)	23.0(149)					
	发展的自由	20.3(193)	19.9(174)	21.6(140)					
目前中国做得最不够的是	言论自由	38.8(363)	44.1(380)	56.5(358)	<0.001	0.082	<0.001	<0.001	Pearson's chi-squared
	人身自由	3.3(31)	4.3(37)	2.2(14)					
	信仰自由	10.5(98)	8.9(77)	7.7(49)					
	生存的自由	15.9(149)	15.4(133)	10.3(65)					
	发展的自由	31.5(295)	27.2(234)	23.3(148)					

(5) 城市居民对生存自由和发展自由的评价高于小城镇、农村居民，小城镇、农村居民对言论自由、人身自由评价高于城市居民。

不同居住地的中国公民关于中国社会自由的现实评价具有显著差异。卡方检验 p 值分别是 <0.001 和小于 0.004，均小于 0.05。两类居民都认为做得最好的是信仰自由，做得最不够的是言论自由。小城镇和农村居民对言论自由和信仰自由的满意状况优于城市居民，在"做得最好"一栏中的选取比例更高，在"做得最不够"一栏中的选取比例更低。城市居民对生存的自由和发展的自由的满意状况优于小城镇和农村居民，在"做得最好"一栏中的选取比例更高，在"做得最不够"一栏中的选取比例更低。

表 2—113　不同居住地公民关于中国自由做得最好、最不够的判断差异

		小城镇和农村	城市	p – value	Test
目前中国做得最好的是	言论自由	13.3（120）	8.1（129）	<0.001	Pearson's chi – squared
	人身自由	23.0（207）	20.5（328）		
	信仰自由	26.6（239）	26.2（420）		
	生存的自由	19.2（173）	23.2（371）		
	发展的自由	17.9（161）	22.1（354）		
目前中国做得最不够的是	言论自由	41.8（372）	47.6（746）	0.004	Pearson's chi – squared
	人身自由	3.5（31）	3.3（52）		
	信仰自由	8.8（78）	9.5（149）		
	生存的自由	17.6（157）	12.4（195）		
	发展的自由	28.4（253）	27.2（426）		

(6) 过半的 90 后、00 后公民不满意言论自由，80 后比其他公民更不满意发展的自由。

不同年龄的中国公民关于目前中国做得最好的社会自由的判断没有显著差异。"做得最好"一栏的卡方检验 p 值为 0.052，大于但接近 0.05；"做得最不够"一栏的卡方检验 p 值小于 0.001，显著低于 0.05。p12 显著大于 0.05 而 p23、p13 显著小于 0.05，表明 90 后与 00 后没有显著差异，而与 80 后及以上有显著差异。各年龄段的群体都认为目前中国做得

最好的是信仰自由，做得最不够的是言论自由。在"做得最不够"一栏中，对言论自由的选取比例随年龄的增长而降低，最大差达18.8个百分点，90后、00后超过半数都认为最不够的是言论自由，说明年轻人更不满目前的言论自由状况。比较而言，80后相对于其他年龄段最不满意于发展的自由。80后正值中年，很多人各方面发展遇到所谓"中年瓶颈"，出现这种结果是正常的。

表2—114 不同年龄公民关于中国自由做得最好、最不够的判断差异

		95后与00后	90后	80后	70后及以上	p-value	p12	p23	p13	Test
目前中国做得最好的是	言论自由	8.0 (45)	7.5 (44)	11.3 (78)	12.3 (81)	0.052	0.71	0.15	0.072	Pearson's chi-squared
	人身自由	21.2 (119)	20.2 (118)	21.3 (147)	22.9 (151)					
	信仰自由	29.4 (165)	26.9 (157)	23.2 (160)	26.1 (172)					
	生存的自由	21.4 (120)	22.3 (130)	22.4 (154)	20.8 (137)					
	发展的自由	20.0 (112)	23.0 (134)	21.8 (150)	18.0 (119)					
目前中国做得最不够的是	言论自由	54.8 (307)	52.7 (305)	41.0 (272)	36.0 (232)	<0.001	0.86	<0.001	<0.001	Pearson's chi-squared
	人身自由	2.9 (16)	2.2 (13)	3.9 (26)	4.2 (27)					
	信仰自由	8.9 (50)	10.0 (58)	8.3 (55)	9.6 (62)					
	生存的自由	10.0 (56)	10.9 (63)	15.5 (103)	20.5 (132)					
	发展的自由	23.4 (131)	24.2 (140)	31.3 (208)	29.8 (192)					

（7）有宗教信仰的公民对言论自由、发展自由的满意度要高于无宗教信仰的公民，无宗教信仰的公民在信仰自由、生存自由方面满意度高于有宗教信仰的公民。

有无宗教信仰的公民关于目前中国社会自由"做得最好"的判断没有显著差异，卡方检验p值为0.26，大于0.05。而"做得最不够"一栏

的卡方检验 p 值小于 0.001，显著低于 0.05，表明与有无宗教信仰强相关。无宗教信仰公民对言论自由、人身自由和发展自由的满意度低于有宗教信仰公民，而在信仰自由和生存自由的满意度高于后者，特别是生存自由一项，有宗教信仰的受访者选择（22.2%）比无宗教信仰受访者（12.4%）高出 9.8 个百分点。

表 2—115　有无宗教信仰公民关于中国自由做得最好、最不够的判断差异

		无宗教信仰	有宗教信仰	p-value	Test
目前中国做得最好的是	言论自由	10.0 (206)	9.3 (23)	0.26	Pearson's chi-squared
	人身自由	21.1 (435)	17.3 (43)		
	信仰自由	26.0 (535)	28.2 (70)		
	生存的自由	22.4 (461)	19.8 (49)		
	发展的自由	20.5 (423)	25.4 (63)		
目前中国做得最不够的是	言论自由	47.5 (961)	40.3 (98)	<0.001	Pearson's chi-squared
	人身自由	3.3 (67)	2.9 (7)		
	信仰自由	8.9 (180)	11.5 (28)		
	生存的自由	12.4 (251)	22.2 (54)		
	发展的自由	28.0 (566)	23.0 (56)		

3. 公民认为法律制度不完善是影响社会自由的最主要因素，其次是公民素质低、经济条件不够好

调查数据显示，公民倾向于认为法律制度不完善是当前社会自由状况不够理想的最主要原因；这一因素的响应百分比（22.18%）和个案百分比（42.35%）均显著高于其他因素。公民素质较低和经济条件还不够好分别是影响社会自由的第二大和第三大因素，占有 19.31% 和 18.74% 的响应百分比以及 37.03% 和 35.94% 的个案百分比。在受访者眼中，敌对势力的破坏对社会自由的影响最小，两类选择率均不足 10%，显著低于其他因素。其他重要因素还有社会风气不良（13.4%、25.7%）、政治体制改革滞后（12.3%，23.59%）、思想观念落后（11.18%，21.45%）。法律制度、经济条件、公民素质分别代表保障、基础、主体三方面的因素，公民的认识是比较全面的。同时值得注意的是，"敌对势力的破坏"

第三章 公民社会自由价值观分析

选取率最小、"政治体制改革滞后"选取率很低,这表明,一方面公民对国家的安全稳定、强大国防是充分信任的;另一方面并不像不少"自由派"人士认为的那样,自由还不够理想主要是由政治体制改革滞后造成的,相反老百姓的认知更为理性、务实。

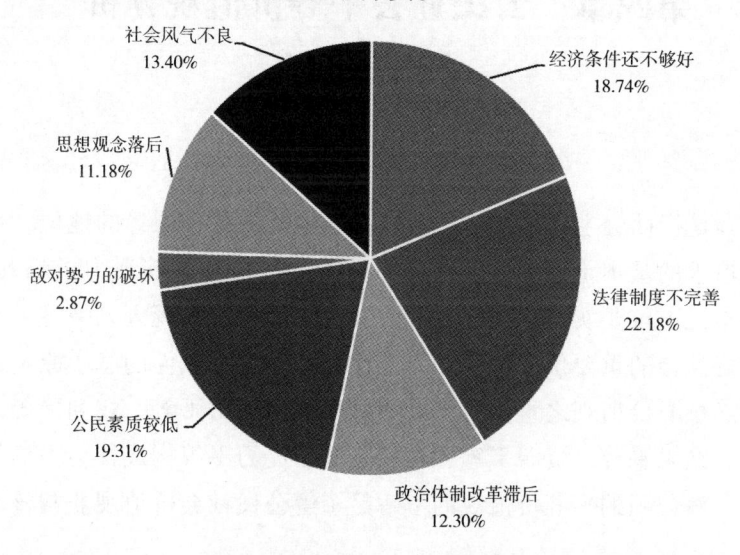

图 2—25　当前社会自由还不够理想的原因（N = 4909）

- 社会风气不良 13.40%
- 经济条件还不够好 18.74%
- 思想观念落后 11.18%
- 敌对势力的破坏 2.87%
- 法律制度不完善 22.18%
- 公民素质较低 19.31%
- 政治体制改革滞后 12.30%

第四章 公民社会平等价值观分析

平等是指社会主体在社会关系、社会生活中处于同等的地位。平等是人类追求的基本价值之一，近代西方将之与自由一起视为天赋人权，马克思学说不仅要实现人的自由全面发展，而且要实现人人平等。平等是一个好社会的重要价值特征，更是社会主义的本质性的基本原则，是社会主义核心价值观之重要内涵。一般认为，人格平等、权利平等、机会平等、结果平等、资源平等、福利平等、能力平等构成社会平等的基本内容。对公民的平等价值观的了解是了解公民社会价值观非常核心的方面。

一 公民对社会平等的理想偏好

1. 公民偏好平等远甚于自由

在现代政治哲学中，一般认为正义是社会的首要价值，而自由和平等是正义最重要的体现。但是，自由和平等往往难以兼顾，往往自由就意味着不平等，而平等就意味着对自由的制约。这是从法国大革命以来整个现代政治面临的难题，在很大程度上，资本主义与社会主义的价值观根本分歧也导源于此。资本主义社会更多突出他们所理解的天赋人权的个人自由，而社会主义更加突出人们的平等。调查数据表明，在社会主义中国，76.79%的受访者选择了平等，只有23.21%的人选择了自由，前者高出后者53.58个百分比，可以说是压倒性的优势了。可见，大多数中国公民喜欢注重平等的社会。

（1）团员比党员、群众更注重自由，而群众最注重平等。

不同政治面貌的中国公民对自由与平等的选择倾向存在显著差异，卡

第四章　公民社会平等价值观分析　　285

更注意自由的社会
23.21%

更注重平等的社会
76.79%

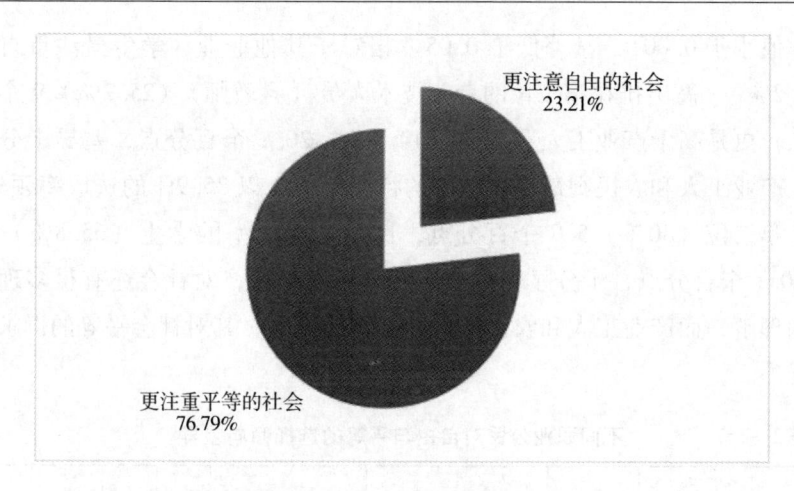

图 2—26　自由和平等往往难以兼顾，您倾向于选择（N = 2581）

方检验 p 值小于 0.001，显著低于 0.05。p12 和 p23 显著低于 0.05，p13 显著大于 0.05，故团员与党员、群众的看法有明显差异，而群众与党员之间差异不显著。数据显示，团员选择"更注重自由的社会"的比例最高（31.3%），分别高于党员（21.8%）和群众（19%）9.5 和 12.3 个百分点，特别显著；群众选择"更注重平等的社会"的比例最高（81.0%），分别高于党员（78.2%）和团员（12.3%）。可以说，团员最看重自由，群众最看重平等。团员是年青一代，更注重自由是情理之中；群众从切身感受出发，认为平等的价值更为基础和实在。

表 2—116　　不同政治面貌公民对自由与平等的选择倾向差异

	共产党员	共青团员	群众	p - value	p12	p23	p13	Test
更注重自由的社会	21.8 (146)	31.3 (214)	19.0 (221)	<0.001	<0.001	<0.001	0.15	Pearson's chi - squared
更注重平等的社会	78.2 (524)	68.7 (470)	81.0 (942)					

（2）产业工人和农民最注重平等、最不注重自由，相对而言学生最注重自由、最不注重平等。

不同职业的中国公民对自由与平等的选择倾向存在显著差异，卡方检验 p 值小于 0.001，显著低于 0.05。相对于其他职业，学生最注重自由（34.2%），高出排在第二位的专业技术人员（含教师）（25.2%）9 个百分点，更是高于产业工人和农民（14.1%）20.1 个百分点，差异十分显著。产业工人和农民则最注重平等的社会价值，以 85.9% 的选取率领先，高于第二位（80%）5.9 个百分点，比最低选取率的学生（65.8%）高出 20.1 个百分点，十分显著。学生作为年青一代，对社会还有很多理想化的理解，而产业工人和农民处于社会较低阶层，其对社会平等的诉求更为强烈。

表 2—117　不同职业公民对自由与平等的选择倾向差异

	机关、党群组织、企业事业单位工作人员	专业技术人员（含教师）	商业、服务业人员	产业工人和农民	学生	p-value	p12	p23	p13	Test
更注重自由的社会	20.0 (115)	25.2 (54)	21.1 (87)	14.1 (21)	34.2 (231)	<0.001	0.11	0.24	0.66	Pearson's chi-squared
更注重平等的社会	80.0 (461)	74.8 (160)	78.9 (325)	85.9 (128)	65.8 (444)					

（3）公民受教育程度越高越注重自由，受教育程度越低越注重平等。

不同受教育程度的中国公民对自由与平等的选择倾向存在显著差异，卡方检验 p 值小于 0.001，显著低于 0.05。文化程度高的中国公民更倾向于选择注重自由的社会，文化程度低的中国公民更倾向于选择注重平等的社会，上过大学的受访者选择"更注重自由的社会"比率（26.2%）高于没上过大学（17.4%）8.8 个百分点，但前者选择"更注重平等的社会"的比例（73.8%）低于后者（82.6%）8.8 个百分点。

表 2—118　不同受教育程度公民对自由与平等的选择倾向差异

	没上过大学	上过大学	p-value	Test
更注重自由的社会	17.4 (139)	26.2 (457)	<0.001	Pearson's chi-squared
更注重平等的社会	82.6 (662)	73.8 (1,288)		

第四章 公民社会平等价值观分析

(4) 收入越高的公民越注重自由，收入越低的公民越注重平等。

不同收入水平的中国公民对自由与平等的选择倾向存在显著差异，卡方检验 p 值小于 0.001，显著低于 0.05。p23、p13 值显著小于 0.05 而 p12 值显著大于 0.05，表明家庭年收入 10 万元以下公民差异不大，而与收入 10 万元以上的公民差异明显。数据显示，公民选择"更注重自由的社会"的比例随着收入水平增高而增加，家庭年收入 10 万元以上的公民选取率（29.5%）高于 5 万元及以下公民（20%）9.5 个百分点，非常显著；选择"更注重平等的社会"的比例随着收入增高而降低，家庭年收入 5 万元及以下公民选取率（80%）高出 10 万元以上公民（70.5%）9.5 个百分点。因此，公民收入越高越倾向于选择注重自由的社会，收入越低越倾向于选择注重平等的社会。

表 2—119　　不同收入水平公民对自由与平等的选择倾向差异

	5万及以下	5万—10万元	10万元以上	p-value	p12	p23	p13	Test
更注重自由的社会	20.0 (196)	22.2 (196)	29.5 (200)	<0.001	0.25	<0.001	<0.001	Pearson's chi-squared
更注重平等的社会	80.0 (784)	77.8 (687)	70.5 (477)					

(5) 公民年龄越大越注重平等，年龄越小越注重自由。

不同年龄的中国公民对自由与平等的选择倾向存在显著差异，卡方检验 p 值小于 0.001，显著低于 0.05。p12 值大于 0.05 而 p23、p13 显著小于 0.05，表明 90 后、00 会之间差异不显著，而与其他年龄段差异显著。总体来看，公民选择"更注重自由的社会"的比例随着年龄增加而降低，95 后和 00 后选取率（32.9%）高出 70 后及以上公民（14.3%）18.6 个百分点，十分显著；选择"更注重平等的社会"的比例随着年龄增加而增加，70 后及以上公民的选取率（85.7%）高出 95 后与 00 后（67.1%）18.6 个百分点，十分显著。

表 2—120　　　不同年龄公民对自由与平等的选择倾向差异

	95后与00后	90后	80后	70后及以上	p-value	p12	p23	p13	Test
更注重自由的社会	32.9 (186)	28.2 (170)	20.4 (143)	14.3 (99)	<0.001	0.083	<0.001	<0.001	Pearson's chi-squared
更注重平等的社会	67.1 (379)	71.8 (432)	79.6 (558)	85.7 (593)					

（6）公民对自由、平等的偏好与居住地和宗教信仰没有必然关系。

不同居住地、有无宗教信仰的中国公民对自由与平等的选择倾向没有显著差异，卡方检验p值分别是0.50和0.18，显著大于0.05。

表 2—121　不同居住地、有无宗教信仰公民对自由与平等的选择倾向差异

	小城镇和农村	城市	p-value	Test
更注重自由的社会	24.0 (222)	22.8 (375)	0.50	Pearson's chi-squared
更注重平等的社会	76.0 (704)	77.2 (1,270)		
	无宗教信仰	有宗教信仰	p-value	Test
更注重自由的社会	24.3 (515)	20.5 (53)	0.18	Pearson's chi-squared
更注重平等的社会	75.7 (1,602)	79.5 (205)		

2. 公民最尊崇人格平等和权利平等

社会平等有着丰富的内涵，包括人格平等、权利平等、机会平等、结果平等、资源平等、福利平等、能力平等。人格平等是指，不管人们之间在性别、民族、职业、经济、生活等方面存在的差别，作为人类的一员，都具有相同的价值与尊严。权利平等是指所有人在法律面前同等地享受权利，任何人不具有超越法律之上的特权。调查数据显示，40.29%的受访者认为最重要的社会平等是人格尊严平等，其次是法律面前人人平等即权利平等（34.86%），而其他选项中除了机会平等比例略高外（11.01%），其他均低于5.0%，能力平等的选取率只有1.9%。这表明，公民对于最重要的平等的认识是很集中的，人格平等、权利平等的聚焦也说明公民的现代意识比较强，或者说现实中这两方面感受性最深。

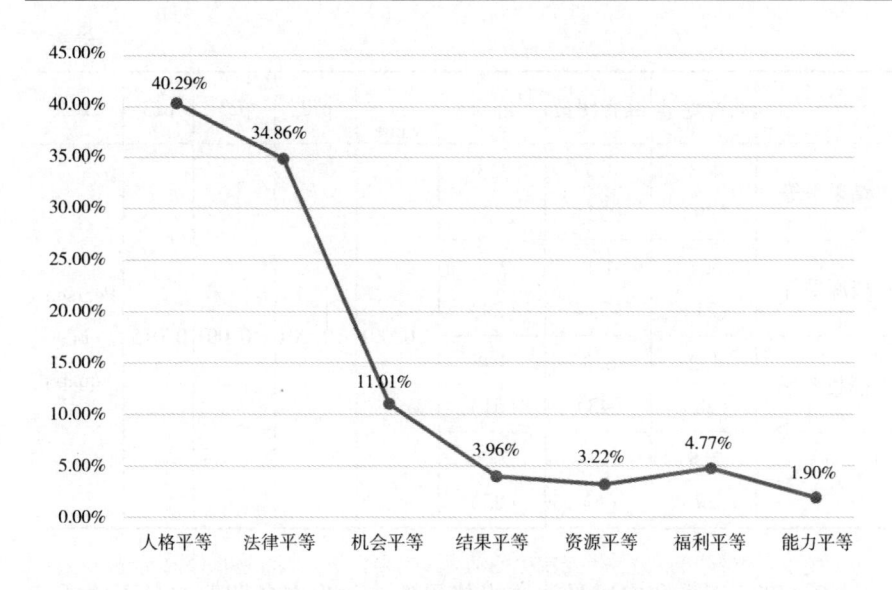

第四章 公民社会平等价值观分析　　289

图 2—27　公民对社会平等的理想偏好（N = 2579）

（1）群众更为重视人格平等，党员更为重视权利平等。

不同政治面貌的中国公民关于社会平等的评价存在显著差异，卡方检验 p 值小于 0.001，显著低于 0.05。p12、p23、p13 值均显著小于 0.05，表明三者之间差异明显。相对而言，群众最看重人格尊严平等，群众选择"人格尊严平等"的比例（43.3%）高于团员（40.1%）和党员（34.6%）；党员最看重法律平等，团员最不重视，二者相差 11.1 个百分点；团员比另外两类群体更重视机会平等、结果平等、资源平等和福利平等，对此的选择率较高。

表 2—122　　不同政治面貌公民关于最重要社会平等的判断差异

	共产党员	共青团员	群众	p-value	p12	p23	p13	Test
人格尊严平等	34.6 (232)	40.1 (275)	43.3 (502)					
法律面前人人平等	39.6 (266)	28.5 (195)	35.6 (413)	<0.001	<0.001	<0.001	0.015	Pearson's chi-squared
机会平等	11.6 (78)	14.7 (101)	8.7 (101)					

续表

	共产党员	共青团员	群众	p-value	p12	p23	p13	Test
结果平等	4.3 (29)	4.7 (32)	3.3 (38)	<0.001	<0.001	<0.001	0.015	Pearson's chi-squared
资源平等	3.1 (21)	4.8 (33)	2.5 (29)					
福利平等	4.2 (28)	6.3 (43)	4.4 (51)					
能力平等	2.5 (17)	0.9 (6)	2.2 (25)					

（2）产业工人和农民最注重人格平等，学生在各职业中最不注重权利平等。

不同职业的中国公民关于社会平等的评价存在显著差异，卡方检验 p 值小于 0.001，显著低于 0.05。产业工人和农民最看重人格平等，选取率（44.6%）明显高于其他职业。学生对权利平等的选取率（25.7%）显著低于其他职业。合理的理解是作为年青一代，所遭遇的权利不平等的情况较少，所以感受不深。专业技术人员（含教师）对于人格平等和能力平等的选取率中都是各职业中最低的。这一定程度上表明，这个职业在人格上是最受尊重，也对自己的能力最自信的群体。

表 2—123　　不同职业公民关于最重要社会平等的判断差异

	机关、党群组织、企业事业单位工作人员	专业技术人员（含教师）	商业、服务人员	产业工人和农民	学生	p-value	p12	p23	p13	Test
人格尊严平等	37.8 (221)	34.3 (74)	41.7 (169)	44.6 (66)	41.9 (282)	<0.001	0.17	0.17	0.16	Pearson's chi-squared
法律面前人人平等	40.1 (234)	40.3 (87)	37.5 (152)	40.5 (60)	25.7 (173)					

续表

	机关、党群组织、企业事业单位工作人员	专业技术人员（含教师）	商业、服务业人员	产业工人和农民	学生	p-value	p12	p23	p13	Test
机会平等	10.3 (60)	12.5 (27)	8.6 (35)	7.4 (11)	14.4 (97)	<0.001	0.17	0.17	0.16	Pearson's chi-squared
结果平等	3.3 (19)	4.2 (9)	3.5 (14)	2.7 (4)	6.4 (43)					
资源平等	3.4 (20)	2.3 (5)	1.2 (5)	0.7 (1)	4.6 (31)					
福利平等	2.9 (17)	6.0 (13)	4.9 (20)	2.7 (4)	5.8 (39)					
能力平等	2.2 (13)	0.5 (1)	2.5 (10)	1.4 (2)	1.2 (8)					

（3）公民受教育程度越低越重视人格平等、权利平等，受教育程度越高越重视机会平等。

不同受教育程度的中国公民关于社会平等的评价存在显著差异，卡方检验 p 值小于 0.001，显著低于 0.05。文化程度低的中国公民更看重"人格尊严平等"和"法律面前人人平等"；没上过大学公民选择"人格尊严平等"和"法律面前人人平等"的比例分别是 43.9% 和 38.6%，高出上过大学选择率 5.5 和 5.3 个百分点。文化程度高的中国公民相对看重"机会平等"；上过大学公民与没上过大学的选择"机会平等"的比例相差 6.6 个百分比。另外，上过大学的公民在结果平等、资源平等、福利平等等方面的选取率也更高些。

表 2—124　不同受教育程度公民关于最重要社会平等的判断差异

	没上过大学	上过大学	p-value	Test
人格尊严平等	43.9 (350)	38.4 (670)		
法律面前人人平等	38.6 (308)	33.3 (581)		
机会平等	6.5 (52)	13.1 (228)		
结果平等	3.1 (25)	4.4 (76)		

续表

	没上过大学	上过大学	p – value	Test
资源平等	2.4（19）	3.6（63）	<0.001	Pearson's chi – squared
福利平等	3.6（29）	5.4（94）		
能力平等	1.9（15）	1.9（33）		

（4）公民收入越低越重视人格平等，收入越高越重视权利平等和机会平等。

公民关于社会平等的评价与收入水平强相关，卡方检验p值小于0.001，显著低于0.05。p12、p13值显著小于0.05而p23显著大于0.05，表明家庭年收入5万元及以下和5万元以上公民之间差异明显。收入越低越重视"人格尊严平等"，收入越高越重视"法律面前人人平等"和"机会平等"。公民选择"人格尊严平等"的比例随着收入水平提高而降低，选择"法律面前人人平等"和"机会平等"的比例随着收入水平提高而增加。

表2—125　　不同收入水平公民关于最重要社会平等的判断差异

	5万及以下	5万—10万元	10万元以上	p – value	p12	p23	p13	Test
人格尊严平等	44.7（435）	39.2（349）	35.8（241）	<0.001	0.004	0.46	<0.001	Pearson's chi – squared
法律面前人人平等	34.1（332）	34.9（311）	35.2（237）					
机会平等	8.4（82）	11.5（102）	14.1（95）					
结果平等	2.7（26）	4.2（37）	5.6（38）					
资源平等	3.5（34）	3.0（27）	3.1（21）					
福利平等	3.8（37）	5.7（51）	5.0（34）					
能力平等	2.9（28）	1.5（13）	1.2（8）					

(5) 95后及00后、70后及以上对平等的诉求差异较大,前者更注重人格平等、机会平等,后者更注重权利平等。

不同年龄的中国公民关于社会平等的评价存在显著差异,卡方检验p值小于0.001,显著低于0.05。p12、p13值小于0.05而p23值大于0.05,说明00后与90后之间差异不明显,而与80后差异比较显著。95后及00后、70后及以上这一小一老有4项处于两个极端,可以说是差异最大。其中,95后与00后,对人格尊严平等、机会平等、结果平等的诉求率分别比70后及以上高出4.8、6.3、4.6个百分点。70后及以上在法律面前人人平等这项诉求率在各年龄段中最高(43%),超过95后与00后18个百分点,机会平等、结果平等、资源平等、福利平等4个项目都是各年龄段中诉求率最小的。

表2—126　　不同年龄公民关于最重要社会平等的判断差异

	95后与00后	90后	80后	70后及以上	p-value	p12	p23	p13	Test
人格尊严平等	45.6 (259)	38.1 (230)	36.2 (254)	40.8 (280)	<0.001	0.044	0.18	<0.001	Pearson's chi-squared
法律面前人人平等	25.0 (142)	31.7 (191)	38.4 (269)	43.0 (295)					
机会平等	13.6 (77)	12.8 (77)	11.3 (79)	7.3 (50)					
结果平等	6.5 (37)	5.0 (30)	3.1 (22)	1.9 (13)					
资源平等	3.3 (19)	4.1 (25)	3.4 (24)	2.0 (14)					
福利平等	4.9 (28)	6.3 (38)	5.3 (37)	2.9 (20)					
能力平等	1.1 (6)	2.0 (12)	2.3 (16)	2.0 (14)					

(6) 小城镇和农村居民更看重人格平等、权利平等,城市居民更看重机会平等和能力平等。

不同居住地的中国公民关于社会平等的评价存在显著差异,卡方检验

p 值为 0.037，小于 0.05。小城镇和农村居民更看重"人格尊严平等"和"法律面前人人平等"，城市居民更看重"机会平等"和"能力平等"。

表 2—127　不同居住地公民关于最重要社会平等的判断差异

	小城镇和农村	城市	p – value	Test
人格尊严平等	41.8（387）	39.4（648）	0.037	Pearson's chi – squared
法律面前人人平等	35.2（326）	34.7（570）		
机会平等	9.6（89）	11.7（193）		
结果平等	4.3（40）	3.7（61）		
资源平等	3.7（34）	3.0（49）		
福利平等	4.4（41）	5.0（82）		
能力平等	0.9（8）	2.5（41）		

（7）公民社会平等观与宗教信仰关联性不强。

有无宗教信仰的中国公民关于社会平等的评价没有显著差异，卡方检验 p 值为 0.060，大于 0.05。数字直观显示，无宗教信仰的受访者更看重法律面前人人平等、机会平等，有宗教信仰的受访者更看重人格尊严平等。

表 2—128　有无宗教信仰公民关于最重要社会平等的判断差异

	无宗教信仰	有宗教信仰	p – value	Test
人格尊严平等	39.2（827）	47.7（124）	0.060	Pearson's chi – squared
法律面前人人平等	34.8（734）	31.2（81）		
机会平等	11.8（249）	7.3（19）		
结果平等	4.2（88）	3.1（8）		
资源平等	3.0（63）	4.2（11）		
福利平等	5.0（106）	5.4（14）		
能力平等	2.1（44）	1.2（3）		

二 公民对社会平等的底线诉求

1. 公民认为权利平等是最起码的平等，其次是人格平等

调查数据显示，34.72%的受访公民选择了"法律面前人人平等"是社会最起码的平等，其次是人格尊严平等，27.78%的公民选择了此项，福利平等、能力平等的选择率最少。可见，一方面表明，中国公民的法律意识正在增强，超三分之一的公民自觉将权利平等视为底线的平等，而极少人认为福利平等、能力平等是起码的平等；另一方面，与前述中国公民的理想偏好对照，我们发现，人格平等居理想偏好第一位，权利平等居第二位，而在底线诉求中两者位置互换，这也说明人格平等、权利平等对于中国公民的重要性。

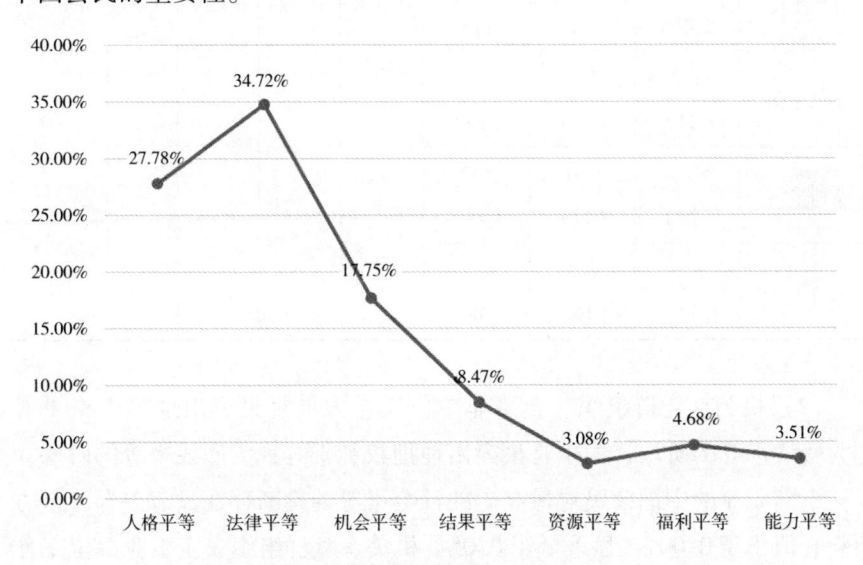

图 2—28　中国公民对社会平等的底线需求（N = 2563）

2. 公民对社会平等底线诉求的差异分析

（1）公民社会平等的底线诉求与政治面貌关联性不强。

不同政治面貌的中国公民对最起码的社会平等的看法没有显著差异，卡方检验 p 值为 0.078，大于 0.05。不过，数据直观体现，相对而言，共产党员人格平等诉求率最高，共青团员权利平等、福利平等诉求率最高，

群众对结果平等、能力平等的诉求率最高。

表 2—129　　不同政治面貌公民对社会平等底线需求的差异

	共产党员	共青团员	群众	p-value	p12	p23	p13	Test
人格尊严平等	29.4 (196)	27.9 (190)	26.7 (308)	0.078	0.32	0.011	0.59	Pearson's chi-squared
法律面前人人平等	34.1 (227)	38.2 (260)	33.1 (381)					
机会平等	18.0 (120)	15.7 (107)	18.9 (218)					
结果平等	7.4 (49)	7.3 (50)	9.8 (113)					
资源平等	3.2 (21)	2.5 (17)	3.1 (36)					
福利平等	4.4 (29)	6.0 (41)	4.2 (48)					
能力平等	3.6 (24)	2.3 (16)	4.2 (48)					

（2）机关、党群组织、企事业单位工作人员是最突出地将人格平等作为底线平等的阶层，学生是最突出地把权利平等视为底线平等的阶层。

不同职业的中国公民对最起码的社会平等的判断存在显著差异，卡方检验 p 值小于 0.001，显著低于 0.05。机关、党群组织、企事业单位工作人员最认同"人格尊严平等"是底线平等，是最突出地把人格平等作为最起码平等的阶层。产业工人和农民对机会平等、结果平等作为底线平等的选择率最高。学生则在权利平等、福利平等作为底线平等方面选择率最高；尤其是权利平等，高出其他阶层近 10 个百分点。基本上符合缺少什么重视什么的规律。

表 2—130　　　　不同职业公民对社会平等底线需求的差异

	机关、党群组织、企业事业单位工作人员	专业技术人员（含教师）	商业、服务业人员	产业工人和农民	学生	p-value	p12	p23	p13	Test
人格尊严平等	30.5 (177)	28.2 (61)	25.7 (103)	25.0 (37)	29.1 (196)	<0.001	0.99	0.69	0.45	Pearson's chi-squared
法律面前人人平等	31.2 (181)	30.6 (66)	34.4 (138)	28.4 (42)	42.2 (284)					
机会平等	19.1 (111)	21.3 (46)	18.5 (74)	22.3 (33)	12.8 (86)					
结果平等	7.9 (46)	8.3 (18)	10.5 (42)	11.5 (17)	6.7 (45)					
资源平等	3.6 (21)	3.2 (7)	4.7 (19)	1.4 (2)	1.8 (12)					
福利平等	4.0 (23)	4.6 (10)	3.2 (13)	3.4 (5)	5.1 (34)					
能力平等	3.6 (21)	3.7 (8)	3.0 (12)	8.1 (12)	2.4 (16)					

（3）文化程度越高越倾向于将权利平等、人格平等视为底线平等，文化程度越低越有可能将其他平等视为底线平等。

不同文化程度的中国公民对最起码的社会平等的判断存在显著差异，卡方检验 p 值为 0.005，小于 0.05。文化程度越高，越倾向于视权利平等、人格平等为底线平等；文化程度越低，将机会平等、结果平等、资源平等、能力平等视为底线平等的频率越大。

表 2—131　　　　不同文化程度公民对社会平等底线需求的差异

	没上过大学	上过大学	p-value	Test
人格尊严平等	24.9 (197)	29.0 (504)		
法律面前人人平等	31.7 (251)	36.2 (628)		
机会平等	20.7 (164)	16.4 (284)		
结果平等	9.5 (75)	7.9 (138)		

续表

	没上过大学	上过大学	p-value	Test
资源平等	4.0 (32)	2.6 (46)	0.005	Pearson's chi-squared
福利平等	4.9 (39)	4.7 (81)		
能力平等	4.2 (33)	4.0 (56)		

(4) 80后公民更倾向于将人格平等视为底线平等,年龄越小的公民越视权利平等为底线平等。

不同年龄的中国公民对最起码的社会平等的看法存在显著差异,卡方检验p值小于0.001,小于0.05。p12、p23值大于0.05而p13值显著小于0.05,说明00后和90后之间差异不大,而与80后之间差异显著。80后是所有年龄段中最突出地将人格平等视为底线平等的群体。年龄越小的公民对"法律面前人人平等"是最起码的社会平等的认同度越高,公民选择"法律面前人人平等"的比例随着年龄增长而降低。70后及以上更在乎结果平等、能力平等。

表2—132　　不同年龄公民对社会平等底线需求的差异

	95后与00后	90后	80后	70后及以上	p-value	p12	p23	p13	Test
人格尊严平等	27.9 (158)	27.5 (165)	30.6 (213)	25.5 (173)	<0.001	0.17	0.075	<0.001	Pearson's chi-squared
法律面前人人平等	41.1 (233)	37.3 (224)	29.5 (205)	31.2 (212)					
机会平等	12.3 (70)	18.1 (109)	18.8 (131)	21.2 (144)					
结果平等	7.9 (45)	7.5 (45)	9.4 (65)	9.1 (62)					
资源平等	3.5 (20)	2.3 (14)	3.5 (24)	3.1 (21)					
福利平等	4.9 (28)	4.8 (29)	4.5 (31)	4.7 (32)					
能力平等	2.3 (13)	2.5 (15)	3.7 (26)	5.2 (35)					

(5) 公民对底线平等的看法与收入水平关联性不强。

不同收入水平的公民对最起码的社会平等的看法与收入水平没有显著差异，卡方检验 p 值为 0.096，大于 0.05。数据直观体现，年均家庭收入 10 万以上的公民选择人格平等的最多，5 万及以下收入公民选择机会平等、结果平等、福利平等和能力平等为底线平等的公民最多，说明相对贫穷的人对机会平等、结果平等、福利平等、能力平等的诉求更为强烈。

表 2—133　　不同收入水平公民对社会平等底线需求的差异

	5万及以下	5万—10万元	10万元以上	p-value	p12	p23	p13	Test
人格尊严平等	24.7(239)	28.4(252)	31.0(207)	0.096	0.055	0.76	0.078	Pearson's chi-squared
法律面前人人平等	34.7(336)	35.4(314)	33.8(226)					
机会平等	19.4(188)	17.6(156)	16.3(109)					
结果平等	9.3(90)	7.4(66)	8.5(57)					
资源平等	2.4(23)	4.1(36)	3.0(20)					
福利平等	5.3(51)	4.2(37)	4.5(30)					
能力平等	4.2(41)	3.0(27)	2.8(19)					

(6) 公民对底线平等的看法与居住地、宗教信仰也没有显著关系。

不同居住地、有无宗教信仰的中国公民对最起码的社会平等的判断没有显著差异，卡方检验 p 值分别为 0.62 和 0.43，均大于 0.05。数据直观显示，城市居民对人格平等、结果平等的选取率高于小城镇和农村居民；无宗教信仰的公民对人格平等、权利平等、福利平等、能力平等的选取率高于有宗教信仰的公民。

表2—134 不同居住地、有无宗教信仰公民对社会平等底线需求的差异

	小城镇和农村	城市	p – value	Test
人格尊严平等	26.4（244）	28.5（465）		
法律面前人人平等	35.6（329）	34.3（559）		
机会平等	18.2（168）	17.5（285）		Pearson's chi – squared
结果平等	7.6（70）	9.0（147）	0.62	
资源平等	3.1（29）	2.9（48）		
福利平等	5.1（47）	4.4（72）		
能力平等	4.0（37）	3.3（53）		
	无宗教信仰	有宗教信仰	p – value	Test
人格尊严平等	28.1（590）	24.5（63）		
法律面前人人平等	35.1（738）	33.9（87）		
机会平等	17.3（364）	21.0（54）		Pearson's chi – squared
结果平等	8.0（169）	10.5（27）	0.43	
资源平等	2.9（60）	3.5（9）		
福利平等	4.8（101）	3.9（10）		
能力平等	3.7（78）	2.7（7）		

三 公民对当前中国社会平等状况的评价

1. 公民认为中国社会法律平等做得最好，福利平等做得最不够

调查显示，在对中国做得最好的社会平等方面的评价中，人们选择法律面前人人平等的比例最高，为34.84%，超过三分之一。位列第二、第三、第四的是人格尊严平等、机会平等、结果平等，数据十分接近，分别是16.69%、15.94%和15.77%。而做得最不够中福利平等位居首位，超过四分之一（26.41%）的受访者选择了此项，其次是机会平等和能力平等，分别是19.36%和16.59%。

2. 大多数公民对中国社会平等状况持乐观态度

调查数据显示，61.85%的受访者认同中国比其他国家更加平等，

第四章 公民社会平等价值观分析

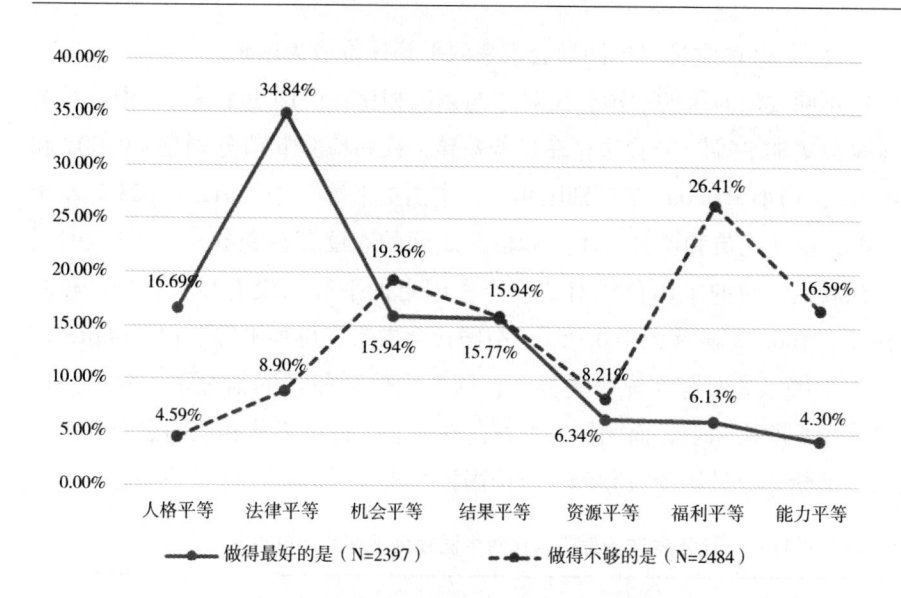

图2—29 公民对社会平等的现实评价

80.26%的受访者认为与以前相比，现在的中国更平等了，还有74.16%的人相信中国社会未来会更加平等。在这三者中，认为中国比以前进步的共识最高，与别国相比更平等的共识最低，对未来会更平等"说不清楚"的最高。

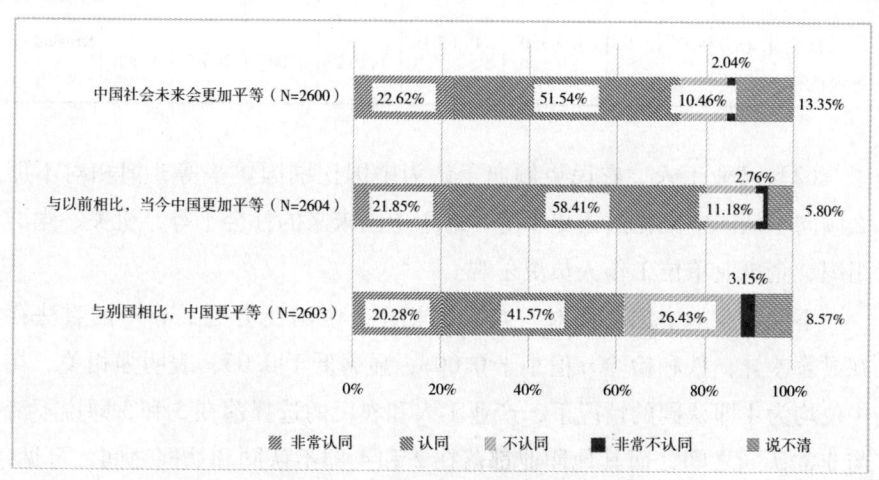

图2—30 中国公民对中国社会平等的评价

（1）共产党员对中国社会未来的平等评价最为乐观。

不同政治面貌的中国公民对"与别国相比，中国更平等""中国社会未来会更加平等"的看法存在显著差异，秩和检验 p 值分别是 <0.001 和 0.012，均小于 0.05。"与别国相比，中国更平等"中，p12 和 p23 均小于 0.05，说明党员和团员、团员和群众之间的态度存在差异。与以前相比，不同政治面貌的中国公民对"当今中国更加平等"没有显著差异，秩和检验 p 值 0.38 显著大于 0.05。"中国社会未来会更加平等"p12 和 p13 均小于 0.05，表明存在显著差异。在回答中位数相等的情况下，党员的回答落在 4 即认同上，而团员和群众落在 3 和 4 即说不清和认同之间，由此可以推断，党员比团员和群众对中国社会未来平等状况持乐观态度。

表 2—135　　不同政治面貌公民对中国社会平等的评价差异

	共产党员	共青团员	群众	p-value	p12	p23	p13	Test
与别国相比，中国更平等	4.0 (2.0, 4.0)	4.0 (2.0, 4.0)	4.0 (2.0, 4.0)	<0.001	0.005	<0.001	0.14	Kruskal-Wallis
与以前相比，当今中国更加平等	4.0 (4.0, 4.0)	4.0 (4.0, 4.0)	4.0 (4.0, 4.0)	0.38	0.24	0.97	0.20	Kruskal-Wallis
中国社会未来会更加平等	4.0 (4.0, 4.0)	4.0 (3.0, 4.0)	4.0 (3.0, 4.0)	0.012	0.008	0.77	0.008	Kruskal-Wallis

（2）产业工人、农民更倾向于认为中国比别国更平等，但相对不那么倾向于认同中国比过去更平等；对于中国未来的社会平等，机关、党群组织、企事业单位工作人员更乐观。

不同职业的中国公民对"与别国相比，中国社会更平等"的看法存在显著差异，秩和检验 p 值小于 0.001，显著低于 0.05，表明强相关。在中位均为 4 即认同的情况下，产业工人和农民的选择落在 3 和 5 即说不清与非常认同之间，而其他职业都落在 2 和 4 即不认同和认同之间，可见，产业工人和农民更认同与别国相比中国更平等。"与以前相比，当今中国更加平等"和职业相关性秩和检验 p 值小于 0.05，说明不同职业公民对当下中国平等状况的态度存在差异。在中位均为 4 即认同的情况下，产业工人和农民的选择落在 3 和 4 即说不清与认同之间,而其他职业都落在 4 即认同,可见,产业工人和农民不那么倾向于认同比以往更平等。这与产业工人、农民在社会中地位的下降是有关的。"中国社会未来会更加平等"和职业相关性秩和检验 p 值小于 0.05,所有公民答中位数一致的情况下,机关、党群组织、企事业单位工作人员的回答落在 4 和 5 即认同和非常认同之间,表明机关、党群组织、企事业单位工作人员对未来平等最乐观。

表 2—136　　　　　不同职业公民对中国社会平等的评价差异

	机关、党群组织、企业事业单位工作人员	专业技术人员（含教师）	商业、服务业人员	产业工人和农民	学生	p-value	p12	p23	p13	Test
与别国相比,中国更平等	4.0 (2.0, 4.0)	4.0 (2.0, 4.0)	4.0 (2.0, 4.0)	4.0 (3.0, 5.0)	4.0 (2.0, 4.0)	<0.001	0.055	0.25	0.37	Kruskal-Wallis
与以前相比,当今中国更加平等	4.0 (4.0, 4.0)	4.0 (4.0, 4.0)	4.0 (4.0, 4.0)	4.0 (3.0, 4.0)	4.0 (4.0, 4.0)	0.014	0.083	0.37	0.33	Kruskal-Wallis
中国社会未来会更加平等	4.0 (4.0, 5.0)	4.0 (4.0, 4.0)	4.0 (3.0, 4.0)	4.0 (3.0, 4.0)	4.0 (3.0, 4.0)	0.026	0.051	0.71	0.007	Kruskal-Wallis

(3) 收入越低的公民反而更加认为中国比别的国家更平等。

不同收入水平的中国公民对"与以前相比,当今中国更加平等""中国社会未来会更加平等"的看法没有显著差异,秩和检验 p 值都显著大于 0.05。"与别国相比,中国更平等"与收入相关秩和检验 p 值小于 0.001,显著低于 0.05,表明差异显著。在所有公民回答中位数相等的情况下,家庭年收入 5 万及以下收入公民的回答落在 3 和 4 即说不清和认同之间,而 5 万—10 万和 10 万及以上收入公民则落在 2 和 4 即不认同和认同之间,据此可以推断出,低收入公民比中高收入者更加认同中国比别国平等。

表2—137　　不同收入水平公民对中国社会平等的评价差异

	5万及以下	5万—10万元	10万元以上	p-value	p12	p23	p13	Test
与别国相比，中国更平等	4.0 (3.0, 4.0)	4.0 (2.0, 4.0)	4.0 (2.0, 4.0)	<0.001	0.003	0.037	<0.001	Kruskal-Wallis
与以前相比，当今中国更加平等	4.0 (4.0, 4.0)	4.0 (4.0, 4.0)	4.0 (4.0, 4.0)	0.91	0.83	0.67	0.81	Kruskal-Wallis
中国社会未来会更加平等	4.0 (3.0, 5.0)	4.0 (3.0, 4.0)	4.0 (4.0, 4.0)	0.34	0.42	0.49	0.14	Kruskal-Wallis

（4）70后及以上公民更倾向于认为中国比别的国家更平等。

不同年龄的中国公民对"与以前相比，当今中国更加平等""中国社会未来会更加平等"的看法没有显著差异，秩和检验p值都显著大于0.05。对"与别国相比，中国更平等"存在显著差异，秩和检验p值小于0.001，显著低于0.05。在两两比较中，p23和p13均小于0.05，表明80后和90后之间，95后与00后和90后之间对中国比别国更加平等的态度存在差异。在中位数一致的情况下，70后及以上公民落在3和5及说不清和非常认同之间，其他各年龄段公民的选择都落在2与4即不认同和认同之间。大致可以推论，70后及以上公民更倾向于认为中国比别国更平等。

表2—138　　不同年龄公民对中国社会平等的评价差异

	95后与00后	90后	80后	70后及以上	p-value	p12	p23	p13	Test
与别国相比，中国更平等	4.0(2.0, 4.0)	4.0(2.0, 4.0)	4.0(2.0, 4.0)	4.0(3.0, 5.0)	<0.001	0.63	0.005	0.001	Kruskal-Wallis
与以前相比，当今中国更加平等	4.0(4.0, 4.0)	4.0(4.0, 4.0)	4.0(4.0, 4.0)	4.0(4.0, 4.0)	0.71	0.40	0.26	0.75	Kruskal-Wallis
中国社会未来会更加平等	4.0(3.0, 4.0)	4.0(3.0, 4.0)	4.0(3.0, 4.0)	4.0(3.0, 5.0)	0.068	0.68	0.34	0.59	Kruskal-Wallis

(5) 受教育程度低的公民更倾向于认同中国比国外更平等。

不同受教育程度的中国公民对"与以前相比,当今中国更加平等""中国社会未来会更加平等"的看法没有显著差异,秩和检验 p 值都显著大于 0.05。不同受教育程度的中国公民对"与别国相比,中国更平等"看法存在显著差异,和检验 p 值小于 0.001,显著低于 0.05。在所有公民回答中位数相等的情况下,没上过大学公民的回答落在 3 和 5 即说不清和非常认同之间,上过大学公民落在 2 和 4 即不认同和认同之间,说明文化程度低的受访者更认同中国比外国平等。

表 2—139　不同受教育程度公民对中国社会平等的评价差异

	没上过大学	上过大学	p-value	Test
与别国相比,中国更平等	4.0 (3.0, 5.0)	4.0 (2.0, 4.0)	<0.001	Wilcoxon rank-sum
与以前相比,当今中国更加平等	4.0 (4.0, 4.0)	4.0 (4.0, 4.0)	0.54	Wilcoxon rank-sum
中国社会未来会更加平等	4.0 (3.0, 5.0)	4.0 (3.0, 4.0)	0.10	Wilcoxon rank-sum

(6) 公民对中国社会平等的评价与居住地、是否有宗教信仰相关性小。

公民对中国社会平等状况的判断与居住地、是否有宗教信仰之间不存在显著关联性,秩和检验 p 值均大于 0.05。

表 2—140　不同居住地、有无宗教公民对中国社会平等的评价差异

	小城镇和农村	城市	p-value	Test
与别国相比,中国更平等	4.0 (2.0, 4.0)	4.0 (2.0, 4.0)	0.058	Wilcoxon rank-sum
与以前相比,当今中国更加平等	4.0 (4.0, 4.0)	4.0 (4.0, 4.0)	0.31	Wilcoxon rank-sum
中国社会未来会更加平等	4.0 (4.0, 4.0)	4.0 (3.0, 4.0)	0.29	Wilcoxon rank-sum

续表

	无宗教信仰	有宗教信仰	p–value	Test
与别国相比，中国更平等	4.0 (2.0, 4.0)	4.0 (2.0, 4.0)	0.52	Wilcoxon rank–sum
与以前相比，当今中国更加平等	4.0 (4.0, 4.0)	4.0 (4.0, 4.0)	0.12	Wilcoxon rank–sum
中国社会未来会更加平等	4.0 (3.0, 4.0)	4.0 (4.0, 4.0)	0.90	Wilcoxon rank–sum

3. 公民认为不平等和谋求不平等的现象在生活中时常发生

调查数据显示，49.98%的受访者表示为了办成事，到处托关系、走后门的事情经常发生，50.17%的受访公民表示对有权、有钱的人格外尊重的现象在他周围经常发生，34.83%的受访公民表示经常因为能获得一般人而没有的特权而高兴，42.93%的受访者表示经常对社会上不平等的事情十分愤慨。可见，一方面，这个社会充满着不平等的现象；另一方面，社会成员也在谋求某种不平等的特权，既为自己遭遇的不平等而愤慨，也为自己享受特权而高兴。这种荒谬性的自我矛盾正是我们社会不够平等的重要原因。

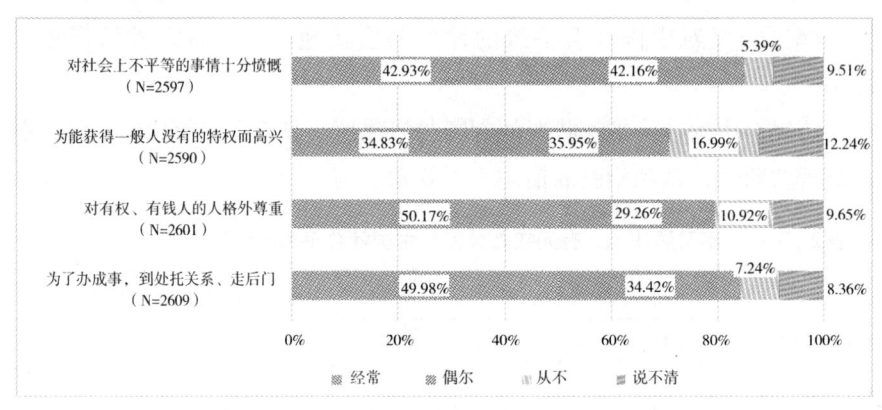

图2—31 在您周围是否经常发生这些现象

4. 公民认为，官员腐败、制度安排不合理、经济不够富裕是社会不够平等的主要原因

调查数据显示，27.31%的受访公民认为官员腐败严重是造成社会不平等的主要原因，其次有 22.52% 的人表示主要原因在于制度安排不够合理，19.68% 的受访者认为经济上还不够富裕是主要原因。此外，思想观念落后、历史传统的影响，以及公民个人能力问题也是影响平等的原因，比例分别是 11.66%、11.38% 和 7.46%。近年来，腐败问题引起了社会上下的广泛关注，特别是十八以来中央对腐败问题展开严打严查，使得社会腐败现象才有所缓解。制度安排不合理是腐败问题滋生的一个重要原因，不合理的制度安排导致了社会不平等。尽管近年来我国经济取得了飞速发展，排名世界第二，但是社会贫富差距仍然较大，城乡、区域巨大的经济鸿沟是导致社会不够平等的主要原因。今后，我国社会治理和经济安排上应该注重在腐败问题上加大力度，制度设计注重平等，经济上要帮扶贫苦地区大力发展经济，缩小区域、城乡差距。

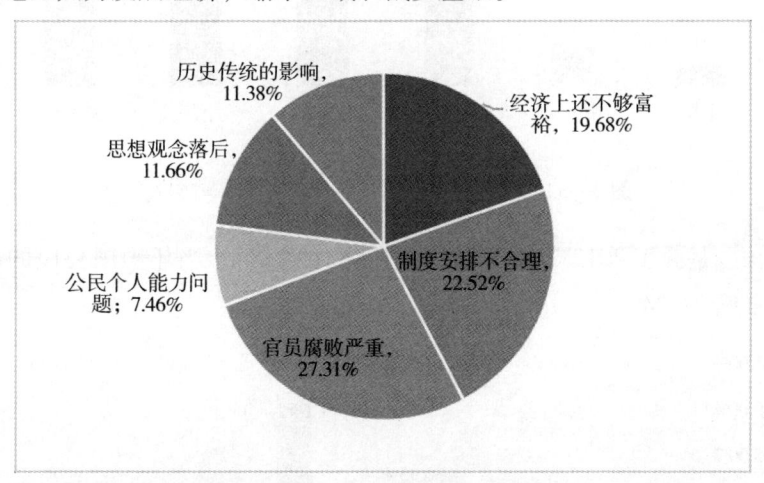

图 2—32　目前中国社会不够平等的主要原因（N = 5001）

四　公民对社会阶层地位的判断与展望

1. 八成公民认为自己处于社会中下层，有近 15% 的公民不清楚自己的社会分层

调查数据显示，33.40% 的人认为自己处于社会中下层，30.61% 的人选择了中层，15.90% 的人处于下层，合起来占比达八成，而只有 5.39% 的受访者认为自己处于中上层及以上，认为处于上层的不到 2%。还有

14.71%的人不清楚自己处于哪个阶层。可以判断出，中下阶层公民是构成我国的主要社会力量，同时大量不清楚自身社会分层的公民给社会带来变数。

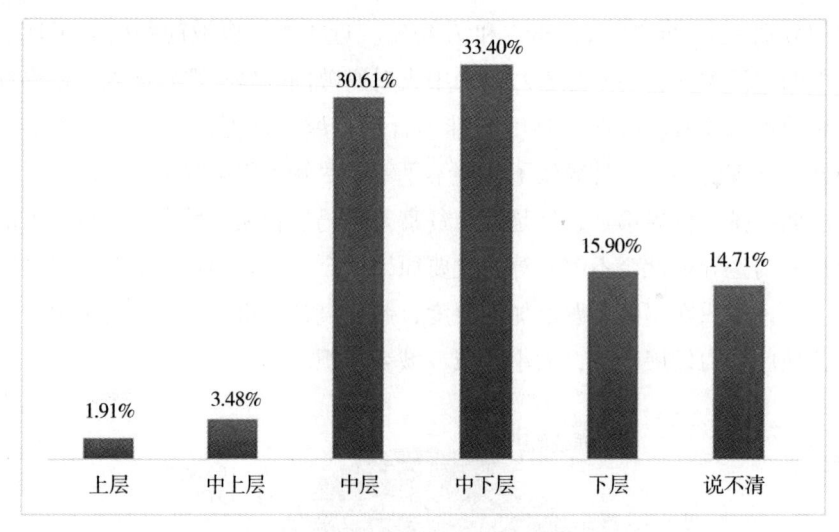

图2—33　您认为自己属于哪一阶层（N=2617）

该题是源于2012年世界价值观原题（V238），当年中国公民的调查结果如图2—34。

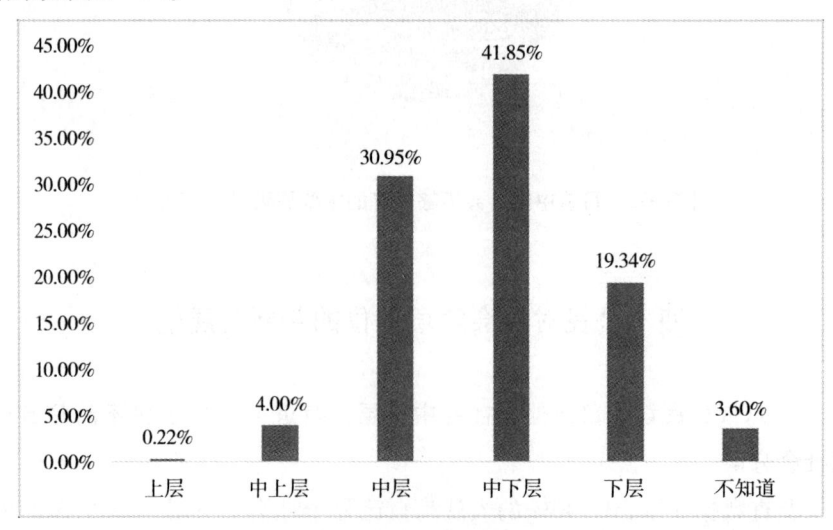

图2—34　2012年世界价值观问卷调查结果

两者比较，我们可以发现：（1）主要数据结构排序一致，就是排在前三的是中下层、中层、下层，最少的是上层。而且，自认为是中层的2012年占30.95%，2018年占30.61%，几乎完全重合。（2）自认为属于中下层的受访者比率从2012年的41.85%下降到2018年的33.40%，下降8.45个百分点；同时，说不清（不知道）的选择率从3.6%上升到14.71%，升幅达11个百分点。这说明，这几年的社会变化对中下层人士产生了很大影响，使其身份自我认同产生了较大游移。

2. 近半数公民认为自己所处阶层地位不合理

自己认为自己处于某种阶层是一回事，而认为这种地位是否合理则是另一回事。调查数据显示，52.56%的受访公民认为自己目前所处的社会阶层地位是合理的，47.44%的人认为不合理。两者数据差别不大，认为不合理的数据接近一半，这是值得警示的问题。这种不合理感是人们向着更高社会阶层奋斗的动力，但也是可能导致对社会不满的重要因素或表现。

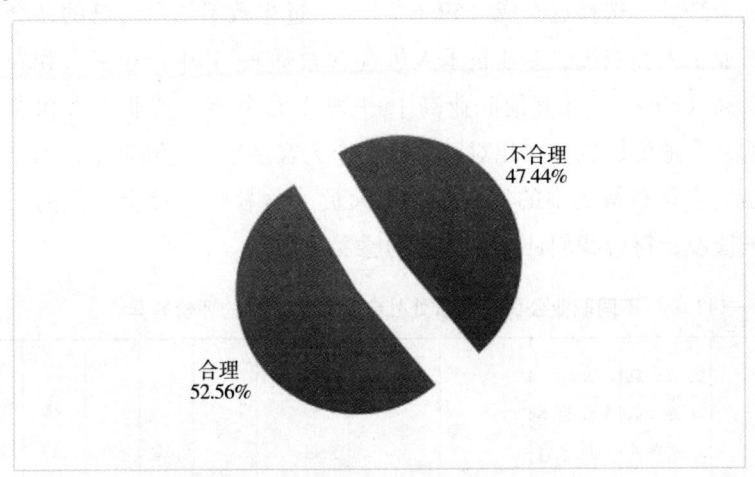

图2—35　您觉得目前所处社会阶层地位是否合理（N=2561）

（1）团员最认可自己所处的社会地位，超半数的群众认为自己的社会地位不合理。

不同政治面貌的中国公民对自己所处社会阶层合理性的判断存在显著差异，卡方检验p值为0.003，显著小于0.05。相对而言，团员最认可自己所处阶层社会合理性，选择比例最高（57.2%），说明团员比党员和群众更认可自己所处社会阶层的合理性。最不满意自己所处社会地位的是群众，是唯一超过半数（50.9%）的群体。

表2—141　不同政治面貌公民自己所处社会阶层合理性的评价差异

	共产党员	共青团员	群众	p-value	p12	p23	p13	Test
不合理	46.4(307)	42.8(293)	50.9(583)	0.003	0.19	<0.001	0.065	Pearson's chi-squared
合理	53.6(355)	57.2(391)	49.1(563)					

（2）六成产业工人和农民、一半的专业技术人员（含教师）不满意目前的社会地位。

不同职业的中国公民对自己所处社会阶层合理性的判断存在显著差异，卡方检验p值小于0.001，显著低于0.05。学生最认可自己所处社会地位的合理性，选择近6成（59.6%）。超过半数不认可自己的社会地位的有产业工人和农民、专业技术人员（含教师），其中产业工人和农民选择率最高（60%），比其他职业高15—20个百分点。产业工人和农民在以前的社会地位比较高，相对而言，在今天客观地说是降低了，做出这种选择是完全在意料之中的。专业技术人员（含教师）社会地位的问题也经常被谈及，符合我们社会生活中的感受。

表2—142　不同职业公民自己所处社会阶层合理性的评价差异

	机关、党群组织、企业事业单位工作人员	专业技术人员（含教师）	商业、服务业人员	产业工人和农民	学生	p-value	p12	p23	p13	Test
不合理	45.5(263)	50.0(106)	44.8(180)	60.0(90)	40.4(270)	<0.001	0.26	0.22	0.82	Pearson's chi-squared
合理	54.5(315)	50.0(106)	55.2(222)	40.0(60)	59.6(399)					

(3) 文化程度越高越倾向于认为自己的社会地位是合理的。

不同文化程度的中国公民对自己所处社会阶层合理性的判断存在显著差异，卡方检验 p 值小于 0.001，显著低于 0.05。文化程度高的中国公民更认可自己社会阶层和地位的合理性，55.4%的上过大学受访者表示自己所处社会阶层地位合理，而没上过大学的这一比例是 46.9%，相差 8.5 个百分点。

表 2—143　不同文化程度公民自己所处社会阶层合理性的评价差异

	没上过大学	上过大学	p - value	Test
不合理	53.1 (417)	44.6 (777)	< 0.001	Pearson's chi - squared
合理	46.9 (369)	55.4 (964)		

(4) 公民收入越高越倾向于认为自己的社会地位是合理的。

不同收入水平的中国公民对自己所处社会阶层合理性的判断存在显著差异，卡方检验 p 值小于 0.001，显著低于 0.05。p12、p23、p13 值都小于 0.05，表明不同收入水平公民之间差异大。总体来看，收入越高的人越认可自己所处社会阶层和地位的合理性。家庭年收入 10 万以上的公民选择"合理"的比例（65.0%）高出 5 万以下收入公民（45.0%）20 个百分点，十分显著。

表 2—144　不同收入水平公民自己所处社会阶层合理性的评价差异

	5 万及以下	5 万—10 万元	10 万元以上	p - value	p12	p23	p13	Test
不合理	55.0(533)	49.0(433)	35.0(234)	< 0.001	0.010	< 0.001	< 0.001	Pearson's chi - squared
合理	45.0(436)	51.0(451)	65.0(434)					

(5) 年龄越小越倾向于认为自己的社会地位是合理的。

不同年龄的中国公民对自己所处社会阶层合理性的判断存在显著差异，卡方检验 p 值小于 0.001，显著低于 0.05。p12、p13 值小于 0.05 而

p23 大于 0.05，说明 90 后与 80 后差异不大。公民选择自己所处社会地位合理的选择比例随着年龄增长而降低，这说明年龄越小的公民越认同自己的社会地位阶层。

表 2—145　不同年龄公民自己所处社会阶层合理性的评价差异

	95 后与 00 后	90 后	80 后	70 后及以上	p-value	p12	p23	p13	Test
不合理	39.2 (221)	45.6 (272)	50.3 (352)	53.8 (365)	<0.001	0.028	0.090	<0.001	Pearson's chi-squared
合理	60.8 (343)	54.4 (325)	49.7 (348)	46.2 (314)					

（6）城市居民比小城镇和农村居民更倾向于认为自己的社会地位是合理的。

不同居住地的中国公民对自己所处社会阶层合理性的判断存在显著差异，卡方检验 p 值小于 0.001，显著低于 0.05。城市居民比农村居民更认可所处的社会阶层，在对自己目前所处社会阶层合理性判断中，56.4% 的城市居民选择了合理，小城镇和农村居民只有 45.9% 的人选择合理。这与前述城市居民更倾向于将自己划归较高阶层，而农村居民则倾向于较低阶层是一致的。

表 2—146　不同居住地公民自己所处社会阶层合理性的评价差异

	小城镇和农村	城市	p-value	Test
不合理	54.1 (496)	43.6 (713)	<0.001	Pearson's chi-squared
合理	45.9 (421)	56.4 (923)		

（7）公民对自己所处社会地位是否合理的判断与宗教信仰关联度不强。

有无宗教信仰的中国公民对自己所处社会阶层合理性的判断没有显著差异，卡方检验 p 值为 0.068，大于 0.05。但数据直观体现，有宗教信仰的受访者不满意度高于无宗教信仰的受访者。

表 2—147 有无宗教信仰公民自己所处社会阶层合理性的评价差异

	无宗教信仰	有宗教信仰	p – value	Test
不合理	45.9（963）	52.0（133）	0.068	Pearson's chi – squared
合理	54.1（1,134）	48.0（123）		

3. 公民对改变自己社会地位的可能性偏悲观态度

公民关于自己社会阶层地位多大程度上能够快速改变这一问题的回答上，有 40.91% 的受访公民持乐观态度，其中 33.89% 认为有可能，7.02% 的人表示非常有可能。与此同时，也有 44.13% 的受访者持消极态度（不包括"不好说"），表示不太可能或绝对不可能的比例分别是 38.44% 和 5.69%，比积极态度的公民比例高出 3.22 个百分点。此外，尚有 14.96% 的受访者表示不好说，与前述有 14.75% 受访者说不清楚自己的社会阶层契合。总体而言，人们对社会地位的改变偏向于悲观。

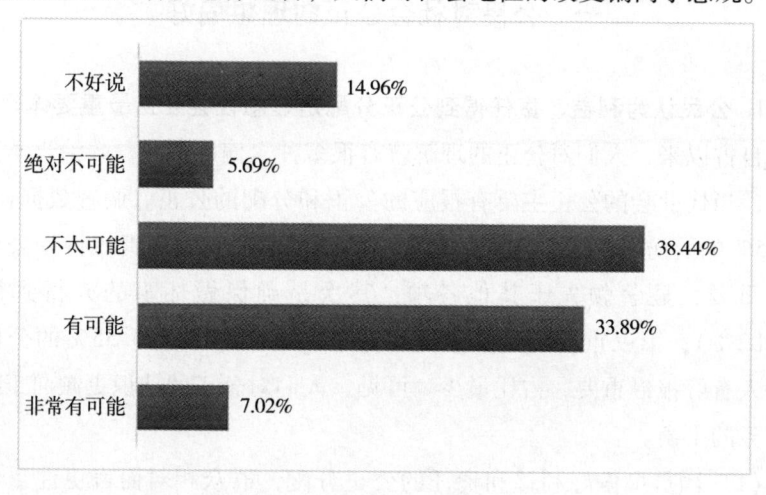

图 2—36 您认为自己的社会阶层地位多大程度上能够快速改变（N = 2620）

- 不好说 14.96%
- 绝对不可能 5.69%
- 不太可能 38.44%
- 有可能 33.89%
- 非常有可能 7.02%

第五章　公民社会公正价值观分析

公正即社会公平和正义，自古以来就被认为是一个社会最根本的或是首要的价值。在现代社会，公正的价值是以人的自由、平等权利为前提的。公正与否，是衡量一个社会好坏、是否具有合法性的根本尺度。考察公民的公正观是考察公民社会价值观的核心部分。

一　公民对社会公正的理想偏好

1. 公民认为利益、责任得到公正分配是理想社会公正最重要体现

自古以来，人们对公正的理解就有很多种，偏好各异。政治哲学一般认为，当代社会的公正主要有报应的公正和分配的公正。调查数据显示，42.55%的受访者认为，在一个理想的公正社会，利益和责任得到公正分配最重要，显著领先于其他各项；其次是确保做坏事的人得到惩罚（24.82%）；第三重要的是依照法律办事（19.09%）；13.55%的公民认为好人有好报最重要，占比最少。可见，人们对公正的认识更倾向于权利和义务的平衡。

（1）团员最偏好利益和责任的公正分配，群众相对而言更注重传统意义上的报应公正。

不同政治面貌的中国公民对公正社会的理想偏好存在显著差异，卡方检验 p 值小于 0.001，显著低于 0.05。p12、p23、p13 值均显著小于 0.05，表明彼此差异很大。数据显示，群众选择"好人有好报"和"确保做坏事的人得到惩罚"的比例最高，分别是 19.0% 和 28.8%，选择"依照法律办事"的比例最低（18.1%），尤其是选择"好人有好报"的比率是其他两群体的 2 倍左右。可见群众对报应的公正这一最古老的公正

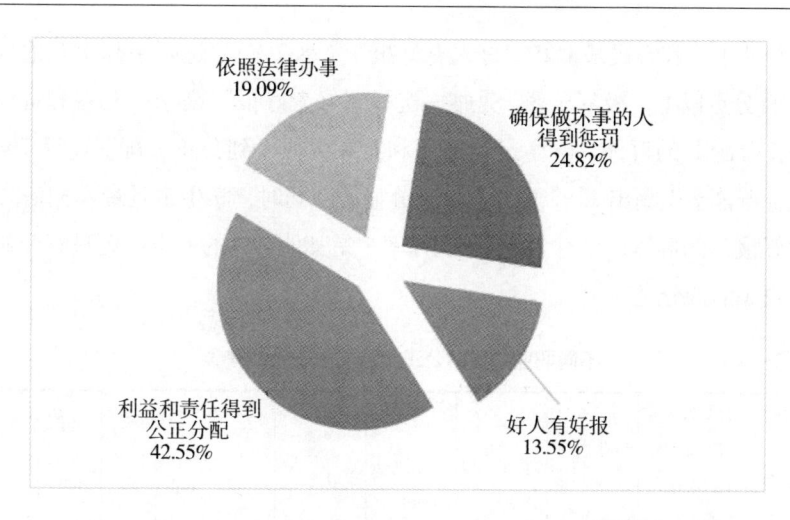

图2—37 在一个公平正义的社会里，您认为最重要的是（N=2583）

是最为偏好的，同时也法律意识最弱。共青团员选择"利益和责任得到公正分配"的比例最高（55.8%），分别高出其他两个群体10.9、21.8个百分点，十分显著。

表2—148　　不同政治面貌公民对公正社会的理想偏好差异

	共产党员	共青团员	群众	p-value	p12	p23	p13	Test
确保做坏事的人得到惩罚	25.7 (173)	17.2 (118)	28.8 (334)	<0.001	<0.001	<0.001	<0.001	Pearson's chi-squared
好人有好报	10.0 (67)	7.4 (51)	19.0 (220)					
利益和责任得到公正分配	44.9 (302)	55.8 (383)	34.0 (394)					
依照法律办事	19.5 (131)	19.5 (134)	18.1 (210)					

（2）产业工人和农民显著偏好报应公正，学生显著偏好分配公正。

不同职业的中国公民对公正社会的理想偏好存在显著差异，卡方检验p值小于0.001，显著低于0.05。数据显示，商业、服务业人员选择"确保做坏事的人得到惩罚"的比例最高（31.4%），高出第二位5.6个百分点，十分显著。产业工人和农民最偏好"好人有好报"（28.7%），选择率高出其他群体13个百分点以上，极其显著，是唯一选择"好人好报"高于"利益和责任得到公正分配"的群体。学生最偏好"利益和责任得到公正分配"（57.7%），比其他群体至少高出12个百分点，十分显著。同时，学生也是最不相信"好人有好报"的群体，仅有7.2%的选择率，是其他群体的一半，更只有产业工人和农民的四分之一。

表2—149　　　不同职业公民对公正社会的理想偏好差异

	机关、党群组织、企业事业单位工作人员	专业技术人员（含教师）	商业、服务业人员	产业工人和农民	学生	p-value	p12	p23	p13	Test
确保做坏事的人得到惩罚	25.8 (151)	20.9 (45)	31.4 (127)	25.3 (38)	16.1 (109)	<0.001	0.53	0.046	0.18	Pearson's chi-squared
好人有好报	12.8 (75)	14.4 (31)	13.9 (56)	28.7 (43)	7.2 (49)					
利益和责任得到公正分配	41.8 (245)	45.1 (97)	37.9 (153)	28.0 (42)	57.7 (391)					
依照法律办事	19.6 (115)	19.5 (42)	16.8 (68)	18.0 (27)	19.0 (129)					

（3）文化程度越高越偏好法律公正和分配公正，文化程度越低越偏好比较传统的报应公正。

不同文化程度的中国公民对公正社会的理想偏好存在显著差异，卡方检验p值小于0.001，显著低于0.05。数据显示，在"确保做坏事的人得到惩罚"和"好人有好报"中，没上过大学的比例分别是29.9%和22.1%，均高于上过大学的比例，特别是"好人有好报"的选择率高出12.9个百分点，十分显著。上过大学的公民选择"利益和责任得到公正分配"和"依照法律办事"的比例分别是48.9%和19.6%，均高于没上过大学的比例，特别是"利益和责任得到公正分配"一项，高出17.5个百分点，十分显著。这些表明，文化程度低的公民更认同比较传统的、道德意味的报应公正；而文化程度高的公民更偏好通过法律途径来维护社会公正，更崇尚现代意义上的分配公正。

表2—150　　不同文化程度公民对公正社会的理想偏好差异

	没上过大学	上过大学	p-value	Test
确保做坏事的人得到惩罚	29.9（239）	22.2（388）	<0.001	Pearson's chi-squared
好人有好报	22.1（177）	9.2（161）		
利益和责任得到公正分配	29.4（235）	48.9（854）		
依照法律办事	18.6（149）	19.6（342）		

（4）公民收入越低越倾向于偏好传统道德的报应公正，收入越高越倾向于现代法律的、分配的公正。

不同收入水平的中国公民对公正社会的理想偏好存在显著差异，卡方检验p值小于0.001，显著低于0.05。p12、p13值显著小于0.05而p23大于0.05，表明家庭年收入5万元以下公民与以上公民间有显著不同。数据显示，不同收入水平的中国公民选择"确保做坏事的人得到惩罚"和"好人有好报"的比例存在显著差异，即收入水平越高，选择比例越低。相反，"利益和责任得到公正分配"和"依照法律办事"的选择率与收入水平呈现正相关关系，即收入水平越高，选择比例越高。由此可以推断，收入越低越倾向于认同通过传统道德来维护社会公正，收入越高越倾向于诉诸法律途径。

表2—151　　不同收入水平公民对公正社会的理想偏好差异

	5万及以下	5万—10万元	10万元以上	p-value	p12	p23	p13	Test
确保做坏事的人得到惩罚	29.4（288）	22.9（203）	20.0（135）	<0.001	<0.001	0.071	<0.001	Pearson's chi-squared
好人有好报	17.1（167）	12.8（113）	9.6（65）					
利益和责任得到公正分配	35.7（349）	45.4（402）	49.1（332）					
依照法律办事	17.8（174）	19.0（168）	21.3（144）					

(5) 年龄越大越偏好传统道德的报应公正,年龄越小越偏好现代意义的分配公正。

不同年龄的中国公民对公正社会的理想偏好存在显著差异,卡方检验 p 值小于 0.001,显著低于 0.05。p12 值大于 0.05 而 p13、p23 小于 0.05,表明 90 后、00 后差异不大,而与 80 后差异显著。不同年龄的中国公民对"确保做坏事的人得到惩罚"和"好人有好报"的选择比例存在显著差异,年龄越大的公民选择率越高,最大分别相差 13.1、10.7 个百分点,十分显著。在"利益和责任得到公正分配"中,公民选择率与其年龄呈负相关,说明年龄越小越重视责权明确来保证社会公正,最大相差 25 个百分点,极其显著。90 后公民选择"依法办事"的比例最高。总之,年龄越大越倾向于传统道德的报应公正,年龄越小越倾向于现代性的分配公正。

表 2—152　　　不同年龄公民对公正社会的理想偏好差异

	95后与00后	90后	80后	70后及以上	p-value	p12	p23	p13	Test
确保做坏事的人得到惩罚	18.3 (104)	20.6 (124)	27.4 (192)	31.4 (217)	<0.001	0.27	<0.001	<0.001	Pearson's chi-squared
好人有好报	8.6 (49)	10.0 (60)	14.3 (100)	19.3 (133)					
利益和责任得到公正分配	55.0 (313)	49.3 (297)	39.7 (278)	30.0 (207)					
依照法律办事	18.1 (103)	20.2 (122)	18.7 (131)	19.3 (133)					

(6) 不同居住地、有无宗教信仰的中国公民对公正社会的偏好差异不大。

不同居住地、有无宗教信仰的中国公民对公正社会的理想偏好没有显著差异,卡方检验 p 值分别是 0.25 和 0.39,均大于 0.05。但是,数据直观体现,小城镇和农村居民对"好人有好报""利益和责任得到公正分配"的偏好高于城市公民;无宗教信仰公民对"利益和责任得到公正分配""依照法律办事"的偏好高于有宗教信仰的公民。

表 2—153　不同居住地、有无宗教信仰公民对公正社会的理想偏好差异

	小城镇和农村	城市	p - value	Test
确保做坏事的人得到惩罚	22.7（212）	25.9（424）	0.25	Pearson's chi - squared
好人有好报	14.7（137）	12.9（212）		
利益和责任得到公正分配	43.6（407）	42.0（689）		
依照法律办事	19.0（177）	19.2（314）		
	无宗教信仰	有宗教信仰		
确保做坏事的人得到惩罚	23.8（503）	27.3（70）	0.39	Pearson's chi - squared
好人有好报	12.6（267）	14.1（36）		
利益和责任得到公正分配	43.6（922）	41.8（107）		
依照法律办事	20.1（425）	16.8（43）		

2. 公民认为按劳分配、按生产要素分配最能体现公正分配

调查数据显示，44.54%的受访者认为按劳分配最能体现公正分配；其次是按生产要素分配，比例为 31.95%。此外，综合调剂分配、按需分配和按资分配也都是能够体现分配的方式，比例分别是 13.78%、4.71% 和 5.02%。按劳分配是按照劳动者劳动的数量和质量进行分配，是最具社会主义特色的分配方式。按要素分配就是按照生产经营过程中，各要素如资本、劳动力、技术、管理、信息等的贡献大小进行分配的一种方式，是市场经济条件下的产物。按劳分配、按要素分配成为前两位的偏好公正。说明我国坚持社会主义和坚持市场经济建设两方面都是成功的，国家以按劳分配为主，多种分配方式共存的分配制度基本符合人民群众的期待。

（1）党员最倾向于按劳分配，团员比其他群体更倾向于按要素分配。

不同政治面貌的中国公民对最优分配方式的判断存在显著差异，卡方检验 p 值小于 0.001，显著低于 0.05。p12、p23、p13 值均显著小于 0.05，表明彼此差异明显。数据显示，党员中选择"按劳分配"的比例最高，为 48.9%，团员和群众的这一比例分别是 39.7% 和 44.4%，说明党员最认同按劳分配是最优分配方式。团员最认可按生产要素（如技术、人才、管理、出资等）分配和综合调剂分配，选择率最高，分别为 37.5% 和 15.0%，尤其是选择按要素分配的百分比接近按劳分配的比率。在"按需分配"一项，群众选择率相

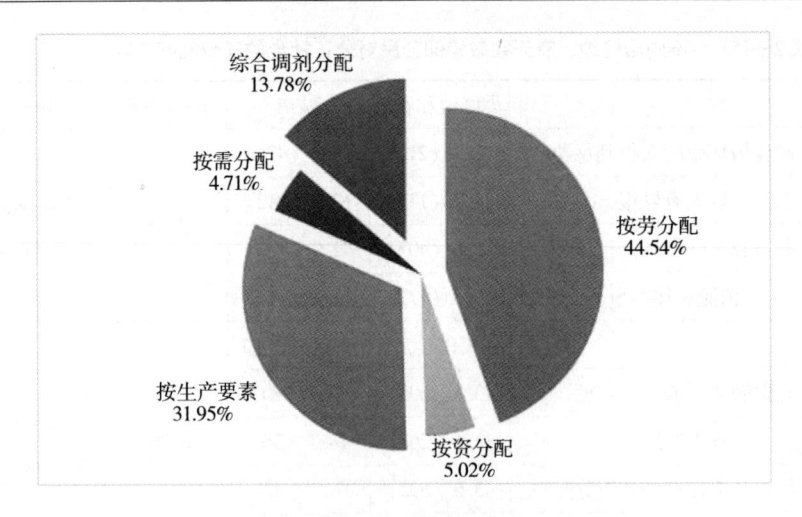

图 2—38 最能体现公正分配的分配方式（N = 2548）

对最高。表明青年团员更开放，党员更正统。

表 2—154　不同政治面貌公民对最优分配方式的判断差异

	共产党员	共青团员	群众	p – value	p12	p23	p13	Test
按劳分配	48.9 (323)	39.7 (270)	44.4 (508)	<0.001	0.005	0.002	0.031	Pearson's chi-squared
按资分配	4.7 (31)	3.7 (25)	6.0 (69)					
按生产要素分配	29.7 (196)	37.5 (255)	30.3 (346)					
按需分配	3.0 (20)	4.1 (28)	5.9 (68)					
综合调剂分配	13.8 (91)	15.0 (102)	13.3 (152)					

（2）产业工人和农民最倾向于按劳分配，学生、专业技术人员（含教师）更倾向于综合考虑各要素进行分配。

不同职业的中国公民对最优分配方式的判断存在显著差异，卡方检验

p 值小于 0.001，显著低于 0.05。产业工人和农民在"按劳分配"和"按资分配"两项都是选择率最高的（53.5%、8.3%），显著高于其他职业。说明一方面，工人、农民是社会主义的阶层基础，受传统影响最深；另一方面工人、农民经过市场经济洗礼，认识有了极大的飞跃。学生和专业技师人员（含）教师最倾向于按生产要素分配，学生还是唯一选择按要素分配（39.5%）超过选择"按劳分配"（38.2%）的群体；同时，这两个群体也是选择"综合调剂分配"中选择率最高的群体，分别是 15.5% 和 17.8%。表明这两个群体最为理性，能多维多角度看待问题。

表 2—155　　　不同职业公民对最优分配方式的判断差异

	机关、党群组织、企业事业单位工作人员	专业技术人员（含教师）	商业、服务业人员	产业工人和农民	学生	p-value	p12	p23	p13	Test
按劳分配	47.5 (272)	37.1 (79)	43.2 (174)	53.5 (77)	38.2 (256)	<0.001	0.026	0.37	0.59	Pearson's chi-squared
按资分配	5.6 (32)	3.3 (7)	5.2 (21)	8.3 (12)	3.7 (25)					
按生产要素分配	27.6 (158)	36.6 (78)	32.3 (130)	24.3 (35)	39.5 (265)					
按需分配	5.2 (30)	5.2 (11)	5.0 (20)	6.3 (9)	3.1 (21)					
综合调剂分配	14.1 (81)	17.8 (38)	14.4 (58)	7.6 (11)	15.5 (104)					

（3）受教育程度越低越认同按劳分配方式，受教育程度越高则越倾向于认同按生产要素分配或综合调剂方式。

不同受教育程度的中国公民对最优分配方式的判断存在显著差异，卡方检验 p 值小于 0.001，显著低于 0.05。数据显示，没上过大学的中国公民选择"按劳分配"的比例（50.2%）高于上过大学的中国公民（42.2%），高出 8 个百分点，十分显著。上过大学的受访者对于"按生产要素"的选择率比没上过大学的受访者高出 7.9 个百分点，非常显著；对于"综合调剂分配"的选择率也高出 3.9 个百分点。可以推断，受教育程度越低越倾向于认同按劳分配原则，而受教育程度越高越认同按生产要素、综合调剂原则。

表2—156　不同受教育程度公民对最优分配方式的判断差异

	没上过大学	上过大学	p-value	Test
按劳分配	50.2（393）	42.2（730）	<0.001	Pearson's chi-squared
按资分配	6.4（50）	4.3（74）		
按生产要素分配	26.6（208）	34.5（596）		
按需分配	5.9（46）	4.2（73）		
综合调剂分配	11.0（86）	14.9（257）		

（4）公民收入越低越认可按劳分配的方式，收入越高越认可按要素分配的方式。

不同收入水平的中国公民对最优分配方式的判断存在显著差异，卡方检验p值为0.003，小于0.05。p12、p13值小于0.05而p23值大于0.05，表明家庭年收入5万元以下公民与其他收入群体有显著差异。数据显示，公民收入越低越倾向于选择"按劳分配"的方式，收入越高越倾向于选择"按要素分配"的方式。

表2—157　不同收入水平公民对最优分配方式的判断差异

	5万及以下	5万—10万元	10万元以上	p-value	p12	p23	p13	Test
按劳分配	48.6（467）	42.7（378）	41.2（273）	0.003	0.023	0.47	<0.001	Pearson's chi-squared
按资分配	5.2（50）	5.4（48）	4.2（28）					
按生产要素分配	27.1（260）	33.9（300）	36.3（241）					
按需分配	5.6（54）	4.7（42）	3.6（24）					
综合调剂分配	13.5（130）	13.3（118）	14.6（97）					

（5）公民年龄越大越倾向于按劳分配方式，年龄越小越倾向于按要素分配和综合调剂分配方式。

不同年龄的中国公民对最优分配方式的判断存在显著差异，卡方检验 p 值小于 0.001，显著低于 0.05。中国公民选择"按劳分配"的比例随着年龄增长而增长，最大相差 15.5 个百分点，十分显著；"按要素分配""综合调剂分配"的选择年龄越小选择率越高，最大相差分别是 11.7 和 5.9 个百分点。

表 2—158　　　　不同年龄公民对最优分配方式的判断差异

	95后与00后	90后	80后	70后及以上	p-value	p12	p23	p13	Test
按劳分配	38.2 (215)	40.8 (243)	43.3 (298)	53.7 (366)	<0.001	0.46	0.64	0.027	Pearson's chi-squared
按资分配	4.4 (25)	4.7 (28)	5.8 (40)	5.1 (35)					
按生产要素分配	37.8 (213)	34.2 (204)	31.4 (216)	26.1 (178)					
按需分配	3.4 (19)	5.0 (30)	5.5 (38)	4.8 (33)					
综合调剂分配	16.2 (91)	15.3 (91)	14.0 (96)	10.3 (70)					

（6）无宗教信仰的公民更倾向于按劳分配、按要素分配和综合调剂分配，有宗教信仰的公民对按需分配更为认同。

有无宗教信仰的中国公民对最优分配方式的判断存在显著差异，卡方检验 p 值为 0.017，小于 0.05。无宗教信仰公民选择"按劳分配""按生产要素分配""综合调剂分配"的比例都高于有宗教信仰公民。但值得注意的是，关于"按需分配"的一项，有宗教信仰的受访者的选取率（8.6%）是没有宗教信仰受访者（4.1%）的两倍多。说明宗教信仰确实具有理想性或乌托邦性质。

表 2—159　有无宗教信仰公民对最优分配方式的判断差异

	无宗教信仰	有宗教信仰	p – value	Test
按劳分配	44.9（937）	42.7（109）	0.017	Pearson's chi – squared
按资分配	4.3（90）	5.5（14）		
按生产要素分配	32.5（678）	29.4（75）		
按需分配	4.1（85）	8.6（22）		
综合调剂分配	14.3（299）	13.7（35）		

（7）城市公民比小城镇、农村公民更认可按劳分配、按生产要素分配，而小城镇和农村公民比城市公民更认可按资分配和按需分配方式。

不同居住地的中国公民对最优分配方式的判断存在显著差异，卡方检验 p 值为 0.019，小于 0.05。城市居民选择"按劳分配""按要素分配""综合调剂分配"的选取比例都高于小城镇和农村居民的选取率；而"按资分配""按需分配"则城市居民选取率低于小城镇和农村居民。

表 2—160　不同居住地公民对最优分配方式的判断差异

	小城镇和农村	城市	p – value	Test
按劳分配	43.2（392）	45.3（738）	0.019	Pearson's chi – squared
按资分配	6.7（61）	4.0（66）		
按生产要素分配	31.3（284）	32.4（528）		
按需分配	5.6（51）	4.2（69）		
综合调剂分配	13.2（120）	14.0（229）		

二　公民对社会公正的底线共识

1. 公民对按照法律办事作为社会公正底线拥有最大共识

调查数据显示，44.14% 的受访公民认为依照法律办事是一个公平正义的社会里最起码的原则，这一选择率高出第二名 20.63 个百分点，可以说是极其显著；其次是确保做坏事的人得到惩罚，选择比例为 23.51%。其实，在现代社会，"确保做坏事的人得到惩罚"也主要是依靠法律。这样前两位加起来占比达 67.65%，达三分之二。位列第三的是利益和责任得到公正分配，比例为 17.42%，做末尾的是好人有好报，为 14.93%。法律是社会的调节器，也是社会的最后一道防线。调查结果表明，我国公民通过法律来维护社会正义的法治意识已极大增强。

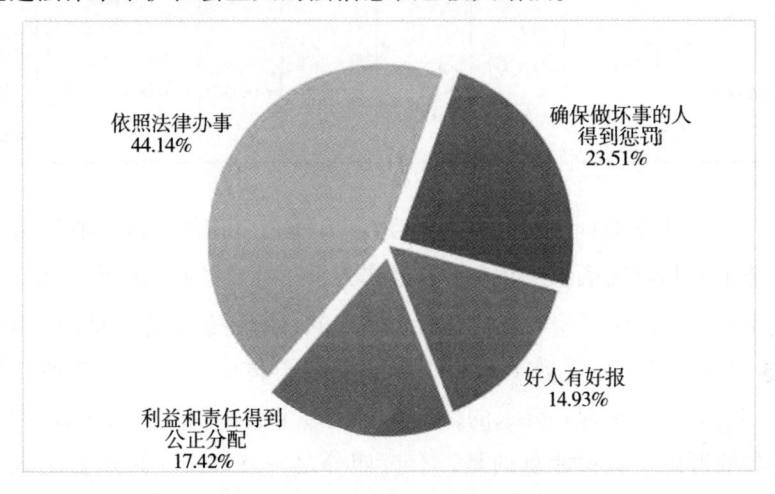

图 2—39　在一个公平正义的社会里，您认为最起码的是（N = 2578）

（1）团员最认同按照法律办事是社会公正最起码的要求。

不同政治面貌的中国公民对社会公正底线的判断存在显著差异，卡方检验 p 值小于 0.001，显著低于 0.05。p12、p23 值都显著小于 0.05 而 p13 显著大于 0.05，表明党员和群众之间差异不明显，团员比较突出。团员选择"依照法律办事"的比例最高，为 46.9%，表明团员最认同依法办事是一个公正社会最起码的标准。

表 2—161　　不同政治面貌公民对社会公正底线的判断差异

	共产党员	共青团员	群众	p–value	p12	p23	p13	Test
确保做坏事的人得到惩罚	21.2 (142)	27.9 (191)	22.9 (265)					
好人有好报	15.4 (103)	10.5 (72)	17.0 (197)					
利益和责任得到公正分配	19.1 (128)	14.7 (101)	17.2 (199)					

续表

	共产党员	共青团员	群众	p-value	p12	p23	p13	Test
依照法律办事	44.4 (298)	46.9 (321)	42.8 (495)	<0.001	<0.001	<0.001	0.49	Pearson's chi-squared

（2）学生最倾向于视依照法律办事为社会公正的底线，有四分之一的产业工人和农民依然把好人有好报作为公正社会的起码要求。

不同职业的中国公民对社会公正底线的判断存在显著差异，卡方检验p值小于0.001，显著低于0.05。学生为各群体中最认可"依照法律办事"是公正社会最起码要求的，选择率超过半数（50.1%），也是唯一超过半数的群体。值得注意的是，有近四分之一（23.5%）产业工人和农民选择"好人有好报"为底线社会公正，超出其他群体至少6个百分点，更超出学生达14.1个百分点。可见，这两个群体构成了传统与现代的鲜明对比。

表2—162 不同职业公民对社会公正底线的判断差异

	机关、党群组织、企业事业单位工作人员	专业技术人员（含教师）	商业、服务业人员	产业工人和农民	学生	p-value	p12	p23	p13	Test
确保做坏事的人得到惩罚	21.9 (128)	25.1 (54)	22.6 (91)	16.1 (24)	26.2 (178)	<0.001	0.43	0.28	0.81	Pearson's chi-squared
好人有好报	17.1 (100)	13.0 (28)	17.4 (70)	23.5 (35)	9.4 (64)					
利益和责任得到公正分配	18.8 (110)	20.9 (45)	16.4 (66)	18.8 (28)	14.3 (97)					
依照法律办事	42.1 (246)	40.9 (88)	43.5 (175)	41.6 (62)	50.1 (341)					

（3）公民受教育程度越高越认同依照法律办事是社会公正的底线，受教育程度越低越认同好人好报是社会最起码的公正。

不同文化程度的中国公民对社会公正底线的判断存在显著差异，卡方检验 p 值为 0.004，显著小于 0.05。上过大学公民选择"依法办事"的比例（44.8%）高于没有上过大学公民（42.5%），而没上过大学的公民选择"好人有好报"的（18.4%）高于上过大学的公民（13.3%）。

表 2—163　不同文化程度公民对社会公正底线的判断差异

	没上过大学	上过大学	p - value	Test
确保做坏事的人得到惩罚	21.2（169）	24.6（429）	0.004	Pearson's chi - squared
好人有好报	18.4（147）	13.3（232）		
利益和责任得到公正分配	17.9（143）	17.3（301）		
依照法律办事	42.5（339）	44.8（781）		

（4）收入越高越认同依法办事，收入越低越认同好人好报。

不同收入水平的中国公民对社会公正底线的判断存在显著差异，卡方检验 p 值为 0.013，小于 0.05。p12、p13 值均小于 0.05 而 p23 值显著大于 0.05，说明家庭年收入 5 万元以下和以上之间有显著差异。调查显示，家庭年收入 5 万元以下公民选择"依法办事"的比例最低（42.2%），而选择"好人好报"的最多（18.5%）。

表 2—164　不同收入水平公民对社会公正底线的判断差异

	5万及以下	5万—10万元	10万元以上	p - value	p12	p23	p13	Test
确保做坏事的人得到惩罚	22.1（216）	23.3（206）	26.0（175）	0.004	0.006	0.37	0.012	Pearson's chi - squared
好人有好报	18.5（181）	12.6（112）	13.1（88）					
利益和责任得到公正分配	17.1（167）	18.8（167）	15.9（107）					
依照法律办事	42.2（412）	45.3（401）	45.1（304）					

（5）年龄越大越认同好人有好报是社会公正底线，95后和00后最倾向于认为依照法律办事是社会公正的底线。

不同年龄的中国公民对社会公正底线的判断存在显著差异，卡方检验p值为0.003，小于0.05。数据显示，年龄越大越倾向于认同好人有好报是公正的起码要求，70后公民的选择率比95后和00后高7个百分点；在选择"依照法律办事"的各群体中，95后和00后选择率最高（48.5%）。

表2—165　　不同年龄公民对社会公正底线的判断差异

	95后与00后	90后	80后	70后及以上	p-value	p12	p23	p13	Test
确保做坏事的人得到惩罚	25.9 (148)	24.9 (150)	24.4 (170)	19.7 (136)	0.002	0.24	0.41	0.003	Pearson's chi-squared
好人有好报	11.0 (63)	13.5 (81)	16.1 (112)	18.0 (124)					
利益和责任得到公正分配	14.5 (83)	17.4 (105)	18.9 (132)	18.4 (127)					
依照法律办事	48.5 (277)	44.2 (266)	40.6 (283)	43.8 (302)					

（6）公民对社会公正底线的判断与居住地、宗教信仰关系不大。

不同居住地、有无宗教信仰的中国公民对社会公正底线的判断没有显著差异，卡方检验p值分别为0.12和0.46，大于0.05。但数据直观体现，城市居民对"依照法律办事"的选择率高于小城镇和农村居民；无宗教信仰公民对"依照法律办事"的选择率高于有宗教信仰公民。

表2—166　不同居住地、有无宗教信仰公民对社会公正底线的判断差异

	小城镇和农村	城市	p-value	Test
确保做坏事的人得到惩罚	25.5（237）	22.5（368）	0.12	Pearson's chi-squared
好人有好报	15.9（148）	14.2（233）		
利益和责任得到公正分配	16.3（151）	18.1（296）		
依照法律办事	42.2（392）	45.3（742）		
	无宗教信仰	有宗教信仰	p-value	Test
确保做坏事的人得到惩罚	23.6（498）	22.7（58）	0.46	Pearson's chi-squared
好人有好报	14.3（302）	16.5（42）		
利益和责任得到公正分配	17.3（366）	20.0（51）		
依照法律办事	44.8（948）	40.8（104）		

2. 公民总体上相信法律公正

对"一位农民婚房遭强拆，投诉无果后怒杀村支书，最终被判处死刑"这一事件的看法中，受访公民中61.41%即多数人不认同或非常不认同"忍无可忍，以暴制暴也是公正"的说法。受访公民中53.66%的人即过半数的人不认同或非常不认同"这个社会从来没有什么公正可言"的极端态度。72.49%的受访者认同或非常认同"在任何情况下都遵守法律程序才有公正"，83.91%的受访者认同或非常认同"强拆者和杀人者都应该受到惩罚"的看法，表明大多数人们在面对不公正对待时，仍然希望通过借助法律武器来维护自身合法权益，维护社会公正。

调查有两个数据也值得十分注意。一个是有30.02%即三成受访者认同或非常认同"忍无可忍，以暴制暴也是公正"；另一个是有32.01%即三成多的受访者认同或非常认同"这个社会从来就没有什么公正可言"。这反映了还有不少人不信任法律公正，或者说由于种种生活经历失去了对社会公正的信心和希望。这是一个十分值得警惕的信号。

三　公民对当前中国社会公正状况的评价

1. 多数公民对中国社会生活中公正状况持肯定态度

数据显示，在"您觉得大多数人只要有机会就会利用您，还是会尽量

这个社会从来就没有什么公正可言 (N=2594)	11.06%	20.97%	40.21%	13.45%	14.30%
强拆者和杀人者都应该受到惩罚 (N=2604)		32.87%	51.04%	2.15%	5.49%
任何情况下都遵守法律和程序才有公正 (N=2599)		22.39%	50.10%	17.81% 8.45%	7.39%
忍无可忍，以暴制暴也是公正 (N=2591)	9.80%	20.22%	48.94%	12.47% 2.31%	8.57%

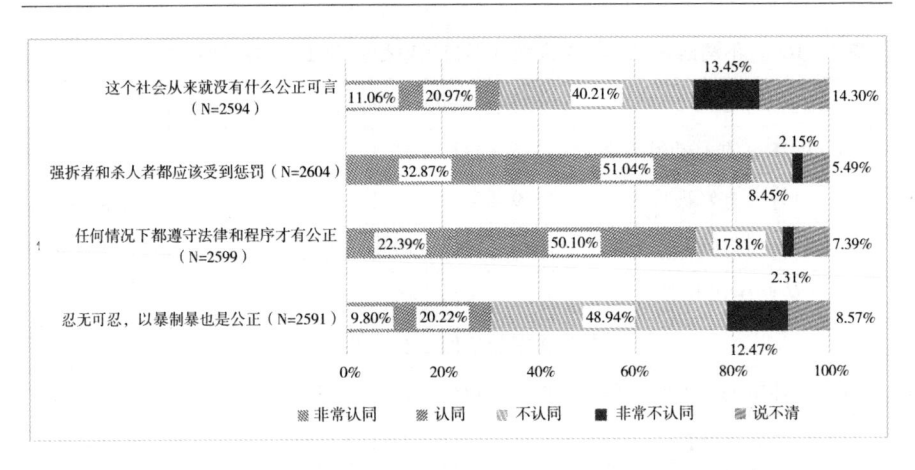

图2—40 对"一位农民婚房遭强拆，投诉无果后怒杀村支书，最终被判处死刑"这一事件的看法

公正地对待您"的判断中，在1分（利用我）到10分（尽量公正对待）的分值选择中，6—10分的选择率达到64.46%，且均值为6.42分。可见，多数公民对中国目前社会公正状况持肯定态度。当然超三分之一（35.54%）的公民对社会生活中公正问题持否定意见，这也是值得注意的问题。

表2—167　您觉得大多数人只要有机会就会利用您，还是会尽量公正地对待您

选择倾向（1—10分）	观测值	均值	标准差	最小值	最大值	1—5分	6—10分
利用我—尽量公正对待	2597	6.42	2.46	1	10	35.54%	64.46%

该题源于2012年世界价值观调查原题（V56），2012年中国公民的调查结果如下：

表2—168　　　　　2012世界价值观调查（中国）结果

选择倾向（1—10分）	观测值	均值	标准差	最小值	最大值	1—5分	6—10分
利用我—尽量公正对待	2121	6.25	2.96	1	10	23.9%	76.1%

对比我们可以发现，2018年的均值（6.42）略高于2012年（6.25），但大致接近。也可以说，时隔6年的调查结果可以相互印证。同时，6—10分也就是倾向于尽量公正对待的选择率由2012年的76.1%下降到2018年的64.46%，下降11.64个百分点，非常显著。均值接近而正向选择比

率却大幅下降,或许说明群体素质两极分化趋于缓和。

(1) 公民对中国社会生活中公正状况的评价与政治面貌相关不大。

不同政治面貌的中国公民对中国社会生活中公正状况的评价没有显著差异秩和检验 p 值为 0.18,大于 0.05。但数据直观体现,党员、群众的中位数 (7) 比团员中位数 (6) 要高,即党员、群众比团员的评价更积极。

表 2—169　不同政治面貌公民对社会生活中公正状况的评价差异

共产党员	共青团员	群众	p - value	p12	p23	p13	Test
7.0 (5.0, 8.0)	6.0 (5.0, 8.0)	7.0 (5.0, 8.0)	0.18	0.14	0.082	0.88	Kruskal - Wallis
6.5 [±2.5]	6.3 [±2.2]	6.5 [±2.6]	0.43	0.28	0.22	0.97	ANOVA

(2) 机关、党群组织、企事业单位工作人员对社会生活中的公正状况评价最积极,产业工人和农民评价最消极。

不同职业的中国公民对中国社会生活中公正状况的评价存在显著差异,秩和检验 p 值为 0.002,低于 0.05。在 1 分(利用我)到 10 分(尽量公正对待)的分值中,产业工人和农民的中位数 (6) 低于其他职业 (7),也就是说产业工人和农民对社会生活中公正的评价最为消极。同时,在其他群体中,机关、党群组织、企事业单位工作人员回答落在 5 和 9 之间,方差分析均值 (6.7),是各群体中最高的。也就是说,机关、党群组织、企事业单位工作人员对社会生活中的公正状况评价更高,态度更为乐观。

表 2—170　不同职业公民对社会生活中公正状况的评价差异

机关、党群组织、企业事业单位工作人员	专业技术人员(含教师)	商业、服务业人员	产业工人和农民	学生	p - value	p12	p23	p13	Test
7.0(5.0, 9.0)	7.0(5.0, 8.0)	7.0(5.0, 8.0)	6.0(5.0, 8.0)	7.0(5.0, 8.0)	0.002	0.60	0.40	0.12	Kruskal - Wallis
6.7 [±2.6]	6.6 [±2.2]	6.4 [±2.4]	5.8 [±2.6]	6.3 [±2.3]	0.001	0.77	0.38	0.15	ANOVA

(3) 公民对中国社会生活中公正状况的评价与收入水平关联不大。

不同收入水平的中国公民对中国社会生活中公正状况的评价没有显著差异，秩和检验 p 值为 0.32，大于 0.05。但是直观数据显示，家庭年收入 5 万及以下的公民的选择方差分析之均值最大，也就是他们比其他收入群体评价更积极一些。

表 2—171　不同收入水平公民对社会生活中公正状况的评价差异

5 万及以下	5 万—10 万元	10 万元以上	p - value	p12	p23	p13	Test
7.0 (5.0, 8.0)	7.0 (5.0, 8.0)	7.0 (5.0, 8.0)	0.32	0.40	0.48	0.14	Kruskal - Wallis
6.5 [±2.7]	6.4 [±2.4]	6.4 [±2.3]	0.59	0.67	0.52	0.31	ANOVA

(4) 95 后与 00 后对社会生活中的公正状况评价最为消极。

不同年龄的中国公民对中国社会生活中公正状况的评价存在显著差异，秩和检验 p 值为 0.042，小于 0.05。在 1 分（利用我）到 10 分（尽量公正对待）的分值中，所有公民回答区间一致的情况下，95 后与 00 后、70 后及以上回答落在中位数 6 上，90 后和 80 后都落在 7 上，说明 95 后与 00 后、70 后及以上这一少一老对中国社会生活中公正状况的态度更为消极。方差分析显示，95 后与 00 后均值最小，也就是他们对社会生活中的公正评价在各群体中是最消极的。

表 2—172　不同年龄公民对社会生活中公正状况的评价差异

95 后与 00 后	90 后	80 后	70 后及以上	p - value	p12	p23	p13	Test
6.0 (5.0, 8.0)	7.0 (5.0, 8.0)	7.0 (5.0, 8.0)	6.0 (5.0, 8.0)	0.042	0.19	0.12	0.005	Kruskal - Wallis
6.2 [±2.3]	6.4 [±2.3]	6.6 [±2.4]	6.4 [±2.7]	0.11	0.26	0.16	0.012	ANOVA

(5) 无宗教信仰者比有宗教信仰者评价更为积极。

有无宗教信仰的中国公民对中国社会生活公正状况的评价存在显著差异，秩和检验 p 值为 0.016，小于 0.05。回答区间一致的情况下，无宗教信仰公民回答落在中位数7上，有宗教信仰落在6上，说明无宗教信仰者对中国社会公正状况的态度更为乐观积极。

表2—173 是否宗教信仰公民对社会生活中公正状况的评价差异

无宗教信仰	有宗教信仰	p - value	Test
7.0 (5.0, 8.0)	6.0 (5.0, 8.0)	0.016	Wilcoxon rank - sum
6.5 [±2.5]	6.1 [±2.4]	0.023	Two sample t test

（6）公民对社会生活公正状况的评价与文化程度、居住地相关性不大。

不同文化程度、居住地的公民对中国社会生活公正状况的评价没有显著差异，秩和检验p值分别0.66和0.14，均大于0.05。但直观数据显示，文化程度高的和城市公民对中国社会公正状况评价更为积极乐观。

表2—174 不同文化程度和居住地公民对社会生活中公正状况的评价差异

没上过大学	上过大学	p - value	Test
6.0 (5.0, 8.0)	7.0 (5.0, 8.0)	0.66	Wilcoxon rank - sum
6.4 [±2.7]	6.4 [±2.4]	0.39	Two sample t test
小城镇和农村	城市	p - value	Test
6.0 (5.0, 8.0)	7.0 (5.0, 8.0)	0.14	Wilcoxon rank - sum
6.3 [±2.5]	6.5 [±2.4]	0.081	Two sample t test

2. 大多数认为中国社会总体上是一个公正的社会

调查数据显示，60.53%的受访公民认同中国比别国更公正，80.93%的受访者认同当今中国比以前更加公正了，76.6%的受访者相信中国社会未来会更加公正，整体而言，大多数公民认可中国是一个公正的国家，对中国社会公正持肯定和乐观态度。同时，我们也要看到，人们对历史比较的认同形成高度共识，与其他国家相比的共识则相对低了20个百分点。对未来的发展有13.17%的人说不清楚，明显高于其他两项。

（1）党员对中国未来的社会公正的评价比其他群体更积极。

不同政治面貌的中国公民对"与别国相比，中国更公正"的判断存

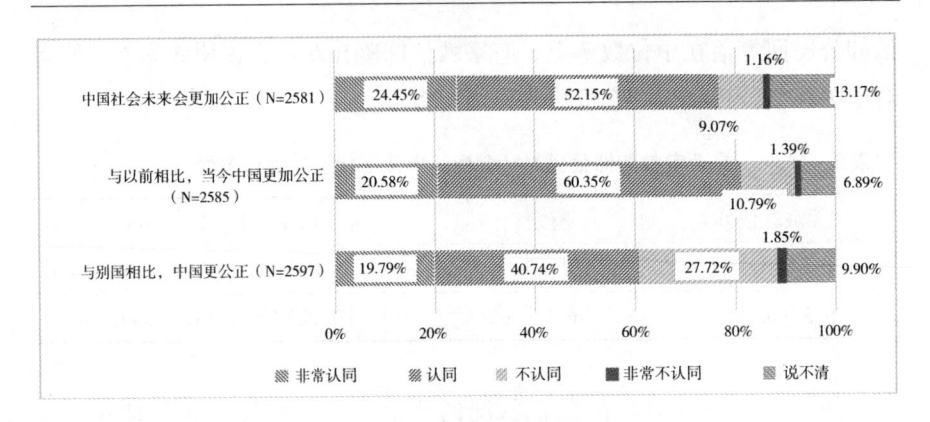

图 2—41 对中国社会公正的评价

在显著差异，秩和检验 p 值小于 0.001，显著低于 0.05，p12 和 p23 均小于 0.001，显著低于 0.05，说明党员和团员、团员和群众之间的看法存在显著差异；但数据未能直观体现。对"与以前相比，当今中国更公正"的判断与政治面貌相关，秩和检验 p 值为 0.013，小于 0.05，p12 和 p13 均小于 0.05，说明党员和团员之间、党员和群众之间的看法存在差异；但数据未能直观体现。对"中国社会未来会更加公正"的判断与政治面貌强相关，秩和检验 p 值小于 0.001，显著低于 0.05，p12 和 p13 均显著小于 0.05；在所有回答中位数相等的情况下，党员的回答落在 4 和 5 即认同和非常认同之间，团员落在 4 和 4 即认同上，群众落在 3 和 4 即说不清和认同之间。显然，党员最认同中国社会未来会更加公正。

表 2—175　不同政治面貌公民对中国社会公正评价的差异

	共产党员	共青团员	群众	p-value	p12	p23	p13	Test
与别国相比，中国更公正	4.0 (2.0, 4.0)	4.0 (2.0, 4.0)	4.0 (2.0, 4.0)	<0.001	<0.001	<0.001	0.60	Kruskal-Wallis
与以前相比，当今中国更公正	4.0 (4.0, 4.0)	4.0 (4.0, 4.0)	4.0 (4.0, 4.0)	0.013	0.032	0.61	0.004	Kruskal-Wallis
中国社会未来会更加公正	4.0 (4.0, 5.0)	4.0 (4.0, 4.0)	4.0 (3.0, 4.0)	<0.001	<0.001	0.52	<0.001	Kruskal-Wallis

（2）产业工人和农民更认同中国比别国公正，但没有其他群体那么认同中国比以前更公正；机关、党群组织、企事业单位工作人员对中国社会未来公正情况更乐观。

不同职业的中国公民对中国社会公正的评价存在显著差异，秩和检验的 p 值分别是 <0.001、0.033 和 0.008，均低于 0.05。在"与别国相比，中国更公正"的判断中，所有回答中位数相等的情况下，产业工人和农民落在 3 和 5 即说不清和非常认同之间，相对更认同中国比别国更公正。在"与以前相比，当今中国更公正"的判断中，所有回答中位数一致的情况下，唯独产业工人和农民落在 3 和 4 即说不清楚和认同之间，没有其他群体那么普遍地认同中国比以前更公正。对"中国社会未来会更加公正"的判断中，在所有回答中位数相等的情况下，机关、党群组织、企事业单位工作人员的回答落在 4 和 5 即认同和非常认同之间，专业技术人员（含教师）和学生落在 4 和 4 即认同上，商业、服务业人员、产业工人和农民落在 3 和 4 即说不清和认同之间，由此可以推断出，机关、党群组织、企事业单位工作人员对中国社会未来的公正情况更加乐观和肯定。

表 2—176　　　　不同职业公民对中国社会公正评价的差异

	机关、党群组织、企业事业单位工作人员	专业技术人员（含教师）	商业、服务业人员	产业工人和农民	学生	p-value	p12	p23	p13	Test
与别国相比，中国更公正	4.0 (3.0, 4.0)	4.0 (2.0, 4.0)	4.0 (2.0, 4.0)	4.0 (3.0, 5.0)	4.0 (2.0, 4.0)	<0.001	0.008	0.075	0.31	Kruskal-Wallis
与以前相比，当今中国更公正	4.0 (4.0, 4.0)	4.0 (4.0, 4.0)	4.0 (4.0, 4.0)	4.0 (3.0, 4.0)	4.0 (4.0, 4.0)	0.033	0.12	0.62	0.19	Kruskal-Wallis
中国社会未来会更加公正	4.0 (4.0, 5.0)	4.0 (4.0, 4.0)	4.0 (3.0, 4.0)	4.0 (3.0, 4.0)	4.0 (4.0, 4.0)	0.008	0.024	0.76	0.004	Kruskal-Wallis

（3）受教育程度低的公民相对而言更认同中国比别国更公正。

不同受教育程度的中国公民对"与别国相比，中国更公正"的判断存在显著差异，秩和检验 p 值小于 0.001，显著低于 0.05。在所有回答中位数相等的情况下，没上过大学公民的回答落在 3 和 5 即说不清和非常认同之间，上过大学公民则落在 2 和 4 即不认同和认同之间，由此可以判断出，文化程度低的公民对中国比别国更公正的认同度更高。对"与以前相比，当今中国更公正"和"中国社会未来会更加公正"的判断与文化程度不显著相关，秩和检验 p 值分别是 0.88 和 0.13，均大于 0.05。

表 2—177　不同受教育程度公民对中国社会公正评价的差异

	没上过大学	上过大学	p - value	Test
与别国相比，中国更公正	4.0 (3.0, 5.0)	4.0 (2.0, 4.0)	<0.001	Wilcoxon rank - sum
与以前相比，当今中国更公正	4.0 (4.0, 4.0)	4.0 (4.0, 4.0)	0.88	Wilcoxon rank - sum
中国社会未来会更加公正	4.0 (4.0, 5.0)	4.0 (4.0, 4.0)	0.13	Wilcoxon rank - sum

（4）不同收入公民对中国是否比别国更公正有差异，但宏观统计未能显现。

不同收入水平的中国公民对"与别国相比，中国更公正"的判断存在显著差异，秩和检验 p 值小于 0.001，显著低于 0.05。p12、p23 和 p13 均小于 0.05，说明不同收入公民对中国比其他国家更公正的认同度不同。不过，不同收入群体回答的中位数、区间均一致，在宏观统计中看不出具体差别。对"与以前相比，不同收入水平的中国公民对当今中国更公正"和"中国社会未来会更加公正"的判断没有显著差异，秩和检验 p 值分别是 0.97 和 0.64，均大于 0.05。但直观数据体现，低收入群体对未来社会公正更为乐观。

表 2—178　不同收入水平公民对中国社会公正评价的差异

	5 万及以下	5 万—10 万元	10 万元以上	p - value	p12	p23	p13	Test
与别国相比，中国更公正	4.0 (2.0, 4.0)	4.0 (2.0, 4.0)	4.0 (2.0, 4.0)	<0.001	0.015	0.029	<0.001	Kruskal - Wallis

续表

	5万及以下	5万—10万元	10万元以上	p-value	p12	p23	p13	Test
与以前相比，当今中国更公正	4.0 (4.0, 4.0)	4.0 (4.0, 4.0)	4.0 (4.0, 4.0)	0.97	0.95	0.85	0.84	Kruskal-Wallis
中国社会未来会更加公正	4.0 (4.0, 5.0)	4.0 (4.0, 4.0)	4.0 (4.0, 4.0)	0.64	0.99	0.40	0.40	Kruskal-Wallis

(5) 70后及以上公民更倾向于认同中国比别国更公正。

不同年龄的中国公民对"与别国相比，中国更公正"的判断存在显著差异，秩和检验p值小于0.001，显著低于0.05。p23和p13均小于0.04，说明90后和80后之间，95后与00后和80后之间对中国比其他国家更公正的看法存在差异。在中位数一定的情况下，只有70后及以上群体落在3和4即说不清与认同之间，其他都是落在2和4即不认同与认同之间。因此，70后及以上公民更倾向于认同中国比别的国家更公正。不同年龄的中国公民对"与以前相比，当今中国更公正"和"中国社会未来会更加公正"的判断没有显著差异，秩和检验p值分别是0.31和0.33，均大于0.05。

表2—179　　不同年龄公民对中国社会公正评价的差异

	95后与00后	90后	80后	70后及以上	p-value	p12	p23	p13	Test
与别国相比，中国更公正	4.0 (2.0, 4.0)	4.0 (2.0, 4.0)	4.0 (2.0, 4.0)	4.0 (3.0, 4.0)	<0.001	0.79	0.002	0.001	Kruskal-Wallis
与以前相比，当今中国更公正	4.0 (4.0, 4.0)	4.0 (4.0, 4.0)	4.0 (4.0, 4.0)	4.0 (4.0, 4.0)	0.31	0.12	0.23	0.71	Kruskal-Wallis
中国社会未来会更加公正	4.0 (4.0, 4.0)	4.0 (4.0, 4.0)	4.0 (4.0, 4.0)	4.0 (4.0, 5.0)	0.33	0.69	0.59	0.91	Kruskal-Wallis

(6) 小城镇和农村公民与城市公民对于中国比以前更公正看法有差异，但宏观上未能显示出来。

不同居住地的中国公民对"与以前相比，当今中国更公正"的判断存在显著差异，秩和检验 p 值为 0.003，低于 0.05。说明城乡公民对中国比其他国家更公正的看法不同，但回答的中位数和区间一致，也就是说从宏观数据上看不出具体差异。对"与别国相比，中国更公正"和"中国社会未来会更加公正"的判断没有显著差异，秩和检验 p 值分别是 0.92 和 0.52，均大于 0.05。但数据直观体现，城市居民对未来社会公正更乐观积极。

表 2—180　　不同居住地公民对中国社会公正评价的差异

	小城镇和农村	城市	p - value	Test
与别国相比，中国更公正	4.0 (2.0, 4.0)	4.0 (2.0, 4.0)	0.92	Wilcoxon rank - sum
与以前相比，当今中国更公正	4.0 (4.0, 4.0)	4.0 (4.0, 4.0)	0.003	Wilcoxon rank - sum
中国社会未来会更加公正	4.0 (4.0, 4.0)	4.0 (4.0, 5.0)	0.52	Wilcoxon rank - sum

（7）公民对中国社会公正的评价与有无宗教信仰无关。

有无宗教信仰的中国公民对"与别国相比，中国更公正""与以前相比，当今中国更公正"和"中国社会未来会更加公正"的判断没有显著差异，秩和检验 p 值分别是 0.93、0.23 和 0.22，均大于 0.05。但数据直观体现，无宗教信仰的受访者对未来的信心高于有宗教信仰者。

表 2—181　　有无宗教信仰公民对中国社会公正评价的差异

	无宗教信仰	有宗教信仰	p - value	Test
与别国相比，中国更公正	4.0 (2.0, 4.0)	4.0 (2.0, 4.0)	0.93	Wilcoxon rank - sum
与以前相比，当今中国更公正	4.0 (4.0, 4.0)	4.0 (4.0, 4.0)	0.23	Wilcoxon rank - sum
中国社会未来会更加公正	4.0 (4.0, 5.0)	4.0 (3.0, 4.0)	0.22	Wilcoxon rank - sum

3. 公民最不满意当前社会机会不平等的不公正现象

调查数据显示，当前中国社会上存在的一些不公正现象中，位列前三的是官二代、富二代拥有更多机会，同工不同酬，教育资源分配不公，比例分别为 37.08%、15.44% 和 13.72%，其中超过三分之一的公民认为最不公正的是官二代、富二代拥有更多机会，其比例遥遥领先于其他不公正现象，这一定程度上反映了机会与金钱和权力相挂钩的社会现实，有权势的人占有更多的话语权，掌握更多的资源，有机会获得更多机会。

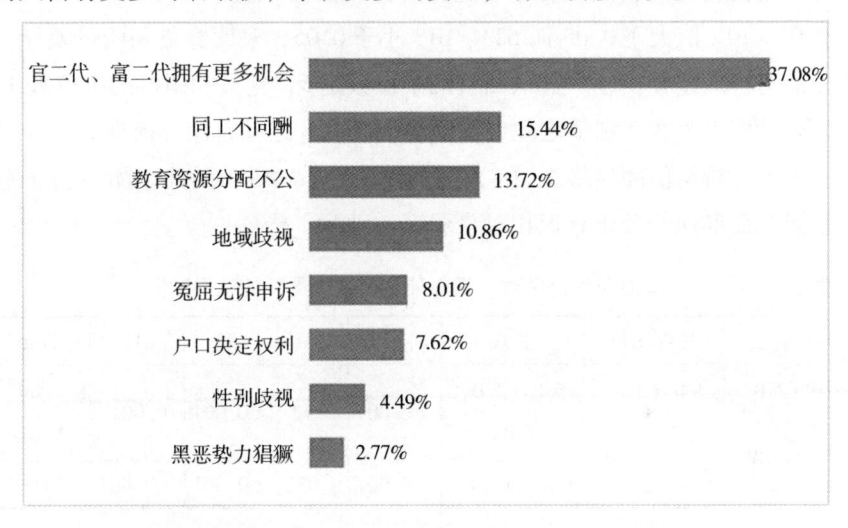

不公正现象	比例
官二代、富二代拥有更多机会	37.08%
同工不同酬	15.44%
教育资源分配不公	13.72%
地域歧视	10.86%
冤屈无诉申诉	8.01%
户口决定权利	7.62%
性别歧视	4.49%
黑恶势力猖獗	2.77%

图 2—42　您认为最不公正的社会现象（N = 2559）

四　公民的社会公正意识

1. 公民具有强烈的社会公正意识

受访公民对"城市为保障本地人的生活条件，遣散外来务工人员"这一做法的评价中，在 1 分（非常不认同）到 10 分（非常认同）的分值选择中，1—5 分的选择率是 67.38%，且均值只有 4.45 分，低于 5 分，说明人们对城市为保障本地人的生活条件，就遣散外来务工人员的做法持反对意见，表现了人们强烈的社会公正意识。

表2—182　中国公民对"城市为保障本地人的生活条件，
遣散外来务工人员"这一做法的评价

认同程度（1—10分）	观测值	均值	标准差	最小值	最大值	1—5分	6—10分
非常不认同—非常认同	2560	4.45	2.82	1	10	67.38%	32.62%

(1) 团员的公正意识最强，群众相对弱些。

不同政治面貌的中国公民对"城市为保障本地人的生活条件，遣散外来务工人员"的看法存在显著差异，秩和检验p值小于0.001，显著低于0.05。p12值大于0.05而p23、p13小于0.05，表明党员和团员差异不大，而与群众差异明显。群众回答的中位数是5，党员和团员的中位数4，且群众的回答落在2和7之间，党员落在2和6之间，团员落在2和5之间。方差分析均值团员最低（4），群众最高（4.8）。因此，团员公正意识最强，而群众的公正意识相对最弱。

表2—183　不同政治面貌公民对"遣散外地务工人员"的认同差异

共产党员	共青团员	群众	p-value	p12	p23	p13	Test
4.0 (2.0, 6.0)	4.0 (2.0, 5.0)	5.0 (2.0, 7.0)	<0.001	0.12	<0.001	0.001	Kruskal-Wallis
4.3 [±2.7]	4.0 [±2.4]	4.8 [±3.0]	<0.001	0.052	<0.001	<0.001	ANOVA

(2) 专业技术人员（含教师）和学生更具有公正意识，产业工人和农民明显较弱。

不同职业的中国公民对"城市为保障本地人的生活条件，遣散外来务工人员"这一行为的看法存在显著的差异，秩和检验p值小于0.001，显著低于0.05。机关、党群组织、企事业单位工作人员和商业、服务业人员，产业工人和农民的回答都落在中位数5上，但方差分析均值可以看出产业工人和农民最高（5.2），即基本持认同态度。而专业技术人员（含教师）和学生回答落在4上，且方差分析均值都为最低（3.9），即基本持反对态度。可见，专业技术人员（含教师）和学生更具有公正意识，而产业工人和农民的公正意识最弱。

表2—184　　不同职业公民对"遣散外地务工人员"的认同差异

机关、党群组织、企业事业单位工作人员	专业技术人员（含教师）	商业、服务业人员	产业工人和农民	学生	p-value	p12	p23	p13	Test
5.0 (2.0, 7.0)	4.0 (1.0, 6.0)	5.0 (1.0, 7.0)	5.0 (2.5, 8.0)	4.0 (2.0, 5.0)	<0.001	<0.001	0.032	0.084	Kruskal-Wallis
4.8 [±3.1]	3.9 [±2.5]	4.4 [±2.8]	5.2 [±3.0]	3.9 [±2.3]	<0.001	<0.001	0.016	0.048	ANOVA

（3）公民受教育程度越高越具有公正意识。

不同受教育程度的中国公民对"城市为保障本地人的生活条件，遣散外来务工人员"这一行为的看法存在显著差异，秩和检验p值小于0.001，显著低于0.05。方差分析表明，没上过大学的中国公民评价均值（4.9）高于上过大学的（4.3），可见，文化程度低的中国公民更认同此观点。

表2—185　　不同受教育程度公民对"遣散外地务工人员"的认同差异

没上过大学	上过大学	p-value	Test
5.0 (2.0, 7.0)	4.0 (2.0, 6.0)	<0.001	Wilcoxon rank-sum
4.9 [±3.1]	4.3 [±2.7]	<0.001	Two sample t test

（4）公民收入越高越具有公正意识。

不同收入水平的中国公民对"城市为保障本地人的生活条件，遣散外来务工人员"的看法没有显著差异，秩和检验p值为0.062，略微大于0.05，方差分析p值0.008小于0.05。方差分析显示，公民评价均值随着收入增高而降低，说明收入越低对此观点的认同度越高。

表 2—186　不同收入水平公民对"遣散外地务工人员"的认同差异

5 万及以下	5 万—10 万元	10 万元以上	p - value	p12	p23	p13	Test
5.0（2.0, 7.0）	4.0（2.0, 6.0）	4.0（2.0, 6.0）	0.062	0.11	0.45	0.023	Kruskal - Wallis
4.7［±3.0］	4.4［±2.8］	4.2［±2.6］	0.008	0.041	0.28	0.003	ANOVA

（5）公民年龄越小越具有公正意识。

不同年龄的中国公民对"城市为保障本地人的生活条件，遣散外来务工人员"的看法存在显著差异，秩和检验 p 值为 0.001，小于 0.05。p12 大于 0.05 而 p23、p13 小于 0.05，表明 90 后与 00 后差异不大。方差分析显示，90 后评价均值最低（4.1），70 后及以上最高（4.7）。因此，表明 90 后（00 后差异不大）对此观点认同度最低，70 后及以上最高。

表 2—187　不同年龄公民对"遣散外地务工人员"的认同差异

95 后与 00 后	90 后	80 后	70 后及以上	p - value	p12	p23	p13	Test
4.0（2.0, 6.0）	4.0（1.0, 6.0）	5.0（2.0, 7.0）	5.0（1.0, 7.0）	<0.001	0.19	0.001	0.030	Kruskal - Wallis
4.2［±2.3］	4.1［±2.6］	4.6［±2.9］	4.7［±3.1］	<0.001	0.44	<0.001	0.003	ANOVA

（6）公民的公正意识与居住地及宗教信仰没有直接关系。

不同居住地、有无宗教信仰的中国公民对"城市为保障本地人的生活条件，遣散外来务工人员"的看法没有显著差异，秩和检验 p 值分别为 0.49 和 0.15，均大于 0.05。但数据直观显示，城市居民的认可程度略高于小城镇和农村公民，有宗教信仰公民略高于无宗教信仰公民。

表 2—188　不同居住地、有无宗教信仰公民对"遣散外地务工人员"的认同差异

小城镇和农村	城市	p - value	Test
4.0（2.0, 6.0）	4.0（2.0, 6.0）	0.49	Wilcoxon rank - sum

续表

小城镇和农村	城市	p - value	Test
4.4 [±2.8]	4.5 [±2.8]	0.50	Two sample t test
无宗教信仰	有宗教信仰	p - value	Test
4.0 (2.0, 6.0)	5.0 (2.0, 6.0)	0.15	Wilcoxon rank - sum
4.3 [±2.8]	4.6 [±2.8]	0.17	Two sample t test

2. 公民普遍能接受公正的差异原则，突出程序公正、能力本位和对大众有利的诉求

在现实生活中，公正并不意味着无差别的机械平等。按照政治哲学家罗尔斯的差异正义论的观点，"社会的和经济的不平等应这样安排，使它们①被合理地期望适合于每一个人的利益；并且②依系于地位和职务向所有人开放。"① 这里其实包含着对大众有利、程序公正、能力本位的内涵。在调查中，受访者对"某地公开招聘一个特殊技术岗位的公务员，年薪

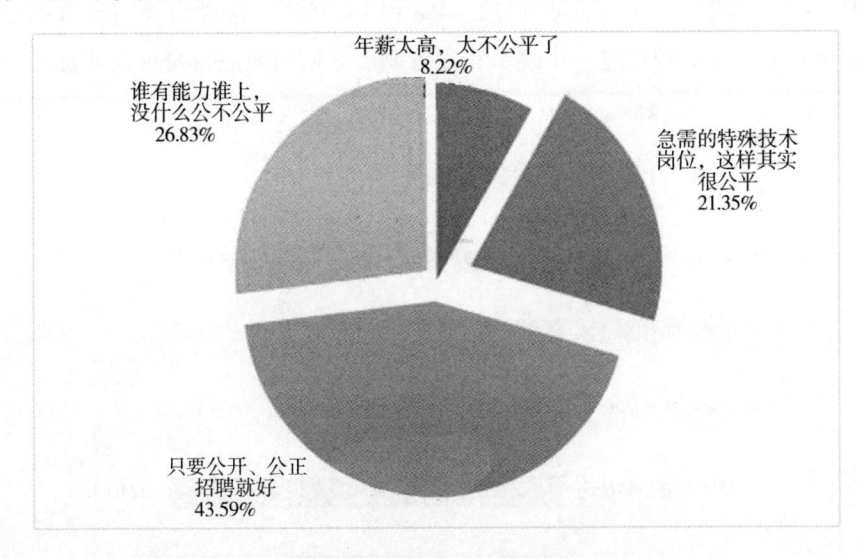

图2—43 对"某地公开招聘一个特殊技术岗位的公务员，年薪50万"这一事件的看法（N=2590）

---

① ［美］罗尔斯：《正义论》，中国社会科学出版社1988年版，第56页。

50万"这一事件的看法中,选择"只要公开、公正招聘就好"的比例最高,为43.59%,远远高出其他选项选择率。表明受访者对程序公正的诉求是共识性最强的。有26.83%的受访公民支持"谁有能力谁上,没什么公不公平"的观点,这是一种能力本位的观点。21.35%的受访者赞同"急需的特殊技术岗位,这样其实很公平"的说法,这其实蕴含着对大众有利的考虑。只有8.22%的受访者认为"年薪太高,太不公平了",即只有不到十分之一的人不能接受现代意义上的有差异的公正观。显然,在公民看来,特殊情况下的竞争,只要程序公开透明,凭借个人能力公平竞争,那么它就是公正的。

3. 公民认为促进社会公正最需要制度保障、提升治理能力和提高公民素质

调查数据显示,公民认为促进社会公正最需要制度保障,比例最高,为24.69%,位列第二和第三的分别是提升政府治理能力,提高公民的意识、能力和勇气,比例分别是22.64%和18.36%,这说明我国政府应该在今后的社会治理中进一步改革和完善制度,同时政府自身也需要提升治

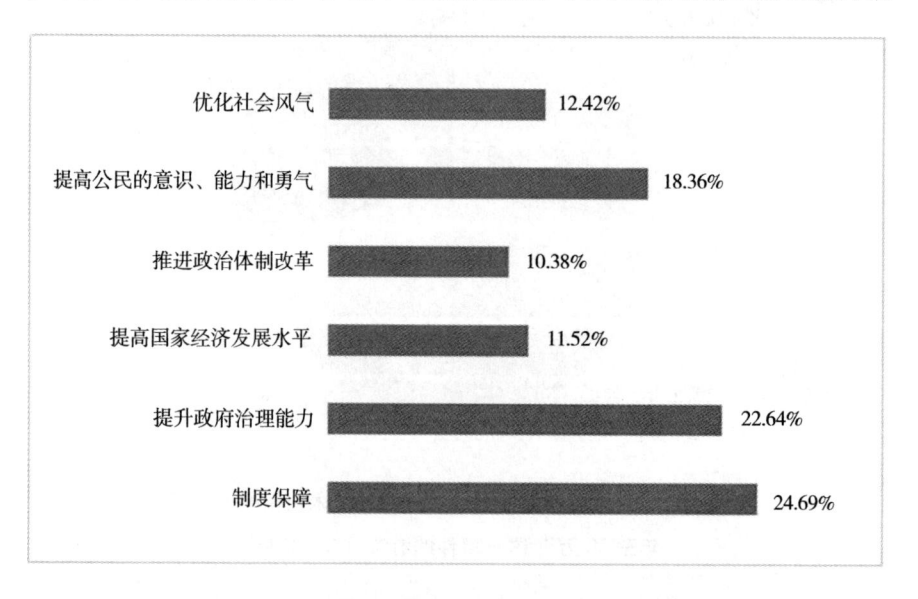

选项	比例
优化社会风气	12.42%
提高公民的意识、能力和勇气	18.36%
推进政治体制改革	10.38%
提高国家经济发展水平	11.52%
提升政府治理能力	22.64%
制度保障	24.69%

图2—44 您认为促进社会公正最需要 (N=2544)

理能力，与此同时也应该注重提升公民个人素质，引导公民积极参与社会治理，从而更好地促进社会公正。此外，调查表明，促进社会公正还需要优化社会风气、提高国家经济发展水平和推进政治体制改革。其中，提供制度保障和提高政府治理能力，正是实现国家体系和治理能力现代化的核心内容。

第六章　公民社会法治价值观分析

任何一个社会的存在都需要以一定的方式进行有效治理。法治即依照法律进行治理（rule of law）是人类政治文明重要成果，也是现代社会的重要特征和政治统治合法性的基础。公民的法治价值观直接反应对这一事实的认识和评价，是公民社会价值观的重要组成部分。

一　公民对社会法治的偏好倾向

1. 绝大多数公民对法治有着比较准确的认知和把握

现代法治有着丰富的内涵和要求，可以从多方面对之进行描述或考察。调查显示，86%的受访者认同法治要求法律程序公正，93.54%受访者认同法治就是要有法可依、有法必依、执法必严、违法必究，89.8%的受访者认同法治使得公民权利和自由得到最大限度保护，89.57%的人同意公民应遵守法律，并始终通过法律途径维护自身权益的说法。这其中，有两点值得特别指出，一是近九成的公民认识到法治不仅是政府的事，也要求每个公民遵守法律，这表明绝大多数中国公民已经形成了现代意义上的全面的法治观。二是"有法可依、有法必依、执法必严、违法必究"不仅同意度最高，而且"非常同意"项为41.02%，显著高于其他选项，这与中国政府长期的有效宣传显然是有关的。

2. 在法治社会建设全过程中，公民认为严格执法是最关键的环节

法治社会建设包括诸多环节，一般而言，包括立法、执法、司法、守法等环节。调查显示，受访者选择"严格执法"的比例最高，为31.17%，列其后的依次是科学立法（27.96%）、公正司法（25.17%）、

第六章 公民社会法治价值观分析

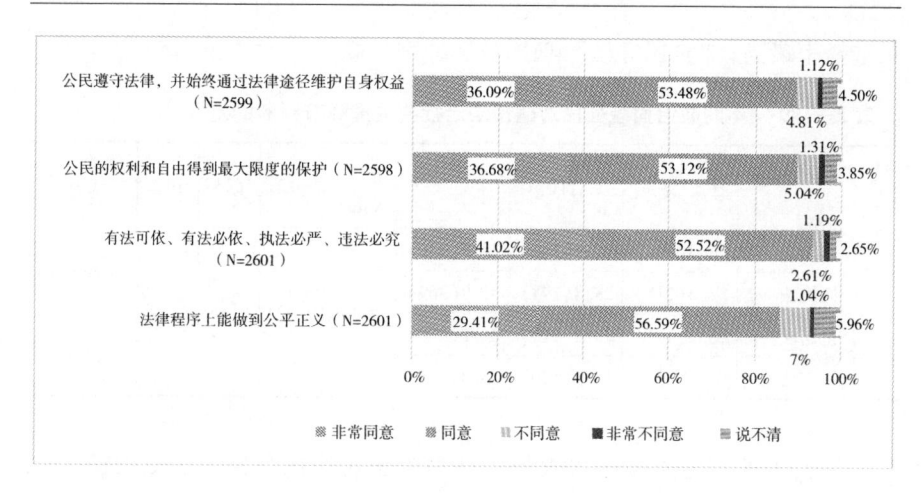

图2—45 对社会法治基本要求的看法

全民守法（15.7%）。值得注意的是，科学立法、公正司法的选择率也超过25%即四分之一。

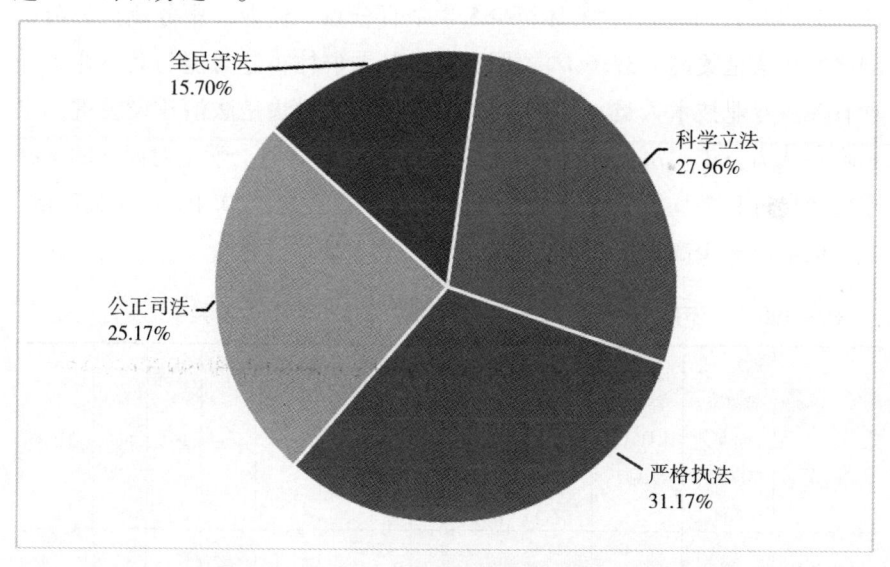

图2—46 建设法治社会的关键环节分析（N=2586）

（1）公民对法治社会建设关键环节的判断与政治面貌关联不大。

不同政治面貌的中国公民对建设法治社会关键环节的判断没有显著差异，卡方检验p值为0.12，大于0.05。但数据直观体现，"科学立法"项群众选择率最高；"严格执法"项党员选择率最高，"公正司法"项，党员选择率最高;"全民守法"项团员选择率最高。

表2—189　不同政治面貌公民对建设法治社会关键环节判断的差异

	共产党员	共青团员	群众	p-value	p12	p23	p13	Test
科学立法	28.3(191)	26.7(184)	28.5(330)	0.12	0.034	0.16	0.52	Pearson's chi-squared
严格执法	32.3(218)	28.8(198)	31.9(369)					
公正司法	26.2(177)	25.6(176)	24.2(280)					
全民守法	13.2(89)	18.9(130)	15.5(179)					

（2）专业技术人员（含教师）认为公正司法比严格执法更关键,学生比其他群体更注重全民守法,产业工人和农民更注重科学立法。

不同职业的中国公民对建设法治社会关键环节的判断存在显著差异,卡方检验p值小于0.001,显著低于0.05。产业工人和农民最认同科学立法（32.4%）,高出其他群体至少5.4个百分点。商业、服务业人员最认同严格执法是关键（37.6%）,明显高于其他群体,这可能与其行业感受性有关。专业技术人员（含教师）最认同公正司法是法治建设关键,也是唯一认为公正司法比严格执法还重要和关键的群体。学生对四项的选择率比较接近和平均;其中,对"全民守法"的认同（20.4%）是最高的,比其他群体至少高出3.8个百分点。

表2—190　不同职业公民对建设法治社会关键环节判断的差异

	机关、党群组织、企业事业单位工作人员	专业技术人员（含教师）	商业、服务业人员	产业工人和农民	学生	p-value	p12	p23	p13	Test
科学立法	26.0 (153)	27.0 (58)	25.6 (103)	32.4 (47)	26.7 (181)	<0.001	0.096	0.028	0.66	Pearson's chi-squared
严格执法	32.6 (192)	28.4 (61)	37.6 (151)	33.1 (48)	27.9 (189)					
公正司法	27.3 (161)	29.8 (64)	24.6 (99)	17.9 (26)	25.0 (169)					
全民守法	14.1 (83)	14.9 (32)	12.2 (49)	16.6 (24)	20.4 (138)					

(3) 受教育程度越低越重视严格执法和科学立法，受教育程度越高越重视公正司法和全民守法。

不同受教育程度的中国公民对建设法治社会关键环节的判断存在显著差异，卡方检验 p 值小于 0.001，显著低于 0.05。在法治社会建设中，文化程度较低的中国公民更认同科学立法和严格执法是关键，而文化程度高的中国公民更认同公正司法和全民守法，没上过大学的受访者选择"科学立法"、"严格执法"的比例分别是 30.0%、36.4%，均高于上过大学的中国公民的选择率，而选择"公正司法"和"全民守法"的比例为 18.3% 和 15.3%，比上过大学的中国公民低 9.9、0.7 个百分点。

表 2—191　不同受教育程度公民对建设法治社会关键环节判断的差异

	没上过大学	上过大学	p - value	Test
科学立法	30.0（237）	27.0（474）	<0.001	Pearson's chi - squared
严格执法	36.4（288）	28.8（506）		
公正司法	18.3（145）	28.2（496）		
全民守法	15.3（121）	16.0（281）		

(4) 年龄越大越认同科学立法是关键，年龄越小越认同全民守法是关键。

不同年龄的中国公民对建设法治社会关键环节的判断存在显著差异，卡方检验 p 值为 <0.001，小于 0.05。公民选择"科学立法"的比例随着年龄增长而增长，选择"全民守法"比例随着年龄增长而降低。80 后选择"严格执法"的占比最大。

表 2—192　不同年龄公民对建设法治社会关键环节判断的差异

	95 后与 00 后	90 后	80 后	70 后及以上	p - value	p12	p23	p13	Test
科学立法	25.6(146)	27.4(165)	28.6(202)	29.0(199)	<0.001	0.095	0.23	<0.001	Pearson's chi - squared
严格执法	27.3(156)	29.7(179)	33.6(237)	33.5(230)					
公正司法	25.0(143)	26.6(160)	24.6(174)	24.8(170)					
全民守法	22.1(126)	16.3(98)	13.2(93)	12.7(87)					

(5) 公民对建设法治社会关键环节的看法与收入水平关系不大。

不同收入水平的中国公民对建设法治社会关键环节的判断没有显著差异，卡方检验 p 值是 0.12 大于 0.05。不过，数据直观体现，年收入 10 万元以上受访者选择"公正司法"（28.7%）超过"严格执法"（28%），在各群体中是唯一的。而且，其"全民守法"选择率也是最高的。

表 2—193　不同收入水平公民对建设法治社会关键环节判断的差异

	5 万及以下	5 万—10 万元	10 万元以上	p-value	p12	p23	p13	Test
科学立法	29.3(286)	27.9(249)	26.1(176)	0.12	0.93	0.068	0.040	Pearson's chi-squared
严格执法	31.8(311)	32.7(291)	28.0(189)					
公正司法	23.7(232)	24.4(217)	28.7(194)					
全民守法	15.1(148)	15.0(134)	17.2(116)					

(6) 公民对法治社会建设关键环节的看法与居住地、宗教信仰没有必然关联。

不同居住地、有无宗教信仰的中国公民对建设法治社会关键环节的判断没有显著差异，卡方检验 p 值分别是 0.53 和 0.23，均大于 0.05。不过，数据直观体现，城市居民选择"严格执法"比率明显高于小城镇和农村；有宗教信仰受访者选择"科学立法"比率明显高于无宗教信仰者。

表 2—194　不同居住地、有无宗教信仰公民对建设法治社会关键环节判断的差异

	小城镇和农村	城市	p-value	Test
科学立法	28.1（259）	27.8（460）	0.53	Pearson's chi-squared
严格执法	29.8（275）	32.0（530）		
公正司法	25.3（233）	25.2（417）		
全民守法	16.8（155）	15.0（248）		
	无宗教信仰	有宗教信仰	p-value	Test
科学立法	27.1（575）	33.1（85）	0.23	Pearson's chi-squared
严格执法	31.0（656）	27.2（70）		
公正司法	25.7（545）	23.7（61）		
全民守法	16.2（343）	16.0（41）		

3. 在人治与法治、德治与法治中，公民更认同法治

法治是现代观念，与传统的人治、德治相对。关于社会治理方式的选择中，在 1（人治）—10（法治）的分值选择中，6—10 分的选择率是 82.39%，且均值为 7.98；在 1（德治）—10（法治）的分值选择中，6—10 分的选择率是 66.42%，且均值为 6.76。说明大多数公民更倾向于法治治理方式，可见中国公民的法治意识正在提升，法治社会是未来社会治理的趋势所在。同时，与人治传统不同，德治在今天仍然具有重要的作用，可以与法治相辅相成，我们也看到有三分之一公民选择德治，高出选择人治 15.97 个百分点，十分显著。

表 2—195 您更倾向于人治、德治与法治两者中的哪种社会治理方式

选择倾向（1—10 分）	观测值	均值	标准差	最小值	最大值	1—5 分	6—10 分
人治—法治	2615	7.98	2.37	1	10	17.61%	82.39%
德治—法治	2615	6.76	3.08	1	10	33.58%	66.42%

（1）公民对社会治理方式的选择与政治面貌无显著关联。

不同政治面貌的中国公民对社会治理方式的选择倾向没有显著差异，秩和检验 p 值分别为 0.071 和 0.28，均大于 0.05。不过，方差分析均值直接数据显示，团员均为最低，即对人治、德治的偏好稍微高于其他群体。

表 2—196　　不同政治面貌的公民对社会治理的选择倾向差异

	共产党员	共青团员	群众	p - value	p12	p23	p13	Test
对于人治与法治这两种社会治理方式，您更倾向于	9.0 (7.0, 10.0)	8.0 (7.0, 10.0)	9.0 (6.0, 10.0)	0.071	0.021	0.22	0.18	Kruskal - Wallis
	8.1 [±2.4]	7.9 [±2.2]	7.9 [±2.5]	0.41	0.28	0.9	0.21	ANOVA
对于法治与德治这两种社会治理方式，您更倾向于	7.0 (5.0, 10.0)	7.0 (5.0, 10.0)	8.0 (5.0, 10.0)	0.28	0.12	0.27	0.52	Kruskal - Wallis
	6.9 [±3.1]	6.7 [±2.9]	6.7 [±3.2]	0.61	0.32	0.75	0.45	ANOVA

（2）机关、党群组织、企事业单位工作人员是最偏向法治的群体，专业技术人员（含教师）对德治给予最大尊重。

不同职业的中国公民对人治与法治的选择倾向存在显著差异，秩和检验 p 值为 0.019，小于 0.05。机关、党群组织、企事业单位工作人员和产业工人农民的中位数最高，均为 9，但前者落在 7 和 10 之间，后者落在 5 和 10 之间，可以推断，机关、党群组织、企事业单位工作人员是最偏向法治的群体。不同职业的中国公民对德治与法治的选择倾向存在显著差异，秩和检验 p 值是 0.005，小于 0.05。从中位数可以看出，机关、党群组织、企事业单位工作人员和产业工人、农民为 8，是最高的；专业技术人员（含教师）为 6，是最低的。正如访谈中了解到的，专业技术人员（含教师）有知识、有理性，更能辩证地看问题，不认为法治和德治是完全对立的关系。

表 2—197　　不同职业公民对社会治理的选择倾向差异

	机关、党群组织、企业事业单位工作人员	专业技术人员（含教师）	商业、服务业人员	产业工人和农民	学生	p-value	p12	p23	p13	Test
对于人治与法治这两种社会治理方式，您更倾向于	9.0（7.0，10.0）	8.5（6.0，10.0）	8.0（6.0，10.0）	9.0（5.0，10.0）	8.0（7.0，10.0）	0.019	0.017	0.68	0.009	Kruskal-Wallis
	8.1［±2.4］	7.7［±2.5］	7.9［±2.3］	7.6［±2.7］	8.0［±2.2］	0.057	0.027	0.40	0.091	ANOVA
对于法治与德治这两种社会治理方式，您更倾向于	8.0（5.0，10.0）	6.0（5.0，9.0）	7.0（5.0，10.0）	8.0（5.0，10.0）	7.0（5.0，9.0）	0.005	<0.001	0.081	0.027	Kruskal-Wallis
	7.0［±3.2］	6.3［±3.0］	6.7［±3.0］	6.6［±3.4］	6.7［±2.9］	0.065	0.006	0.12	0.15	ANOVA

（3）公民受教育程度越高越偏向于法治。

不同受教育程度中国公民对人治与法治、德治与法治的选择倾向没有显著差异，秩和检验 p 值分别为 0.12 和 0.24，大于 0.05。不过，方差分析 p 值分别为 0.025 和 0.046，小于 0.05，具有一定的比较意义。数据直观体现，上过大学的受访者均值分别为 8.1、6.9，没上过大学的受访者均值分别为 7.8、6.6，明显都是前者高于后者，即上过大学的受访者更偏向于法治,而没上过大学的受访者更偏向于人治、德治。

表 2—198　　　不同受教育程度公民对社会治理的选择倾向差异

	没上过大学	上过大学	p-value	Test
对于人治与法治这两种社会治理方式,您更倾向于	9.0 (6.0, 10.0)	9.0 (7.0, 10.0)	0.12	Wilcoxon rank-sum
	7.8 [±2.5]	8.1 [±2.3]	0.025	Two sample t test
对于法治与德治这两种社会治理方式,您更倾向于	7.0 (5.0, 10.0)	8.0 (5.0, 10.0)	0.24	Wilcoxon rank-sum
	6.6 [±3.3]	6.9 [±3.0]	0.046	Two sample t test

(4) 公民对法治与否的选择与收入关联性不强。

不同收入水平的中国公民对人治与法治、德治与法治的选择倾向没有显著差异,秩和检验 p 值分别为 0.10 和 0.18,具大于 0.05。但在德治与法治的选择倾向中,方差分析 p 值为 0.041,小于 0.05,说明具有一定的比较意义。数据直观显示,方差分析均值最低的为家庭年收入 5 万元及以下的受访者,最高的为家庭年收入 10 万元以上的受访者。

表 2—199　　　不同收入水平公民对社会治理的选择倾向差异

	5 万及以下	5 万—10 万元	10 万元以上	p-value	p12	p23	p13	Test
对于人治与法治这两种社会治理方式,您更倾向于	9.0 (6.0, 10.0)	8.0 (6.0, 10.0)	9.0 (7.0, 10.0)	0.10	0.056	0.082	0.92	Kruskal-Wallis
	7.9 [±2.6]	7.9 [±2.3]	8.1 [±2.2]	0.18	0.66	0.058	0.16	ANOVA
对于法治与德治这两种社会治理方式,您更倾向于	8.0 (5.0, 10.0)	7.0 (5.0, 10.0)	8.0 (5.0, 10.0)	0.18	0.76	0.064	0.17	Kruskal-Wallis
	6.6 [±3.3]	6.7 [±3.0]	7.0 [±2.8]	0.041	0.67	0.038	0.016	ANOVA

(5) 公民年龄越大越认同法治,95 后与 00 后比其他群体更能接受德治。

不同年龄的中国公民对人治与法治的选择倾向存在显著差异,秩和检验 p 值小于 0.001，显著低于 0.05。秩和检验和方差分析数据都显示，公民评价均值随着年龄增长而增长，表明年龄越大越认同法治治理方式。公民对德治与法治的选择倾向与年龄具有相关关系，秩和检验 p 值为 0.014，小于 0.05。80 后公民回答落在中位数 8 上，90 后和 95 后与 00 后均落在中位数 7 上，而 90 后选择落在 5 和 10 之间，95 后与 00 后的选择落在 5 和 9 之间，可以大致推断，95 后和 00 后比其他年龄段更能接受德治。

表 2—200　　不同年龄公民对社会治理的选择倾向差异

	95 后与 00 后	90 后	80 后	70 后及以上	p-value	p12	p23	p13	Test
对于人治与法治这两种社会治理方式，您更倾向于	8.0(6.0, 10.0)	8.0(6.0, 10.0)	9.0(6.0, 10.0)	10.0(7.0, 10.0)	<0.001	0.19	0.072	0.002	Kruskal-Wallis
	7.8 [±2.3]	7.9 [±2.3]	8.1 [±2.3]	8.1 [±2.5]	0.027	0.27	0.22	0.021	ANOVA
对于德治与法治这两种社会治理方式，您更倾向于	7.0(5.0, 9.0)	7.0(5.0, 10.0)	8.0(5.0, 10.0)	8.0(5.0, 10.0)	0.014	0.076	0.37	0.009	Kruskal-Wallis
	6.5 [±2.9]	6.8 [±2.9]	6.8 [±3.1]	6.8 [±3.4]	0.21	0.094	0.73	0.043	ANOVA

（6）无宗教信仰的公民更偏好法治，有宗教信仰公民更倾向人治和德治。

有无宗教信仰的中国公民对人治与法治、法治与德治选择倾向存在显著差异，秩和检验 p 值前者小于 0.001，后者为 0.002，均小于 0.05。无论是法治与人治选择中，还是法治与德治选择中，无宗教信仰公民回答中位数均大于有宗教信仰公民，说明无宗教信仰公民更倾向于选择法治治理方式，有宗教信仰公民更倾向于人治和德治治理方式。

表 2—201　　有无宗教信仰公民对社会治理的选择倾向差异

	无宗教信仰	有宗教信仰	p-value	Test
对于人治与法治这两种社会治理方式，您更倾向于	9.0 (7.0, 10.0)	8.0 (5.0, 10.0)	<0.001	Wilcoxon rank-sum
	8.0 [±2.4]	7.5 [±2.5]	<0.001	Two sample t test

续表

	无宗教信仰	有宗教信仰	p - value	Test
对于法治与德治这两种社会治理方式，您更倾向于	8.0（5.0，10.0）	6.0（4.0，10.0）	0.002	Wilcoxon rank - sum
	6.8［±3.1］	6.2［±3.2］	<0.001	Two sample t test

（7）公民对治理方式的偏好与居住地关联性不大。

不同居住地的中国公民对社会治理方式的选择倾向没有显著差异，秩和检验 p 值分别为 0.44 和 0.90，均大于 0.05。但数据直观体现，在人治与法治选择中，中位数一定的情况下，小城镇和农村受访者选择落在 6 和 10 之间，城市居民选择落在 7 和 10 之间，后者高于前者；在德治与法治选择中，城市居民的中位数 8，明显高于小城镇和农村居民中位数 7。基本可以推断城市居民更偏好法治。

表 2—202　　不同居住地公民对社会治理的选择倾向差异

	小城镇和农村	城市	p - value	Test
对于人治与法治这两种社会治理方式，您更倾向于	9.0（6.0，10.0）	9.0（7.0，10.0）	0.44	Wilcoxon rank - sum
	7.9［±2.4］	8.0［±2.3］	0.27	Two sample t test
对于法治与德治这两种社会治理方式，您更倾向于	7.0（5.0，10.0）	8.0（5.0，10.0）	0.90	Wilcoxon rank - sum
	6.7［±3.1］	6.8［±3.1］	0.90	Two sample t test

4. 绝大多数公民既认同"法律至上"的本质特征，也认同法治不同国家有各自特色

对于法治而言，统治者用法律来治理国家是一种外在的形式特征，是法治必要但非充要条件，也可以说是法治之为法治的底线；任何组织、个人都不能凌驾于法律之上也即"法律至上"是现代法治最本质的特征；不同国家法治的特色不同是法治实践的必然结果。调查显示，在公民对法治重要特征的认同程度中，81.23% 的受访公民认同"统治者用法律来治理国家"，91.08% 的受访公民认同"任何组织、个人都不能凌驾于法律之上"的法治特征,88.84%的人认同"不同国家法治的特色不同"的说法。其中,"任何组织、个人都不能凌驾于法律之上"一项的"非常认同"率达到46.17%,高于其他两项20个百分点左右,十分显著,表明绝多数公民把握到了法治的本质特征。

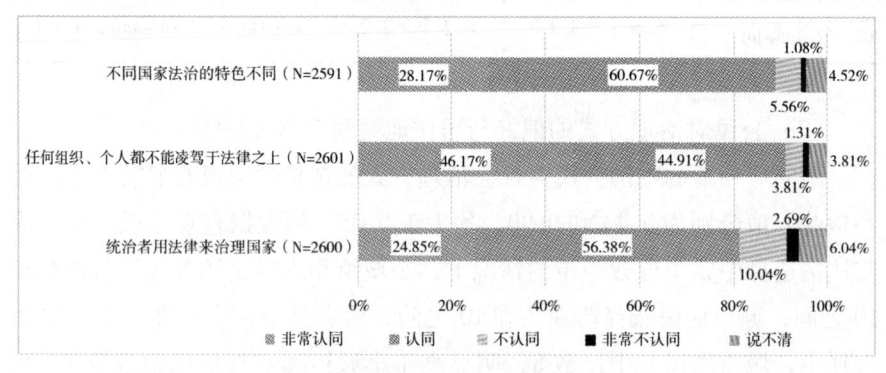

图2—47　对法治重要特征的认同程度

(1) 群众对法治"法律至上"的认知相对稍弱。

不同政治面貌的中国公民对"统治者用法律来治理国家"的评价存在显著差异,秩和检验 p 值为 0.042,小于 0.05。表明三者对此看法存在显著差异,但直观数据未能体现。不同政治面貌的中国公民对"任何组织、个人不能凌驾于法律之上"的评价存在非常显著的差异,秩和检验 p 值小于 0.001,显著低于 0.05。p12 值大于 0.05 而 p23、p13 值小于 0.05,表明党员和团员没有明显差异,而与群众有明显差异。三者回答区间一致,党员和团员中位数落在 5 即非常认同上,群众落在 4 即认同上,说明群众对此观点的认同度最低,对法治本质的把握相对较弱。对"不同国家法治特色不同"的判断与政治面貌强相关,秩和检验 p 值小于 0.001,显著低于 0.05;但数据未能直观体现差异。

表2—203　不同政治面貌公民对法治重要特征的认同差异

	共产党员	共青团员	群众	p-value	p12	p23	p13	Test
统治者用法律来治理国家	4.0 (4.0, 5.0)	4.0 (4.0, 4.0)	4.0 (4.0, 5.0)	0.042	0.010	0.11	0.24	Kruskal-Wallis
任何组织、个人都不能凌驾于法律之上	5.0 (4.0, 5.0)	5.0 (4.0, 5.0)	4.0 (4.0, 5.0)	<0.001	0.88	<0.001	<0.001	Kruskal-Wallis

续表

	共产党员	共青团员	群众	p-value	p12	p23	p13	Test
不同国家法治的特色不同	4.0 (4.0, 5.0)	4.0 (4.0, 5.0)	4.0 (4.0, 5.0)	<0.001	0.32	0.004	<0.001	Kruskal-Wallis

（2）机关、党群组织、企事业单位工作人员和学生对现代法治本质理解最到位，同时，商业、服务业人员和学生对法治的外在形式认同度最低。

不同职业的中国公民对"统治者用法律来治理国家"的评价存在显著差异，秩和检验 p 值小于 0.001，显著低于 0.05。中位数一致，商业、服务业人员和学生落在区间 4 即认同上，其他三类职业均落在 4 和 5 即认同和非常认同之间，说明商业、服务业人员和学生对此观点的认同度较低。对"任何组织、个人不能凌驾于法律之上"的评价与职业强相关，秩和检验 p 值小于 0.001，显著低于 0.05。在回答区间一致的情况下，机关、党群组织、企事业单位工作人员和学生中位数落在 5 即非常认同上，其他职业回答落在 4 即认同上，表明机关、党群组织、企事业单位工作人员和学生对此观点认同度较高。不同政治面貌的中国公民对"不同国家法治特色不同"的判断存在显著差异，秩和检验 p 值为 0.001，小于 0.05；但数据未能直接体现差异。

表 2—204　　不同职业公民对法治重要特征的认同差异

	机关、党群组织、企事业单位工作人员	专业技术人员（含教师）	商业、服务业人员	产业工人和农民	学生	p-value	p12	p23	p13	Test
统治者用法律来治理国家	4.0 (4.0, 5.0)	4.0 (4.0, 5.0)	4.0 (4.0, 4.0)	4.0 (4.0, 5.0)	4.0 (4.0, 4.0)	<0.001	0.28	0.12	<0.001	Kruskal-Wallis
任何组织、个人都不能凌驾于法律之上	5.0 (4.0, 5.0)	4.0 (4.0, 5.0)	4.0 (4.0, 5.0)	4.0 (4.0, 5.0)	5.0 (4.0, 5.0)	<0.001	0.008	0.69	<0.001	Kruskal-Wallis

续表

	机关、党群组织、企业事业单位工作人员	专业技术人员（含教师）	商业、服务业人员	产业工人和农民	学生	p-value	p12	p23	p13	Test
不同国家法治的特色不同	4.0 (4.0, 5.0)	4.0 (4.0, 5.0)	4.0 (4.0, 4.0)	4.0 (4.0, 5.0)	4.0 (4.0, 5.0)	0.001	0.12	0.67	0.011	Kruskal-Wallis

（3）公民受教育程度越高对现代法治的本质越认同，也越理性地认同不同国家法治具有不同特色。

不同受教育程度的中国公民对"统治者用法律来治理国家"的评价没有显著差异，秩和检验 p 值为 0.61，大于 0.05。对"任何组织、个人不能凌驾于法律之上"的评价存在显著差异，秩和检验 p 值小于 0.001，显著低于 0.05。回答区间一致，没上过大学公民落在中位数 4 即认同上，上过大学公民落在 5 即非常认同上，说明文化程度高的公民对法治的本质有更好的把握。对"不同国家法治特色不同"的判断与文化程度强相关，秩和检验 p 值小于 0.001，显著低于 0.05。中位数一致（4），而没上过大学的受访者落在 4 和 4 之间，上过大学的受访者落在 4 和 5 之间。可以推断，上过大学的公民比没上过大学的公民更倾向于接受不同国家法治的特色是不同的。

表 2—205　　不同受教育程度公民对法治重要特征的认同差异

	没上过大学	上过大学	p-value	Test
统治者用法律来治理国家	4.0 (4.0, 5.0)	4.0 (4.0, 4.0)	0.61	Wilcoxon rank-sum
任何组织、个人都不能凌驾于法律之上	4.0 (4.0, 5.0)	5.0 (4.0, 5.0)	<0.001	Wilcoxon rank-sum
不同国家法治的特色不同	4.0 (4.0, 4.0)	4.0 (4.0, 5.0)	<0.001	Wilcoxon rank-sum

(4) 高收入群体倾向于现代法治，强调法律至上。

不同收入水平的中国公民对"统治者用法律来治理国家"的评价存在显著差异，秩和检验 p 值为 0.042，小于 0.05。中位数一致，家庭年收入低于 5 万和高于 10 万中位数均落在 4 和 5 之间，5 万—10 万落在 4 上，说明中等收入者对此观点的认同度相对低一些。对"任何组织、个人不能凌驾于法律之上"的评价与收入水平强相关，秩和检验 p 值小于 0.001，显著低于 0.05。回答区间一致，10 万以上收入落在中位数 5 上，10 万以下落在 4 上，表明高收入群体倾向于现代法治。对"不同国家法治特色不同"的判断也存在显著差异，秩和检验 p 值为 0.033，小于 0.05，但三类群体中位数和区间一致，无法判断差异。

表 2—206　　不同收入水平公民对法治重要特征的认同差异

	5 万及以下	5 万—10 万元	10 万元以上	p-value	p12	p23	p13	Test
统治者用法律来治理国家	4.0 (4.0, 5.0)	4.0 (4.0, 4.0)	4.0 (4.0, 5.0)	0.042	0.44	0.066	0.015	Kruskal-Wallis
任何组织、个人都不能凌驾于法律之上	4.0 (4.0, 5.0)	4.0 (4.0, 5.0)	5.0 (4.0, 5.0)	<0.001	0.038	0.010	<0.001	Kruskal-Wallis
不同国家法治的特色不同	4.0 (4.0, 5.0)	4.0 (4.0, 5.0)	4.0 (4.0, 5.0)	0.033	0.91	0.023	0.019	Kruskal-Wallis

(5) 80 后及以上公民比年青一代更看重法治的形式条件。

不同年龄的中国公民对"统治者用法律来治理国家"的评价存在显著差异，秩和检验 p 值为 0.004，小于 0.05。中位数一致，80 后和 70 后及以上落在区间 4 和 5 之间，90 后、95 后与 00 后落在 4 和 4 上，表明 80 后及以上比 90 后及以下的公民更重视法治的形式。对"任何组织、个人不能凌驾于法律之上"的评价存在显著差异，秩和检验 p 值为 0.020，小于 0.05；对"不同国家法治特色不同"的判断差异也非常显著，秩和检验 p 值为 0.006，小于 0.05。但这两项中各类群体中位数和区间一致，无法判断具体差异。

表 2—207　不同年龄公民对法治重要特征的认同差异

	95后与00后	90后	80后	70后及以上	p-value	p12	p23	p13	Test
统治者用法律来治理国家	4.0 (4.0, 4.0)	4.0 (4.0, 4.0)	4.0 (4.0, 5.0)	4.0 (4.0, 5.0)	0.004	0.58	0.059	0.016	Kruskal-Wallis
任何组织、个人都不能凌驾于法律之上	4.0 (4.0, 5.0)	4.0 (4.0, 5.0)	4.0 (4.0, 5.0)	4.0 (4.0, 5.0)	0.020	0.91	0.10	0.086	Kruskal-Wallis
不同国家法治的特色不同	4.0 (4.0, 5.0)	4.0 (4.0, 5.0)	4.0 (4.0, 5.0)	4.0 (4.0, 5.0)	0.006	1.00	0.79	0.80	Kruskal-Wallis

（6）公民居住地对把握法治特点有影响，但在宏观统计上看不出明显差异。

不同居住地的中国公民对"统治者用法律来治理国家"的评价没有显著差异，秩和检验 p 值为 0.99，大于 0.05。对"任何组织、个人不能凌驾于法律之上"的评价存在显著差异，秩和检验 p 值为 0.004，小于 0.05。对"不同国家法治特色不同"的判断存在显著差异，秩和检验 p 值为 0.001，小于 0.05。但两类群体中位数和区间一致，无法判断具体差异。

表 2—208　不同居住地公民对法治重要特征的认同差异

	小城镇和农村	城市	p-value	Test
统治者用法律来治理国家	4.0 (4.0, 4.0)	4.0 (4.0, 4.0)	0.99	Wilcoxon rank-sum
任何组织、个人都不能凌驾于法律之上	4.0 (4.0, 5.0)	4.0 (4.0, 5.0)	0.004	Wilcoxon rank-sum

续表

	小城镇和农村	城市	p - value	Test
不同国家法治的特色不同	4.0 (4.0, 5.0)	4.0 (4.0, 5.0)	0.001	Wilcoxon rank - sum

(7) 公民是否信仰宗教与其对法治特点的理解没有直接关联。

有无宗教信仰的中国公民对"统治者用法律来治理国家""任何组织、个人不能凌驾于法律之上"和"不同国家法治特色不同"的评价没有显著差异，秩和检验 p 值分别为 0.21、0.30 和 0.10，均大于 0.05。

表2—209　　有无宗教信仰公民对法治重要特征的认同差异

	无宗教信仰	有宗教信仰	p - value	Test
统治者用法律来治理国家	4.0 (4.0, 4.0)	4.0 (4.0, 5.0)	0.21	Wilcoxon rank - sum
任何组织、个人都不能凌驾于法律之上	4.0 (4.0, 5.0)	4.0 (4.0, 5.0)	0.30	Wilcoxon rank - sum
不同国家法治的特色不同	4.0 (4.0, 5.0)	4.0 (4.0, 4.0)	0.10	Wilcoxon rank - sum

二　公民对当前中国法治状况的评价

1. 大多数公民认同我国是一个法治国家，但同时认为法律不能解决所有问题

在对我国法治化现状的判断中，绝大多数公民认为我国是一个法治国家，但同时也意识到法律并不能解决所有问题。调查数据表明，84.17%的受访者表示认同或非常认同我国是一个法治化国家，81.03%的受访公民赞同法律不可能解决所有问题的说法，这说明我国公民对法治化社会和法律的作用具有较为理智和准确的认识与把握。

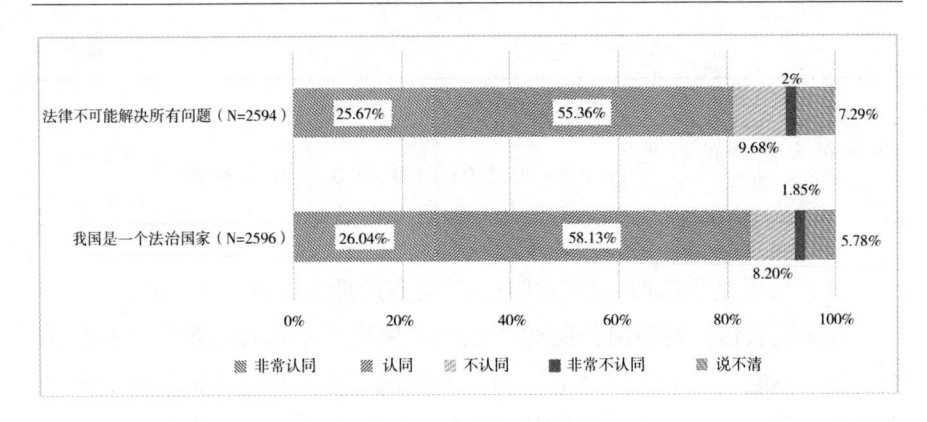

图 2—48 对我国法治现状的看法

2. 大多数公民认同中国法治化水平提高了，未来也将更加法治化，多数公民也认同中国比别国更加法治

不论是与过去相比，还是关于未来的展望，绝大多数中国公民认为中国法治化水平较高，是一个法治国家。调查数据显示，85.92%的受访者表示认同或非常认同当今中国比以前更加法治了。80.21%受访者认同或非常认同未来中国将会更加法治。在与其他国家对比中，65.68%的受访者认为中国更加法治，但也有24.01%即近四分之一的受访者明确表示不认同或非常不认同；其中选择"不认同"的比率（21.93%）是其他两项"不认同"比率的3倍多。但总体而言，我国公民普遍认为中国是一个法治国家。

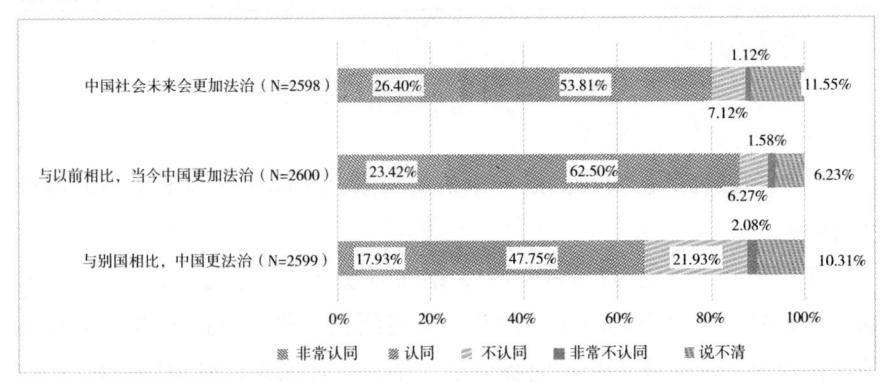

图 2—49 中国社会法治化水平的评价

（1）党员、群众对中国法治状况的评价比团员更积极。

不同政治面貌的中国公民对"与别国相比，中国更法治"的评价存在显著差异，秩和检验 p 值小于 0.001，显著低于 0.05。p12、p23 小于 0.05 而 p13 大于 0.05，说明党员、群众差异不大，而与团员差异显著。中位数一致的情况下，党员和群众落在 3 和 4 之间，团员落在 2 和 4 之间，说明团员对中国比其他国家更法治的认同度相对最低。对"与以前相比，当今中国更加法治"的评价，秩和检验 p 值为 0.035，小于 0.05。中位数一致，党员回答落在 4 和 5 之间，团员和群众落在 4 和 4 上，说明党员比其他群体更认同这一观点，反映出党员对中国法治建设的肯定。对"中国社会未来会更加法治"的评价存在显著差异，秩和检验 p 值小于 0.001，显著低于 0.05。中位数一致，党员和群众落在 4 和 5 之间，团员落在 4 上，说明党员和群众对中国未来法治情况更为乐观积极。

表 2—210　不同政治面貌公民对中国社会法治化水平评价的差异

	共产党员	共青团员	群众	p-value	p12	p23	p13	Test
与别国相比，中国更法治	4.0(3.0, 4.0)	4.0(2.0, 4.0)	4.0(3.0, 4.0)	<0.001	<0.001	<0.001	0.34	Kruskal-Wallis
与以前相比，当今中国更加法治	4.0(4.0, 5.0)	4.0(4.0, 4.0)	4.0(4.0, 4.0)	0.035	0.14	0.32	0.011	Kruskal-Wallis
中国社会未来会更加法治	4.0(4.0, 5.0)	4.0(4.0, 4.0)	4.0(4.0, 5.0)	<0.001	0.025	0.17	<0.001	Kruskal-Wallis

（2）机关、党群组织、企事业单位工作人员对中国法治状况评价最为积极。

不同职业的中国公民对"与别国相比，中国更法治"的评价存在显著差异，秩和检验 p 值小于 0.001，显著低于 0.05。中位数一致的情况下，专业技术人员和学生落在 2 和 4 之间，其他职业群体均落在 3 和 4 之间，说明专业技术人员和学生对中国比其他国家更法治的认同度最低。对"与以前相比，当今中国更加法治"的评价存在显著差异，秩和检验 p 值为 0.001，小于 0.05。中位数一致，机关、党群组织、企事业单位工作人员回答落在 4 和 5 之间，其他职业群体均落在 4 和 4 上，产业工人和农民落在 3 和 4 之间，说明机关、党群组织、企事业单位工作人员对中国法治建设持肯定态度。对"中国社会未来会更加法治"的评价存在显著差异，秩和检验 p 值小于 0.001，显著低于 0.05。中位数一致，机关、党群组织、企事业单位工作人员回答落在 4 和 5 之间，商业、服务业人员、产业工人和农民均落在 3 和 4 之间，其他两类落在 4 上，说明机关、党群组织、企事业单位工作人员最为乐观积极。

表2—211　不同职业公民对中国社会法治化水平评价的差异

	机关、党群组织、企业事业单位工作人员	专业技术人员（含教师）	商业、服务业人员	产业工人和农民	学生	p-value	p12	p23	p13	Test
与别国相比，中国更法治	4.0 (3.0, 4.0)	4.0 (2.0, 4.0)	4.0 (3.0, 4.0)	4.0 (3.0, 4.0)	4.0 (2.0, 4.0)	<0.001	0.020	0.55	0.034	Kruskal–Wallis
与以前相比，当今中国更加法治	4.0 (4.0, 5.0)	4.0 (4.0, 4.0)	4.0 (4.0, 4.0)	4.0 (4.0, 4.0)	4.0 (4.0, 4.0)	0.001	0.42	0.10	0.002	Kruskal–Wallis
中国社会未来会更加法治	4.0 (4.0, 5.0)	4.0 (4.0, 4.0)	4.0 (3.0, 4.0)	4.0 (3.0, 4.0)	4.0 (4.0, 4.0)	<0.001	0.19	0.12	<0.001	Kruskal–Wallis

（3）公民受教育程度越低越认同中国比别国更法治化。

不同受教育程度的中国公民对"与别国相比，中国更法治"的评价存在显著差异，秩和检验 p 值小于 0.001，显著低于 0.05。在回答中位数一致的情况下，没上过大学公民的回答落在 3 和 4 即说不清和认同之间，上过大学公民回答落在 2 和 4 即不认同和认同之间，可以判断出，文化程度越低的公民更认可中国比其他国家更法治。不同受教育程度的中国公民对"与以前相比，当今中国更加法治"和"中国社会未来会更加法治"的评价没有显著差异，秩和检验 p 值分别为 0.57 和 0.31，均大于 0.05。

表 2—212　不同受教育程度公民对中国社会法治化水平评价的差异

	没上过大学	上过大学	p-value	Test
与别国相比，中国更法治	4.0 (3.0, 4.0)	4.0 (2.0, 4.0)	<0.001	Wilcoxon rank-sum
与以前相比，当今中国更加法治	4.0 (4.0, 4.0)	4.0 (4.0, 4.0)	0.57	Wilcoxon rank-sum
中国社会未来会更加法治	4.0 (4.0, 5.0)	4.0 (4.0, 5.0)	0.31	Wilcoxon rank-sum

（4）公民收入越低越认同中国比别国更法治化。

不同收入水平的中国公民对"与别国相比，中国更法治"的评价存在显著差异，秩和检验 p 值小于 0.001，显著低于 0.05。在回答中位数一致的情况下，收入低于 5 万的公民的回答落在 3 和 4 即说不清和认同之间，高于 5 万的公民回答落在 2 和 4 即不认同和认同之间，可以判断出，低收入公民更认可中国比其他国家更法治。不同收入水平的中国公民对"与以前相比，当今中国更加法治"和"中国社会未来会更加法治"的评价没有显著差异，秩和检验 p 值分别为 0.99 和 0.37，均大于 0.05。

表 2—213　不同收入水平公民对中国社会法治化水平评价的差异

	5万及以下	5万—10万元	10万元以上	p-value	p12	p23	p13	Test
与别国相比，中国更法治	4.0 (3.0, 4.0)	4.0 (2.0, 4.0)	4.0 (2.0, 4.0)	<0.001	<0.001	0.21	<0.001	Kruskal-Wallis
与以前相比，当今中国更加法治	4.0 (4.0, 5.0)	4.0 (4.0, 4.0)	4.0 (4.0, 4.0)	0.99	0.90	0.91	0.99	Kruskal-Wallis
中国社会未来会更加法治	4.0 (4.0, 5.0)	4.0 (4.0, 4.0)	4.0 (4.0, 4.0)	0.37	0.31	0.16	0.74	Kruskal-Wallis

（5）以 90 后为界，年龄越大越认可中国比其他国家更法治。

不同年龄的中国公民对"与别国相比，中国更法治"的评价存在显著差异，秩和检验 p 值小于 0.001，显著低于 0.05。p12 大于 0.05 而

p23、p13 小于 0.05，即 90 后和 00 后之间差异不大，90 后与 80 后之间差异显著。所有回答中位数一致，95 后与 00 后、90 后公民的回答落在 2 和 4 即不认同和认同之间，80 后和 70 后及以上公民回答落在 3 和 4 即说不清和认同之间，可见，年龄大的公民更认可中国比其他国家更法治。不同年龄的中国公民对"与以前相比，当今中国更加法治"和"中国社会未来会更加法治"的评价没有显著差异，秩和检验 p 值分别为 0.059 和 0.82，均大于 0.05。

表 2—214　不同年龄公民对中国社会法治化水平评价的差异

	95 后与 00 后	90 后	80 后	70 后及以上	p-value	p12	p23	p13	Test
与别国相比，中国更法治	4.0 (2.0, 4.0)	4.0 (2.0, 4.0)	4.0 (3.0, 4.0)	4.0 (3.0, 4.0)	<0.001	0.74	<0.001	<0.001	Kruskal-Wallis
与以前相比，当今中国更加法治	4.0 (4.0, 4.0)	4.0 (4.0, 4.0)	4.0 (4.0, 5.0)	4.0 (4.0, 4.0)	0.059	0.026	0.20	0.35	Kruskal-Wallis
中国社会未来会更加法治	4.0 (4.0, 5.0)	4.0 (4.0, 4.0)	4.0 (4.0, 5.0)	4.0 (4.0, 5.0)	0.82	0.36	0.73	0.57	Kruskal-Wallis

（6）城市居民比小城镇和农村居民更认同中国比以前更加法治化。

不同居住地的中国公民对"与别国相比，中国更法治"和"中国社会未来会更加法治"的评价没有显著差异，秩和检验 p 值分别为 0.40 和 0.80，均大于 0.05。不同居住地的中国公民对"与以前相比，当今中国更加法治"的评价存在显著差异，秩和检验 p 值为 0.007，小于 0.05。所有回答中位数一致，小城镇和农村居民的回答落在 4 和 4 即认同上，城市居民落在 4 和 5 即认同和非常认同之间，说明城市居民更倾向于认可当今中国法治化水平提高了。

表2—215　不同居住地公民对中国社会法治化水平评价的差异

	小城镇和农村	城市	p-value	Test
与别国相比，中国更法治	4.0 (3.0, 4.0)	4.0 (2.0, 4.0)	0.40	Wilcoxon rank-sum
与以前相比，当今中国更加法治	4.0 (4.0, 4.0)	4.0 (4.0, 5.0)	0.007	Wilcoxon rank-sum
中国社会未来会更加法治	4.0 (4.0, 5.0)	4.0 (4.0, 5.0)	0.80	Wilcoxon rank-sum

（7）公民对中国是否比以前更法治的判断与宗教信仰相关，但从宏观统计上无法呈现其具体差异。

有无宗教信仰的中国公民对"与别国相比，中国更法治"和"中国社会未来会更加法治"的评价没有显著差异，秩和检验 p 值分别为 0.75 和 0.68，均大于 0.05。对"与以前相比，当今中国更加法治"的评价存在显著差异，秩和检验 p 值为 0.022，小于 0.05。所有回答中位数和区间一致，无法判断具体差异。

表2—216　有无宗教信仰公民对中国社会法治化水平评价的差异

	无宗教信仰	有宗教信仰	p-value	Test
与别国相比，中国更法治	4.0 (3.0, 4.0)	4.0 (2.0, 4.0)	0.75	Wilcoxon rank-sum
与以前相比，当今中国更加法治	4.0 (4.0, 4.0)	4.0 (4.0, 4.0)	0.022	Wilcoxon rank-sum
中国社会未来会更加法治	4.0 (4.0, 5.0)	4.0 (4.0, 4.0)	0.068	Wilcoxon rank-sum

3. 公民认为我国目前法治建设做得最好的是立法，最差的是守法

在立法、执行、司法、守法等环节，公民认为目前中国做得最好的是科学立法，选择率为 32.56% 即近三分之一公民认可。其次是严格执法（24.02%）。在法治工作做得最不够的选项中，超三分之一（33.95%）公民选择全民守法，其次是公正司法（27.8%）。可见，近年来，我们在科学立法、严格执法方面获得了很大成效，得到人们的广泛认可；公民自身素质得到极大提升，认识到全民守法而不是法律不健全、执行不严格成为一个大问题。当然，四分之一多的公民不满意司法公正的现象也值得警惕。

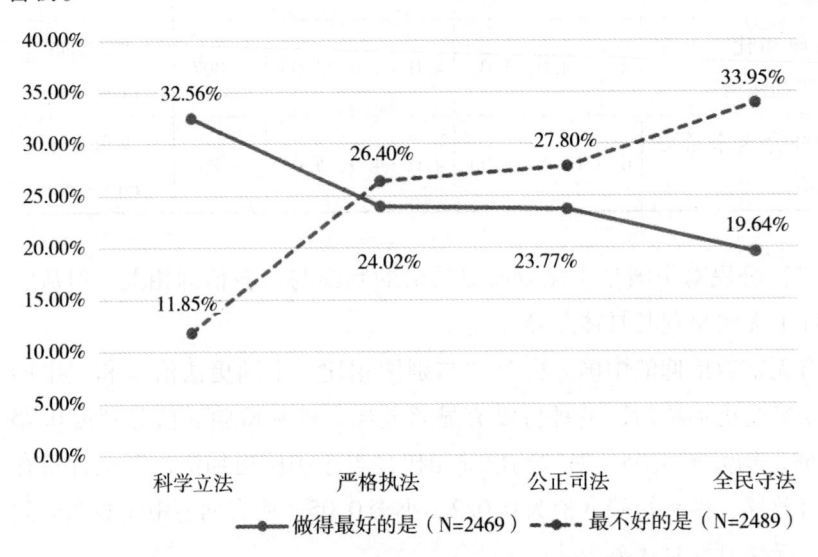

图 2—50　目前中国在建设法治社会方面做得最好和最不好的方面

（1）团员最认可科学立法、严格执法做得最好。

不同政治面貌的中国公民对我国法治社会建设做的最好环节的判断存在显著差异，卡方检验 p 值为 0.003，小于 0.05。p12 大于 0.05 而 p23、p13 小于 0.05，可见党员与团员区别不大，而与群众有显著差异。从比率来看，团员最认可科学立法和严格执法。群众最认同公正司法和全民守法是做得最好的环节。不同政治面貌的中国公民对我国法治社会建设做得最不够的环节的判断没有显著差异，卡方检验 p 值为 0.63，大于 0.05。

表 2—217　不同政治面貌公民对我国法治社会建设的判断差异

		共产党员	共青团员	群众	p-value	p12	p23	p13	Test
目前中国做得最好的是	科学立法	35.4(230)	35.7(238)	28.4(310)	0.003	0.49	0.002	0.012	Pearson's chi-squared
	严格执法	22.5(146)	25.6(171)	24.4(266)					
	公正司法	24.0(156)	21.4(143)	24.7(270)					
	全民守法	18.0(117)	17.2(115)	22.5(245)					

续表

		共产党员	共青团员	群众	p-value	p12	p23	p13	Test
目前中国做得最不好的是	科学立法	10.6(69)	11.4(77)	12.8(141)	0.63	0.94	0.43	0.42	Pearson's chi-squared
	严格执法	26.6(173)	27.0(182)	25.7(283)					
	公正司法	27.5(179)	26.3(177)	28.9(319)					
	全民守法	35.2(229)	35.2(237)	32.6(360)					

（2）学生更认同科学立法、严格执法做得最好。

不同职业的中国公民对当前我国法治建设"做得最好"的判断存在显著差异，卡方检验 p 值分小于 0.001，显著低于 0.05。学生比其他职业公民群体更认同科学立法和严格执法，比例最高（36.4%和25.7%）。机关、党群组织、企事业单位工作人员最认可公正司法，专业技术人员（含教师）最认同全民守法。不同职业的中国公民对我国法治社会建设"做得最不够"的环节的判断没有显著差异，卡方检验 p 值为 0.20，大于 0.05。

表 2—218 不同职业公民对我国法治社会建设的判断差异

		机关、党群组织、企事业单位工作人员	专业技术人员（含教师）	商业、服务业人员	产业工人和农民	学生	p-value	p12	p23	p13	Test
目前中国做得最好的是	科学立法	35.0(200)	31.1(65)	29.9(112)	33.8(47)	36.4(238)	<0.001	0.014	0.71	0.051	Pearson's chi-squared
	严格执法	20.6(118)	19.6(41)	21.3(80)	20.1(28)	25.7(168)					
	公正司法	26.6(152)	21.1(44)	24.0(90)	25.2(35)	23.5(154)					
	全民守法	17.8(102)	28.2(59)	24.8(93)	20.9(29)	14.4(94)					

续表

		机关、党群组织、企业事业单位工作人员	专业技术人员(含教师)	商业、服务业人员	产业工人和农民	学生	p-value	p12	p23	p13	Test
目前中国做得最不好的是	科学立法	11.2 (63)	11.7 (24)	14.7 (56)	12.5 (17)	10.6 (71)	0.20	0.27	0.15	0.35	Pearson's chi-squared
	严格执法	25.1 (142)	26.7 (55)	26.2 (100)	19.9 (27)	28.7 (192)					
	公正司法	27.8 (157)	33.0 (68)	24.9 (95)	31.6 (43)	25.1 (168)					
	全民守法	35.9 (203)	28.6 (59)	34.1 (130)	36.0 (49)	35.7 (239)					

(3) 公民受教育程度越高越认为科学立法做得最好，受教育程度越低越认为全民守法做得最不好。

不同受教育程度的中国公民对当前我国法治建设"做得最好"的判断存在显著差异，卡方检验p值为0.002，小于0.05。文化程度高更认同科学立法，文化程度低的更认可严格执法、公正司法和全民守法。不同文化程度的中国公民对我国法治社会建设"做得最不够"的环节的判断存在显著差异，卡方检验p值小于0.001，显著低于0.05。文化程度高的公民认为执法做得不够，文化程度低的更认同立法、司法和守法层面做得不够。

表2—219 不同受教育程度公民对我国法治社会建设的判断差异

		没上过大学	上过大学	p-value	Test
目前中国做得最好的是	科学立法	27.5 (210)	35.1 (585)	0.002	Pearson's chi-squared
	严格执法	25.4 (194)	23.4 (391)		
	公正司法	26.5 (202)	22.3 (372)		
	全民守法	20.6 (157)	19.2 (320)		

		没上过大学	上过大学	p - value	Test
目前中国做得最不好的是	科学立法	13.3（100）	11.2（191）	<0.001	Pearson's chi - squared
	严格执法	21.0（158）	28.8（490）		
	公正司法	28.8（217）	27.4（465）		
	全民守法	37.0（279）	32.5（553）		

（4）公民收入越高越认同科学立法做得最好。

不同收入水平的中国公民对当前我国法治建设"做得最好"的判断存在显著差异，卡方检验 p 值为 0.004，小于 0.05。收入越高的中国公民越认可立法做得最好，选择率与收入水平分别呈正相关和负相关，最大差 8.1 个百分点。不同收入水平的中国公民对我国法治社会建设"做得最不够"的环节的判断没有显著差异，卡方检验 p 值为 0.87，大于 0.05。

表 2—220　不同收入水平公民对我国法治社会建设的判断差异

		5万及以下	5万—10万元	10万元以上	p - value	p12	p23	p13	Test
目前中国做得最好的是	科学立法	29.3（272）	32.4（275）	37.4（243）	0.004	0.033	0.13	0.004	Pearson's chi - squared
	严格执法	26.9（250）	21.8（185）	22.5（146）					
	公正司法	25.2（234）	24.1（205）	21.1（137）					
	全民守法	18.5（172）	21.8（185）	19.1（124）					
目前中国做得最不好的是	科学立法	11.6（109）	11.5（98）	13.0（85）	0.87	1.00	0.57	0.61	Pearson's chi - squared
	严格执法	25.9（243）	25.8（221）	27.9（183）					
	公正司法	28.0（262）	28.3（242）	26.7（175）					
	全民守法	34.5（323）	34.4（294）	32.5（213）					

（5）公民对当前法治建设状况的判断与居住地相关性不大。

不同居住地的中国公民对当前我国法治建设"做得最好"和"做得最不够"的判断没有显著差异，卡方检验 p 值分别为 0.45 和 0.17，均小于 0.05。直观数据也看不出显著差异。

表 2—221　　　不同居住地公民对我国法治社会建设的判断差异

		小城镇和农村	城市	p-value	Test
目前中国做得最好的是	科学立法	32.5（288）	32.6（513）	0.45	Pearson's chi-squared
	严格执法	24.4（216）	23.9（376）		
	公正司法	25.0（222）	23.0（362）		
	全民守法	18.2（161）	20.5（323）		
目前中国做得最不好的是	科学立法	10.0（89）	13.0（206）	0.17	Pearson's chi-squared
	严格执法	27.3（243）	25.8（410）		
	公正司法	28.5（254）	27.4（436）		
	全民守法	34.2（305）	33.8（537）		

（6）公民年龄越小越认同科学立法做得最好。

不同年龄的中国公民对当前我国法治建设"做得最好"的判断，卡方检验 p 值为 0.036，小于 0.05。年龄越小的中国公民越认同科学立法做得最好，年龄越大越认同全民守法做得最好。90 后公民最认同严格执法方面做得最好，80 后最赞成公正司法做得最好。不同年龄的中国公民对我国法治社会建设"做得最不够"的环节的判断没有显著差异，卡方检验 p 值为 0.39，大于 0.05。

表 2—222　　　不同年龄公民对我国法治社会建设的判断差异

		95 后与 00 后	90 后	80 后	70 后及以上	p-value	p12	p23	p13	Test
目前中国做得最好的是	科学立法	34.9（195）	34.5（196）	31.0（206）	30.7（202）	0.036	0.48	0.046	0.029	Pearson's chi-squared
	严格执法	25.2（141）	26.2（149）	21.8（145）	22.9（151）					
	公正司法	24.3（136）	21.1（120）	25.5（169）	23.9（157）					
	全民守法	15.6（87）	18.1（103）	21.7（144）	22.5（148）					

续表

		95后与00后	90后	80后	70后及以上	p-value	p12	p23	p13	Test
目前中国做得最不好的是	科学立法	11.9 (67)	11.6 (67)	11.0 (75)	13.0 (84)	0.39	0.32	0.94	0.17	Pearson's chi-squared
	严格执法	26.2 (147)	27.9 (162)	27.0 (183)	24.7 (160)					
	公正司法	24.0 (135)	27.4 (159)	28.9 (196)	29.7 (192)					
	全民守法	37.9 (213)	33.1 (192)	33.1 (225)	32.6 (211)					

（7）公民对当前法治建设状况的评价与宗教信仰相关性不大。

有无宗教信仰的中国公民对当前我国法治建设"做得最好"和"做得最不够"的判断没有显著差异，卡方检验 p 值分别为 0.16 和 0.88，均大于 0.05。直观数据体现，无宗教信仰的公民对"科学立法"的认可率（33.5%）高于有宗教信仰公民的认可率（27.2%）。

表2—223　　有无宗教信仰公民对我国法治社会建设的判断差异

		无宗教信仰	有宗教信仰	p-value	Test
目前中国做得最好的是	科学立法	33.5 (680)	27.2 (67)	0.16	Pearson's chi-squared
	严格执法	24.2 (490)	23.6 (58)		
	公正司法	23.5 (476)	27.6 (68)		
	全民守法	18.8 (381)	21.5 (53)		
目前中国做得最不好的是	科学立法	12.2 (250)	11.0 (27)	0.88	Pearson's chi-squared
	严格执法	26.3 (538)	27.6 (68)		
	公正司法	27.2 (555)	28.5 (70)		
	全民守法	34.3 (700)	32.9 (81)		

三　公民现实境遇中的法治选择

1. 法律途径、上访、找关系是公民解决纠纷和矛盾的基本途径

在生活中，有时会遇到不公正待遇，面对这种情况公民的选择反映法治的状况。在对"当您或家人遇到法律纠纷而觉得自己委屈、冤枉时，您会采取何种措施"这一问题的调查中，近四成（39.36%）受访者表示通过法律途径来解决；三分之一（34.02%）的受访者表示会综合采取法律、上访、找关系的方法解决；有18.18%的受访者表示用上访方式解决。相反，直接选择放弃（听天由命）、私下报复的较少，都不到3%。直接选择托人找关系的也只有3.64%。这一方面反映了公民权利意识、法律意识也即法治意识的普遍增强；另一方面体现了对中国特有的信访制度的信赖及托人找关系的无奈。也就是说，我国的法治社会建设还有很长的路要走。

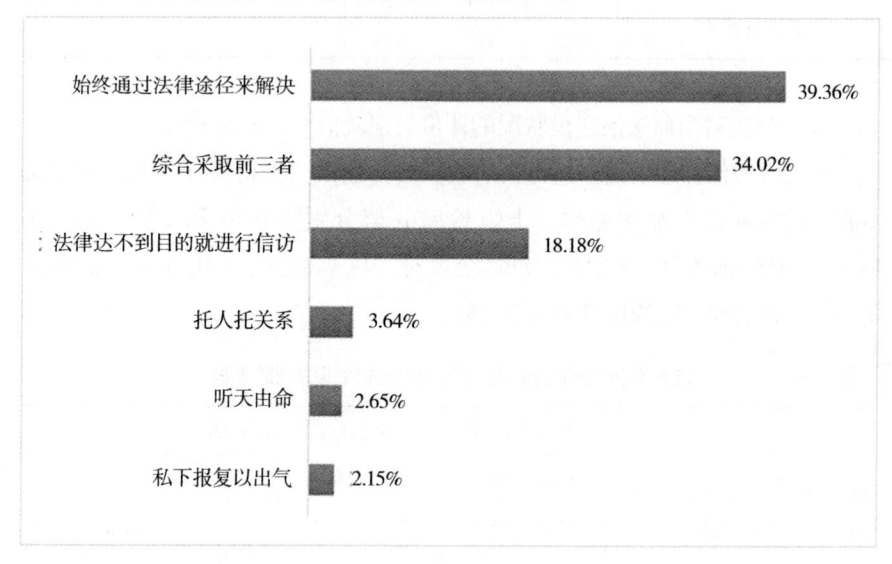

选项	比例
始终通过法律途径来解决	39.36%
综合采取前三者	34.02%
法律达不到目的就进行信访	18.18%
托人托关系	3.64%
听天由命	2.65%
私下报复以出气	2.15%

图2—51　当您或家人遇到法律纠纷而觉得自己委屈、冤枉时，您的解决方式（N=2607）

2. 公民现实境遇中法治选择的差异分析

（1）党员更相信法律和信访，团员最倾向于综合运用法律、信访、找关系，群众对找关系或听天由命的选取比率比其他群体高。

不同政治面貌的中国公民在遇到法律纠纷时的选择存在显著差异，卡方检验p值小于0.001，显著小于0.05。p12、p23、p13值均小于0.001，表明三者差异显著。数据可以看出，党员是各群体中最倾向于始终通过法律途径来解决（45%）和法律不能解决就进行信访（20.3%）的，选取率显著高于其他群体。在托人找关系、听天由命这两项选择中，群众选择比率最高。团员则有44%倾向于综合运用法律、信访和托人找关系，高于其他两群体10多个百分点，十分显著；而且团员是各群体中唯一选择综合运用三个方法比率超过始终通过法律途径的。表明，党员原则性更强，群众受传统影响最深，团员最具灵活性。

表2—224　　　　不同政治面貌公民遇到法律纠纷时的选择差异

	党员	团员	群众	p-value	p12	p23	p13	Test
始终通过法律途径来解决	45.0 (242)	33.6 (190)	41.2 (366)	<0.001	<0.001	<0.001	<0.001	Pearson's chi-squared
法律达不到目的就进行信访	20.3 (109)	14.3 (81)	17.0 (151)					
托人找关系	1.7 (9)	4.1 (23)	5.3 (47)					
综合采取前三者	30.7 (165)	44.0 (249)	31.3 (278)					
私下报复以出气	0.4 (2)	1.8 (10)	1.8 (16)					
听天由命	2.0 (11)	2.3 (13)	3.4 (30)					

(2) 产业工人和农民最倾向于始终通过法律途径、托人找关系、私下报复或听天由命；学生最不固守法律途径，最反对听天由命，而最倾向于综合法律、信访、找关系多种途径；专业技术人员（含教师）最不倾向于找关系和私下报复。

不同职业的中国公民在遇到法律纠纷时的选择存在显著差异，卡方检验p值小于0.001，显著小于0.05。在五大职业群体中，最倾向于始终通过法律途径解决的是产业工人和农民（46.1%）；法律达不到目的时最倾向于信访的是机关、党群组织、企业事业单位工作人员；最倾向于托人找关系的是产业工人和农民（11.3%），高出其他职业至少5个百分点；最倾向于综合运用法律、信访、托人找关系的是学生（50.3%），超过半数；最倾向于私下报复的是产业工人和农民；倾向于最听天由命的还是产业工人和农民。同时，我们也可以看出，学生是各群体中最不一根筋相信法律或信访途径，也最不听天由命的群体；专业技术人员（含教师）最不愿意托人找关系、进行私下报复。

表2—225　　　　不同职业公民遇到法律纠纷时的选择差异

	机关、党群组织、企业事业单位工作人员	专业技术人员（含教师）	商业、服务业人员	产业工人和农民	学生	p-value	p12	p23	p13	Test
始终通过法律途径来解决	44.7 (224)	38.2 (68)	40.6 (114)	46.1 (53)	32.1 (184)	<0.001	0.061	0.27	0.046	Pearson's chi-squared
法律达不到目的就进行信访	21.6 (108)	19.7 (35)	16.0 (45)	13.9 (16)	11.3 (65)					
托人找关系	3.4 (17)	2.2 (4)	6.4 (18)	11.3 (13)	3.5 (20)					
综合采取前三者	25.3 (127)	37.1 (66)	32.7 (92)	20.0 (23)	50.3 (289)					
私下报复以出气	2.2 (11)	0.6 (1)	1.4 (4)	4.3 (5)	1.2 (7)					
听天由命	2.8 (14)	2.2 (4)	2.8 (8)	4.3 (5)	1.6 (9)					

（3）受教育程度越高越倾向于综合运用法律、信访、找关系来解决法律纠纷。

不同文化程度的中国公民在遇到法律纠纷时的选择存在显著差异，卡方检验p值小于0.001，显著小于0.05。没上过大学的受访者在"始终通过法律途径""法律达不到目的就信访""托人找关系""私下报复""听天由命"等方面的选择率都显著高于上过大学的受访者。上过大学的受访者则在综合运用法律、信访、找关系这一选项的选择率（39.6%）显著高于没上过大学的受访者（22%），高出17.6个百分点。

表 2—226　　　　　不同文化程度公民遇到法律纠纷时的选择差异

	没上过大学	上过大学	p – value	Test
始终通过法律途径来解决	43.9（263）	38.4（545）	<0.001	Pearson's chi – squared
法律达不到目的就进行信访	21.4（128）	15.3（217）		
托人找关系	6.0（36）	3.2（46）		
综合采取前三者	22.0（132）	39.6（562）		
私下报复以出气	2.2（13）	1.4（20）		
听天由命	4.5（27）	2.0（28）		

（4）收入越低的群体越依赖法律这一最后屏障，收入越高的群体越有资源和能力综合运用多种手段解决问题。

不同收入水平的中国公民在遇到法律纠纷时的选择存在显著差异，卡方检验 p 值小于 0.001，显著小于 0.05。p12、p23、p13 均小于 0.001，显著小于 0.05，说明三个群体差异显著。总体来看，家庭年收入越低的公民越注重通过法律、信访途径解决问题，收入越高的公民越倾向于综合运用法律、信访、托人找关系。以家庭年收入 5 万及以下公民和 10 万以上两个群体为例，选择始终通过法律途径的前者（45.5%）比后者（30.5%）高 15 个百分点；选择综合运用三者的前者（25.3%）比后者（48%）低近 23 个百分点，都十分显著。这表明，越是弱势的群体越依赖于法律，法律是他们最后的屏障；越强势的群体拥有更多的社会关系资源。

表 2—227　　　　　不同收入水平公民遇到法律纠纷时的选择差异

	5 万及以下	5 万—10 万元	10 万元以上	p – value	p12	p23	p13	Test
始终通过法律途径来解决	45.5（367）	40.0（273）	30.5（159）					
法律达不到目的就进行信访	18.3（148）	17.9（122）	15.2（79）					

续表

	5万及以下	5万—10万元	10万元以上	p-value	p12	p23	p13	Test
托人找关系	4.8 (39)	3.2 (22)	4.0 (21)	<0.001	<0.001	<0.001	<0.001	Pearson's chi-squared
综合采取前三者	25.3 (204)	35.0 (239)	48.0 (250)					
私下报复以出气	1.9 (15)	1.5 (10)	1.5 (8)					
听天由命	4.2 (34)	2.3 (16)	0.8 (4)					

（5）城市公民更倾向于合法、理性的途径，小城镇和农村公民更倾向于非法、非理性途径或听天由命。

不同居住地的中国公民在遇到法律纠纷时的选择存在显著差异，卡方检验p值小于0.001，显著小于0.05。城市受访者只在"始终通过法律途径来解决"和"综合运用三者"两项选择率高于小城镇和农村的受访者，其他都是后者高于前者。表明城市公民处理问题更加守法和理性，小城镇和农村居民更倾向于信访、找关系、私下报复或听天由命。

表2—228　　不同居住地公民遇到法律纠纷时的选择差异

	小城镇和农村	城市	p-value	Test
始终通过法律途径来解决	36.0 (260)	41.9 (552)	<0.001	Pearson's chi-squared
法律达不到目的就进行信访	19.9 (144)	15.9 (209)		
托人找关系	5.8 (42)	3.1 (41)		
综合采取前三者	32.8 (237)	35.4 (466)		
私下报复以出气	1.8 (13)	1.5 (20)		
听天由命	3.6 (26)	2.1 (28)		

（6）年龄越大越相信传统的和法律的方式，年龄越小越突出自己的主观能动性和灵活性。

不同年龄的中国公民在遇到法律纠纷时的选择，卡方检验 p 值小于 0.001，显著小于 0.05。数据显示，"始终通过法律途径来解决""法律达不到目的就进行信访""托人找关系"三项选择率都是随着年龄的增长而增加，年青一代和年老一代处于两极；综合采取三种方式的选择率则随年龄的减小而增加，年青一代和年老一代也处于两极，差距达 28 个百分点；另外，70 后及以上的受访者有 5.7% 的人听天由命，是其他的年龄段受访者选择的 3 倍多。这表明，年龄越大越传统、保守，年龄越小越自信、灵活。

表2—229　　　　不同年龄公民遇到法律纠纷时的选择差异

	95后与00后	90后	80后	70后及以上	p-value	p12	p23	p13	Test
始终通过法律途径来解决	34.2 (158)	35.7 (175)	40.8 (223)	48.2 (254)	<0.001	0.070	0.18	<0.001	Pearson's chi-squared
法律达不到目的就进行信访	10.8 (50)	17.1 (84)	19.7 (108)	20.3 (107)					
托人找关系	3.5 (16)	3.5 (17)	3.7 (20)	4.4 (23)					
综合采取前三者	48.1 (222)	40.4 (198)	32.4 (177)	20.1 (106)					
私下报复以出气	1.7 (8)	1.8 (9)	1.6 (9)	1.3 (7)					
听天由命	1.7 (8)	1.4 (7)	1.8 (10)	5.7 (30)					

（7）公民遇到法律纠纷时的选择与宗教信仰没有明显相关性。

有无宗教信仰的中国公民在遇到法律纠纷时的选择没有显著差异，卡方检验 p 值大于 0.05。但数据直观体现，无宗教信仰的受访者在"始终通过法律途径来解决""综合运用三种手段"上选择率明显高于有宗教信仰受访者；有宗教信仰的受访者在"听天由命"的选择率明显高于无宗教信仰受访者。

表2—230　　有无宗教信仰公民遇到法律纠纷时的选择差异

	无宗教信仰	有宗教信仰	p-value	Test
始终通过法律途径来解决	40.2（694）	37.6（59）		
法律达不到目的就进行信访	16.1（279）	17.2（27）		
托人找关系	4.3（74）	3.8（6）	0.067	Pearson's chi-squared
综合采取前三者	35.7（617）	32.5（51）		
私下报复以出气	1.3（22）	3.2（5）		
听天由命	2.4（42）	5.7（9）		

第七章 公民社会良善价值观分析

任何一个社会，在一定时期里都会形成具有一定倾向性的、彼此影响的风尚、习惯与群体性行为，这便是我们常说的社会风气。社会风气是一个社会一定时期经济、政治、文化和道德等状况的综合反映，更是其思想道德、价值观念、精神面貌的生动体现。一个好的社会需要好的即良善的（good）的价值观来支撑与保障。作为一种社会风气的良善价值观必然在人们的社会生活中体现出来，考察公民的良善价值观是考察公民社会价值观的重要方面。

一 公民对社会底线的认知

1. 绝大多数公民都认同要守住社会道德底线

一个社会的维续需要伦理道德的帮助，一个良善的社会更是如此。良善价值观有很多方面、层次的表现，最起码的是要遵循底线。或者说底线价值观是良善价值观的重要内容。1993年世界宗教大会确认，"己所不欲，勿施于人"为人类底线伦理规范，被称为"黄金规则"。而社会公德则是在一定社会内结合具体实际，贯彻黄金规则的道德底线。调查显示，91.49%的受访者表示认同或非常认同"己所不欲，勿施于人"的原则；95.34%的受访者认同或非常认同"一定要遵守社会公德"的说法。其中"非常认同"率都是"46.69%"，表明这两个方面具有社会的广泛共识。当然，有四分之一强（25.07%）的受访者表示认同或非常认同"事不关己，高高挂起"的看法，这又表明，不少人遵守的底线更多是自己的主动不作为，而不是主动有所作为，公共精神与公共责任意识有所不足。

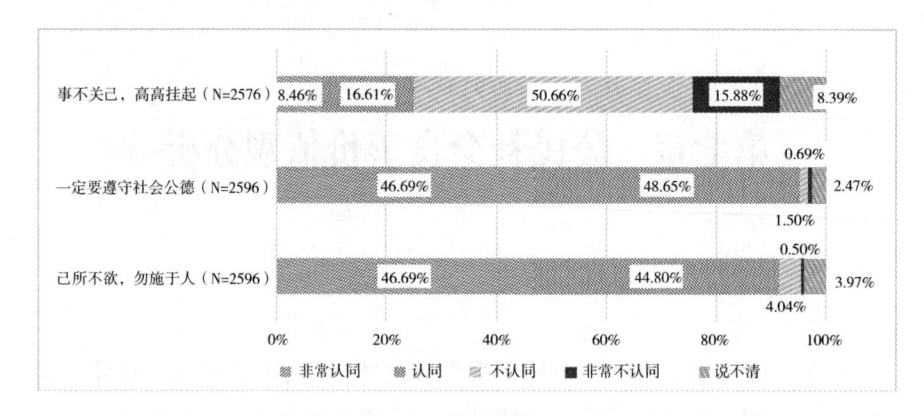

图 2—52　对社会上某些观点的看法

2. 公民对社会道德底线认知的差异分析

（1）团员更认同要遵守底线道德，更强调公共精神，群众社会公德意识相对弱些。

不同政治面貌的中国公民对"己所不欲，勿施于人"的看法存在显著差异，秩和检验 p 值小于 0.001，显著低于 0.05，在所有回答区间一致的情况下，团员的回答落在中位数 5 即非常认同上，而党员和群众都落在 4 即认同上，由此可以判断出，团员比党员和群众更认同"己所不欲，勿施于人"的说法。不同政治面貌的中国公民对"一定要遵守社会公德"的看法存在显著差异，秩和检验 p 值小于 0.001，显著低于 0.05，在所有回答区间一致的情况下，群众的回答落在中位数 4 即认同上，而党员和团员落在 5 上，可以推断出，群众对此观点的认同度较低，反映出群众遵守社会公德的意识较弱，可能是因为党员和团员比群众的纪律性更强。不同政治面貌的中国公民对"事不关己，高高挂起"的看法存在显著差异，秩和检验 p 值小于 0.001，小于 0.05，在所有回答中位数相等的情况下，团员的回答落在 2 和 3 即不认同和说不清之间，党员、群众落在 2 和 4 即不认同和认同之间，大致可以推断，团员不如党员和群众认同此观点。

表 2—231　　不同政治面貌公民对社会道德底线的认知差异

	共产党员	共青团员	群众	p-value	p12	p23	p13	Test
己所不欲，勿施于人	4.0 (4.0, 5.0)	5.0 (4.0, 5.0)	4.0 (4.0, 5.0)	<0.001	<0.001	<0.001	0.093	Kruskal-Wallis
一定要遵守社会公德	5.0 (4.0, 5.0)	5.0 (4.0, 5.0)	4.0 (4.0, 5.0)	<0.001	0.37	<0.001	<0.001	Kruskal-Wallis
事不关己，高高挂起	2.0 (2.0, 4.0)	2.0 (2.0, 3.0)	2.0 (2.0, 4.0)	<0.001	0.042	<0.001	0.003	Kruskal-Wallis

（2）学生群体最认同遵守底线道德，学生和专业技术人员（含教师）比其他职业更强调公共精神。

不同职业的中国公民对遵守底线道德的看法存在显著差异，秩和检验 p 值均小于 0.001，显著低于 0.05。在"己所不欲，勿施于人"一项中，所有回答区间一致的情况下，学生的回答落在中位数 5 即非常认同上，产业工人和农民落在了 4.5，其他职业公民群体均落在 4 即认同上，可见，学生对"己所不欲、勿施于人"的认同度更高。在"一定要遵守社会公德"一项中，在所有回答区间一致情况下，机关、党群组织、企事业单位工作人员和学生的回答落在中位数 5 非常认同上，而其他职业公民回答均落在 4 即认同上，可以判断出机关、党群组织、企事业单位工作人员和学生更加看重遵守社会公德的重要性。在"事不关己，高高挂起"一项中，所有回答中位数相等情况下，机关、党群组织、企事业单位工作人员，产业工人和农民，商业、服务业人员的回答落在 2 和 4 即不认同和认同之间，专业技术人员（含教师）和学生落在 2 和 3 即不认同和说不清之间，大致可以判断出，专业技术人员（含教师）和学生相对不认同"事不关己，高高挂起"的观点。

表 2—232　　　　不同职业公民对社会道德底线的认知差异

	机关、党群组织、企业事业单位工作人员	专业技术人员（含教师）	商业、服务业人员	产业工人和农民	学生	p-value	p12	p23	p13	Test
己所不欲，勿施于人	4.0 (4.0, 5.0)	4.0 (4.0, 5.0)	4.0 (4.0, 5.0)	4.5 (4.0, 5.0)	5.0 (4.0, 5.0)	<0.001	0.96	0.32	0.24	Kruskal-Wallis
一定要遵守社会公德	5.0 (4.0, 5.0)	4.0 (4.0, 5.0)	4.0 (4.0, 5.0)	4.0 (4.0, 5.0)	5.0 (4.0, 5.0)	<0.001	0.029	0.38	<0.001	Kruskal-Wallis
事不关己，高高挂起	2.0 (2.0, 4.0)	2.0 (2.0, 3.0)	2.0 (2.0, 4.0)	2.0 (2.0, 4.0)	2.0 (2.0, 3.0)	<0.001	0.022	0.14	0.33	Kruskal-Wallis

（3）上过大学的公民更认同遵守社会公德的必要性，也强调公共责任意识。

不同文化程度的中国公民对遵守道德底线的看法存在显著差异，秩和检验 p 值均小于 0.001，显著低于 0.05。在"己所不欲，勿施于人"一项中，两类群体的中位数和区间一致，无法判断具体差异。在"一定要遵守社会公德"一项中，区间一致，没上过大学公民中位数落在 4 上，上过大学落在 5 上，说明文化程度高的公民更认同遵守社会公德的看法。在"事不关己，高高挂起"一项中，中位数一致，没上过大学公民落在 2 和 4 之间，上过大学落在 2 和 3 之间，说明文化程度高的公民具有更强的社会公共责任意识。

表 2—233　　　　不同文化程度公民对社会道德底线的认知差异

	没上过大学	上过大学	p-value	Test
己所不欲，勿施于人	4.0 (4.0, 5.0)	4.0 (4.0, 5.0)	<0.001	Wilcoxon rank-sum
一定要遵守社会公德	4.0 (4.0, 5.0)	5.0 (4.0, 5.0)	<0.001	Wilcoxon rank-sum
事不关己，高高挂起	2.0 (2.0, 4.0)	2.0 (2.0, 3.0)	<0.001	Wilcoxon rank-sum

(4) 公民对底线伦理的看法与收入水平相关,但宏观统计上看不出具体差异。

不同收入水平的中国公民对"己所不欲,勿施于人"的看法强相关,秩和检验 p 值为 0.002,小于 0.05。但中位数和区间一致,无法判断具体差异。不同收入水平的中国公民对"一定要遵守社会公德"和"事不关己,高高挂起"的判断没有显著差异,秩和检验 p 值分别为 0.25 和 0.11,均大于 0.05。但数据直观显示,中高收入群体更具公共精神。

表 2—234　不同收入水平公民对社会道德底线的认知差异

	5 万及以下	5 万—10 万元	10 万元以上	p-value	p12	p23	p13	Test
己所不欲,勿施于人	4.0(4.0, 5.0)	4.0(4.0, 5.0)	4.0(4.0, 5.0)	0.002	0.012	0.36	0.001	Kruskal-Wallis
一定要遵守社会公德	4.0(4.0, 5.0)	4.0(4.0, 5.0)	4.0(4.0, 5.0)	0.25	0.36	0.41	0.10	Kruskal-Wallis
事不关己,高高挂起	2.0(2.0, 4.0)	2.0(2.0, 3.0)	2.0(2.0, 3.0)	0.11	0.11	0.68	0.057	Kruskal-Wallis

(5) 公民对遵守社会公德的看法与居住地强相关,但宏观统计看不出具体差异。

不同居住地的中国公民对"一定要遵守社会公德"的看法强相关,秩和检验 p 值为 0.002,小于 0.05。中位数和区间一致,无法判断具体差异。不同居住地的中国公民对"己所不欲,勿施于人"和"事不关己,高高挂起"的判断没有显著差异,秩和检验 p 值分别为 0.63 和 0.056,均大于 0.05。但数据直观体现,城市公民更具公共精神。

表 2—235　不同居住地公民对社会道德底线的认知差异

	小城镇和农村	城市	p-value	Test
己所不欲,勿施于人	4.0 (4.0, 5.0)	4.0 (4.0, 5.0)	0.63	Wilcoxon rank-sum

续表

	小城镇和农村	城市	p-value	Test
一定要遵守社会公德	4.0 (4.0, 5.0)	4.0 (4.0, 5.0)	0.002	Wilcoxon rank-sum
事不关己，高高挂起	2.0 (2.0, 4.0)	2.0 (2.0, 3.0)	0.056	Wilcoxon rank-sum

（6）年青一代具有更强的底线道德意识和公共精神。

不同年龄的中国公民对"一定要遵守社会公德"的看法存在显著差异，秩和检验 p 值为 0.006，小于 0.05。区间一致，90 后回答中位数落在 5 上，其他落在 4 上，反映出 90 后具有更强社会公德意识。不同年龄的中国公民对"己所不欲，勿施于人"和"事不关己，高高挂起"的判断存在显著差异，秩和检验 p 值均小于 0.001，显著低于 0.05。"己所不欲，勿施于人"中，回答区间一致，80 后和 70 后及以上落在中位数 4 上，90 后、95 后与 00 后落在 5 上，说明年轻公民对"己所不欲，勿施于人"的认同度更高；在"事不关己，高高挂起"中，中位数一致，80 后和 70 后及以上回答落在区间 2 和 4 之间，90 后、95 后与 00 后落在 2 和 3 之间，说明年轻公民更不赞同"事不关己，高高挂起"这一观点，比较而言具有更好的公共精神。

表 2—236　　　不同年龄公民对社会道德底线的认知差异

	95 后与 00 后	90 后	80 后	70 后及以上	p-value	p12	p23	p13	Test
己所不欲，勿施于人	5.0(4.0, 5.0)	5.0(4.0, 5.0)	4.0(4.0, 5.0)	4.0(4.0, 5.0)	<0.001	0.53	<0.001	<0.001	Kruskal-Wallis
一定要遵守社会公德	4.0(4.0, 5.0)	5.0(4.0, 5.0)	4.0(4.0, 5.0)	4.0(4.0, 5.0)	0.006	0.073	0.015	0.62	Kruskal-Wallis
事不关己，高高挂起	2.0(2.0, 3.0)	2.0(2.0, 3.0)	2.0(2.0, 4.0)	2.0(2.0, 4.0)	<0.001	0.006	0.11	<0.001	Kruskal-Wallis

（7）公民对底线道德的看法与宗教信仰关联性不强。

有无宗教信仰公民对底线道德的看法没有显著差异，秩和检验 p 值均大于 0.05。

表 2—237　　有无宗教信仰公民对社会道德底线的认知差异

	无宗教信仰	有宗教信仰	p – value	Test
己所不欲，勿施于人	4.0 (4.0, 5.0)	4.0 (4.0, 5.0)	0.95	Wilcoxon rank – sum
一定要遵守社会公德	4.0 (4.0, 5.0)	4.0 (4.0, 5.0)	0.55	Wilcoxon rank – sum
事不关己，高高挂起	2.0 (2.0, 3.0)	2.0 (2.0, 4.0)	0.054	Wilcoxon rank – sum

二　公民对中国社会文明状况的评价

1. 公民认为当今中国社会的文明状况良好

调查数据显示，61.89% 的受访者认为中国社会比别国更加文明，82.85% 的受访者认同当今的中国社会比以前更加文明了，还有 81.55% 的受访公民相信中国社会未来会更加文明。可见，总体上，公民对中国目前的社会风气、文明程度是认可的，尤其是和过去比、向未来看的时候是非常积极、充满信心的。当然，值得注意的是，有近三成（28.14%）的受访者不认同或非常不认同中国社会比别的社会更加文明。这表明，不少公民意识到，尽管中国社会风气、文明建设有了很大成绩也有很好前途，但客观地说，与世界范围内其他国家相比还有很大的提升空间。

（1）党员和群众在对中国与他国进行比较时的文明程度评价更接近，党员与团员在对中国未来文明趋势的判断更接近。

不同政治面貌的中国公民对"中国比别国更加文明"与"中国将会更加文明"的判断存在差异。两栏的秩和检验 p 值分别为 <0.001 与 0.003，显著低于 0.05。在前者比较中，p12、p23 小于 0.05 而 p13 大于 0.05，说明党员、团员之间差异大，党员和群体之间差异不大；在后者比较中，p12 显著大于 0.05，p13 显著小于 0.05，p23 略大于 0.05，可见党

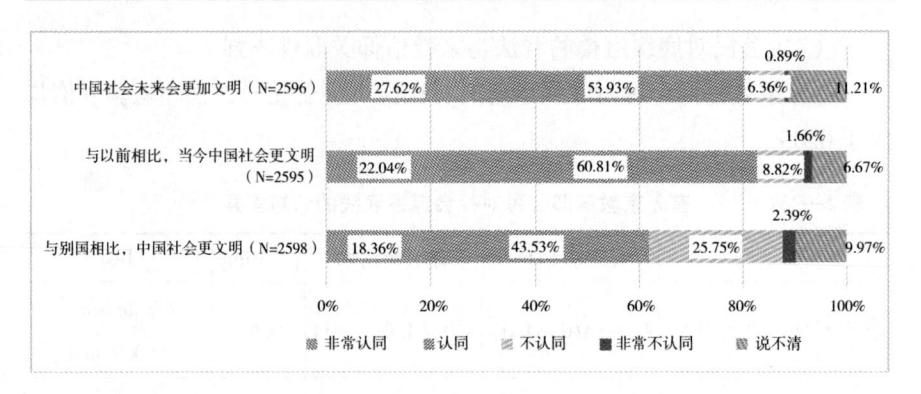

图 2—53 对中国社会文明程度的评价

员与团员差异不大，与群众差异很显著。三类群体对两个命题的回答区间以及中位数都没有差异，六个中位数更是都落在 4 上，从宏观统计上无法表述其具体差异。不同政治面貌的中国公民对"当今中国比以往更文明"的判断没有显著差异，秩和检验 p 值大于 0.05。

表 2—238　不同政治面貌公民对中国社会文明程度的评价差异

	共产党员	共青团员	群众	p-value	p12	p23	p13	Test
与别国相比，中国社会更文明	4.0(2.0, 4.0)	4.0(2.0, 4.0)	4.0(2.0, 4.0)	<0.001	<0.001	<0.001	0.66	Kruskal-Wallis
与以前相比，当今中国社会更文明	4.0(4.0, 4.0)	4.0(4.0, 4.0)	4.0(4.0, 4.0)	0.11	0.12	0.69	0.041	Kruskal-Wallis
中国社会未来会更加文明	4.0(4.0, 5.0)	4.0(4.0, 5.0)	4.0(4.0, 5.0)	0.003	0.13	0.070	<0.001	Kruskal-Wallis

（2）学生最不认同中国比别国社会更文明，机关、党群组织、企业事业单位工作人员最认同今天中国社会比以前更文明，未来也将更文明。

不同职业的中国公民对中国文明状况的评价存在显著差异。秩和检验

p 值分别为 <0.001、0.019、0.003，显著低于 0.05。在评价"与别国相比，中国社会更文明"时，学生的回答的中位数落在 3 即说不清上，低于其他职业群体的 4 即认同，且出现了回答落在 2 即不认同的现象；这说明学生对中国与别国的文明状况比较时最不乐观。在评价"与以前相比，当今中国社会更文明"和"中国社会未来会更文明"时，各职业的差异不大，但机关、党群组织、企业事业单位工作人员出现了回答落在 5 即非常认同的现象，产业工人和农民出现了回答落在 3 即说不清的现象，由此可以推断，机关、党群组织、企业事业单位工作人员对中国文明状况纵向比较更为乐观，产业工人和农民则比其他群体更为保守。

表 2—239　　不同职业公民对中国社会文明程度的评价差异

	机关、党群组织、企业事业单位工作人员	专业技术人员（含教师）	商业、服务业人员	产业工人和农民	学生	p-value	p12	p23	p13	Test
与别国相比，中国社会更文明	4.0 (3.0, 4.0)	4.0 (2.0, 4.0)	4.0 (3.0, 4.0)	4.0 (3.0, 4.0)	3.0 (2.0, 4.0)	<0.001	0.011	0.16	0.15	Kruskal–Wallis
与以前相比，当今中国社会更文明	4.0 (4.0, 5.0)	4.0 (4.0, 4.0)	4.0 (4.0, 4.0)	4.0 (3.0, 4.0)	4.0 (4.0, 4.0)	0.019	0.054	0.74	0.054	Kruskal–Wallis
中国社会未来会更加文明	4.0 (4.0, 5.0)	4.0 (4.0, 4.0)	4.0 (4.0, 4.0)	4.0 (3.0, 4.0)	4.0 (4.0, 4.0)	0.003	0.13	0.33	0.003	Kruskal–Wallis

（3）公民受教育程度越高越不认同中国比别国社会更文明。

不同受教育程度的中国公民对"中国社会比其他国家更加文明"的评价存在显著差异。秩和检验 p 值小于 0.001，显著低于 0.05。两类群体的回答的中位数都是 4 即认同，但上过大学受访者回答落在 2 和 4 即不认同与认同之间，没上过大学的受访者回答落在 3 和 4 即说不清与认同之间。可以推断，文化程度高的中国公民更有可能意识到中国的文明状况相对于别国的不足。不同文化程度的中国公民对"当今中国比以前更文明"

和"中国社会未来会更加文明"的判断没有显著差异,秩和检验 p 值分别为 0.46 和 0.38,显著大于 0.05。

表 2—240　不同受教育程度公民对中国社会文明程度的评价差异

	没上过大学	上过大学	p – value	Test
与别国相比,中国社会更文明	4.0 (3.0, 4.0)	4.0 (2.0, 4.0)	<0.001	Wilcoxon rank – sum
与以前相比,当今中国社会更文明	4.0 (4.0, 4.0)	4.0 (4.0, 4.0)	0.46	Wilcoxon rank – sum
中国社会未来会更加文明	4.0 (4.0, 5.0)	4.0 (4.0, 5.0)	0.38	Wilcoxon rank – sum

(4) 低收入人群更认同中国比别国社会更文明。

不同收入水平的中国公民对"中国比其他国家更文明"的评价存在显著差异。秩和检验 p 值小于 0.001,显著低于 0.05。p12、p13 小于 0.05 但 p23 大于 0.05,说明家庭年收入 5 万元以上和以下差异明显。在回答的中位数均为 4 的情况下,5 万及以下收入公民回答落在 3 和 4 即说不清和认同之间,5 万—10 万和 10 万以上收入公民回答落在 2 和 4 即不认同和认同之间。也就是说低收入公民反而认为中国相对于别国社会更文明。不同收入水平的中国公民对"当今中国比以前更文明"和"中国社会未来会更加文明"的看法没有显著差异,秩和检验 p 值分别为 0.60 和 0.88,大于 0.05。

表 2—241　不同收入水平公民对中国社会文明程度的评价差异

	5万及以下	5万—10万元	10万以上	p – value	p12	p23	p13	Test
与别国相比,中国社会更文明	4.0(3.0, 4.0)	4.0(2.0, 4.0)	4.0(2.0, 4.0)	<0.001	<0.001	0.19	<0.001	Kruskal – Wallis

续表

	5万及以下	5万—10万元	10万元以上	p-value	p12	p23	p13	Test
与以前相比，当今中国社会更文明	4.0 (4.0, 5.0)	4.0 (4.0, 4.0)	4.0 (4.0, 4.0)	0.60	0.96	0.37	0.36	Kruskal-Wallis
中国社会未来会更加文明	4.0 (4.0, 5.0)	4.0 (4.0, 5.0)	4.0 (4.0, 4.0)	0.88	0.70	0.63	0.91	Kruskal-Wallis

（5）居住地对公民关于当今中国社会是否比以前更文明的判断有重要影响，但宏观数据统计难以显示这种差异。

不同居住地的中国公民对"与别国相比，中国社会更文明"和"中国社会未来会更加文明"的判断没有显著差异，秩和检验 p 值分别为 0.55、0.079，都大于 0.05。不同居住地的中国公民对"与以前相比，当今中国社会更文明"的看法存在显著差异，p 值为 0.002，显著小于 0.05。但是中位数和区间一致，无法从宏观统计上了解不同居住地公民之间的差异。

表 2—242　　不同居住地公民对中国社会文明程度的评价差异

	小城镇和农村	城市	p-value	Test
与别国相比，中国社会更文明	4.0 (2.0, 4.0)	4.0 (2.0, 4.0)	0.55	Wilcoxon rank-sum
与以前相比，当今中国社会更文明	4.0 (4.0, 4.0)	4.0 (4.0, 4.0)	0.002	Wilcoxon rank-sum
中国社会未来会更加文明	4.0 (4.0, 5.0)	4.0 (4.0, 5.0)	0.079	Wilcoxon rank-sum

（6）90、00 后比其他年龄段对中国与他国社会文明程度的对比持保守意见。

不同年龄的中国公民对"中国社会比其他国家更文明"的评价存在

显著的差异。秩和检验 p 值 <0.001，显著低于 0.05。p12 值大于 0.05 而 p23、p13 值显著小于 0.05，说明 90 后与 00 后之间差异不大，而 90 后与 80 后之间差异显著。在回答的中位数相等情况下，80 后和 70 后及以上公民回答落在 3 和 4 即说不清和认同之间，90 后和 95 后与 00 后落在 2 和 4 即不认同和认同之间，由此可推测，90 后、00 后更多看到中国相对于别国社会文明的局限与差距。不同年龄的中国公民对"中国社会比以前更文明"和"未来更文明"的评价没有显著差异。秩和检验 p 值分别是 0.18 和 0.28，大于 0.05；数据参考价值较低。

表 2—243　　不同年龄中国公民对中国社会文明程度的评价差异

	95后与00后	90后	80后	70后及以上	p-value	p12	p23	p13	Test
与别国相比，中国社会更文明	4.0(2.0, 4.0)	4.0(2.0, 4.0)	4.0(3.0, 4.0)	4.0(3.0, 4.0)	<0.001	0.61	<0.001	<0.001	Kruskal-Wallis
与以前相比，当今中国社会更文明	4.0(4.0, 4.0)	4.0(4.0, 4.0)	4.0(4.0, 5.0)	4.0(4.0, 4.0)	0.18	0.42	0.057	0.30	Kruskal-Wallis
中国社会未来会更加文明	4.0(4.0, 5.0)	4.0(4.0, 4.0)	4.0(4.0, 5.0)	4.0(4.0, 5.0)	0.28	0.13	0.25	0.70	Kruskal-Wallis

（7）公民对中国社会文明状况的评价与宗教信仰没有明显相关性。

有无宗教信仰的中国公民对中国社会文明状况的评价没有显著差异。"与别国相比，中国社会更文明"一栏的秩和检验 p 值显著高于 0.05，意味着数据参考价值较低。相比而言，"与以前相比，当今中国社会更文明"和"中国社会未来会更加文明"两栏的 p 值接近 0.05，但数据的差异不明显；直观数据体现，无宗教信仰群众与有宗教信仰的群众的差别在于，无宗教信仰群众的对"未来会更加文明"的评价出现了落在 5 即非常认同的现象。

表 2—244　　有无宗教信仰公民对中国社会文明程度的评价差异

	无宗教信仰	有宗教信仰	p-value	Test
与别国相比，中国社会更文明	4.0 (2.0, 4.0)	4.0 (2.0, 4.0)	0.76	Wilcoxon rank-sum
与以前相比，当今中国社会更文明	4.0 (4.0, 4.0)	4.0 (4.0, 4.0)	0.086	Wilcoxon rank-sum
中国社会未来会更加文明	4.0 (4.0, 5.0)	4.0 (4.0, 4.0)	0.093	Wilcoxon rank-sum

2. 公民对当今中国的公民素质评价不高

良善社会呼唤社会成员的良好素质，同时公民的良好素质又会形塑良善社会。在对目前中国公民素质水平的评价中，评分高于 5 的受访者占 52.67%，略高于评分低于等于 5 的受访者，平均得分为 5.68。可见，人们对目前的公民素质评价不算高。

表 2—245　　公民对目前中国公民素质水平的评价

素质水平（1—10 分）	观测值	均值	标准差	最小值	最大值	1—5 分	6—10 分
非常低—非常高	2474	5.68	2.15	1	10	47.33%	52.67%

（1）团员对公民素质的评价更为保守和苛刻。

不同政治面貌的中国公民对当前中国公民素质水平的判断存在显著差异，秩和检验 p 值为 0.005，显著小于 0.05。p12、p23 小于 0.05 而 p13 大于 0.05，说明党员和群众差异不大，而与团员差异显著。团员评分的中位数为 5，方差分析平均数为 5.4，都小于党员和群众。这表明，团员对国民素质的评价比党员和群众更保守和苛刻。

表 2—246　　不同政治面貌公民对目前中国公民素质水平的评价差异

共产党员	共青团员	群众	p-value	p12	p23	p13	Test
6.0 (5.0, 7.0)	5.0 (4.0, 7.0)	6.0 (4.0, 7.0)	0.005	0.030	0.002	0.36	Kruskal-Wallis

续表

共产党员	共青团员	群众	p-value	p12	p23	p13	Test
5.6 [±2.0]	5.4 [±1.8]	5.8 [±2.3]	0.002	0.045	<0.001	0.17	ANOVA

（2）学生对公民素质的评价更为保守和苛刻。

不同职业的中国公民对当前中国公民素质水平的判断存在显著差异。秩和检验p值<0.001，显著低于0.05。各类群体除学生外中位数均为6，学生中位数为5。同时，方差分析p值小于0.05，学生的平均数最低（5.3）。因此可以推断，学生对公民素质的评价比其他群体更保守和苛刻。

表2—247　不同职业公民对目前中国公民素质水平的评价差异

机关、党群组织、企业事业单位工作人员	专业技术人员（含教师）	商业、服务业人员	产业工人和农民	学生	p-value	p12	p23	p13	Test
6.0 (5.0, 7.0)	6.0 (5.0, 7.0)	6.0 (5.0, 7.0)	6.0 (4.0, 7.0)	5.0 (4.0, 6.0)	<0.001	0.63	0.48	0.83	Kruskal-Wallis
5.8 [±2.3]	5.7 [±1.9]	5.9 [±2.2]	5.9 [±2.5]	5.3 [±1.6]	<0.001	0.48	0.39	0.86	ANOVA

（3）95后、00后对公民素质评价最消极，年龄大的公民评价更积极些，评价最积极的是80后公民。

不同年龄的中国公民对当前中国公民素质水平的判断存在显著差异，秩和检验p值小于0.001，显著低于0.05；方差分析p值小于0.001，显著低于0.05。从中位数及区间、方差平均数都可以看出，95后、00后对公民素质评价最消极，80后对公民素质评价最积极。

表 2—248　不同年龄公民对目前中国公民素质水平的评价差异

95 后与 00 后	90 后	80 后	70 后及以上	p-value	p12	p23	p13	Test
5.0 (4.0, 7.0)	6.0 (4.0, 7.0)	6.0 (5.0, 7.0)	6.0 (4.0, 7.0)	<0.001	0.14	0.003	<0.001	Kruskal-Wallis
5.4 [±1.8]	5.5 [±1.9]	5.9 [±2.2]	5.8 [±2.4]	<0.001	0.23	0.005	<0.001	ANOVA

（4）公民收入与对当前公民素质评价之间相关性不强。

不同收入水平的中国公民对当前中国公民素质水平的判断没有显著差异，中位数与平均数两栏的秩和检验 p 值分别为 0.80 与 0.61，显著大于 0.05。

表 2—249　不同收入水平公民对目前中国公民素质水平的评价差异

5 万及以下	5 万—10 万元	10 万元以上	p-value	p12	p23	p13	Test
6.0 (4.0, 7.0)	6.0 (4.0, 7.0)	6.0 (5.0, 7.0)	0.80	0.67	0.69	0.55	Kruskal-Wallis
5.7 [±2.5]	5.7 [±2.0]	5.6 [±1.8]	0.61	0.42	0.94	0.41	ANOVA

（5）受教育程度越低对公民素质的评价更高。

不同受教育程度的中国公民对当前中国公民素质水平的判断存在显著差异，秩和检验 p 值为 0.009，小于 0.05。中位数和区间一致。方差分析 p 值小于 0.05，没上过大学的中国公民评价均值高出上过大学的中国公民 0.2，说明文化程度低的公民对国民素质当前情况满意程度较高。

表 2—250　不同受教育程度公民对目前中国公民素质水平的评价差异

没上过大学	上过大学	p-value	Test
6.0 (4.0, 7.0)	6.0 (4.0, 7.0)	0.009	Wilcoxon rank-sum
5.8 [±2.4]	5.6 [±2.0]	0.014	Two sample t test

(6) 公民对公民素质的评价与其居住地、宗教信仰没有显著的关系。

不同居住地、有无宗教信仰的中国公民对当前中国公民素质水平的判断没有显著差异，秩和检验 p 值分别为 0.093 和 0.16，均大于 0.05。但数据直观体现城市居民和有宗教信仰公民对国民素质评价更消极。

表2—251　不同居住地、有无宗教信仰公民对目前中国公民素质水平的评价差异

小城镇和农村	城市	p – value	Test
6.0（4.0，7.0）	6.0（4.0，7.0）	0.093	Wilcoxon rank – sum
5.8［±2.2］	5.6［±2.1］	0.088	Two sample t test
无宗教信仰	有宗教信仰	p – value	Test
6.0（4.0，7.0）	5.0（4.0，7.0）	0.16	Wilcoxon rank – sum
5.7［±2.1］	5.4［±2.1］	0.14	Two sample t test

三　公民对社会不良现象的看法

1. 公民认为社会中有违良善的现象时有发生

调查中，在"过去一年，您是否常常遇到以下状况"的回答中，43.72%即四成多公民选择经常遇到有人闯红灯；经常遇到"自己或亲友上当受骗""自己或亲友遭受不公正待遇""为给亲戚朋友送礼而苦恼"的比例接近分别是 15.87%、13.71%、13.72%。反过来，以上四项选择"从未"的分别是 7.89%、17.76%、13.9%、27.4%。有人闯红灯的比率之高，是文明素质和社会风气有待提升的重要体现。当然，闯红灯还是比较小的问题。一年中 48.57% 即近半数的公民遇到自己或亲友上当受骗、54.06% 的公民遇到自己或亲友遭受不公待遇，这就说明社会风气确实有很大的问题。

2. 贪污腐败、说话做事没下限、诈骗猖獗、托关系等是公民最痛恨的社会丑恶（不良善）现象

调查数据显示，22.03% 的受访公民最痛恨的社会负面现象是贪污腐败，其次是为了出名、牟利，说话做事没有下限，比例为 19.98%，此

第七章 公民社会良善价值观分析

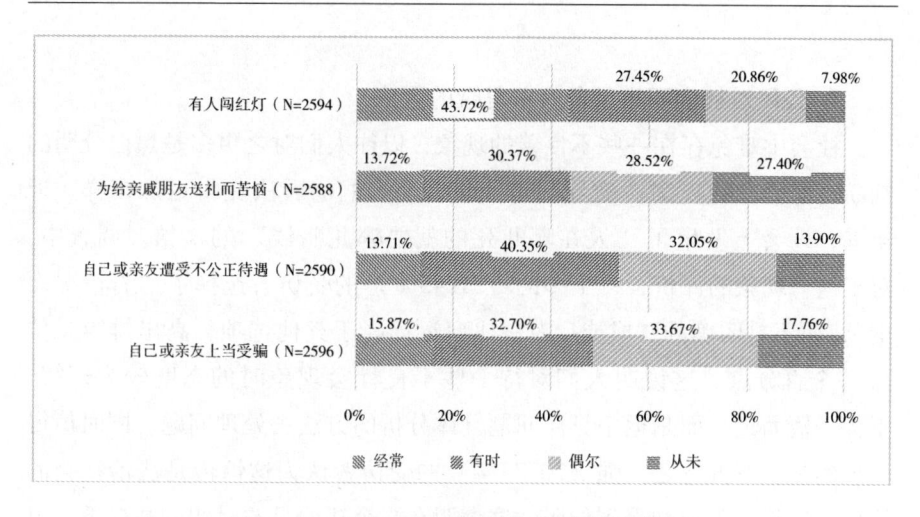

图 2—54 过去一年您是否常常遇到以下状况

外，各种诈骗猖獗和办事要走后门、托关系的选择率也相对较高，分别是 18.32% 和 17.47%。相反，经常引起舆论轩然大波的网络暴力、拜金主义、享乐主义、公共场合举止不文明、讲排场等，被选择的比率都不是很高。也就是在，尽管这些事情不少，但在公民看来，与前面几种相比，都不算大事。

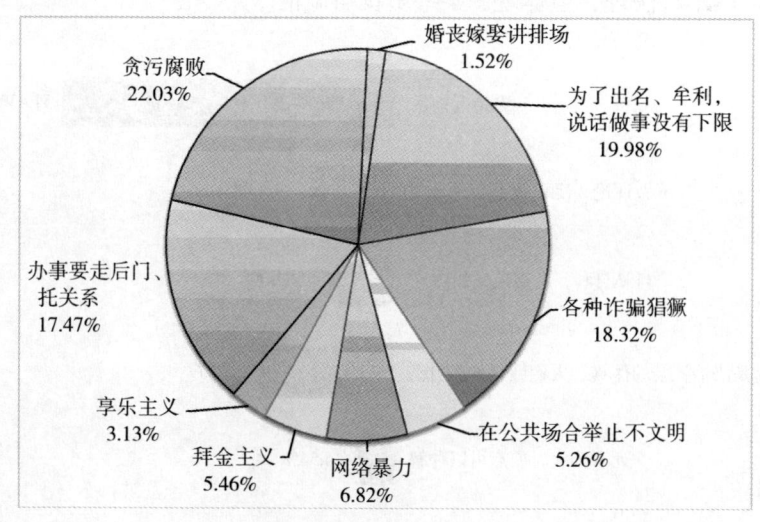

图 2—55 您痛恨的社会现象有哪些（N=4924）

3. 公民对社会不良现象有着复杂的看法

社会中难免存在一些不良善的现象，以往人们对之更多是黑白分明的判断。但复杂的现实"教导"着人们，使人们的看法变得更加多样。近年来，社会上发生了"人在哪儿死的就要哪儿赔钱"的事情。调查中，对于这一现象的评价，一半多的（51.43%）的受访者选择了"看情况而定"，而不是明确的赞成或反对，比率远远高于其他选项，高出排第二位30多个百分点。这说明人们对待一些不良社会现象时的态度较为理智，不会一概而论，而是运用具体问题具体分析的方法去处理问题。同时值得注意的是，有五分之一强（20.77%）的受访者认为这恰恰是法治社会的体现，使得个人权利得到伸张，这表明在当今法治日益昌明的情况下去道德化倾向已经很明显。还有13.35%的受访者不做评论，反正自己不会这么做，其实已经确认这样做是不对的。只有不到一成（8.9%）公民直接认为这是自私自利、道德败坏的体现，加上"不做评论但自己不会这么做"的受访者，总比率为22.25%，不到公民的四分之一。还有5.54%的受访者认同"死者为大，要点钱是可以理解的"，这是一种十分传统的观念，虽然不合法理，但体现了某些敬畏与温情。

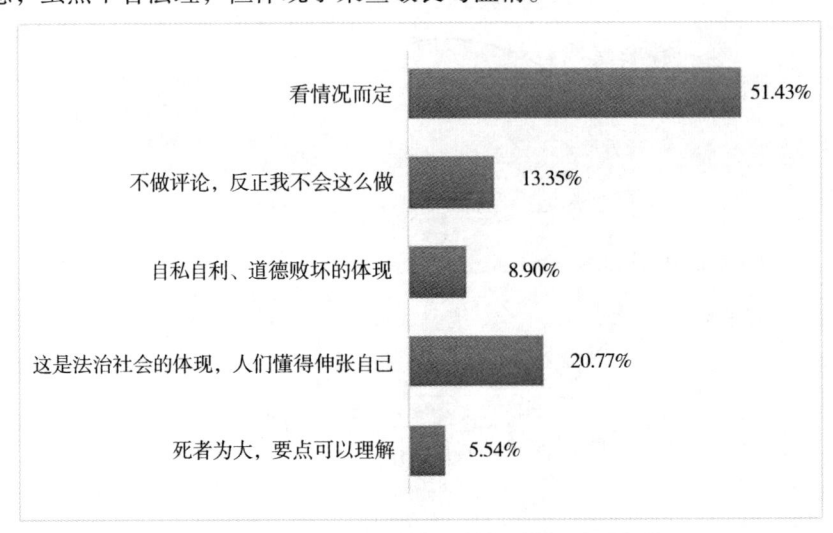

图2—56 对"人在哪儿死的就要哪儿赔钱"这种现象的看法（N=2561）

四 公民对提升社会文明程度的看法

1. 公民认为提升社会文明程度重在提高公民道德水平、思想认识、文化素质和发挥党员干部引领作用

对于提升社会文明程度的相关举措，92.97%的受访者肯定提高思想认识的作用，95.49%的受访者肯定提高道德水平的作用，94.94%的受访者肯定提高文化素养的作用，75.97%的受访者肯定党员干部引领的作用。从选择率来看，公民认为提高道德水平最为重要。但从"非常认同"率看，提高文化素质的选择率最高（46.38%）。

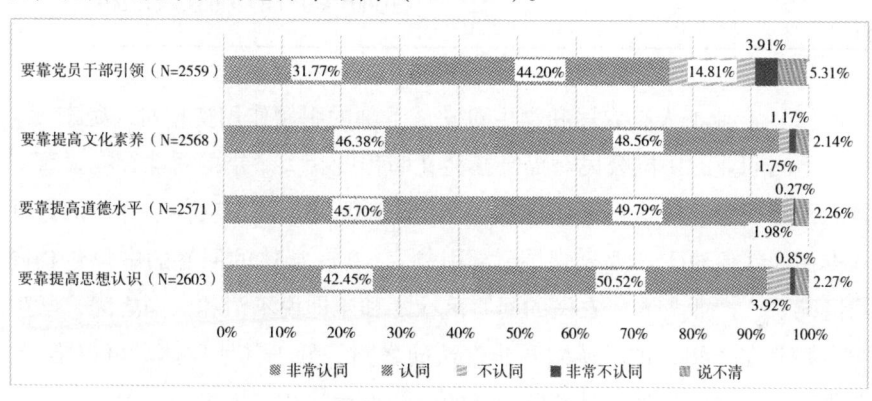

图2—57 对下列提升社会文明程度说法的认同程度

2. 公民对提升社会文明程度的差异分析

（1）团员最强调提高公民思想认识、道德水平和文化素质，党员更突出党员干部的引领作用。

不同政治面貌的中国公民对提升社会文明程度相关举措的判断存在显著差异，秩和检验p值均小于0.001，显著低于0.05。对于"要提高思想水平""要提高道德水平""要提高文化素养"，团员的回答的中位数落在5即非常认同上，高于党员和群众的4（认同）；这说明团员对这三项的重要性更为肯定。对于"要靠党员干部引领"，三类群体的中位数相同，但党员的回答落在4和5即认同与非常认同之间，团员落在2和5即不认同和非常认同之间，群众落在3.5和5即介于说不清和认同到非常认同之间。可见党员认为发挥党员干部引领作用更重要。

表2—252 不同政治面貌公民对有关提升社会文明程度的说法的认同差异

	共产党员	共青团员	群众	p - value	p12	p23	p13	Test
要靠提高思想认识	4.0(4.0, 5.0)	5.0(4.0, 5.0)	4.0(4.0, 5.0)	<0.001	0.004	<0.001	0.005	Kruskal - Wallis
要靠提高道德水平	4.0(4.0, 5.0)	5.0(4.0, 5.0)	4.0(4.0, 5.0)	<0.001	0.007	<0.001	0.011	Kruskal - Wallis
要靠提高文化素养	4.0(4.0, 5.0)	5.0(4.0, 5.0)	4.0(4.0, 5.0)	<0.001	0.004	<0.001	<0.001	Kruskal - Wallis
要靠党员干部引领	4.0(4.0, 5.0)	4.0(2.0, 5.0)	4.0(3.5, 5.0)	<0.001	<0.001	0.003	<0.001	Kruskal - Wallis

（2）产业工人、农民和学生对党员干部的引领作用持相对怀疑态度。

不同职业的中国公民对提升社会文明程度相关举措的看法存在显著差异。秩和检验 p 值均小于 0.001，显著低于 0.05。前三项各个群体的数据基本相同。仅对于"要靠党员干部引领"，在各群体的回答的中位数相同的情况下，产业工人、农民的回答落在 3 和 4 即说不清和认同之间，学生的回答落在 2 和 5 即不认同和非常认同之间，低于其他群体。可以推断，产业工人、农民和学生对党员干部的引领作用持相对消极的态度。

表2—253 不同职业公民对有关提升社会文明程度的说法的认同差异

	机关、党群组织、企业事业单位工作人员	专业技术人员（含教师）	商业、服务业人员	产业工人和农民	学生	p - value	p12	p23	p13	Test
要靠提高思想认识	4.0(4.0, 5.0)	4.0(4.0, 5.0)	4.0(4.0, 5.0)	4.0(4.0, 5.0)	4.0(4.0, 5.0)	<0.001	<0.001	0.29	0.002	Kruskal - Wallis
要靠提高道德水平	4.0(4.0, 5.0)	4.0(4.0, 5.0)	4.0(4.0, 5.0)	4.0(4.0, 5.0)	5.0(4.0, 5.0)	<0.001	0.069	0.88	0.016	Kruskal - Wallis
要靠提高文化素养	4.0(4.0, 5.0)	4.0(4.0, 5.0)	4.0(4.0, 5.0)	4.0(4.0, 5.0)	5.0(4.0, 5.0)	<0.001	0.13	0.33	0.002	Kruskal - Wallis
要靠党员干部引领	4.0(4.0, 5.0)	4.0(4.0, 5.0)	4.0(4.0, 5.0)	4.0(3.0, 4.0)	4.0(2.0, 5.0)	<0.001	0.024	0.54	<0.001	Kruskal - Wallis

（3）公民受教育程度与提升社会文明程度的看法强相关，但宏观统计显示不出差异。

不同受教育程度的中国公民在"要提高思想水平""要提高道德水平""要提高文化素养"三项上存在差异，秩和检验 p 值分别是小于 0.001、0.001 和 0.002，均小于 0.05。但是，两类群体的宏观统计数据没有差异。在"要靠党员干部引领"一项中，数据的秩和检验 p 值显著大于 0.05，意味着不同教育程度的中国公民在这一项上没有显著差异。

表2—254　不同教育程度公民对有关提升社会文明程度的说法的认同差异

	没上过大学	上过大学	p‑value	Test
要靠提高思想认识	4.0(4.0,5.0)	4.0(4.0,5.0)	<0.001	Wilcoxon rank‑sum
要靠提高道德水平	4.0(4.0,5.0)	4.0(4.0,5.0)	0.002	Wilcoxon rank‑sum
要靠提高文化素养	4.0(4.0,5.0)	4.0(4.0,5.0)	<0.001	Wilcoxon rank‑sum
要靠党员干部引领	4.0(4.0,5.0)	4.0(4.0,5.0)	0.32	Wilcoxon rank‑sum

（4）收入低的公民更倾向于肯定党员干部在提升社会文明程度中的引领作用。

不同收入水平的中国公民在"要提高思想水平""要提高道德水平""要提高文化素养"三项没有显著差异，秩和检验 p 值显著大于 0.05。在"要靠党员干部引领"一项上存在显著差异，秩和检验 p 值为 0.004，显著小于 0.05。在中位数相等的情况下，家庭年收入 5 万以下群体的回答最低落在 4 即认同上，高于其他群体。可以推断，低收入者更倾向于肯定党员的作用。

表2—255　不同收入水平公民对有关提升社会文明程度的说法的认同差异

	5万及以下	5万—10万元	10万元以上	p‑value	p12	p23	p13	Test
要靠提高思想认识	4.0(4.0,5.0)	4.0(4.0,5.0)	4.0(4.0,5.0)	0.52	0.96	0.32	0.30	Kruskal‑Wallis
要靠提高道德水平	4.0(4.0,5.0)	4.0(4.0,5.0)	4.0(4.0,5.0)	0.54	0.89	0.35	0.30	Kruskal‑Wallis

续表

	5万及以下	5万—10万元	10万元以上	p-value	p12	p23	p13	Test
要靠提高文化素养	4.0 (4.0, 5.0)	4.0 (4.0, 5.0)	4.0 (4.0, 5.0)	0.41	0.85	0.28	0.21	Kruskal-Wallis
要靠党员干部引领	4.0 (4.0, 5.0)	4.0 (3.0, 5.0)	4.0 (3.0, 5.0)	0.004	0.003	0.91	0.006	Kruskal-Wallis

（5）城市居民比小城镇、农村居民更认同党员干部在提升社会文明程度中的引领作用。

不同居住地的中国公民对提升社会文明程度相关举措的看法存在显著差异，秩和检验 p 值均显著低于 0.05。但宏观统计数据前三者完全相同，看不出差异。而"要靠党员干部引领"一项，在回答的中位数相同的情况下，小城镇和农村居民的回答最低落在 3 即说不清上，低于城市居民的 4（认同），这说明前者对党员的作用持相对保守的态度，或者说，城市居民更倾向于认同党员干部在提升社会文明程度中的引领作用。

表2—256　不同居住地公民对有关提升社会文明程度的说法的认同差异

	小城镇和农村	城市	p-value	Test
要靠提高思想认识	4.0(4.0,5.0)	4.0(4.0,5.0)	<0.001	Wilcoxon rank-sum
要靠提高道德水平	4.0(4.0,5.0)	4.0(4.0,5.0)	<0.001	Wilcoxon rank-sum
要靠提高文化素养	4.0(4.0,5.0)	4.0(4.0,5.0)	<0.001	Wilcoxon rank-sum
要靠党员干部引领	4.0(3.0,5.0)	4.0(4.0,5.0)	0.002	Wilcoxon rank-sum

（6）年青一代更认同提高思想认识、道德水平、文化素质以提升社会文明程度，年龄越大越认同党员干部在提升社会文明程度中的引领作用。

不同年龄的中国公民对提升社会文明程度相关举措的看法存在显著差异，秩和检验 p 值均小于 0.001，显著低于 0.05。对于"要提高思想水平""要提高道德水平""要提高文化素养"，95 后与 00 后公民的回答的中位数落在 5 即非常认同上，高于其他年龄段的 4（认同），表明最年轻的群体更倾向于认可思想认识、道德水平和文化素养的价值。对于"要靠党员干部引领",在中位数相等的情况下,95后、00后与90后的回答分别最低落在2即不认同和3即说不清上,低于年长群体(4即认同),表明年龄越大越认同党员干部的引领作用。

表2—257 不同年龄公民对有关提升社会文明程度的说法的认同差异

	95后与00后	90后	80后	70后及以上	p-value	p12	p23	p13	Test
要靠提高思想认识	5.0(4.0,5.0)	4.0(4.0,5.0)	4.0(4.0,5.0)	4.0(4.0,5.0)	<0.001	0.015	0.087	<0.001	Kruskal–Wallis
要靠提高道德水平	5.0(4.0,5.0)	4.0(4.0,5.0)	4.0(4.0,5.0)	4.0(4.0,5.0)	<0.001	0.092	0.39	0.011	Kruskal–Wallis
要靠提高文化素养	5.0(4.0,5.0)	4.0(4.0,5.0)	4.0(4.0,5.0)	4.0(4.0,5.0)	<0.001	0.22	0.12	0.006	Kruskal–Wallis
要靠党员干部引领	4.0(2.0,5.0)	4.0(3.0,5.0)	4.0(4.0,5.0)	4.0(4.0,5.0)	<0.001	0.18	<0.001	<0.001	Kruskal–Wallis

(7) 公民对提升社会文明程度相关举措的看法与宗教信仰相关性不强。

有无宗教的中国公民对提升社会文明程度相关举措的看法没有显著差异。秩和检验p值显著高于0.05。但数据直观体现无宗教信仰者更认同党员干部引领作用。

表2—258 有无宗教公民对有关提升社会文明程度的说法的认同差异

	无宗教信仰	有宗教信仰	p-value	Test
要靠提高思想认识	4.0(4.0,5.0)	4.0(4.0,5.0)	0.23	Wilcoxon rank–sum
要靠提高道德水平	4.0(4.0,5.0)	4.0(4.0,5.0)	0.72	Wilcoxon rank–sum
要靠提高文化素养	4.0(4.0,5.0)	4.0(4.0,5.0)	0.56	Wilcoxon rank–sum
要靠党员干部引领	4.0(4.0,5.0)	4.0(3.0,5.0)	0.47	Wilcoxon rank–sum

第八章　公民社会和谐价值观分析

和谐是人类社会追求的重要价值取向，更是中华文明自古以来的核心价值理念，崇尚和谐成为中华民族区别于其他民族的重要精神标识。中国共产党正是把和谐视为中国特色社会主义的本质属性。因此，和谐价值观在社会价值观中居于核心、本质、终极目标的位置，理解公民的社会价值观必需理解公民的和谐价值观。同时，在社会主义核心价值观中，和谐是在国家层面提出的。合理的理解就是，从国家建设或治国理政的角度，社会是"五位一体"中的"一位"，而和谐正是社会的核心价值。"公民国家价值观篇"已经指出，在关于理想社会最重要特点的调查中，和谐以22.2%选择率位居第一位，和谐被认为是理想社会首要特征，与我们社会主义核心价值关于社会维度的价值"和谐"吻合。本章将对和谐价值观自身进行更为细致的考察。

一　公民对社会和谐的理解和描述

1. 公民认为身心和谐、人际和谐、人与自然和谐是和谐最重要的体现

在对和谐社会理想状态的描述中，身心、人际关系、阶层区域与城乡、国际关系以及人与自然的和谐都获得了显著的认同。没有一项的非赞同（包括不赞同、非常不赞同与说不清）占比超过10%。可见，在人们看来和谐社会并不是某一方面的局部和谐，而是需要均衡发展各个方面的全方位设计和规划。在此基础上，赞同度位列前三的是身心和谐（95.57%）、人际关系和谐（94.13%）、人与自然和谐（92.78%）；而"非常赞同"的选择率位列首四位的是人与自然和谐（43.26%）、

第八章 公民社会和谐价值观分析　　405

身心和谐（40.55%）、阶层区域城乡和谐（39.44%）、人际关系和谐（39.27%）。综合来看，公民认为和谐最重要的体现就是身心和谐、人际和谐、人与自然和谐。

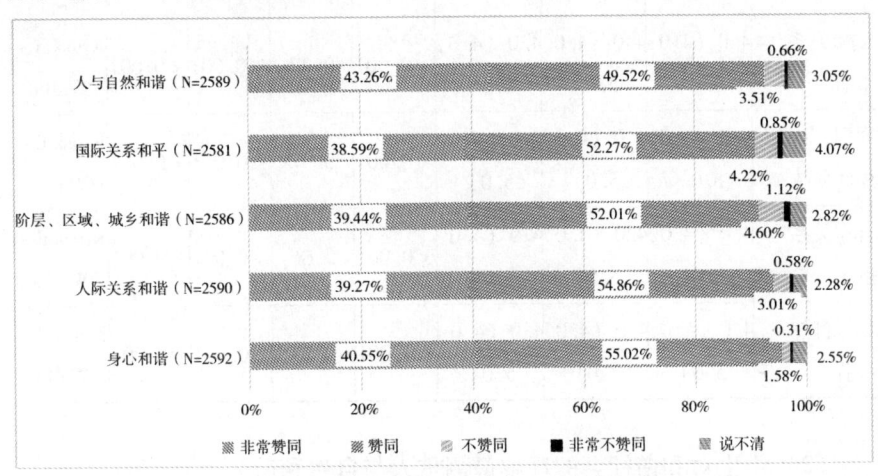

图 2—58　对下列关于和谐社会的描述的看法

（1）群众对和谐社会的理解与党员、团员有着显著的不同，党员、团员则没有显著差异。

不同政治面貌的中国公民对和谐社会基本描述的看法存在显著差异，秩和检验 p 值均 <0.001，显著低于 0.05。从数据统计来看，不同群体对不同问题回答的中位数与区间完全一致，也就是说从宏观统计上看不出具体差异。但是，五个项目中 p12 均显著大于 0.05，而 p23、p13 值均显著小于 0.05，表明党员和团员关于和谐社会的理解没有多大差异，而群众的理解与两者的理解有着显著的差异。

表 2—259　　不同政治面貌公民对和谐社会基本描述的差异

	共产党员	共青团员	群众	p-value	p12	p23	p13	Test
身心和谐	4.0(4.0, 5.0)	4.0(4.0, 5.0)	4.0(4.0, 5.0)	<0.001	0.76	0.003	<0.001	Kruskal-Wallis

续表

	共产党员	共青团员	群众	p-value	p12	p23	p13	Test
人际关系和谐	4.0 (4.0, 5.0)	4.0 (4.0, 5.0)	4.0 (4.0, 5.0)	<0.001	0.37	<0.001	<0.001	Kruskal-Wallis
阶层、区域、城乡和谐	4.0 (4.0, 5.0)	4.0 (4.0, 5.0)	4.0 (4.0, 5.0)	<0.001	0.97	<0.001	<0.001	Kruskal-Wallis
国际关系和平	4.0 (4.0, 5.0)	4.0 (4.0, 5.0)	4.0 (4.0, 5.0)	<0.001	0.66	<0.001	<0.001	Kruskal-Wallis
人与自然和谐	4.0 (4.0, 5.0)	4.0 (4.0, 5.0)	4.0 (4.0, 5.0)	<0.001	0.27	<0.001	<0.001	Kruskal-Wallis

（2）学生对和谐社会的理解最侧重人与自然和谐。

不同职业的中国公民对和谐社会的基本描述的看法存在显著差异，秩和检验 p 值为 <0.001，显著低于 0.05。从数据统计来看，不同群体对前 4 项问题的回答的中位数（4）与区间（4, 5）完全一致，也就是说从宏观统计上看不出具体差异。"人与自然和谐"一项，学生回答的中位数为 5，其他均为 4。表明学生是各群体中最重视人与自然和谐的群体。

表 2—260　不同职业公民对和谐社会基本描述的差异

	机关、党群组织、企业事业单位工作人员	专业技术人员（含教师）	商业、服务业人员	产业工人和农民	学生	p-value	p12	p23	p13	Test
身心和谐	4.0 (4.0, 5.0)	4.0 (4.0, 5.0)	4.0 (4.0, 5.0)	4.0 (4.0, 5.0)	4.0 (4.0, 5.0)	<0.001	0.029	0.99	0.007	Kruskal-Wallis
人际关系和谐	4.0 (4.0, 5.0)	4.0 (4.0, 5.0)	4.0 (4.0, 5.0)	4.0 (4.0, 5.0)	4.0 (4.0, 5.0)	<0.001	0.015	0.87	0.005	Kruskal-Wallis
阶层、区域、城乡和谐	4.0 (4.0, 5.0)	4.0 (4.0, 5.0)	4.0 (4.0, 5.0)	4.0 (4.0, 5.0)	4.0 (4.0, 5.0)	<0.001	0.073	0.54	0.003	Kruskal-Wallis

续表

	机关、党群组织、企业事业单位工作人员	专业技术人员（含教师）	商业、服务业人员	产业工人和农民	学生	p-value	p12	p23	p13	Test
国际关系和平	4.0 (4.0, 5.0)	4.0 (4.0, 5.0)	4.0 (4.0, 5.0)	4.0 (4.0, 5.0)	4.0 (4.0, 5.0)	<0.001	0.12	0.72	0.019	Kruskal–Wallis
人与自然和谐	4.0 (4.0, 5.0)	4.0 (4.0, 5.0)	4.0 (4.0, 5.0)	4.0 (4.0, 5.0)	5.0 (4.0, 5.0)	<0.001	0.29	0.41	0.017	Kruskal–Wallis

（3）公民对和谐社会的理解与受教育程度相关，但宏观统计未显示出具体差异。

不同文化程度的中国公民对和谐社会的基本描述的看法存在显著差异，秩和检验 p 值为<0.001，显著低于 0.05。但从数据统计来看，不同群体对不同问题回答的中位数与区间完全一致，也就是说从宏观统计上看不出具体差异。

表2—261　不同文化程度的中国公民对和谐社会基本描述的差异

	没上过大学	上过大学	p-value	Test
a. 身心和谐	4.0(4.0,5.0)	4.0(4.0,5.0)	<0.001	Wilcoxon rank–sum
b. 人际关系和谐	4.0(4.0,5.0)	4.0(4.0,5.0)	<0.001	Wilcoxon rank–sum
c. 阶层、区域、城乡和谐	4.0(4.0,5.0)	4.0(4.0,5.0)	<0.001	Wilcoxon rank–sum
d. 国际关系和平	4.0(4.0,5.0)	4.0(4.0,5.0)	<0.001	Wilcoxon rank–sum
e. 人与自然和谐	4.0(4.0,5.0)	4.0(4.0,5.0)	<0.001	Wilcoxon rank–sum

（4）公民关于阶层区域城乡和谐、人与自然和谐的看法与收入水平相关，但宏观统计看不出具体差异。

不同收入水平的中国公民对和谐社会的基本描述的看法上，"身心和谐""人际关系和谐"与"国际关系和平"三项的秩和检验 p 值高于 0.05，差异不显著；"阶层、区域、城乡和谐"与"人与自然和谐"两栏的秩和检验 p 值低于 0.05，表明强相关。但从数据统计来看，不同群体对不同问题回答的中位数与区间完全一致,也就是说从宏观统计上看不出具体差异。

表2—262　　不同收入水平公民对和谐社会基本描述的差异

	5万及以下	5万—10万元	10万元以上	p-value	p12	p23	p13	Test
a. 身心和谐	4.0(4.0, 5.0)	4.0(4.0, 5.0)	4.0(4.0, 5.0)	0.076	0.29	0.19	0.026	Kruskal-Wallis
b. 人际关系和谐	4.0(4.0, 5.0)	4.0(4.0, 5.0)	4.0(4.0, 5.0)	0.091	0.50	0.12	0.032	Kruskal-Wallis
c. 阶层、区域、城乡和谐	4.0(4.0, 5.0)	4.0(4.0, 5.0)	4.0(4.0, 5.0)	0.002	0.29	0.012	<0.001	Kruskal-Wallis
d. 国际关系和平	4.0(4.0, 5.0)	4.0(4.0, 5.0)	4.0(4.0, 5.0)	0.093	0.34	0.19	0.031	Kruskal-Wallis
e. 人与自然和谐	4.0(4.0, 5.0)	4.0(4.0, 5.0)	4.0(4.0, 5.0)	0.026	0.25	0.10	0.007	Kruskal-Wallis

(5) 公民对和谐社会的理解与居住地相关,但宏观统计未显示出具体差异。

不同居住地的中国公民对和谐社会的基本描述的看法存在显著差异,秩和检验 p 值均低于 0.05。但从数据统计来看,两类群体对不同问题回答的中位数与区间完全一致,也就是说从宏观统计上看不出具体差异。

表2—263　　不同居住地公民对和谐社会基本描述的差异

	小城镇和农村	城市	p-value	Test
身心和谐	4.0(4.0,5.0)	4.0(4.0,5.0)	<0.001	Wilcoxon rank-sum
人际关系和谐	4.0(4.0,5.0)	4.0(4.0,5.0)	0.028	Wilcoxon rank-sum
阶层、区域、城乡和谐	4.0(4.0,5.0)	4.0(4.0,5.0)	<0.001	Wilcoxon rank-sum
国际关系和平	4.0(4.0,5.0)	4.0(4.0,5.0)	0.006	Wilcoxon rank-sum
人与自然和谐	4.0(4.0,5.0)	4.0(4.0,5.0)	<0.001	Wilcoxon rank-sum

（6）公民对和谐社会的理解与年龄相关，但宏观统计未显示出具体差异。

不同年龄的中国公民对和谐社会的基本描述的看法存在显著差异，秩和检验 p 值均低于 0.05。p12 值均显著大于 0.05，表明 90 后、00 后差异较小。"身心和谐""人与自然和谐"两项 p13 均小于 0.05，表明 95 后、00 后与 80 后对此看法不同。

表 2—264　　　　不同年龄公民对和谐社会基本描述的差异

	95 后与 00 后	90 后	80 后	70 后及以上	p-value	p12	p23	p13	Test
身心和谐	4.0(4.0, 5.0)	4.0(4.0, 5.0)	4.0(4.0, 5.0)	4.0(4.0, 5.0)	0.043	0.26	0.36	0.041	Kruskal–Wallis
人际关系和谐	4.0(4.0, 5.0)	4.0(4.0, 5.0)	4.0(4.0, 5.0)	4.0(4.0, 5.0)	0.002	0.79	0.10	0.068	Kruskal–Wallis
阶层、区域、城乡和谐	4.0(4.0, 5.0)	4.0(4.0, 5.0)	4.0(4.0, 5.0)	4.0(4.0, 5.0)	<0.001	0.35	0.10	0.52	Kruskal–Wallis
国际关系和平	4.0(4.0, 5.0)	4.0(4.0, 5.0)	4.0(4.0, 5.0)	4.0(4.0, 5.0)	<0.001	0.83	0.073	0.050	Kruskal–Wallis
人与自然和谐	4.0(4.0, 5.0)	4.0(4.0, 5.0)	4.0(4.0, 5.0)	4.0(4.0, 5.0)	<0.001	0.97	<0.001	<0.001	Kruskal–Wallis

（7）公民对阶层区域城乡和人与自然的理解与宗教信仰相关，但宏观统计未显示具体差异。

有无宗教信仰的中国公民对和谐社会的基本描述的看法差异分析中，"阶层、区域、城乡和谐"与"人与自然和谐"两栏的秩和检验 p 值低于 0.05，表明有无宗教信仰的中国公民在这两项上看法存在差异，但中位数和区域一致，从宏观上看不出差异。"身心和谐""人际关系和谐"与"国际关系和平"三栏的秩和检验 p 值高于 0.05，表明有无宗教信仰的中国公民在这三项上没有显著差异。

表 2—265　　有无宗教信仰公民对和谐社会基本描述的差异

	无宗教信仰	有宗教信仰	p – value	Test
身心和谐	4.0(4.0,5.0)	4.0(4.0,5.0)	0.38	Wilcoxon rank – sum
人际关系和谐	4.0(4.0,5.0)	4.0(4.0,5.0)	0.72	Wilcoxon rank – sum
阶层、区域、城乡和谐	4.0(4.0,5.0)	4.0(4.0,5.0)	0.027	Wilcoxon rank – sum
国际关系和平	4.0(4.0,5.0)	4.0(4.0,5.0)	0.23	Wilcoxon rank – sum
人与自然和谐	4.0(4.0,5.0)	4.0(4.0,5.0)	0.014	Wilcoxon rank – sum

2. 公民认为民主法治、公平正义是建设和谐社会的关键

和谐社会有很多规定，中国特色社会主义和谐社会有着明确的内容，那就是民主法制、公平正义、诚信友爱、充满活力、安定有序、人与自然和谐相处。在关于建设和谐社会最关键的因素的调查中，民主法治位列首位，其次是公平正义，二者的比例分别是 38.08% 和 31.18%，显著高于其他因素的比例，且合计超过了 50%。可见，民主法治、公平正义被认为是建设和谐社会的关键要素。

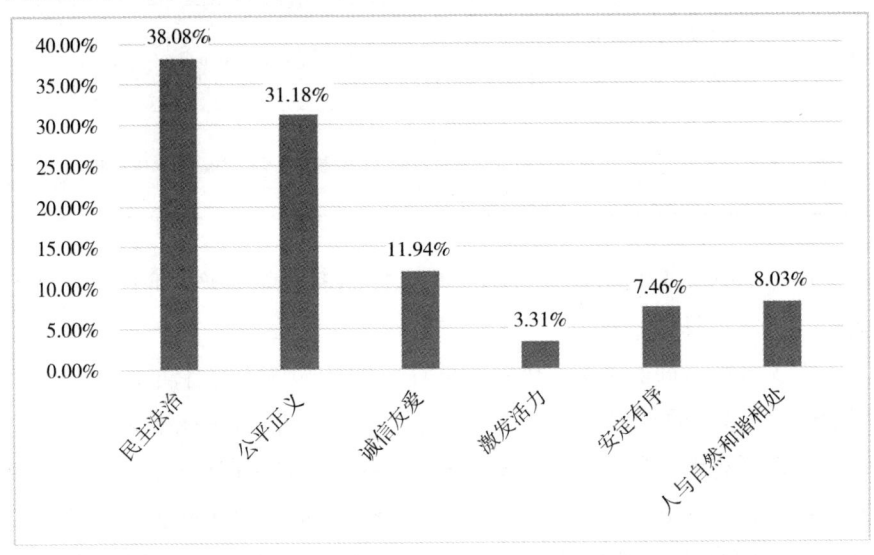

图 2—59　您认为建设和谐社会最关键的是什么（N = 2479）

（1）团员比其他群体更看重民主法治的关键作用。

对建设和谐社会关键因素的看法与政治面貌强相关。卡方检验 p 值 < 0.001，显著低于 0.05。p12、p23 值都显著小于 0.05 而 p13 显著大于 0.05，说明党员和群众差异不大，而团员与两者差异大。三类群体均认为民主法治最关键，激发活力相对不关键，其中团员最倾向于看重民主法治的价值与看轻激发活力的价值。

表 2—266　不同政治面貌公民对建设和谐社会最关键方面的判断差异

	共产党员	共青团员	群众	p-value	p12	p23	p13	Test
民主法治	37.6 (245)	41.3 (274)	35.9 (398)	<0.001	<0.001	0.002	0.42	Pearson's chi-squared
公平正义	32.6 (212)	30.0 (199)	31.4 (348)					
诚信友爱	11.2 (73)	12.5 (83)	12.2 (135)					
激发活力	2.9 (19)	1.7 (11)	4.4 (49)					
安定有序	7.8 (51)	7.4 (49)	7.6 (84)					
人与自然和谐相处	7.8 (51)	7.1 (47)	8.6 (96)					

（2）学生比其他职业公民更看重民主法治在建设和谐社会中的关键作用。

不同职业的中国公民对建设和谐社会的关键的看法存在显著差异。卡方检验 p 值 <0.001，显著低于 0.05。五类群体均认为民主法治最关键，其中以学生最为突出。在最不关键的要素的选择上，各类群体存在差异。机关、党群组织、企业事业单位工作人员和商业、服务业人员以及学生认为激发活力最不关键，其中以商业、服务业人员最为突出。专业技术人员（含教师）认为安定有序相对不关键，产业工人和农民则认为人与自然和谐相处相对不关键。

表 2—267　不同职业公民对建设和谐社会最关键方面的判断差异

	机关、党群组织、企业事业单位工作人员	专业技术人员（含教师）	商业、服务业人员	产业工人和农民	学生	p-value	p12	p23	p13	Test
民主法治	39.4 (223)	36.2 (76)	36.6 (142)	32.4 (45)	39.8 (263)	<0.001	<0.001	0.002	0.42	Pearson's chi-squared
公平正义	30.7 (174)	34.3 (72)	34.8 (135)	27.3 (38)	29.7 (196)					
诚信友爱	9.0 (51)	14.8 (31)	11.1 (43)	17.3 (24)	12.3 (81)					
激发活力	2.1 (12)	6.2 (13)	1.3 (5)	10.1 (14)	2.3 (15)					
安定有序	9.2 (52)	2.4 (5)	7.0 (27)	7.2 (10)	9.1 (60)					
人与自然和谐相处	9.5 (54)	6.2 (13)	9.3 (36)	5.8 (8)	6.8 (45)					

（3）公民受教育程度与其对建设和谐社会的关键要素的看法没有必然关系。

不同受教育程度的中国公民对建设和谐社会的关键的看法没有显著差异。卡方检验 p 值大于 0.05。但数据直观体现，文化程度高的公民更认可民主法治的作用，文化程度低的公民相对更认可激发活力、诚信友爱和公平正义。

表 2—268　不同受教育程度公民对建设和谐社会最关键方面的判断差异

	没上过大学	上过大学	p-value	Test
民主法治	36.4 (277)	39.0 (659)	0.090	Pearson's chi-squared
公平正义	32.0 (244)	30.7 (519)		
诚信友爱	14.3 (109)	10.9 (184)		
激发活力	3.5 (27)	3.1 (52)		
安定有序	6.2 (47)	8.0 (136)		
人与自然和谐相处	7.6 (58)	8.3 (140)		

（4）公民收入状况与其对建设和谐社会的关键要素的看法没有必然关系。

不同收入水平的中国公民对建设和谐社会的关键的看法没有显著差异。卡方检验 p 值显著大于 0.05。

表 2—269　不同收入水平公民对建设和谐社会最关键方面的判断差异

	5 万及以下	5—10 万元	10 万元以上	p-value	p12	p23	p13	Test
民主法治	37.9 (352)	37.8 (324)	37.9 (247)	0.94	0.86	0.98	0.63	Pearson's chi-squared
公平正义	31.2 (290)	31.0 (266)	32.3 (210)					
诚信友爱	12.3 (114)	11.9 (102)	11.5 (75)					
激发活力	4.1 (38)	3.2 (27)	2.6 (17)					
安定有序	6.7 (62)	7.6 (65)	7.8 (51)					
人与自然和谐相处	7.9 (73)	8.5 (73)	7.8 (51)					

（5）城市居民比小城镇和农村居民更看重民主法治、公平正义的关键作用。

不同居住地的中国公民对建设和谐社会的关键的看法存在显著差异，卡方检验 p 值为 0.023，小于 0.05。小城镇、农村居民和城市居民都认为民主法治最关键，但城市居民更看重民主法治、公平正义的价值。小城镇和农村公民的"诚信友爱""激发活力"的选择率则明显高于城市居民。

表 2—270　不同居住地公民对建设和谐社会最关键方面的判断差异

	小城镇和农村	城市	p-value	Test
民主法治	36.6 (325)	38.9 (616)		
公平正义	29.5 (262)	32.0 (507)		
诚信友爱	13.1 (116)	11.4 (180)		

续表

	小城镇和农村	城市	p-value	Test
激发活力	4.7 (42)	2.5 (40)	0.023	Pearson's chi-squared
安定有序	8.3 (74)	7.0 (111)		
人与自然和谐相处	7.8 (69)	8.1 (128)		

（6）80后认为"民主法治"和"公平正义"同等重要。

不同年龄的中国公民对建设和谐社会的关键的看法存在显著差异，卡方检验p值为0.002，显著小于0.05。p12、p23、p13值均小于0.05，表明彼此差异明显。四类群体都认为民主法治最关键，且90后、00后、70后及以上选择率接近，只有80后明显低4—5个百分点。80后也是各群体中选择"民主法治""公平正义"两项百分率最接近的群体，分别是34.8%和34.7%；他们还最不认为"安定有序"是关键，对"人与自然和谐相处"的选择率则高于其他群体。

表2—271　不同年龄公民对建设和谐社会最关键方面的判断差异

	95后与00后	90后	80后	70后及以上	p-value	p12	p23	p13	Test
民主法治	39.2 (219)	39.6 (229)	34.8 (231)	39.1 (258)	0.002	0.012	0.024	0.002	Pearson's chi-squared
公平正义	26.7 (149)	34.7 (201)	34.7 (230)	28.8 (190)					
诚信友爱	14.9 (83)	9.5 (55)	10.1 (67)	12.7 (84)					
激发活力	2.5 (14)	2.2 (13)	4.1 (27)	4.1 (27)					
安定有序	8.8 (49)	8.1 (47)	6.3 (42)	7.0 (46)					
人与自然和谐相处	7.9 (44)	5.9 (34)	10.0 (66)	8.3 (55)					

（7）公民对建设和谐社会关键的看法与宗教信仰没有明显关联。

有无宗教信仰的中国公民对建设和谐社会的关键的看法没有显著差

异,卡方检验 p 值显著大于 0.05。直观数据表明,有宗教信仰者相对更看重民主法治的价值,而无宗教信仰者更看重公平正义,他们同等重视人与自然和谐相处。

表 2—272　有无宗教信仰公民对建设和谐社会最关键方面的判断差异

	无宗教信仰	有宗教信仰	p - value	Test
民主法治	38.6 (788)	39.6 (99)	0.92	Pearson's chi - squared
公平正义	30.7 (626)	27.6 (69)		
诚信友爱	11.7 (239)	13.6 (34)		
激发活力	2.7 (56)	2.8 (7)		
安定有序	7.8 (160)	8.0 (20)		
人与自然和谐相处	8.4 (172)	8.4 (21)		

二　公民对当今中国社会和谐状况的评价

1. 大多数公民对中国社会的和谐状态总体上比较满意

在对中国社会和谐程度的评价中,76.31% 的受访公民认同或非常认同中国比别国更和谐,85.85% 的受访者认同或非常认同当今中国比以前更和谐了,81.51% 的受访者认同或非常认同中国社会未来会更加和谐。可见,公民对中国社会的和谐状况普遍比较满意。

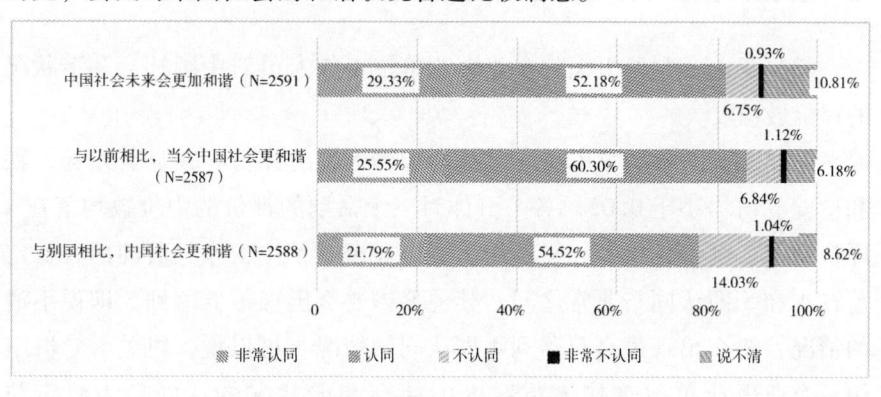

图 2—60　对中国社会和谐程度的评价

(1) 党员、群众比团员更倾向于认为中国比别的国家更和谐。

不同政治面貌的中国公民对中国社会和谐程度的评价中，在"与以前相比，当今中国更和谐了"一栏中，秩和检验 p 值显著大于 0.05，表明这一项没有显著差异。在"与别国相比，中国更和谐""中国社会未来会更加和谐"两栏中，秩和检验 p 值均小于 0.05，表明不同政治面貌的中国公民在这两项上存在显著差异。在中位数均为 4 的情况下，团员对"与别国相比，中国更和谐"的回答最低落在 3 即说不清上，低于党员和群众的 4（认同）。这说明团员对中国和谐状况评价低于另外两个群体。

表 2—273　不同政治面貌公民对中国社会和谐程度的评价差异

	共产党员	共青团员	群众	p – value	p12	p23	p13	Test
与别国相比，中国更和谐	4.0(4.0, 4.0)	4.0(3.0, 4.0)	4.0(4.0, 4.0)	0.043	0.017	0.050	0.46	Kruskal – Wallis
与以前相比，当今中国更和谐了	4.0(4.0, 5.0)	4.0(4.0, 4.0)	4.0(4.0, 5.0)	0.21	0.51	0.31	0.091	Kruskal – Wallis
中国社会未来会更加和谐	4.0(4.0, 5.0)	4.0(4.0, 5.0)	4.0(4.0, 5.0)	0.007	0.13	0.13	0.002	Kruskal – Wallis

(2) 机关、党群组织、企业事业单位工作人员对中国社会和谐状况的评价最积极。

不同职业的中国公民对中国社会和谐程度的评价存在显著差异，秩和检验 p 值均小于 0.05。各个群体对三个命题的评价的中位数均落在 4 即认同上。其中，机关、党群组织、企业事业单位工作人员的回答稳定落在 4 和 5 即认同与非常之间，其他群体要么出现最低落到 3 即说不清的情况，要么出现最高只落到 4 即认同的情况。可以说，机关、党群组织、企业事业单位工作人员对中国社会和谐状况的认同最为坚定与强烈。

表 2—274　　不同职业公民对中国社会和谐程度的评价差异

	机关、党群组织、企业事业单位工作人员	专业技术人员（含教师）	商业、服务业人员	产业工人和农民	学生	p-value	p12	p23	p13	Test
与别国相比，中国更和谐	4.0 (4.0, 5.0)	4.0 (3.0, 4.0)	4.0 (4.0, 4.0)	4.0 (3.0, 4.0)	4.0 (3.0, 4.0)	<0.001	<0.001	<0.001	0.012	Kruskal-Wallis
与以前相比，当今中国更和谐了	4.0 (4.0, 5.0)	4.0 (4.0, 4.0)	4.0 (4.0, 4.0)	4.0 (3.0, 4.0)	4.0 (4.0, 4.0)	0.001	<0.001	0.003	0.19	Kruskal-Wallis
中国社会未来会更加和谐	4.0 (4.0, 5.0)	4.0 (4.0, 4.0)	4.0 (4.0, 4.0)	4.0 (3.0, 4.0)	4.0 (4.0, 5.0)	0.040	0.003	0.008	0.67	Kruskal-Wallis

（3）受教育程度低的公民更认同中国比别国更和谐。

不同文化程度的中国公民对中国社会和谐程度的评价上，在"与以前相比，当今中国更和谐了""中国社会未来会更加和谐"两栏中，秩和检验 p 值分别为 0.93 和 0.80，显著大于 0.05，表明没有显著差异。在"与别国相比，中国更和谐"一栏中，秩和检验 p 值显著小于 0.05，表明不同文化程度的中国公民在这一项上存在显著差异。在中位数相等的情况下，上过大学公民的回答落在 4 和 4 即认同上，没上过大学公民的回答落在 4 和 5 即认同和非常认同之间。表明文化程度低的公民对中国和谐状况优越性的认同要强烈一些。

表 2—275　　不同文化程度公民对中国社会和谐程度的评价差异

	没上过大学	上过大学	p-value	Test
与别国相比，中国更和谐	4.0 (4.0, 5.0)	4.0 (4.0, 4.0)	<0.001	Wilcoxon rank-sum
与以前相比，当今中国更和谐了	4.0 (4.0, 5.0)	4.0 (4.0, 4.0)	0.93	Wilcoxon rank-sum
中国社会未来会更加和谐	4.0 (4.0, 5.0)	4.0 (4.0, 5.0)	0.80	Wilcoxon rank-sum

(4) 低收入公民更倾向于认为中国比别国更和谐。

不同收入水平的中国公民对中国社会和谐程度的评价中,在"与以前相比,当今中国更和谐了""中国社会未来会更加和谐"两栏中,秩和检验 p 值分别为 0.42 和 0.63,显著大于 0.05,表明这两项上没有显著差异。在"与别国相比,中国更和谐"一栏中,秩和检验 p 值显著小于 0.05,表明不同收入水平的中国公民在这一项上存在显著差异。p12、p13 小于 0.05 而 p23 大于 0.05,即家庭年收入 5 万元及以下的公民与其他公民有显著差异。在中位数相等的情况下,家庭年收入 5 万及以下的公民的回答落在 4 和 5 即认同与非常认同之间,收入 5 万—10 万的公民的回答落在 3 和 4 即说不清和认同之间,收入高于 10 万的公民的回答落在 4 和 4 即认同上。可见,低收入公民更认同中国比别国更和谐。

表2—276　　不同收入水平公民对中国社会和谐程度的评价差异

	5万及以下	5万—10万元	10万元以上	p-value	p12	p23	p13	Test
与别国相比,中国更和谐	4.0(4.0, 5.0)	4.0(3.0, 4.0)	4.0(4.0, 4.0)	0.007	0.004	0.69	0.022	Kruskal - Wallis
与以前相比,当今中国更和谐了	4.0(4.0, 5.0)	4.0(4.0, 4.0)	4.0(4.0, 4.0)	0.42	0.23	0.91	0.31	Kruskal - Wallis
中国社会未来会更加和谐	4.0(4.0, 5.0)	4.0(4.0, 5.0)	4.0(4.0, 5.0)	0.63	0.37	0.90	0.48	Kruskal - Wallis

(5) 城市居民更认同中国比过去更和谐。

不同居住地的中国公民对中国社会和谐程度的评价中,在"与别国相比,中国更和谐""中国社会未来会更加和谐"两栏中,秩和检验 p 值分别为 0.14 和 0.10,均大于 0.05,表明这两项上没有显著差异。在"与以前相比,当今中国更和谐了"一栏中,秩和检验 p 值<0.001,显著低于 0.05,表明不同居住地的中国公民在这一项上存在显著差异。在回答

的中位数相等的情况下,小城镇和农村居民的回答落在 4 和 4 即认同上,城市居民回答落在 4 和 5 即认同和非常认同之间。可见,城市居民对中国社会和谐状况的进步的认同要强烈一些。

表 2—277　　不同居住地公民对中国社会和谐程度的评价差异

	小城镇和农村	城市	p – value	Test
与别国相比,中国更和谐	4.0(4.0,4.0)	4.0(4.0,4.0)	0.14	Wilcoxon rank – sum
与以前相比,当今中国更和谐了	4.0(4.0,4.0)	4.0(4.0,5.0)	<0.001	Wilcoxon rank – sum
中国社会未来会更加和谐	4.0(4.0,5.0)	4.0(4.0,5.0)	0.10	Wilcoxon rank – sum

(6) 80 后及以上比年青一代更认同中国比别国和谐,70 后及以上对中国比过去更和谐的认同比其他年龄段低。

不同年龄的中国公民对中国社会和谐程度的评价中"中国社会未来会更加和谐"一栏中,秩和检验 p 值显著大于 0.05,表明没有显著差异。在"与别国相比,中国更和谐""与以前相比,当今中国更和谐了"两项中,秩和检验 p 值均小于 0.05,表明这两项上差异显著。所有年龄段群体的回答的中位数都落在 4 即认同上,回答的最高分也都落在 4 上;90 年代以后出生的公民中出现了回答落在 3 即说不清上。这些年轻人对中国和谐状况优越性的认同不如更年长的人坚定。在"与以前相比,当今中国更和谐了"一栏中,所有回答的中位数落在 4 上,回答的最低分也落都在 4 上;95 后、00 后和 80 后中出现了回答落在 5 即非常认同上的现象;p12 为 0.054 大于 0.05,表明差异不显著。因此,可以推断,70 后及以上对中国社会和谐状况的进步的认同相对弱些。

表 2—278　　不同年龄公民对中国社会和谐程度的评价差异

	95 后与 00 后	90 后	80 后	70 后及以上	p – value	p12	p23	p13	Test
与别国相比,中国更和谐	4.0(3.0,4.0)	4.0(3.0,4.0)	4.0(4.0,4.0)	4.0(4.0,4.0)	0.014	0.58	0.038	0.008	Kruskal – Wallis

续表

	95后与00后	90后	80后	70后及以上	p-value	p12	p23	p13	Test
与以前相比，当今中国更和谐了	4.0(4.0,5.0)	4.0(4.0,4.0)	4.0(4.0,5.0)	4.0(4.0,4.0)	0.024	0.054	0.080	0.82	Kruskal-Wallis
中国社会未来会更加和谐	4.0(4.0,5.0)	4.0(4.0,5.0)	4.0(4.0,5.0)	4.0(4.0,5.0)	0.55	0.14	0.45	0.44	Kruskal-Wallis

（7）公民对当前中国社会和谐程度评价与宗教信仰没有明显关联性。

有无宗教信仰的中国公民对中国社会和谐程度的评价没有显著差异，秩和检验 p 值均大于 0.05。

表 2—279　有无宗教信仰公民对中国社会和谐程度的评价差异

	无宗教信仰	有宗教信仰	p-value	Test
与别国相比，中国更和谐	4.0(4.0,4.0)	4.0(4.0,4.0)	0.93	Wilcoxon rank-sum
与以前相比，当今中国更和谐了	4.0(4.0,5.0)	4.0(4.0,4.0)	0.086	Wilcoxon rank-sum
中国社会未来会更加和谐	4.0(4.0,5.0)	4.0(4.0,5.0)	0.28	Wilcoxon rank-sum

2. 公民认为当前和谐社会建设中做得最好的是安定有序，最不够的是人与自然和谐相处和公平正义

在对中国和谐社会建设的评价中，公民总体倾向于认为安定有序是目前做得最好的，人与自然和谐相处是做得最不足的，选择率分别达到42.27%和32%，都显著高于其他选项，前者高出第二名24.15个百分点，后者高出第二名5.05个百分点。在目前做得最好的选项中，民主法治排在第二（18.12%），在做得不好的选项中排第四（11.68%），这表明中国民主法治的进步总体很明显。在做得最不够的排行中，公平正义排在第二（26.95%）。

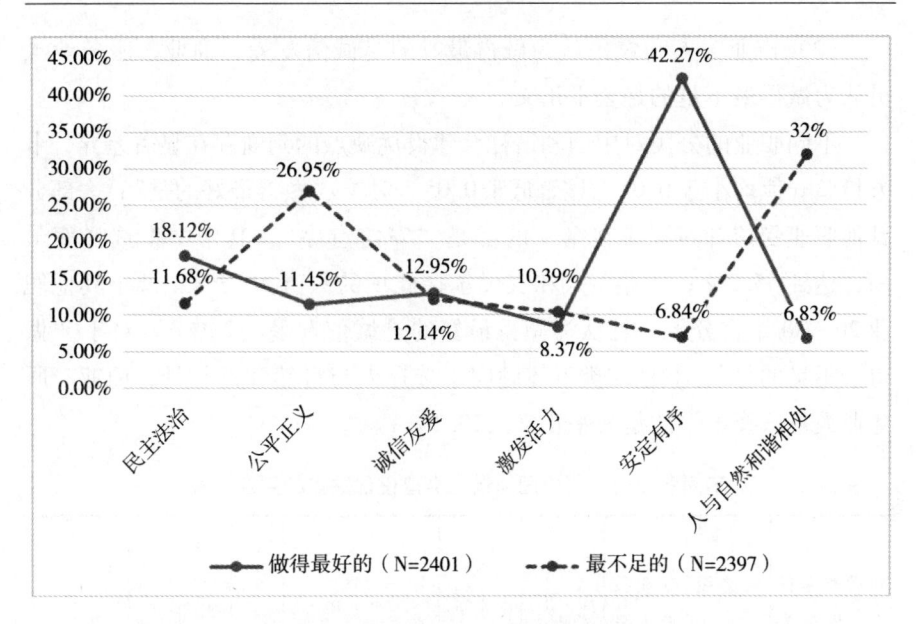

[图表：当前中国和谐社会建设优缺点，横轴依次为 民主法治、公平正义、诚信友爱、激发活力、安定有序、人与自然和谐相处；做得最好的（N=2401）数值分别为 18.12%、11.45%、12.95%、10.39%、42.27%、6.83%；最不足的（N=2397）数值分别为 11.68%、26.95%、12.14%、8.37%、6.84%、32%]

图 2—61　当前中国和谐社会建设优缺点

（1）团员比其他群体更认为当前安定有序做得最好。

不同政治面貌的中国公民对中国和谐社会建设优缺点的判断存在显著差异，卡方检验 p 值均 < 0.01，显著低于 0.05，表明强相关。p12、p23、p13 值均小于 0.05，表明彼此差异明显。做得最好与做得最不足的两项分别是安定有序和人与自然和谐相处。团员对安定有序状况的认同（52%）显著强于党员（45.9%）与群众（34.6%），最大差距达 17.4 个百分点。三者对人与自然和谐相处状况的评价差异不大。但相对而言，团员最认为这点做得不够。

表 2—280　不同政治面貌公民对中国和谐社会建设优缺点的判断差异

		共产党员	共青团员	群众	p-value	p12	p23	p13	Test
做得最好的是	安定有序	45.9 (292)	52.0 (336)	34.6 (369)	<0.001	0.011	<0.001	<0.001	Pearson's chi-squared
做得最不足的是	人与自然和谐相处	32.2 (204)	32.4 (211)	31.5 (336)	<0.001	0.017	<0.001	0.015	Pearson's chi-squared

（2）产业工人和农民认为做得最好的是诚信友爱，商业、服务业人员认为做得最不足的是公平正义。

不同职业的公民对中国和谐社会建设优缺点的判断存在显著差异，卡方检验 p 值均小于 0.01，显著低于 0.05。对于"做得最好的是"，大部分其他职业受访者回答排在第一的都是"安定有序"，其中学生选择率最高，达到 55.2%；产业工人和农民选择此项的只有 19.3%，低于其他职业 20—30 个百分点，且认为做得最好的是诚信友爱（23%）。对于"做得最不足的是"，其他四类群体倾向于选择人与自然和谐相处，商业、服务业人员选择最多的是公平正义（29.1%）。

表 2—281　不同职业公民对中国和谐社会建设优缺点的判断差异

建设和谐社会，您认为目前做得最好的是	机关、党群组织、企业事业单位工作人员	专业技术人员（含教师）	商业、服务业人员	产业工人和农民	学生	p-value	p12	p23	p13	Test
民主法治	20.4 (112)	24.0 (49)	17.0 (64)	11.9 (16)	18.4 (118)					
公平正义	12.4 (68)	11.8 (24)	12.0 (45)	20.0 (27)	7.2 (46)					
诚信友爱	13.5 (74)	11.8 (24)	13.6 (51)	23.0 (31)	7.3 (47)	<0.001	0.39	0.090	0.74	Pearson's chi-squared
激发活力	8.0 (44)	5.4 (11)	8.0 (30)	11.1 (15)	8.6 (55)					
安定有序	39.1 (215)	43.1 (88)	40.7 (153)	19.3 (26)	55.2 (355)					
人与自然和谐相处	6.7 (37)	3.9 (8)	8.8 (33)	14.8 (20)	3.4 (22)					
建设和谐社会，您认为最不足的是						p-value	p12	p23	p13	Test

续表

建设和谐社会，您认为目前做得最好的是	机关、党群组织、企业事业单位工作人员	专业技术人员（含教师）	商业、服务业人员	产业工人和农民	学生	p-value	p12	p23	p13	Test
民主法治	8.4 (46)	10.2 (21)	12.7 (48)	12.7 (17)	13.6 (89)	<0.001	0.17	0.040	0.11	Pearson's chi-squared
公平正义	26.5 (145)	22.9 (47)	29.1 (110)	20.9 (28)	25.9 (169)					
诚信友爱	16.2 (89)	9.8 (20)	14.3 (54)	8.2 (11)	10.7 (70)					
激发活力	10.6 (58)	13.2 (27)	11.6 (44)	7.5 (10)	10.1 (66)					
安定有序	6.2 (34)	6.3 (13)	6.9 (26)	17.9 (24)	3.7 (24)					
人与自然和谐相处	32.1 (176)	37.6 (77)	25.4 (96)	32.8 (44)	36.0 (235)					

（3）公民受教育程度越高越倾向于认为安定有序做得最好。

不同受教育程度公民对中国和谐社会建设优缺点的判断存在显著差异，卡方检验 p 值均 <0.01，显著低于 0.05。做得最好与做得最不足的两项分别是安定有序和人与自然和谐相处。上过大学的公民对安定有序状况的认同显著强于没上过大学的公民，相差 15.5 个百分点；对人与自然和谐相处状况的不满略微强于后者。

表2—282　不同受教育程度公民对中国和谐社会建设优缺点的判断差异

		没上过大学	上过大学	p-value	Test
做得最好的是	安定有序	31.8 (236)	47.3 (771)	<0.001	Pearson's chi-squared
做得最不足的是	人与自然和谐相处	31.7 (231)	32.3 (530)	<0.001	Pearson's chi-squared

（4）公民收入越高越倾向于认为做得最好的是安定有序。

不同收入水平公民对中国和谐社会建设优缺点的判断存在显著差异，卡方检验 p 值均低于 0.05。做得最好与做得最不足的两项分别是安定有序和人与自然和谐相处。公民对安定有序的认同随着收入的增长显著增强，最大差值达 15 个百分点。高收入群体最认同人与自然和谐做得最不好。

表 2—283　不同收入水平公民对中国和谐社会建设优缺点的判断差异

		5 万及以下	5—10 万元	10 万元以上	p-value	p12	p23	p13	Test
做得最好的是	安定有序	35.4 (317)	43.5 (363)	50.4 (319)	<0.001	<0.001	0.079	<0.001	Pearson's chi–squared
做得最不足的是	人与自然和谐相处	31.9 (284)	31.3 (261)	33.4 (212)	0.025	0.075	0.53	0.007	Pearson's chi–squared

（5）公民年龄越小越认为安定有序做得最好。

不同年龄公民对中国和谐社会建设优缺点的判断中，"做得最不足的是"一栏的卡方检验 p 值为 0.098，大于 0.05，表明这一项上没有显著差异。"做得最好的是"一栏的卡方检验 p 值 <0.001，显著低于 0.05，表明这一项存在显著差异。随着年龄的增长，公民对安定有序的认同显著变弱，最大差值达 13 个百分点。95 后与 00 后最不满意人与自然和谐相处状况。

表 2—284　不同年龄公民对中国和谐社会建设优缺点的判断差异

		95 后与 00 后	90 后	80 后	70 后及以上	p-value	p12	p23	p13	Test
做得最好的是	安定有序	48.4 (264)	47.9 (267)	39.7 (257)	35.4 (224)	<0.001	0.27	0.023	<0.001	Pearson's chi–squared
做得最不足的是	人与自然和谐相处	34.6 (190)	30.5 (173)	31.4 (201)	31.8 (198)	0.098	0.33	0.41	0.81	Pearson's chi–squared

（6）无宗教信仰的公民更倾向于认为安定有序做得最好。

有无宗教信仰公民对中国和谐社会建设优缺点的判断存在显著差异，卡方检验 p 值均 <0.01，显著低于 0.05。做得最好与做得最不足的两项分别是安定有序和人与自然和谐相处。无宗教信仰的公民对安定有序状况的认同显著强于有宗教信仰的公民，对人与自然和谐相处状况的不满略微强于后者。

表 2—285　有无宗教信仰公民对中国和谐社会建设优缺点的判断差异

		无宗教信仰	有宗教信仰	p-value	Test
做得最好的是	安定有序	44.1（871）	36.0（87）	0.011	Pearson's chi-squared
做得最不足的是	人与自然和谐相处	32.1（634）	30.6（74）	0.002	Pearson's chi-squared

（7）公民对当前中国社会和谐状况的评价与居住地关联性不强。

不同居住地公民对中国和谐社会建设优缺点的判断没有显著差异，卡方检验 p 值分别是 0.63 和 0.47，均显著大于 0.05。直观数据体现，小城镇和农村居民更满意安定有序，城市居民更不满人与自然和谐相处状况。

表 286　不同居住地公民对中国和谐社会建设优缺点的判断差异

		小城镇和农村	城市	p-value	Test
做得最好的是	安定有序	43.7（376）	41.4（635）	0.63	Pearson's chi-squared
做得最不足的是	人与自然和谐相处	30.9（269）	32.8（498）	0.47	Pearson's chi-squared

3. 社会贫富差距大是当今中国社会不够和谐的主要原因

调查数据显示，认为贫富差距大是社会不够和谐的主要原因的公民最多，在响应百分比和个案百分比上均显著高于选择其他因素的公民。政府社会治理能力不够、社会不公正现象严重、公民素质较低、精神文明与物质文明发展失衡也是重要的因素，均占有超过 10% 的响应百分比。

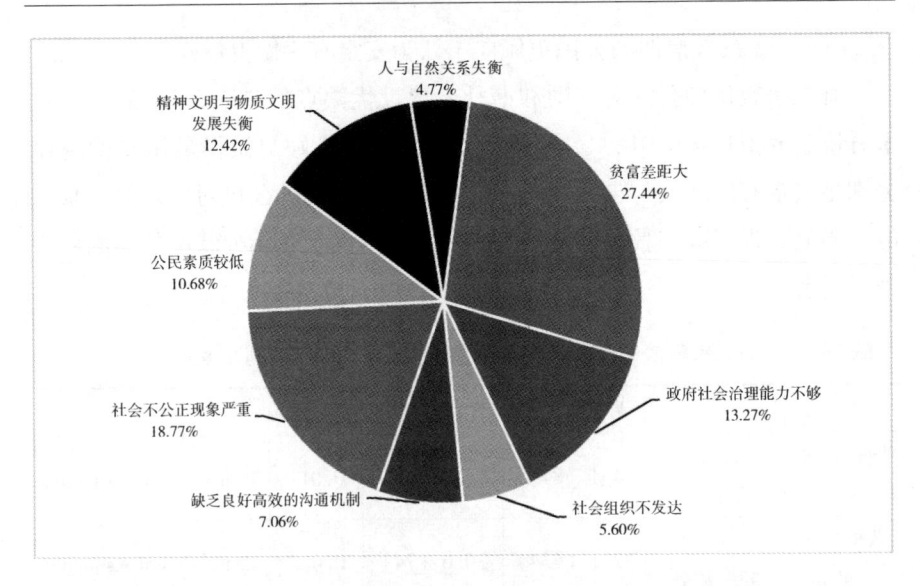

图 2—62　当今中国社会不够和谐的主要原因（N = 5073）

三　公民关于社会和谐基本要求的看法

1. 公民突出强调身心健康在和谐社会中的基础性

在关于社会和谐基本要求的调查中，身心健康、人际关系没有重大冲突、城乡区域和阶层贫富差距逐渐缩小、国家之间没有战争、没有重大生态危机都获得了显著的认同；没有一项的非赞同（包括不赞同、非常不赞同与说不清）占比超过 10%。表明公民都自觉不自觉地认识到，和谐社会的基础、底线要求是系统性的，缺一不可。但是，公民对身心健康的关注尤为突出，赞同（包括同意和非常同意）的占比达 97.15%，显著高于其他选项。

2. 公民关于社会和谐基本要求的差异分析

（1）群众关于和谐的生态基础的认识明显弱于党员、团员。

不同政治面貌的中国公民对和谐社会基本要求相关描述的看法中。"身心健康""城乡、区域、阶级贫富差距逐渐缩小"两栏的秩和检验 p 值大于 0.05，没有显著差异。"人际关系没有重大冲突""国家之间没有战争"与"没有重大生态危机"三栏的秩和检验 p 值小于 0.05，表明差

第八章　公民社会和谐价值观分析

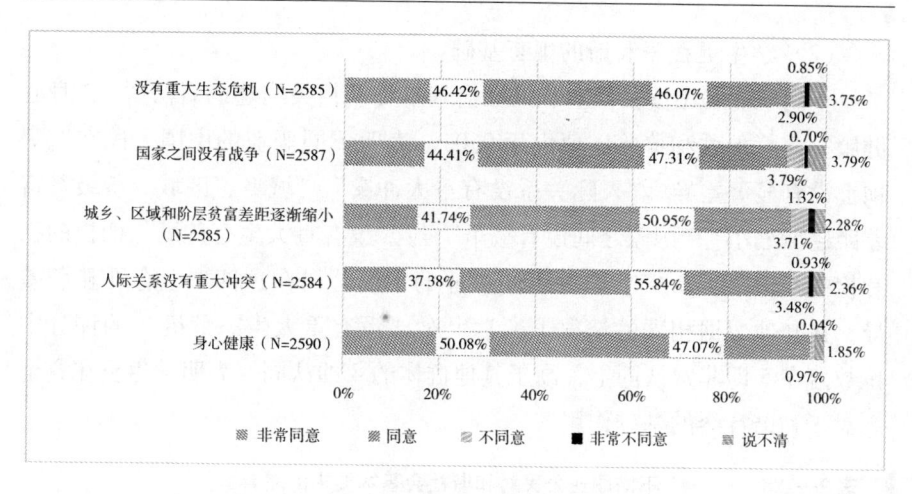

图中数据：

- 没有重大生态危机（N=2585）：46.42%，46.07%，0.85%，2.90%，3.75%
- 国家之间没有战争（N=2587）：44.41%，47.31%，0.70%，3.79%，3.79%
- 城乡、区域和阶层贫富差距逐渐缩小（N=2585）：41.74%，50.95%，1.32%，3.71%，2.28%
- 人际关系没有重大冲突（N=2584）：37.38%，55.84%，0.93%，3.48%，2.36%
- 身心健康（N=2590）：50.08%，47.07%，0.04%，0.97%，1.85%

图例：非常同意　同意　不同意　非常不同意　说不清

图 2—63　对和谐社会基本要求的看法

异显著。在其他数据一致的情况下，群众对"没有重大生态危机"的评分中位数落在 4 即认同上，低于党员和团员的 5（非常认同）。可以推断，群众对生态基础之于和谐的重要性认识比其他群体稍弱。

表 2—287　　不同政治面貌公民对和谐社会基本要求的差异

	共产党员	共青团员	群众	p-value	p12	p23	p13	Test
身心健康	5.0(4.0, 5.0)	5.0(4.0, 5.0)	4.0(4.0, 5.0)	0.065	0.78	0.077	0.039	Kruskal-Wallis
人际关系没有重大冲突	4.0(4.0, 5.0)	4.0(4.0, 5.0)	4.0(4.0, 5.0)	0.012	0.87	0.012	0.016	Kruskal-Wallis
城乡、区域和阶层贫富差距逐渐缩小	4.0(4.0, 5.0)	4.0(4.0, 5.0)	4.0(4.0, 5.0)	0.12	0.81	0.068	0.11	Kruskal-Wallis
国家之间没有战争	4.0(4.0, 5.0)	4.0(4.0, 5.0)	4.0(4.0, 5.0)	0.001	0.29	<0.001	0.017	Kruskal-Wallis
没有重大生态危机	5.0(4.0, 5.0)	5.0(4.0, 5.0)	4.0(4.0, 5.0)	<0.001	0.87	<0.001	<0.001	Kruskal-Wallis

(2) 学生更在意和谐的生态基础。

不同职业的中国公民对和谐社会基本要求相关描述的看法中,"身心健康"一栏的秩和检验 p 值大于 0.05,表明不同职业的中国公民在这一项上没有显著差异。"人际关系没有重大冲突""城乡、区域、阶级贫富差距逐渐缩小""国家之间没有战争"与"没有重大生态危机"四栏的秩和检验 p 值小于 0.05,表明不同职业的中国公民在这四项上存在显著差异。在其他数据相同的情况下,学生对"没有重大生态危机"的评分中位数落在 5 即非常认同上,高于其他群体的 4 即认同。表明学生更在意生态对于和谐社会的基础作用。

表 2—288　　不同职业公民对和谐社会基本要求的差异

	机关、党群组织、企业事业单位工作人员	专业技术人员（含教师）	商业、服务业人员	产业工人和农民	学生	p-value	p12	p23	p13	Test
身心健康	5.0 (4.0, 5.0)	5.0 (4.0, 5.0)	4.0 (4.0, 5.0)	5.0 (4.0, 5.0)	5.0 (4.0, 5.0)	0.29	0.68	0.20	0.029	Kruskal-Wallis
人际关系没有重大冲突	4.0 (4.0, 5.0)	4.0 (4.0, 5.0)	4.0 (4.0, 5.0)	4.0 (4.0, 5.0)	4.0 (4.0, 5.0)	0.008	0.24	0.31	0.007	Kruskal-Wallis
城乡、区域和阶层贫富差距逐渐缩小	4.0 (4.0, 5.0)	4.0 (4.0, 5.0)	4.0 (4.0, 5.0)	4.0 (4.0, 5.0)	4.0 (4.0, 5.0)	0.015	0.36	0.14	0.002	Kruskal-Wallis
国家之间没有战争	4.0 (4.0, 5.0)	4.0 (4.0, 5.0)	4.0 (4.0, 5.0)	4.0 (4.0, 5.0)	4.0 (4.0, 5.0)	<0.001	0.003	0.44	0.008	Kruskal-Wallis
没有重大生态危机	4.0 (4.0, 5.0)	4.0 (4.0, 5.0)	4.0 (4.0, 5.0)	4.0 (4.0, 5.0)	5.0 (4.0, 5.0)	<0.001	0.22	0.29	0.004	Kruskal-Wallis

(3) 公民对和谐社会基本要求与受教育程度相关,但宏观统计看不出具体差异。

不同受教育程度的中国公民对和谐社会基本要求相关描述的看法中,

"身心健康"一栏的秩和检验 p 值大于 0.05，表明不同受教育程度中国公民在这一项上没有显著差异，但直观数据显示，上过大学的受访者的中位数（5）比没上过大学的受访者中位数（4）高。"人际关系没有重大冲突""城乡、区域、阶级贫富差距逐渐缩小""国家之间没有战争"与"没有重大生态危机"四栏的秩和检验 p 值小于 0.05，表明不同受教育程度的中国公民在这四项上存在显著差异。但是，两类群体的数据没有差别，在宏观统计中看不到具体差异。

表 2—289 不同受教育程度公民对和谐社会基本要求的差异

	没上过大学	上过大学	p – value	Test
身心健康	4.0 (4.0, 5.0)	5.0 (4.0, 5.0)	0.17	Wilcoxon rank – sum
人际关系没有重大冲突	4.0 (4.0, 5.0)	4.0 (4.0, 5.0)	<0.001	Wilcoxon rank – sum
城乡、区域和阶层贫富差距逐渐缩小	4.0 (4.0, 5.0)	4.0 (4.0, 5.0)	<0.001	Wilcoxon rank – sum
国家之间没有战争	4.0 (4.0, 5.0)	4.0 (4.0, 5.0)	<0.001	Wilcoxon rank – sum
没有重大生态危机	4.0 (4.0, 5.0)	4.0 (4.0, 5.0)	<0.001	Wilcoxon rank – sum

（4）收入高的群体更认同和谐的生态基础。

不同收入水平的中国公民对和谐社会基本要求相关描述的看法中，"身心健康""国家之间没有战争"两栏的秩和检验 p 值大于 0.05，表明没有显著差异。"人际关系没有重大冲突""城乡、区域、阶级贫富差距逐渐缩小"与"没有重大生态危机"三栏的秩和检验 p 值小于 0.05，表明存在显著差异。在其他数据一致的情况下，家庭年收入 10 万以上的群体对"没有重大生态危机"的评分中位数落在 5 即非常认同上，高于其他群体的 4（认同）。可以推断，收入高的群体对和谐的生态基础更看重。

表 2—290　　不同收入水平公民对和谐社会基本要求的差异

	5万及以下	5万—10万元	10万元以上	p-value	p12	p23	p13	Test
身心健康	4.0(4.0, 5.0)	4.0(4.0, 5.0)	5.0(4.0, 5.0)	0.21	0.38	0.35	0.082	Kruskal-Wallis
人际关系没有重大冲突	4.0(4.0, 5.0)	4.0(4.0, 5.0)	4.0(4.0, 5.0)	0.039	0.075	0.41	0.017	Kruskal-Wallis
城乡、区域和阶层贫富差距逐渐缩小	4.0(4.0, 5.0)	4.0(4.0, 5.0)	4.0(4.0, 5.0)	0.033	0.030	0.75	0.024	Kruskal-Wallis
国家之间没有战争	4.0(4.0, 5.0)	4.0(4.0, 5.0)	4.0(4.0, 5.0)	0.23	0.54	0.25	0.093	Kruskal-Wallis
没有重大生态危机	4.0(4.0, 5.0)	4.0(4.0, 5.0)	5.0(4.0, 5.0)	0.002	0.023	0.17	<0.001	Kruskal-Wallis

(5) 城市居民比小城镇和农村居民更注重身心健康对于和谐的基础性。

不同居住地的中国公民对和谐社会基本要求相关描述的看法存在显著差异，秩和检验 p 值均小于 0.05。在其他数据一致的情况下，城市居民对"身心健康"的评分中位数落在 5 即非常认同上，高于小城镇和农村居民的 4（认同）。因此，城市居民更注重身心健康对于和谐的基础性。

表 2—291　　不同居住地公民对和谐社会基本要求的差异

	小城镇和农村	城市	p-value	Test
身心健康	4.0 (4.0, 5.0)	5.0 (4.0, 5.0)	0.006	Wilcoxon rank-sum
人际关系没有重大冲突	4.0 (4.0, 5.0)	4.0 (4.0, 5.0)	<0.001	Wilcoxon rank-sum
城乡、区域和阶层贫富差距逐渐缩小	4.0 (4.0, 5.0)	4.0 (4.0, 5.0)	0.001	Wilcoxon rank-sum

	小城镇和农村	城市	p‑value	Test
国家之间没有战争	4.0 (4.0, 5.0)	4.0 (4.0, 5.0)	<0.001	Wilcoxon rank‑sum
没有重大生态危机	4.0 (4.0, 5.0)	4.0 (4.0, 5.0)	<0.001	Wilcoxon rank‑sum

（6）年青一代更加强调和谐的生存基础。

不同年龄的中国公民对和谐社会基本要求相关描述的看法中，"身心健康"一栏的秩和检验 p 值大于 0.05，表明没有显著差异。"人际关系没有重大冲突""城乡、区域、阶级贫富差距逐渐缩小""国家之间没有战争"与"没有重大生态危机"四栏的秩和检验 p 值小于 0.05，表明不同年龄的中国公民在这四项上存在显著差异。在其他数据相同的情况下，90 后、95 后与 00 后关于"没有重大生态危机"的选择中位数落在 5 即非常认同上，高于其他群体的 4 即认同。可以说，年青一代更加强调和谐的生态基础。

表 2—292　　不同年龄公民对和谐社会基本要求的差异

	95 后与 00 后	90 后	80 后	70 后及以上	p‑value	p12	p23	p13	Test
身心健康	5.0(4.0, 5.0)	5.0(4.0, 5.0)	4.0(4.0, 5.0)	4.0(4.0, 5.0)	0.25	0.86	0.55	0.45	Kruskal‑Wallis
人际关系没有重大冲突	4.0(4.0, 5.0)	4.0(4.0, 5.0)	4.0(4.0, 5.0)	4.0(4.0, 5.0)	0.002	0.47	0.38	0.95	Kruskal‑Wallis
城乡、区域和阶层贫富差距逐渐缩小	4.0(4.0, 5.0)	4.0(4.0, 5.0)	4.0(4.0, 5.0)	4.0(4.0, 5.0)	<0.001	0.25	0.077	0.61	Kruskal‑Wallis
国家之间没有战争	4.0(4.0, 5.0)	4.0(4.0, 5.0)	4.0(4.0, 5.0)	4.0(4.0, 5.0)	0.001	0.91	0.19	0.17	Kruskal‑Wallis
没有重大生态危机	5.0(4.0, 5.0)	5.0(4.0, 5.0)	4.0(4.0, 5.0)	4.0(4.0, 5.0)	<0.001	0.84	0.016	0.035	Kruskal‑Wallis

（7）公民对和谐社会基本条件的描述与宗教信仰没有明显关联。

有无宗教信仰的中国公民对和谐社会基本要求相关描述的看法没有显著差异，秩和检验 p 值全部大于 0.05。

表 2—293　有无宗教信仰公民对和谐社会基本要求的差异

	无宗教信仰	有宗教信仰	p – value	Test
身心健康	4.0(4.0,5.0)	5.0(4.0,5.0)	0.24	Wilcoxon rank – sum
人际关系没有重大冲突	4.0(4.0,5.0)	4.0(4.0,5.0)	0.34	Wilcoxon rank – sum
城乡、区域和阶层贫富差距逐渐缩小	4.0(4.0,5.0)	4.0(4.0,5.0)	0.66	Wilcoxon rank – sum
国家之间没有战争	4.0(4.0,5.0)	4.0(4.0,5.0)	0.74	Wilcoxon rank – sum
没有重大生态危机	4.0(4.0,5.0)	4.0(4.0,5.0)	0.46	Wilcoxon rank – sum

公民人生价值观篇

调查方案说明

一 调查目的与调查对象

作为公民的个体人是一切价值观的最终的主体,任何人不仅有他关于国家、社会的价值观,更有关于人生意义及处理人生一系列重要问题的价值原则。本次关于当代中国公民人生价值观的调查目的正是考察中国公民关于人生意义及处理人生一系列重要问题的价值原则的现实状况。希望通过全国性调查了解当代中国公民的人生价值观,为坚持社会主义核心价值体系、践行社会主义核心价值观提出对策性建议。

考虑到调查公民价值观只有对于接受过一定价值观教育、初步形成比较稳定的价值观的公民才有意义,本次调查的对象确定为已年满16周岁即已接受完9年义务教育的中国公民。

二 调查内容与问卷设计

本次调查从公私、义利、苦乐、荣辱、生死、婚恋、友谊、事业、幸福等九个维度及总体维度考察公民的人生价值观,而公民人生价值观的测量又包括公民的理想偏好、底线需要和现实评价三个方面。因此,本次调查的内容包括从公民的理想偏好、底线需要和现实评价三个方面衡量的公民公私观、公民义利观、公民苦乐观、公民荣辱观、公民生死观、公民婚恋观、公民友谊观、公民事业观、公民幸福观以及公民人生价值观总体状况。

表 3—1　　　　　　　中国公民人生价值观考察维度

	理想偏好	底线需要	现实评价
公私			
义利			
苦乐			
荣辱			
生死			
婚恋			
友谊			
事业			
幸福			

本次调查立足于公民人生价值观九个维度和三个方面，共设计了 44 道问题来测量公民的人生价值观。在设计问卷过程中借鉴了世界价值观调查（WVS）的问卷，并沿用了 2012 年世界价值观调查问卷的 5 道原题。当然，考虑到具体情境和社会文化差异，我们对其中 4 道问题进行了适当修改。

三　调查方法与调查过程

考虑到调查目的、调查对象和调查内容以及时间、财力等因素，本次调查采取判断抽样与等距两阶段随机抽样法相结合的模式，即先按东中西部及南北地域差异和经济发展水平一共选取 5 个城市，即长春、南京、武汉、成都、西安作为调查点，再在每个城市中随机抽取城市辖区，即长春朝阳区、德惠市、二道区，南京鼓楼区、栖霞区、浦口区，武汉洪山区、武昌区、江夏区，成都武侯区、新都区、崇州市、浦江区，西安雁塔区、新城区、周至县，最后从抽取到的城市辖区再随机抽取相应地域内的社区街道作为样本（具体抽取的街道名称见后附抽样方案）。调查对象的总体是年满 16 周岁的中国公民。① 调查采用结构式问卷入户面访方式进行，并辅之以深度访谈。本次调查最初确定的样本规模为 2600 份。抽样具体方案主要为等距两阶段随机抽样。实际操作如前述，即第一阶段从五个地区抽取 16 个城市辖区，第二阶段再从每个辖区随机抽取两个街道办事处，而后从相应街道办事处抽取 5 个社区，最后每个社区约入户发放 16 份问卷展开面访。

而在大规模调查展开前，为了检验调查问卷的基本信度与效度，2019 年 4 月 10 日至 4 月 20 日，课题组成员进行了预调研，分别为海淀区北下关街道 25 份，海淀区上地街道 20 份，西城区月坛街道办事处 20 份，石景山区古城街道 10 份，怀柔区九渡河镇区 25 份，共计 100 份。随后，我们对问卷做了进一步的修改。

2019 年 5—7 月课题组展开了正式调查。5 个调查小组分赴长春、南京、武汉、成都、西安调研，共发问卷放 2600 份，回收有效问卷 2469 份，问卷有效率为 94.96%。同时，深度访谈 50 人，获得深度访谈记录 50 份。

四　样本分布情况

我们调查了五个地区，回收了 2469 份问卷。具体分布见下图。

1. 性别、年龄与现居住地情况

从调查样本的性别、年龄和现居住地分布来看，受访者的男女比例分别为 42.44% 和 57.56%，女性多于男性；从年龄上来看，95 后最多，占 24.30%，其次是 90 后，比例是 22.38%。此外，超过半数以上的公民居住在城市，比例高达 73.25%。（详情见下图）

2. 民族、政治面貌与宗教信仰情况

绝大多数受访者大多属于汉族，占 94.25%；受访者中以共青团员和

---

① 必须说明的是，首先，年满 16 周岁的中国公民是一个理论上的调查总体，在实际调查中，由于诸多因素影响，无法使总体中的每一个单位都有均等机会进入样本；其次，本次调查排除了一部分因各种情况不可能调查到的对象，如服现役军人和服刑犯人等；最后，调查总体中不包括台湾和香港、澳门公民。

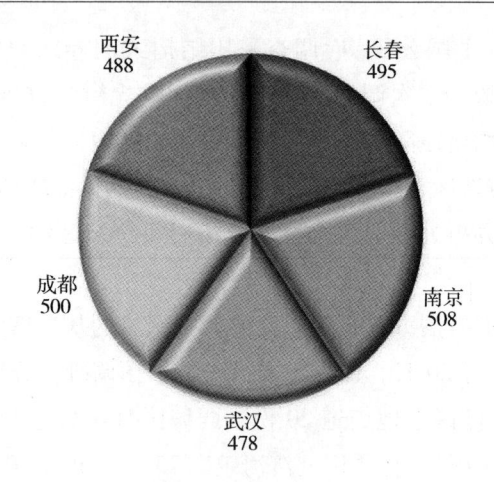

图 3—1　有效样本地区分布（N = 2469）

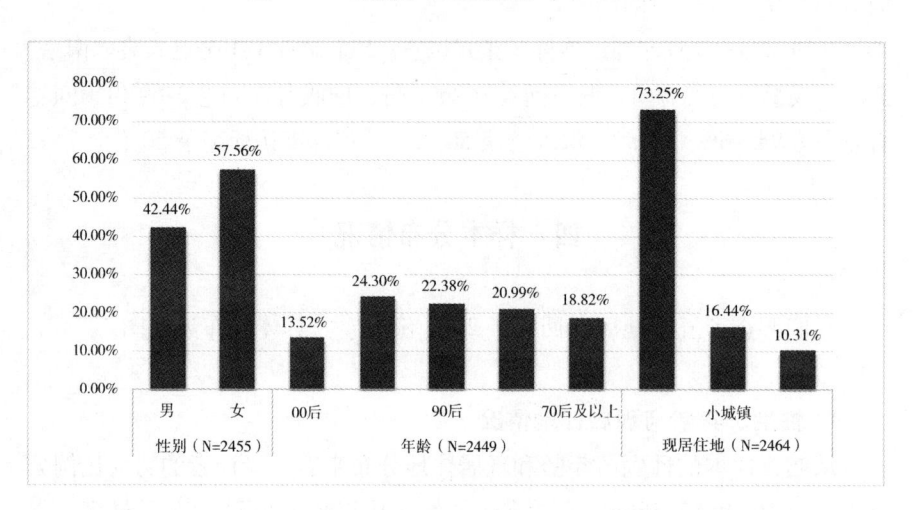

图 3—2　性别、年龄与现居住地情况

群众居多，比例分别为 40.50% 和 38.98%，民主党派最少，只占 0.53%；受访者中有 92% 没有宗教信仰。

3. 文化程度、当前职业与个人月收入情况

受访者文化水平整体相对较高，大学及以上学历受访者占比为 69.0%，其中以大学（含大专）学历居多（60.97%），研究生及以上学历的受访者较少（8.03%）。占比最少的是文化程度在小学及以下的公民。从被调查者职业来看，学生所占比重最高，为 34.80%，其次是商

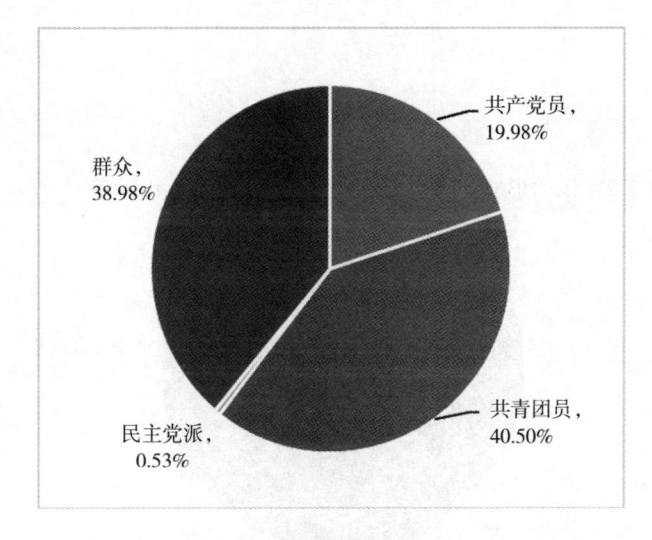

图3—3 政治面貌 (N = 2442)

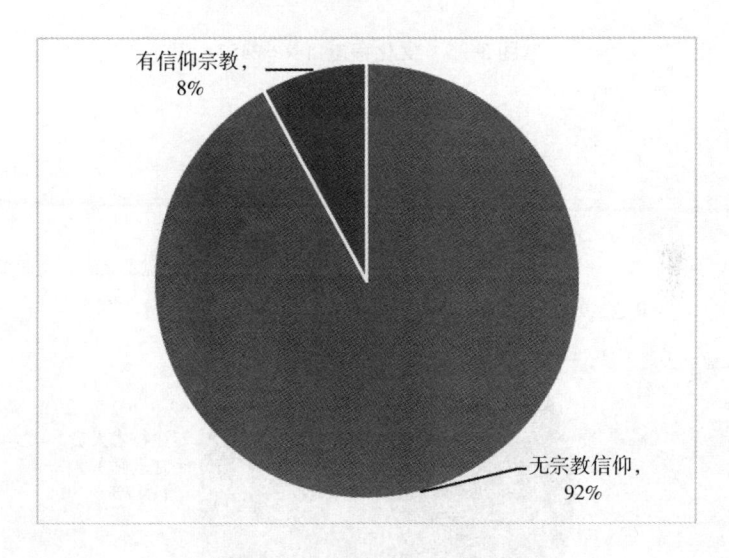

共产党员,19.98%
共青团员,40.50%
民主党派,0.53%
群众,38.98%

图3—4 宗教信仰 (N = 2363)

有信仰宗教,8%
无宗教信仰,92%

业、服务业人员（19.85%），机关、党群组织、企事业办事人员和专业技术人员（含教师）比例接近。产业工人受访率最低，只有1.92%，农民，机关、党群组织、企事业单位负责人，以及无业、失业群体受访率也较低。个人月收入情况显示，大多数受访公民月收入在5000元以内，其中有38.62%收入低于2000元，36.92%收入在2000元到5000元之间。而收入超过8000元的受访公民相对较少，比例不足10.0%。

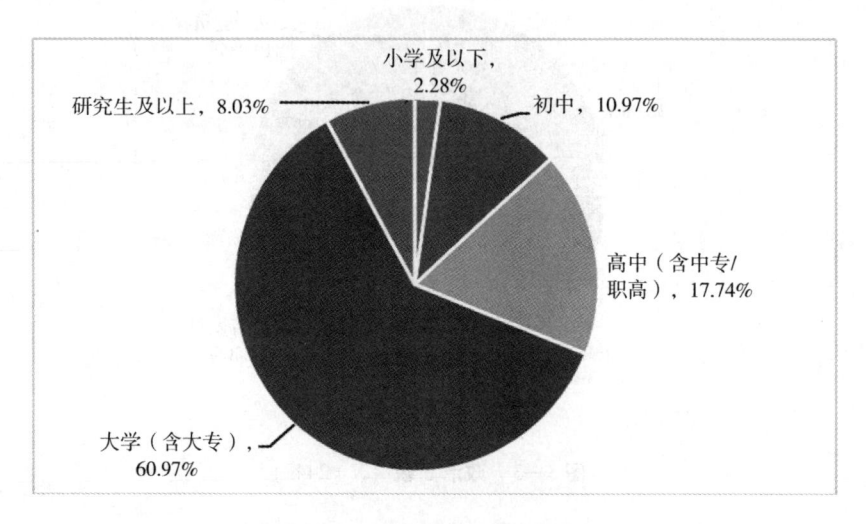

图3—5 文化程度（N=2452）

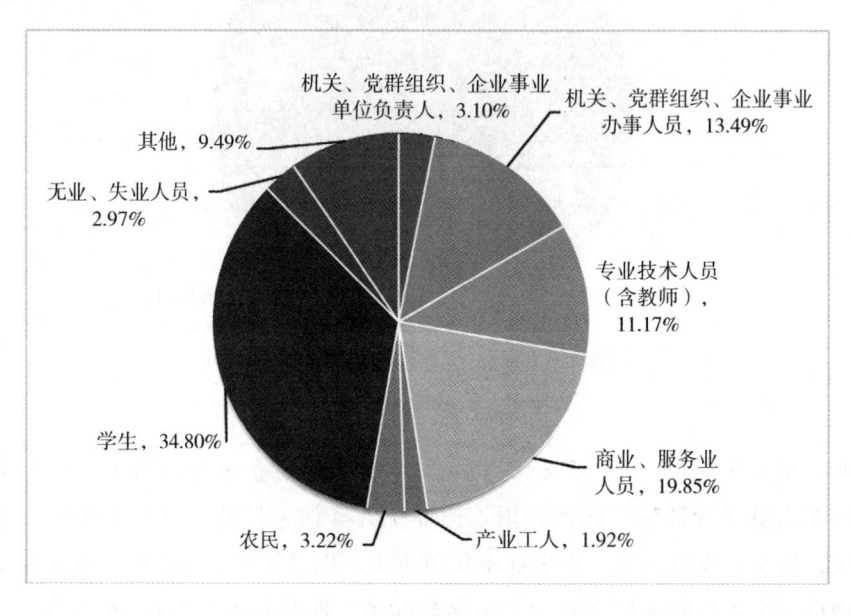

图3—6 当前职业（N=2454）

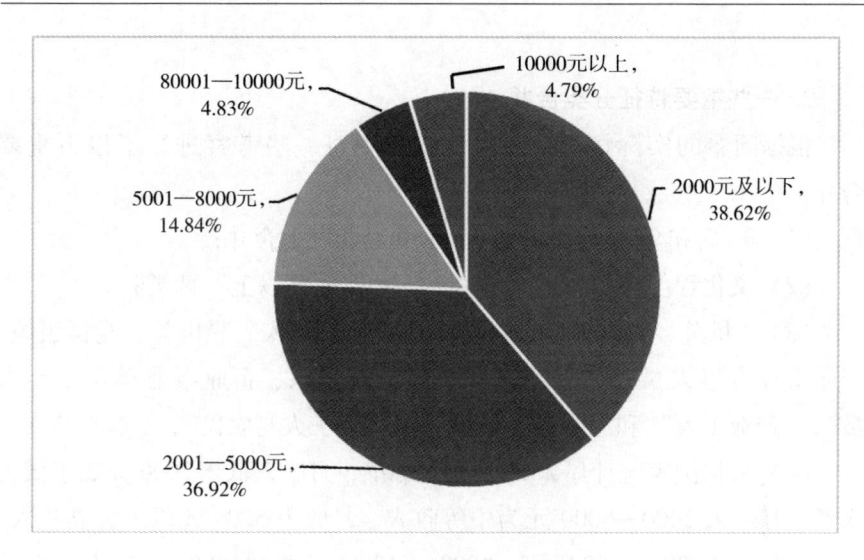

图 3—7　个人月收入（N = 2359）

五　分析统计情况说明

1. 不同变量类型检验方法

本调查数据分析采用的检验方法如下：

表 3—2　　　　　　　　不同变量类型的检验方法和读表

检验方法		价值观相关问题（因变量）		
		定类变量	定序变量	定距变量
个人特征（自变量）	二分变量	Pearson's chi – squared 列联表卡方检验 chi2。表中，看 chi2 统计量，p 值和 V 系数 V 系数最大为 1，越大说明相关性越强	四分、五分，也可看成定类变量。变量为定序时，用 Mann Whitney U 检验（Wilcoxon rank – sum）。表中，看 z 统计量和 p 值	Two sample t test 两总体均值 T 检验，看均值是否相等。看 t 统计量、p 值。或 mean-diff 是否带星号，有星号则显著，说明用样本均值推断总体均值，两总体均值有显著差异。看均值差的正负还可判断大小方向
	多分变量		Kruskal Wallis H 检验，单向方向秩检验。近似卡方分布。看 chi2 统计量和 p 值。判断在评分等级上有无显著差异	ANOVA 单因素方差分析，多个样本（类别）的均值是否相等。看 F 统计量和 p 值。多重比较看 p 值，判断谁大谁小，是否存在显著差异

2. 一些重要特征分类合并

根据问卷的实际情况，在最终报告中对一些考察进行了以下重要合并：

（1）00 后和 95 后合并，70 后和 60 后及以上合并；

（2）文化程度合并为"大学以下"和"大学以上"两类；

（3）"机关、党群组织、企业事业单位负责人""机关、党群组织、企业事业办事人员"合并为"机关、党群组织、企业事业单位工作人员"；"产业工人"和"农民"合并为"产业工人与农民"；

（4）根据国家统计局 2018 年划定标准，月收入低于 2000 元属于低收入者，月收入 2000—5000 元为中等收入，月收入 5000 元以上为高收入。故将月收入"5001—8000 元""8001—10000 元""10000 元以上"合并为"5000 元以上"；

（5）"小城镇"和"农村"合并为"小城镇和农村"；

（6）婚姻状况分为两类：已婚和未婚，其中离异和丧偶归为已婚。

第一章　公民人生价值观总体情况

所谓人生乃是人按照自我的理解做人的过程。其中自我理解中的核心部分就是人生价值观，它受世界观和国家价值观、社会价值观的影响，但它最直接地关涉具体的人生实践，既是国家价值观、社会价值观的最终落实，也是国家价值观、社会价值观得以可能的基础。它直接影响着一个人的人生意义、方向和幸福感，也反映着一个时代的精神面貌和公民素质。本次调查从公民对人生的理想偏好、现实评价和底线需求，以及影响这些价值观念形成和变化的因素等方面考察公民人生价值观的总体状况。

一　公民对理想人生的描述

在公民关于理想的人生最好状态判断中，在给定项中近半数（47.88%）的受访者选择了"家庭美满"，高出位列第二32.84个百分点，十分显著。可见，拥有一个完整幸福的家庭是大多数人所追求和向往的最高理想，这说明中国传统文化中的家国情怀在今天依然发挥着重要作用。自由自在（15.04%）和生活富裕（12.24%）位列二三。可见，中国公民认为，最理想的人生的除开家庭美满幸福外，最重要的是精神、行动上的自由和物质条件的保障。

在理想人生的起码条件中，家庭美满也是理想人生的最低标准，在给定选项中，选择"家庭美满"的受访者比例最高（27.17%），排在第二位的是"安稳平顺"（22.77%），而"健康长寿"（17.74%）和"生活富裕"（14.00%）的比例也较为接近，表明除了家庭美满外，安稳、健康和生活富裕也是理想人生的基本要素。值得注意的是，不论是最想追求的还是最基本需求，"掌握权力"和"名扬四海"的选择比例均为最低，可见，掌握权力和享有声望对理想的人生的影响微乎其微。然而，现代社会人们总是一味地追求权力和声望等这些外在的因素，而常常忽略家庭和亲人，这可能是导致现代人幸福感普遍偏低的一个重要原因。

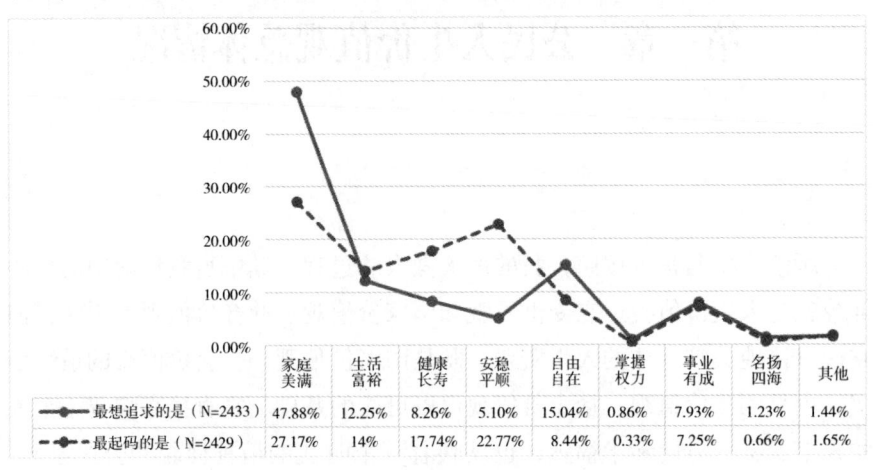

	家庭美满	生活富裕	健康长寿	安稳平顺	自由自在	掌握权力	事业有成	名扬四海	其他
最想追求的是（N=2433）	47.88%	12.25%	8.26%	5.10%	15.04%	0.86%	7.93%	1.23%	1.44%
最起码的是（N=2429）	27.17%	14%	17.74%	22.77%	8.44%	0.33%	7.25%	0.66%	1.65%

图3—8　您最想追求的理想人生是什么

（1）党员比其他群体更倾向于将家庭美满作为理想追求。

不同政治面貌的中国公民对"家庭美满"是理想人生最高目标的判断存在显著差异，卡方检验 p 值小于 0.001，显著低于 0.05，p12 和 p23 均小于 0.05，党员最认同"家庭美满"是理想人生的最高目标，选择"家庭美满"的比例最高（53.4%），群众次之（49.1%），团员最低（45.8%）。不同政治面貌的中国公民对"家庭美满"是理想人生最低标准的判断差异不显著，p 值为 0.080，大于 0.05。

表3—3　　　　不同政治面貌公民对理想人生目标认识的差异

		共产党员	共青团员	群众	p-value	p12	p23	p13	Test
理想状态	家庭美满	53.4 (258)	45.8 (445)	49.1 (444)	<0.001	0.018	<0.001	0.51	Pearson's chi-squared
最低标准	家庭美满	26.3 (125)	29.5 (287)	26.5 (239)	0.080	0.14	0.37	0.048	Pearson's chi-squared

（2）在各群体将家庭美好既作为人生最理想状态又作为最低标准时，产业工人和农民则视健康长寿为理想人生的最低标准。

不同职业的中国公民对"家庭美满"是理想人生最高目标和最低标准的判断存在显著差异，卡方检验 p 值均小于 0.001，显著低于 0.05。机关、党群组织、企事业单位工作人员对家庭美满是理想人生最高标准认可度最高，选择"家庭美满"的比例最高（53.6%）。学生最认同"家庭美满"是最低标准，选择比例最高，为 33.3%。但是，产业工人和农民认同"健康长寿"的比率（24.8%）超过"家庭美满"比率（21.5%），也就是说，在产业工人和农民看来，人生最低标准是健康长寿而非家庭美满。

表 3—4　　　　不同职业公民对理想人生目标认识的差异

		机关、党群组织、企业事业单位工作人员	专业技术人员（含教师）	商业、服务业人员	产业工人和农民	学生	p-value	p12	p23	p13	Test
理想状态	家庭美满	53.6 (214)	47.1 (124)	47.9 (225)	52.5 (63)	45.3 (380)	<0.001	0.55	0.047	0.19	Pearson's chi-squared
最低标准	家庭美满	25.0 (99)	24.3 (64)	26.7 (125)	21.5 (26)	33.3 (278)	<0.001	0.030	0.71	0.006	Pearson's chi-squared
	健康长寿	21.5 (85)	19.4 (51)	17.1 (80)	24.8 (30)	15.3 (128)					

（3）公民受教育程度越低越倾向将家庭美满作为人生最高追求，受教育程度越高则越倾向于将家庭美满作为人生最低标准。

不同文化程度的中国公民对"家庭美满"是理想人生最高标准和最低标准的判断存在显著差异，卡方检验 p 值均小于 0.001，显著低于 0.05。文化程度低的公民更认可理想人生最应该实现家庭美满，没上过大学的公民选择"家庭美满"的比例（51.4%）高于上过大学公民（47.1%）。文化程度高的公民更认可家庭美满是理想人生的最低标准，上过大学公民选择"家庭美满"是最低标准的比例高于没上过大学的，两者相差 3.6 个百分点。

表 3—5　不同文化程度公民对理想人生目标认识的差异

		没上过大学	上过大学	p – value	Test
理想状态	家庭美满	51.4（371）	47.1（782）	<0.001	Pearson's chi – squared
最低标准	家庭美满	25.1（180）	28.7（476）	<0.001	Pearson's chi – squared

（4）公民收入越低越倾向于将家庭美满作为人生的最低标准。

不同收入水平的中国公民对"家庭美满"是理想人生最高目标的判断没有显著差异，卡方检验 p 值为 0.051，大于 0.05。对"家庭美满"是最低标准的判断与收入水平强相关，卡方检验 p 值小于 0.001，显著低于 0.05，p23 和 p13 均小于 0.001，显著低于 0.05。公民对"家庭美满"是人生最低标准的认同度随着收入水平提高而降低。公民选择"家庭美满"的比例与收入水平呈负相关，低收入公民占比最高，高收入公民占比最低。

表 3—6　不同收入水平公民对理想人生目标认识的差异

		2000 元及以下	2001—5000 元	5000 元以上	p – value	p12	p23	p13	Test
理想状态	家庭美满	45.9（410）	50.9（430）	48.1（266）	0.051	0.057	0.048	0.34	Pearson's chi – squared
最低标准	家庭美满	32.1（287）	27.0（227）	21.3（117）	<0.001	0.30	<0.001	<0.001	Pearson's chi – squared

（5）小城镇和农村居民更认同家庭美满是人生的最高目标。

不同居住地的中国公民对"家庭美满"是理想人生最高标准的判断存在显著差异，卡方检验 p 值为 0.007，小于 0.05。对"家庭美满"是最低标准的判断与居住地相关性很低，卡方检验 p 值为 0.74，大于 0.05。小城镇和农村居民比城市居民更认同家庭美满是人生最高目标，小城镇和农村居民选择"家庭美满"的比例（52.6%）高于城市（47.0%）。

表 3—7　不同居住地公民对理想人生目标认识的差异

		小城镇和农村	城市	p – value	Test
理想状态	家庭美满	52.6（334）	47.0（828）	0.007	Pearson's chi – squared
最低标准	家庭美满	28.2（179）	27.4（480）	0.74	Pearson's chi – squared

(6) 公民年龄越大越倾向于将家庭美满作为人生最高目标，年龄越小越倾向于将家庭美满作为最低标准，70后及以上则将安稳平顺视为最低标准。

不同年龄的中国公民对"家庭美满"是理想人生最高目标和最低标准的判断存在显著差异，卡方检验 p 值均小于 0.001，显著低于 0.05。年龄越大越认同"家庭美满"是最高目标，年龄越小越认同"家庭美满"是最低标准。在最高目标的判断上，公民选择"家庭美满"的占比随着年龄的增长而增长；在最低标准的判断上，选择"家庭美满"的比例随年龄增长而降低，70 后及以上受访者的选择比（20.2%）显著低于其对"安稳平顺"的选择比（29.7%）。可见，70 后及以上将理想人生的最低标准理解为安稳平顺而非家庭美满。

表 3—8   不同年龄公民对理想人生目标认识的差异

		95后与00后	90后	80后	70后及以上	p-value	p12	p23	p13	Test
理想状态	家庭美满	45.2 (409)	45.8 (245)	53.4 (266)	52.4 (231)	<0.001	0.56	0.005	<0.001	Pearson's chi-squared
最低标准	家庭美满	32.6 (293)	26.0 (139)	27.7 (137)	20.2 (89)	<0.001	0.004	0.91	0.009	Pearson's chi-squared
	安稳平顺	23.4 (210)	21.3 (114)	19.4 (96)	29.7 (131)					

(7) 无宗教信仰的公民更倾向于认同家庭美满是人生最高目标，有宗教信仰更倾向于把家庭美满视为最低标准。

有无宗教的中国公民对"家庭美满"是理想人生最高目标和最低标准的判断存在显著差异，卡方检验 p 值分别为 0.015 和 0.005，均小于 0.05。无宗教信仰者更认同"家庭美满"是最高目标，有宗教信仰者更认可"家庭美满"是最低标准。在理想状态的判断中，无宗教信仰公民选择"家庭美满"的比例（49.2%）高于有宗教信仰的比例（40.6%），在最低标准的判断中，有宗教信仰者的占比（29.4%）高于无宗教信仰者（27.8%）。

表3—9　　　　　有无宗教公民对理想人生目标认识的差异

		无宗教信仰	有宗教信仰	p – value	Test
理想状态	家庭美满	49.2（1,043）	40.6（71）	0.015	Pearson's chi – squared
最低标准	家庭美满	27.8（587）	29.4（52）	0.005	Pearson's chi – squared

（8）已婚公民更加认同家庭美满是人生最高标准，未婚公民认同家庭美好为最低标准的更多。

不同婚姻状态的中国公民对"家庭美满"是理想人生最高目标的判断存在非常显著的差异，卡方检验 p 值小于 0.001，显著低于 0.05。已婚公民更认同家庭美满是理想人生的最高目标，已婚公民选择"家庭美满"占比为 54.6%，高于未婚公民 10.2 个百分点；不同婚姻状态的中国公民对"家庭美满"是理想人生最低标准的判断有显著差异，卡方检验 p 值分别为 0.002，小于 0.05。未婚公民更认同家庭美满是理想人生的最低标准，未婚公民选择率（30.1%）高于已婚公民（25.3%）。

表3—10　　　不同婚姻状态公民对理想人生目标认识的差异

		未婚	已婚	p – value	Test
理想状态	家庭美满	44.4（600）	54.6（536）	<0.001	Pearson's chi – squared
最低标准	家庭美满	30.1（405）	25.3（247）	0.002	Pearson's chi – squared

二　公民对目前生活的总体评价

调查数据显示，公民对"总的来说，您觉得目前生活美好吗？"这一问题的判断，在 1 分（非常不美好）到 10 分（非常美好）的分值选择中，6—10 分的选择比例为 78.06%，远远高于 1—5 分的比例 21.95%，且均值为 7.03，整体上倾向于比较美好，这说明大多数公民处于美好的生活状态之中，对生活的满意度相对较高。

表3—11　　　　中国公民对目前生活的总体评价

生活美好程度（1—10 分）	观测值	均值	标准差	最小值	最大值	1—5 分	6—10 分
非常不美好—非常美好	2141	7.03	1.98	1	10	21.95%	78.06%

第一章 公民人生价值观总体情况

2012年世界价值观调查中原题为对生活满意度进行打分。中国公民的调查结果如下图所示，6—10分的选择比例为76%，均值为6.68。数据与2019年调查结果相比，总体接近但2012年稍低。一方面可以理解为数据统计的误差；另一方面可以理解为2012年进入新时代以来7年后人们的美好生活得到直接的关注，人们的生活美好度确实得到了明显改善和提升。

表3—12　　2012世界价值观调查：对生活满意度打分

满意水平（1—10分）	观测值	均值	标准差	最小值	最大值	1—5分	6—10分
非常不满意—非常满意	2252	6.68	2.32	1	10	24.0%	76.0%

（1）党员对目前生活的美好度评价最高，群众最低。

不同政治面貌的中国公民对当前生活状态的评价存在显著差异，秩和检验p值为0.010，低于0.05，p12和p13均小于0.05。方差分析显示，共产党员的评分均值为7.3，共青团员次之（7.0），群众最低（6.9），可以推断，党员比团员和群众更认同当前生活美好，对生活满意度较高。

表3—13　　不同政治面貌公民对目前生活美好度评价的差异

	共产党员	共青团员	群众	p-value	p12	p23	p13	Test
总的来说，您觉得自己目前的生活美好吗	7.0 (6.0, 8.0)	7.0 (6.0, 8.0)	7.0 (6.0, 8.0)	0.010	0.002	0.87	0.013	Kruskal-Wallis
	7.3 [±1.9]	7.0 [±1.8]	6.9 [±2.2]	0.023	0.011	0.76	0.013	ANOVA

（2）机关、党群组织、企业事业单位工作人员对目前生活的满意度最高，商业、服务业人员最低。

不同职业的中国公民对当前生活的评价存在显著差异，秩和检验p值为0.008，小于0.05，p13小于0.05。方差分析显示，机关、党群组织、企事业单位工作人员对当前生活状态满意度最高（7.3），商业、服务业人员最低（6.8）。

表3—14　　　不同职业公民对目前生活美好度评价的差异

总的来说,您觉得自己目前的生活美好吗	机关、党群组织、企业事业单位工作人员	专业技术人员(含教师)	商业、服务业人员	产业工人和农民	学生	p-value	p12	p23	p13	Test
	7.0 (6.0, 9.0)	7.0 (6.0, 8.0)	7.0 (5.0, 8.0)	7.0 (5.0, 9.0)	7.0 (6.0, 8.0)	0.008	0.11	0.12	<0.001	Kruskal–Wallis
	7.3 [±1.8]	7.0 [±2.1]	6.8 [±2.2]	6.9 [±2.3]	7.1 [±1.8]	0.004	0.046	0.20	<0.001	ANOVA

（3）公民对当前生活状态的评价与受教育程度关联性不强。

不同受教育程度的中国公民对当前生活状态的评价没有显著差异，秩和检验p值为0.38，高于0.05。数据直观体现，没上过大学公民的均值略高于上过大学公民。

表3—15　　　不同受教育程度公民对目前生活美好度评价的差异

总的来说,您觉得自己目前的生活美好吗	没上过大学	上过大学	p-value	Test
	7.0 (5.0, 9.0)	7.0 (6.0, 8.0)	0.38	Wilcoxon rank–sum
	7.1 [±2.3]	7.0 [±1.8]	0.42	Two sample t test

（4）收入越高的公民越认为目前的生活美好。

不同收入水平的中国公民对当前生活状态的评价存在显著差异，秩和检验p值小于0.001，显著低于0.05。方差分析发现，5000元及以上收入者的评分均值最高（7.3），2000元及以下的评分次之（7.0），2001—5000元最低（6.9）。根据国家统计局2018年调查数据显示：全国月收入5000元以上高收入群体占16%，2000—5000元的中等收入群体占46%，2000元以下低收入的群体占38%。我们大致可以说，收入高的公民更对目前的生活感到满意。

表 3—16　不同收入水平公民对目前生活美好度评价的差异

总的来说,您觉得自己目前的生活美好吗	2000元及以下	2001—5000元	5000元以上	p-value	p12	p23	p13	Test
	7.0 (6.0, 8.0)	7.0 (5.0, 8.0)	7.0 (6.0, 9.0)	<0.001	0.13	<0.001	0.001	Kruskal-Wallis
	7.0 [±1.9]	6.9 [±2.0]	7.3 [±2.0]	<0.001	0.13	<0.001	0.005	ANOVA

（5）公民对当前生活状态的评价与居住地没有显著关联。

不同居住地的中国公民对当前生活状态的评价没有显著差异，秩和检验 p 值为 0.14，大于 0.05。数据直观体现，城市居民的均值（7.1）略高于小城镇和农村居民（7.0）。

表 3—17　不同居住地公民对目前生活美好度评价的差异

总的来说,您觉得自己目前的生活美好吗	小城镇和农村	城市	p-value	Test
	7.0 (5.0, 8.0)	7.0 (6.0, 8.0)	0.14	Wilcoxon rank-sum
	7.0 [±2.1]	7.1 [±1.9]	0.26	Two sample t test

（6）70后及以上公民对目前生活美好度评价最高，90后评价相对最低。

不同年龄的中国公民对当前生活状态的评价存在显著差异，秩和检验 p 值为 0.007，小于 0.05。方差分析表明，80后和95后与00后的均值（7.0）高于90后（6.9），而70后及以上均值最高（7.3）。可见，90后公民对目前生活评价相对最低，70后及以上评价最积极。

表 3—18　不同年龄公民对目前生活美好度评价的差异

总的来说,您觉得自己目前的生活美好吗	95后与00后	90后	80后	70后及以上	p-value	p12	p23	p13	Test
	7.0(6.0, 8.0)	7.0(5.0, 8.0)	7.0(6.0, 8.0)	8.0(6.0, 9.0)	0.007	0.42	0.36	0.75	Kruskal-Wallis
	7.0 [±1.8]	6.9 [±2.0]	7.0 [±2.1]	7.3 [±2.1]	0.017	0.38	0.64	0.77	ANOVA

（7）公民对当前生活美好度的评价与宗教信仰没有明显关联。

有无宗教的中国公民对当前生活状态的评价没有显著差异，秩和检验 p 值为 0.85，显著大于 0.05。

表 3—19　有无宗教的中国公民对目前生活美好度评价的差异

总的来说,您觉得自己目前的生活美好吗	无宗教信仰	有宗教信仰	p - value	Test
	7.0 (6.0, 8.0)	7.0 (6.0, 9.0)	0.85	Wilcoxon rank - sum
	7.0 [±1.9]	7.0 [±2.2]	0.84	Two sample t test

（8）已婚公民比未婚公民对当前生活美好度的评价要高。

不同婚姻状态的中国公民对当前生活状态的评价存在非常显著的差异，秩和检验 p 值小于 0.001，显著低于 0.05，表明已婚公民和未婚公民对当前生活状态的评价显著不同。方差分析显示，未婚公民评分均值（6.9）低于已婚公民（7.2），可见已婚公民比未婚公民对当前生活更倾向于积极评价。

表 3—20　不同婚姻状态的中国公民对目前生活美好度评价的差异

总的来说,您觉得自己目前的生活美好吗	未婚	已婚	p - value	Test
	7.0 (6.0, 8.0)	7.0 (6.0, 9.0)	<0.001	Wilcoxon rank - sum
	6.9 [±1.9]	7.2 [±2.1]	<0.001	Two sample t test

三　公民对自己人生价值倾向的评价

1. 大多数中国公民有自己的稳定、理性、积极的人生价值观，注重自身安全，也乐于助人，愿意在为社会、他人作出贡献中体现自己的人生价值

本调查参考 2012 年世界价值观调查原题（V70—V79），通过 11 个方面的描述让受访者选择"您觉得自己和下面描述的人是否相像"，以考察公民自身的人生价值观。调查结果见下图。

从结果可以看出：

"关心和帮助周围的人"一项，受访者选择"很像""像""有些像"的比率达 87.57%，在各项中最高；"做有利于社会的事情""自己有一套

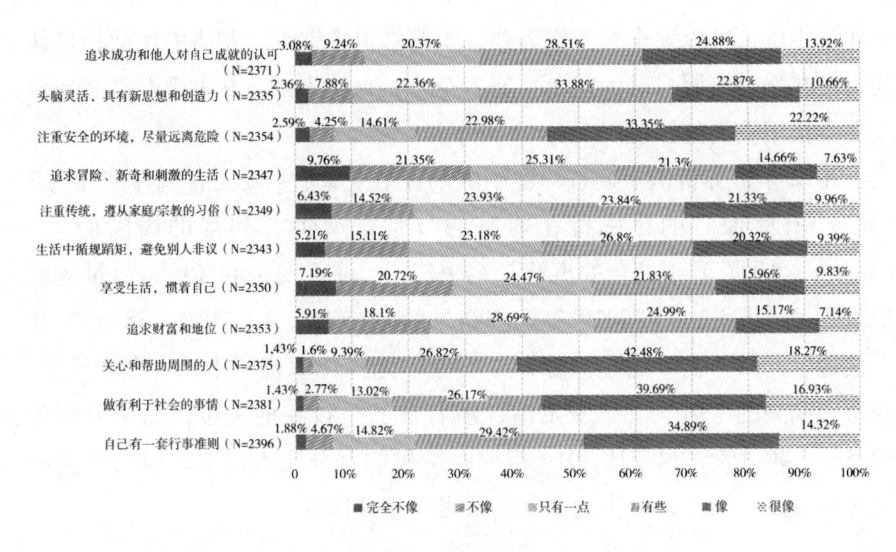

图 3—9　您觉得自己和这些描述的人是否相像

行事准则""注重安全的环境，尽量远离危险"三项"很像""像""有些像"的比率分别达82.79%、78.63%、78.55%；这四项的"很像""像"的比率分别达到60.75%、56.62%、49.21%和55.57%，都接近或超过50%，也是各项中排行前4的选项。这些表明，大多数中国公民有自己稳定的人生价值观，乐于助人，在为社会、他人作出贡献中体现自己的人生价值；同时也十分注重自身安全，注意自我保护。所有这些都是十分积极的，令人欣慰的。

"头脑灵活，具有新思想和创造力""追求成功和他人对自己成就的认可""生活中循规蹈矩，避免别人非议""注重传统，遵从宗教/家庭习俗"等项的"很像""像""有些像"总比率分别是67.41%、67.31%、56.51%、55.13%，表明多数中国公民既有具有新思想和创造力，又注重传统；既追求自己的成功，也渴望得到别人的认可，努力遵循规范，在意别人的看法。这体现了中国在大的社会转型时期的价值观念的实际，也是人们价值观念内在的焦虑与张力的体现。

"追求冒险、新奇和刺激的生活""享受生活，惯着自己""追求财富和地位"三项的"完全不像""不像"的选择比率最高，分别达到31.11%、27.91%和24.01%，均超过各项的"像""很像"的占比：22.29%、25.79%、22.31%。这些属于受访者认同最低的描述。这表明总体上中国公民以安全、安定为要，不愿意追求冒险、刺激的生活；自认为自己在努力克服自己的问题，努力奋斗；自认为自己并不把财富和地位放在很极端重要的位置。

2012年世界价值观调查原题中国调查结果显示，受访者选择"很像""像""有些像"的比率排在前三的分别是"关心和帮助周围的人"（86%）、"做有利于社会的事情"（79%）、"注重安全的环境，尽量远离危险"（78.6%），与2019年调查结果的87.57%、82.79%、78.55%非常接近。同时，在"完全不像""不像"选择比率排行中，"追求冒险、新奇和刺激的生活""享受生活，惯着自己"排在前两位，比率分别为52.5%、40.1%，尽管比2019年调查结果的百分比大很多，但基本倾向和排序没变。因此，两次的调查结果可以彼此印证。

表3—21　　2012年世界价值观调查原题"您觉得自己和下面描述的人是否相像"结果

		完全不像	不像	只有一点	有些	像	很像	合计
具有新思想和创造力，按自己方式行事	N	83	517	356	565	476	180	2177
	%	3.9	23.7	16.3	25.9	21.9	8.3	100.0
做有利于社会的事情	N	27	88	341	688	790	236	2170
	%	1.2	4.1	15.7	31.7	36.4	10.9	100.0
关心和帮助周围的人	N	19	54	231	670	886	312	2172
	%	0.9	2.5	10.6	30.8	40.8	14.4	100.0
追求财富，拥有大量财富和贵重品	N	72	495	431	597	456	127	2178
	%	3.3	22.7	19.8	27.4	20.9	5.8	99.8
享受生活，惯着自己	N	128	740	476	439	310	68	2161
	%	5.9	34.2	22.0	20.3	14.3	3.1	99.8
生活中循规蹈矩，避免别人非议	N	54	360	363	612	604	166	2159
	%	2.5	16.7	16.8	28.3	28.0	7.7	100.0
注重传统，遵从家庭/宗教传承下来的习俗	N	79	244	296	598	649	296	2162
	%	3.7	11.3	13.7	27.7	30.0	13.7	100.1

续表

		完全不像	不像	只有一点	有些	像	很像	合计
追求冒险、新奇和刺激的生活	N	256	882	396	294	260	79	2167
	%	11.8	40.7	18.3	13.6	12.0	3.6	100.0
注重安全环境，避免任何危险	N	34	143	288	618	817	268	2168
	%	1.6	6.6	13.3	28.5	37.7	12.4	100.0
追求成功和他人对自己成就的认可	N	71	342	381	581	584	209	2168
	%	3.3	15.8	17.6	26.8	26.9	9.6	100.0

2. 绝大多数公民极端看重家庭、生命及其质量（健康）

调查显示，在集体、家庭、荣誉、金钱、事业、知识、爱情、朋友、生命、健康、享乐这些人生事项中，受访者关于其重要性的选择明显分为四个"方阵"：健康、家庭、生命是第一"方阵"；朋友、知识、事业是第二"方阵"；金钱、集体、爱情是第三"方阵"；荣誉、享乐是第四"方阵"。

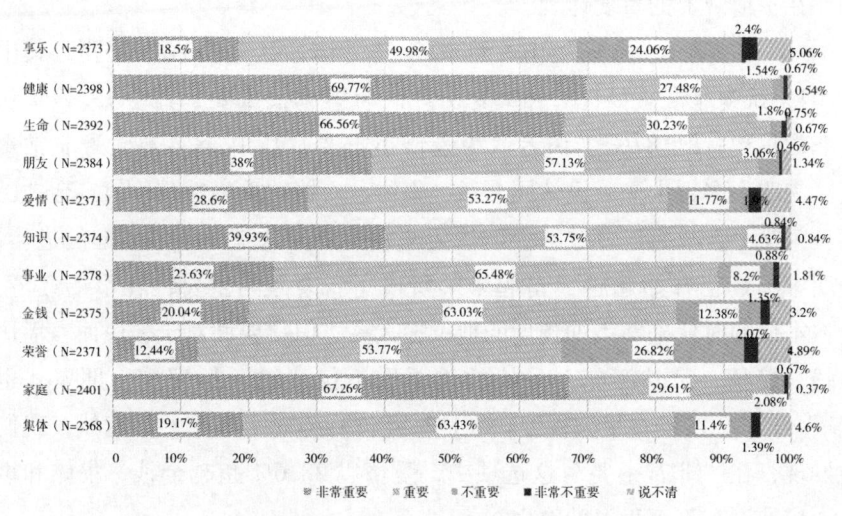

图3—10 各项在您生活中的重要程度

（1）在第一"方阵"中，96.87%的受访者认为家庭很重要，其中

67.26%的公民认为家庭非常重要，29.61%认为重要。96.79%的公民认为生命很重要，其中绝大多数公民认为非常重要，比例为66.56%，有30.23%的公民认为生命重要；97.25%的受访者认为健康重要，认为非常重要的占比高达69.77%，27.48%的人表示认同健康重要。我们注意到，(1) 家庭、生命、健康三项的"非常重要"的选择率都达到66%以上，也就是三分之二的公民认同，比其他选项超出30多个百分点，极其显著、鲜明；(2) 在生命与健康的选择率上，健康比生命的选择率更高，高出3.21个百分点，这表明公民已经十分重视生命的质量，而这种对生命质量的考虑中又往往包含着对家庭的重视。总之，在中国公民的人生偏好中，家庭这个社会最小的细胞和个体生命及其质量（健康）是第一位的。

(2) 在第二"方阵"中，95.13%的受访者认为朋友很重要，其中认为非常重要的达到38%；93.68%的受访者认为知识很重要，其中认为非常重要的达到39.93%；89.11%的受访者认为事业很重要，其中认为非常重要的达到23.63%。表明大多数人认同朋友、知识、事业的重要性与价值，特别是认为朋友和知识非常重要的选择率都接近四成。朋友成为家庭之外最重要的人际关系，甚至超过爱情，知识价值的地位，这都是时代变化在价值观上的重要体现。

(3) 在第三"方阵"中，83.07%的受访者认为金钱很重要，其中20.04%认为非常重要；82.6%受访者认为集体很重要，其中19.17%认为非常重要；81.87%受访者认为爱情很重要，其中28.6%认为非常重要。表明大多数中国公民认同金钱、集体、爱情的重要性和价值。金钱已经位列第七，只有五分之一公民认为非常重要，这是一个了不起的进步，表明中国真正开始超越"富起来"阶段了。集体的重要性在市场经济、个人本位的时代确实不如预期的地位那么高，但重要性对于公民而言堪比金钱、爱情，已然不错。爱情的重要性不仅"输"给家庭、朋友，也"输"给了金钱，在很大程度上也是符合目前的现实感受的。当然，我们也发现，在"非常重要"这选项中，爱情以28.6%超越金钱、集体和事业，依然具有不可思议的魔力。

(4) 在第四"方阵"中，68.48%的受访者认为享乐很重要，其中18.5%认为非常重要；66.21%受访者认为荣誉很重要，其中12.44%认为非常重要，两项都是所有选项中选择率最低的。这表明，一方面公民对享受的认识还是比较理性的,既不是简单反对,也不是视之过高;另一方面,虽然认为荣誉的重要性和价值的公民也超过三分之二,但其垫底的位置也值得我们思考,那就是我们这个时代荣誉相对于其他价值的地位极度下降。

(5)调查结果中有四个"说不清"值得注意,即受访者对享乐、荣誉、集体、爱情四项的"说不清"选择率分别是5.06%、4.89%、4.6%、4.47%,都显著高于其他选项,是其他的3到10倍之巨。"说不清"反映了一种矛盾心态和价值判断上的迷惑。确实,在今天这样一个价值多元、思想多样的背景,到底怎样看待一些人事,特别是如何看待享受、荣誉、集体、爱情的价值,这一个亟待重视的问题。

本题设计时参考了2012年世界价值观调查的原题(V4—V9),选取3个可对照的维度,2012年中国调查结果如表22所示。

表3—22　　　　　　　世界价值观调查结果

		非常重要	重要	不重要	非常不重要	说不清	合计
家庭	N	1968	288	13	2	10	2281
	%	86.7	12.7	0.6	0.1	1.3	100.0
工作	N	884	925	318	66	72	2265
	%	40.3	42.2	14.5	3.0	4.7	100.0
朋友	N	1077	1012	150	10	31	2280
	%	47.2	44.0	0.7	0.4	2.2	100.0

两相对照,我们发现基本格局并没有变化,但有些变化:一是在认同家庭重要百分比稍有下降的情况下认同工作重要的百分比从82.5%提到89.11%,增加了6.61个百分点,大致可以推断人们比7年前更认为工作重要;二是在选择"非常重要"的比率大幅下降,尤其是关于家庭重要性的"非常重要"选择比由86.7%下降到67.26%,下降19.44个百分点,十分显著。这些变化值得注意。

四　影响公民人生价值观的人际因素分析

人们的价值观都是社会环境的产物,人是社会环境最重要的因素。或者说，价值观是人际、主体间的产物。在调查中，我们选取了父母、兄弟姐妹、朋友、恋人、亲戚长辈、中小老师、大学教师、商界成功人士、影视明星等可能对人的价值观产生重要影响的人进行选择调查，结果显示：六成以上受访公民认为父母是对自己人生影响最大的人。在所有可能对公民人生产生影响的人中，选择"父母"的比例高达67.22%，比第二名高出60.28个百分点，极其显著，可以说是一枝独秀的压倒性局面。

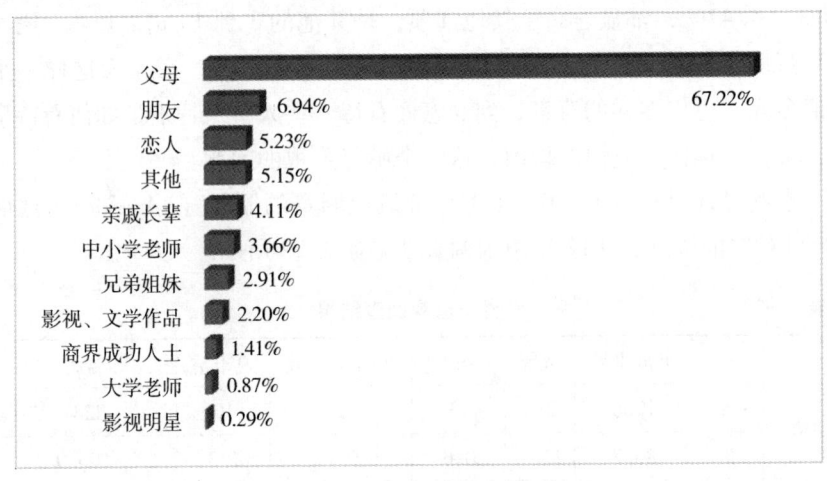

选项	比例
父母	67.22%
朋友	6.94%
恋人	5.23%
其他	5.15%
亲戚长辈	4.11%
中小学老师	3.66%
兄弟姐妹	2.91%
影视、文学作品	2.20%
商界成功人士	1.41%
大学老师	0.87%
影视明星	0.29%

图3—11 对您影响最大的人

调查结果显示的如下几点也值得注意。

一是朋友和恋人是除父母外对公民人生影响最大的人，选择比分别是6.94%、5.23%，分列第二、第三位，其百分比比兄弟姐妹（2.91%）、老师（4.53%）、亲戚长辈（4.11%）的比率都高。表明朋友、恋人的影响比家人、老师的影响还要大。

二是不仅教师对人的总体影响有限（4.53%），而且大学老师（0.87%）比中小学老师（3.66%）对人生的影响显著为低，后者选择是前者的5倍多。这表明基础教育及其教师对于人生观树立的重要性。

三是影视明星影响其实是有限的。在生活中，我们经常为一些人特别是年轻人疯狂的追星行为感到担忧，认为他们受影视明星影响太大，但调查显示认为影视明星对自己产生最大影响的受访者比率为0.29%，在所有选项中是最低的。

第二章 公民公私价值观分析

任何人既是个体性的存在，也是群体性、社会性的存在，因而不可避免地要涉及公共事务、公共利益与私人事务、私人利益的关系问题，这便是公与私的关系问题，这一问题贯穿于人生始终，是人生必须处理的基本问题之一。不同的处理方式体现不同的公私观，公私观是人生价值观中重要和基础的部分，考察公民的公私观是考察公民人生价值观的重要和基础的维度。

一 公民关于公私关系的最理想状态与起码要求描述

关于公私关系最理想和最起码的状态的调查结果显示，在最理想的状态中，选择"大公无私"的比例最高（47.11%），其次是公私兼顾（33.42%），位列第三的是先公后私（17.52%）；在最起码的状态中，选择比例最高的是"公私兼顾"，为51.95%，"先公后私"为31.76%，其他项选择比例均低于10%。说明无论是最理想的状态还是最起码状态，公民态度明确，整体倾向于公共利益优先，总体上把大公无私作为最理想状态，把公私兼顾作为底线，而反对损公肥私。其中特别值得注意的是：公私兼顾不仅是三分之一（33.42%）公民的理想追求，而且是半数多公民（51.95%）的价值底线，合起来百分比达85.37%，在各项中最高，而且差距显著，因此也可以说，公私兼顾是当前中国公民关于公私观的最大共识。

（1）群众对"大公无私"的认同度最高，团员最低。

不同政治面貌的中国公民关于"大公无私"是公私关系最理想状态的判断存在显著差异，卡方检验 p 值为 0.039，小于 0.05。p23 小于

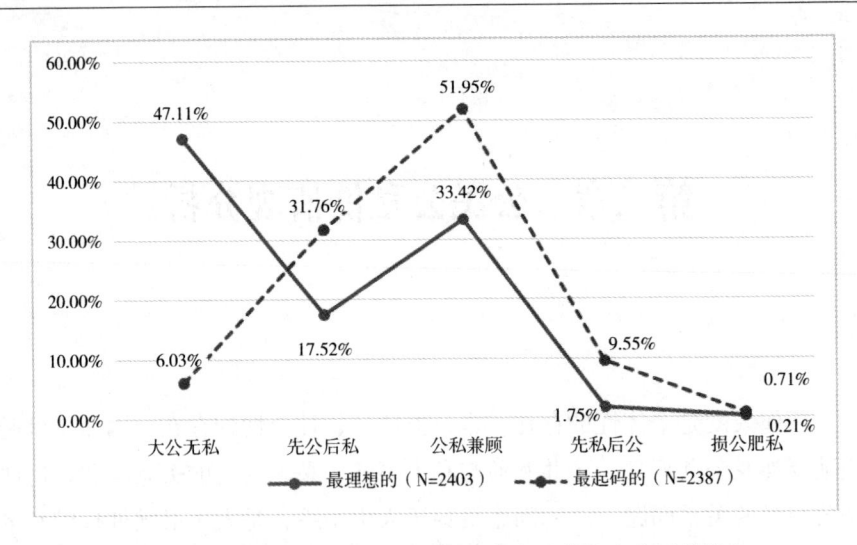

```
60.00%
                         51.95%
50.00%  47.11%
40.00%
                31.76%   33.42%
30.00%
20.00%          17.52%
        6.03%                    9.55%
10.00%                                   0.71%
                                 1.75%
 0.00%                                   0.21%
       大公无私 先公后私 公私兼顾 先私后公 损公肥私
        ——最理想的（N=2403）  - - -最起码的（N=2387）
```

图 3—12 您认为公私关系最理想和最起码的状态分别是什么

0.05，表明团员与群众差异显著。在所有受访公民中，群众选择"大公无私"的占比最高（51.4%），团员最低（43.9%），差值达 7.5 个百分点。不同政治面貌的中国公民对"公私兼顾"是公私关系最起码状态的判断没有显著差异，卡方检验 p 值为 0.50。直观数据反映，党员对此认同度最高。

表 3—23　不同政治面貌公民对公私关系最理想和最起码状态判断的差异

公私关系		共产党员	共青团员	群众	p - value	p12	p23	p13	Test
最理想的状态	大公无私	44.5 (214)	43.9 (427)	51.4 (468)	0.039	0.43	0.021	0.11	Pearson's chi - squared
最起码的状态	公私兼顾	54.4 (260)	51.5 (500)	51.3 (462)	0.50	0.75	0.26	0.51	Pearson's chi - squared

（2）产业工人和农民对"大公无私"的认同度最高，专业技术人员（含教师）最低而且与"公私兼顾"不相上下。

不同职业的中国公民关于"大公无私"是公私关系最理想状态的判断存在显著差异，卡方检验 p 值为 0.037，小于 0.05。在所有受访公民中，产业工人和农民选择"大公无私"占比最高（55.1%），专业技术人员（含教师）比例最低（40.4%），相差 14.7 个百分点，非常显著。而且，其选择比与"公私兼顾"完全一致。不同职业的中国公民对"公私兼顾"是公私关系最起码状态的判断没有显著差异，卡方检验 p 值为 0.76，大于 0.05。

表3—24　不同职业民对公私关系最理想和最起码状态判断的差异

公私关系		机关、党群组织、企业事业单位工作人员	专业技术人员（含教师）	商业、服务业人员	产业工人和农民	学生	p-value	p12	p23	p13	Test
最理想状态	大公无私	46.1 (184)	40.4 (108)	52.0 (244)	55.1 (65)	45.2 (381)	0.037	0.18	0.021	0.29	Pearson's chi-squared
	公私兼顾	32.3 (129)	40.4 (108)	30.7 (144)	23.7 (28)	36.6 (308)					
最起码状态	公私兼顾	54.9 (219)	54.2 (142)	47.3 (221)	50.4 (59)	51.3 (430)	0.76	0.67	0.47	0.10	Pearson's chi-squared

（3）文化程度低的公民更认同"大公无私"是最理想状态，文化程度高的人更认同"公私兼顾"是最起码状态。

不同文化程度的中国公民关于公私关系最理想和最起码状态的判断存在非常显著的差异，卡方检验 p 值均小于 0.001，显著低于 0.05。最理想状态的判断中，没上过大学公民选择"大公无私"比例（58.5%）高于上过大学（41.9%），差值达 16.6 个百分点，十分显著；在最起码状态的判断中，上过大学公民选择"公私兼顾"的比例高出没上过大学公民 1.9 个百分点。

表3—25　不同文化程度公民对公私关系最理想和最起码状态判断的差异

公私关系		没上过大学	上过大学	p-value	Test
最理想状态	大公无私	58.5 (423)	41.9 (698)	<0.001	Pearson's chi-squared
最起码状态	公私兼顾	50.8 (363)	52.7 (875)	<0.001	Pearson's chi-squared

（4）高收入公民对大公无私是最理想状态的认同度最低，中等收入者认同度最高。

不同收入水平的中国公民关于"大公无私"是公私关系最理想状态

的判断存在显著差异，卡方检验 p 值为 0.016，小于 0.05；p12 大于 0.05 而 p23 和 p13 均小于 0.05，表明月收入 5000 元以下的受访者差别不大，而与月收入高于 5000 元的受访者有显著差异。从数据可以看出，月收入 5000 元以上的受访者的判断与 5000 元及以下受访者的判断明显要低 3—5 个百分点。说明收入越高对大公无私是最理想状态的认同度越低。不同收入水平的中国公民关于"公私兼顾"是最起码状态的判断没有显著差异，卡方检验 p 值为 0.27，大于 0.05。数据直观反映，中等收入者认同度最低。

表 3—26　不同收入水平公民对公私关系最理想和最起码状态判断的差异

公私关系		2000 元及以下	2001—5000 元	5000 元以上	p-value	p12	p23	p13	Test
最理想的状态	大公无私	47.4 (423)	49.6 (421)	42.0 (235)	0.016	0.77	0.012	0.011	Pearson's chi-squared
最起码的状态	公私兼顾	51.3 (456)	49.8 (420)	55.7 (309)	0.27	0.97	0.069	0.19	Pearson's chi-squared

（5）公民关于公私关系的理想和底线状态的判断与居住地相关性不强。

不同居住地的中国公民关于公私关系最理想和最起码状态的判断没有显著差异，卡方检验 p 值分别为 0.082 和 0.31，均大于 0.05。

表 3—27　不同居住地公民对公私关系最理想和最起码状态判断的差异

公私关系		小城镇和农村	城市	p-value	Test
最理想的状态	大公无私	47.2 (300)	47.0 (829)	0.082	Pearson's chi-squared
最起码的状态	公私兼顾	52.9 (333)	51.7 (906)	0.31	Pearson's chi-squared

（6）70 后及以上年老公民最认可大公无私是理想状态，95 后与 00 后年青一代对之认同度最低。

不同年龄的中国公民关于"大公无私"是公私关系最理想状态的判

断存在显著差异,卡方检验 p 值为 0.008,小于 0.05。在所有受访者中,70 后及以上选择"大公无私"占比最高(55.1),95 后与 00 后最低(43.5%),相差 11.6 个百分点,十分显著。可见,在大公无私是最理想公私关系的判断中,最年长和最年轻一代公民的认同度是两极。不同年龄的中国公民关于"公私兼顾"是最起码状态的判断没有显著差异,卡方检验 p 值为 0.19,大于 0.05。

表 3—28 不同年龄公民对公私关系最理想和最起码状态判断的差异

公私关系		95 后与 00 后	90 后	80 后	70 后及以上	p-value	p12	p23	p13	Test
最理想的状态	大公无私	43.5 (395)	48.6 (261)	44.7 (222)	55.1 (243)	0.008	0.17	0.61	0.79	Pearson's chi-squared
最起码的状态	公私兼顾	49.4 (446)	56.2 (300)	51.6 (255)	53.3 (233)	0.19	0.060	0.11	0.53	Pearson's chi-squared

(7) 不信教公民比信教者更认同公私兼顾是最起码要求。

有无宗教信仰的中国公民关于"大公无私"是最理想状态的判断没有显著差异,卡方检验 p 值为 0.081,大于 0.05。有无宗教信仰的中国公民对"公私兼顾"是最起码状态的判断存在显著差异,卡方检验 p 值为 0.004,小于 0.05。无宗教信仰公民选择"公私兼顾"的占比为 52.7%,高于有宗教信仰的占比 43.8%,差值 9 个百分点,十分显著。表明不信教的公民对公私兼顾是最起码状态的认同度更高。

表 3—29 有无宗教信仰公民对公私关系最理想和最起码状态判断的差异

公私关系		无宗教信仰	有宗教信仰	p-value	Test
最理想状态	大公无私	46.0 (976)	54.0 (95)	0.081	Pearson's chi-squared
最起码状态	公私兼顾	52.7 (1,111)	43.8 (78)	0.004	Pearson's chi-squared

(8) 公民关于公私关系最理想和最起码状态的判断与婚姻状态相关性很低。

不同婚姻状态的中国公民关于公私关系最理想和最起码状态的判断没有显著差异,卡方检验 p 值分别为 0.51 和 0.51,均大于 0.05。

表 3—30　不同婚姻状态公民对公私关系最理想和最起码状态判断的差异

公私关系		未婚	已婚	p – value	Test
最理想的状态	大公无私	5.3 (71)	7.0 (68)	0.51	Pearson's chi – squared
最起码的状态	公私兼顾	52.6 (707)	51.7 (504)	0.51	Pearson's chi – squared

二　公民关于公私观的现实评价

1. 大多数公民能够客观看待自私现象，整体而言具有较强的集体意识和社会责任感

调查显示，大多数公民能够客观看待自私现象，将之视为人之常情，表示理解，74.65%的公民认可"自私是人之常情，只要关键时刻能服从集体就好"这一看法，其中18.54%表示非常认可，56.11%表示认可。与此同时，大多数公民不认可完全自私的行为，表现出较为强烈的集体利益优先和社会责任感。86.42%的公民不认可"有便宜就占，不占白不占"的观点，其中30.65%表示非常不认可，55.77%表示不认可；70.31%的公民不认可"关心公事往往吃亏，所以管好自己就好"的说法，54.25%表示不认可，16.06%表示非常不认可；73.01%的公民不认可"人人都追求私利，集体利益就会最大化"说法，42.51%表示不认可，30.50%表示非常不认可。

其中，还有两点值得注意：一是认可和非常认可"有便宜就占，不占白不占"的人最少，占比分别是7.58%、1.5%，合计9.08%。可见绝大多数人对这种有便宜就占的无底线自私行为很反感；同时近1成人的认可，其造成的影响也很大。二是关于"人人都追求私利，集体利益就会最大化"说法，这本身是自由市场经济理论的前提假设即理性经济人的假设——人是自利的，理性的人追求自己利益的最大化，人人追求自己利益最大化，集体利益就会最大化。个人主义的方法论，是自由市场经济理论得以成立的基石。但在马克思理论看来，这些假设都是错误的。在我们的调查中可以看到，明确表达认可的只有19.9%，占近两成左右，而明

第二章 公民公私价值观分析

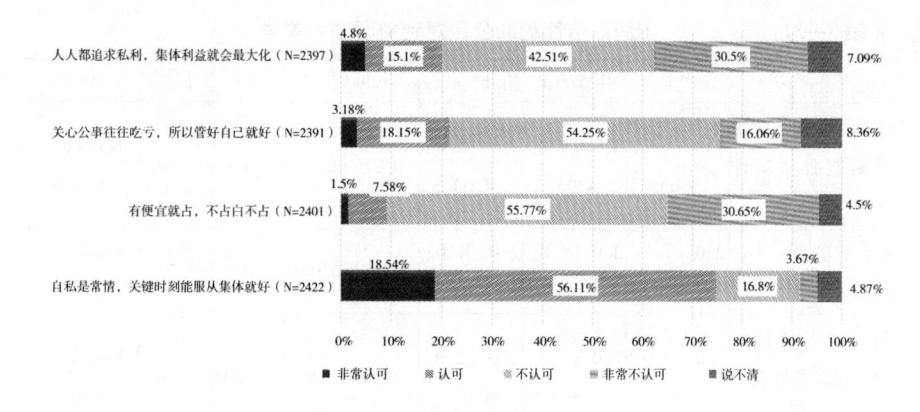

确表达不认可的占 73.01%，可以说是大多数公民不认可这一看法。

图 3—13 您如何看待这些说法

（1）团员更能突破自私，具有更强的社会责任感。

不同政治面貌的中国公民对"自私是常情，关键时刻能服从集体就好"的判断没有显著差异，秩和检验 p 值为 0.31，大于 0.05。不同政治面貌的中国公民在"有便宜就占，不占白不占"上相关秩和检验 p 值为 0.002，小于 0.05；p12 和 p23 均小于 0.05 而 p13 值显著大于 0.05，表明党员和群众差异不大，而与团员之间存在显著差异。不同政治面貌的中国公民在"关心公事往往吃亏，所以管好自己就好"上的秩和检验 p 值小于 0.001，显著低于 0.05，表明存在显著差异；p23 和 p13 均小于 0.05 而 p12 显著大于 0.05，表明党员和团员差异不大，而和群众存在显著差异。在所有回答中位数一致的情况下，党员和团员回答落在 2 和 3 即不认可和说不清之间，而群众落在 2 和 4 即不认可和认可之间。由此可以推断，群众比党员和团员更认可关心公事会吃亏、管好自己就行，反过来说明党员、团员具有更强的社会责任感。不同政治面貌的中国公民在"人人都追求私利，集体利益就会最大化"检验 p 值小于 0.001，显著低于 0.05，表明存在非常显著的差异；p23 和 p13 均小于 0.05 而 p12 显著大于 0.05，表明党员和团员差异不大，而和群众存在显著差异。在所有公民回答中位数一致的情况下，党员和群众回答落在 1 和 3 即非常不认可和说不清之间，团员落在 1 和 2 即非常不认可和不认可之间。由此可以推断出，相比于党员和群众而言，团员对"人人都追求私利，集体利益就会最大化"

的认同度更低。

表3—31　　　　　不同政治面貌的公民对利益看法的差异

	共产党员	共青团员	群众	p-value	p12	p23	p13	Test
自私是常情，关键时刻能服从集体就好	4.0 (4.0, 4.0)	4.0 (4.0, 4.0)	4.0 (3.0, 4.0)	0.31	0.11	0.66	0.29	Kruskal-Wallis
有便宜就占，不占白不占	2.0 (1.0, 2.0)	2.0 (1.0, 2.0)	2.0 (1.0, 2.0)	0.002	0.001	0.009	0.33	Kruskal-Wallis
关心公事往往吃亏，所以管好自己就好	2.0 (2.0, 3.0)	2.0 (2.0, 3.0)	2.0 (2.0, 4.0)	<0.001	0.83	<0.001	0.001	Kruskal-Wallis
人人都追求私利，集体利益就会最大化	2.0 (1.0, 3.0)	2.0 (1.0, 2.0)	2.0 (1.0, 3.0)	<0.001	0.88	<0.001	<0.001	Kruskal-Wallis

（2）产业工人、农民等群体更关注自身利益，社会精英阶层相对能更多关心公共利益。

不同职业的中国公民在"自私是常情，关键时刻能服从集体就好"的判断存在非常显著的差异 p 值为 0.001，小于 0.05。在所有公民回答中位数一致情况下，机关、党群组织、企事业单位工作人员，商业、服务业人员回答落在 4 即认可上，专业技术人员（含教师）和学生落在 3 和 4 即说不清和认可之间，产业工人和农民的回答落在 3 和 5 即说不清和非常认可之间。可以推断，机关、党群组织、企事业单位工作人员，商业、服务业人员最为明确地认为自私是人之常情，而产业工人与农民最认同自私是人之常情。"有便宜就占，不占白不占"与职业相关的秩和检验 p 值为 0.023，小于 0.05，表明不同职业存在显著差异。在中位数和区间一致的情况下，p23 为 0.022，小于 0.05，表明专业技术人员和商业、服务业人员之间就极端自私行为的看法存在差异。"关心公事往往吃亏，所以管好自己就好"与职业相关的秩和检验 p 值小于 0.001，显著低于 0.05，表明不同职业在这一看法上差异非常显著。在中位数一致的情况下，机关、党群组织、企事业单位工作人员与产业工人和农民的回答均落在 2 和 4 即不认可和认可之间，比其他职业认可度高。也就是说，机关、党群组织、企事业单位工作人员和产业工人、农民比其他职业更认可"事不关己，高高挂起"。原因可能在于，机关、党群组织、企事业单位工作人员在服务公众时，反思性地采取这一态度，产业工人和农民则更多是出于本能。专业技术人员（含教师）和学生的态度更为鲜明，区间都落在2即不认可上，表明他们比其他职业更愿意关心社会、担当责任。"人人都追求私利，集体利益就会最大化"与职业相关的秩和检验p值小于0.001，显著低于0.05，表明不同职业在对这个观点的看法差异非常显著。在中位数一致的情况下，商业、服务业人员和产业工人、农民的回答都落在2和4即不认可和认可之间，机关、党群组织、企事业单位工作人员，专业技术人员（含教师）和学生均落在1和2即非常不认可和不认可之间。可以大致推断，前者比后者对此观点认同度更高。总的来看，产业工人、农民等群体更关注自身利益，社会精英阶层更能超越自身利益而关心公共利益。

表3—32　　　　　　　　不同职业公民对利益看法的差异

	机关、党群组织、企事业单位工作人员	专业技术人员（含教师）	商业、服务业人员	产业工人和农民	学生	p-value	p12	p23	p13	Test
自私是常情，关键时刻能服从集体就好	4.0 (4.0, 4.0)	4.0 (3.0, 4.0)	4.0 (4.0, 4.0)	4.0 (3.0, 4.0)	4.0 (3.0, 5.0)	0.001	0.021	0.10	0.37	Kruskal-Wallis
有便宜就占，不占白不占	2.0 (1.0, 2.0)	2.0 (1.0, 2.0)	2.0 (1.0, 2.0)	2.0 (1.0, 2.0)	2.0 (1.0, 2.0)	0.023	0.60	0.022	0.065	Kruskal-Wallis
关心公事往往吃亏，所以管好自己就好	2.0 (2.0, 4.0)	2.0 (2.0, 2.0)	2.0 (2.0, 4.0)	2.0 (2.0, 4.0)	2.0 (2.0, 4.0)	<0.001	0.16	0.003	0.14	Kruskal-Wallis
人人都追求私利，集体利益就会最大化	2.0 (1.0, 2.0)	2.0 (1.0, 2.0)	2.0 (2.0, 4.0)	2.0 (2.0, 4.0)	2.0 (1.0, 2.0)	<0.001	0.84	<0.001	<0.001	Kruskal-Wallis

（3）公民受教育程度越高越能超越自身私利以关注、维护公共利益。不同受教育程度的中国公民对"自私是常情，关键时刻能服从集体

就好"和"有便宜就占，不占白不占"的判断没有显著差异，秩和检验 p 值分别为 0.75 和 0.061，均大于 0.05。"关心公事往往吃亏，所以管好自己就好"秩和检验 p 值小于 0.001，显著低于 0.05，表明不同文化程度在对这一看法存在非常显著的差异。在所有公民回答中位数一致的情况下，没上过大学公民回答落在 2 和 4 即不认可和认可之间，上过大学公民落在 2 即不认可上。可见，没上过大学的比上过大学的受访者更认可。"人人都追求私利，集体利益就会最大化"秩和检验 p 值小于 0.001，显著低于 0.05，表明不同文化程度在对这一看法差异非常显著。在所有公民回答中位数一致情况下，没上过大学公民回答落在 2 和 4 即不认可和认可之间，上过大学公民落在 1 和 2 即非常不认可和不认可之间。可见，文化程度低的公民对此观点认同度更高。总体来看，文化程度越高越倾向于关心和维护集体利益，文化程度越低的公民越倾向于关心和维护自己的利益。

表 3—33　　　　　　不同文化公民对利益看法的差异

	没上过大学	上过大学	p – value	Test
自私是常情，关键时刻能服从集体就好	4.0 (3.0, 4.0)	4.0 (4.0, 4.0)	0.75	Wilcoxon rank – sum
有便宜就占，不占白不占	2.0 (1.0, 2.0)	2.0 (1.0, 2.0)	0.061	Wilcoxon rank – sum
关心公事往往吃亏，所以管好自己就好	2.0 (2.0, 4.0)	2.0 (2.0, 2.0)	<0.001	Wilcoxon rank – sum
人人都追求私利，集体利益就会最大化	2.0 (2.0, 4.0)	2.0 (1.0, 2.0)	<0.001	Wilcoxon rank – sum

（4）中低收入公民在公私关系选择上更为游移、不够确定。

不同收入水平的中国公民对"自私是常情，关键时刻能服从集体就好"的看法存在显著差异的秩和检验 p 值为 0.038，小于 0.05。在所有回答中位数一致的情况下，月收入 2000 元及以下收入公民的回答落在 3 和 4 即说不清和认可之间，而 2001—5000 元和 5000 元以上收入公民落在 4 即认可上。可以推断，最低收入公民对自私是人之常情这一看法没有其他阶层确定。"有便宜就占，不占白不占"与收入相关的秩和检验 p 值为

0.003，小于 0.05，表明强相关。中位数和区间完全一致的情况下，p23 和 p13 值小于 0.05 而 p12 值显著大于 0.05，表明月收入 5000 元以下公民差异不大，而与 5000 元以上收入公民有明显差异。不同收入水平的中国公民对"关心公事往往吃亏，所以管好自己就好"的看法存在显著差异。其秩和检验 p 值为 0.013，小于 0.05，但中位数和区间都一致，p12 和 p23 均小于 0.05 而 p13 显著大于 0.05，表明月收入 2001—5000 元公民与其他群体相比有明显差异。不同收入水平的中国公民对"人人都追求私利，集体利益就会最大化"的看法的差异非常显著，秩和检验 p 值小于 0.001，显著低于 0.05。在所有回答中位数一致情况下，2000 元及以下收入和 5000 元以上收入回答落在 1 和 2 即非常不认可和不认可之间，2001—5000 元收入落在 1 和 3 即非常不认可和说不清之间，可以推断出，月收入 2001—5000 元的公民对"人人都追求私利，集体利益就会最大化"的看法不如其他群体更确定。

表 3—34　　　　　不同收入水平公民对利益看法的差异

	2000 元及以下	2001—5000 元	5000 元以上	p - value	p12	p23	p13	Test
自私是常情，关键时刻能服从集体就好	4.0 (3.0,4.0)	4.0 (4.0,4.0)	4.0 (4.0,4.0)	0.038	0.13	0.21	0.014	Kruskal - Wallis
有便宜就占，不占白不占	2.0 (1.0,2.0)	2.0 (1.0,2.0)	2.0 (1.0,2.0)	0.003	0.66	0.005	0.001	Kruskal - Wallis
关心公事往往吃亏，所以管好自己就好	2.0 (2.0,3.0)	2.0 (2.0,3.0)	2.0 (2.0,3.0)	0.013	0.008	0.021	0.96	Kruskal - Wallis
人人都追求私利，集体利益就会最大化	2.0 (1.0,2.0)	2.0 (1.0,3.0)	2.0 (1.0,2.0)	<0.001	<0.001	0.005	0.50	Kruskal - Wallis

（5）城市居民比小城镇和农村居民对自私问题看法更为客观、积极，对公共事务的参与感、责任感也相对更强些。

不同居住地的中国公民对"有便宜就占，不占白不占"的判断没有显著差异，秩和检验 p 值为 0.98，大于 0.05。"自私是常情，关键时刻能服从集体就好"与居住地相关性秩和检验 p 值为 0.021，小于 0.05，在中位数一致情况下，小城镇和农村居民的回答落在 3 和 4 即说不清和认可之间，城市居民落在 4 即认可上，说明城市居民比农村居民能更客观地看待自私现象。不同居住地的中国公民对"关心公事往往吃亏，所以管好自己就好"的看法存在显著差异秩和检验 p 值为 0.014，小于 0.05。在所有中位数一致的情况下，小城镇和农村居民回答落在 2 和 4 即不认可和认可之间，城市居民落在 2 和 3 即不认可和说不清之间，可以认为城市居民对此观点的认同度更低。"人人都追求私利，集体利益就会最大化"秩和检验 p 值为 0.036，小于 0.05，虽然中位数和区间一致，但表明城乡居民对个人利益最大化会带来集体利益最大化的看法存在差异。

表 3—35　　　　　　不同居住地公民对利益看法的差异

	小城镇和农村	城市	p-value	Test
自私是常情，关键时刻能服从集体就好	4.0 (3.0, 4.0)	4.0 (4.0, 4.0)	0.021	Wilcoxon rank-sum
有便宜就占，不占白不占	2.0 (1.0, 2.0)	2.0 (1.0, 2.0)	0.98	Wilcoxon rank-sum
关心公事往往吃亏，所以管好自己就好	2.0 (2.0, 4.0)	2.0 (2.0, 3.0)	0.014	Wilcoxon rank-sum
人人都追求私利，集体利益就会最大化	2.0 (1.0, 3.0)	2.0 (1.0, 3.0)	0.036	Wilcoxon rank-sum

（6）年长一代对自私的认识更为客观、积极，年青一代更倾向于参与公共事务、担当社会责任。

不同年龄的中国公民对"自私是常情，关键时刻能服从集体就好"的看法差异非常显著，秩和检验 p 值小于 0.001，显著低于 0.05。p23 和 p13 均小于 0.001，显著低于 0.05，而 p12 显著大于 0.05，表明 90 后和 80 后之间，95 后与 00 后和 80 后之间存在显著差异，而 90 后、00 后之间差异不大。在中位数一致的情况下，80 后落在 4 和 4 即认可上；90 后，95 后与 00 后均落在 3 和 4 即说不清和认可之间，70 后及以上则落在 4 与 5 即认可和非常认可之间。可以推断出，年龄越大越能客观、积极地看待自私现象。"有便宜就占,不占白不占"秩和检验 p 值为 0.004,小于 0.05,p13 为 0.002,小于 0.05,表明 80 后和 95 后之间对极端自私现象的看法存在差异;不同年龄的中国公民对"关心公事往往吃亏,所以管好自己就好"的看法差异非常显著,秩和检验 p 值小于 0.001,显著低于 0.05。在中位数一致情况下,70 后及以上公民回答落在 2 和 4 即不认可和认可之间,95 后与 00 后落在 2 和 2 即不认可上。由此可以判断,相比于其他年龄段公民,95 后与 00 后对"关心公事往往吃亏,所以管好自己就好"的认同度更低,70 后及以上者认同度最高。不同年龄的中国公民对"人人都追求私利,集体利益就会最大化"的看法差异非常显著,秩和检验 p 值小于 0.001,显著低于 0.05。在中位数一致的情况下,70 后及以上公民回答落在 2 和 3 即不认可和说不清之间,95 后与 00 后落在 1 和 2 即非常不认可和不认可之间。说明 95 后与 00 后对此观点的认同度较低,相对而言 70 后及以上者认同度较高。总之,年长一代和年青一代基本形成两极,年长一代对自私的认识更为客观、积极,年青一代更倾向于参与公共事务、担当社会责任。

表 3—36　　　　　　　　不同年龄公民对利益看法的差异

	95 后与 00 后	90 后	80 后	70 后及以上	p-value	p12	p23	p13	Test
自私是常情,关键时刻能服从集体就好	4.0 (3.0, 4.0)	4.0 (3.0, 4.0)	4.0 (4.0, 4.0)	4.0 (4.0, 5.0)	<0.001	0.92	<0.001	<0.001	Kruskal-Wallis
有便宜就占,不占白不占	2.0 (1.0, 2.0)	2.0 (1.0, 2.0)	2.0 (1.0, 2.0)	2.0 (1.0, 2.0)	0.004	0.099	0.23	0.002	Kruskal-Wallis
关心公事往往吃亏,所以管好自己就好	2.0 (2.0, 2.0)	2.0 (2.0, 3.0)	2.0 (2.0, 3.0)	2.0 (2.0, 4.0)	<0.001	0.21	0.024	<0.001	Kruskal-Wallis
人人都追求私利,集体利益就会最大化	2.0 (1.0, 2.0)	2.0 (1.0, 3.0)	2.0 (1.0, 3.0)	2.0 (2.0, 3.0)	<0.001	0.018	0.70	0.007	Kruskal-Wallis

(7) 信教者比不信教者更相信人人追求自私集体利益就有最大化。

有无宗教信仰的中国公民对"自私是常情,关键时刻能服从集体利益就好"、"有便宜就占，不占白不占"和"关心公事往往吃亏，所以管好自己就好"的判断没有显著差异，秩和检验 p 值分别为 0.82、0.76 和 0.11，均大于 0.05。有无宗教信仰的中国公民对"人人都追求私利，集体利益就会最大化"的看法存在显著差异，秩和检验 p 值为 0.028，小于 0.05。在中位数一致情况下，无宗教信仰公民回答落在 1 和 3 即非常不认可和说不清之间，有宗教信仰公民落在 1 和 4 即非常不认可和认可之间。由此可以推断，信教者比不信教者更相信人人追求自私集体利益就有最大化。

表 3—37　　　　　　有无宗教信仰公民对利益看法的差异

	无宗教信仰	有宗教信仰	p–value	Test
自私是常情，关键时刻能服从集体就好	4.0 (4.0, 4.0)	4.0 (3.0, 4.0)	0.82	Wilcoxon rank–sum
有便宜就占，不占白不占	2.0 (1.0, 2.0)	2.0 (1.0, 2.0)	0.76	Wilcoxon rank–sum
关心公事往往吃亏，所以管好自己就好	2.0 (2.0, 3.0)	2.0 (2.0, 4.0)	0.11	Wilcoxon rank–sum
人人都追求私利，集体利益就会最大化	2.0 (1.0, 3.0)	2.0 (1.0, 4.0)	0.028	Wilcoxon rank–sum

（8）已婚公民对自私问题的看法更为复杂，未婚公民的看法更为纯粹。

不同婚姻状况的中国公民对"自私是常情，关键时刻能服从集体就好"的看法差异非常显著，秩和检验 p 值小于 0.001，显著低于 0.05。在中位数一致的情况下，未婚公民回答落在 3 和 4 即说不清和认可之间，已婚公民落在 4 即认可上。可见已婚公民比未婚者更能客观、积极看待自私现象。"有便宜就占，不占白不占"与婚姻状况的相关性秩和检验 p 值小于 0.001，显著低于 0.05，表明未婚和已婚公民对极端自私行为的看法存在显著差异，但中位数和区间一致，宏观数据看不出具体差异。不同婚姻状况的中国公民对"关心公事往往吃亏，所以管好自己就好"的看法差异非常显著，秩和检验 p 值小于 0.001，显著低于 0.05。在中位数一致的情况下，未婚公民回答落在2和3即不认可和说不清之间，已婚者落在2和4即不认可和认可之间。可以推断出，已婚公民比未婚公民更加强调明哲保身。不同婚姻状况的中国公民对"人人都追求私利，集体利益就会最大化"的看法存在显著差异，与婚姻状况的相关性秩和检验p值小于0.001，显著低于0.05。在中位数一致的情况下，未婚公民回答落在1和2即非常不认可和不认可之间，已婚公民落在1和3.5即非常不认可和说不清（偏认可）之间。可以推断，未婚者比已婚者更倾向于不认可人人追求私利，集体利益就会最大化。总之，已婚公民对自私问题的看法更为复杂，未婚公民的看法更为纯粹。

表3—38　　　　不同婚姻状况的公民对利益看法的差异

	未婚	已婚	p – value	Test
自私是常情，关键时刻能服从集体就好	4.0 (3.0, 4.0)	4.0 (4.0, 4.0)	<0.001	Wilcoxon rank – sum
有便宜就占，不占白不占	2.0 (1.0, 2.0)	2.0 (1.0, 2.0)	<0.001	Wilcoxon rank – sum
关心公事往往吃亏，所以管好自己就好	2.0 (2.0, 3.0)	2.0 (2.0, 4.0)	<0.001	Wilcoxon rank – sum
人人都追求私利，集体利益就会最大化	2.0 (1.0, 2.0)	2.0 (1.0, 3.5)	<0.001	Wilcoxon rank – sum

2. 多数公民认为自己经常遇到自私自利的人

调查数据显示，受访者对"是否经常遇到自私自利的人"这一问题的回答，在1分（从未遇到）到10分（经常遇到）的分值选择中，6—10分的选择率达到67.96%，均值高达8.83，表明在现实生活中，公民遇到自私自利的人的频率较高。尽管人们对于自私自利的标准以及判断有可能是失当的，一切都只是主观感受。但是，这种感受和判断却产生不太好的后果：一是增加自己关于遇人不淑产生的委屈、抱怨、防备等心理焦虑；二是"说服"自己也倾向于以自私自利的方式对待别人。

表3—39　　　　　　您是否经常遇到自私自利的人

是否经常遇到自私自利的人（1—10分）	观测值	均值	标准差	最小值	最大值	1—5分	6—10分
从未遇到—经常遇到	2422	8.83	2.29	1	10	32.04%	67.96%

（1）群众遭遇自私自利之人的频率高于党员和团员。

不同政治面貌的中国公民遇见自私自利之人的频率差异非常显著，秩和检验p值小于0.001，显著低于0.05。p12和p23均小于0.05，表明党员和团员之间存在差异，团员和群众之间存在显著差异。在1（从未遇到）—10（经常遇到）的分值中，在中位数一致的情况下，群众回答落在5和10之间，党员落在5和9之间，团员落在5和8之间。可见，群众遭遇自私自利之人的频率高于党员和团员。

表3—40　　　不同政治面貌公民遇到自私自利的人频率的差异

	共产党员	共青团员	群众	p-value	p12	p23	p13	Test
生活中，您是否经常遇到自私自利的人	7.0 (5.0, 9.0)	7.0 (5.0, 8.0)	7.0 (5.0, 10.0)	<0.001	0.016	<0.001	0.22	Wilcoxon rank-sum
	6.9 [±2.3]	6.6 [±2.2]	7.0 [±2.4]	<0.001	0.032	<0.001	0.23	Two sample t test

（2）学生遇到自私自利的人的频率最小，而产业工人和农民遇到的频率最大。

不同职业的中国公民遇见自私自利之人的频率差异非常显著，秩和检验p值小于0.001，显著低于0.05。产业工人和农民的中位数为8，是各群体中最高的；学生的中位数是6，是各群体中最低的。也就是说，在各群体中，学生遇到自私自利的人的频率最小，而产业工人和农民遇到的频率最大。

表 3—41　　　不同职业公民遇到自私自利的人频率的差异

生活中,您是否经常遇到自私自利的人	机关、党群组织、企业事业单位工作人员	专业技术人员(含教师)	商业、服务业人员	产业工人和农民	学生	p-value	p12	p23	p13	Test
	7.0 (5.0, 9.0)	7.0 (5.0, 9.0)	7.0 (5.0, 9.0)	8.0 (5.0, 10.0)	6.0 (5.0, 8.0)	<0.001	0.71	0.41	0.18	Kruskal-Wallis
	7.0 [±2.4]	7.0 [±2.3]	6.8 [±2.4]	7.3 [±2.5]	6.5 [±2.1]	<0.001	0.81	0.39	0.22	ANOVA

(3) 文化程度低的公民身边自私自利现象更普遍。

不同文化程度的中国公民遇见自私自利之人的频率差异非常显著,秩和检验 p 值小于 0.001,显著低于 0.05。在 1(从未遇到)—10(经常遇到)的分值中,在中位数一致的情况下,没上过大学公民回答落在 5 和 10 之间,而上过大学公民落在 5 和 8 之间,可见文化程度低的公民身边自私自利现象更普遍。

表 3—42　　　不同文化程度公民遇到自私自利的人频率的差异

生活中,您是否经常遇到自私自利的人	没上过大学	上过大学	p-value	Test
	7.0(5.0,10.0)	7.0(5.0,8.0)	<0.001	Wilcoxon rank-sum
	7.1 [±2.6]	6.7 [±2.1]	<0.001	Two sample t test

(4) 最低收入阶层反而遇到自私自利现象没有其他阶层普遍。

不同收入水平的中国公民遇见自私自利之人的频率存在显著差异,秩和检验 p 值为 0.023,小于 0.05。p23 值显著大于 0.05,表明月收入 2000 元以上者差异不明显。在 1(从未遇到)—10(经常遇到)的分值中,在中位数一致的情况下,2000 元及以下收入者回答落在 5 和 8 之间,2001—5000 元和 5000 元以上收入者落在 5 和 9 之间,表明最低收入阶层反而遇到自私自利现象没有其他阶层普遍。

表 3—43　不同收入水平公民遇到自私自利的人频率的差异

生活中,您是否经常遇到自私自利的人	2000 元及以下	2001—5000 元	5000 元以上	p-value	p12	p23	p13	Test
	7.0(5.0, 8.0)	7.0(5.0, 9.0)	7.0(5.0, 9.0)	0.023	0.009	0.59	0.059	Kruskal-Wallis
	6.7[±2.2]	7.0[±2.4]	6.9[±2.3]	0.036	0.013	0.64	0.078	ANOVA

（5）公民遇到自私自利者的频率与居住地、宗教信仰无关。

不同居住地和有无宗教信仰的中国公民身边自私自利现象的普遍程度没有显著差异，秩和检验 p 值分别为 0.67 和 0.057，均大于 0.05。

表 3—44　不同居住地和有无宗教信仰公民遇到自私自利的人频率的差异

生活中，您是否经常遇到自私自利的人	小城镇和农村	城市	p-value	Test
	7.0(5.0,9.0)	7.0(5.0,9.0)	0.67	Wilcoxon rank-sum
	6.8[±2.5]	6.8[±2.2]	0.78	Two sample t test
	无宗教信仰	有宗教信仰	p-value	Test
	7.0(5.0,9.0)	7.0(5.0,10.0)	0.057	Wilcoxon rank-sum
	6.8[±2.3]	7.0[±2.5]	0.13	Two sample t test

（6）公民遇到自私自利现象的频率与年龄成正比。

不同年龄的中国公民遇见自私自利之人的频率差异非常显著，秩和检验 p 值小于 0.001，显著低于 0.05。在 1（从未遇到）—10（经常遇到）的分值中，70 后及以上公民回答中位数为 8，95 后与 00 后中位数为 6；在 80 后和 90 后回答中位数一致的情况下，80 后回答落在 5 和 9 之间，90 后 5 和 8 之间。可见，公民遇到自私自利现象频率与自己的年龄成正比。

表 3—45　不同年龄公民遇到自私自利的人频率的差异

生活中,您是否经常遇到自私自利的人	95 后与 00 后	90 后	80 后	70 后及以上	p-value	p12	p23	p13	Test
	6.0(5.0, 8.0)	7.0(5.0, 8.0)	7.0(5.0, 9.0)	8.0(6.0, 10.0)	<0.001	0.16	0.009	<0.001	Kruskal-Wallis
	6.5[±2.1]	6.6[±2.3]	7.0[±2.3]	7.5[±2.4]	<0.001	0.17	0.010	<0.001	ANOVA

(7) 已婚公民身边自私自利现象更普遍。

不同婚姻状况的中国公民遇见自私自利之人的频率差异非常显著，秩和检验 p 值小于 0.001，显著低于 0.05。在 1（从未遇到）—10（经常遇到）的分值中，在中位数一致的情况下，未婚公民回答落在 5 和 8 之间，已婚公民落在 5 和 10 之间，可见已婚公民身边自私自利现象更为普遍。

表 3—46　　　不同婚姻状况公民遇到自私自利的人频率的差异

生活中，您是否经常遇到自私自利的人	未婚	已婚	p – value	Test
	7.0(5.0,8.0)	7.0(5.0,10.0)	<0.001	Wilcoxon rank – sum
	6.6 [±2.1]	7.1 [±2.4]	<0.001	Two sample t test

三　公民公私决策行动的选择

1. 多数公民愿意为公共利益牺牲个人利益

关于"您在发生战争时是否愿意为国家而战"这一问题，67.24% 的受访公民选择了"是"，占多数；26.31% 的公民选择"不知道"，6.45% 的受访者选择"否"，表明多数公民拥有强烈的爱国情感和责任意识，愿意和准备为公共利益而牺牲个人利益。但是，为数不少的人持否定态度值得我们警醒，而超过四分之一（26.31%）受访者的迷茫、犹豫，这需要我们更好的教育引导。

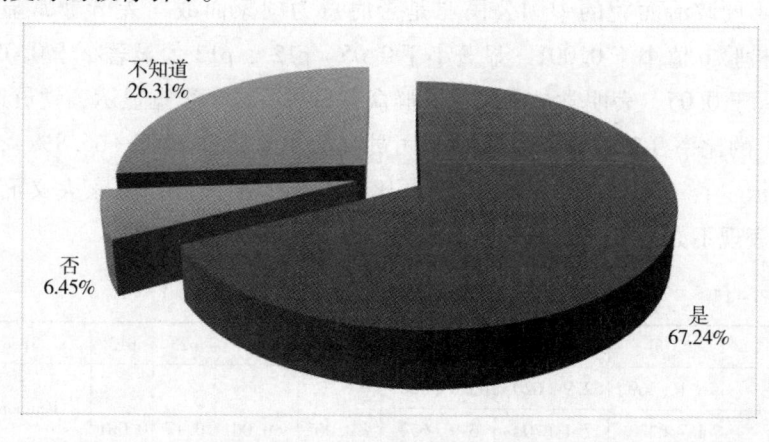

图 3—14　您在发生战争时是否愿意为国家而战（N = 2448）

本题是 2012 年世界价值观调查的原题，当年在中国调查的结果如下：76.12% 的受访者表示"愿意"，3.38% 受访者表示"不知道"，20.5% 的受访者明确表示"不愿意"。两相对照，总体格局没变，但有三点不同十分明显：一是表示愿意的百分比下降 8.88 个百分点；表示不知道的比率上升了 22.93 个百分点；明确表示不愿意的下降了 14.05 个百分点。数据是如此显著，以至于不能简单理解为源于各种原因导致的调查误差。无论如何，7 年间的调查结果差异值得我们好好思考。

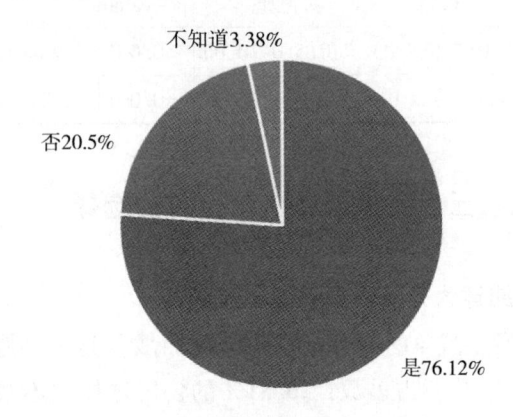

图 3—15　2012 年世界价值观调查"您在发生战争时是否愿意为国家而战"（N = 2220）

（1）党员最愿意为公共利益作出牺牲，团员比较而言最不愿意如此。

不同政治面貌的中国公民"是否愿意为国家而战"差异非常显著，卡方检验 p 值小于 0.001，显著小于 0.05。p12、p13 值显著小于 0.05 而 p23 大于 0.05，表明党员和团员、群众有显著差异。数据显示，党员选择"是"的比率（76.1%）显著高于团员（62.9%）和群众（66.8%），团员表示"否"和"不知道"的都是比率最高。在民族、国家大义面前，团员表现不如党员可以理解，但不如群众，值得反思。

表 3—47　　　　　不同政治面貌公民为国而战的意愿差异

	党员	团员	群众	p - value	p12	p23	p13	Test
是	76.1（369）	62.9（620）	66.8（626）	<0.001	<0.001	0.17	0.001	Pearson's chi - squared
否	4.7（23）	7.1（70）	6.9（65）					
不知道	19.2（93）	30.0（296）	26.3（246）					

（2）机关、党群组织、企业事业单位工作人员最愿意为公共利益作出牺牲，学生相对最不愿意如此或感到难以抉择。

不同职业的中国公民"是否愿意为国家而战"有显著差异，卡方检验 p 值小于 0.05。数据显示，机关、党群组织、企业事业单位工作人员选择"是"的比率最高（72.1%），学生选择比最低（63.3%），而且学生选择"不知道"的比率近三成（29.3%），显示有三成学生不知如何选择。

表 3—48　　不同职业的中国公民为国而战的意愿差异

	机关、党群组织、企业事业单位工作人员	专业技术人员（含教师）	商业、服务业人员	产业工人和农民	学生	p-value	p12	p23	p13	Test
是	72.1 (292)	71.1 (192)	67.2 (323)	68.9 (84)	63.3 (537)	0.012	0.88	0.24	0.045	Pearson's chi-squared
否	6.4 (26)	5.9 (16)	4.6 (22)	9.8 (12)	7.4 (63)					
不知道	21.5 (87)	23.0 (62)	28.3 (136)	21.3 (26)	29.3 (249)					

（3）公民是否愿意为公共利益作出牺牲与受教育程度无关。

不同文化程度的中国公民"是否愿意为国家而战"上没有显著差异，卡方检验 p 值为 0.71，显著大于 0.05。

表 3—49　　不同文化程度公民为国而战的意愿差异

	没上过大学	上过大学	p-value	Test
是	68.0 (508)	66.8 (1,127)	0.71	Pearson's chi-squared
否	6.7 (50)	6.3 (107)		
不知道	25.3 (189)	26.9 (453)		

（4）收入越高越愿意为公共利益作出牺牲。

不同收入水平的中国公民是否愿意为国家而战存在显著差异，卡方检验 p 值小于 0.05。数据显示，收入越高选择"是"的越多，低收入者和高收入者处于两极，低收入人群还有近三成（29.3%）选择"不知道"即难以抉择。

表 3—50　　　　不同收入水平公民为国而战的意愿差异

	2000 元及以下	2001—5000 元	5000 元以上	p-value	p12	p23	p13	Test
是	63.2（570）	68.7（595）	70.4（404）	0.019	0.028	0.37	0.017	Pearson's chi-squared
否	7.5（68）	5.3（46）	6.4（37）					
不知道	29.3（264）	26.0（225）	23.2（133）					

（5）小城市和农村居民比城市居民更愿意为公共利益作出牺牲。

不同居住地的中国公民是否愿意为国家而战存在显著差异，卡方检验 p 值略小于 0.05。数据显示，小城镇和农村居民回答"是"的比率（71.1%）比城市居民（65.8%）明显为多，因此，小城市和农村居民比城市居民更愿意为公共利益作为牺牲。

表 3—51　　　　不同居住地公民为国而战的意愿差异

	小城镇和农村	城市	p-value	Test
是	71.1（463）	65.8（1,180）		
否	5.5（36）	6.8（122）	0.046	Pearson's chi-squared
不知道	23.3（152）	27.4（491）		

（6）年龄越大越愿意为公共利益作出牺牲，年龄越小越感到难以抉择。

不同年龄的中国公民是否愿意为国而战存在显著差异，卡方检验 p 值小于 0.001，显著小于 0.05。数据显示，总体上选择"是"的比率随年龄增长而增长，选择"不知道"的随年龄减小而增加。可见，年龄越大越愿意为公共利益作出牺牲，年龄越小越感到难以抉择。

表 3—52　　　　　不同年龄公民为国而战的意愿差异

	95 后与 00 后	90 后	80 后	70 后及以上	p-value	p12	p23	p13	Test
是	62.6 (575)	67.0 (366)	67.1 (344)	76.4 (344)	<0.001	0.020	0.53	0.15	Pearson's chi-squared
否	8.5 (78)	4.8 (26)	6.2 (32)	4.7 (21)					
不知道	28.9 (266)	28.2 (154)	26.7 (137)	18.9 (85)					

（7）公民是否愿意为公共利益作出牺牲与是否信仰宗教无关。

有无宗教的中国公民是否愿意为国而战没有显著差异，卡方检验 p 值为 0.67，显著大于 0.05。

表 3—53　　　　　有无宗教公民为国而战的意愿差异

	无宗教信仰	有宗教信仰	p-value	Test
是	66.6 (1438)	68.3 (127)		
否	6.5 (141)	7.5 (14)	0.67	Pearson's chi-squared
不知道	26.9 (581)	24.2 (45)		

（8）已婚公民比未婚公民更愿意为公共利益作出牺牲。

不同婚姻状况的中国公民是否愿意为国而战差异非常显著，卡方检验 p 值为 0.001，显著小于 0.05。数据显示，已婚受访者选择"是"的比率（71%）明显高于未婚受访者（64.1%）。

表 3—54　　　　　不同婚姻状况公民为国而战的意愿差异

	未婚	已婚	p-value	Test
是	64.1 (878)	71.0 (719)		
否	7.3 (100)	5.1 (52)	0.001	Pearson's chi-squared
不知道	28.6 (392)	23.8 (241)		

2. 绝大多数公民敬仰大公无私的人，多数公民愿意学习大公无私的品质

调查显示，对于大公无私的人，62.00% 的受访者表示"他们很可敬，愿意向他们学习"，29.62% 受访者选择"很敬仰他们但是自己不会像他们那样做"。也就是说，有超过九成（91.62%）公民敬仰大公无私的人，对高尚美德的认同与敬畏；超六成的公民愿意向他们学习，反映多数人见贤思齐的向善之心；近三成人很诚实地表达敬意但不学习追随。还有7.14%的公民认为这些大公无私的人只是比一般人做得好一点而已，宣传报道把他们拔得太高了，这应该是长期以来媒体宣传不当造成的公信力危机。另有1.24%的受访者表示这些大公无私的事迹其实都是假的，世界上根本没有这样的人，这就是一种虚无主义的看法。

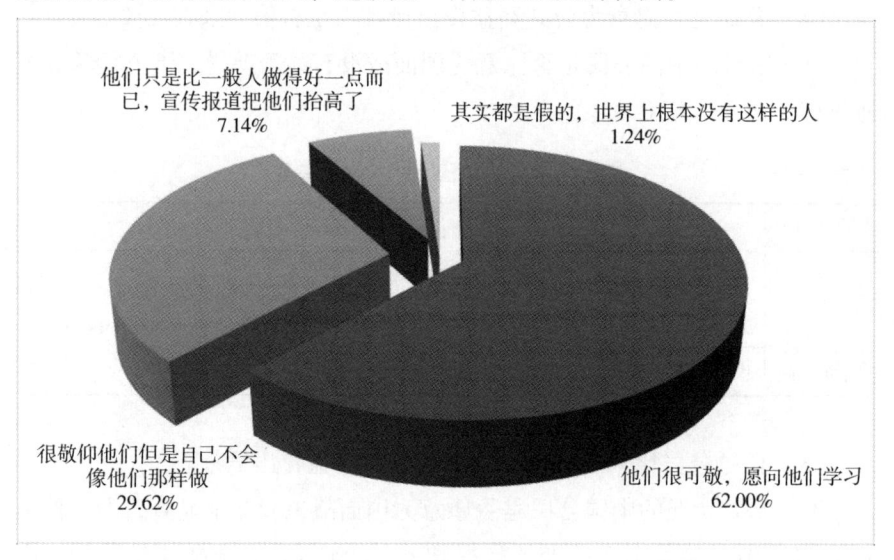

图3—16　您对生活中一些大公无私的人物故事的看法（N=2424）

第三章 公民义利价值观分析

正如马克思所言，人们奋斗的一切都和他们的利益有关。与此同时，人绝不只有物质利益的诉求，也不是只要是利益就追求。正如儒家所教导的，君子好利，取之有道，甚至舍利而取义。可见，功利与道义，或者简单地说义利，是人生中必然遇到，一定要处理好的关系与问题。对义利问题的不同看法就形成了不同的义利观，义利观是人生价值观的重要内容。中国社会传统上是一个倡导义重利轻的社会，但在今天市场经济条件下，人们的义利观变得更为复杂，这是也当下公民价值观复杂性的重要体现。

一 公民关于义利关系最理想状态和最起码要求描述

调查结果显示，公民认为义利关系中，最理想的状态是舍利取义，义利兼顾是最起码要求。在最理想状态的判断中，选择"舍利取义"的比例最高（37.85%），与之接近的是"义利兼顾"（35.80%）；在最起码状态的判断中，超过半数以上公民选择了"义利兼顾"（57.32%），占比最高。相反，不论是最理想还是最起码状态的判断，选择"重利轻义"和"见利忘义"的比例很低，说明公民对义利关系的认识比较正面积极，倾向于认同义先于利。

（1）团员对义利兼顾是最起码要求的认同度最高。

不同政治面貌的中国公民关于"舍利取义"是义利关系最理想状态的判断没有显著差异，卡方检验 p 值为 0.56，大于 0.05。关于"义利兼顾"是最起码状态的判断与政治面貌强相关，卡方检验 p 值为 0.032，小于 0.05；p23 为 0.009，小于 0.05，表明团员和群众之间存在差异。所有受访者中选择"义利兼顾"占比最高的是共青团员（59.4%），党员占比

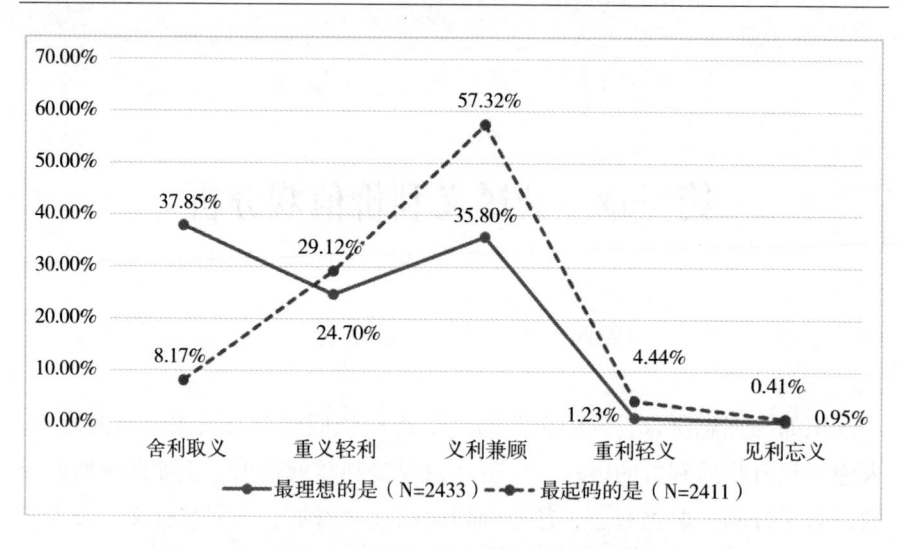

图 3—17 您认为义利关系最起码和最理想的状态是什么

与之接近（57.6%），群众最低（55.3%），说明在义利关系中，对于义利兼顾是最起码要求这一看法，团员和党员比群众认同度更高，其中团员认同度最高。

表 3—55　　不同政治面貌公民对义利关系判断的差异

义利关系		共产党员	共青团员	群众	p-value	p12	p23	p13	Test
最理想状态	舍利取义	37.9 (182)	36.4 (356)	39.0 (365)	0.56	0.54	0.26	0.85	Pearson's chi–squared
最起码状态	义利兼顾	57.6 (274)	59.4 (579)	55.3 (510)	0.032	0.59	0.009	0.16	Pearson's chi–squared

（2）党群组织、企事业单位工作人员最认同舍利取义是最理想状态，专业技术人员（含教师）不仅最认同义利兼顾是最起码要求，而且和商业、服务业人员一道将义利兼顾视为最理想状态。

不同职业的中国公民关于"舍利取义"是义利关系最理想状态的判断差异显著，卡方检验 p 值为 0.018，小于 0.05。在最理想状态的判断中，所有受访者中选择"舍利取义"比例最高的是机关、党群组织、企事业单位工作人员（39.3%），而专业技术人员（含教师）的占比最低（34.1%），表明机党群组织、企事业单位工作人员对舍利取义是最理想状态的认同度最高，专业技术人员（含教师）认同度最低。同时，专业技术人员（含教师）和商业、服务也人员关于最理想状态的描述"义利兼顾"的选择比（分别是40.7%、37.6%）均高于"舍利取义"的比率。不同职业的中国公民关于"义利兼顾"是最起码状态的判断差异非常显著，卡方检验p值小于0.001，显著低于0.05。所有受访者中选择"义利兼顾"比例最高的是专业技术人员（含教师）（60.4%），最低的是产业工人和农民（50.8%），表明专业技术人员对义利兼顾是最起码状态的认同度最高，而产业工人和农民认同度最低。

表3—56　　　　　　　不同职业公民对义利关系判断的差异

义利关系		机关、党群组织、企事业单位工作人员	专业技术人员（含教师）	商业、服务业人员	产业工人和农民	学生	p-value	p12	p23	p13
最理想状态	舍利取义	39.3（157）	34.1（93）	35.9（169）	38.9（49）	38.1（323）	0.018	0.18	0.049	0.13
	义利兼顾	33.5（134）	40.7（111）	37.6（177）	28.6（36）	36.2（307）				
最起码状态	义利兼顾	58.4（232）	60.4（163）	54.8（257）	50.8（63）	59.7（504）	<0.001	0.72	0.36	0.12

（3）文化程度低的公民更认同舍利取义是最理想状态，文化程度高的公民认同义利兼顾既是最起码要求也是最理想状态。

不同文化程度的中国公民关于义利关系最理想和最起码状态的判断差异非常显著，卡方检验p值均小于0.001，显著低于0.05。在对"舍利取义"是最理想状态判断中，所有受访者中没上过大学公民（42.3%）占比显著高于上过大学公民（35.6%）。同时，上过大学的公民将"义利兼顾"视为最理想状态的百分比（39.2%）高于"舍利取义"的百分比。

在对"义利兼顾"是最起码状态的判断中,上过大学公民(59.5%)占比高于没上过大学公民(53.1%)。表明文化程度低的公民更认同舍利取义是最理想状态,而文化程度高的公民更认为义利兼顾既是最起码要求也是最理想状态。

表3—57　　　不同文化程度公民对义利关系判断的差异

义利关系		没上过大学	上过大学	p-value	Test
最理想状态	舍利取义	42.3(314)	35.6(596)	<0.001	Pearson's chi-squared
	义利兼顾	28.7(213)	39.2(656)		
最起码状态	义利兼顾	53.1(388)	59.5(989)	<0.001	Pearson's chi-squared

(4)公民对义利关系理想状态和起码状态的判断与收入水平关联不大。

不同收入水平的中国公民对义利关系最理想状态和最起码状态的判断差异不显著,卡方检验p值分别为0.23和0.74,均大于0.05。

表3—58　　　不同收入水平公民对义利关系判断的差异

义利关系		2000元及以下	2001—5000元	5000元以上	p-value	p12	p23	p13	Test
最理想状态	舍利取义	40.3(364)	36.7(314)	36.0(205)	0.23	0.53	0.21	0.18	Pearson's chi-squared
最起码状态	义利兼顾	57.4(513)	56.0(478)	59.6(334)	0.74	0.47	0.66	0.83	Pearson's chi-squared

(5)公民对义利关系理想状态和起码状态的判断与居住地、宗教信仰关联性不强。

不同居住地和有无宗教的中国公民对义利关系最理想状态和最起码状态的判断都没有显著差异,卡方检验p值均大于0.05。

表3—59　　　不同居住地和有无宗教公民对义利关系判断的差异

义利关系		小城镇和农村	城市	p-value	Test
最理想状态	舍利取义	36.2(235)	38.4(683)	0.52	Pearson's chi-squared

续表

义利关系		小城镇和农村	城市	p-value	Test
最起码状态	义利兼顾	57.2(366)	57.5(1,015)	0.66	Pearson's chi-squared

		无宗教信仰	有宗教信仰	p-value	Test
最理想状态	舍利取义	37.2(799)	44.3(82)	0.092	Pearson's chi-squared
最起码状态	义利兼顾	58.1(1,235)	53.5(99)	0.16	Pearson's chi-squared

（6）70后及以上的公民最认同"舍利取义"是最理想状态。

不同年龄的中国公民关于"舍利取义"是义利关系最理想状态的判断存在显著差异，卡方检验p值为0.004，显著小于0.05。认同度最高的是70后及以上公民（42.4%），认同度最低的是80后（33.6%），差8.8个百分点。关于"义利兼顾"是最起码状态的判断没有显著的年龄差异，卡方检验p值为0.14，大于0.05。

表3—60　　　　不同年龄公民对义利关系判断的差异

义利关系		95后与00后	90后	80后	70后及以上	p-value	p12	p23	p13	Test
最理想状态	舍利取义	37.7(346)	37.5(202)	33.6(171)	42.4(190)	0.004	0.39	0.67	0.41	Pearson's chi-squared
最起码状态	义利兼顾	59.6(545)	59.3(317)	54.0(270)	55.2(244)	0.14	0.71	0.19	0.021	Pearson's chi-squared

（7）未婚公民比已婚公民更认同义利兼顾是最起码状态。

不同婚姻状况的中国公民关于"舍利取义"是义利关系最理想状态的判断没有显著差异，卡方检验p值为0.26，大于0.05。不同婚姻状况的中国公民关于"义利兼顾"是最起码状态的判断存在显著差异，卡方检验p值为0.027，小于0.05。选择"义利兼顾"的未婚公民占比（59.8%），高于已婚公民（53.7%）。可见，未婚比已婚公民更认同义利兼顾是最起码状态。

表 3—61　　　　不同婚姻状况公民对义利关系判断的差异

义利关系		未婚	已婚	p – value	Test
最理想状态	舍利取义	38.2（520）	37.0（372）	0.26	Pearson's chi – squared
最起码状态	义利兼顾	59.8（812）	53.7（531）	0.027	Pearson's chi – squared

二　公民对现实生活中义利关系的评价

与理想诉求相比，调查显示现实生活中重利轻义的现象比较普遍。58.25%的受访者认为自己周围时常有赤裸裸地只顾利不顾义的人，16.43%的人经常遇见，41.82%的人表示有时遇见；64.49%的公民表示时常遇见表面为义、实则为利的人；还有45.41%的受访者表示时常遇到靠不义手段而取得成功的人。相对而言，见义勇为、不考虑利的行为时常出现的频率就低多了，只有44.41%。同时，在"从不"的选项中，"只顾利不顾义"占10.32%，"表面为义实则为利"占19.28%，"靠不义手段取得成功"占18.89%，"见义勇为，不考虑利"占11.51%；在"经常"选项中则依次为16.43%、19.28%、12.72%、9.39%。总的评价就是，人们见到重利轻义的现象比见义勇为的行为明显为多。所谓"周围"是受访者对其他公民的总体评价，也是公民的彼此评价。

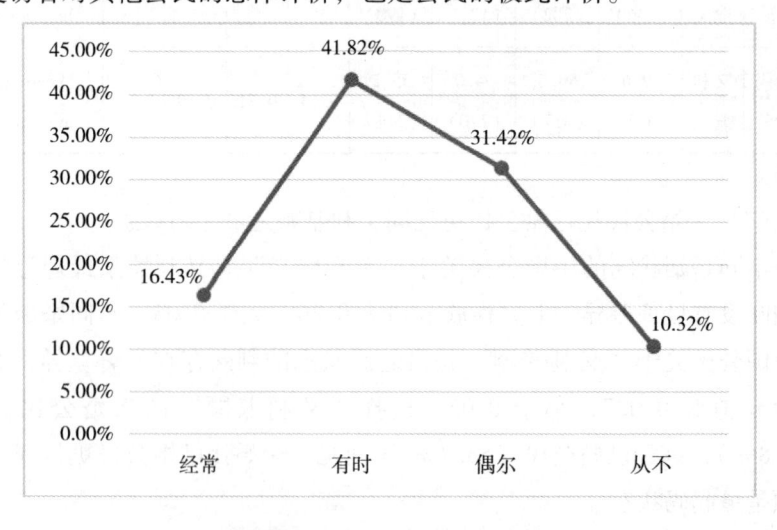

图 3—18　您周围是否经常有只顾利不顾义的人（N = 2422）

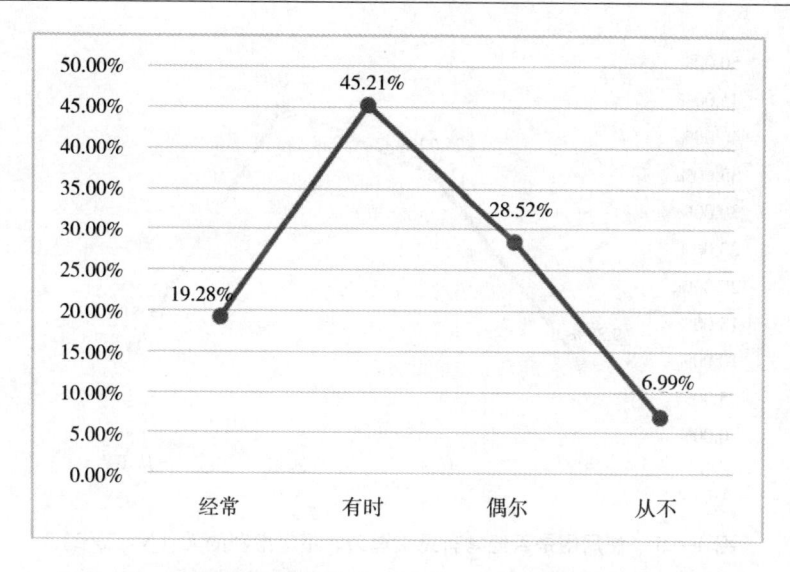

图 3—19　您周围是否经常有表面为义，实则为利的人（N = 2402）

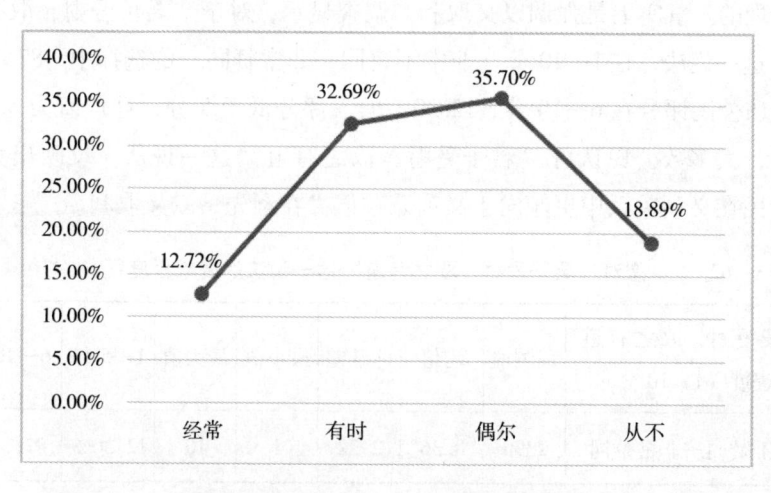

图 3—20　您周围是否经常有靠不义手段取得成功的人（N = 2398）

三　公民现实中对义利关系的决策

1. 公民普遍认同以义取利的原则

"君子爱财，取之有道"是儒家的重要观念和原则，既肯定了人们对利（"财"）的追求的正当性，又强调了这种对利的追求要遵循义（"道"）才

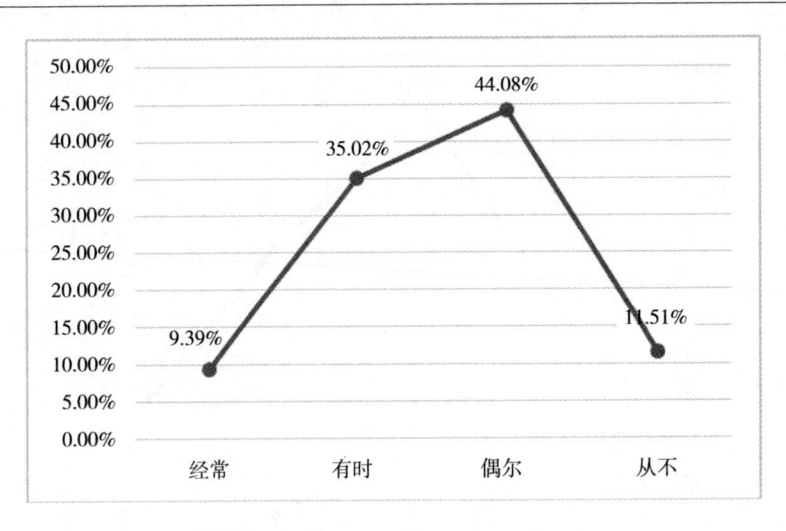

图 3—21　您周围是否经常有见义勇为，不考虑利的人（N = 2362）

是合理的。事实上是强调以义取利。调查显示，对于"君子爱财，取之有道"这一说法，在 1—10 分（非常不赞同—非常赞同）的选择中，87.70%的受访公民评分在 6—10 分，12.30% 的人评分低于 5 分，且均值为 8.36，可见，大多数公民认可"君子爱财，取之有道"这一说法，反映出大多数公民在义利关系中更倾向于义利兼顾但义在利先、以义取利。

表 3—62　您对"君子爱财，取之有道"这一说法的赞成程度

"君子爱财，取之有道"赞成程度（1—10 分）	观测值	均值	标准差	最小值	最大值	1—5 分	6—10 分
非常不赞同—非常赞同	2390	8.36	2.22	1	10	12.30%	87.70%

（1）党员最认同以义取利的观念。

不同政治面貌的中国公民对"君子爱财，取之有道"的看法差异显著，秩和检验 p 值为 0.013，小于 0.05。党员和群众回答落在中位数 10 上，而团员落在 9 上，表明党员和群众比团员更认可"君子爱财，取之有道"；而在党员和群众回答中位数一致情况下，党员回答落在 8 和 10 之间，群众落在 7 和 10 之间，说明党员比群众的认可度更高，由此可以推断，党员比群众和团员更认同该观点。

第三章　公民义利价值观分析

表 3—63　　　　　　　不同政治面貌公民以义取利观念的差异

	共产党员	共青团员	群众	p - value	p12	p23	p13	Test
您对"君子爱财，取之有道"这一说法的看法	10.0 (8.0, 10.0)	9.0 (7.0, 10.0)	10.0 (7.0, 10.0)	0.013	0.004	0.073	0.22	Kruskal - Wallis
	8.6 [±2.1]	8.3 [±2.1]	8.3 [±2.4]	0.076	0.031	0.96	0.044	ANOVA

（2）机关、党群组织、企事业单位工作人员和专业技术人员（教师）更认同以义取利的观念。

不同职业的中国公民对"君子爱财，取之有道"的看法差异非常显著，秩和检验 p 值小于 0.001，显著低于 0.05。学生中位数为 9，其他群体中位数一致（10），机关、党群组织、企事业单位工作人员和专业技术人员（含教师）回答落在 8 和 10 之间，商业、服务业人员和学生回答落在 7 和 10 之间，产业工人和农民回答落在 6 和 10 之间。可以推断，机关、党群组织、企事业单位工作人员和专业技术人员（教师）比其他职业公民更认同该观点，学生的认同度为相对最低。

表 3—64　　　　　　　不同职业公民以义取利观念的差异

	机关、党群组织、企业事业单位工作人员	专业技术人员（含教师）	商业、服务业人员	产业工人和农民	学生	p - value	p12	p23	p13	Test
您对"君子爱财，取之有道"这一说法的看法	10.0 (8.0, 10.0)	10.0 (8.0, 10.0)	10.0 (7.0, 10.0)	10.0 (6.0, 10.0)	9.0 (7.0, 10.0)	<0.001	0.30	0.56	0.071	Kruskal - Wallis
	8.7 [±2.1]	8.5 [±2.2]	8.3 [±2.3]	8.2 [±2.5]	8.2 [±2.1]	0.009	0.28	0.36	0.024	ANOVA

（3）公民受教育程度越高越认同以义取利的原则。

不同文化程度的中国公民对"君子爱财，取之有道"的看法差异显著，秩和检验 p 值为 0.042，小于 0.05。没上过大学公民 95% 回答落在中位数 10 上，上过大学的落在 9 上，但方差分析显示，没上过大学公民评分均值（8.0）低于上过大学（8.5）。大致可以推断，文化程度高的公民更认同这一观点观点。

表 3—65　　　　不同文化程度公民以义取利观念的差异

您对"君子爱财，取之有道"这一说法的看法	没上过大学	上过大学	p-value	Test
	10.0 (6.0, 10.0)	9.0 (8.0, 10.0)	0.042	Wilcoxon rank-sum
	8.0 [±2.6]	8.5 [±2.0]	<0.001	Two sample t test

（4）收入最低群体对以义取利原则的认同度低于其他群体。

不同收入水平的中国公民对"君子爱财，取之有道"的看法差异非常显著，秩和检验 p 值小于 0.001，显著低于 0.05。p12、p13 值显著低于 0.05 而 p23 值显著大于 0.05，表明月收入 2000 元以下公民的看法与其他群体存在显著差异。2000 元及以下收入公民中位数为 9，其他群体中位数为 10。可以推断，收入最低群体的公民对"君子爱财，取之有道"的认同度要低一些。

表 3—66　　　　不同收入水平公民以义取利观念的差异

您对"君子爱财，取之有道"这一说法的看法	2000元及以下	2001—5000元	5000元以上	p-value	p12	p23	p13	Test
	9.0(7.0, 10.0)	10.0(8.0, 10.0)	10.0(8.0, 10.0)	<0.001	<0.001	0.69	0.002	Kruskal-Wallis
	8.2 [±2.2]	8.5 [±2.2]	8.5 [±2.2]	0.021	0.008	0.69	0.051	ANOVA

（5）公民对以义取利原则的认同与其居住地、宗教信仰没有显著关联。

不同居住地和有无宗教信仰的中国公民对"君子爱财，取之有道"的看法都没有显著差异，秩和检验 p 值分别为 0.53 和 0.13，均大于 0.05。

表3—67　　　不同居住地和有无宗教信仰公民以义取利观念的差异

	小城镇和农村	城市	p-value	Test
您对"君子爱财，取之有道"这一说法的看法	10.0 (7.0, 10.0)	9.0 (7.0, 10.0)	0.53	Wilcoxon rank-sum
	8.3 [±2.3]	8.4 [±2.2]	0.75	Two sample t test
	无宗教信仰	有宗教信仰	p-value	Test
	9.0 (7.0, 10.0)	9.0 (6.0, 10.0)	0.13	Wilcoxon rank-sum
	8.4 [±2.1]	7.9 [±2.7]	0.003	Two sample t test

（6）公民年龄越大越认同以义取利的原则。

不同年龄的中国公民对"君子爱财，取之有道"的看法差异非常显著，秩和检验 p 值小于 0.001，显著低于 0.05。p12 为 0.019，小于 0.05，表明 95 后与 00 后和 90 后之间存在差异，p23 和 p13 均小于 0.001，显著低于 0.05，表明 90 后与 80 后之间，95 后与 80 后之间存在显著差异。方差分析表明，公民评价均值基本随着年龄增长而增长，年龄越大越认同"君子爱财，取之有道"这一观点。

表3—68　　　　不同年龄公民以义取利观念的差异

	95后与00后	90后	80后	70后及以上	p-value	p12	p23	p13	Test
您对"君子爱财，取之有道"这一说法的看法	9.0(7.0, 10.0)	9.0(7.0, 10.0)	10.0(8.0, 10.0)	10.0(8.0, 10.0)	<0.001	0.019	<0.001	<0.001	Kruskal-Wallis
	8.1 [±2.2]	8.3 [±2.3]	8.7 [±2.1]	8.6 [±2.4]	<0.001	0.18	0.002	<0.001	ANOVA

（7）已婚公民更认同以义取利的原则。

不同婚姻状况的中国公民对"君子爱财，取之有道"的看法差异非常显著，秩和检验 p 值小于 0.001，显著低于 0.05。已婚公民回答中位数为 10，未婚公民为 9，且已婚公民回答落在 8 和 10 之间，未婚公民落在 7 和 10 之间。表明已婚公民比未婚公民对"君子爱财，取之有道"的认同度更高。

表3—69　　　　　不同婚姻状况公民以义取利观念的差异

您对"君子爱财，取之有道"这一说法的看法	未婚	已婚	p-value	Test
	9.0 (7.0, 10.0)	10.0 (8.0, 10.0)	<0.001	Wilcoxon rank-sum
	8.2 [±2.2]	8.6 [±2.3]	<0.001	Two sample t test

2. 大多数公民能够理智处理利与义的关系问题

近年来，关于老人摔倒了该不该扶的讨论一度成为社会热点。之所以出现这个问题的讨论，是因为屡屡发生扶老人遇到"碰瓷""讹诈"现象。因此这个问题的本质就变成在"义"（救助老人）和"利"（可能被碰瓷、讹诈）之间的权衡、决策问题。调查显示，在老人倒地到底"扶不扶"的问题上，有88.28%受访者选择用各种方式扶老人，而不是置之不理，这表明大多数公民认为自己是崇义、向善、见义勇为的。在选择扶老人的受访者中，13.14%的受访者表示自己会毫不犹豫直接去扶，这是始终把义放在第一位、不计功利的高尚者。48.32%的受访者表示先拍好照、找好证人之后再去扶；26.82%的受访者表示自己不去扶，但会打110或120求助，共计75.14%这代表着公民中的大多数，属于既要考虑自己的利益，又不失社会道义的一群，在保护自己利益的情况下，通过各

先拍好照、找好证人，再去扶　48.32%
打110或120求助，但自己不去扶　26.82%
毫不犹豫直接去扶　13.14%
吸取"碰瓷儿"教训，不敢再扶　6.92%
多一事不如少一事，从来不扶　4.79%

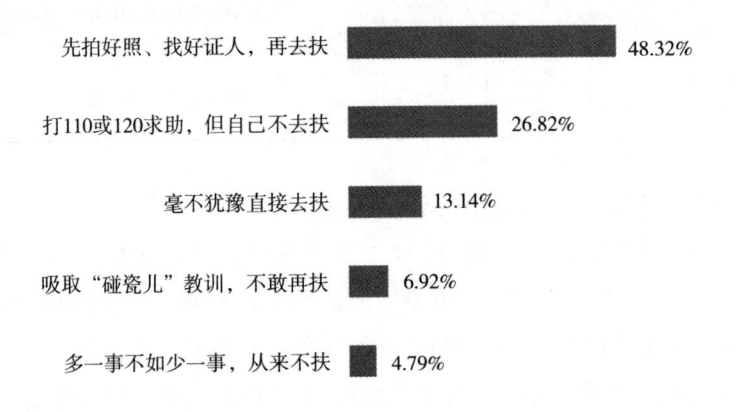

图3—22　您对老人倒地"扶不扶"问题的看法（N=2442）

种方式来实现自己的道义救赎，这是理性权衡的结果，也是生活中很平常的理智态度。另外，有 6.92% 的人是因为吸取教训而不扶，4.79% 的人则认为多一事儿不如少一事儿，选择明哲保身。这共计 11.71% 的受访者属于因利而明确拒绝的群体，与因义而毫不犹豫的 13.13% 的群体占比相当。可见，在现实生活中，因义而毫不犹豫的见义勇为者与因利而见义不为者都是少数，大多数公民都对义利进行权衡，找到自己认为恰当的解决方式。也就是说，大多数公民能理智处理义利关系问题。

第四章 公民苦乐价值观分析

人生在世，经历的一切都会主观体验与感受。一般来说，能满足主体需要所带来的正向的主观体验就是乐，反之则是苦。苦与乐的体验伴随一生，人们对苦与乐的看法形成的苦乐观对每个人的人生产生深刻影响，苦乐观是人生价值观的重要内容。传统上，中国人的吃苦耐劳是举世公认的。但随着社会经济发展水平不断提高，"富起来"后逐渐进入丰裕社会，很多人感受到，整个社会特别是年青一代吃苦、奋斗的精神正在萎缩，"丧""佛系"文化流行，追求感官娱乐也大行其道。实际状况如何？我们应该如何应对？考察分析公民的苦乐观是探讨公民人生价值观的重要方面。

一 公民对苦乐关系的观念理解

1. 大多数公民相信有意义是快乐的源泉，苦尽才能甘来

调查显示，73.03%的受访者对"活着就是受苦受累"的评分在1—5分之间，6—10分的比例只有26.97%，且评分均值只有3.94，说明大多数公民对对此看法总体持否定态度，人们对生活中苦乐的看法总体是积极向上的。大多数人相信只要做有意义的事情，再苦也是乐，78.34%受访者的评分在6分以上，且均值为7.46。70.54%的受访者相信"苦尽才能甘来"（均值为7.03），对生活充满希望。为此，过半（53.20%）的人们做人愿意"先天下之忧而忧，后天下之乐而乐"（均值为5.99）。当然，"人生苦短，就该及时行乐"的观点，也受到六成多（60.92%）的追捧，均值为6.29，也就是说多数中国人内心有着及时行乐的倾向。总体而言，中国公民对苦乐认识比较复杂，但主流倾向是人生意义是快乐的

源泉，刻苦奋斗才能苦尽甘来。

表 3—70　　　　　　　　您对以下人生看法的认可程度

对以下人生看法的认可程度（1—10分）	观测值	均值	标准差	最小值	最大值	1—5 分	6—10 分
活着就是受苦受累	2377	3.94	2.72	1	10	73.03%	26.97%
苦尽才能甘来	2386	7.03	2.67	1	10	29.46%	70.54%
做人该先天下之忧而忧，后天下之乐而乐	2378	5.99	2.53	1	10	46.80%	53.20%
只要做的是有意义的事，再苦也是乐	2378	7.46	2.43	1	10	21.66%	78.34%
人生苦短，就该及时行乐	2385	6.29	2.81	1	10	39.08%	60.92%

（1）群众对生活之苦体验最深，党员更能做到为民吃苦，团员最不认为人生是苦、最不愿意先天下之忧而忧，最倾向于认同及时行乐。

不同政治面貌的中国公民对"活着就是受苦受累"的认同度差异显著，方差检验 p 值小于 0.05，方差均值显示群众最高（4.1），即群众最认同此观点；不同政治面貌的中国公民对"苦尽才能甘来""先天下之忧而忧，后天下之乐而乐""人生苦短就该及时行乐"的认同度差异显著，卡方检验 p 值均小于 0.001，显著小于 0.05。数据显示，团员对"苦尽甘来""先天下之忧而忧，后天下之乐而乐"的认同度都是最低，而对"人生苦短就该及时行乐"的认同度最高。公民对"只要做有意义的事，再苦也是乐"的认同度与政治面貌相关性很小，p 值均显著大于 0.05。

表 3—71　　　　　　　　不同政治面貌公民的苦乐观差异

	共产党员	共青团员	群众	p - value	p12	p23	p13	Test
活着就是受苦受累	4.0 (1.0,6.0)	3.0 (1.0,5.0)	3.0 (1.0,6.0)	0.057	0.096	0.026	0.78	Kruskal - Wallis
	4.0 [±2.7]	3.7 [±2.5]	4.1 [±2.9]	0.010	0.065	0.003	0.54	ANOVA

续表

	共产党员	共青团员	群众	p-value	p12	p23	p13	Test
苦尽才能甘来	8.0 (5.0,10.0)	7.0 (5.0,9.0)	8.0 (5.0,10.0)	<0.001	0.002	<0.001	0.78	Kruskal-Wallis
	7.2 [±2.6]	6.8 [±2.6]	7.2 [±2.7]	0.001	0.003	0.002	0.74	ANOVA
做人该先天下之忧而忧,后天下之乐而乐	6.0 (5.0,8.0)	5.0 (4.0,7.0)	6.0 (5.0,8.0)	<0.001	<0.001	0.004	0.061	Kruskal-Wallis
	6.4 [±2.5]	5.7 [±2.4]	6.0 [±2.7]	<0.001	<0.001	0.009	0.037	ANOVA
只要做的是有意义的事,再苦也是乐	8.0 (6.0,10.0)	8.0 (6.0,9.0)	8.0 (6.0,10.0)	0.095	0.13	0.044	0.78	Kruskal-Wallis
	7.5 [±2.3]	7.4 [±2.3]	7.5 [±2.6]	0.46	0.21	0.43	0.59	ANOVA
人生苦短,就该及时行乐	6.0 (4.0,8.0)	7.0 (5.0,9.0)	6.0 (4.0,9.0)	<0.001	<0.001	<0.001	0.51	Kruskal-Wallis
	6.0 [±2.9]	6.6 [±2.6]	6.1 [±3.0]	<0.001	<0.001	<0.001	0.60	ANOVA

（2）产业工人、农民最体验生活之苦，也最愿意吃苦，学生最不知苦也最不愿意吃苦，商业、服务也人员愿意吃苦但也最愿意及时行乐。

不同职业的中国公民一系列关于苦乐观念的认同度存在显著差异，卡方检验 p 值均显著小于 0.05。卡方检验中位数和方差分析均值都显示，除"人生苦短，就该及时行乐"一项外，产业工人和农民对各项认同度是最高的，商业、服务业人员与之接近，而学生对这些的认同度最低。对于"人生苦短就该及时行乐"一项，商业、服务业人员认同度最高，产业工人和农民认同度最低。可以说，产业工人、农民最体验生活之苦，也最愿意吃苦，学生最不知苦也最不愿意吃苦，商业、服务也人员愿意吃苦但也最愿意及时行乐。

表 3—72　　　　　　　　　　不同职业公民的苦乐观差异

	机关、党群组织、企业事业单位工作人员	专业技术人员（含教师）	商业、服务业人员	产业工人和农民	学生	p-value	p12	p23	p13	Test
活着就是受苦受累	4.0 (1.0, 6.0)	3.0 (1.0, 6.0)	4.0 (1.0, 6.0)	5.0 (2.0, 7.0)	3.0 (1.0, 5.0)	<0.001	0.41	0.23	0.77	Kruskal-Wallis
	4.1 [±2.8]	3.9 [±2.8]	4.1 [±2.7]	4.8 [±3.2]	3.6 [±2.4]	<0.001	0.46	0.37	0.88	ANOVA
苦尽才能甘来	8.0 (5.0, 10.0)	8.0 (5.0, 9.0)	8.0 (5.0, 10.0)	8.0 (6.0, 10.0)	7.0 (5.0, 9.0)	<0.001	0.20	0.007	0.092	Kruskal-Wallis
	7.1 [±2.7]	6.9 [±2.8]	7.3 [±2.8]	7.3 [±2.8]	6.7 [±2.6]	<0.001	0.18	0.021	0.28	ANOVA
做人该先天下之忧而忧，后天下之乐而乐	6.0 (5.0, 8.0)	5.0 (5.0, 8.0)	6.0 (5.0, 9.0)	6.0 (5.0, 9.0)	5.0 (4.0, 7.0)	<0.001	0.071	0.049	0.85	Kruskal-Wallis
	6.2 [±2.6]	5.9 [±2.5]	6.3 [±2.7]	6.5 [±2.9]	5.6 [±2.3]	<0.001	0.12	0.057	0.72	ANOVA
只要做的是有意义的事，再苦也是乐	8.0 (6.0, 10.0)	8.0 (5.5, 10.0)	8.0 (6.0, 10.0)	9.0 (6.0, 10.0)	8.0 (6.0, 9.0)	0.002	0.56	0.084	0.18	Kruskal-Wallis
	7.5 [±2.4]	7.3 [±2.6]	7.6 [±2.5]	7.8 [±2.6]	7.3 [±2.3]	0.072	0.27	0.094	0.51	ANOVA
人生苦短，就该及时行乐	6.0 (4.0, 9.0)	6.0 (4.0, 9.0)	7.0 (5.0, 9.0)	5.0 (2.0, 9.0)	7.0 (5.0, 8.0)	0.018	0.55	0.15	0.022	Kruskal-Wallis
	6.0 [±3.0]	6.1 [±2.9]	6.5 [±2.9]	5.6 [±3.3]	6.4 [±2.6]	0.003	0.48	0.16	0.017	ANOVA

（3）没上过大学的公民更体验到生活之苦，更愿意吃苦，相信吃苦的积极意义。

不同文化程度的中国公民对"活着就是受苦受累""人生苦短，就该及时行乐"的认同度差异不显著，卡方检验 p 值都显著大于 0.05；其他三项的 p 值都小于 0.001，显著小于 0.05，差异显著。通过卡方检验中位数及区间、方差分析均值可以看出，没上过大学的受访者三项的值都大于上过大学的受访者。表明，没上过大学的中国公民更体验到生活之苦，更愿意吃苦，相信苦的积极意义。

表 3—73　　　　　　　不同文化程度公民的苦乐观差异

	没上过大学	上过大学	p – value	Test
活着就是受苦受累	3.0（1.0, 6.0）	3.0（1.0, 6.0）	0.23	Wilcoxon rank – sum
	4.1［±3.0］	3.9［±2.6］	0.017	Two sample t test
苦尽才能甘来	8.0（5.0, 10.0）	7.0（5.0, 9.0）	<0.001	Wilcoxon rank – sum
	7.5［±2.8］	6.8［±2.6］	<0.001	Two sample t test
做人该先天下之忧而忧，后天下之乐而乐	6.0（5.0, 9.0）	6.0（4.0, 7.0）	<0.001	Wilcoxon rank – sum
	6.5［±2.8］	5.8［±2.4］	<0.001	Two sample t test
只要做的是有意义的事，再苦也是乐	9.0（6.0, 10.0）	8.0（6.0, 9.0）	<0.001	Wilcoxon rank – sum
	7.7［±2.6］	7.4［±2.3］	0.004	Two sample t test
人生苦短，就该及时行乐	6.0（4.0, 10.0）	6.0（5.0, 8.0）	0.10	Wilcoxon rank – sum
	6.4［±3.1］	6.3［±2.7］	0.42	Two sample t test

（4）中等收入公民最能体验生活之苦，最愿意吃苦，最相信吃苦的积极意义。

不同收入水平的中国公民对"人生苦短，就该及时行乐"的认同度差异不显著，卡方检验 p 值显著大于 0.05。不同收入水平的中国公民对"活着就是受苦受累"的认同度差异显著，卡方检验 p 值略小于 0.05；其他三项 p 值均小于 0.001。通过卡方检验中位数及区间、方差分析的均值可以看出，中等收入的受访者各项值都最高，也就意味着中等收入公民最能体验生活之苦，最愿意吃苦，最相信吃苦的积极意义。

表 3—74　　　　　　不同收入水平公民的苦乐观差异

	2000 元及以下	2001—5000 元	5000 元以上	p-value	p12	p23	p13	Test
活着就是受苦受累	3.0 (1.0,5.0)	4.0 (1.0,6.0)	3.0 (1.0,6.0)	0.044	0.014	0.14	0.48	Kruskal-Wallis
	3.8 [±2.6]	4.2 [±2.8]	3.9 [±2.7]	0.018	0.005	0.10	0.40	ANOVA
苦尽才能甘来	7.0 (5.0,9.0)	8.0 (5.0,10.0)	8.0 (5.0,10.0)	<0.001	<0.001	0.11	0.008	Kruskal-Wallis
	6.7 [±2.6]	7.3 [±2.7]	7.1 [±2.7]	<0.001	<0.001	0.18	0.027	ANOVA
做人该先天下之忧而忧,后天下之乐而乐	5.0 (4.0,7.0)	6.0 (5.0,8.0)	6.0 (5.0,8.0)	<0.001	<0.001	0.049	0.044	Kruskal-Wallis
	5.7 [±2.4]	6.3 [±2.6]	6.0 [±2.5]	<0.001	<0.001	0.036	0.084	ANOVA
只要做的是有意义的事,再苦也是乐	8.0 (6.0,9.0)	8.0 (6.0,10.0)	8.0 (6.0,10.0)	<0.001	<0.001	0.052	0.16	Kruskal-Wallis
	7.3 [±2.4]	7.6 [±2.4]	7.4 [±2.5]	0.009	0.002	0.069	0.40	ANOVA
人生苦短,就该及时行乐	6.0 (5.0,8.0)	7.0 (5.0,9.0)	6.0 (4.0,8.0)	0.060	0.47	0.024	0.066	Kruskal-Wallis
	6.3 [±2.6]	6.4 [±2.9]	6.0 [±2.8]	0.083	0.83	0.045	0.049	ANOVA

（5）小城镇和农村居民比城市居民更愿意吃苦，更相信吃苦的积极意义。

不同居住地的中国公民对"活着就是受苦受累""人生苦短，就该及时行乐"的认同度没有显著差异，卡方检验 p 值都显著大于 0.05。其他三项的卡方检验 p 值均小于 0.001，显著小于 0.05，表明不同居住地的中国公民在这三项上存在显著差异。卡方检验中位数及区间和方差分析均值显示，小城镇和农村居民的选择值都高于城市居民选择值。说明小城镇和农村居民比城市居民更愿意吃苦，更相信吃苦的积极意义。

表3—75　　　　　　　　不同居住地公民的苦乐观差异

	小城镇和农村	城市	p – value	Test
活着就是受苦受累	3.0 (1.0, 6.0)	4.0 (1.0, 6.0)	0.27	Wilcoxon rank – sum
	3.9 [±2.8]	4.0 [±2.7]	0.64	Two sample t test
苦尽才能甘来	8.0 (6.0, 10.0)	7.0 (5.0, 9.0)	<0.001	Wilcoxon rank – sum
	7.4 [±2.7]	6.9 [±2.7]	<0.001	Two sample t test
做人该先天下之忧而忧，后天下之乐而乐	6.0 (5.0, 9.0)	6.0 (4.0, 8.0)	<0.001	Wilcoxon rank – sum
	6.4 [±2.6]	5.9 [±2.5]	<0.001	Two sample t test
只要做的是有意义的事，再苦也是乐	8.0 (6.0, 10.0)	8.0 (6.0, 10.0)	<0.001	Wilcoxon rank – sum
	7.7 [±2.5]	7.4 [±2.4]	0.004	Two sample t test
人生苦短，就该及时行乐	6.0 (4.0, 9.0)	6.0 (5.0, 9.0)	0.89	Wilcoxon rank – sum
	6.2 [±3.0]	6.3 [±2.7]	0.54	Two sample t test

（6）公民年龄越大越愿意吃苦，相信吃苦的积极意义，年龄越小越认同及时行乐。

不同年龄的中国公民对一系列苦乐观点的看法差异非常显著，卡方检验p值均小于0.001，显著小于0.05。p12值均显著大于0.05，表明90

后及以下内部差异不大。通过卡方检验的中位数及区间、方差分析的均值可以看出，对"人生苦短，就该及时行乐"的认同度受访者年龄越小值越高，其他各项都是年龄越大值越高。可见，公民年龄越大越愿意吃苦，相信吃苦的积极意义，年龄越小越认同及时行乐。

表 3—76　　　　　　　　不同年龄公民的苦乐观差异

	95后与00后	90后	80后	70后及以上	p-value	p12	p23	p13	Test
活着就是受苦受累	3.0 (1.0, 5.0)	3.0 (1.0, 6.0)	4.0 (1.0, 6.0)	4.0 (1.0, 7.0)	<0.001	0.48	0.003	<0.001	Kruskal-Wallis
	3.6 [±2.5]	3.8 [±2.6]	4.3 [±2.9]	4.5 [±3.1]	<0.001	0.30	0.001	<0.001	ANOVA
苦尽才能甘来	7.0 (5.0, 9.0)	8.0 (5.0, 9.0)	8.0 (5.0, 10.0)	8.0 (6.0, 10.0)	<0.001	0.035	0.015	<0.001	Kruskal-Wallis
	6.7 [±2.6]	6.9 [±2.7]	7.3 [±2.6]	7.6 [±2.7]	<0.001	0.11	0.016	<0.001	ANOVA
做人该先天下之忧而忧，后天下之乐而乐	5.0 (4.0, 7.0)	5.0 (4.0, 7.0)	6.0 (5.0, 8.0)	7.0 (5.0, 9.0)	<0.001	0.87	<0.001	<0.001	Kruskal-Wallis
	5.7 [±2.4]	5.7 [±2.5]	6.2 [±2.6]	6.7 [±2.7]	<0.001	0.97	<0.001	<0.001	ANOVA
只要做的是有意义的事，再苦也是乐	8.0 (6.0, 9.0)	8.0 (6.0, 10.0)	8.0 (6.0, 10.0)	8.5 (6.0, 10.0)	<0.001	0.28	0.12	0.003	Kruskal-Wallis
	7.3 [±2.3]	7.4 [±2.6]	7.7 [±2.3]	7.6 [±2.6]	0.036	0.91	0.048	0.014	ANOVA
人生苦短，就该及时行乐	7.0 (5.0, 9.0)	7.0 (5.0, 9.0)	6.0 (5.0, 9.0)	5.0 (2.0, 8.0)	<0.001	0.48	0.038	0.074	Kruskal-Wallis
	6.6 [±2.5]	6.6 [±2.7]	6.3 [±2.8]	5.2 [±3.1]	<0.001	0.69	0.037	0.039	ANOVA

(7) 有宗教信仰的公民更相信苦尽甘来。

有无宗教信仰的中国公民对"苦尽才能甘来"的认同度没有显著差异,卡方检验 p 值 0.008,小于 0.05。中位数一致,无宗教信仰受访者的回答落在 5 与 9 之间,而有宗教信仰者的回答落在 5 与 10 之间;方差分析均值前者为 7,后者为 7.4。可以推断,有宗教信仰的公民更认同苦尽甘来。公民对其他四项的认同度卡方检验 p 值均显著大于 0.05,表明没有显著差异。

表 3—77　　　　　　有无宗教信仰公民的苦乐观差异

	无宗教信仰	有宗教信仰	p - value	Test
活着就是受苦受累	3.0 (1.0, 6.0)	4.0 (1.0, 6.0)	0.22	Wilcoxon rank - sum
	3.9 [±2.7]	4.2 [±2.9]	0.17	Two sample t test
苦尽才能甘来	8.0 (5.0, 9.0)	8.0 (5.0, 10.0)	0.008	Wilcoxon rank - sum
	7.0 [±2.7]	7.4 [±2.8]	0.033	Two sample t test
做人该先天下之忧而忧,后天下之乐而乐	6.0 (5.0, 8.0)	6.0 (5.0, 9.0)	0.17	Wilcoxon rank - sum
	5.9 [±2.5]	6.2 [±2.8]	0.17	Two sample t test
只要做的是有意义的事,再苦也是乐	8.0 (6.0, 10.0)	8.0 (6.0, 10.0)	0.19	Wilcoxon rank - sum
	7.5 [±2.4]	7.6 [±2.6]	0.43	Two sample t test
人生苦短,就该及时行乐	6.0 (5.0, 9.0)	6.0 (4.0, 9.0)	0.49	Wilcoxon rank - sum
	6.3 [±2.8]	6.1 [±3.0]	0.41	Two sample t test

(8) 已婚公民更能体验生活之苦,更愿意吃苦,更相信吃苦的积极意义,未婚者更倾向于认同及时行乐。

不同婚姻状况的中国公民对调查所列各项苦乐观念的认同度存在显著差异,卡方检验 p 值均显著小于 0.05。通过卡方检验中位数及区间、方差分析均值可以看出,未婚受访者在"人生苦短,就该及时行乐"的认同值高于已婚者,其他项则都低于已婚者。可见,已婚公民更能体验生活之苦,更愿意吃苦,更相信吃苦的积极意义,未婚者更倾向于认同及时行乐。

表 3—78　　　　　不同婚姻状况公民的苦乐观差异

	未婚	已婚	p – value	Test
活着就是受苦受累	3.0 (1.0, 5.0)	4.0 (1.0, 6.0)	0.009	Wilcoxon rank – sum
	3.7 [±2.5]	4.2 [±2.9]	<0.001	Two sample t test
苦尽才能甘来	7.0 (5.0, 9.0)	8.0 (6.0, 10.0)	<0.001	Wilcoxon rank – sum
	6.7 [±2.6]	7.4 [±2.7]	<0.001	Two sample t test
做人该先天下之忧而忧,后天下之乐而乐	5.0 (4.0, 7.0)	6.0 (5.0, 9.0)	<0.001	Wilcoxon rank – sum
	5.7 [±2.3]	6.4 [±2.7]	<0.001	Two sample t test
只要做的是有意义的事,再苦也是乐	8.0 (6.0, 9.0)	8.0 (6.0, 10.0)	<0.001	Wilcoxon rank – sum
	7.3 [±2.3]	7.6 [±2.5]	0.002	Two sample t test
人生苦短,就该及时行乐	7.0 (5.0, 9.0)	6.0 (4.0, 9.0)	<0.001	Wilcoxon rank – sum
	6.5 [±2.6]	6.0 [±3.0]	<0.001	Two sample t test

2. 公民普遍将失去亲人和精神上的迷惘作为人生最痛苦的事情

人生有各种苦，但它们不是等量齐观的。在给定选项的选择中，有46.14%的受访者选择人生最痛苦的事情就是失去亲人，显著高于其他选项，比排第二的选项高21.11个百分点。这表明亲人、亲情在中国人人生体验中具有极端重要的地位。四分之一（25.03%）的受访者认为人生最痛苦的事情是没有希望。的确，人生是面向未来的可能性集合，有希望才有奔头、才有慰藉，没有希望确实就会导致痛苦。21.32%的受访者认为不知道生活的意义才是最痛苦的事情。意义是生活的向导和支撑，不知道意义就迷失方向，这应该是一切人生痛苦的关键所在。"没有希望""不知道意义"都是精神性的，指向精神的迷惘，加起来占到46.35%，远远高于"因贫困而奔波"（7.51%），也超过了"失去亲人"（46.14%）带来的痛苦。这表明，在物质生活日益丰裕的时代，中国公民更多视失去亲人、精神迷惘为最痛苦的事情。

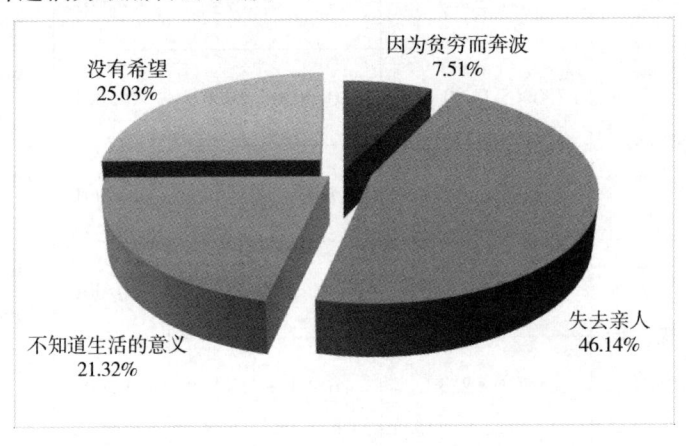

图3—23 这些描述您认为最痛苦的是（N=2397）

二　公民对苦乐问题的现实评价

1. 多数公民认为自己的人生苦乐参半、痛并快乐着

调查显示，在对自己人生苦乐情况的判断中，22.36%的公民选择"苦少乐多"，34.87%的公民选择了"苦乐参半"，33.12%的公民选择了

"痛并快乐着",选择"苦少乐多"的比例最低,只有9.65%。可见,只有不到一成公民认为人生苦多乐少,绝大多数公民都认为人生至少乐不少于苦,这是一种积极乐观的态度,也是当前公民生活满意度比较高的反映。同时,"苦乐参半"与"痛并快乐"两个选项含义接近,一个侧重于静态、数量的描述,一个重在过程、体验的描述,两项共计占67.99%,这表明多数公民认为自己的人生是苦乐参半、痛并快乐着的。

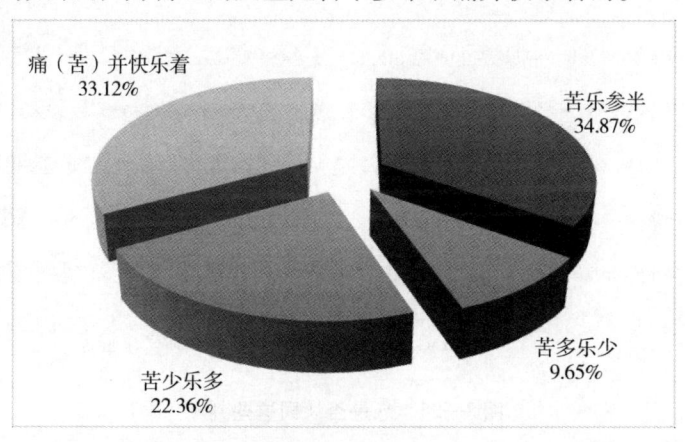

图3—24 您认为自己人生的苦乐情况如何（N=2446）

2. 公民的吃苦精神尚待提升

"吃苦"精神是中国传统文化和红色文化均内蕴的一种价值,在一定程度上也是中国能在短短几十年之内能重返世界舞台中央的重要秘诀和法宝。但这一秘诀和法宝是否依然在管用？调查发现：

（1）58.18%的受访者认为当今中国享乐主义盛行,蕴藏着危机；53.64%的受访者认可现在的年轻人不如老年人能吃苦；更有66.03%的受访者认可现代的人不如过去的人能吃苦。也就是说,多数公民都认可当今中国吃苦精神正在或已经衰落,享乐主义盛行,蕴藏着很大的危机。我们理解,这一方面是一种实事求是的感受；另一方面也来自一种深刻的忧患意识。

（2）与此同时,有72.14%的受访者认为自己是个能吃苦的人；57.75%的受访者认为中国人比外国人更能吃苦。也就是说,七成多的公民自认为自己的是能吃苦的人,多数公民认为中国人依然比外国人能吃苦。这种结果固然给人以安慰。但是,一方面,自认为能吃苦和实际上能吃苦、能吃多大程度的苦是有区别的，对比前述六成多（66.03%）受访者认为现代人不如过去人能吃苦，可以看出，受访者对别人的评价与对自己的评价不一致，存在"责人严、责己宽"的现象。另一方面，在比较中国人与外国人时，不仅有 27.81% 的受访者不认可中国人比外国人更能吃苦，而且有 14.45% 的受访者选择了说不清，是各项中选择"说不清"比率最高的。表明在这个问题上不少的人在犹豫。

判断项	非常认可	认可	不认可	非常不认可	说不清
我认为自己是个能吃苦的人（N=2380）	17.31%	54.83%	15.25%	2.23%	10.38%
当今中国享乐主义盛行，蕴藏着危机（N=2360）	15.34%	42.84%	24.66%	5.72%	11.44%
现在的年轻人不如老年人能吃苦（N=2373）	16.98%	36.66%	31.73%	7.84%	6.78%
现在的人不如过去的人能吃苦（N=2376）	19.99%	46.04%	23.74%	4.76%	5.47%
中国人比外国人更能吃苦（N=2388）	19.81%	37.94%	24.12%	3.69%	14.45%

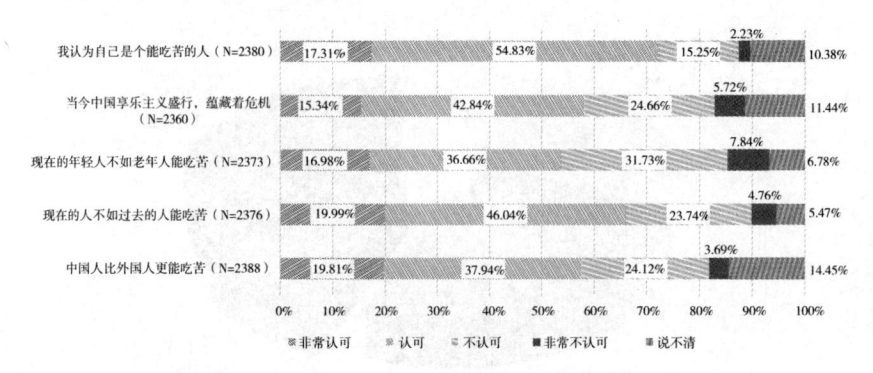

图 3—25　您是否认同这些判断

第五章　公民荣辱价值观分析

任何人的行为及其结果都会因社会评价带来某种反馈性的主观感受体验，肯定、赞扬、褒奖所反馈的就是光荣的感受体验，否定、批评、贬斥所反馈的就是耻辱的感受体验。人们对于什么是光荣、什么是耻辱的总的看法构成了荣辱观，不同的荣辱观就会支配不同的行为，荣辱观是一个人人生价值观的重要组成部分。在当代中国，社会主义荣辱观是社会主义核心价值体系的重要组成部分。因此，考察和分析公民的荣辱观是理解公民价值观的重要维度。

一　公民的荣辱偏好描述

1. 大多数公民做事很在乎良心、荣誉和脸面

调查结果显示，在 1（非常不认同）—10（非常认同）的评分中，90.95%的受访者对"做事就要对得起自己的良心"的评分在 6—10 分之间，均值达到 8.63，可以说绝大多数受访者都把对得起自己的良心（个人内在的、自然向善的是非感、荣辱感）作为自己做事的准则。77.04%的受访者对"荣誉感是进取的重要动力"的评分在 6—10 之间，均值为7.21，可见获得社会的正向激励是做事的重要动力。71.31%的受访者对"'不要脸'就能成功"的评分在 1—5 分，即表示反感，这说明七成多的受访者很在乎脸面、情面——其实是荣辱观的中国式感性体现。尽管54.55%即超半数的受访者对"做人就该风风光光"的评分集中在 1—5分之间即不认可态度，但均值为 5.45，恰恰倾向于认可，这也从一个方面验证了脸面、风光的重要性。

表 3—79　　　　　　　　　您对以下观点的认同程度

	观测值	均值	标准差	最小值	最大值	1—5 分	6—10 分
"不要脸"就能成功	2381	4.06	2.68	1	10	71.31%	28.69%
做人就该风风光光的	2374	5.45	2.56	1	10	54.55%	45.45%
做事要对得起自己的良心	2375	8.63	2.04	1	10	9.05%	90.95%
荣誉感是进取的重要动力	2378	7.21	2.33	1	10	22.96%	77.04%

（1）团员比党员尤其是群众更在乎脸面和名誉。

不同政治面貌的中国公民对"做人就该风风光光的""做事就要对得起自己的良心"和"荣誉感是进取的重要动力"的看法没有显著差异，秩和检验 p 值分别为 0.35、0.19 和 0.079，均大于 0.05。不同政治面貌的中国公民对"不要脸就能成功"的看法秩和检验 p 值为 0.004，小于 0.05。p23 小于 0.001，显著低于 0.05，表明团员和群众之间存在差异。在 1（非常不认可）—10（非常认可）的评分中，所有回答中党员和团员回答中位数为 4，群众落在 3 上；在党员和团员所有回答中位数一致的情况下，党员回答落在 1 和 6 之间，团员落在 2 和 6 之间，表明对于"不要脸就能成功"的态度，群众认同度最低，团员最高，也就是说团员最在乎脸面和荣誉。

表 3—80　　　　　　　不同政治面貌公民荣辱观的差异

	共产党员	共青团员	群众	p – value	p12	p23	p13	Test
"不要脸"就能成功	4.0 (1.0,6.0)	4.0 (2.0,6.0)	3.0 (1.0,6.0)	0.004	0.14	<0.001	0.18	Kruskal – Wallis
	4.0 [±2.6]	4.2 [±2.6]	3.9 [±2.8]	0.042	0.15	0.014	0.52	ANOVA
做人就该风风光光的	5.0 (4.0,7.0)	5.0 (4.0,7.0)	5.0 (3.0,8.0)	0.35	0.95	0.19	0.27	Kruskal – Wallis
	5.4 [±2.5]	5.4 [±2.4]	5.5 [±2.7]	0.39	0.83	0.25	0.27	ANOVA

续表

	共产党员	共青团员	群众	p – value	p12	p23	p13	Test
做事要对得起自己的良心	10.0 (8.0, 10.0)	9.0 (8.0, 10.0)	10.0 (8.0, 10.0)	0.19	0.35	0.070	0.59	Kruskal – Wallis
	8.6 [±2.0]	8.6 [±1.9]	8.6 [±2.2]	0.95	0.99	0.77	0.82	ANOVA
荣誉感是进取的重要动力	8.0 (6.0, 9.0)	7.0 (6.0, 9.0)	7.0 (5.0, 9.0)	0.079	0.025	0.95	0.064	Kruskal – Wallis
	7.4 [±2.3]	7.2 [±2.1]	7.1 [±2.5]	0.050	0.12	0.22	0.020	ANOVA

（2）产业工人和农民最看重风光做人，专业技术人员（含教师）最看重对得起自己的良心。

不同职业的中国公民对"不要脸就能成功"和"荣誉感是进取的重要动力"的看法没有显著差异，秩和检验 p 值分别为 0.73 和 0.66，均大于 0.05。不同职业的中国公民对"做人就该风风光光的"的看法有显著差异，秩和检验 p 值为 0.043，小于 0.05。在 1（非常不认可）—10（非常认可）的评分中，机关、党群组织、企事业单位工作人员，专业技术人员（含教师）和学生回答中位数为 5，商业、服务业人员和产业工人、农民中位数为 6。表明商业、服务业人员和产业工人、农民更加认同"做人就该风风光光的"。在方差分析中可以看出，产业工人和农民的均值（5.8）略大于商业、服务业人员（5.7）。因此可以推断，产业工人、农民是各职业中最认可"做人就该风风光光的"的群体。不同职业的中国公民对"做事要对得起自己的良心"的看法差异显著，秩和检验 p 值为 0.027，小于 0.05。方差分析显示，专业技术人员（含教师）评分均值最高（8.8），表明专业技术人员（含教师）对"做事要对得起自己的良心"的认同度最高。

表 3—81　　　　　　　　不同职业公民荣辱观的差异

	机关、党群组织、企业事业单位工作人员	专业技术人员（含教师）	商业、服务业人员	产业工人和农民	学生	p-value	p12	p23	p13	Test
"不要脸"就能成功	4.0(1.0, 6.0)	4.0(1.0, 6.0)	4.0(1.0, 6.0)	3.0(1.0, 6.0)	4.0(2.0, 6.0)	0.73	0.74	0.40	0.51	Kruskal-Wallis
	4.0 [±2.7]	4.0 [±2.9]	4.2 [±2.8]	3.9 [±3.0]	4.0 [±2.4]	0.51	0.99	0.43	0.35	ANOVA
做人就该风风光光的	5.0(4.0, 7.0)	5.0(3.0, 7.0)	6.0(4.0, 8.0)	6.0(4.0, 8.0)	5.0(4.0, 7.0)	0.043	0.42	0.048	0.15	Kruskal-Wallis
	5.4 [±2.5]	5.3 [±2.7]	5.7 [±2.8]	5.8 [±2.9]	5.3 [±2.3]	0.042	0.41	0.051	0.18	ANOVA
做事要对得起自己的良心	10.0(8.0, 10.0)	10.0(8.0, 10.0)	10.0(8.0, 10.0)	9.0(8.0, 10.0)	9.0(8.0, 10.0)	0.027	0.28	0.82	0.13	Kruskal-Wallis
	8.5 [±2.2]	8.8 [±1.9]	8.7 [±2.1]	8.3 [±2.3]	8.6 [±1.8]	0.22	0.10	0.54	0.23	ANOVA
荣誉感是进取的重要动力	8.0(6.0, 9.0)	8.0(6.0, 9.0)	7.0(5.0, 10.0)	8.0(6.0, 9.0)	8.0(6.0, 9.0)	0.66	0.74	0.20	0.39	Kruskal-Wallis
	7.2 [±2.4]	7.3 [±2.3]	7.0 [±2.6]	7.3 [±2.6]	7.3 [±2.1]	0.37	0.62	0.12	0.23	ANOVA

（3）公民受教育程度越高越在乎脸面和名誉，受教育程度越低越在乎风光和良心。

不同文化程度的中国公民对"不要脸就能成功"和"做人就该风风光光的"看法差异非常显著，秩和检验 p 值均小于 0.001，显著低于 0.05。对"不要脸就能成功"的判断中，在 1（非常不认可）—10（非常认可）的评分中，上过大学公民回答中位数为 4，没上过大学公民回答中位数为 3，表明文化程度高的公民更认可这一观点，反映他们更重视脸面和名誉。对"做人就该风风光光的"判断中，没上过大学公民回答中位数为 6，而上过大学公民回答中位数为 5，表明文化程度高的公民对此认可度较低，反映出文化程度高的公民更倾向于追求低调做人行事。不同文化程度的中国公民对"做事要对得起自己的良心"的看法有显著差异，秩和检验 p 值为 0.006，小于 0.05，在所有受访者中，没上过大学公民回答中位数为 10，上过大学公民中位数为 9，表明没上过大学公民更认可此观点，反映出文化程度低的公民在为人处世中更注重内在良心安定。不同文化程度的中国公民对"荣誉感是进取的重要动力"的判断没有显著差异，秩和检验 p 值为 0.45，显著大于 0.05。

表 3—82　　　　　　不同文化程度公民荣辱观的差异

	没上过大学	上过大学	p – value	Test
"不要脸"就能成功	3.0 (1.0, 5.0)	4.0 (2.0, 6.0)	<0.001	Wilcoxon rank – sum
	3.7 [±2.9]	4.2 [±2.6]	<0.001	Two sample t test
做人就该风风光光的	6.0 (4.0, 9.0)	5.0 (4.0, 7.0)	<0.001	Wilcoxon rank – sum
	5.9 [±3.0]	5.3 [±2.3]	<0.001	Two sample t test
做事要对得起自己的良心	10.0 (8.0, 10.0)	9.0 (8.0, 10.0)	0.006	Wilcoxon rank – sum
	8.6 [±2.2]	8.6 [±2.0]	0.78	Two sample t test
荣誉感是进取的重要动力	8.0 (5.0, 10.0)	8.0 (6.0, 9.0)	0.45	Wilcoxon rank – sum
	7.1 [±2.7]	7.3 [±2.1]	0.20	Two sample t test

（4）低收入群体更在乎脸面和荣誉。

不同收入水平的中国公民对"不要脸就能成功"的判断差异显著，秩和检验 p 值为 0.046，小于 0.05。在 1（非常不认可）—10（非常认可）的评分中，所有公民回答中位数一致的情况下，月收入 2000 元及以下和 2001—5000 元公民回答落在 1—6 之间，5000 元以上回答落在 2—7 之间，表明后者对此观点认可度更高，反映出低收入者更在乎脸面和荣誉。不同收入水平的中国公民对"做人就该风风光光的""做事要对得起自己的良心"和"荣誉感是进取的重要动力"的判断差异都不显著，秩和检验 p 值分别为 0.38、0.10 和 0.23，均大于 0.05。

表 3—83　　　　　　　不同收入水平公民荣辱观的差异

	2000元及以下	2001—5000元	5000元以上	p-value	p12	p23	p13	Test
"不要脸"就能成功	4.0 (1.0,6.0)	4.0 (1.0,6.0)	4.0 (2.0,7.0)	0.046	0.67	0.019	0.041	Kruskal-Wallis
	4.0 [±2.6]	4.0 [±2.7]	4.4 [±2.9]	0.017	0.88	0.011	0.013	ANOVA
做人就该风风光光的	5.0 (4.0,7.0)	5.0 (4.0,7.0)	5.0 (4.0,7.0)	0.38	0.78	0.29	0.17	Kruskal-Wallis
	5.4 [±2.5]	5.4 [±2.6]	5.6 [±2.6]	0.48	0.76	0.37	0.22	ANOVA
做事要对得起自己的良心	9.0 (8.0,10.0)	10.0 (8.0,10.0)	10.0 (8.0,10.0)	0.10	0.046	0.77	0.13	Kruskal-Wallis
	8.6 [±1.9]	8.6 [±2.1]	8.6 [±2.1]	0.93	0.71	0.92	0.82	ANOVA
荣誉感是进取的重要动力	8.0 (6.0,9.0)	7.0 (5.5,9.0)	8.0 (6.0,9.0)	0.23	0.75	0.11	0.15	Kruskal-Wallis
	7.2 [±2.2]	7.1 [±2.4]	7.4 [±2.3]	0.24	0.48	0.097	0.27	ANOVA

（5）小城镇和农村居民比城市居民更在乎脸面和名誉。

不同居住地的中国公民对"不要脸就能成功"的判断有显著差异，秩和检验 p 值为 0.002，小于 0.05。在 1（非常不认可）—10（非常认可）的评分中，小城镇和农村公民回答中位数为 3，城市公民中位数为 4。表明小城镇和农村公民对此观点认同度较低，反映出小城镇和农村居民荣誉感更强烈。不同居住地的中国公民对"做人就该风风光光的""做事要对得起自己的良心"和"荣誉感是进取的重要动力"的判断没有显著差异，秩和检验 p 值分别为 0.76、0.91 和 0.78，均大于 0.05。

表 3—84　　　　　　　不同居住地公民荣辱观的差异

	小城镇和农村	城市	p-value	Test
"不要脸"就能成功	3.0 (1.0, 5.0)	4.0 (1.0, 6.0)	0.002	Wilcoxon rank-sum
	3.8 [±2.7]	4.1 [±2.7]	0.006	Two sample t test

续表

	小城镇和农村	城市	p-value	Test
做人就该风风光光的	5.0（3.0，7.0）	5.0（4.0，7.0）	0.76	Wilcoxon rank-sum
	5.4［±2.7］	5.5［±2.5］	0.95	Two sample t test
做事要对得起自己的良心	10.0（8.0，10.0）	10.0（8.0，10.0）	0.91	Wilcoxon rank-sum
	8.6［±2.2］	8.7［±2.0］	0.30	Two sample t test
荣誉感是进取的重要动力	8.0（5.0，9.0）	8.0（6.0，9.0）	0.78	Wilcoxon rank-sum
	7.1［±2.5］	7.2［±2.3］	0.29	Two sample t test

（6）80后及以上公民比年青一代更在乎对得起自己的良心。

不同年龄的中国公民对"不要脸就能成功"的判断差异非常显著，秩和检验p值小于0.001，显著低于0.05。在1（非常不认可）—10（非常认可）的评分中，所有公民中70后及以上回答中位数为2，显著低于其他年龄段公民中位数（4或5），表明70后及以上公民对此观点认同度最低，最在乎脸面和名誉。对"做事要对得起自己的良心"的看法也存在显著的年龄差异，秩和检验p值小于0.001，显著低于0.05。p12值显著大于0.05，而p23、p13显著小于0.05，表明90后及以下没有显著差异，而与80后及以上有显著差异。80后、70后及以上公民回答中位数均为10，而90后、95后与00后中位数均为9，说明80后公民最认同"做事要对得起自己的良心"。不同年龄的中国公民对"做人就该风风光光的"和"荣誉感是进取的重要动力"的看法没有显著差异，秩和检验p值分别为0.71和0.16，均大于0.05。

表3—85　　　　　　　不同年龄公民荣辱观的差异

	95后与00后	90后	80后	70后及以上	p-value	p12	p23	p13	Test
"不要脸"就能成功	4.0（2.0,6.0）	5.0（2.0,6.5）	4.0（1.0,6.0）	2.0（1.0,5.0）	<0.001	0.001	0.016	0.87	Kruskal-Wallis
	4.0［±2.5］	4.5［±2.7］	4.1［±2.8］	3.5［±2.8］	<0.001	<0.001	0.027	0.41	ANOVA

续表

	95后与00后	90后	80后	70后及以上	p-value	p12	p23	p13	Test
做人就该风风光光的	5.0 (4.0,7.0)	5.0 (4.0,7.0)	5.0 (4.0,7.0)	6.0 (3.0,8.0)	0.71	0.60	0.98	0.66	Kruskal-Wallis
	5.4 [±2.3]	5.4 [±2.5]	5.5 [±2.6]	5.6 [±3.0]	0.77	0.79	0.77	0.55	ANOVA
做事要对得起自己的良心	9.0 (8.0,10.0)	9.0 (8.0,10.0)	10.0 (8.0,10.0)	10.0 (8.0,10.0)	<0.001	0.41	0.018	<0.001	Kruskal-Wallis
	8.6 [±1.8]	8.6 [±2.0]	8.8 [±2.1]	8.6 [±2.3]	0.42	0.73	0.13	0.13	ANOVA
荣誉感是进取的重要动力	7.0 (6.0,9.0)	8.0 (6.0,9.0)	8.0 (6.0,10.0)	8.0 (5.0,10.0)	0.16	0.40	0.23	0.030	Kruskal-Wallis
	7.2 [±2.1]	7.3 [±2.2]	7.3 [±2.5]	7.1 [±2.7]	0.58	0.47	0.69	0.26	ANOVA

（7）公民的荣辱偏好与其宗教信仰没有显著关联。

有无宗教信仰的中国公民对"不要脸就能成功""做人就该风风光光的""做事要对得起自己的良心"和"荣誉感是进取的重要动力"的判断都没有显著差异，秩和检验 p 值分别为 0.93、0.66、0.83 和 0.27，均大于 0.05。

表3—86　　　　　有无宗教信仰公民荣辱观的差异

	无宗教信仰	有宗教信仰	p-value	Test
"不要脸"就能成功	4.0 (1.0, 6.0)	4.0 (1.0, 6.0)	0.93	Wilcoxon rank-sum
	4.1 [±2.6]	4.2 [±3.1]	0.42	Two sample t test
做人就该风风光光的	5.0 (4.0, 7.0)	5.0 (3.0, 8.0)	0.66	Wilcoxon rank-sum
	5.4 [±2.5]	5.5 [±2.9]	0.59	Two sample t test
做事要对得起自己的良心	10.0 (8.0, 10.0)	10.0 (8.0, 10.0)	0.83	Wilcoxon rank-sum
	8.7 [±2.0]	8.5 [±2.3]	0.18	Two sample t test
荣誉感是进取的重要动力	8.0 (6.0, 9.0)	7.0 (5.0, 9.0)	0.27	Wilcoxon rank-sum
	7.3 [±2.3]	6.9 [±2.7]	0.062	Two sample t test

（8）已婚公民更在乎脸面、名誉和对得起自己的良心。

不同婚姻状况的中国公民对"不要脸就能成功"的看法差异非常显著，秩和检验 p 值小于 0.001，显著低于 0.05。在 1（非常不认可）—10（非常认可）的评分中，未婚公民回答中位数为 4，已婚公民则为 3，表明未婚比已婚公民更认同此观点，反映出已婚公民荣誉感更强烈。不同婚姻状况的中国公民对"做事要对得起自己的良心"的看法差异非常显著，秩和检验 p 值小于 0.001，显著低于 0.05。在所有受访者中，已婚公民回答中位数为 10，未婚公民则为 9，表明已婚公民更认可此观点，反映出已婚公民在为人处世中更注重内在良心安定。不同婚姻状况的中国公民对"做人就该风风光光的"和"荣誉感是进取的重要动力"的判断没有显著差异，秩和检验 p 值分别为 0.21 和 0.086，均大于 0.05。

表3—87　　　　　　　不同婚姻状况公民荣辱观的差异

	未婚	已婚	p – value	Test
"不要脸"就能成功	4.0 (2.0, 6.0)	3.0 (1.0, 6.0)	<0.001	Wilcoxon rank – sum
	4.2 [±2.5]	3.8 [±2.8]	<0.001	Two sample t test
做人就该风风光光的	5.0 (4.0, 7.0)	5.0 (3.0, 8.0)	0.21	Wilcoxon rank – sum
	5.4 [±2.4]	5.5 [±2.8]	0.20	Two sample t test
做事要对得起自己的良心	9.0 (8.0, 10.0)	10.0 (8.0, 10.0)	<0.001	Wilcoxon rank – sum
	8.6 [±1.9]	8.6 [±2.2]	0.66	Two sample t test
荣誉感是进取的重要动力	8.0 (6.0, 9.0)	8.0 (6.0, 10.0)	0.086	Wilcoxon rank – sum
	7.2 [±2.1]	7.2 [±2.5]	0.93	Two sample t test

2. 半数公民以成为高级白领、企业家为荣，向往富足、体面、时尚的生活

生活的理想是为了理想的生活，但在现实中，很多人未必能实现自己的理想，理想的畅想恰恰能超越现实，反映人们的向往和价值诉求，其中也真实地反映出人们的荣辱观念。调查中设计了"您最希望发生在自己身上的事情"的选择，结果大致可以分为四个层次：

一是有 26.71% 的受访者最希望成为高级白领，收入高、生活时尚；24.12% 受访者最希望成为企业家或商人，财力雄厚。这是排在前两位的

选择，共计占50.83%，也就是说有过半数的受访者选择了这两项，两项的百分比差异不大，所描述的状况也有相关之处，那就是财务自由或生活富足。因此可以说，半数公民都以成为高级白领、企业家为荣，向往富足尤其是体面、时尚的生活。

二是有18.65%的受访者表示希望成为社会工作者，为增进人类福利而工作；15.76%的受访者希望投身于科研领域，成为受人尊敬的科研工作者或著名学者。共计占34.41%。这两项的百分比差异不大，而且有着两方面的共同点：为公共福祉而工作和广受尊敬。这表明，有三成五的公民以促进公共福祉、获得别人尊重为荣。

三是有9.78%的受访者想要成为国家公务员，为群众服务。公务员为国家工作，为群众服务。当然，由于特殊的国情原因，也往往意味着与权力相关的特殊身份。前些年曾经一度出现过公务员热，如今有所退潮，日渐回归正常。也就是说，有近一成公民依然认为当公务员是很值得荣耀的事情。

四是分别有2.51%、2.47%的受访者想要成为娱乐明星或国家劳模。娱乐明星往往意味着生活在聚光灯下，戴着光环，收入高，拥有众多粉丝，引领时尚，社会影响力非常大，是这个大众文化时代的宠儿。国家劳模意味着在某一领域有卓越成就，获得国家级的荣誉，是来自政府的极高荣誉，并成为很多人学习的榜样。但绝大多数人并不希望自己成为其中之一。

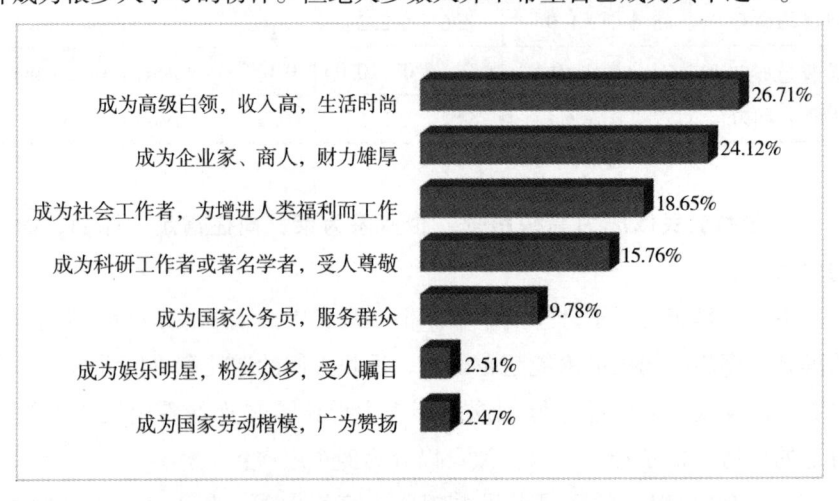

选项	百分比
成为高级白领，收入高，生活时尚	26.71%
成为企业家、商人，财力雄厚	24.12%
成为社会工作者，为增进人类福利而工作	18.65%
成为科研工作者或著名学者，受人尊敬	15.76%
成为国家公务员，服务群众	9.78%
成为娱乐明星，粉丝众多，受人瞩目	2.51%
成为国家劳动楷模，广为赞扬	2.47%

图3—26 你最希望发生在自己身上的情况（N=2392）

二 公民对"八荣八耻"的认知认同情况

"以热爱祖国为荣,以危害祖国为耻。以服务人民为荣,以背离人民为耻。以崇尚科学为荣,以愚昧无知为耻。以辛勤劳动为荣,以好逸恶劳为耻。以团结互助为荣,以损人利己为耻。以诚实守信为荣,以见利忘义为耻。以遵纪守法为荣,以违法乱纪为耻。以艰苦奋斗为荣,以骄奢淫逸为耻。"简称为"八荣八耻",是社会主义荣辱观的主要内容。"八荣八耻"所涉及的八个方面的荣辱问题也正好是我们这个时代考察公民荣辱观最重要的方面。调查设计了有八个选项的"您最不能容忍的现象"选择,结果显示,37.90%的受访者选择了"危害祖国",显著高于其他选项,高于排在第二的20多个百分点,说明以热爱祖国为最大荣耀、以危害祖国为最大耻辱,已成为非常广泛的共识。选择率位列第二、三的分别是"损人利己"(17.24%)、"违法乱纪"(12.69%),这两项选择率都超过一成。八个方面排在最后的两位分别是"骄奢淫逸"(6.01%)和"好逸恶劳"(4.38%),反过来说,这是公民最能容允的错误,表明这个时代的人们逐渐认为追求奢侈、安逸、感性快乐是平常合理的。

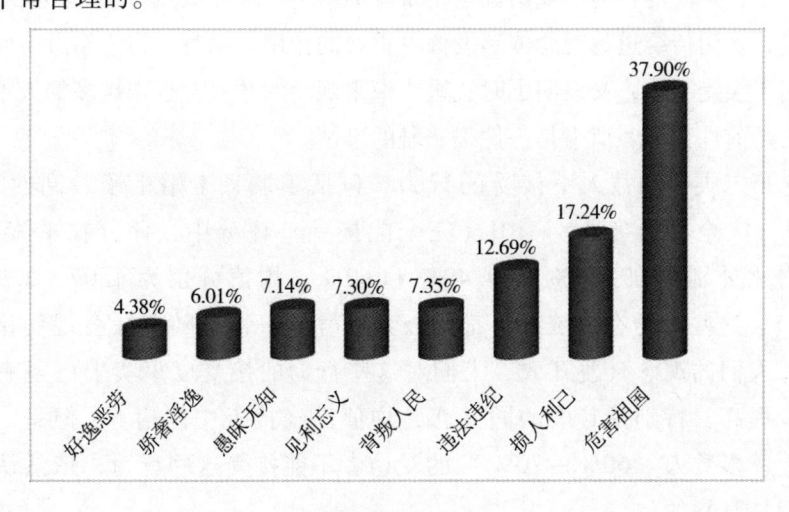

图3—27　您最不能容忍的现象（N = 2396）

三 公民生活中荣辱观的具体体现

人们的荣辱观不仅体现为抽象的原则、观念，而且体现在日常生活的琐碎事情中。或者说，正是在日常生活的点滴事情的好恶、选择中，才真正体现出公民的荣辱观。调查设计了共12项行为的选项，考察受访者的接受程度。结果显示为三大类情况：

第一类，绝大多数公民不能接受的行为。包括偷盗、有机会就逃税、接受贿赂、向政府要求自己无权享受的福利、乘坐公共交通逃票和卖淫嫖娼。在1（完全不能接受）—10（完全能接受）评分中，评分在1—5分的占比分别是96.79%、94.45%、93.23%、91.86%、91.05%和91.04%，占比均在90%以上。这些行为在生活中经常发生或有所耳闻，人们深恶痛绝，认为这是极其错误的，也是耻辱的。

第二类，人们倾向于接受的行为。主要是婚前性行为和离婚。在1（完全不能接受）—10（完全能接受）评分中，评分在6—10分的占比分别是45.96%和43.78%，虽然都没有超过半数，但是两者的均值分别为5.27和5.10，是所有选项中仅有两项超过5的，也即倾向于接受的选项。传统上，婚前性行为、离婚都是很羞耻的事情，现在依然有半数的人不能接受，表明传统道德观念依然发挥着重要的作用。同时，均值超过中间值倾向于接受一边，又表明了时代进步带来观念的开放，越来越多的人不再认为婚前性行为和离婚是一件很羞耻的事情。

第三类，多数人不接受的行为。包括堕胎、未婚生子、同性恋，在1（完全不能接受）—10（完全能接受）评分中，评分在1—5分的占比分别是69.85%、69.49%和62%，均值分别为4.07、3.95、4.45。这些行为在传统社会都是极其耻辱的事情，随着社会现代化发展，人们的观念日益开放，人们对这些行为的接受度事实上已经有了不少提高，特别是其中的同性恋，均值已经接近中间值5。但是，总体上，多数人（60%－70%）的受访者不能接受这些行为，依然认为它们是耻辱的。

表 3—88　　　　　　　　您对以下行为的接受程度

对以下行为的接受程度（1—10分）	观测值	均值	标准差	最小值	最大值	1—5分	6—10分	不知道
乘坐公共交通逃票（N=2388）	2336	2.49	2.06	1	10	91.05%	8.95%	2.18%
向政府要求自己无权享受的福利（N=2366）	2285	2.41	2.02	1	10	91.86%	8.14%	3.42%
偷盗（N=2386）	2367	1.68	1.49	1	10	96.79%	3.21%	0.80%
有机会就逃税（N=2385）	2343	2.02	1.79	1	10	94.45%	5.55%	1.76%
接受贿赂（N=2379）	2348	2.09	1.91	1	10	93.23%	6.77%	1.30%
婚前性行为（N=2377）	2278	5.27	3.21	1	10	54.04%	45.96%	4.16%
离婚（N=2369）	2268	5.10	3.13	1	10	56.22%	43.78%	4.26%
同性恋（N=2376）	2308	4.45	3.48	1	10	62.00%	38.00%	2.86%
堕胎（N=2379）	2282	4.07	2.98	1	10	69.85%	30.15%	4.08%
未婚生子（N=2372）	2281	3.95	3.03	1	10	69.49%	30.51%	3.84%
卖淫嫖娼（N=2391）	2344	2.07	2.12	1	10	91.04%	8.96%	1.97%

本题是2012年世界价值观调查原题（V66），选入时只增加了"未婚生子"一项。2012年本题中国调查的结果如表3—89。

表 3—89　　　　　　　　　2012 年世界价值观调查结果

对以下行为的接受程度（1—10分）	观测值	均值	标准差	最小值	最大值	1—5分	6—10分	不知道
乘坐公共交通逃票（N=1965）	1931	1.89	2.53	1	10	89.5%	10.5%	1.5%
向政府要求自己无权享受的福利（N=1965）	1936	2.75	3.17	1	10	78.2%	21.8%	1.3%
偷盗（N=1965）	1934	1.15	1.87	1	10	96.7%	3.3%	1.3%
有机会就逃税（N=1965）	1864	1.47	2.30	1	10	91.9%	8.1%	4.4%
接受贿赂（N=1965）	1891	1.30	2.12	1	10	94.5%	5.5%	3.2%
婚前性行为（N=1965）	1833	2.48	3.24	1	10	75.1%	24.9%	5.7%
离婚（N=1965）	1892	2.63	3.23	1	10	74.3%	25.7%	3.1%
同性恋（N=1965）	1854	1.48	2.49	1	10	89.5%	10.5%	4.8%
堕胎（N=1965）	1863	2.00	2.82	1	10	83.2%	16.8%	4.4%
卖淫嫖娼（N=1965）	1882	1.17	2.04	1	10	95.7%	4.3%	3.5%

相差 7 年的两项调查进行比较，两者基本格局没有变化，可以相互印证。但从 1—5 分的选择比我们发现：（1）一些判断几乎没有变化，例如，关于"乘坐公共交通逃票"（89.5%、91.05%，前者数据为 2012年，后者数据为 2019 年，下同）、"偷盗"（96.7%、96.79%）、"有机会

就逃税"（91.9%、94.45%）、"接受贿赂"（94.5%、93.23%）、"卖淫嫖娼"（95.7%、91.04%）；（2）一些判断发生了显著变化，这种变化又分为两种情况：一是不认可程度显著提升，例如"向政府要求自己无权享受的福利"（78.2%、91.86%），上升了13.66个百分点，十分显著，这无疑跟近年频繁发生冒牌"低保""吃空饷"等事件有关；一是不认可度显著降低，例如，"婚前性行为"（75.1%、54.04%）、"离婚"（74.3%、56.22%）、"同性恋"（89.5%、62%）、"堕胎"（83.2%、69.85%），至少下降13个多百分点，其中对同性恋不认可度下降达27.5个百分点，这是极其显著的变化。这些下降表明了在开放时代宽容意识的增强，对具体事件的荣辱观念也发生了重大变化，这种变化的利弊也值得进一步研究。

第六章 公民生死价值观分析

人生在世，一切都是不确定的，只有一件事是确定无疑的，那就是人固有一死。正如马克思所说，全部人类历史的第一个前提是有生命的个体的存在。死亡意味着人生的结束，一切都无从谈起。故生死之外都是小事，"死生，亦大矣"。人们对生死问题的根本看法和态度就形成了生死观，生死观是人生观、人生价值观的具体表现和重要组成部分。考察和分析公民的生死观是考察公民人生价值观的重要方面。

一 公民有关生命和死亡的领悟

1. 多数公民认为生命最重要的不在于寿命长短，而在于生活质量

调查显示，在给定选项中，一半以上（50.11%）受访者认为生命最重要的是要活出生活的质量；近三成（27.69%）的受访者认为创造的价值是生命中最重要的；17.17%的受访者表示自我潜能的挖掘才是生命中最重要的；仅有5.03%的受访者表示寿命长短最重要。其实，无论是生活质量、创造价值，还是潜能挖掘，共同的特点是超越自然而然的生命状态，达到自觉追求、赋予意义的状态。在这个意义上，绝大多数公民（94.97%）都认为生命的意义在于有意义地生活。

（1）群众更在意寿命的长短和认同创造的价值，党员更讲究生活的质量，团员更强调自我潜能的挖掘。

不同政治面貌的中国公民关于生命中最重要内涵的认识差异非常显著，卡方检验p值小于0.001，显著小于0.05。通过数据可以看出，在各群体中，群众更在意寿命的长短，团员最不在意；党员更讲究生活的质量，而群众最不讲究；群众更认同创造的价值，团员更强调自我潜能的

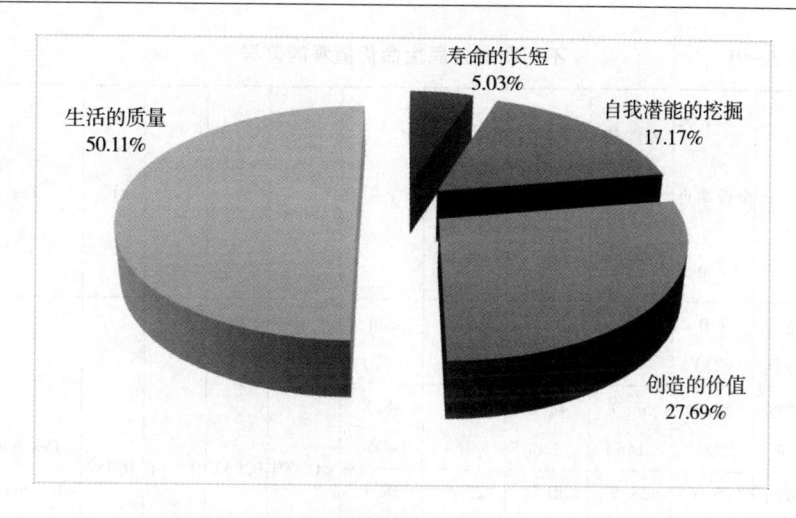

图 3—28　您认为生命最重要的是什么（N=2347）

挖掘。

表 3—90　　　　　　不同政治面貌公民生命价值观的差异

	党员	团员	群众	p-value	p12	p23	p13	Test
寿命的长短	4.3 (20)	2.3 (22)	8.3 (74)	<0.001	0.047	<0.001	0.009	Pearson's chi-squared
生活的质量	54.3 (252)	50.9 (487)	47.1 (420)					
创造的价值	25.6 (119)	27.1 (259)	29.3 (261)					
自我潜能的挖掘	15.7 (73)	19.7 (189)	15.4 (137)					

（2）产业工人和农民更在于寿命长短，专业技术人员（含教师）更重视生活的质量，商业、服务人员更突出创造的价值，学生更注重自我潜能挖掘。

不同职业的中国公民对生命最重要内涵的理解差异非常显著，卡方检验 p 值小于 0.001，显著小于 0.05。数据显示，产业工人和农民更在于寿命长短，专业技术人员（含教师）更重视生活的质量，商业、服务人员更突出创造的价值，学生更注重自我潜能挖掘。

表 3—91　　　　　不同职业公民生命价值观的差异

	机关、党群组织、企业事业单位工作人员	专业技术人员（含教师）	商业、服务业人员	产业工人和农民	学生	p-value	p12	p23	p13	Test
寿命的长短	7.0 (27)	2.3 (6)	5.7 (26)	15.5 (17)	2.4 (20)	<0.001	0.051	0.044	0.19	Pearson's chi-squared
生活的质量	54.3 (209)	56.3 (148)	48.2 (220)	41.8 (46)	48.8 (406)					
创造的价值	25.5 (98)	25.5 (67)	30.7 (140)	25.5 (28)	28.1 (234)					
自我潜能的挖掘	13.2 (51)	16.0 (42)	15.4 (70)	17.3 (19)	20.7 (172)					

（3）公民受教育程度越低越在意寿命长短、创造的价值和自我潜能挖掘，受教育程度越高越在意生活的质量。

不同受教育程度的中国公民对生命最重要内涵的理解差异非常显著，卡方检验 p 值小于 0.001，显著小于 0.005。数据显示，没上过大学的受访者更倾向认同寿命的长短、创造的价值和自我潜能的挖掘，而上过大学的受访者更突出生活的质量。

表 3—92　　　　　不同受教育程度公民生命价值观的差异

	没上过大学	上过大学	p-value	Test
寿命的长短	9.4 (66)	3.1 (51)	<0.001	Pearson's chi-squared
生活的质量	42.1 (295)	53.5 (876)		
创造的价值	30.9 (216)	26.4 (432)		
自我潜能的挖掘	17.6 (123)	16.9 (277)		

（4）中等收入公民更在乎生活质量和寿命长短，高收入群体更在意创造的价值，低收入群体更在意自我潜能挖掘。

不同收入水平的中国公民对生命最重要内涵的理解有显著差异，卡方检验 p 值显著小于 0.05。p12、p23 值均小于 0.05 而 p13 显著大于 0.05，表明低收入受访者与高收入受访者差异不大。数据显示，月收入 2001—5000 元及中等收入公民更在意生活质量和寿命长短，但对创造价值和挖掘潜能方面的关注低于其他群体。

表 3—93　　　　　　不同收入水平公民生命价值观的差异

	2000 元及以下	2001—5000 元	5000 元以上	p-value	p12	p23	p13	Test
寿命的长短	4.6 (40)	5.7 (47)	4.2 (23)	0.002	0.034	<0.001	0.12	Pearson's chi-squared
生活的质量	48.8 (425)	54.6 (448)	45.9 (254)					
创造的价值	27.8 (242)	24.0 (197)	33.6 (186)					
自我潜能的挖掘	18.8 (164)	15.6 (128)	16.3 (90)					

（5）城市居民更在意生活的质量和自我潜能挖掘，小城镇和农村居民更在意创造的价值和寿命长短。

不同居住地的中国公民对生命最重要内涵的理解差异非常显著，卡方检验 p 值为 0.001，显著小于 0.05。数据显示，城市居民更在意生活的质量和自我潜能挖掘，小城镇和农村居民更在意创造的价值和寿命长短。

表 3—94　　　　　　不同居住地公民生命价值观的差异

	小城镇和农村	城市	p-value	Test
寿命的长短	6.4 (40)	4.5 (78)	0.001	Pearson's chi-squared
生活的质量	47.0 (295)	51.3 (881)		
创造的价值	32.3 (203)	26.0 (446)		
自我潜能的挖掘	14.3 (90)	18.2 (313)		

（6）70后及以上公民更在意寿命长短，80后最在意生活质量，90后最在意创造的价值，95后及以下注重自我潜能挖掘。

不同年龄的中国公民对生命最重要内涵的理解差异非常显著，卡方检验p值小于0.001，显著小于0.05。数据显示，70后及以上受访者更在意寿命长短，80后最在意生活质量，90后最在意创造的价值，95后及以下注重自我潜能挖掘。

表3—95　　　　　　　不同年龄公民生命价值观的差异

	95后与00后	90后	80后	70后及以上	p-value	p12	p23	p13	Test
寿命的长短	2.5 (22)	4.0 (21)	4.7 (23)	11.5 (49)	<0.001	0.38	0.36	0.012	Pearson's chi-squared
生活的质量	49.1 (440)	48.9 (256)	52.4 (256)	51.8 (220)					
创造的价值	27.9 (250)	28.1 (147)	28.0 (137)	26.1 (111)					
自我潜能的挖掘	20.5 (184)	18.9 (99)	14.9 (73)	10.6 (45)					

（7）无宗教信仰公民更重视生活质量，有宗教信仰公民更注重寿命长短、创造的价值和自我潜能挖掘。

有无宗教信仰的中国公民对生命最重要内涵的理解差异非常显著，卡方检验p值为0.003，显著小于0.05。数据显示，无宗教信仰受访者更重视生活质量，有宗教信仰的受访者更注重寿命长短、创造的价值和自我潜能挖掘。

表3—96　　　　　　有无宗教信仰公民生命价值观的差异

	无宗教信仰	有宗教信仰	p-value	Test
寿命的长短	4.5 (94)	10.3 (18)	0.003	Pearson's chi-squared
生活的质量	50.9 (1,058)	41.7 (73)		
创造的价值	27.4 (569)	29.7 (52)		
自我潜能的挖掘	17.2 (357)	18.3 (32)		

（8）已婚公民更注重生活的质量和寿命的长短，未婚公民更在意创造的价值和自我潜能挖掘。

不同婚姻状况的中国公民对生命最重要内涵的理解差异非常显著，卡方检验 p 值小于 0.001，显著小于 0.05。数据显示，已婚受访者更注重生活的质量和寿命的长短，未婚受访者更在意创造的价值和自我潜能挖掘。

表 3—97　　　　　　不同婚姻状况公民生命价值观的差异

	未婚	已婚	p – value	Test
寿命的长短	3.1 (41)	7.4 (71)	<0.001	Pearson's chi – squared
生活的质量	48.5 (644)	52.9 (505)		
创造的价值	29.0 (385)	26.0 (248)		
自我潜能的挖掘	19.5 (259)	13.6 (130)		

2. 大多数公民从死亡领悟出积极向上的生活态度

死亡是每个人的最终归宿，谁也不能避免，人的一生确实如西方哲学所揭示的，是一个向死而生的过程。也就是在很大程度上说，人们只有直面死亡、领悟死亡才能真正获得生命的意义。调查中设计了"您对'死亡是每个人的最终归宿'的看法"的问题及选项。结果显示，65%的受访者表示要努力过好此生，使之灿烂而有意义；18%的人表示会更加热爱他人和这个世界；还有15%的人认为要及时行乐、享受生活；只有2%的人认为人生很荒谬和虚幻，没有什么意义。可见，大多数（83%）公民对死亡的领悟都是积极向上的。当然，一成半的公民倾向于及时行乐的观念值得注意；2%的公民觉得人生没有意义，相对数量很小，但对于拥有14亿人口的中国来说绝对数量（2800万）及其影响是巨大的，同样值得注意。

二　公民对各种生死观的认同情况

人们的生死观并不全是来自自己的独自领悟，而是往往受到教育、社会文化的影响，检验人们对一些流行的生死观的认同程度，就可以窥见人们的真实的生死观。调查中主要选取了四句流行语或格言："好死不如赖活着。"侧重于的是无原则的重生；"除了生死，都是小事"，侧重于的是

[饼图内容：
- 及时行乐，享受生活 15%
- 更加热爱他人和这个世界 18%
- 要努力过好此生，使之灿烂而有意义 65%
- 人生很荒谬和虚幻，没有什么意义 2%]

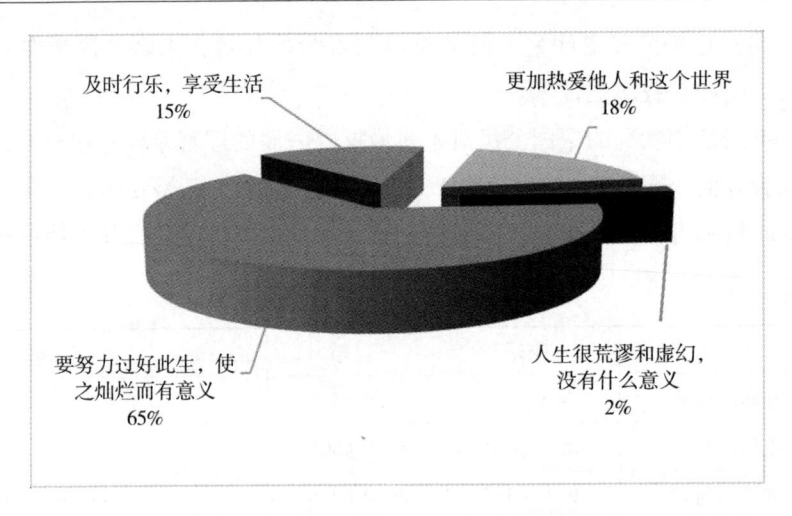

图 3—29　您对"死亡是每个人的最终归宿"的看法（N = 2385）

重视生死大事，看轻、看宽其他事情；"生死有命，富贵在天"，强调的是人的生死是一种必然宿命，自己的主观能动性较小；"人生只有一次，必须活得像样"，侧重于的是发挥自己的主观能动性，积极进取，赋予人生以精彩和意义。

结果显示，91.75%的受访者表示认可或非常认可"人生只有一次，必须活得像样"，表明绝大多数人的生死观是积极上进的。62.31%的受访者认可或非常认可"除了生死，都是小事"的说法，表明多数公民因看透生死问题而具有豁达的人生价值观。54.96%的受访者认可或非常认可"生死有命，富贵在天"的说法，表明过半的公民依然有着宿命的观念，对主观努力能作出的改变信念不大。对于"好死不如赖活着"说法，47.43%的受访者不认同，超过表示认同者（44.09%），而且还有8.48%的受访者态度模糊。中华文化自古就有崇生、重生的传统，"天地之大德曰生"，"生生之谓易"等，在老百姓这儿就演化为"好死不如赖活着"的观念。如今，反对的比率弱微超出，但还是比较接近、相当，还有近一成态度模糊者，说明人们对这一观念的复杂态度。

（1）公民对"人生只有一次，必须活得像样"的看法与各种影响因素都没有显著关联。

不同职业、年龄、政治面貌、收入、文化程度、居住地、有无宗教信仰和婚姻状态的中国公民对"人生只有一次，必须活得像样"的看法没

第六章 公民生死价值观分析

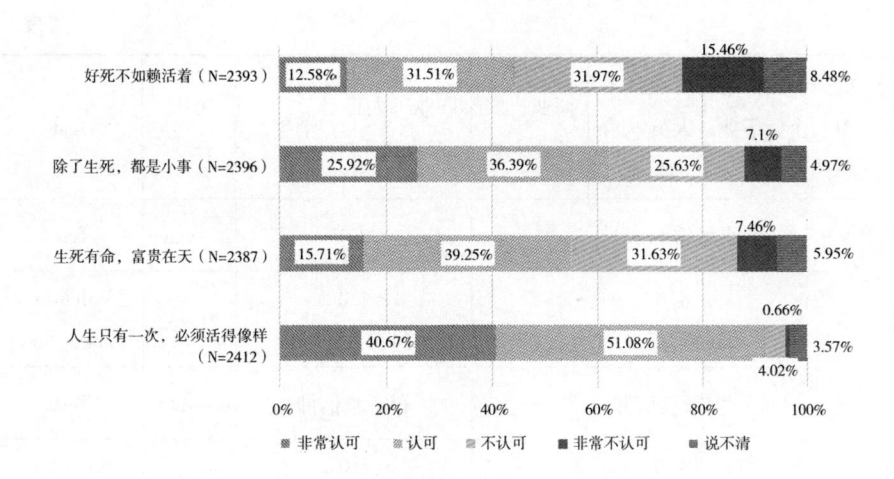

图 3—30　您对这些观点的认可程度

有显著差异，秩和检验 p 值均大于 0.05。

表 3—98　　　公民对"人生只有一次，必须活得像样"的认识

机关、党群组织、企业事业单位工作人员	专业技术人员（含教师）	商业、服务业人员	产业工人和农民	学生	p-value	Test
4.0 (4.0, 5.0)	4.0 (4.0, 5.0)	4.0 (4.0, 5.0)	4.0 (4.0, 5.0)	4.0 (4.0, 5.0)	0.49	Kruskal-Wallis
95 后与 00 后	90 后	80 后	70 后及以上		p-value	Test
4.0 (4.0, 5.0)	4.0 (4.0, 5.0)	4.0 (4.0, 5.0)	4.0 (4.0, 5.0)		0.26	Kruskal-Wallis
共产党员	共青团员	群众			p-value	Test
4.0 (4.0, 5.0)	4.0 (4.0, 5.0)	4.0 (4.0, 5.0)			0.83	Kruskal-Wallis
2000 元及以下	2001—5000 元	5000 元以上			p-value	Test
4.0 (4.0, 5.0)	4.0 (4.0, 5.0)	4.0 (4.0, 5.0)			0.70	Kruskal-Wallis
没上过大学		上过大学			p-value	Test
4.0 (4.0, 5.0)		4.0 (4.0, 5.0)			0.10	Wilcoxon rank-sum

续表

机关、党群组织、企业事业单位工作人员	专业技术人员（含教师）	商业、服务业人员	产业工人和农民	学生	p-value	Test
小城镇和农村				城市	p-value	Test
4.0 (4.0, 5.0)				4.0 (4.0, 5.0)	0.43	Wilcoxon rank-sum
无宗教信仰				有宗教信仰	p-value	Test
4.0 (4.0, 5.0)				4.0 (4.0, 5.0)	0.97	Wilcoxon rank-sum
未婚				已婚	p-value	Test
4.0 (4.0, 5.0)				4.0 (4.0, 5.0)	0.11	Wilcoxon rank-sum

(2) 学生、青少年最不认同"生死有命、富贵在天"。

不同职业、年龄、文化程度和婚姻状态的中国公民对"生死有命，富贵在天"的看法差异非常显著，秩和检验 p 值均小于 0.001，显著低于 0.05，不同政治面貌、收入、居住地和有无宗教信仰的中国公民对该观点的看法存在显著差异，秩和检验 p 值分别为 0.005、0.002、0.011 和 0.075，均小于 0.05。从职业来看，学生回答中位数为 3，其他职业的中位数均为 4，表明学生最不认可；从年龄来看，95 后与 00 后回答 95% 落在 3 即说不清上，其他年龄段公民落在 4 即认可上，可见，青少年群体认可度更低。就其他维度来看，所有公民回答中位数落和区间都一致，也就是说，政治面貌、文化程度、居住地、收入水平、婚姻状况对公民看法的影响在宏观上无法体现出来。总之，学生、青少年对"生死有命，富贵在天"的认同度最低，最不认命。就如电影《哪吒》中少年哪吒的那句经典台词："我命由我不由天。"

表3—99　　中国公民对"生死用命，富贵在天"的看法的差异

机关、党群组织、企业事业单位工作人员	专业技术人员(含教师)	商业、服务业人员	产业工人和农民	学生	p-value	Test
4.0 (2.0,4.0)	4.0 (2.0,4.0)	4.0 (2.0,4.0)	4.0 (2.0,4.0)	3.0 (2.0,4.0)	<0.001	Kruskal-Wallis
95后与00后	90后	80后	70后及以上		p-value	Test
3.0 (2.0,4.0)	4.0 (2.0,4.0)	4.0 (2.0,4.0)	4.0 (2.0,4.0)		<0.001	Kruskal-Wallis
共产党员	共青团员		群众		p-value	Test
4.0 (2.0,4.0)	4.0 (2.0,4.0)		4.0 (2.0,4.0)		0.005	Kruskal-Wallis
2000元及以下	2001—5000元		5000元以上		p-value	Test
4.0 (2.0,4.0)	4.0 (2.0,4.0)		4.0 (2.0,4.0)		0.002	Kruskal-Wallis
没上过大学			上过大学		p-value	Test
4.0 (2.0,4.0)			4.0 (2.0,4.0)		<0.001	Wilcoxon rank-sum
小城镇和农村			城市		p-value	Test
4.0 (2.0,4.0)			4.0 (2.0,4.0)		0.011	Wilcoxon rank-sum
无宗教信仰			有宗教信仰		p-value	Test
4.0 (2.0,4.0)			4.0 (2.0,4.0)		0.075	Wilcoxon rank-sum
未婚			已婚		p-value	Test
4.0 (2.0,4.0)			4.0 (2.0,4.0)		<0.001	Wilcoxon rank-sum

（3）学生、团员、青少年、最低收入人群、未婚公民对"除了生死，都是小事"认同度最低。

不同职业、年龄、政治面貌、收入和婚姻状态的中国公民对"除了生死，都是小事"的看法存在非常显著的差异，秩和检验 p 值均小于

0.001，显著低于0.05。不同居住地的中国公民对这一观点的看法也有显著差异，秩和检验 p 值为0.038，小于0.05。不同文化程度和有无宗教信仰的中国公民对这一观点的看法没有显著差异，秩和检验 p 值分别为0.27 和 0.35，大于0.05。从职业来看，学生回答的中位数为3，其他群体的中位数均为4，可见学生最不认同此看法。从年龄来看，所有回答中位数为4，而95后与00后回答落在2和4即不认可和认可之间，90后与80后落在2和5即不认可和非常认可之间，70后及以上落在3和5即说不清和非常认可之间。可以推断，年龄越大越认同"除了生死，都是小事"这一观点。从政治面貌来看，所有回答中位数一致，党员和群众回答落在2和5即不认可和非常认可之间，团员落在2和4即不认可和认可之间。可见，党员和群众比团员更认同此观点。从收入来看，所有回答中位数一致，月收入2000元及以下受访者回答落在2和4即不认可和认可之间，2001—5000元和5000元以上受访者均落在2和5即不认可和非常认可之间。可见，最低收入群体不如其他群体认同此观点。从婚姻状态来看，所有回答中位数一致，未婚公民回答落在2和4即不认可和认可之间，已婚公民落在3和5即说不清和非常认可之间。可见，已婚比未婚公民对此更认同。

表3—100　公民对"除了生死，都是小事"的看法的差异

机关、党群组织、企业事业单位工作人员	专业技术人员（含教师）	商业、服务业人员	产业工人和农民	学生	p – value	Test
4.0 (3.0,5.0)	4.0 (2.0,5.0)	4.0 (2.0,5.0)	4.0 (3.0,5.0)	3.0 (2.0,4.0)	<0.001	Kruskal – Wallis
95后与00后	90后	80后	70后及以上		p – value	Test
4.0 (2.0,4.0)	4.0 (2.0,5.0)	4.0 (2.0,5.0)	4.0 (3.0,5.0)		<0.001	Kruskal – Wallis
共产党员		共青团员		群众	p – value	Test
4.0 (2.0,5.0)		4.0 (2.0,4.0)		4.0 (2.0,5.0)	<0.001	Kruskal – Wallis

续表

2000元及以下	2001—5000元	5000元以上	p-value	Test
4.0 (2.0, 4.0)	4.0 (2.0, 5.0)	4.0 (2.0, 5.0)	<0.001	Kruskal-Wallis
没上过大学		上过大学	p-value	Test
4.0 (2.0, 5.0)		4.0 (2.0, 5.0)	0.27	Wilcoxon rank-sum
小城镇和农村		城市	p-value	Test
4.0 (2.0, 5.0)		4.0 (2.0, 5.0)	0.038	Wilcoxon rank-sum
无宗教信仰		有宗教信仰	p-value	Test
4.0 (2.0, 5.0)		4.0 (2.0, 5.0)	0.35	Wilcoxon rank-sum
未婚		已婚	p-value	Test
4.0 (2.0, 4.0)		4.0 (3.0, 5.0)	<0.001	Wilcoxon rank-sum

（4）学生、青少年、团员、大学文化程度、城市居民、最低收入群体、未婚公民最不认同"好死不如赖活着"。

不同职业、年龄、政治面貌、文化程度、居住地和婚姻状态的中国公民对"好死不如赖活着"看法差异非常显著，秩和检验 p 值均小于 0.001，显著低于 0.05，不同收入水平的中国公民对这一观点的看法有显著差异，秩和检验 p 值为 0.003，小于 0.05，有无宗教信仰的中国公民对一观点的看法没有显著差异，秩和检验 p 值为 0.73，大于 0.05。从职业来看，学生回答中位数为 2，商业、服务业人员为 4，其他职业回答中位数为 3。可见，商业、服务业人员最认可而学生最不认可"好死不如赖活着"这一观点。从年龄来看，80 后、70 后及以上回答中位数为 4，90 后中位数为 3，95 后与 00 后中位数为 2。可见年龄越小越不认同这一观点。

从政治面貌来看，群众和党员回答中位数为3，团员中位数为2，表明团员对此观点认可度最低。从文化程度来看，没上过大学公民回答中位数为3，上过大学公民中位数为2.5，可见文化程度高的公民对此认可度较低。从居住地来看，小城镇和农村居民回答中位数为3，城市居民中位数为2，表明城市居民对此认可度更低。从婚姻状态来看，已婚公民回答中位数为4，未婚公民中位数为2，说明已婚公民更认同此观点。从收入来看，月收入2001—5000元和5000元以上公民回答中位数为3即，而2000元以下中位数为2，可见最低收入群体对此认可度较低。

表3—101　公民对"好死不如赖活着"的看法的差异

机关、党群组织、企业事业单位工作人员	专业技术人员（含教师）	商业、服务业人员	产业工人和农民	学生	p-value	Test
3.0 (2.0,4.0)	3.0 (2.0,4.0)	4.0 (2.0,4.0)	3.0 (2.0,4.0)	2.0 (2.0,4.0)	<0.001	Kruskal-Wallis

95后与00后	90后	80后	70后及以上	p-value	Test
2.0 (2.0,4.0)	3.0 (2.0,4.0)	4.0 (2.0,4.0)	4.0 (2.0,4.0)	<0.001	Kruskal-Wallis

共产党员	共青团员	群众	p-value	Test
3.0 (2.0,4.0)	2.0 (2.0,4.0)	3.0 (2.0,4.0)	<0.001	Kruskal-Wallis

2000元及以下	2001—5000元	5000元以上	p-value	Test
2.0 (2.0,4.0)	3.0 (2.0,4.0)	3.0 (2.0,4.0)	0.003	Kruskal-Wallis

没上过大学	上过大学	p-value	Test
3.0 (2.0,4.0)	2.5 (2.0,4.0)	<0.001	Wilcoxon rank-sum

续表

小城镇和农村	城市	p – value	Test
3.0 (2.0, 4.0)	2.0 (2.0, 4.0)	<0.001	Wilcoxon rank – sum
无宗教信仰	有宗教信仰	p – value	Test
3.0 (2.0, 4.0)	3.0 (2.0, 4.0)	0.73	Wilcoxon rank – sum
未婚	已婚	p – value	Test
2.0 (2.0, 4.0)	4.0 (2.0, 4.0)	<0.001	Wilcoxon rank – sum

三　公民对自杀问题的看法

自杀是一种自己主动结束生命状态变成死亡状态的行为，是一种复杂的社会现象，在现代化高速发展的当今中国时有发生。据有关资料披露，中国平均自杀率约为23/10万，每年自杀死亡人数近30万人，还有约250万的自杀未遂者。严重的自杀现象给当事人的亲人及国家社会带来的影响不待多言，更为重要的是，自杀以一种极端方式将人们的生死观凸显出来。正如哲学家加缪所说的，"真正严肃的哲学问题只有一个：自杀。"因为自杀不同于其他的死亡，而是对"生"进行了自认为深思熟虑的思考，已经判断出人生还是否值得经历。因此，调查公民关于自杀问题的看法是考察公民生死观的一个恰当甚至是不二视角。

调查结果显示：

（1）大多数公民对自杀持一种否定、批判态度，并以各种理由劝勉珍惜生命。88.51%的受访者认为"生命是父母给的，应该好好珍惜"，其中非常认可的高达52.79%；63.16%的受访者认为"自杀是懦弱的表现"；56.56%的受访者相信"如果有机会，所有自杀的人都会后悔"。这些都是非常理性和积极向上的声音。

（2）相当一批公民认为自杀也是一种解决问题的方式。50.96%即超过半数的受访者认为"每个人都有处置自己生命的权利"，尽管这个观点

观点	非常认可	认可	不认可	非常不认可	说不清
生命是父母给的,应该好好珍惜(N=2402)	52.79%	35.72%	5.2%	1.96%	4.33%
对于抑郁患者而言,自杀是一种解脱(N=2369)	8.4%	25.92%	32.63%	14.23%	18.83%
曾经有过自杀的念头(N=2372)	6.49%	21.96%	26.85%	34.99%	9.7%
每个人都有处置自己生命的权利(N=2384)	15.81%	35.15%	31.54%	10.74%	6.75%
如果有机会,所有自杀的人都会后悔(N=2385)	24.61%	31.95%	25.37%	4.82%	13.25%
自杀是懦弱的表现(N=2408)	32.6%	30.56%	22.34%	6.15%	8.35%

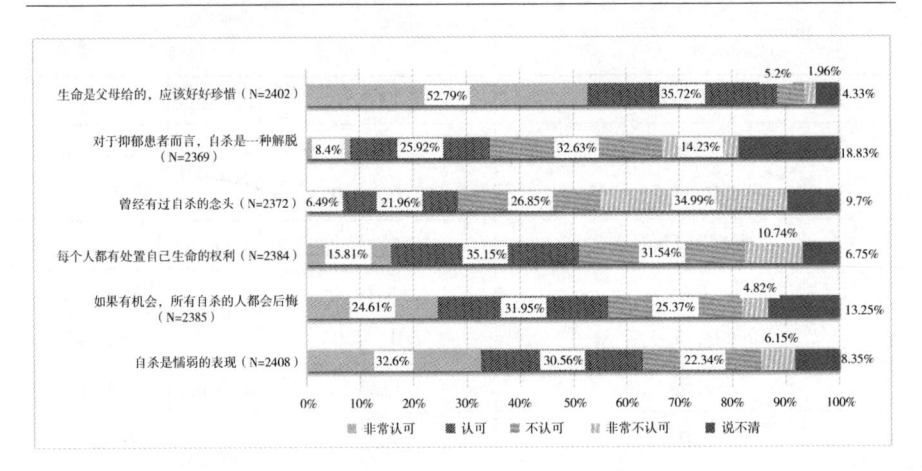

图 3—31　您对以下自杀看法的认可程度

学术界依然在争论不休,但其自身被超一半的受访者认同就表明,现代中国公民已经超越了"身体发肤受之父母,不敢毁伤"的传统观念,具有了典型的现代法治意识。这也同时意味着为自杀提供了某种学理的辩护。对于"对于抑郁症患者而言,自杀是一种解脱"这一观点,虽然有46.86%的受访者表示不认同,但仍有34.32%即三分之一强的人表示认可,还有18.83%即近两成的人说不清楚。也就是说,相当一批公民并不一味地认为不能自杀,而认为在某种情况下自杀也是一种解决问题的方式。

(3) 有不少人曾经有过自杀的想法。28.45%即近三成的受访者(其中包括6.49%非常认同者)表示曾经有过自杀想法。这说明自杀离我们并不遥远,如何阻止这些想法成为现实或引向积极的方向是一项很紧迫的工作。

第七章　公民婚恋价值观分析

对于整个人类社会而言，家庭是社会的细胞，而恋爱、婚姻则是家庭确立的基础和标志；对于每一个个体而言，经历恋爱、走向婚姻也是绝大多数人的人生必然的过程。婚恋是人生大事，也是社会现象。人们对恋爱、婚姻的根本认识和态度就是婚恋观。婚恋观是人生观的重要内容，是人生价值观的重要体现。考察和分析公民的婚恋观是考察公民人生价值观的重要维度。

一　公民关于婚恋最理想和最起码诉求

在很多人看来，婚恋特别是爱情从来是充满玫瑰色的、浪漫的。但最理想的爱情、婚姻是什么样的呢？调查数据显示，37.66%的受访者选择了"性格相合"是婚姻或爱情最理想的状态，比排第二的高近17个百分点，十分鲜明；20.96%的受访者选择三观相合为最理想因素。超过10%的还有13.5%选择相敬如宾，11.93%选择情感依恋。

现实中理想的爱情与婚姻是很少的，但许许多多不完美的爱情或婚姻是如何维系的呢？那就是它也有其底线，只要底线没有突破，就还能维持。调查数据显示，53.57%即超过半数的受访者认为婚姻和爱情最起码的诉求是三观相合，在各种因素中可以说是一枝独秀，比列第二位的因素（情感依赖）高出40.93个百分点，说明人们对首要因素的高度共识，充分说明三观在婚恋中的重要性。达到10%左右的因素有三：情感依恋（12.64%）、性格相合（10.82%）和优势互补（9.95%）。

分析以上结果还有几点结论和启示：一是理想的爱情和婚姻首要的是性格相合，爱情和婚姻最起码要三观相合；二是无论在理想偏好还是底线诉求中三观、性格相合都处于重要地位，两者成为爱情和婚姻中最重要的因素；二是传统上讲究的门当户对和当代女权主义讲究的势均力敌在爱情和婚姻中都不是重要因素；三是我们一直在感受中认为是且应该是核心、关键的情感依恋，无论在理想偏好中还是底线诉求中都不是最重要的——这一点足够让人震惊。

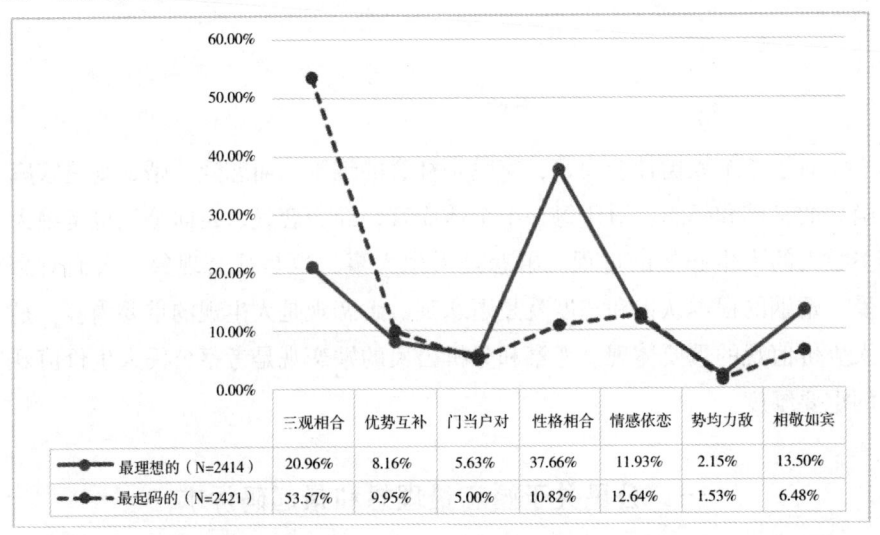

	三观相合	优势互补	门当户对	性格相合	情感依恋	势均力敌	相敬如宾
最理想的（N=2414）	20.96%	8.16%	5.63%	37.66%	11.93%	2.15%	13.50%
最起码的（N=2421）	53.57%	9.95%	5.00%	10.82%	12.64%	1.53%	6.48%

图3—32　您认为婚姻或爱情中最重要的因素

（1）团员最认同三观相合是婚姻和爱情中的最重要因素，也最认同性格相合是婚姻与爱情重最起码的因素。

不同政治面貌的中国公民关于婚姻或爱情中最重要因素的判断差异非常显著，卡方检验 p 值小于 0.001，显著低于 0.05。对三观相合是最重要因素的判断中，卡方检验 p12 和 p23 均小于 0.001，显著低于 0.05，表明党员和团员、群众和团员之间存在显著差异，团员占比最高（61.7%），群众最低（45.2%），表明团员最认同"三观相合"是婚姻或爱情中最重要的因素，群众认同度最低。在对最起码因素的判断中，卡方检验 p 值小于 0.001，表明强相关。p23 小于 0.001，显著低于 0.05，表明团员和群众之间差异显著。党员占比最低（36.7%），团员最高（39.1%），说明团员最认同"性格相合"是婚姻或爱情中最起码因素。

表3—102　　　不同政治面貌公民对婚恋最重要因素的看法差异

		共产党员	共青团员	群众	p-value	p12	p23	p13	Test
最理想的	性格相合	53.2(256)	61.7(602)	45.2(419)	<0.001	<0.001	<0.001	0.100	Pearson's chi-squared
最起码的	三观相合	36.7(176)	39.1(380)	37.0(342)	<0.001	0.22	<0.001	0.079	Pearson's chi-squared

（2）学生在婚姻与爱情中最在意理想的三观相合和起码的性格相合，产业工人和农民对两者则认可度相对最低。

不同职业的中国公民关于三观相合是婚姻或爱情中最重要因素的判断差异非常显著，卡方检验p值小于0.001，显著低于0.05。所有选择"三观相合"的受访者中学生占比最高（62.4%），产业工人和农民最低（28.3%），可见学生最认同三观相合是最重要的因素，产业工人和农民认可度最低。不同职业的中国公民关于性格相合是婚姻或爱情中最起码要素的判断差异也非常显著，卡方检验p值小于0.001，显著低于0.05，所有选择"性格相合"的受访者中学生占比最高（39.6%），产业工人和农民最低（32.5%），可见也是学生最认同性格相合是最起码因素，产业工人和农民则认可度最低。

表3—103　　　不同职业公民对婚恋最重要因素的看法差异

		机关、党群组织、企业事业单位工作人员	专业技术人员（含教师）	商业、服务业人员	产业工人和农民	学生	p-value	p12	p23	p13	Test
最理想的	性格相合	55.1(223)	55.6(149)	46.1(218)	28.3(34)	62.4(525)	<0.001	0.87	0.12	0.13	Pearson's chi-squared
最起码的	三观相合	34.2(138)	36.4(98)	38.6(182)	32.5(39)	39.6(333)	<0.001	0.58	0.88	0.77	Pearson's chi-squared

（3）文化程度越高越认可三观相合最重要，文化程度高低关于性格相合是最起码条件的看法有差异但非常接近。

不同文化程度的中国公民关于三观相合是婚姻或爱情中最重要因素的判断差异非常显著，卡方检验p值小于0.001，显著低于0.05，所有选择

"三观相合"的受访者中没上过大学公民占比（38.8%），显著低于上过大学的（60.3%），可见文化程度高的公民认可度更高。不同文化程度的中国公民关于性格相合是婚姻或爱情中最起码要素的判断差异也非常显著，卡方检验 p 值小于 0.001，显著低于 0.05，所有选择"性格相合"的受访者中上过大学公民占比（37.8%）高于没上过大学（37.6%），比较接近。可见，文化程度越高越认可三观相合最重要，文化程度高低关于性格相合是最起码条件的看法有差异但非常接近。

表 3—104　不同文化程度公民对婚恋最重要因素的看法差异

		没上过大学	上过大学	p – value	Test
最理想的	性格相合	38.8（285）	60.3（1,008）	<0.001	Pearson's chi – squared
最起码的	三观相合	37.6（274）	37.8（631）	<0.001	Pearson's chi – squared

（4）低收入公民更认同三观相合是婚姻和爱情中最理想的状态。

不同收入水平的中国公民关于三观相合是婚姻或爱情中最重要因素的判断有显著差异，卡方检验 p 值为 0.010，小于 0.05；p12 为 0.003，小于 0.05，表明中等收入和低收入之间存在差异。所有选择"三观相合"的受访者中月收入 2000 及以下者占比最高（57.2%），2001—5000 元以上占比最低（50.5%），可见低收入者最认可三观相合是最重要的，中等收入者认同度最低。关于三观相合是婚姻或爱情中最起码要素的判断与收入不显著相关，卡方检验 p 值为 0.13，大于 0.05。

表 3—105　不同收入水平公民对婚恋最重要因素的看法差异

		2000 元及以下	2001—5000 元	5000 元以上	p – value	p12	p23	p13	Test
最理想的	性格相合	57.2（514）	50.5（428）	52.3（298）	0.010	0.003	0.23	0.13	Pearson's chi – squared
最起码的	三观相合	38.3（344）	38.2（322）	36.4（207）	0.13	0.12	0.066	0.74	Pearson's chi – squared

(5) 城市居民比小城镇和农村居民更注重婚姻爱情中的三观相合。

不同居住地的中国公民关于三观相合是婚姻或爱情中最重要因素的判断差异非常显著，卡方检验 p 值小于 0.001，显著低于 0.05，所有选择"三观相合"的受访者中小城镇和农村居民占比（45%）显著低于城市居民（56.8%），可见城市居民更注重三观相合。不同居住地的中国公民关于性格相合是婚姻或爱情中最起码要素的判断没有显著差异，卡方检验 p 值为 0.088，大于 0.05。结果如表 3—106 所示。

表 3—106　　　　不同居住地公民对婚恋最重要因素的看法差异

		小城镇和农村	城市	p–value	Test
最理想的	性格相合	45.0（292）	56.8（1,005）	<0.001	Pearson's chi–squared
最起码的	三观相合	40.3（262）	36.7（646）	0.088	Pearson's chi–squared

(6) 公民年龄越小越认同三观相合是最理想的婚姻爱情状态，95 后及以下公民最认同性格相合是婚姻爱情最起码的条件。

不同年龄的中国公民关于三观相合是婚姻或爱情中最重要因素的判断差异非常显著，卡方检验 p 值小于 0.001，显著低于 0.05。所有选择"三观相合"的受访者占比呈现随年龄增长而减小的趋势，最大差距达 23.4 个百分点。可见公民年龄越小越认同三观相合最重要。不同年龄的中国公民关于性格相合是婚姻或爱情中最起码要素的判断差异也非常显著，卡方检验 p 值小于 0.001，显著低于 0.05，所有选择"性格相合"的受访者中 95 后与 00 后最高（39.7%）。

表 3—107　　　　不同年龄公民对婚恋最重要因素的看法差异

		95后与00后	90后	80后	70后及以上	p–value	p12	p23	p13	Test
最理想的	性格相合	60.6（554）	58.1（312）	50.7（257）	37.2（165）	<0.001	0.64	0.016	<0.001	Pearson's chi–squared
最起码的	三观相合	39.7（362）	36.4（195）	38.2（193）	34.8（154）	<0.001	0.41	0.018	<0.001	Pearson's chi–squared

(7) 公民关于爱情婚姻最重要因素的判断与宗教信仰关联性不明显。

有无宗教信仰的中国公民关于性格相合是婚姻或爱情中最重要因素的判断没有显著差异，卡方检验 p 值为 0.098，大于 0.05；有无宗教信仰的中国公民关于三观相合是婚姻或爱情中最起码要素的判断也没有显著差异，卡方检验 p 值 0.22，大于 0.05。

表 3—108　　有无宗教信仰公民对婚恋最重要因素的看法差异

		无宗教信仰	有宗教信仰	p – value	Test
最理想的	性格相合	54.6 (1,167)	50.5 (93)	0.098	Pearson's chi – squared
最起码的	三观相合	37.3 (797)	42.1 (77)	0.22	Pearson's chi – squared

(8) 未婚公民更认同性格相合、三观相合分别是婚姻爱情中最理想的状态和最起码条件。

不同婚姻状态的中国公民关于性格相合是婚姻或爱情中最重要因素的判断差异非常显著，卡方检验 p 值小于 0.001，显著低于 0.05。所有选择"三观相合"的受访者中未婚公民占比（61.7%）显著高于已婚公民（43.5%），可见未婚公民更认同三观相合最重要。不同婚姻状态的中国公民关于三观相合是婚姻或爱情中最起码要素的判断差异也非常显著，卡方检验 p 值小于 0.001，显著低于 0.05。所有选择"性格相合"的受访者中未婚占比（39.2%）高于已婚公民（36%），可见未婚公民更认可性格相合最基础。

表 3—109　　不同婚姻状态公民对婚恋最重要因素的看法差异

		未婚	已婚	p – value	Test
最理想的	性格相合	61.7 (838)	43.5 (433)	<0.001	Pearson's chi – squared
最起码的	三观相合	39.2 (531)	36.0 (357)	<0.001	Pearson's chi – squared

二 公民婚恋中无法承受的状况分析

有些婚恋最终走向破裂，一定有其突破极限，超出承受范围的事情发生。调查显示，在恋爱或婚姻中，46.66%的受访者最不能忍受"家庭暴力"，排在选项第一位，高出第二位18.36个百分点，可谓是足够鲜明的普遍共识。28.30%的受访者最不能接受"婚外恋"。16.37%的受访者选择了"不尊重和赡养老人"。而选择"同性恋""夫妻一方不承担家务"和"性生活不和谐"的比例非常地低，三者总和不及10%。家暴反映的是平等、互相尊重的价值观。家暴以近半的比率排在最不能忍受之首，表明公民在恋爱、婚姻中平等意识的极大凸显。"婚外恋""不尊重和赡养老人"则分别指向忠诚、孝敬。选择"性生活不和谐"这一看上去极其重要的问题的仅有2.03%，可见，人们对婚恋的理解远远超越了性爱。

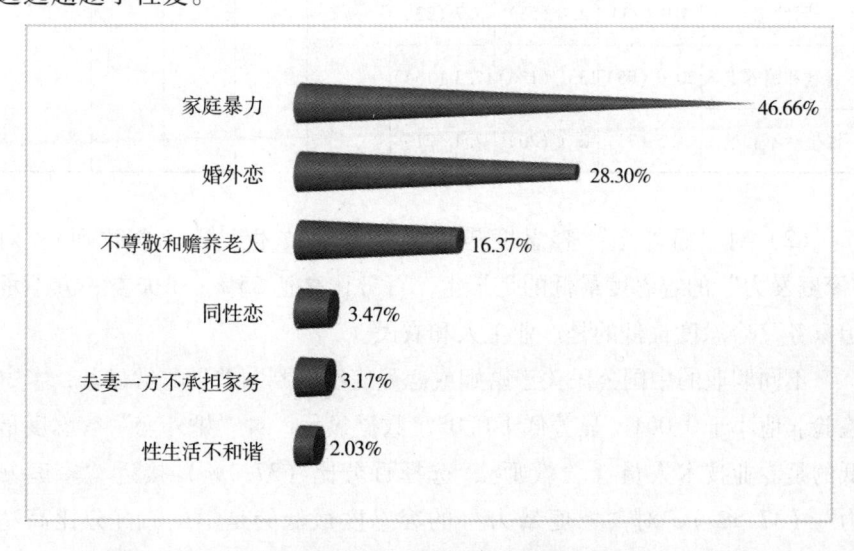

选项	比例
家庭暴力	46.66%
婚外恋	28.30%
不尊敬和赡养老人	16.37%
同性恋	3.47%
夫妻一方不承担家务	3.17%
性生活不和谐	2.03%

图3—33　您在恋爱或婚姻中最不能忍受的是什么（N=2364）

（1）对"婚外恋""同性恋"和"不尊重和赡养老人"容忍度最低的是党员，对"家庭暴力"容忍度最低的是团员，对"夫妻一方不承担家务"容忍度最低的是群众。

不同政治面貌的中国公民关于婚姻或恋爱底线的判断差异非常显著，

卡方检验 p 值小于 0.001，显著低于 0.05。党员对"婚外恋""同性恋"和"不尊重和赡养老人"的容忍度最低，团员最不能容忍的是"家庭暴力"，群众最不能容忍的是"夫妻一方不承担家务"。可见在婚恋中，在彼此忠诚、孝顺长辈方面党员最关心；在双方平等方面团员最关心；在相互配合方面群众最关心。

表 3—110　不同政治面貌公民婚恋中最不能忍受的事情的差异

	共产党员	共青团员	群众	p-value	p12	p23	p13	Test
婚外恋	31.0 (147)	26.8 (258)	28.7 (255)	<0.001	<0.001	<0.001	0.17	Pearson's chi-squared
家庭暴力	39.7 (188)	54.0 (520)	43.0 (383)					
夫妻一方不承担家务	3.0 (14)	1.7 (16)	4.9 (44)					
同性恋	4.9 (23)	2.4 (23)	3.7 (33)					
不尊敬和赡养老人	20.0 (95)	13.1 (126)	17.3 (154)					
性生活不和谐	1.5 (7)	2.1 (20)	2.4 (21)					

（2）对"婚外恋"容忍度最低的是专业技术人员（含教师），对"家庭暴力"的容忍度最低的是学生，百分比高达 55%；"夫妻一方不承担家务"容忍度最低的是产业工人和农民。

不同职业的中国公民关于婚姻或恋爱底线的判断差异非常显著，卡方检验 p 值小于 0.001，显著低于 0.05。数据显示，对"婚外恋"容忍度最低的是专业技术人员（含教师），选择百分比（37.2%）接近"家庭暴力"（37.5%）；对"家庭暴力"的容忍度最低的是学生，百分比高达 55%；"夫妻一方不承担家务"容忍度最低的是产业工人和农民，百分比（8.1%）是其他群体的几倍。其他项的百分比相差不大。可见，在彼此忠诚方面专业技术人员（含教师）最关心，在双方平等方面学生最关心，在相互配合方面产业工人和农民最关心。

表 3—111　　不同职业公民婚恋中最不能忍受的事情的差异

	机关、党群组织、企业事业单位工作人员	专业技术人员(含教师)	商业、服务业人员	产业工人和农民	学生	p-value	p12	p23	p13	Test
婚外恋	31.5 (126)	37.2 (97)	24.6 (115)	27.0 (30)	27.0 (222)	<0.001	0.63	0.018	0.071	Pearson's chi-squared
家庭暴力	38.0 (152)	37.5 (98)	48.0 (224)	37.8 (42)	55.0 (453)					
夫妻一方不承担家务	3.8 (15)	3.4 (9)	3.9 (18)	8.1 (9)	1.3 (11)					
同性恋	5.0 (20)	3.4 (9)	3.4 (16)	4.5 (5)	2.7 (22)					
不尊敬和赡养老人	19.5 (78)	16.9 (44)	18.0 (84)	18.9 (21)	12.5 (103)					
性生活不和谐	2.3 (9)	1.5 (4)	2.1 (10)	3.6 (4)	1.5 (12)					

（3）文化程度高的公民对"婚外恋""家庭暴力"的容忍度更低，文化程度低的公民对"夫妻一方不承担家务"和"不尊敬和赡养老人"的容忍度更低。

不同文化程度的中国公民关于婚姻或恋爱底线的判断存在显著差异，卡方检验 p 值小于 0.001，显著低于 0.05。文化程度高的公民对"婚外恋""家庭暴力"的容忍度越低，文化程度低的人对"夫妻一方不承担家务"和"不尊敬和赡养老人"的容忍度越低。可见，文化程度越高越在乎婚恋中的彼此忠诚、互相平等，文化程度越低越在乎婚恋中的相互配合和孝敬长辈。

表 3—112　不同文化程度国公民婚恋中最不能忍受的事情的差异

	没上过大学	上过大学	p-value	Test
婚外恋	26.8（189）	29.1（478）	<0.001	Pearson's chi-squared
家庭暴力	42.3（298）	48.4（797）		
夫妻一方不承担家务	4.5（32）	2.4（40）		
同性恋	3.4（24）	3.5（58）		
不尊敬和赡养老人	20.5（144）	14.7（241）		
性生活不和谐	2.4（17）	1.9（31）		

（4）收入越低越不能容忍"家庭暴力"，收入越高越不能忍受"婚外恋""不尊敬和赡养老人"。

不同收入水平的中国公民关于婚姻或恋爱底线的判断差异非常显著，卡方检验 p 值小于 0.001，显著低于 0.05。收入越低越不能容忍"家庭暴力"，收入越高越不能忍受"婚外恋""不尊敬和赡养老人"。可见，公民收入越高越重视彼此忠诚、孝敬长辈，收入越低越重视互相平等。

表 3—113　不同收入水平公民婚恋中最不能忍受的事情的差异

	2000 元及以下	2001—5000 元	5001 元以上	p-value	p12	p23	p13	Test
婚外恋	27.8（244）	27.6（229）	31.8（176）	<0.001	<0.001	0.28	<0.001	Pearson's chi-squared
家庭暴力	53.1（467）	44.0（365）	40.1（222）					
夫妻一方不承担家务	1.7（15）	4.1（34）	4.0（22）					
同性恋	2.2（19）	4.5（37）	3.6（20）					
不尊敬和赡养老人	13.2（116）	17.3（144）	19.1（106）					
性生活不和谐	2.0（18）	2.5（21）	1.4（8）					

（5）城市居民更难容忍家庭暴力，小城镇和农村居民更难容忍不尊敬和赡养老人。

不同居住地的中国公民关于婚姻或恋爱底线的判断差异显著，卡方检验 p 值为 0.003，小于 0.05。数据显示，有项差异十分明显，一是关于家庭暴力的容忍度，小城镇和农村居民百分比（41.6%）显著低于城市居民（48.5%）；二是关于"不尊敬和赡养老人"的容忍度，小城镇和农村居民的百分比（21.2%）显著高于城市公民（14.6%）。说明，城市居民更难容忍家庭暴力，更加重视双方平等；小城镇和农村居民更难容忍不尊敬和赡养老人，更加重视孝敬长辈。

表 3—114　不同居住地公民婚恋中最不能忍受的事情的差异

	小城镇和农村	城市	p – value	Test
婚外恋	28.2（178）	28.4（491）	0.003	Pearson's chi – squared
家庭暴力	41.6（263）	48.5（838）		
夫妻一方不承担家务	3.6（23）	3.0（51）		
同性恋	3.3（21）	3.5（61）		
不尊敬和赡养老人	21.2（134）	14.6（252）		
性生活不和谐	2.1（13）	2.0（35）		

（6）年龄越小越不能容忍"家庭暴力"，对婚外恋最不能容忍的是 90 后，70 后及以上公民比其他群体更不能容忍"夫妻一方不承担家务""不尊敬和赡养老人"。

不同年龄的中国公民关于婚姻或恋爱底线的判断差异非常显著，卡方检验 p 值小于 0.001，显著低于 0.05。数据显示，年龄越小越不能容忍"家庭暴力"，注重双方平等；对婚外恋最不能容忍的是 90 后，突出彼此忠诚；70 后及以上公民比其他群体更不能容忍"夫妻一方不承担家务""不尊敬和赡养老人"，关注互相配合和孝敬长辈。

表3—115　不同年龄公民婚恋中最不能忍受的事情的差异

	95后与00后	90后	80后	70后及以上	p-value	p12	p23	p13	Test
婚外恋	25.5 (226)	31.1 (166)	29.2 (144)	30.1 (130)	<0.001	0.015	0.38	<0.001	Pearson's chi-squared
家庭暴力	55.0 (488)	44.9 (240)	44.4 (219)	34.3 (148)					
夫妻一方不承担家务	1.7 (15)	1.9 (10)	4.3 (21)	6.3 (27)					
同性恋	2.8 (25)	4.1 (22)	4.5 (22)	3.0 (13)					
不尊敬和赡养老人	13.2 (117)	15.9 (85)	15.4 (76)	24.3 (105)					
性生活不和谐	1.8 (16)	2.1 (11)	2.2 (11)	2.1 (9)					

（7）有无宗教信仰的中国公民关于婚姻或恋爱底线的判断与是否有宗教信仰没有显著差异，卡方检验p值为0.91，大于0.05。

表3—116　有无宗教信仰公民婚恋中最不能忍受的事情的差异

	无宗教信仰	有宗教信仰	p-value	Test
婚外恋	28.5 (596)	28.1 (50)	0.91	Pearson's chi-squared
家庭暴力	46.8 (978)	45.5 (81)		
夫妻一方不承担家务	3.1 (64)	3.9 (7)		
同性恋	3.4 (72)	2.2 (4)		
不尊敬和赡养老人	16.1 (336)	18.0 (32)		
性生活不和谐	2.1 (43)	(4)		

（8）已婚公民更不能忍受"婚外恋""夫妻一方不承担家务""不尊敬和赡养老人"，未婚公民更不能容忍"家庭暴力"。

不同婚姻状态的中国公民关于婚姻或恋爱底线的判断差异非常显著，卡方检验p值小于0.001，显著低于0.05。已婚公民更不能忍受"婚外恋""夫妻一方不承担家务""不尊敬和赡养老人",更注重彼此忠诚、相互配合和孝敬长辈;未婚公民更不能容忍"家庭暴力",突出互相平等。

表3—117　不同婚姻状态公民婚恋中最不能忍受的事情的差异

	未婚	已婚	p-value	Test
婚外恋	27.4（365）	29.8（289）	<0.001	Pearson's chi-squared
家庭暴力	51.7（687）	40.4（392）		
夫妻一方不承担家务	1.7（22）	5.1（50）		
同性恋	3.0（40）	3.9（38）		
不尊敬和赡养老人	14.2（189）	18.8（183）		
性生活不和谐	2.0（27）	（19）		

三　公民对婚恋问题的现实评价

1. 公民在择偶过程中更注重内在素质而非外在因素

公民在择偶过程中最看重对方的人品（26.33%），其次是性格（18.71%），然后是能力（12.21%）、相貌（11.49%）和健康（10.57%）。可见,公民在择偶过程中更看重对方的内在潜力;相比而言,选择学历、职业、家庭背景、收入、年龄等外在因素的比例较低,均低于5%。可见,尽管现代社会物欲横流,公民普遍具有积极健康的择偶观,公民在择偶过程中仍然保持理智态度。

2. 公民崇尚理想主义的爱情,但对其保持理智认识

在给定爱情观点中,在1（非常不认同）—10（非常认同）评分之间,72.23%的受访者对"爱情是纯洁的,宁缺毋滥"评分在6—10分之间,均值为7.27,表明大多数人对爱情抱有理想主义的态度,相信爱情应该是神圣而又纯洁的。65.55%的受访者对"只要曾经拥有,何必天长地久"的评分集中在1—5分,均值也较低,只有4.62分,可以看出,公民并既看重曾经拥有的爱情,而更倾向于追求天长地久的爱情。"没有爱情的人生是不幸的"这一项评分在1—5分和6—10分的比例比较接近,分别是48.91%和51.09%,均值为5.76,这说明公民对于爱情在幸福人

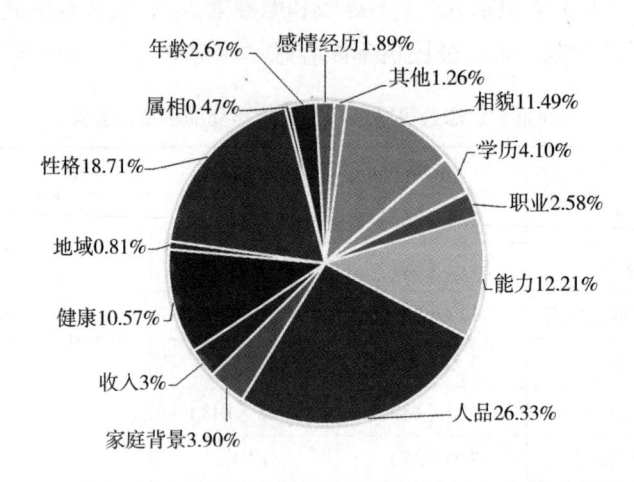

图 3—34　择偶时您最关注对方的哪些方面（N=7198）

生中的影响的态度中立，既不是最重要的，但也是不可或缺的，正如大多数公民所认为的那样，爱情很美好但也只是人生的一部分，78.96% 的受访者对此评分在 6—10 分，其均值为 7.52。可见，公民能够理智地看待爱情自身以及爱情在人生中的重要性。此外，关于"同性之间也可能产生爱情"的看法，评分在 1—5 分的公民比例为 52.30%，高于 6—10 分的比例，可见，尽管社会进步和思想观念的解放，人们对于同性恋的认识和态度也有所改变，但仍然有超过半数的人对此并不认可和理解，同性恋要想完全得到社会认可仍然道阻且长。

表 3—118　　　　　　您对以下爱情观点的认同程度

对以下爱情观点的认同程度（1—10 分）	观测值	均值	标准差	最小值	最大值	1—5 分	6—10 分
爱情是纯洁的，宁缺毋滥	2391	7.27	2.73	1	10	27.77%	72.23%
只要曾经拥有，何必天长地久	2383	4.62	2.80	1	10	65.55%	34.45%

第七章　公民婚恋价值观分析　　553

续表

对以下爱情观点的认同程度（1—10分）	观测值	均值	标准差	最小值	最大值	1—5分	6—10分
没有爱情的人生是不幸的	2394	5.76	3.11	1	10	48.91%	51.09%
爱情很美好但只是人生的一部分	2386	7.52	2.51	1	10	21.04%	78.96%
同性之间也可能产生爱情	2390	5.34	3.34	1	10	52.30%	47.70%

（1）学生、团员、城市居民和受过大学教育公民更相信爱情是纯洁的。

不同文化程度的中国公民对"爱情是纯洁的，宁缺毋滥"的看法差异非常显著，秩和检验 p 值小于 0.001，显著低于 0.05。在 1（非常不认可）—10（非常认可）评分中，所有公民回答中位数一致，上过大学公民回答落在 6 和 10 之间，没上过公民落在 5—10 之间；而且方差分析可见，前者均值为 7.5，后者均值为 6.8。可见文化程度高的公民更认同爱情是纯洁的。不同职业、政治面貌和居住地的中国公民对"爱情是纯洁的，宁缺毋滥"的看法差异显著，秩和检验 p 值分别为 0.003、0.025 和 0.001，均小于 0.05。从职业来看，产业工人和农民的中位数为 7，其他群体中位数为 8，通过方差均值可见，学生均值最高为 7.5。可见学生最认同爱情是纯洁的，而产业工人和农民认同度最低。从政治面貌来看，通过方差分析的均值可见，团员均值最高（7.5），群众均值最低（7.1），可见团员认同度最高，群众认同度最低。从居住地来看，通过方差分析可见，城市居民的均值（7.4）高于小城镇和农村居民的均值（6.9），可以推断前者后者更认同爱情是纯洁的。不同年龄、收入水平、是否信仰宗教和婚姻状态的中国公民对"爱情是纯洁的，宁缺毋滥"的看法没有显著差异，p 值均大于 0.05。

表 3—119　公民对"爱情是纯洁的，宁缺毋滥"的看法差异

机关、党群组织、企业事业单位工作人员	专业技术人员（含教师）	商业、服务业人员	产业工人和农民	学生	p-value	Test
8.0 (5.0, 10.0)	8.0 (6.0, 10.0)	8.0 (5.0, 10.0)	7.0 (5.0, 9.0)	8.0 (6.0, 10.0)	0.003	Kruskal-Wallis
7.3 [±2.8]	7.4 [±2.6]	6.9 [±2.9]	6.6 [±3.0]	7.5 [±2.5]	<0.001	ANOVA

95后与00后	90后	80后	70后及以上	p-value	Test
8.0 (5.0, 10.0)	8.0 (5.0, 10.0)	8.0 (5.0, 10.0)	8.0 (5.0, 10.0)	0.87	Kruskal-Wallis
7.3 [±2.6]	7.4 [±2.7]	7.2 [±2.8]	7.1 [±2.9]	0.57	ANOVA

共产党员	共青团员	群众	p-value	Test
8.0 (6.0, 10.0)	8.0 (5.0, 10.0)	8.0 (5.0, 10.0)	0.025	Kruskal-Wallis
7.3 [±2.7]	7.5 [±2.6]	7.1 [±2.8]	0.007	ANOVA

2000元及以下	2001—5000元	5000元以上	p-value	Test
8.0 (5.0, 10.0)	8.0 (5.0, 10.0)	8.0 (5.0, 10.0)	0.74	Kruskal-Wallis
7.4 [±2.6]	7.2 [±2.8]	7.3 [±2.7]	0.33	ANOVA

没上过大学	上过大学	p-value	Test
8.0 (5.0, 10.0)	8.0 (6.0, 10.0)	<0.001	Wilcoxon rank-sum

续表

没上过大学	上过大学	p-value	Test
6.8 [±3.0]	7.5 [±2.6]	<0.001	Two sample t test
小城镇和农村	城市	p-value	Test
8.0 (5.0, 10.0)	8.0 (6.0, 10.0)	0.001	Wilcoxon rank-sum
6.9 [±2.9]	7.4 [±2.7]	<0.001	Two sample t test
无宗教信仰	有宗教信仰	p-value	Test
8.0 (5.0, 10.0)	8.0 (5.0, 10.0)	0.40	Wilcoxon rank-sum
7.3 [±2.7]	7.0 [±3.0]	0.11	Two sample t test
未婚	已婚	p-value	Test
8.0 (5.0, 10.0)	8.0 (5.0, 10.0)	0.12	Wilcoxon rank-sum
7.4 [±2.6]	7.1 [±2.9]	0.022	Two sample t test

（2）团员、接受过大学教育的公民最认同"只要曾经拥有，何必天长地久"。

不同政治面貌和文化程度的中国公民对"只要曾经拥有，何必天长地久"的看法有显著差异，秩和检验 p 值分别为 0.026 和 0.002，小于 0.05。从政治面貌来看，在 1（非常不认可）—10（非常认可）评分中，所有公民回答中位数一致，群众和党员回答落在 2 和 6 之间，团员落在 3 和 6 之间；方差分析显示，团员的均值为 4.8，比党员和群众均值高。可见，团员比党员和群众更认同这一观点。从文化程度来看，没上过大学公民回答中位数为 4，上过大学公民中位数为 5，表明文化程度高的公民更认可此观点。不同职业、年龄、收入水平、居住地、是否信仰宗教和婚姻状态的中国公民对此观点的看法没有显著差异，p 值均大于 0.05。

表3—120　公民对"只要曾经拥有，何必天长地久"看法的差异

机关、党群组织、企业事业单位工作人员	专业技术人员（含教师）	商业、服务业人员	产业工人和农民	学生	p – value	Test
4.0 (2.0,7.0)	5.0 (3.0,6.0)	5.0 (2.0,6.0)	4.0 (2.0,6.0)	5.0 (2.0,6.0)	0.67	Kruskal – Wallis
4.6 [±2.9]	4.8 [±2.7]	4.6 [±2.9]	4.5 [±3.1]	4.7 [±2.7]	0.87	ANOVA

95 后与 00 后	90 后	80 后	70 后及以上	p – value	Test
5.0 (2.0,6.0)	5.0 (2.0,6.0)	5.0 (2.0,6.0)	5.0 (2.0,7.0)	0.23	Kruskal – Wallis
4.7 [±2.7]	4.6 [±2.8]	4.4 [±2.9]	4.8 [±3.1]	0.29	ANOVA

共产党员	共青团员	群众	p – value	Test
5.0 (2.0,6.0)	5.0 (3.0,6.0)	5.0 (2.0,6.0)	0.026	Kruskal – Wallis
4.6 [±2.8]	4.8 [±2.7]	4.5 [±2.9]	0.086	ANOVA

2000 元及以下	2001—5000 元	5000 元以上	p – value	Test
5.0 (2.0,6.0)	5.0 (2.0,6.0)	5.0 (2.0,6.0)	0.79	Kruskal – Wallis
4.7 [±2.7]	4.6 [±2.9]	4.6 [±2.8]	0.84	ANOVA

没上过大学	上过大学	p – value	Test
4.0 (1.0,6.0)	5.0 (2.0,6.0)	0.002	Wilcoxon rank – sum
4.4 [±3.0]	4.7 [±2.7]	0.024	Two sample t test

小城镇和农村	城市	p-value	Test
5.0 (2.0, 6.0)	5.0 (2.0, 6.0)	0.076	Wilcoxon rank-sum
4.5 [±2.9]	4.7 [±2.7]	0.20	Two sample t test
无宗教信仰	有宗教信仰	p-value	Test
5.0 (2.0, 6.0)	5.0 (2.0, 6.0)	0.44	Wilcoxon rank-sum
4.6 [±2.8]	4.5 [±2.9]	0.64	Two sample t test
未婚	已婚	p-value	Test
5.0 (2.0, 6.0)	5.0 (2.0, 6.0)	0.37	Wilcoxon rank-sum
4.6 [±2.7]	4.6 [±2.9]	0.65	Two sample t test

（3）学生、团员、青少年、未婚者、城市居民、最低收入者、受过大学教育的公民对"没有爱情的人生是不幸的"认同度最低。

不同职业、年龄、政治面貌和婚姻状态的中国公民对"没有爱情的人生是不幸的"看法差异非常显著，秩和检验 p 值均小于 0.001，显著低于 0.05。从职业来看，专业技术人员（含教师）回答中位数最大为 7，学生中位数最小为 5。可见，专业技术人员（含教师）对此认同度最高，而学生认同度最低。从年龄来看，80 后和 90 后中位数落在 6 上，95 后与 00 后落在 5 上；方差分析显示，年龄由小到大的均值逐步变大。由此可见，年龄越大越认同"没有爱情的人生是不幸的"。从政治面貌来看，群众和党员回答中位数为 6，团员中位数为 5，可见团员最不认同"没有爱情的人生是不幸的"。从婚姻状态来看，已婚公民回答中位数为 7，未婚者中位数为 5，显著说明已婚公民比未婚者更认同"没有爱情的人生是不幸的"。不同收入、文化程度和居住地的中国公民对此观点的看法差异显著，秩和检验 p 值分别为 0.001、0.043 和 0.033，均小于 0.05。从收入来看，月收入 2001—5000 元和 5000 元以上公民回答中位数为 6，2000 元及以下中位数为 5，可见最低收入群体对"没有爱情的人生是不幸的"的认同度最低。从文化程度来看，所有公民回答中位数为 6，而没上过大学公民回答落在 3 和 9 之间，上过大学公民落在 3 和 8 之间；方差分析显示，前者均值为 5.9，后者均值为 5.7。可以推断，文化程度低的公民更认同"没有爱情的人生是不幸的"。从居住地来看，所有公民回答中位数为 6，小城镇和农村公民回答落在 3 和 9 之间，城市公民落在 3 和 8 之间；方差分析显示，前者的均值为 6.0，后者均值为 5.7。可以推断，小城镇和农村公民更认同"没有爱情的人生是不幸的"。有无宗教信仰的中国公民对此观点的看法没有显著差异，p 值为 0.76，大于 0.05。

表 3—121　公民对"没有爱情的人生是不幸的"看法的差异

机关、党群组织、企业事业单位工作人员	专业技术人员（含教师）	商业、服务业人员	产业工人和农民	学生	p - value	Test
6.0 (3.0,9.0)	7.0 (5.0,9.0)	6.0 (3.0,9.0)	6.0 (3.0,9.0)	5.0 (3.0,8.0)	<0.001	Kruskal - Wallis
6.1 [±3.1]	6.3 [±3.0]	6.0 [±3.1]	6.0 [±3.1]	5.3 [±3.0]	<0.001	ANOVA
95 后与 00 后	90 后	80 后	70 后及以上		p - value	Test
5.0 (3.0,8.0)	6.0 (3.0,9.0)	6.0 (3.0,9.0)	7.0 (4.0,9.0)		<0.001	Kruskal - Wallis
5.2 [±3.0]	5.9 [±3.1]	6.1 [±3.2]	6.4 [±3.1]		<0.001	ANOVA
共产党员	共青团员	群众			p - value	Test
6.0 (4.0,9.0)	5.0 (3.0,8.0)	6.0 (3.0,9.0)			<0.001	Kruskal - Wallis
6.1 [±3.0]	5.4 [±3.1]	6.0 [±3.1]			<0.001	ANOVA

续表

2000元及以下	2001—5000元	5000元以上	p-value	Test
5.0 (3.0, 8.0)	6.0 (3.0, 9.0)	6.0 (3.0, 9.0)	0.001	Kruskal-Wallis
5.5 [±3.0]	5.9 [±3.2]	6.1 [±3.1]	0.002	ANOVA

没上过大学	上过大学	p-value	Test
6.0 (3.0, 9.0)	6.0 (3.0, 8.0)	0.043	Wilcoxon rank-sum
5.9 [±3.2]	5.7 [±3.1]	0.057	Two sample t test

小城镇和农村	城市	p-value	Test
6.0 (3.0, 9.0)	6.0 (3.0, 8.0)	0.033	Wilcoxon rank-sum
6.0 [±3.1]	5.7 [±3.1]	0.037	Two sample t test

无宗教信仰	有宗教信仰	p-value	Test
6.0 (3.0, 9.0)	5.0 (3.0, 9.0)	0.76	Wilcoxon rank-sum
5.7 [±3.1]	5.7 [±3.2]	0.74	Two sample t test

未婚	已婚	p-value	Test
5.0 (3.0, 8.0)	7.0 (4.0, 9.0)	<0.001	Wilcoxon rank-sum
5.4 [±3.0]	6.3 [±3.1]	<0.001	Two sample t test

(4) 对于"爱情很美好但只是人生的一部分",70后及以上认同度最高,90后认同度最低,已婚公民比未婚公民认同度更高。

不同年龄、婚姻状况的中国公民对"爱情很美好但只是人生的一部分"的看法有显著差异，秩和检验 p 值分别为 0.003、0.029，小于 0.05。在 1（非常不认可）—10（非常认可）评分中，70 后及以上回答中位数为 9；80 后、90 后、95 与 00 后回答中位数均为 8，80 后和 95 与 00 后回答落在 6 和 10 之间，90 后落在 5 和 10 之间；方差分析显示，90 后的均值最小（7.2）。因此可以判断，对于"爱情很美好但只是人生的一部分"，90 后最不认同，70 后及以上公民最认同。从婚姻状况看，未婚受访者和已婚受访者的回答中位数（8）和区间（6，10）均一致，方差分析显示，前者均值（7.5）略低于后者（7.6），可以大致推断，已婚公民比未婚公民更认同这一观点。不同职业、政治面貌、收入、文化程度、居住地、是否信仰宗教公民对此观点看法没有显著差异，秩和检验 p 值均大于 0.05。

表 3—122　公民对"爱情很美好，但只是人生的一部分"看法的差异

机关、党群组织、企业事业单位工作人员	专业技术人员（含教师）	商业、服务业人员	产业工人和农民	学生	p-value	Test
8.0 (6.0,10.0)	8.0 (6.0,10.0)	8.0 (6.0,10.0)	8.0 (5.0,10.0)	8.0 (6.0,10.0)	0.78	Kruskal-Wallis
7.6 [±2.5]	7.5 [±2.4]	7.4 [±2.6]	7.2 [±2.7]	7.6 [±2.3]	0.45	ANOVA
95 后与 00 后	90 后	80 后	70 后及以上		p-value	Test
8.0 (6.0,10.0)	8.0 (5.0,10.0)	8.0 (6.0,10.0)	9.0 (6.0,10.0)		0.003	Kruskal-Wallis
7.6 [±2.3]	7.2 [±2.6]	7.7 [±2.6]	7.7 [±2.6]		0.015	ANOVA
共产党员	共青团员		群众		p-value	Test
8.0 (6.0,10.0)	8.0 (6.0,10.0)		8.0 (6.0,10.0)		0.72	Kruskal-Wallis
7.6 [±2.4]	7.6 [±2.4]		7.4 [±2.7]		0.15	ANOVA

续表

2000元及以下	2001—5000元	5000元以上	p-value	Test
8.0 (6.0, 10.0)	8.0 (6.0, 10.0)	8.0 (6.0, 10.0)	0.088	Kruskal-Wallis
7.5 [±2.4]	7.6 [±2.5]	7.4 [±2.5]	0.28	ANOVA
没上过大学		上过大学	p-value	Test
8.0 (5.0, 10.0)		8.0 (6.0, 10.0)	0.17	Wilcoxon rank-sum
7.2 [±2.9]		7.6 [±2.3]	<0.001	Two sample t test
小城镇和农村		城市	p-value	Test
8.0 (6.0, 10.0)		8.0 (6.0, 10.0)	0.50	Wilcoxon rank-sum
7.4 [±2.6]		7.5 [±2.5]	0.27	Two sample t test
无宗教信仰		有宗教信仰	p-value	Test
8.0 (6.0, 10.0)		8.0 (5.0, 10.0)	0.38	Wilcoxon rank-sum
7.6 [±2.5]		7.2 [±2.8]	0.11	Two sample t test
未婚		已婚	p-value	Test
8.0 (6.0, 10.0)		8.0 (6.0, 10.0)	0.029	Wilcoxon rank-sum
7.5 [±2.4]		7.6 [±2.6]	0.37	

（5）产业工人、农民、70后及以上者、未接受大学教育者、已婚者最反感"同性之间也可能产生爱情"的说法，学生、团员、最低收入者、青少年和未婚公民倾向于接受这一看法。

不同职业、年龄、政治面貌、收入、文化程度、居住地、有无信仰宗教、婚姻状态的中国公民对"同性之间也可能产生爱情"的看法存在显著差异,秩和检验 p 值均小于 0.001,显著低于 0.05。从职业来看,产业工人和农民回答的中位数最小是 2,基本为否定态度;学生回答中位数为 7,倾向于接受;其他群体中位数均为 5,处于中间态度。从年龄来看,70 后及以上回答中位数为 2,基本为否定态度;95 后与 00 后回答中位数为 7,基本为接受态度;80 和 90 后则为 5,居中间态度。从政治面貌来看,团员 95% 回答中位数为 7,党员和群众回答中位数均为 5,说明共青团员最认同"同性之间也可能产生爱情"。从收入来看,月收入 2000 元及以下公民回答中位数为 6,2001—5000 元和 5000 元以上中位数为 5,说明最低收入群体对此观点的认同度更高。从文化程度来看,上过大学公民回答中位数为 6,没上过大学公民回答中位数为 4,表明文化程度高的公民对此观点的认同度更高。从居住地来看,城市公民回答中位数为 6,小城镇和农村公民中位数为 5,表明城市公民更认同此观点。从宗教信仰来看,无宗教信仰公民回答中位数为 5,有宗教信仰者中位数为 4,表明不信教者更认可此观点。从婚姻状态来看,未婚公民回答中位数为 7,已婚者中位数为 3,差异十分显著,说明未婚公民更认可此观点。

表 3—123　公民对"同性之间也能产生爱情"的看法的差异

机关、党群组织、企业事业单位工作人员	专业技术人员(含教师)	商业、服务业人员	产业工人和农民	学生	p-value	Test
5.0 (1.0, 8.0)	5.0 (2.0, 8.0)	5.0 (1.0, 8.0)	2.0 (1.0, 5.0)	7.0 (5.0, 10.0)	<0.001	Kruskal-Wallis
4.7 [±3.3]	5.0 [±3.2]	4.7 [±3.3]	3.6 [±2.9]	6.6 [±3.1]	<0.001	ANOVA

95 后与 00 后	90 后	80 后	70 后及以上	p-value	Test
7.0 (5.0, 10.0)	5.0 (2.0, 8.0)	5.0 (1.0, 7.0)	2.0 (1.0, 5.0)	<0.001	Kruskal-Wallis
6.6 [±3.1]	5.5 [±3.2]	4.5 [±3.2]	3.5 [±3.0]	<0.001	ANOVA

续表

共产党员	共青团员	群众	p-value	Test
5.0 (1.0, 8.0)	7.0 (4.0, 9.0)	5.0 (1.0, 7.0)	<0.001	Kruskal-Wallis
5.0 [±3.3]	6.3 [±3.2]	4.6 [±3.3]	<0.001	ANOVA

2000元及以下	2001—5000元	5000元以上	p-value	Test
6.0 (3.0, 9.0)	5.0 (1.0, 8.0)	5.0 (1.0, 7.0)	<0.001	Kruskal-Wallis
6.1 [±3.2]	4.8 [±3.4]	4.8 [±3.2]	<0.001	ANOVA

没上过大学	上过大学	p-value	Test
4.0 (1.0, 7.0)	6.0 (3.0, 9.0)	<0.001	Wilcoxon rank-sum
4.4 [±3.3]	5.7 [±3.3]	<0.001	Two sample t test

小城镇和农村	城市	p-value	Test
5.0 (1.0, 8.0)	6.0 (2.0, 9.0)	<0.001	Wilcoxon rank-sum
4.8 [±3.3]	5.5 [±3.3]	<0.001	Two sample t test

无宗教信仰	有宗教信仰	p-value	Test
5.0 (2.0, 9.0)	4.0 (1.0, 7.0)	<0.001	Wilcoxon rank-sum
5.5 [±3.3]	4.5 [±3.3]	<0.001	Two sample t test

未婚	已婚	p-value	Test
7.0 (4.0, 9.0)	3.0 (1.0, 6.0)	<0.001	Wilcoxon rank-sum
6.3 [±3.2]	4.1 [±3.2]	<0.001	Two sample t test

3. 大多数公民认为维系婚姻最重要是感情，而感情最重要的纽带是孩子

对公民关于婚姻的看法的调查中发现，在 1（非常不认同）—10（非常认同）的评分中，75.88%的受访者对"婚姻是形式，真正的感情最重要"的评价集中在 6—10 分，对"孩子是夫妻情感的最重要的纽带"评分集中在 6—10 分的比例为 64.96%，均值分别为 7.44 和 6.54，表明大多数公民是认同这两个观点的。79.46%的受访者对"婚姻是爱情的坟墓"这一说法的评分集中在 1—5 分，70.64%的受访者对"门当户对决定婚姻成败"这一说法的评分集中在 1—5 分，74.06%的受访者对"应该推广试婚制"的看法的评分集中在 1—5 分，且均值均小于 5，表明大多数公民都依然相信结婚之后的爱情，并不认为感情之外的东西很重要，敬畏或慎重对待婚姻。可以大致得出结论：大多数公民认为维系婚姻最重要的是感情，而感情最重要的纽带是孩子。

表 3—124　　　　　　　您对如下婚姻看法的认同程度

	观测值	均值	标准差	最小值	最大值	1—5 分	6—10 分
婚姻是爱情的坟墓	2390	3.65	2.58	1	10	79.46%	20.54%
门当户对决定婚姻成败	2388	4.23	2.63	1	10	70.64%	29.36%
应该推广试婚制	2386	4.02	2.69	1	10	74.06%	25.94%
孩子是夫妻情感的重要纽带	2397	6.54	2.87	1	10	35.04%	64.96%
婚姻是形式，真正的感情最重要	2400	7.44	2.71	1	10	24.13%	75.88%

（1）党员、已婚公民尤其是 70 后及以上者对"婚姻是爱情的坟墓"的认同度最低，对婚姻、爱情更为积极乐观。

不同年龄、政治面貌的中国公民对"婚姻是爱情的坟墓"的看法有

显著差异，秩和检验 p 值分别为 0.002 和 0.005，均小于 0.05，秩和检验 p 值小于 0.001，显著低于 0.05。从年龄来看，70 后及以上受访者回答中位数为 2——也是调查中所有群体中回答中位数最低者，其他年龄群体中位数均为 3，表明 70 后及以上公民对"婚姻是爱情的坟墓"这一观点的认同度最低。从政治面貌来看，方差分析显示，团员评分均值最高（3.8 分），党员最低（3.4 分），说明团员最认同这一观点。从婚姻状态来看，方差分析显示，未婚公民评分均值（3.7）高于已婚者（3.5），说明已婚公民对待婚姻比未婚公民更乐观积极。不同职业、收入、文化程度、居住地和有无信仰宗教的中国公民对此观点看法没有显著差异，秩和检验 p 值均大于 0.05。

表 3—125　　　公民对"婚姻是爱情的坟墓"看法的差异

机关、党群组织、企业事业单位工作人员	专业技术人员（含教师）	商业、服务业人员	产业工人和农民	学生	p - value	Test
3.0 (1.0,5.0)	3.0 (1.0,5.0)	3.0 (1.0,5.0)	3.0 (1.0,5.0)	3.0 (1.0,5.0)	0.88	Kruskal - Wallis
3.6 [±2.6]	3.7 [±2.6]	3.7 [±2.7]	3.5 [±2.7]	3.6 [±2.4]	0.94	ANOVA

95 后与 00 后	90 后	80 后	70 后及以上	p - value	Test
3.0 (2.0,5.0)	3.0 (1.0,5.0)	3.0 (1.0,5.0)	2.0 (1.0,5.0)	0.002	Kruskal - Wallis
3.7 [±2.4]	3.7 [±2.6]	3.7 [±2.7]	3.3 [±2.7]	0.049	ANOVA

共产党员	共青团员	群众	p - value	Test
3.0 (1.0,5.0)	3.0 (1.0,5.0)	3.0 (1.0,5.0)	0.005	Kruskal - Wallis
3.4 [±2.5]	3.8 [±2.6]	3.6 [±2.6]	0.021	ANOVA

续表

2000 元及以下	2001—5000 元	5000 元以上	p-value	Test
3.0 (1.0, 5.0)	3.0 (1.0, 5.0)	3.0 (1.0, 5.0)	0.073	Kruskal-Wallis
3.7 [±2.5]	3.7 [±2.6]	3.5 [±2.6]	0.20	ANOVA
没上过大学		上过大学	p-value	Test
3.0 (1.0, 5.0)		3.0 (1.0, 5.0)	0.85	Wilcoxon rank-sum
3.7 [±2.7]		3.6 [±2.5]	0.25	Two sample t test
小城镇和农村		城市	p-value	Test
3.0 (1.0, 5.0)		3.0 (1.0, 5.0)	0.061	Wilcoxon rank-sum
3.9 [±2.8]		3.6 [±2.5]	0.009	Two sample t test
无宗教信仰		有宗教信仰	p-value	Test
3.0 (1.0, 5.0)		3.0 (1.0, 5.0)	0.59	Wilcoxon rank-sum
3.7 [±2.6]		3.7 [±2.9]	0.86	Two sample t test
未婚		已婚	p-value	Test
3.0 (1.0, 5.0)		3.0 (1.0, 5.0)	<0.001	Wilcoxon rank-sum
3.7 [±2.5]		3.5 [±2.7]	0.028	Two sample t test

（2）机关、党群组织、企事业单位工作人员，专业技术人员（含教师）、党员、已婚者、文化程度越高者、年龄越大者更看重门当户对婚姻的影响。

不同职业、文化程度的中国公民对"门当户对决定婚姻成败"的看法差异非常显著,秩和检验 p 值小于 0.001,显著低于 0.05。从职业来看,机关、党群组织、企事业单位工作人员,专业技术人员(含教师)回答中位数为 5,其他群体为 4;方差分析显示,学生均值最低(3.9)。可以推断,机关、党群组织、企事业单位工作人员和专业技术人员(含教师)最认同,而学生最不认同"门当户对决定婚姻成败"的说法。从文化程度来看,上过大学公民回答中位数为 4,而没上过大学公民中位数为 3,可见文化程度高的公民更看重婚姻中的门当户对。不同年龄、政治面貌、收入水平和婚姻状态的中国公民对此观点看法有显著差异,秩和检验 p 值分别为 0.024、0.032、0.036 和 0.018,均小于 0.05。从年龄来看,方差分析显示,均值与年龄成正比,说明年龄越大越看重门当户对。从政治面貌来看,所有公民回答中位数和区间一致,而方差分析显示,党员评分最高(4.5),团员最低(4.1),说明党员最看重婚姻中的门当户对。从婚姻状态来看,所有公民回答中位数和区间一致,而方差分析显示,已婚公民均值(4.4)高于未婚公民(4.1),说明已婚公民更看重门当户对在婚姻中的影响。不同居住地、有无宗教信仰的中国公民对此观点看法没有显著差异,p 值均大于 0.05。

表 3—126　公民对"门当户对决定婚姻成败"看法的差异

机关、党群组织、企业事业单位工作人员	专业技术人员（含教师）	商业、服务业人员	产业工人和农民	学生	p-value	Test
5.0 (2.0, 7.0)	5.0 (2.0, 7.0)	4.0 (1.0, 6.0)	4.0 (1.5, 6.0)	4.0 (2.0, 5.0)	<0.001	Kruskal-Wallis
4.6 [±2.7]	4.7 [±2.6]	4.1 [±2.7]	4.2 [±2.8]	3.9 [±2.4]	<0.001	ANOVA
95 后与 00 后	90 后	80 后	70 后及以上		p-value	Test
4.0 (2.0, 5.0)	4.0 (2.0, 6.0)	4.0 (2.0, 6.0)	4.0 (2.0, 7.0)		0.024	Kruskal-Wallis
4.0 [±2.4]	4.2 [±2.5]	4.4 [±2.9]	4.5 [±2.9]		<0.001	ANOVA

续表

共产党员	共青团员	群众	p-value	Test
4.0 (2.0, 6.0)	4.0 (2.0, 6.0)	4.0 (2.0, 6.0)	0.032	Kruskal-Wallis
4.5 [±2.6]	4.1 [±2.5]	4.2 [±2.8]	0.023	ANOVA

2000元及以下	2001—5000元	5000元以上	p-value	Test
4.0 (2.0, 6.0)	5.0 (2.0, 6.0)	4.0 (2.0, 6.0)	0.036	Kruskal-Wallis
4.1 [±2.5]	4.4 [±2.7]	4.4 [±2.7]	0.020	ANOVA

没上过大学	上过大学	p-value	Test
3.0 (1.0, 6.0)	4.0 (2.0, 6.0)	<0.001	Wilcoxon rank-sum
3.9 [±2.8]	4.3 [±2.5]	<0.001	Two sample t test

小城镇和农村	城市	p-value	Test
4.0 (2.0, 6.0)	4.0 (2.0, 6.0)	0.84	Wilcoxon rank-sum
4.2 [±2.7]	4.2 [±2.6]	0.87	Two sample t test

无宗教信仰	有宗教信仰	p-value	Test
4.0 (2.0, 6.0)	4.0 (1.0, 6.0)	0.60	Wilcoxon rank-sum
4.3 [±2.6]	4.2 [±2.8]	0.77	Two sample t test

未婚	已婚	p-value	Test
4.0 (2.0, 6.0)	4.0 (2.0, 6.0)	0.018	Wilcoxon rank-sum
4.1 [±2.4]	4.4 [±2.8]	0.001	Two sample t test

（3）团员、90后、城市居民、受过大学教育者、未婚公民对试婚制更认同，产业工人和农民最反对试婚制，婚姻观念最为传统。

不同年龄、政治面貌、文化程度、居住地和婚姻状态的中国公民对待试婚制的看法差异非常显著，秩和检验p值均小于0.001，显著低于0.05。从年龄来看，90后及以下回答中位数为4，80后及以上中位数为3；方差分析显示，90后均值（4.4）最高，70后及以上均值最低（3.4）。表明90后对试婚制认同度最高，而70后及以上认同度最低。从政治面貌来看，团员回答的中位数为4，党员和群众回答中位数均为3，说明团员对试婚制的认同度更高。从文化程度来看，上过大学公民回答中位数为4，没上过大学公民中位数为3，可见文化程度越高的公民对试婚制的认可度越高。从居住地来看，城市居民回答中位数为4，小城镇和农村居民中位数为3，说明城市居民对试婚制认可度更高。从婚姻状态来看，未婚公民回答中位数为4，已婚者中位数为3，表明未婚公民更支持试婚制。不同职业的中国公民对此观点看法差异显著，秩和检验p值为0.009，小于0.05，产业工人和农民回答中位为2.5——也是统计中所有群体中回答中位数最低的群体，其他群体中位数均为4，可见产业工人和农民最反对试婚制。不同收入水平、有无宗教的中国公民对此观点看法没有显著差异，p值大于0.05。

表3—127　　公民对"应该推广试婚制"的看法的差异

机关、党群组织、企业事业单位工作人员	专业技术人员（含教师）	商业、服务业人员	产业工人和农民	学生	p - value	Test
4.0 (1.0, 6.0)	4.0 (2.0, 6.0)	4.0 (1.0, 6.0)	2.5 (1.0, 5.0)	4.0 (2.0, 6.0)	0.009	Kruskal - Wallis
4.1 [±2.8]	4.2 [±2.7]	4.0 [±2.8]	3.4 [±2.8]	4.1 [±2.5]	0.097	ANOVA
95后与00后	90后	80后	70后及以上		p - value	Test
4.0 (2.0, 6.0)	4.0 (2.0, 6.0)	3.0 (1.0, 6.0)	3.0 (1.0, 5.0)		<0.001	Kruskal - Wallis

续表

95后与00后	90后	80后	70后及以上	p-value	Test
4.1 [±2.5]	4.4 [±2.7]	4.0 [±3.0]	3.4 [±2.6]	<0.001	ANOVA
共产党员	共青团员		群众	p-value	Test
3.0 (1.0, 5.0)	4.0 (2.0, 6.0)		3.0 (1.0, 5.0)	<0.001	Kruskal-Wallis
3.8 [±2.6]	4.3 [±2.6]		3.8 [±2.8]	<0.001	ANOVA
2000元及以下	2001—5000元		5000元以上	p-value	Test
4.0 (2.0, 5.0)	3.0 (1.0, 6.0)		4.0 (1.0, 6.0)	0.26	Kruskal-Wallis
4.0 [±2.5]	3.9 [±2.8]		4.1 [±2.8]	0.53	ANOVA
没上过大学			上过大学	p-value	Test
3.0 (1.0, 5.0)			4.0 (2.0, 6.0)	<0.001	Wilcoxon rank-sum
3.6 [±2.7]			4.2 [±2.6]	<0.001	Two sample t test
小城镇和农村			城市	p-value	Test
3.0 (1.0, 5.0)			4.0 (2.0, 6.0)	<0.001	Wilcoxon rank-sum
3.7 [±2.6]			4.1 [±2.7]	<0.001	Two sample t test
无宗教信仰			有宗教信仰	p-value	Test
4.0 (1.0, 6.0)			3.0 (1.0, 5.0)	0.25	Wilcoxon rank-sum
4.0 [±2.7]			3.8 [±2.7]	0.36	Two sample t test

续表

未婚	已婚	p – value	Test
4.0 (2.0, 6.0)	3.0 (1.0, 5.0)	<0.001	Wilcoxon rank – sum
4.2 [±2.6]	3.7 [±2.8]	<0.001	Two sample t test

（4）小城镇和农村居民、已婚者以及年龄越大、收入越高、文化程度越低的公民越重视孩子在夫妻情感中的重要作用，产业工人、农民和70后以上公民最重视。

不同职业、年龄、政治面貌、收入、文化程度、居住地和婚姻状态的中国公民对"孩子是夫妻情感中的重要纽带"的看法差异非常显著，秩和检验 p 值均小于0.001，显著低于0.05。从职业来看，在1（非常不认可）—10（非常认可）评分中，产业工人和农民回答的中位数最高为9，学生回答中位数最低为6，说明产业工人和农民最认同"孩子是夫妻感情的重要纽带"，而学生的认同度最低。从年龄来看，所有公民回答中位数和方差分析的均值都随年龄增加而增长——70后及以上受访者与前述产业工人和农民的中位数为各群体中最高为9，可见年龄越大越看重孩子在夫妻情感中的重要性。从政治面貌来看，团员回答中位数为6，党员和群众中位数都为8，说明团员最不看重孩子在夫妻情感中的重要作用。从收入来看，所有公民回答的中位数和方差分析的均值都随收入增加而增长，可见收入越高越重视孩子在夫妻情感中的作用。从文化程度来看，没上过大学公民回答中位数为8，上过大学公民中位数为7，可见文化程度低的公民更重视孩子在夫妻情感中的作用。从居住地来看，小城镇和农村居民回答中位数为8，城市居民中位数为7，说明小城镇和农村居民更看重孩子在夫妻情感中的作用。从婚姻状态来看，已婚公民回答中位数为8，未婚者中位数为6，说明已婚公民更看重孩子在维系夫妻情感中的作用。有无宗教信仰的中国公民对此观点看法没有显著差异，p值大于0.05。

表 3—128　公民对"孩子是夫妻情感的重要纽带"看法的差异

机关、党群组织、企业事业单位工作人员	专业技术人员（含教师）	商业、服务业人员	产业工人和农民	学生	p-value	Test
8.0 (5.0, 9.0)	7.0 (5.0, 9.0)	7.0 (5.0, 10.0)	9.0 (6.0, 10.0)	6.0 (4.0, 8.0)	<0.001	Kruskal-Wallis
6.8 [±2.9]	6.7 [±2.9]	6.8 [±2.9]	7.6 [±2.7]	5.8 [±2.7]	<0.001	ANOVA

95后与00后	90后	80后	70后及以上	p-value	Test
6.0 (4.0, 8.0)	6.5 (5.0, 8.0)	8.0 (5.0, 10.0)	9.0 (6.0, 10.0)	<0.001	Kruskal-Wallis
5.8 [±2.8]	6.3 [±2.8]	7.2 [±2.9]	7.7 [±2.6]	<0.001	ANOVA

共产党员	共青团员	群众	p-value	Test
8.0 (5.0, 9.0)	6.0 (4.0, 8.0)	8.0 (5.0, 10.0)	<0.001	Kruskal-Wallis
7.0 [±2.7]	6.1 [±2.7]	6.8 [±3.0]	<0.001	ANOVA

2000元及以下	2001—5000元	5000元以上	p-value	Test
6.0 (4.0, 8.0)	7.0 (5.0, 10.0)	8.0 (5.0, 9.0)	<0.001	Kruskal-Wallis
6.1 [±2.8]	6.8 [±2.9]	6.9 [±2.8]	<0.001	ANOVA

没上过大学	上过大学	p-value	Test
8.0 (5.0, 10.0)	7.0 (5.0, 9.0)	<0.001	Wilcoxon rank-sum
6.9 [±3.0]	6.4 [±2.8]	<0.001	Two sample t test

第七章 公民婚恋价值观分析

续表

小城镇和农村	城市	p-value	Test
8.0 (5.0, 10.0)	7.0 (5.0, 9.0)	<0.001	Wilcoxon rank-sum
6.9 [±2.8]	6.4 [±2.9]	<0.001	Two sample t test
无宗教信仰	有宗教信仰	p-value	Test
7.0 (5.0, 9.0)	6.0 (3.0, 9.0)	0.062	Wilcoxon rank-sum
6.6 [±2.8]	6.0 [±3.3]	0.009	Two sample t test
未婚	已婚	p-value	Test
6.0 (4.0, 8.0)	8.0 (6.0, 10.0)	<0.001	Wilcoxon rank-sum
6.0 [±2.8]	7.3 [±2.8]	<0.001	Two sample t test

（5）学生、团员尤其是没上过大学的公民更认同"婚姻是一种形式，真正的感情最重要"，相信感情高于婚姻。

不同职业、政治面貌和文化程度公民对"真正的感情最重要"的看法差异非常显著，秩和检验 p 值分别为 0.004、0.022 和 0.004，均小于 0.05。从职业来看，在 1（非常不认可）—10（非常认可）评分中，公民回答中位数一致，学生回答区间为 6 到 10，其他群体区间均为 5 到 10；方差分析发现，学生的均值最高（7.6），机关、党群组织、企业事业单位工作人员均值最低（6.8），表明学生更在乎真正的感情而非婚姻自身。从政治面貌来看，所有公民回答中位为 8，团员回答落在 6 和 10 之间，党员和群众落在 5 和 10 之间；方差分析显示，团员均值最高（7.6）。说明团员最看重真正的感情。从文化程度来看，没上过大学公民回答中位数为 9——这也是所有群体中中位数最大的群体，上过大学公民中位数为 8，说明文化程度低的公民更看重真正的感情。不同年龄、收入、居住地、是否信仰宗教和婚姻状态的中国公民对此观点看法没有显著差异,秩和检验 p 值均大于 0.05。

表 3—129　公民对"婚姻是一种形式,真正的感情最重要"看法的差异

机关、党群组织、企业事业单位工作人员	专业技术人员（含教师）	商业、服务业人员	产业工人和农民	学生	p - value	Test
8.0 (5.0, 10.0)	8.0 (5.0, 10.0)	8.0 (5.0, 10.0)	8.0 (5.0, 10.0)	8.0 (6.0, 10.0)	0.004	Kruskal - Wallis
6.8 [±3.1]	7.5 [±2.6]	7.4 [±2.8]	7.3 [±3.0]	7.6 [±2.4]	<0.001	ANOVA
95 后与 00 后	90 后	80 后	70 后及以上		p - value	Test
8.0 (6.0, 10.0)	8.0 (5.0, 10.0)	8.0 (6.0, 10.0)	8.0 (5.0, 10.0)		0.35	Kruskal - Wallis
7.6 [±2.5]	7.3 [±2.8]	7.5 [±2.8]	7.2 [±3.0]		0.050	ANOVA
共产党员	共青团员	群众			p - value	Test
8.0 (5.0, 10.0)	8.0 (6.0, 10.0)	8.0 (5.0, 10.0)			0.022	Kruskal - Wallis
7.2 [±2.7]	7.6 [±2.5]	7.4 [±2.9]			0.015	ANOVA
2000 元及以下	2001—5000 元	5000 元以上			p - value	Test
8.0 (6.0, 10.0)	8.0 (5.0, 10.0)	8.0 (6.0, 10.0)			0.68	Kruskal - Wallis
7.5 [±2.6]	7.4 [±2.8]	7.5 [±2.8]			0.83	ANOVA
没上过大学		上过大学			p - value	Test
9.0 (6.0, 10.0)		8.0 (6.0, 10.0)			0.004	Wilcoxon rank - sum

续表

没上过大学	上过大学	p – value	Test
7.5 [±2.9]	7.4 [±2.6]	0.24	Two sample t test
小城镇和农村	城市	p – value	Test
8.0 (5.0, 10.0)	8.0 (6.0, 10.0)	0.22	Wilcoxon rank – sum
7.3 [±2.8]	7.5 [±2.7]	0.097	Two sample t test
无宗教信仰	有宗教信仰	p – value	Test
8.0 (6.0, 10.0)	8.0 (5.0, 10.0)	0.58	Wilcoxon rank – sum
7.5 [±2.7]	7.2 [±2.9]	0.25	Two sample t test
未婚	已婚	p – value	Test
8.0 (6.0, 10.0)	8.0 (5.0, 10.0)	0.99	Wilcoxon rank – sum
7.5 [±2.5]	7.4 [±2.9]	0.16	Two sample t test

4. 当今社会的婚恋现象十分复杂

"您身边下列人的常见程度"这一问题的调查结果显示，在1（十分不常见）—10（十分常见）的评分中，"是大龄剩男或剩女"项评分在6—10分的比例为58.02%，高于1—5分比例，均值为5.98，说明大龄剩男或剩女已经成为比较普遍的现象。"不结婚但不缺伴侣"的评分虽然在6—10分的比例为42.59%，但均值为5.02，超过中间值5，表明也成为一个并不鲜见、见怪不怪的社会现象；"离过几次婚"和"有婚外情"的评分在1—5分的比例分别为66.40%和63.78%，表明都还不是普遍现象，但其均值分别为4.32、4.49，非常接近中间值5了，也是值得注意的问题。总之，当今社会的婚恋现象日趋复杂化。

表 3—130　　　　　您身边下列人的常见程度

身边下列人的常见程度（1—10分）	观测值	均值	标准差	最小值	最大值	1—5分	6—10分
不结婚但不缺伴侣	2362	5.02	3.01	1	10	57.41%	42.59%
是大龄剩男或剩女	2358	5.98	2.85	1	10	41.98%	58.02%
离过几次婚	2357	4.32	2.86	1	10	66.40%	33.60%
有婚外情	2352	4.49	2.99	1	10	63.78%	36.22%

第八章 公民友谊价值观分析

人是有情感的动物，除亲情、爱情之外，最重要是友情即友谊，是在人们在社会交往之中产生彼此信任、帮助的特殊感情。朋友圈往往构成每个人婚姻家庭之外日常生活的重要范围。正如马克思所说，在现实性上，人的本质是一切社会关系的总和。在一定程度上，有什么样的朋友就会有什么样的人生。从理性的角度看，和什么样的人交朋友，取决于有什么样的友谊观。友谊观是对朋友关系的总的看法和态度，是人生观的重要方面，也很直接地反映一个人的人生价值观。因此，考察分析公民的友谊观是考察公民人生价值观的重要维度。

一 公民关于朋友的基本看法

调查中设定六项选择来考察公民对于朋友的一般看法。其中，"没有知心朋友的人生是不完整的"主要考察朋友在一个人人生中的重要程度；"友情比爱情更重要"进一步考察朋友在人生的重要程度，特别是和爱情重要性进行比较；"朋友越多越好"是针对时下一些现象从数量与质量的角度考察公民交友观；"现在的社会很难交到真正的朋友"考察的是一种主观体验和评价；"只要真心就能交到知心朋友""君子之交淡如水"考察公民的待友之道。调查数据显示：

（1）大多数公民认同完整的人生应该有知心朋友。72.08%的受访者对"没有知心朋友的人生是不完整的"选择了"认可"或"非常认可"，其中非常认可的达 24.1%，都是所有选项中百分比最高的。明确表示不认可的不到两成（19.26%）。

（2）多数公民认为爱情重于友情，不少人为孰重孰轻而迷惑。有29.77%即近三成的受访者认同友情比爱情更重要，这已经是个惊人的数字了。但有51.75%的受访者明确不认同友情比爱情重要，代表着多数人的观点。另外，还有近两成（18.48%）的受访者说不清何者更为重要，其各项选择中最高的，其绝对数量不可小觑。这些也表明，如何处理友情与爱情的关系是一个比较突出的问题。

（3）多数公民认为朋友在质不在量。对于"朋友越多越好"的观点，64.16%的受访者选择了"不认可"或"非常不认可"，只有28.78%的受访者表示认同这一观点。

（4）有不少公民认为很难交到真正的朋友。46.65%的受访者认同"现在的社会很难交到真正的朋友"，非常认同的达到一成多（10.2%）。当然也有47.97%的受访者不认可此观点。但无论如何，近半数公民的感受不能被忽视。

（5）多数公民认为交友之道在于真心和平淡。50.93%的受访者认可"只要真心就能交到知心朋友"，63.98%的受访者认同"君子之交淡如水"。这事实上为上述46.65%认为难以交到真正的朋友的公民提供启示。不过，有40.95%即超过四成的受访者不认同只要真心就能交到知心朋友，可能一方面认为真心只是必要条件，但不是充要条件；另一方面可能是有自己曾经真心付出却未能交到知心朋友的经验教训。

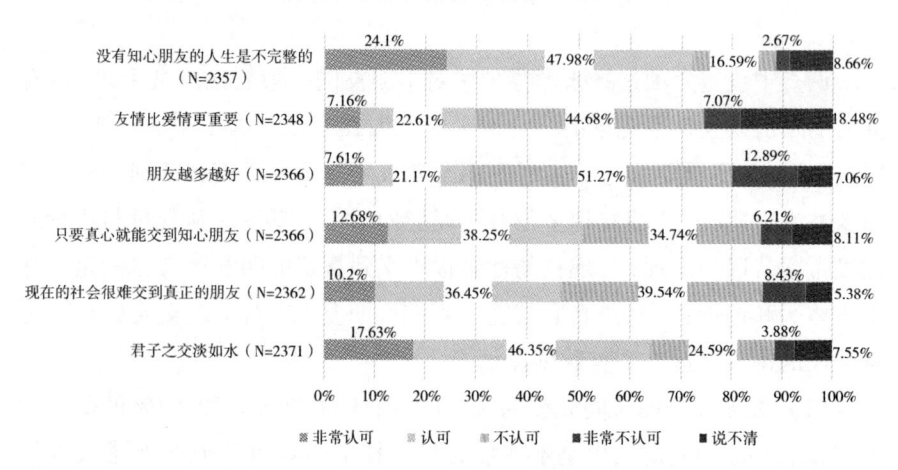

观点	非常认可	认可	不认可	非常不认可	说不清
没有知心朋友的人生是不完整的（N=2357）	24.1%	47.98%	16.59%	2.67%	8.66%
友情比爱情更重要（N=2348）	7.16%	22.61%	44.68%	7.07%	18.48%
朋友越多越好（N=2366）	7.61%	21.17%	51.27%	12.89%	7.06%
只要真心就能交到知心朋友（N=2366）	12.68%	38.25%	34.74%	6.21%	8.11%
现在的社会很难交到真正的朋友（N=2362）	10.2%	36.45%	39.54%	8.43%	5.38%
君子之交淡如水（N=2371）	17.63%	46.35%	24.59%	3.88%	7.55%

图3—35　您对这些关于朋友观点的看法

二 公民关于友谊的理想状态和起码状态描述

1. 公民认为友谊最起码应该能够互相帮助，最理想的状态是志趣相投

调查显示，37.92%的公民认为理想的友谊应该是志趣相投的，选择比率比排在第二位的高出19.57个百分点，十分显著，表明人们对这一选择的集中。共同进步（18.35%）、生死之交（14.59%）排在第二、三位，是不少人的选择。互相欣赏、互相帮助的选择比分别是13.21%、12.71%，都超过了10%。

在友谊最起码应达到的状态选择中，"互相帮助"以29.65%排第一，也就是近三成的人认为如果相互帮助都做不到，就不是真正的友谊。志趣相投、相互欣赏、共同进步分别以27.97%、17.26%、15.04%顺序排列。

还可以看出，无论是在理想的状态中，还是最起码的状态中，志趣相投都成为友谊的极其重要因素。如果把两方占比相加排序，其顺序将是志趣相投（65.89%）、互相帮助（42.36%）、共同进步（33.39%）、互相欣赏（30.47%），志趣相投以显著优势领先。可见，志趣相投是友谊中最重要的因素。

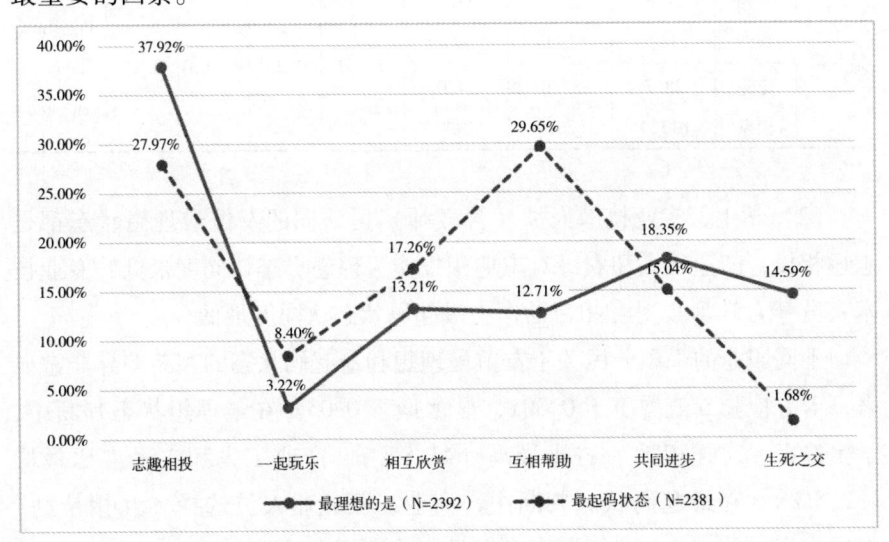

图3—36 您认为友谊最好的状态是什么

（1）团员视志趣相投为友谊最理想状态也是最起码状态，群众最认可互相帮助是友谊最起码状态。

不同政治面貌的中国公民关于友谊最理想状态的判断差异非常显著，卡方检验 p 值小于 0.001，显著低于 0.05。p12 为 0.006，p23 小于 0.001，均小于 0.05，表明党员和团员之间存在差异，团员和群众之间差异显著。所有受访者中团员选择"志趣相投"占比最高（42.3%），群众最低（34.6%），说明团员最认可志趣相投是好的友谊理想状态；不同政治面貌的中国公民对最起码状态的判断存在显著差异，卡方检验 p 值为 0.003，小于 0.05；p23 小于 0.001，表明团员和群众之间差异显著，所有受访者中选择"互相帮助"占比最高的是群众（33.3%），说明群众是最认可好的友谊首先应该能够互相帮助。不过，团员认为最起码的状态是志趣相投，百分比（31.6%）高于互相帮助（26.2%）。

表 3—131　　不同政治面貌国公民对友谊状态判断的差异

		共产党员	共青团员	群众	p - value	p12	p23	p13	Test
最理想	志趣相投	36.3 (173)	42.3 (412)	34.6 (313)	<0.001	0.006	<0.001	0.085	Pearson's chi-squared
最起码	互相帮助	29.5 (140)	26.2 (254)	33.3 (301)	0.003	0.23	<0.001	0.45	Pearson's chi-squared
	志趣相投	28.7 (136)	31.6 (306)	24.0 (217)					

（2）学生、专业技术人员（含教师）更认同的友谊最理想状态都是志趣相投，产业工人和农民对志趣相投作为理想形态认同度最低，专业技术人员（含教师）对互相帮助作为最起码状态认同度最低。

不同职业的中国公民关于友谊最理想和最起码状态的判断差异非常显著，卡方检验 p 值均小于 0.001，显著低于 0.05。在最理想状态判断中，学生选择"志趣相投"占比最高（41.8%），产业工人和农民占比最低（32.5%）。在最起码状态判断中，商业、服务业人员选择"互相帮助"占比最高（34.3%），专业技术人员（含教师）最低（24.2%）；不过，专业技术人员（含教师）和学生对志趣相投作为起码状态的认同显著超过对互相帮助的认同,百分比分别是 34.7% 和 30.9%。

表 3—132　　　　不同职业公民对友谊状态判断的差异

		机关、党群组织、企业事业单位工作人员	专业技术人员（含教师）	商业、服务业人员	产业工人和农民	学生	p-value	p12	p23	p13	Test
最理想	志趣相投	41.5 (166)	35.2 (93)	36.3 (170)	32.5 (37)	41.8 (351)	<0.001	0.36	0.057	0.13	Pearson's chi-squared
最起码	互相帮助	28.1 (112)	24.2 (64)	34.3 (160)	30.1 (34)	28.3 (237)	<0.001	0.028	<0.001	0.13	Pearson's chi-squared
	志趣相投	24.6 (98)	34.7 (92)	23.8 (111)	17.7 (20)	30.9 (259)					

（3）接受大学教育的公民认为志趣相投是有谊最理想状态和起码状态，未接受大学教育的公民认同友谊最起码的状态是互相帮助。

不同文化程度的中国公民关于友谊最理想和最起码状态的判断差异非常显著，卡方检验 p 值均小于 0.001，显著低于 0.05。最理想状态判断中，上过大学公民选择"志趣相投"占比（40.1%）远高于没上过大学公民（33.2%），表明文化程度高的公民更认同志趣相投是友谊的理想状态。在最起码状态判断中，没上过大学公民"互相帮助"占比（32.2%）高于上过大学公民（28.7%）；同时，上过大学的受访者认为志趣相投比互相帮助更为起码，两者百分比分别是 31.6% 和 28.7%。

表 3—133　　　　不同文化程度公民对友谊状态判断的差异

		没上过大学	上过大学	p-value	Test
最理想	志趣相投	33.2 (238)	40.1 (666)	<0.001	Pearson's chi-squared
最起码	互相帮助	32.2 (228)	28.7 (476)	<0.001	Pearson's chi-squared
	志趣相投	19.8 (140)	31.6 (523)		

（4）中等收入群体对友谊最理想状态是志趣相投的认同度最低。

不同收入水平的中国公民关于友谊最理想状态的判断差异非常显著，

卡方检验 p 值均小于 0.001，显著低于 0.05。月收入 2001—5000 元受访者选择"志趣相投"占比最低（37.0%），2000 元以下和 5000 元及以上选择率相等（38.4%），说明月收入 2001—5000 元收入群体对友谊最理想状态是志趣相投的认同度最低。不同收入水平的中国公民对最起码状态的判断没有显著差异，卡方检验 p 值为 0.18，大于 0.05。

表 3—134　　　　　不同收入水平公民对友谊状态判断的差异

		2000 元及以下	2001—5000 元	5000 元以上	p-value	p12	p23	p13	Test
最理想	志趣相投	38.4 (343)	37.0 (310)	38.4 (214)	<0.001	<0.001	0.010	0.018	Pearson's chi-squared
最起码	互相帮助	30.0 (266)	31.0 (259)	28.4 (158)	0.18	0.60	0.20	0.057	Pearson's chi-squared

（5）城市居民更认同友谊的理想状态是志趣相投，小城镇和农村居民更认同友谊最起码的状态是互相帮助。

不同居住地的中国公民关于友谊最理想状态的判断差异非常显著，卡方检验 p 值均小于 0.001，显著低于 0.05。城市公民选择"志趣相投"占比（39.8%）远高于小城镇和农村公民（33.1%），表明城市居民交友中更看重志趣相投；不同居住地的中国公民关于最起码状态的判断有显著差异，卡方检验 p 值为 0.024，小于 0.05。小城镇和农村公民选择"互相帮助"占比（31.5%）高于城市公民（29.0%），说明小城镇和农村居民在交友中更注重能够互相帮助。

表 3—135　　　　　不同居住地公民对友谊状态判断的差异

好的友谊		小城镇和农村	城市	p-value	Test
最理想	志趣相投	33.1 (210)	39.8 (697)	<0.001	Pearson's chi-squared
最起码	互相帮助	31.5 (199)	29.0 (507)	0.024	Pearson's chi-squared

（6）青少年一代认为志趣相投是友谊的最理想状态和最起码状态，80 后对友谊最起码状态是互相帮助认同度最高。

不同年龄的中国公民关于友谊最理想状态的判断差异非常显著，卡方检验 p 值均小于 0.001，显著低于 0.05。95 后与 00 后选择"志趣相投"占比最高（40.4%），70 后及以上最低（33.3%），说明 95 后与 00 后最认同志趣相投是最理想状态。不同年龄的中国公民关于最起码状态的判断有显著差异，卡方检验 p 值为 0.002，小于 0.05。80 后对友谊最起码状态是互相帮助的认同度最高（33.1%），95 后与 00 后最低（27.6%）；同时，95 后与 00 后、90 后认为友谊最起码的状态更应该是志趣相投而不是互相帮助，百分比分别是 31.5% 和 28.9%。

表 3—136　　　　　不同年龄公民对友谊状态判断的差异

		95 后与 00 后	90 后	80 后	70 后及以上	p - value	p12	p23	p13	Test
最理想	志趣相投	40.4 (366)	38.1 (204)	38.2 (189)	33.3 (146)	<0.001	0.017	0.098	<0.001	Pearson's chi - squared
最起码	互相帮助	27.6 (249)	28.4 (152)	33.1 (163)	32.3 (140)	0.002	0.11	0.32	0.004	Pearson's chi - squared
	志趣相投	31.5 (284)	28.9 (155)	26.6 (131)	21.4 (93)					

（7）公民关于友谊理想与起码状态的判断与宗教信仰无关。

有无宗教信仰的中国公民关于友谊最理想和最起码状态的判断没有显著差异，卡方检验 p 值分别为 0.39 和 0.19，大于 0.05。不过，数据直观体现，在友谊理想状态是志趣相投一项，无宗教信仰的受访者的占比（38.4%）高于有宗教信仰的受访者（31.3%）；在友谊最起码状态是互相帮助一项，有宗教信仰的受访者占比（31.8%）高于无宗教信仰者（29.1%）。

表 3—137　　　　　有无宗教信仰公民对友谊状态判断的差异

好的友谊		无宗教信仰	有宗教信仰	p - value	Test
最理想	志趣相投	38.4 (812)	31.3 (56)	0.39	Pearson's chi - squared
最起码	互相帮助	29.1 (613)	31.8 (57)	0.19	Pearson's chi - squared

（8）未婚公民更认同友谊最理想状态和最起码状态都是志趣相投，已婚公民更认同友谊最起码的状态是互相帮助。

不同婚姻状态的中国公民关于友谊最理想和最起码状态的判断差异非

常显著，卡方检验 p 值均小于 0.001，显著低于 0.05。最理想状态判断中，未婚公民选择"志趣相投"占比（39.9%），高于已婚公民（35.8%），表明未婚公民更看重志趣相投；在最起码状态判断中，已婚公民选择"互相帮助"占比（33.4%）高于未婚公民（27.0%），但未婚公民认为最起码状态是志趣相投，百分比达 31.7%。

表 3—138　　　　　不同婚姻状态公民对友谊状态判断的差异

好的友谊		未婚	已婚	p – value	Test
最理想	志趣相投	39.9（537）	35.8（350）	<0.001	Pearson's chi – squared
最起码	互相帮助	27.0（362）	33.4（325）	<0.001	Pearson's chi – squared
	志趣相投	31.7（425）	22.8（222）		

2. 公民最希望得到朋友的理解和陪伴

在"您最希望从朋友那里得到什么"这一问题的回答上，所有给定项中，有近三分之一的公民选择了"理解"（32.17%），比例最高，说明人们很看重朋友之间的互相理解和支持，也渴望得到朋友的理解。选择率位列第二的是"陪伴"（21.91%）。此外，"需要时得到帮助"（15.07%）、"鼓励"（13.17%）和"自己能力的提升"（10.81%）的选择率均超过10%。可见，公民交友主要是渴望得到理解、陪伴、帮助、鼓励以及提升自己，主要都是精神性的。

（1）党员更希望从朋友那里得到理解、能力提升和帮助，团员更期望得到陪伴，群众更期望得到鼓励。

不同政治面貌的中国公民对朋友的期望有非常显著的差异，卡方检验 p 值小于 0.001，显著低于 0.05。数据显示，党员在"理解""自己能力的提升""需要时得到帮助"等项的选择比都是各群体中最高的，分别是33.5%、11.8%、17.3%；团员在"陪伴"一项选择比最高，为 26.7%；群众在"鼓励"项选择比最高，为 15.3%。可见，党员更希望从朋友那里得到理解、能力提升和帮助，团员更期望得到陪伴，群众更期望得到鼓励。结果如表 3—139 所示。

第八章 公民友谊价值观分析

其他 1.56%
无所求 5.32%
需要时得到帮助 15.07%
自己能力的提升 10.81%
陪伴 21.91%
鼓励 13.17%
理解 32.17%

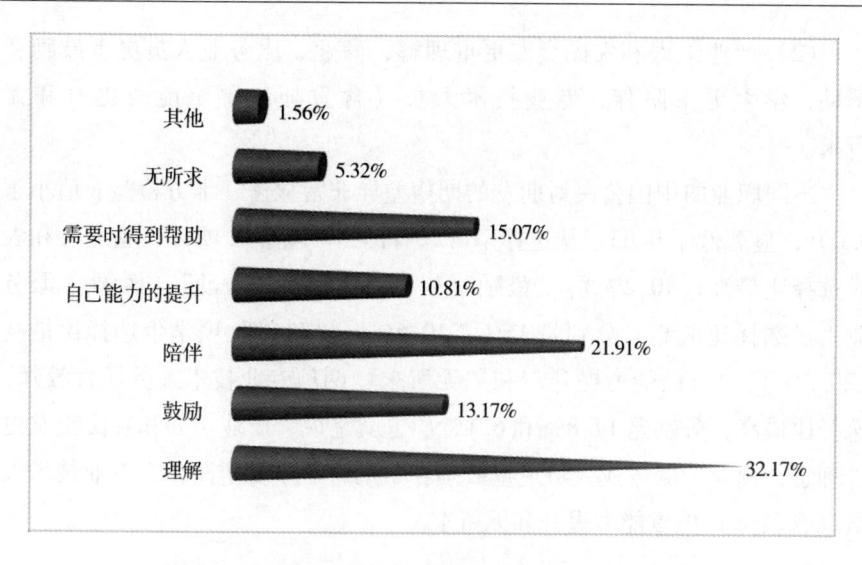

图 3—37　您最希望从朋友那里得到什么（N = 2369）

表 3—139　不同政治面貌公民最希望从朋友那里得到什么的差异

	共产党员	共青团员	群众	p - value	p12	p23	p13	Test
理解	33.5 (159)	31.0 (298)	32.3 (290)					
鼓励	12.4 (59)	11.6 (111)	15.3 (137)					
陪伴	19.6 (93)	26.7 (256)	18.0 (162)					
自己能力的提升	11.8 (56)	9.8 (94)	11.5 (103)	<0.001	0.028	<0.001	0.12	Pearson's chi - squared
需要时得到帮助	17.3 (82)	14.2 (136)	14.9 (134)					
无所求	4.9 (23)	5.2 (50)	5.8 (52)					
其他	0.4 (2)	1.6 (15)	2.2 (20)					

（2）产业工人和农民交友更重理解，商业、服务业人员更重鼓励和帮助，学生更重陪伴，专业技术人员（含教师）更重能力提升和无所求。

不同职业的中国公民对朋友的期望差异非常显著，卡方检验 p 值小于 0.001，显著低于 0.05。从选择率可以看出，"理解"项，产业工人和农民选择比最高（40.2%）；"鼓励"和"需要时得到帮助"项商业、服务业人员选择比最高，分别是 15%、19.5%；"陪伴"项学生选择比最高（29.2%）；"自己能力提升"和"无所求"两项专业技术人员（含教师）选择比最高，分别是 14.8% 和 6.1%。也就是说，产业工人和农民交友更重理解，商业、服务业人员更重鼓励和帮助，学生更重陪伴，专业技术人员（含教师）更重能力提升和无所求。

表 3—140　不同职业公民最希望从朋友那里得到什么的差异

	机关、党群组织、企业事业单位工作人员	专业技术人员（含教师）	商业、服务业人员	产业工人和农民	学生	p-value	p12	p23	p13	Test
理解	30.3 (121)	34.2 (90)	30.6 (141)	40.2 (47)	33.3 (275)	<0.001	0.25	0.046	0.27	Pearson's chi-squared
鼓励	12.8 (51)	11.8 (31)	15.0 (69)	14.5 (17)	11.0 (91)					
陪伴	21.6 (86)	19.8 (52)	15.2 (70)	13.7 (16)	29.2 (241)					
自己能力的提升	10.3 (41)	14.8 (39)	12.4 (57)	10.3 (12)	9.1 (75)					
需要时得到帮助	17.5 (70)	12.9 (34)	19.5 (90)	15.4 (18)	12.1 (100)					
无所求	6.0 (24)	6.1 (16)	5.2 (24)	3.4 (4)	4.2 (35)					
其他	1.5 (6)	0.4 (1)	2.2 (10)	2.6 (3)	1.1 (9)					

（3）受教育程度越低，越期望从朋友那儿获得理解、鼓励和帮助；受教育程度越高越希望从朋友那儿获得自我提升或者并无所求。

不同文化程度的中国公民对朋友的期望有显著差异，卡方检验 p 值为 0.023，小于 0.05。调查数据显示，没上过大学的受访者在"理解""鼓励"和"需要时得到帮助"几项的选择比高于上过大学的受访者，上过大学的受访者在"陪伴""自己能力提升""无所求"等项选择比高于没上过大学的受访者。

表3—141 不同文化程度的中国公民最希望从朋友那里得到什么的差异

	没上过大学	上过大学	p‑value	Test
理解	34.9（248）	30.8（507）		
鼓励	14.9（106）	12.4（204）		
陪伴	20.4（145）	22.6（372）		
自己能力的提升	8.7（62）	11.7（193）	0.023	Pearson's chi‑squared
需要时得到帮助	15.2（108）	15.1（249）		
无所求	3.9（28）	5.8（96）		
其他	2.0（14）	1.4（23）		

（4）收入越低越重视朋友的理解和陪伴；收入越高越重视自我提升，对朋友无所求。

不同收入水平的中国公民对朋友的期望存在显著差异，卡方检验 p 值小于 0.001，显著低于 0.05。调查数据显示，"理解"和"陪伴"两项选择比明显随收入增长而降低，"自己能力的提升"和"无所求"两项选择比则明显随收入增长而增长，其他几项选择比虽有差异，但宏观数据并不十分显著。因此，收入越低越重视朋友的理解和陪伴；收入越高越重视自我提升，对朋友无所求。

表 3—142　不同收入水平公民最希望从朋友那里得到什么的差异

	2000 元及以下	2001—5000 元	5000 元以上	p – value	p12	p23	p13	Test
理解	33.0 (291)	32.1 (267)	29.7 (164)	<0.001	0.006	<0.001	<0.001	Pearson's chi – squared
鼓励	12.1 (107)	13.9 (116)	13.2 (73)					
陪伴	27.3 (241)	20.2 (168)	14.7 (81)					
自己能力的提升	8.7 (77)	9.0 (75)	17.8 (98)					
需要时得到帮助	13.6 (120)	17.1 (142)	16.1 (89)					
无所求	4.2 (37)	5.5 (46)	7.1 (39)					
其他	1.1 (10)	2.2 (18)	1.4 (8)					

（5）公民对朋友的期待与居住地关联不大。

不同居住地的中国公民对朋友的期望没有显著差异，卡方检验 p 值为 0.67，大于 0.05。但数据直观显示，小城镇和农村居民在理解、鼓励项的选择比更高，城市居民在其他项上的选择比都更高。

表 3—143　不同居住地公民最希望从朋友那里得到什么的差异

	小城镇和农村	城市	p – value	Test
理解	34.3 (217)	31.3 (542)		
鼓励	14.2 (90)	12.8 (222)		
陪伴	20.1 (127)	22.6 (392)	0.67	Pearson's chi – squared
自己能力的提升	10.3 (65)	11.0 (191)		
需要时得到帮助	14.6 (92)	15.3 (265)		
无所求	5.1 (32)	5.4 (94)		
其他	1.4 (9)	1.6 (28)		

（6）70后及以上公民更最期望从朋友得到理解，80后更期望得到鼓励、帮助和自我提升，年龄越小越期望得到陪伴。

不同年龄的中国公民对朋友的期望差异非常显著，卡方检验p值小于0.001，显著低于0.05。数据显示，"理解"项70后及以上受访者选择比最高（40%）；"鼓励""自我提升""需要时得到帮助""无所求"等项都是80后选择比最高（16.1%、13%、20%、6.9%）；"陪伴"项选择比与年龄增长成反比。因此，70后及以上公民更最期望从朋友得到理解，80后更期望得到鼓励、帮助和自我提升，年龄越小越期望得到陪伴。结果如表3—144所示。

表3—144　　不同年龄公民最希望从朋友那里得到什么的差异

	95后与00后	90后	80后	70后及以上	p-value	p12	p23	p13	Test
理解	33.1(295)	28.6(152)	26.9(132)	40.0(175)	<0.001	0.024	0.005	<0.001	Pearson's chi-squared
鼓励	11.2(100)	12.4(66)	16.1(79)	15.1(66)					
陪伴	28.7(256)	24.1(128)	15.1(74)	12.3(54)					
自己能力的提升	9.4(84)	12.1(64)	13.0(64)	9.8(43)					
需要时得到帮助	12.2(109)	15.6(83)	20.0(98)	15.3(67)					
无所求	3.9(35)	6.2(33)	6.9(34)	5.5(24)					
其他	1.5(13)	0.9(5)	2.0(10)	2.1(9)					

（7）无宗教信仰的公民更期望获得朋友的理解、陪伴和帮助，有宗教信仰的公民更期望获得朋友的鼓励和自我提升。

有无宗教信仰的中国公民对朋友的期望有显著差异，卡方检验p值为0.029，小于0.05。调查数据显示，不信教者对"理解""陪伴""需要时得到帮助"的选择比更高，信教者对"鼓励"和"自己能力的提升"的选择比明显更高。

表3—145　有无宗教信仰公民最希望从朋友那里得到什么的差异

	无宗教信仰	有宗教信仰	p-value	Test
理解	32.0（670）	30.3（54）	0.029	Pearson's chi-squared
鼓励	12.0（251）	18.5（33）		
陪伴	22.9（479）	15.7（28）		
自己能力的提升	10.7（224）	15.2（27）		
需要时得到帮助	15.4（323）	12.4（22）		
无所求	5.4（114）	5.6（10）		
其他	1.5（32）	2.2（4）		

（8）未婚公民更期望从朋友那儿获得理解和陪伴，已婚公民则更期望获得鼓励、帮助和自我提升，甚至是并无所求。

不同婚姻状态的中国公民对朋友的期望差异非常显著，卡方检验p值小于0.001，显著低于0.05。数据显示，未婚公民"理解""陪伴"等项的选择比高于已婚公民，其他项均是已婚公民高于未婚公民。也就是说，比较而言，未婚公民更期望从朋友那儿获得理解和陪伴，已婚公民则更期望获得鼓励、帮助和自我提升，甚至是并无所求。

表3—146　不同婚姻状态的中国公民最希望从朋友那里得到什么的差异

	未婚	已婚	p-value	Test
理解	32.6（433）	31.7（310）	<0.001	Pearson's chi-squared
鼓励	11.5（153）	15.0（147）		
陪伴	26.9（357）	15.1（148）		
自己能力的提升	9.7（129）	12.5（122）		
需要时得到帮助	13.0（172）	18.2（178）		
无所求	4.7（63）	5.7（56）		
其他	1.5（20）	1.7（17）		

三 公民的择友标准分析

1. 多数公民交友最看重个人道德品质

调查数据显示，在择友最重要标准的给定选项中，50.73%即超半数的受访者选择了"道德品质"，高出第二位29.32个百分点，一枝独秀，十分显著。位列第二的是"性格"，比例为21.41%，超两成。"处事作风"和"兴趣爱好"的选择率较为接近，分别是12.19%和10.43%。相反，"经济水平"和"从事职业"的选择率只有0.21%和0.17%，个人能力、家庭条件的百分比也不高。可见，多数公民交友注重是个人品质、性格、处事作风、兴趣爱好等。

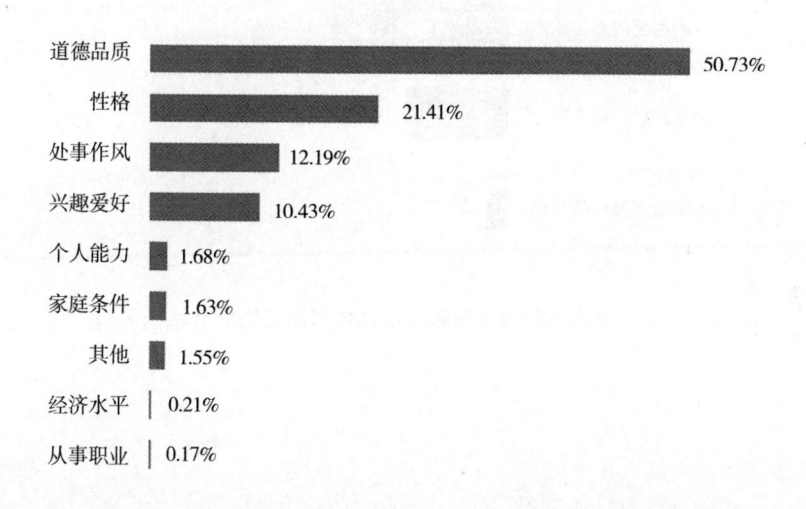

道德品质　50.73%
性格　21.41%
处事作风　12.19%
兴趣爱好　10.43%
个人能力　1.68%
家庭条件　1.63%
其他　1.55%
经济水平　0.21%
从事职业　0.17%

图3—38　您选择朋友最重要的标准是什么（N=2387）

2. 个人品质恶劣、三观不合是导致绝交最重要的原因

人的一生中，和所有的情谊一样，友情往往也不是一成不变的，有时真的是"友谊的小船说翻就翻"。和亲情、爱情不一样，友情更为理性。当年亚里士多德就认为友爱是理性之爱。也就是说友谊翻船或极端的绝交是需要充足的理由的，而分析这些理由恰恰可以反映出人们的友谊观。调查显示，在给定的五项选择中，45.12%的受访者选择了"在背后说我坏话"，比例最高，高出第二位21.69个百分点，可见是十分鲜明、集中，说明人们

重视朋友的个人品质，要求朋友是表里如一的人，这与公民交友中最看重个人道德品质的结论相一致。23.43%即近四分之一的受访者选择"对很多事情的看法不一致"，表明立场、观念相近对于维系友谊很重要。"霸占我的重要东西"（18.45%）、"和我的敌人成为朋友"（10.64%）的选择比也超过10%。可见，个人品质是决定能否成为朋友的最起码的因素，而三观一致、界限感、忠诚等也是一段友谊得以维系的重要因素。

选项	比例
在背后说我坏话	45.12%
对很多事情的看法不一致	23.43%
霸占我的重要东西	18.45%
和我的敌人成为朋友	10.64%
不能给我及时的帮助	2.36%

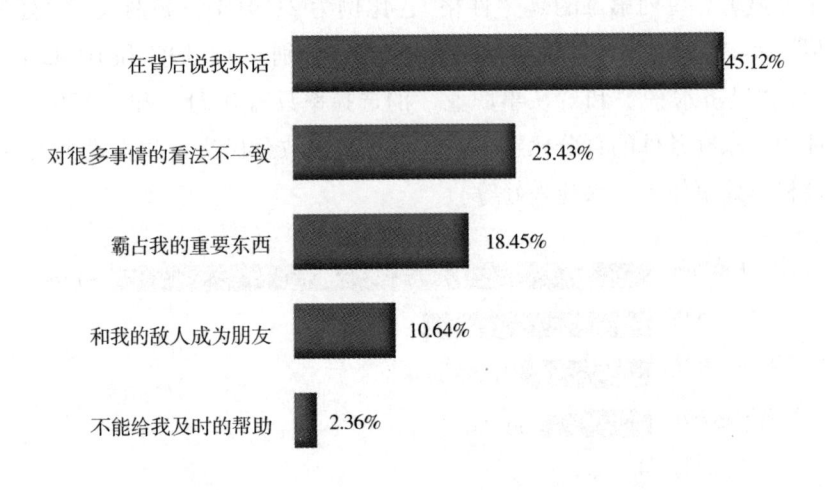

图 3—39　您在哪种情况下最可能选择与朋友绝交（N = 2369）

第九章 公民事业价值观分析

孔子曰"三十而立",对于每个成年人而言,事业是人生的立身之本,也是人生价值的重要体现之处。人们对事业的看法和态度就是事业观,不同的事业观,对人们选择什么样的职业,如何对待自己的职业,都会产生根本性的影响。事业观是人生观的重要组成部分,也是人生价值观的重要反映。考察分析公民的事业观是考察公民人生价值观的重要维度。

一 公民关于事业理想状态和起码标准的描述

1. 理想的事业最应该能实现自我,最起码能养家糊口

在理想事业最高目标的判断中,所有给定项中近三成(29.86%)受访者选择"能实现自我",选择比最高。自我实现是指个体的各种才能、潜能得以充分发挥,个人的理想、目标得以兑现的状态。按照马斯洛著名的人的需要的五层次理论,自我实现是居于生理、安全、爱与归属、自尊之上的最高的需要层次。实现自我成为理想事业第一位的选择,恰恰印证了马斯洛的理论。严格地说,只有在这个意义上,事业才称之为事业,否则只能称之为职业。

在理想目标中,选择比位列第二和第三的分别是"赚钱多"(23.88%)和"充满乐趣"(19.78%)。物质是一切的基础,选择报酬高的事业是人之常情。知之者不如好之者,好之者不如乐之者。有乐趣、有意思的事业或工作确实是理想状态的重要特征。

在理想事业最起码状态的判断中,28.07%受访者选择了"养家糊口",远高于其他选项;22.08%的受访者选择了"稳定的"。这表明保障

基本生存和稳定是人们最基本需求，这与马斯洛所谓生理需求、安全需求是最基本的需求的理论是契合的。在起码的判断中，"充满乐趣""赚钱多"的选择率分别是13.82%、11.77%。

比较最理想状态和起码状态的描述，我们发现，有些方面尽管在量上有差别，但其相对重要性不变，例如赚钱多、充满乐趣；有些方面则完全相反，例如在理想状态中能实现自我选择率为29.86%，在起码状态中选择率为8.42%，相差21.44个百分点；在理想状态中稳定和养家糊口选择率分别只有5.9%和0.67%，而在起码状态中分别是22.08%、28.07%，差异极其显著。

在事业理想状态和起码状态描述中，还有三个小点值得注意，那就是无论在何种状态下，有挑战性、有更多闲暇、体面的百分比都很低，即使是理想诉求中，三者的百分比分别只有9.2%、3.52%和1.88%，这表明中国公民在事业方面不太喜欢有挑战性的，不太计较闲暇，不太考虑体面，具有保守、务实、勤劳的特点。特别是在理想状态描述中，人们对闲暇、体面的要求比起码状态还低，表明公民为了实现自我倾向愿意牺牲自己的闲暇和体面。

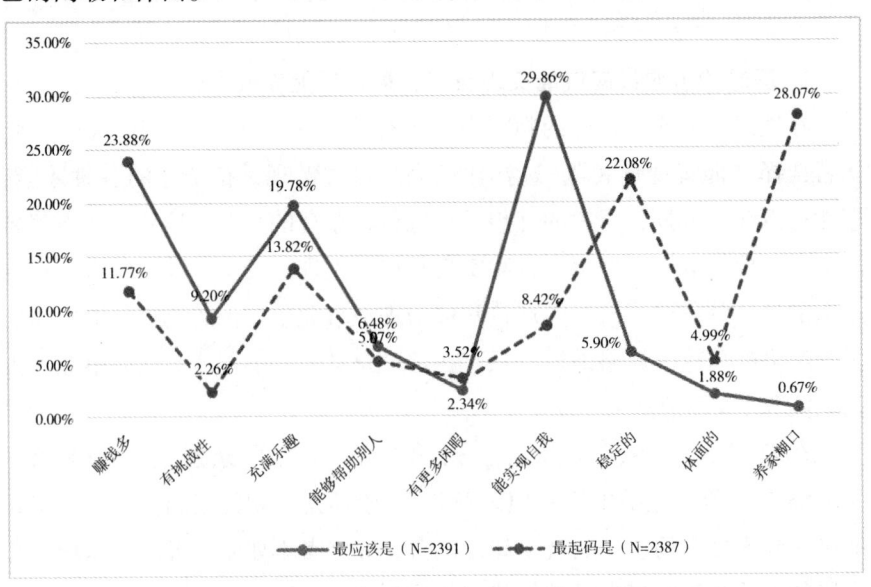

图3—40 您认为理想的事业最应该和最起码的状态是什么（百分比）

(1) 党员最认同能实现自我的事业理想，群众最认同养家糊口是事业起码要求，赚钱多才是最理想的事业。

不同政治面貌的中国公民对能实现自我是理想事业最高目标的看法差异非常显著，卡方检验 p 值小于 0.001，显著低于 0.05，p12、p23 和 p13 均小于 0.001，表明党员和团员、团员和群众、党员和群众之间存在显著差异。所有受访者中党员选择"能实现自我"占比最高（40.5%），团员次之（30.1%），群众最低（23.7%），表明党员最认可理想事业的最高目标是实现自我。但是，群众理想事业最应该的选择比中，"赚钱多"（25%）超过"能实现自我"。不同政治面貌的中国公民对养家糊口是理想事业最低标准的判断有显著差异，卡方检验 p 值为 0.004，小于 0.05，p23 小于 0.001，表明团员和群众之间差异显著，所有受访者中群众选择"养家糊口"占比最高（29.3%），党员（27.8%）和团员（27.2%）十分接近，说明群众最认可理想事业首先应该能够满足养家糊口的需求。

表 3—147　　　　不同政治面貌公民对理想事业看法的差异

		共产党员	共青团员	群众	p-value	p12	p23	p13	Test
最应该	能实现自我	40.5 (193)	30.1 (293)	23.7 (214)	<0.001	<0.001	<0.001	<0.001	Pearson's chi-squared
	赚钱多	17.8 (85)	26.0 (253)	25.0 (226)					
最起码	养家糊口	27.8 (132)	27.2 (264)	29.3 (265)	0.004	0.078	<0.001	0.56	Pearson's chi-squared

(2) 专业技术人员（含教师）最认同能实现自我是事业最高目标；商业服务业人员、产业工人和农民最认同事业理想的是赚钱多，机关、党群组织、企业事业单位工作人员认为理想事业最起码是稳定的。

不同职业的中国公民对能实现自我是理想事业最高目标的看法差异非常显著，卡方检验 p 值小于 0.001，显著低于 0.05。调查显示，专业技术人员（含教师）选择"能实现自我"占比最高（37.8%），而产业工人和农民最低（15.5%），相差 22.3 个百分点，十分悬殊；同时，商业、服务业人员和产业工人、农民认为最理想的事业"赚钱多"重于"能实现自我"，百分比分别达到 27.8% 和 25.9%，差异显著。不同职业的中国公民对养家糊口是最低标准的判断有显著差异，卡方检验 p 值为 0.028，小于 0.05。产业工人和农民的选择比最高（35.3%）；同时，机关、党群组织、企业事业单位工作人员将"稳定的"作为最起码的状态的选择比（27.3%）超过"养家糊口"（25.3%）。可见，专业技术人员（含教师）最认同能实现自我是事业最高目标；商业服务业人员、产业工人和农民最认同事业理想的是赚钱多，机关、党群组织、企业事业单位工作人员认为理想事业最起码是稳定的。

表3—148　　　　　不同职业公民对理想事业看法的差异

		机关、党群组织、企业事业单位工作人员	专业技术人员（含教师）	商业、服务业人员	产业工人和农民	学生	p-value	p12	p23	p13	Test
最应该	能实现自我	33.8 (135)	37.8 (99)	24.8 (116)	15.5 (18)	31.0 (261)	<0.001	0.84	0.009	0.044	Pearson's chi-squared
	赚钱多	24.0 (96)	19.1 (50)	27.8 (130)	25.9 (30)	23.3 (196)					
最起码	养家糊口	25.3 (101)	30.9 (81)	29.0 (135)	35.3 (41)	26.2 (221)	0.028	0.57	0.85	0.40	Pearson's chi-squared
	稳定的	27.3 (109)	20.2 (53)	21.0 (98)	20.7 (24)	21.1 (178)					

（3）公民受教育程度越高越认同能实现自我的事业理想，受教育程度越低越认同养家糊口的事业起码要求和赚钱多是最理想的事业。

不同受教育程度的中国公民对能实现自我是理想事业最高目标的看法存在显著差异，卡方检验 p 值小于 0.001，显著低于 0.05。所有受访者中上过大学公民（35.0%）选择"能实现自我"的比例显著高于没上过大学公民（18.1%），相差 16.9 个百分点，表明文化程度高的公民更认同理想事业最应该能实现自我；同时，没上过大学的受访者认为理想事业最应该赚钱多的百分比（26.1%）显著超过自我实现的百分比（18.1%）。不同受教育程度的中国公民对养家糊口是理想事业最低标准的判断差异非常显著，卡方检验 p 值小于 0.001，显著低于 0.05。所有受访者中没上过大学公民（30.4%）选择"养家糊口"的比例高于上过大学公民（26.9%）说明文化程度低的公民更认同理想事业最起码要能够养家糊口。

表 3—149　　　　不同受教育程度公民对理想事业看法的差异

		没上过大学	上过大学	p - value	Test
最应该	能实现自我	18.1（130）	35.0（581）	<0.001	Pearson's chi - squared
最应该	赚钱多	26.1（188）	22.9（379）	<0.001	Pearson's chi - squared
最起码	养家糊口	30.4（217）	26.9（447）	<0.001	Pearson's chi - squared

（4）收入越高的受访者越认同能实现自我的事业最高目标，收入越低的受访者越认同养家糊口的事业起码要求。

不同收入水平的中国公民对能实现自我是理想事业最高目标的看法差异非常显著，卡方检验 p 值小于 0.001，显著低于 0.05。数据显示，收入越高的受访者越认同能实现自我的事业最高目标，收入越低的受访者越认同养家糊口的事业起码要求。

表 3—150　　　　不同收入水平公民对理想事业看法的差异

		2000元及以下	2001—5000元	5000元以上	p - value	p12	p23	p13	Test
最应该	能实现自我	27.0（226）	30.1（269）	37.2（206）	<0.001	0.009	<0.001	0.017	Pearson's chi - squared
最起码	养家糊口	30.9（259）	28.3（252）	23.8（132）	<0.001	0.054	<0.001	0.17	Pearson's chi - squared

（5）城市居民更认同能实现自我的事业最高目标，小城镇和农村居民更认同赚钱多是最高目标，养家糊口是起码要求。

不同居住地的中国公民对能实现自我是理想事业最高目标的看法有显著差异，卡方检验 p 值为 0.014，小于 0.05。所有受访者中城市公民（32.2%）选择"能实现自我"的比例高于小城镇和农村公民（23.8%），表明城市公民更认同理想的事业最应该能够实现自我；同时，小城镇和农村居民认为理想事业应该赚钱多的选择比（26.4%）超过实现自我的选择比（23.8%）。不同居住地的中国公民对养家糊口是理想事业最低标准的判断差异非常显著，卡方检验 p 值小于 0.001，显著低于 0.05。所有受访者中小城镇和农村公民（30.3%）选择"养家糊口"的比例高于城市公民（27.2%），说明小城镇和农村公民更认同理想的事业起码应该能够养家糊口。

表3—151　　　　不同居住地公民对理想事业看法的差异

		小城镇和农村	城市	p – value	Test
最应该	能实现自我	23.8（152）	32.2（562）	0.014	Pearson's chi – squared
	赚钱多	26.4（169）	22.9（400）		
最起码	养家糊口	30.3（193）	27.2（475）	<0.001	Pearson's chi – squared

（6）80后最认同能实现自我是理想的事业最高目标，70后及以上对此认同度最低，同时对养家糊口是事业最起码要求认同度最高。

不同年龄的中国公民对能实现自我是理想事业最高目标的看法差异非常显著，卡方检验 p 值小于 0.001，显著低于 0.05。所有受访者中选择"能实现自我"占比最高的是 80 后公民（34.1%），70 后及以上最低（27.7%）；不同年龄的中国公民对养家糊口是理想事业最起码要求的判断差异非常显著，卡方检验 p 值小于 0.001，显著低于 0.05。所有受访者中 70 后及以上公民选择"养家糊口"的比例最高（33.8%）。可见，80 后最认同能实现自我是理想的事业最高目标，70 后及以上对此认同度最低，同时对养家糊口是事业最起码要求认同度最高。

表3—152　　　　不同年龄公民对理想事业看法的差异

		95后与00后	90后	80后	70后及以上	p – value	p12	p23	p13	Test
最应该	能实现自我	29.7（269）	28.7（153）	34.1（169）	27.7（121）	<0.001	0.056	0.001	0.16	Pearson's chi – squared
最起码	养家糊口	25.7（233）	29.3（156）	25.9（129）	33.8（146）	<0.001	0.11	0.26	0.69	Pearson's chi – squared

（7）公民对理想的事业最高目标和起码要求的判断与宗教信仰关联不大。

有无宗教信仰的中国公民对能实现自我是理想事业最高目标的看法没有显著差异，卡方检验 p 值为 0.47，大于 0.05；有无宗教信仰的中国公民对养家糊口是理想事业最低标准的判断没有显著差异,卡方检验 p 值为 0.28,大于 0.05。

表 3—153　　　　有无宗教信仰公民对理想事业看法的差异

		无宗教信仰	有宗教信仰	p – value	Test
最应该	能实现自我	30.2（637）	26.0（47）	0.47	Pearson's chi – squared
最起码	养家糊口	28.1（593）	26.1（47）	0.28	Pearson's chi – squared

（8）未婚公民更认同理想事业最应该实现自我,已婚公民更认同理想的事业最起码应该养家糊口。

不同婚姻状态的中国公民对能实现自我是理想事业最高目标的看法差异非常显著,卡方检验 p 值小于 0.001,显著低于 0.05。所有受访者中未婚公民（30.7%）选择"能实现自我"的比例高于已婚公民（29.2%）,表明未婚公民更认同理想的事业最应该能够实现自我;不同婚姻状态的中国公民对养家糊口是理想事业最低标准的判断差异非常显著,卡方检验 p 值小于 0.001,显著低于 0.05。所有受访者中已婚公民（30.4%）选择"养家糊口"的比例高于未婚公民（26.8%）说明已婚公民更认同理想的事业最起码应该能够养家糊口。

表 3—154　　　　不同婚姻状态公民对理想事业看法的差异

		未婚	已婚	p – value	Test
最应该	能实现自我	30.7（414）	29.2（285）	<0.001	Pearson's chi – squared
最起码	养家糊口	26.8（361）	30.4（296）	<0.001	Pearson's chi – squared

2. 公民认为理想工作是有良好的工作环境和同事关系、薪酬和足够的业余时间

在现代高度组织化和分工化的社会,事业往往要通过一定的工作体现出来。什么样的事业是好事业往往体现为什么样的工作是好工作。关于这一点有很多不同描述。在调查中给定描述中，根据重要性（1—5）进行评分，结果如下：

（1）大多数人认为，良好的工作人际关系、足够的业余时间和不错的薪酬在择业中是最重要的。80%以上受访者对以下四项的评分在4—5分，分别是"与上司有良好的工作关系"（82.34%），"与合得来的同事一起工作"（81.61%），"有足够的的业余时间投入个人和家庭生活"（81.50%），"有机会获得高薪"（80.85%）。

（2）大多数人还认为，条件好、机会多、个人成就感强也是择业的重要标准。在1—5分评分中4—5分的百分比超过75%的还有"职业有保障"（78.81%），"具备良好工作条件"（77.84%），"有机会升职"（77.62%），"有机会帮助别人"（77.16%），"获得个人成就感"（76.94%）。

（3）几个认同较低选项也值得注意："工作轻松没有压力"（51.63%），"在一个有地位和成功的公司或机构工作"（57.73%），"上司在做出决定时征求你的意见"（59.52%），"工作多样且富有挑战性"（61.73%）。表明公民在意但不执着于工作压力、单位声望、民主尊重和创新挑战，总体求稳务实。

表3—155　　您对理想工作各项标准重要程度的看法

理想工作各项标准的重要程度（1—5分）	观测值	均值	标准差	最小值	最大值	1—2分	4—5分
职业有保障	2402	4.20	0.99	1	5	6.29%	78.81%
工作轻松且没有压力	2390	3.56	1.14	1	5	15.56%	51.63%
有机会获得高薪	2386	4.17	0.93	1	5	5.20%	80.85%
有机会升职	2386	4.08	0.99	1	5	7.04%	77.62%
工作单位距离居住地较近	2387	3.82	1.09	1	5	11.23%	65.56%
有足够的业余时间投入个人和家庭生活	2384	4.23	0.87	1	5	3.57%	81.50%
为你的国家服务	2384	3.82	1.02	1	5	8.93%	63.63%

续表

理想工作各项标准的重要程度（1—5分）	观测值	均值	标准差	最小值	最大值	1—2分	4—5分
在一个有地位和成功的公司或机构工作	2387	3.65	1.10	1	5	13.74%	57.73%
工作多样且富有挑战性	2383	3.74	1.04	1	5	10.62%	61.73%
拥有选择工作方式的自由	2378	3.95	0.97	1	5	7.06%	71.66%
上司在做出决定时征求你的意见	2384	3.67	1.07	1	5	12.50%	59.52%
你对公司或机构的成功作出实际的贡献	2381	3.90	0.96	1	5	7.14%	70.64%
可以获得个人成就感	2385	4.07	0.94	1	5	5.91%	76.94%
具备良好工作条件	2387	4.07	0.90	1	5	4.78%	77.84%
与合得来的同事一起工作	2393	4.18	0.89	1	5	4.55%	81.61%
与上司有良好的工作关系	2389	4.17	0.88	1	5	4.27%	82.34%
有机会帮助别人	2399	4.08	0.91	1	5	4.84%	77.16%

二 公民事业成就感的自我评价

理想和现实总不是一回事。对公民近一年工作或学业上的成就感调查发现，27.57%的受访者表示"有成就感"，只有3.71%公民"非常有成就感"，54.97%的公民表示成就感"一般"；13.74%的受访者明确认为自己没有成就感。也就是说，只有三成左右公民表示有成就感或非常有成就感，而半数多的公民成就感一般，还有相当一部分没有成就感。事业是人生价值的重要体现载体，是生活保障的重要来源，公民事业成就感总体偏低的状态是很多人压力大、生存焦虑的重要根源。

非常有成就感 3.71%

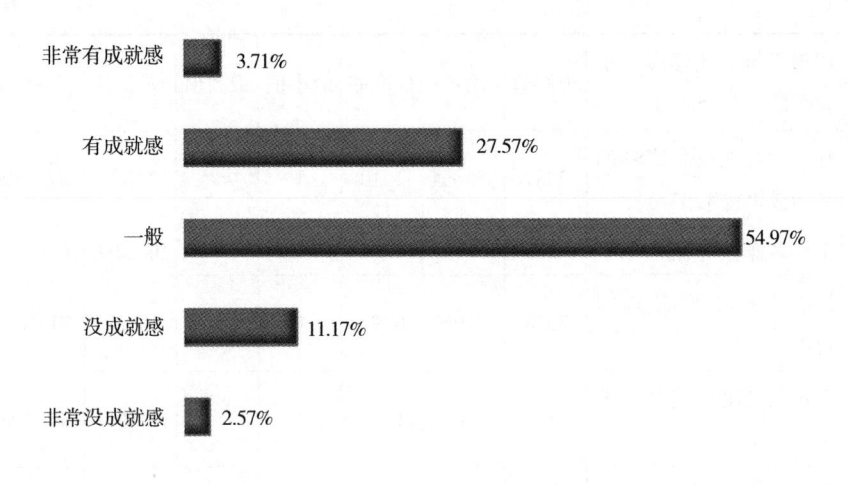

有成就感 27.57%

一般 54.97%

没成就感 11.17%

非常没成就感 2.57%

图3—41 您在近一年的工作或学业上是否有成就感（N=2372）

三 公民对劳动或工作观的看法

事业总是意味着劳动或工作，劳动或工作观是人们事业观的重要组成部分。人们的劳动观或工作观往往受到一系列流行的观点的影响，而人们对这些观点的认同度就反映出自身的劳动或工作观。调查中设定了五个观点考察受访者的认同度。结果显示：

（1）大多数公民强调工作、劳动的重要性，甚至认为劳动是一切美德的基础。85.49%的受访者认可或非常认可"劳动是一切美德的基础"，无论是总百分比，还是非常认可、认可的分百分比都遥遥领先于其他项。而且，对于"如果条件允许，我会选择不工作"这一说法，58.17%的受访者持反对态度；70.39%的受访者表示不认可或非常不认可"工作都是替别人打工"。也就是说，多数公民工作是作为自己内在的一种需要。用马克思主义的观点来看，工作、劳动是人的本质力量对象化的活动，通过工作、劳动人确证了自己的存在，造就了自己的存在。

（2）大多数公民能正确处理好工作与休闲的关系。74.61%的受访者不赞成"工作永远第一位，哪怕牺牲休息时间"的说法，也就是说大部分公民都认为工作和休息都很重要的，不赞成加班、996作息方式。

(3) 多数公民认识到休闲对于人的发展的极端重要性。65.57%的受访者认同"如何度过休闲时间使人们之间差距显著"。确实，现在社会，无论工作与自己的爱好、理想、抱负是否完全一致，但规定的工作时间里，人的发展的差异性是不明显的。而在工作之外的闲暇时间也就是人们的自由时间，如何度过才真正拉开了人与人的差别。认识到这一点是极其积极的。

(4) 依然有一些问题值得注意：一是有36.02%即超过三分之一的受访者认同"如果条件允许会选择不工作"，这表现出为数不少的人存在着好逸恶劳的倾向；二是有24.74%即近四分之一的受访者认可"工作都是替别人打工"，主人翁感、获得感、成就感不够；三是有19.56%即近五分之一的受访者认同"工作永远是第一位的，哪怕牺牲休息时间"，这种可贵的精神值得表扬，但不值得提倡，因为会导致身心受损，影响生活、生命。

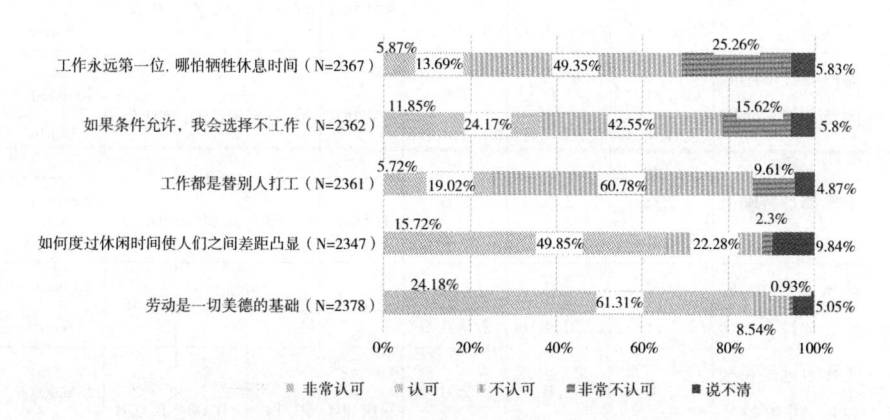

图3—42　您对劳动或工作观点的认可程度

(1) 党员和群众更重视劳动的道德含义，团员工作的主体性更强、更认为不能牺牲休息时间，党员和团员更注重闲暇时间的价值。

不同政治面貌的中国公民对"劳动是一切美德的基础""休闲时间使人与人之间差距凸显"和"工作永远第一位"的看法差异非常显著，秩和检验p值小于0.001，显著低于0.05。对"劳动是一切美德的基础"的说法，回答中位数一致，党员和群众落在4和5之间，团员落在4上，说明党员和群众比团员对劳动是美德基础的认同度更高。对"休闲时间使人与人之间差距凸显"的说法，中位数一致，党员和团员落在3和4之间，群众落在2和4之间，说明群众对之认同度最低。对"工作永远是第一位的，哪怕牺牲休息时间"的说法，中位数一致，党员落在1和3之间，团员落在1和2之间，群众落在2和3之间，说明团员最不认同。不同政治面貌的中国公民对"工作都是替别人打工"和"若条件允许，我会选择不工作"的判断有显著差异，秩和检验p值分别为0.020和0.014，均小于0.05。根据中位数和区间可知，团员最不赞成"工作都是替别人打工"的说法。总之，党员和群众更重视劳动的道德含义，团员工作的主体性更强、更认为不能牺牲休息时间，党员和团员更注重闲暇时间的价值。

表3—156 不同政治面貌公民对劳动或工作观点认可程度的差异

	共产党员	共青团员	群众	p - value	p12	p23	p13	Test
劳动是一切美德的基础	4.0 (4.0,5.0)	4.0 (4.0,4.0)	4.0 (4.0,5.0)	<0.001	<0.001	<0.001	0.86	Kruskal-Wallis
如何度过休闲时间使人与人之间差距凸显	4.0 (3.0,4.0)	4.0 (3.0,4.0)	4.0 (2.0,4.0)	<0.001	0.41	0.001	<0.001	Kruskal-Wallis
工作都是替别人打工	2.0 (2.0,4.0)	2.0 (2.0,3.0)	2.0 (2.0,4.0)	0.020	0.53	0.006	0.12	Kruskal-Wallis
如果条件允许，我会选择不工作	2.0 (2.0,4.0)	2.0 (2.0,4.0)	2.0 (2.0,4.0)	0.014	0.009	0.027	0.40	Kruskal-Wallis
工作永远是第一位的，哪怕牺牲休息时间	2.0 (1.0,3.0)	2.0 (1.0,2.0)	2.0 (2.0,3.0)	<0.001	0.14	<0.001	0.020	Kruskal-Wallis

（2）专业技术人员（含教师）和学生对劳动的德行内涵认同较低，更强调合理休息；产业工人和农民对闲暇时间的价值认识不够，最倾向于牺牲休息时间。

除了"若条件允许，我会选择不工作"这一项外，不同职业的中国公民对其他四种观点的看法有非常显著的差异，秩和检验p值小于0.001，显著低于0.05。对"劳动是一切美德的基础"，受访者回答中位数一致，专业技术人员（含教师）和学生的回答区间在4，其他群体均为

4 与 5 之间，可以推断，专业技术人员和学生对"劳动是一切美德"认同度相对更弱。对"如何度过休闲时间使人与人之间差距凸显"，回答中位一致，商业、服务业人员、产业工人和农民的回答落在 2 和 4 之间，其他群体回答区间均为 3 和 4 之间，可以推断，商业、服务业人员、产业工人和农民更不认同此观点。对"工作都是替别人打工"，回答中位数一致，学生回答落在 2，而其他群体落在 2 与 4 之间，可以推断，学生最不认同此观点。对于"工作永远是第一位的，哪怕牺牲休息时间"，专业技术人员（含教师）和学生的回答都落在 1 与 2 之间，产业工人和农民的回答落在 2 和 4 之间，可以推断，前者最不认同、后者最认同此观点。总之，专业技术人员（含教师）和学生对劳动的德行内涵认同较低，更强调合理休息；产业工人和农民对闲暇时间的价值认识不够，最倾向于牺牲休息时间。

表 3—157　不同职业公民对劳动或工作观点认可程度的差异

	机关、党群组织、企业事业单位工作人员	专业技术人员（含教师）	商业、服务业人员	产业工人和农民	学生	p-value	p12	p23	p13	Test
劳动是一切美德的基础	4.0 (4.0,5.0)	4.0 (4.0,4.0)	4.0 (4.0,5.0)	4.0 (4.0,5.0)	4.0 (4.0,4.0)	<0.001	0.13	0.19	0.87	Kruskal-Wallis
如何度过休闲时间使人与人之间差距凸显	4.0 (3.0,4.0)	4.0 (3.0,4.0)	4.0 (2.0,4.0)	4.0 (2.0,4.0)	4.0 (3.0,4.0)	<0.001	0.48	0.001	0.004	Kruskal-Wallis
工作都是替别人打工	2.0 (2.0,4.0)	2.0 (2.0,4.0)	2.0 (2.0,4.0)	2.0 (2.0,4.0)	2.0 (2.0,2.0)	<0.001	0.99	0.88	0.86	Kruskal-Wallis
如果条件允许，我会选择不工作	2.0 (2.0,4.0)	2.0 (2.0,4.0)	2.0 (2.0,4.0)	2.0 (2.0,4.0)	2.0 (2.0,4.0)	0.44	0.95	0.20	0.17	Kruskal-Wallis
工作永远是第一位的，哪怕牺牲休息时间	2.0 (1.0,3.0)	2.0 (1.0,2.0)	2.0 (2.0,3.0)	2.0 (2.0,4.0)	2.0 (1.0,2.0)	<0.001	0.13	0.002	0.087	Kruskal-Wallis

(3) 文化程度较低的公民更看重劳动的重要性，更愿意牺牲休息时间；文化程度越高的公民越注重合理休息，重视闲暇时间的价值。

不同文化程度的中国公民对"工作都是替别人打工"的判断没有显著差异，秩和检验 p 值大于 0.05。不同文化程度的中国公民对"若条件允许，我会选择不工作"有显著差异秩和检验 p 值为 0.027，小于 0.05，但中位数和区间一致，无法对其具体差异作出判断。不同文化程度的中国公民对其他三项说法的判断差异非常显著，秩和检验 p 值小于 0.001，显著低于 0.05。对于"劳动是一切美德的基础"，回答中位数一致，没上过大学受访者回答落在 4 与 5 之间，上过大学的受访者回答落在 4，可以推断，前者比后者更认同此观点。对于"如何度过休闲时间使人与人之间差距凸显"，回答中位数一致，没说大学的受访者的回答落在 2 和 4 之间，上过大学的落在 3 和 4 之间，可以推断，后者比前者更认同此观点。对于"工作永远是第一位的，哪怕牺牲休息时间"，回答中位数一致，没上过大学的受访者的回答落在 2 与 4 之间，上过大学的落在 1 和 2 之间，说明前者比后者更认同此观点。总之，文化程度较低的公民更看重劳动的重要性，更愿意牺牲休息时间；文化程度越高的公民越注重合理休息，重视闲暇时间的价值。

表 3—158　不同文化程度公民对劳动或工作观点认可程度的差异

	没上过大学	上过大学	p - value	Test
劳动是一切美德的基础	4.0 (4.0, 5.0)	4.0 (4.0, 4.0)	<0.001	Wilcoxon rank - sum
如何度过休闲时间使人与人之间差距凸显	4.0 (2.0, 4.0)	4.0 (3.0, 4.0)	<0.001	Wilcoxon rank - sum
工作都是替别人打工	2.0 (2.0, 4.0)	2.0 (2.0, 3.0)	0.82	Wilcoxon rank - sum
如果条件允许，我会选择不工作	2.0 (2.0, 4.0)	2.0 (2.0, 4.0)	0.027	Wilcoxon rank - sum

续表

	没上过大学	上过大学	p – value	Test
工作永远是第一位的，哪怕牺牲休息时间	2.0 (2.0, 4.0)	2.0 (1.0, 2.0)	<0.001	Wilcoxon rank – sum

（4）中高收入群体更强调劳动的重要性，中等收入群体对工作的主体性和休闲时间的价值认识都稍弱于其他群体。

不同收入水平的中国公民对"若条件允许，我会选择不工作""工作永远是第一位的，哪怕牺牲休息时间"的判断没有显著差异，秩和检验 p 值均显著大于 0.05。不同收入水平的中国公民对"如何度过休闲时间使人与人之间差距凸显"的判断有显著差异，p 值小于 0.05；p12、p23 值小于 0.05 而 p13 值大于 0.05，表明月收入 2000 元及以下与 5000 元以上差异不大。回答中位数一致，而月收入 2001—5000 元的受访者的区间为 2 和 4 之间，其他群体落在 3 和 4 之前，可以推断，月收入 2001—5000 元（按照国家统计局 2018 年标准此为中等收入阶层）的公民更不认同此观点。不同收入水平的中国公民对"劳动是一切美德的基础"和"工作都是替别人打工"的看法差异非常显著秩和检验 p 值小于 0.001，显著低于 0.05。在中位数一致的情况下，前者中高收入群体区间一致，且高于低收入群体；后者中等收入人群的区间高于其他群体。可见，中高收入群体更认同劳动是一切美德的基础，中等收入群体更认同工作都是替别人打工。总之，中高收入群体更强调劳动的重要性，中等收入群体对工作的主体性和休闲时间的价值认识都稍弱于其他群体。

表 3—159 不同收入水平公民对劳动或工作观点认可程度的差异

	2000 元及以下	2001—5000 元	5000 元以上	p – value	p12	p23	p13	Test
劳动是一切美德的基础	4.0 (4.0,4.0)	4.0 (4.0,5.0)	4.0 (4.0,5.0)	<0.001	0.001	0.56	<0.001	Kruskal – Wallis

续表

	2000元及以下	2001—5000元	5000元以上	p-value	p12	p23	p13	Test
如何度过休闲时间使人与人之间差距凸显	4.0 (3.0,4.0)	4.0 (2.0,4.0)	4.0 (3.0,4.0)	0.015	0.008	0.026	0.97	Kruskal-Wallis
工作都是替别人打工	2.0 (2.0,3.0)	2.0 (2.0,4.0)	2.0 (2.0,3.0)	<0.001	<0.001	<0.001	0.60	Kruskal-Wallis
如果条件允许,我会选择不工作	2.0 (2.0,4.0)	2.0 (2.0,4.0)	2.0 (2.0,4.0)	0.13	0.20	0.39	0.050	Kruskal-Wallis
工作永远是第一位的,哪怕牺牲休息时间	2.0 (1.0,2.0)	2.0 (2.0,3.0)	2.0 (1.5,3.0)	0.16	0.062	0.65	0.24	Kruskal-Wallis

（5）小城镇和农村居民更突出劳动的重要性，更倾向于为工作而牺牲休息，工作的主体性、获得感也相对较弱。

不同居住地的中国公民对"如何度过休闲时间使人与人之间差距凸显"和"若条件允许，我会选择不工作"的判断没有显著差异，秩和检验p值大于0.05。不同居住地的中国公民对"工作都是替别人打工"和"工作永远第一位"有显著差异，秩和检验p值小于0.05。根据中位数和区间可初步认定，小城镇和农村居民更加认同工作是替别人打工、工作是第一位的说法。不同居住地的中国公民对"劳动是一切美德的基础"的看法差异非常显著，秩和检验p值小于0.001，显著低于0.05。根据中位数和区间可知，城市居民对"劳动是一切美德的基础"的认同度相对较低。总之，小城镇和农村居民更突出劳动的重要性，更倾向于为工作而牺牲休息，工作的主体性、获得感也相对较弱。

表3—160 不同居住地的中国公民对劳动或工作观点认可程度的差异

	小城镇和农村	城市	p-value	Test
劳动是一切美德的基础	4.0 (4.0, 5.0)	4.0 (4.0, 4.0)	<0.001	Wilcoxon rank-sum

续表

	小城镇和农村	城市	p – value	Test
如何度过休闲时间使人与人之间差距凸显	4.0 (2.0, 4.0)	4.0 (3.0, 4.0)	0.052	Wilcoxon rank – sum
工作都是替别人打工	2.0 (2.0, 4.0)	2.0 (2.0, 3.0)	0.031	Wilcoxon rank – sum
如果条件允许，我会选择不工作	2.0 (2.0, 4.0)	2.0 (2.0, 4.0)	0.39	Wilcoxon rank – sum
工作永远是第一位的，哪怕牺牲休息时间	2.0 (2.0, 3.0)	2.0 (1.0, 2.0)	0.007	Wilcoxon rank – sum

（6）公民年龄越大越强调劳动的重要性、越认同为工作而牺牲休息，青年一代在工作中的主体性更强。

不同年龄的中国公民对"如何度过休闲时间使人与人之间差距凸显"的判断没有显著差异，秩和检验 p 值大于 0.05。不同年龄的中国公民对"若条件允许，我会选择不工作"的看法有显著差异，秩和检验 p 值小于 0.05；中位数和区间一致，但 p12 值显著大于 0.05 而 p23、p13 值大于 0.05。因此，80 后与 90 后、00 后的看法有显著差异，但宏观统计无法体现具体差异。不同年龄的中国公民对"劳动是一切美德的基础""工作都是替别人打工"和"工作永远第一位"差异非常显著，秩和检验 p 值均小于 0.001，显著低于 0.05。根据回答中位数和区间可初步认定，年龄越大越认同劳动是一切美德的基础，年龄越小越不认同工作永远是第一位的，95 后与 00 后年青一代对"工作就是替别人打工"的认同度相对较低。总之，公民年龄越大越强调劳动的重要性、越认同为工作而牺牲休息，青年一代在工作中的主体性更强。

表3—161　　不同年龄公民对劳动或工作观点认可程度的差异

	95 后与 00 后	90 后	80 后	70 后及以上	p – value	p12	p23	p13	Test
劳动是一切美德的基础	4.0 (4.0, 4.0)	4.0 (4.0, 4.0)	4.0 (4.0, 5.0)	4.0 (4.0, 5.0)	<0.001	0.046	0.077	<0.001	Kruskal – Wallis

续表

	95后与00后	90后	80后	70后及以上	p-value	p12	p23	p13	Test
如何度过休闲时间使人与人之间差距凸显	4.0 (2.0,4.0)	4.0 (3.0,4.0)	4.0 (3.0,4.0)	4.0 (2.0,4.0)	0.081	0.29	0.11	0.44	Kruskal-Wallis
工作都是替别人打工	2.0 (2.0,2.0)	2.0 (2.0,4.0)	2.0 (2.0,4.0)	2.0 (2.0,4.0)	<0.001	<0.001	0.16	0.002	Kruskal-Wallis
如果条件允许,我会选择不工作	2.0 (2.0,4.0)	2.0 (2.0,4.0)	2.0 (2.0,4.0)	2.0 (2.0,4.0)	0.005	0.89	0.028	0.007	Kruskal-Wallis
工作永远是第一位的,哪怕牺牲休息时间	2.0 (1.0,2.0)	2.0 (1.0,2.0)	2.0 (2.0,2.0)	2.0 (2.0,4.0)	<0.001	0.42	0.24	0.028	Kruskal-Wallis

（7）有宗教信仰的公民更认同劳动重要性与美德性质，也更愿意为工作而牺牲休息。

有无宗教信仰的中国公民对"如何度过休闲时间使人与人之间差距凸显""工作都是替别人打工"和"若条件允许，我会选择不工作"的判断没有显著差异，秩和检验 p 值大于 0.05。有无宗教信仰的中国公民对"劳动是一切美德的基础"和工作永远第一位"有显著差异，秩和检验 p 值均小于 0.05。根据回答的中位数和区间可知，信教公民更认同劳动是一切美德的基础，不信教公民比较不赞同工作永远都是第一位的说法。也就是说，有宗教信仰的公民更认同劳动重要性与美德性质，也更愿意为工作而牺牲休息。这也许就是马克斯·韦伯在《新教伦理与资本主义精神》一书中提到的"天职"观念使然吧。

表3—162　有无宗教信仰公民对劳动或工作观点认可程度的差异

	无宗教信仰	有宗教信仰	p-value	Test
劳动是一切美德的基础	4.0 (4.0,4.0)	4.0 (4.0,5.0)	0.003	Wilcoxon rank-sum
如何度过休闲时间使人与人之间差距凸显	4.0 (3.0,4.0)	4.0 (3.0,4.0)	0.40	Wilcoxon rank-sum

续表

	无宗教信仰	有宗教信仰	p–value	Test
工作都是替别人打工	2.0 (2.0, 3.0)	2.0 (2.0, 4.0)	0.55	Wilcoxon rank–sum
如果条件允许，我会选择不工作	2.0 (2.0, 4.0)	2.0 (2.0, 4.0)	0.65	Wilcoxon rank–sum
工作永远是第一位的，哪怕牺牲休息时间	2.0 (1.0, 2.0)	2.0 (2.0, 4.0)	0.047	Wilcoxon rank–sum

（8）已婚公民更强调劳动的极端重要性与美德特性，未婚公民在工作中有更强的主体精神，更重视休闲时间的价值。

不同婚姻状态的中国公民对"劳动是一切美德的基础""若条件允许，我会选择不工作"和"工作永远第一位"的判断差异非常显著，秩和检验 p 值小于 0.001，显著低于 0.05。不同婚姻状态的中国公民对"如何度过休闲时间使人与人之间差距凸显"和"工作都是替别人打工"有显著差异，秩和检验 p 值均小于 0.05。"如果条件允许，我会选择不工作"一项，受访者回答的中位数和区间完全一致，故在宏观统计上看不出具体差异。其他项根据受访者回答的中位数和区间可知，已婚公民更加认同劳动是一切美德的基础、工作都是替别人打工，更愿意为工作而牺牲休息，而未婚公民更认同休闲时间能使人拉开差距。也就是说，已婚公民更强调劳动的极端重要性与美德特性，未婚公民在工作中有更强的主体精神，更重视休闲时间的价值。

表 3—163　不同婚姻状态公民对劳动或工作观点认可程度的差异

	未婚	已婚	p–value	Test
劳动是一切美德的基础	4.0 (4.0, 4.0)	4.0 (4.0, 5.0)	<0.001	Wilcoxon rank–sum
如何度过休闲时间使人与人之间差距凸显	4.0 (3.0, 4.0)	4.0 (2.0, 4.0)	0.001	Wilcoxon rank–sum

续表

	未婚	已婚	p-value	Test
工作都是替别人打工	2.0 (2.0, 3.0)	2.0 (2.0, 4.0)	0.013	Wilcoxon rank-sum
如果条件允许，我会选择不工作	2.0 (2.0, 4.0)	2.0 (2.0, 4.0)	<0.001	Wilcoxon rank-sum
工作永远是第一位的，哪怕牺牲休息时间	2.0 (1.0, 2.0)	2.0 (2.0, 3.5)	<0.001	Wilcoxon rank-sum

第十章　公民幸福价值观分析

人生在世要追求很多有意义、有价值的东西，但这其中最为终极的是什么？古往今来的思想家们给出的答案就是幸福。说到底，幸福（well being）是人的一种理想的存在状态。但在生活中，人们并不会去纠结于其确切内涵，而是人人都会有自己体验到的幸福感。《2019 全球幸福指数报告》显示在参与调查的 156 个国家和地区中中国排名第 93。[①] 不管这种结果是否准确，但今日自觉追求美好生活，把为人民谋幸福作为初心和使命的中国，幸福和幸福感是一个大家十分关注的问题，而这又与人们对幸福的看法即幸福观有着密切的联系。幸福观在人生价值观中居于终极和至高的位置，考察公民人生价值观最后一定要了解公民的幸福观。

一　公民关于幸福最重要要素和起码条件的描述

作为一种理想状态，幸福需要众多条件和要素来保障，而对这些要素、条件不同的侧重，正体现了不同的幸福观。

在调查给定关于幸福最重要的要素选项中，31.74%的公民选择"家庭美满"，选择率最高，高出排第二位要素 13.85 个百分点。也就是说家庭美满被认为是人生幸福最重要因素的认同度更高、最集中。家庭是社会的细胞，人生的起点和港湾，中国人历来就注重家庭美满的价值，至今如此。排在二、三、四位的分别是物质富裕（17.89%）、自由的生活（15.87%）和健康长寿（11.21%），选择比均超过 10%，表明在追求幸

[①] 参见《2019 年全球幸福指数报告》发布！中国排名第 93 名！https://www.jianshu.com/p/e4af5307aff0。

福人生道路上，除家庭美满外，生活富裕、自由和健康也是现代公民比较重视的因素。

在最起码的幸福要素的判断中，26.54%即超过四分之一的受访者选择"家庭美满"，选择率也是最高，高出第二位因素8.05个百分点，说明也是比较集中的认同。"健康长寿"（18.49%）、"物质富裕"（15.02%）和"自由的生活"（14.94%）选择率超过10%，表明这些也是公民认为幸福最起码的要素。

对比最重要和最起码的选择，有变也有不变。不变的是，人们认为最重要的几个要素没变，居于首位最重要的要素家庭美满没变，综合来说，家庭美满是人生幸福中的首要因素；变化的是几项要素的排位，在重要要素中排在第二、三位的物质富裕、自由生活，在起码条件中排在第三、第四，健康长寿由第四位上升为第二位，可见健康长寿是幸福极其重要的基础和前提条件。

调查中还有几点值得注意：一是在公民关于幸福最起码的要素中，8.75%的受访者选择了好品德，而在重要要素中好品德的选择率只占2.56%，相当一部分公民认为好品德是幸福的起码条件；二是美好爱情、成功事业、杰出子女、拥有权力这些在一般看来很重要的方面，无论在最重要的要素还是最起码条件中所占比率都不高。这些不能不令人深思。

其实，自古人们都在探究幸福的诸要素。中国古人讲究"五福"：长寿、富贵、康宁、好德、善终；古希腊的圣贤梭伦认为幸福应该包括五个要素：中等财富、没有疾病、心情舒畅、有好儿孙、寿终正寝。综合中西，古代社会认为幸福的主要要素是长寿、富裕、健康、善终、好品德、拥有权力、后代有出息等，从调查结果来看，有些依然重要，例如富裕、健康长寿，有些变得不那么重要，例如拥有权力、后代有出息等。

（1）群众最认同家庭美满是幸福人生最重要也是最起码的要素。

不同政治面貌的中国公民关于家庭美满是幸福最重要和最起码因素的判断有非常显著的差异，卡方检验p值均小于0.001，显著低于0.05。所有受访者中选择"家庭美满"是最重要因素占比最高的是群众（35.9%），选择"家庭美满"是最起码因素占比最高的也是群众（27.6%）。可见，群众最认同家庭美满是幸福人生最重要也是最起码的因素。

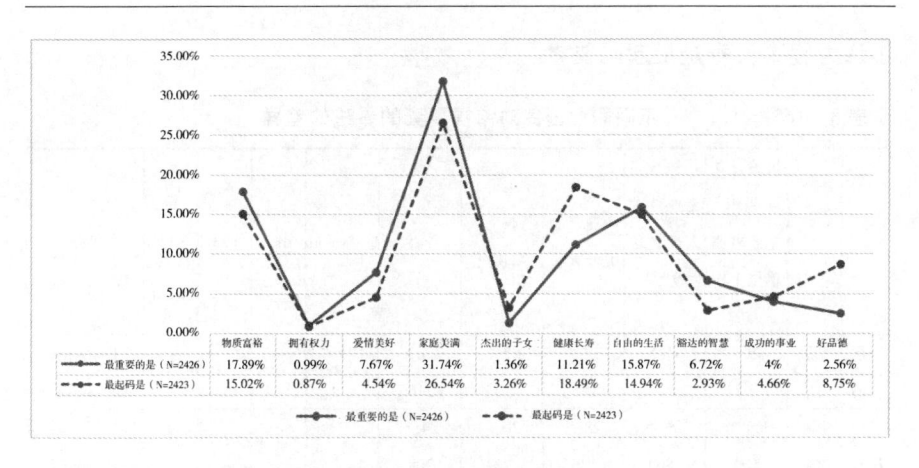

第十章 公民幸福价值观分析 615

图3—43 您认为这些幸福要素中最重要的是什么

		物质富裕	拥有权力	爱情美好	家庭美满	杰出的子女	健康长寿	自由的生活	豁达的智慧	成功的事业	好品德
最重要的是（N=2426）		17.89%	0.99%	7.67%	31.74%	1.36%	11.21%	15.87%	6.72%	4%	2.56%
最起码是（N=2423）		15.02%	0.87%	4.54%	26.54%	3.26%	18.49%	14.94%	2.93%	4.66%	8.75%

表3—164 不同政治面貌的中国公民对幸福要素的看法的差异

		共产党员	共青团员	群众	p–value	p12	p23	p13	Test
最重要的	家庭美满	34.9 (167)	26.4 (259)	35.9 (334)	<0.001	0.010	<0.001	0.83	Pearson's chi–squared
最起码的	家庭美满	25.8 (123)	26.0 (255)	27.6 (257)	<0.001	0.25	<0.001	0.13	Pearson's chi–squared

（2）产业工人和农民最认同家庭美满是幸福最重要的因素，专业技术人员（含教师）最认同家庭美满是幸福人生最起码的要素，产业工人、农民和机关、党群组织、企事业单位工作人员更倾向于认为健康长寿是最起码要素。

不同职业的中国公民关于家庭美满是幸福最重要和最起码因素的判断差异非常显著，卡方检验 p 值均小于 0.001，显著低于 0.05。所有受访者中选择"家庭美满"是最重要因素占比最高的是产业工人和农民（42.6%）。选择"家庭美满"是最起码因素占比最高的是专业技术人员（含教师）（29.7%）；同时，产业工人和农民选择"健康长寿"的比率（28.7%）显著超过"家庭美满"的选择比率（20.5%），机关、党群组织、企事业单位工作人员选择"健康长寿"的比率（25.3%）略超"家庭美满"（25.1%）。可见，产业工人和农民最认同家庭美满是幸福最重要的因素，专业技术人员（含教师）最认同家庭美满是幸福人生最起码的要素，产业工人、农民和机关、党群组织、企事业单位工作人员更倾向于认为健康长寿是最起码要素。

表 3—165　　不同职业公民对幸福要素的看法的差异

		机关、党群组织、企业事业单位工作人员	专业技术人员（含教师）	商业、服务业人员	产业工人和农民	学生	p-value	p12	p23	p13	Test
最重要的	家庭美满	39.1 (157)	34.5 (92)	32.1 (153)	42.6 (52)	25.5 (216)	<0.001	0.084	0.31	0.037	Pearson's chi–squared
最起码的	家庭美满	25.1 (100)	29.7 (80)	28.5 (136)	20.5 (25)	24.6 (208)	<0.001	0.007	0.72	0.032	Pearson's chi–squared
	健康长寿	25.3 (101)	14.9 (40)	15.9 (76)	28.7 (35)	16.9 (143)					

（3）文化程度较低的公民更认同家庭美满既是幸福最重要也是最起码的因素。

不同文化程度的中国公民关于家庭美满是幸福最重要和最起码因素的判断差异非常显著，卡方检验 p 值均小于 0.001，显著低于 0.05。所有受访者中选择"家庭美满"是最重要因素占比较高的是没上过大学公民（36.1%）；同样，选择"家庭美满"是最起码因素占比最高的也是没上过大学公民（27.6%）。说明文化程度较低的公民更认同家庭美满既是幸福最重要也是最起码的因素。

表 3—166　　不同文化程度公民对幸福要素的看法的差异

		没上过大学	上过大学	p-value	Test
最重要的	家庭美满	36.1 (267)	29.5 (494)	<0.001	Pearson's chi–squared
最起码的	家庭美满	27.6 (203)	26.1 (436)	<0.001	Pearson's chi–squared

（4）中等收入公民最认同家庭美满是幸福最重要的要素，公民收入越高越认同家庭美满是幸福的最起码要素。

不同收入水平的中国公民关于家庭美满是幸福最重要因素的判断差异非常显著，卡方检验 p 值小于 0.001，显著低于 0.05。所有受访者中选择"家庭美满"是最重要因素占比最高的是月收入 2001—5000 元收入的公民（35.8%），说明中等收入公民最认同家庭美满是幸福的最重要因素。不同收入水平的中国公民关于家庭美满是幸福人生最起码因素的判断有显著差异，卡方检验 p 值为 0.002，小于 0.05。数据显示，公民选择率随着收入增长而增长，收入越高越认同家庭美满是幸福最起码要素。

表 3—167　　不同收入水平公民对幸福要素的看法的差异

		2000 元及以下	2001—5000 元	5000 元以上	p - value	p12	p23	p13	Test
最重要的	家庭美满	28.5 (258)	35.8 (304)	31.6 (179)	<0.001	0.001	0.010	0.028	Pearson's chi - squared
最起码的	家庭美满	24.8 (224)	26.6 (226)	28.1 (159)	0.002	0.005	0.002	0.17	Pearson's chi - squared

（5）小城镇和农村的中国公民认同家庭美满既是幸福最重要也是最起码的因素。

不同居住地的中国公民关于家庭美满是幸福最重要和最起码因素的判断差异非常显著，卡方检验 p 值均小于 0.001，显著低于 0.05。所有受访者中选择"家庭美满"是最重要和最起码因素占比较高的均是小城镇和农村公民，比例分别是 38.7% 和 28.4%，表明表明小城镇和农村公民更认同家庭美满既是幸福最重要也是最起码的要素。

表 3—168　　不同居住地公民对幸福要素的看法的差异

		小城镇和农村	城市	p - value	Test
最重要的	家庭美满	38.7 (253)	29.2 (516)	<0.001	Pearson's chi - squared
最起码的	家庭美满	28.4 (185)	25.8 (456)	<0.001	Pearson's chi - squared

（6）80 后公民更认同家庭美满是幸福最起码要素，70 后及以上公民倾向于认为幸福最起码的要素是家庭美满、健康长寿两全其美。

不同年龄的中国公民关于家庭美满是幸福最重要和最起码因素的判断差异非常显著，卡方检验 p 值均小于 0.001，显著低于 0.05。在最重要因素选择中，70 后及其以上受访者比率最高（42%）；在最起码要素判断中，80 后公民选择比最高（29.2%）。同时，我们也要看到，70 后及其以上公民将"健康长寿"作为最起码要素的选择比（26.5%）和"家庭美满"（26.9%）非常接近。

表3—169　不同年龄公民对幸福要素的看法的差异

		95后与00后	90后	80后	70后及以上	p-value	p12	p23	p13	Test
最重要的	家庭美满	25.5(234)	27.4(147)	37.9(191)	42.0(188)	<0.001	0.001	0.007	<0.001	Pearson's chi-squared
最起码的	家庭美满	24.9(228)	26.9(144)	29.2(148)	26.9(120)	<0.001	0.33	0.003	<0.001	Pearson's chi-squared
	健康长寿	17.0(156)	14.6(78)	18.0(91)	26.5(118)					

（7）公民关于幸福重要要素的判断与宗教信仰关联不大。

有无宗教信仰的中国公民关于家庭美满是幸福最重要和最起码因素的判断没有显著差异，卡方检验p值分别为0.11和0.21，均大于0.05。

表3—170　有无宗教信仰公民对幸福要素的看法的差异

		无宗教信仰	有宗教信仰	p-value	Test
最重要的	家庭美满	31.8（681）	26.3（49）	0.11	Pearson's chi-squared
最起码的	家庭美满	26.8（574）	24.7（46）	0.21	Pearson's chi-squared

（8）已婚公民更认同家庭美满是幸福最重要也是最起码的因素。

不同婚姻状态的中国公民关于家庭美满是幸福最重要和最起码因素的判断差异非常显著，卡方检验p值均小于0.001，显著低于0.05。所有受访者中选择"家庭美满"是最重要因素占比较高的是已婚公民（41.1%）。同样，选择"家庭美满"是最起码因素占比较高的也是已婚公民（29.9%）。可见，已婚公民更认同家庭美满是幸福最重要也是最起码的因素。

表3—171　不同婚姻状态公民对幸福要素的看法的差异

		未婚	已婚	p-value	Test
最重要的	家庭美满	24.9（339）	41.1（410）	<0.001	Pearson's chi-squared
最起码的	家庭美满	24.7（336）	29.9（298）	<0.001	Pearson's chi-squared

二 公民对幸福观的看法

人们的幸福观从来不像学者们那样系统和条分缕析的，而是体现在一系列的描述判断中。在调查给定的几个有代表性的观点中，75.04%的受访者表示认可幸福就是活得快乐，其中非常认可的达到22.46%，表明大多数中国公民将幸福与快乐等同。84.73%的受访者认同"幸福都是自己奋斗出来的"，其中非常认同者近三成（29.48%）；与此同时，75.78%的受访者表示不认可或非常不认可"幸福是比较出来的"。可以说幸福要靠自己奋斗成为中国公民的高度共识。64.56%的受访者认为"现在的人幸福感普遍偏低"。总体上，中国公民对幸福的理解比较积极，整体幸福感却不够高。

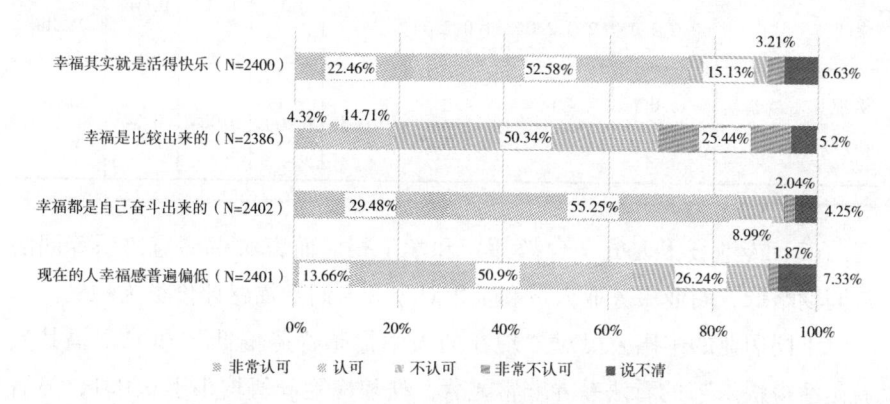

观点	非常认可	认可	不认可	非常不认可	说不清
幸福其实就是活得快乐（N=2400）	22.46%	52.58%	15.13%	3.21%	6.63%
幸福是比较出来的（N=2386）	4.32%	14.71%	50.34%	25.44%	5.2%
幸福都是自己奋斗出来的（N=2402）	29.48%	55.25%	8.99%	2.04%	4.25%
现在的人幸福感普遍偏低（N=2401）	13.66%	50.9%	26.24%	1.87%	7.33%

图3—44 您对这些幸福观点的认可程度

（1）党员比其他群体更认同幸福就是获得快乐。

不同政治面貌的中国公民对"现在的人幸福感普遍偏低"和"幸福其实就是活得快乐"的看法有显著差异，秩和检验p值分别为0.048和0.033，均小于0.05。前者中位数和区间一致，p12值大于0.05而p23、p13值均小于0.05，故党员团员差异不大，但他们与群众间有显著差异，只是宏观统计无法显示具体差异；后者中位数一致，党员落在4即认同上，团员落在3和4就说不清和认同之间，群众落在3和5即说不清和非常认同之间，大致可以推断党员比其他群体更认可"幸福就是活得快乐"这一观点。不同政治面貌的中国公民对"幸福都是自己奋斗出来的"和

"幸福都是比较出来的"的看法没有显著差异，秩和检验 p 值均大于 0.05。

表 3—172　不同政治面貌公民对一些幸福观的认可差异

	共产党员	共青团员	群众	p–value	p12	p23	p13	Test
现在的人幸福感普遍偏低	4.0 (2.0,4.0)	4.0 (2.0,4.0)	4.0 (2.0,4.0)	0.048	0.96	0.023	0.071	Kruskal-Wallis
幸福都是自己奋斗出来的	4.0 (4.0,5.0)	4.0 (4.0,5.0)	4.0 (4.0,5.0)	0.74	0.64	0.69	0.45	Kruskal-Wallis
幸福是比较出来的	2.0 (2.0,3.0)	2.0 (2.0,2.0)	2.0 (1.0,2.0)	0.12	0.17	0.37	0.044	Kruskal-Wallis
幸福其实就是活得快乐	4.0 (4.0,4.0)	4.0 (3.0,4.0)	4.0 (3.0,5.0)	0.033	0.011	0.084	0.34	Kruskal-Wallis

（2）专业技术人员（含教师）和学生相对而言对幸福与快乐等同的认同度略低，商业服务业人员和学生对今天人们幸福感评价更为积极。

不同职业的中国公民对"现在的人幸福感普遍偏低"和"幸福其实就是活得快乐"的看法差异非常显著，秩和检验 p 值均小于 0.001，显著低于 0.05。对于前者，各类职业公民回答中位数一致，商业、服务业人员和学生回答落在 2 和 4 之间，其他落在 3 和 4 之间，说明商业、服务业人员和学生对中国人幸福感评价更高；对于后者，中位数一致的情况下，专业技术人员（含教师）与学生的回答区间落在 3 和 4 之间，其他群体落在 4 和 5 之间，说明专业技术人员（含教师）和学生对幸福就是获得快乐的观点认同度稍微小些。不同职业的中国公民对"幸福都是自己奋斗出来的"和"幸福都是比较出来的"的看法没有显著差异，秩和检验 p 值均大于 0.05。结果如表 3—173 所示。

表 3—173　　不同职业公民对一些幸福观的认可差异

	机关、党群组织、企业事业单位工作人员	专业技术人员（含教师）	商业、服务业人员	产业工人和农民	学生	p-value	p12	p23	p13	Test
现在的人幸福感普遍偏低	4.0 (3.0,4.0)	4.0 (3.0,4.0)	4.0 (2.0,4.0)	4.0 (3.0,4.0)	4.0 (2.0,4.0)	<0.001	0.74	0.56	0.31	Kruskal-Wallis
幸福都是自己奋斗出来的	4.0 (4.0,5.0)	4.0 (4.0,5.0)	4.0 (4.0,5.0)	4.0 (4.0,5.0)	4.0 (4.0,5.0)	0.21	0.61	0.43	0.75	Kruskal-Wallis
幸福是比较出来的	2.0 (1.0,3.0)	2.0 (1.0,2.0)	2.0 (1.0,2.0)	2.0 (2.0,2.0)	2.0 (2.0,2.0)	0.43	0.29	0.53	0.059	Kruskal-Wallis
幸福其实就是活得快乐	4.0 (4.0,5.0)	4.0 (3.0,4.0)	4.0 (4.0,5.0)	4.0 (4.0,5.0)	4.0 (3.0,4.0)	<0.001	0.010	0.100	0.28	Kruskal-Wallis

（3）公民对幸福的具体看法与文化程度关联性不强。

不同文化程度的中国公民对具体幸福观点的看法没有显著差异，秩和检验 p 值均大于 0.05。

表 3—174　　不同文化程度公民对一些幸福观的认可差异

	没上过大学	上过大学	p-value	Test
现在的人幸福感普遍偏低	4.0 (2.0, 4.0)	4.0 (2.0, 4.0)	0.86	Wilcoxon rank-sum
幸福都是自己奋斗出来的	4.0 (4.0, 5.0)	4.0 (4.0, 5.0)	0.29	Wilcoxon rank-sum
幸福是比较出来的	2.0 (1.0, 2.0)	2.0 (2.0, 2.0)	0.15	Wilcoxon rank-sum
幸福其实就是活得快乐	4.0 (3.0, 5.0)	4.0 (4.0, 4.0)	0.64	Wilcoxon rank-sum

(4) 中等收入公民更赞成幸福就是快乐, 也更认为如今人们幸福感普遍低。

不同收入水平的中国公民对"现在的人幸福感普遍偏低"和"幸福其实就是活得快乐"的看法差异非常显著,秩和检验 p 值均小于 0.001,显著低于 0.05。对于前者,公民回答中位数一致,低收入和高收入公民回答落在 2 和 4 之间,中等收入落在 3 和 4 之间,说明中等收入公民更认同人们幸福感低;对于后者,中位数一致,低收入和高收入回答落在 3 和 4 之间,中等收入落在 4 上,表明中等收入公民更赞同"幸福就是活得快乐"观点。不同收入水平的中国公民对"幸福都是自己奋斗出来的"的判断有显著差异,秩和检验 p 值为 0.035,小于 0.05。中位数和区间一致,p12 值大于 0.05 而 p23、p13 值小于 0.05,故中低收入者差异不大而与高收入者有差异,但宏观数据无法判断具体差异。不同收入水平的中国公民对"幸福都是比较出来的"的看法没有显著差异,秩和检验 p 值大于 0.05。

表 3—175　不同收入水平公民对一些幸福观的认可差异

	2000 元及以下	2001—5000 元	5000 元以上	p – value	p12	p23	p13	Test
现在的人幸福感普遍偏低	4.0 (2.0, 4.0)	4.0 (3.0, 4.0)	4.0 (2.0, 4.0)	<0.001	<0.001	0.36	0.010	Kruskal – Wallis
幸福都是自己奋斗出来的	4.0 (4.0, 5.0)	4.0 (4.0, 5.0)	4.0 (4.0, 5.0)	0.035	0.86	0.027	0.016	Kruskal – Wallis
幸福是比较出来的	2.0 (2.0, 2.0)	2.0 (1.0, 2.0)	2.0 (1.0, 3.0)	0.50	0.25	0.41	0.86	Kruskal – Wallis
幸福其实就是活得快乐	4.0 (3.0, 4.0)	4.0 (4.0, 4.0)	4.0 (3.0, 4.0)	<0.001	<0.001	0.009	0.39	Kruskal – Wallis

(5) 城市居民比小城镇和农村居民更认同幸福是比较出来的。

不同居住地的中国公民对"幸福是比较出来的"的看法有显著差异，秩和检验 p 值为 0.032，小于 0.05。受访者者回答中位数一致，小城镇和农村公民回答落在 1 和 2 之间，城市落在 2 和 3 之间，说明城市居民更赞同幸福都是比较出来的这一说法。不同居住地的中国公民对"现在的人幸福感普遍偏低""幸福都是自己奋斗出来的"和"幸福其实就是活得快乐"的判断没有显著差异，秩和检验 p 值均大于 0.05。

表3—176　　不同居住地公民对一些幸福观的认可差异

	小城镇和农村	城市	p-value	Test
现在的人幸福感普遍偏低	4.0 (2.0, 4.0)	4.0 (2.0, 4.0)	0.78	Wilcoxon rank-sum
幸福都是自己奋斗出来的	4.0 (4.0, 5.0)	4.0 (4.0, 5.0)	0.18	Wilcoxon rank-sum
幸福是比较出来的	2.0 (1.0, 2.0)	2.0 (2.0, 3.0)	0.032	Wilcoxon rank-sum
幸福其实就是活得快乐	4.0 (3.0, 4.0)	4.0 (4.0, 4.0)	0.54	Wilcoxon rank-sum

(6) 90 及以下年轻公民幸福感更强，80 后和 95 后及以下更不认同幸福是比较出来的，公民年龄越大越认为幸福与快乐等同。

不同年龄的中国公民对"现在的人幸福感普遍偏低"和"幸福都是比较出来的"的看法差异非常显著，秩和检验 p 值均小于 0.001，显著低于 0.05。对于前者，回答中位数一致，90 后、95 后与 00 后回答落在 2 和 4 之间，80 后和 70 后及以上回答落在 3 和 4 之间，说明 90 后及以下年轻公民幸福感相对更高。对于后者，回答中位数一致，80 后和 95 后与 00 后回答落在 1 和 2 之间，90 后和 70 后及以上回答落在 2 和 3 之间，表明 80 后和 95 后与 00 后公民更不认同幸福是比较出来的。对"幸福其实就是活得快乐"的判断与年龄强相关，秩和检验 p 值小于 0.001，显著低于 0.05。回答中位数一致，公民的认同度与年龄呈正相关，即年龄越大越认可幸福就是快乐。不同年龄的中国公民对"幸福都是自己奋斗出来的"

的判断没有显著差异，秩和检验 p 值为 0.58，大于 0.05。

表 3—177　　　　　　　不同年龄公民对幸福观的认可差异

	95 后与 00 后	90 后	80 后	70 后及以上	p-value	p12	p23	p13	Test
现在的人幸福感普遍偏低	4.0 (2.0, 4.0)	4.0 (2.0, 4.0)	4.0 (3.0, 4.0)	4.0 (3.0, 4.0)	<0.001	0.001	0.26	<0.001	Kruskal-Wallis
幸福都是自己奋斗出来的	4.0 (4.0, 5.0)	4.0 (4.0, 5.0)	4.0 (4.0, 5.0)	4.0 (4.0, 5.0)	0.58	0.43	0.58	0.17	Kruskal-Wallis
幸福是比较出来的	2.0 (1.0, 2.0)	2.0 (2.0, 3.0)	2.0 (1.0, 2.0)	2.0 (2.0, 3.0)	<0.001	0.13	0.003	0.053	Kruskal-Wallis
幸福其实就是活得快乐	4.0 (3.0, 4.0)	4.0 (4.0, 4.0)	4.0 (4.0, 4.0)	4.0 (4.0, 5.0)	<0.001	<0.001	0.92	<0.001	Kruskal-Wallis

（7）公民的幸福感与宗教信仰有关，但宏观统计无法体现具体差异。

有无宗教信仰的中国公民对"现在的人幸福感普遍偏低"的看法有显著差异，秩和检验 p 值为 0.030，小于 0.05，中位数和区间一致，故无法断定具体差异。有无宗教信仰的中国公民对"幸福都是自己奋斗出来的""幸福都是比较出来的"和"幸福其实就是活得快乐"的判断没有显著差异，秩和检验 p 值均大于 0.05。

表 3—178　　　　　　有无宗教信仰公民对幸福观的认可差异

	无宗教信仰	有宗教信仰	p-value	Test
现在的人幸福感普遍偏低	4.0 (2.0, 4.0)	4.0 (2.0, 4.0)	0.030	Wilcoxon rank-sum
幸福都是自己奋斗出来的	4.0 (4.0, 5.0)	4.0 (4.0, 5.0)	0.18	Wilcoxon rank-sum
幸福是比较出来的	2.0 (1.0, 2.0)	2.0 (1.0, 3.0)	0.27	Wilcoxon rank-sum

续表

	无宗教信仰	有宗教信仰	p - value	Test
幸福其实就是活得快乐	4.0 (4.0, 4.0)	4.0 (3.0, 5.0)	0.16	Wilcoxon rank - sum

（8）已婚公民更认同幸福就是快乐，也更感到人们幸福感普遍较低。

不同婚姻状态的中国公民对"现在的人幸福感普遍偏低"的看法，秩和检验 p 值为 0.005，小于 0.05，中位数一致，未婚受访者回答落在 2 和 4 之间，已婚受访者回答落在 3 和 4 之间，表明已婚公民更感受到人们幸福感普遍较低；对"幸福其实就是活得快乐"的判断，秩和检验 p 值小于 0.001，显著小于 0.05，中位数一致，未婚受访者回答落在 3 和 4 之间，已婚受访者回答落在 4 和 5 之间，说明已婚公民更认可幸福就是活得快乐。不同婚姻状态的中国公民对"幸福都是自己奋斗出来的""幸福都是比较出来的"的判断没有显著差异，秩和检验 p 值均大于 0.05。

表 3—179　　　　不同婚姻状态公民对幸福观的认可差异

	未婚	已婚	p - value	Test
现在的人幸福感普遍偏低	4.0 (2.0, 4.0)	4.0 (3.0, 4.0)	0.005	Wilcoxon rank - sum
幸福都是自己奋斗出来的	4.0 (4.0, 5.0)	4.0 (4.0, 5.0)	0.058	Wilcoxon rank - sum
幸福是比较出来的	2.0 (2.0, 2.0)	2.0 (1.0, 2.0)	0.41	Wilcoxon rank - sum
幸福其实就是活得快乐	4.0 (3.0, 4.0)	4.0 (4.0, 5.0)	<0.001	Wilcoxon rank - sum

三　公民关于不幸福的原因分析

一如前述，《2019 全球幸福指数报告》显示中国排名很靠后，幸福感比较低；本调查显示 64.56% 的受访者认为"现在的人幸福感普遍偏低"。可见，不管程度如何，在当今中国，不少人感到不够幸福是一个不争事实。那么，探讨不幸福的原因再对症下药就是当务之急了。应该说，正如幸福的因素和条件很多一样，导致不幸福的原因也很复杂、千差万别，本调查设定了七个向度进行考察。结果显示：

（1）一个人不够幸福最主要是因为生活压力太大和精神空虚。在关于"您觉得一个人感到不够幸福的最主要原因是什么"这一问题的调查数据显示，六成以上受访者选择了"生活压力大"或"精神空虚"，比例分别为32.43%和31.44%。可见，生活压力大和精神空虚是影响人们幸福的主要"元凶"。一方面，所谓生活压力太大是多方面的，虽然没有具体列出，但总的来说是是为了"生"和"活"的，物质是基础性因素；另一方面，三成多人认为不够幸福的最重要原因是精神空虚，这体现了"富起来"以后的普遍问题，人们的心灵没能得到及时安顿，这是更为深层的根源。

（2）贫困和疾病也是老百姓不够幸福的重要原因。调查中，分别有9.26%、8.89%的受访者认为不够幸福是贫穷、疾病造成的。其实，往往贫穷更为根本，因为不少百姓是因为贫穷才生病，因病而轻易返贫。不到10%的选择率相对并不显著，但其绝对数量是庞大的。

（3）单身或没有真心朋友、没有一技之长、修养不够等也是造成不够幸福的因素，但这些其实又是造成生活压力大、精神空虚的重要原因，解决这些方面的问题恰恰有利于改善生活压力大和精神空虚的问题。

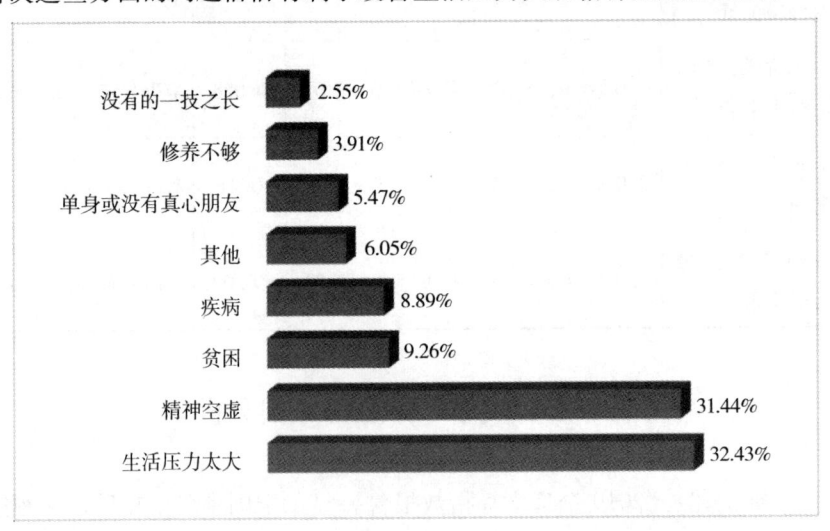

选项	比例
没有的一技之长	2.55%
修养不够	3.91%
单身或没有真心朋友	5.47%
其他	6.05%
疾病	8.89%
贫困	9.26%
精神空虚	31.44%
生活压力太大	32.43%

图3—45　您觉得一个人感到不够幸福的最主要原因可能是什么

(1) 贫困、疾病造成不幸福在群众中体现最为明显,精神空虚超过生活压力是造成团员不幸福的最主要原因。

不同政治面貌的中国公民不够幸福的归因有显著差异,卡方检验 p 值小于 0.001,显著小于 0.05。通过数据可以看出,群众归因贫困、疾病的比率明显高于其他群体,团员归因精神空虚的百分比(38.8%)明显高于生活压力太大(30.2%),是所有群体中的例外,这应该引起高度重视。

表3—180　　　　　不同政治面貌公民对不够幸福的归因差异

		党员	团员	群众	p-value	p12	p23	p13	Test
如果一个人感到不够幸福,您觉得最主要的原因可能是什么	贫困	8.2 (39)	8.4 (82)	11.0 (103)	<0.001	0.056	<0.001	0.006	Pearson's chi-squared
	疾病	8.6 (41)	5.9 (58)	12.0 (112)					
	单身或没有真心朋友	4.4 (21)	6.4 (63)	5.2 (49)					
	生活压力太大	35.3 (168)	30.2 (296)	33.2 (311)					
	精神空虚	31.9 (152)	38.8 (381)	23.4 (219)					
	没有一技之长	2.5 (12)	1.7 (17)	3.3 (31)					
	修养不够	4.2 (20)	3.7 (36)	4.2 (39)					
	其他	4.8 (23)	4.9 (48)	7.7 (72)					

(2) 生活压力最大的是专业技术人员(含教师),学生不够幸福归因首要的是精神空虚,疾病是产业工人和农民不幸福的重要原因。

不同职业的中国公民不够幸福的归因差异非常显著,卡方检验 p 值小于 0.001,显著小于 0.05。数据显示,有五分之一强(20.5%)的产业工人和农民将不够幸福归因于疾病，占比比其他群体高 10 个以上百分点；专业技术人员（含教师）是生活压力太大这一原因中占比最高的群体（43.3%），比其他群体至少高出 10 个百分点；四成多（40.6%）的学生认为自己不够幸福归因于精神空虚，居于各群体之首，也超过生活压力的比率（26.5%）。

表 3—181　　　　　　不同职业公民对不够幸福的归因差异

		机关、党群组织、企业事业单位工作人员	专业技术人员（含教师）	商业、服务业人员	产业工人和农民	学生	p-value	p12	p23	p13	Test
如果一个人感到不够幸福，您觉得最主要的原因可能是什么	贫困	7.2 (29)	6.7 (18)	12.8 (61)	12.3 (15)	7.9 (67)	<0.001	0.34	0.022	0.074	Pearson's chi–squared
	疾病	10.9 (44)	8.6 (23)	10.7 (51)	20.5 (25)	4.7 (40)					
	单身或没有真心朋友	4.2 (17)	3.0 (8)	5.0 (24)	4.9 (6)	8.1 (69)					
	生活压力太大	33.3 (134)	43.3 (116)	34.4 (164)	31.1 (38)	26.5 (225)					
	精神空虚	32.3 (130)	28.7 (77)	24.3 (116)	16.4 (20)	40.6 (344)					
	没有一技之长	2.2 (9)	2.2 (6)	2.5 (12)	4.9 (6)	2.2 (19)					
	修养不够	3.7 (15)	3.4 (9)	2.9 (14)	4.9 (6)	4.2 (36)					
	其他	6.2 (25)	4.1 (11)	7.3 (35)	4.9 (6)	5.7 (48)					

（3）文化程度越低，不够幸福越归因于生活压力、疾病和贫困，文化程度越高不够幸福越归因于精神空虚。

不同文化程度的中国公民不够幸福的归因差异非常显著，卡方检验 p 值小于 0.001，显著小于 0.05。数据显示，上过大学的公民不够幸福的归因首要的是精神空虚，占比达 37%，显著高于没上过大学的公民

(19.1%)，相差 17.9 个百分点。文化程度越低，生活压力、疾病、贫困对幸福构成的威胁越大。

表 3—182　　　　不同文化程度公民对不够幸福的归因差异

		没上过大学	上过大学	p – value	Test
如果一个人感到不够幸福，您觉得最主要的原因可能是什么	贫困	10.5（78）	8.8（147）	<0.001	Pearson's chi – squared
	疾病	12.4（92）	7.1（119）		
	单身或没有真心朋友	8.2（61）	4.3（72）		
	生活压力太大	34.4（255）	31.6（529）		
	精神空虚	19.1（142）	37.0（620）		
	没有一技之长	4.0（30）	1.9（32）		
	修养不够	3.6（27）	4.1（68）		
	其他	7.7（57）	5.3（88）		

（4）公民收入越高，不够幸福越是归因于生活压力；低收入公民不够幸福的首要原因反而是精神空虚。

不同收入水平的中国公民不够幸福的归因差异非常显著，卡方检验 p 值小于 0.001，显著小于 0.05。数据显示，收入越高，生活压力大的因素影响反而越大；在低收入受访者不够幸福的原因中，生活压力仅居第二位，也是各群体中比率最小的（28.4%）；精神空虚反而成为低收入者不幸福的首要原因，也是各群体中最高值（36%）。这一看似悖谬的结论其实很正常，由于低收入者往往生活要求也相对低些，目前国家实施的民生兜底政策较好解决了他们的生活需求，故他们的生活压力反而小些。相反，中高收入者要通过自己奋斗争取更好更高质量的生活，压力就反而更大。

表 3—183　　不同收入水平公民对不够幸福的归因差异

		2000元及以下	2001—5000元	5000元以上	p-value	p12	p23	p13	Test
如果一个人感到不够幸福，您觉得最主要的原因可能是什么	贫困	9.1(82)	9.4(80)	9.8(56)	<0.001	<0.001	0.17	0.011	Pearson's chi-squared
	疾病	8.1(73)	10.9(93)	6.8(39)					
	单身或没有真心朋友	6.9(62)	4.1(35)	3.5(20)					
	生活压力太大	28.4(256)	34.9(297)	36.3(207)					
	精神空虚	36.0(325)	27.3(232)	31.1(177)					
	没有一技之长	2.4(22)	2.5(21)	3.0(17)					
	修养不够	3.9(35)	4.1(35)	4.4(25)					
	其他	5.2(47)	6.7(57)	5.1(29)					

（5）在城市居民不幸福的归因中精神空虚和生活压力不相上下，小城镇和农村居民更多归因于生活压力。

不同居住地的中国公民不够幸福的归因有显著差异，卡方检验 p 值为 0.018，小于 0.05。数据显示，小城镇和农村居民不够幸福的主要归因于生活压力大、精神空虚和疾病。城市居民不够幸福主要归因于精神空虚、生活压力太大和贫困。其中，精神空虚（32.7%）和生活压力（32.4%）不相上下。

表 3—184　　　　　　不同居住地公民对不够幸福的归因差异

		小城镇和农村	城市	p - value	Test
如果一个人感到不够幸福，您觉得最主要的原因可能是什么	贫困	8.7 (57)	9.5 (168)	0.018	Pearson's chi - squared
	疾病	10.4 (68)	8.2 (146)		
	单身或没有真心朋友	7.9 (52)	4.6 (81)		
	生活压力太大	32.5 (213)	32.4 (573)		
	精神空虚	28.2 (185)	32.7 (579)		
	没有一技之长	2.0 (13)	2.8 (49)		
	修养不够	4.0 (26)	3.9 (69)		
	其他	6.3 (41)	6.0 (106)		

（6）公民年龄越小越将不够幸福归因于精神空虚，90 后及以下精神空虚成为首因。

不同年龄的中国公民关于不够幸福的归因差异非常显著，卡方检验 p 值小于 0.001，显著小于 0.05。p12 值显著大于 0.05，表明 90 后及以下内部差异不大。数据显示，90 后及以下不够幸福的归因精神空虚都超过生活压力居于首位，百分比分别是 38.1%、33.8%；年龄越小精神空虚影响越大；除生活压力、精神空虚外，70 后及以上公民还归因于疾病（18.5%），80 后归因于贫困（12%），百分比均超过 10%。

表 3—185　　　　　　不同年龄公民对不够幸福的归因差异

		95 后与 00 后	90 后	80 后	70 后及以上	p - value	p12	p23	p13	Test
如果一个人感到不	贫困	8.2 (75)	9.7 (52)	12.0 (61)	8.2 (37)	<0.001	0.13	<0.001	<0.001	Pearson's chi - squared
	疾病	4.8 (44)	7.2 (39)	9.3 (47)	18.5 (83)					

续表

		95后与00后	90后	80后	70后及以上	p-value	p12	p23	p13	Test
够幸福，您觉得最主要的原因可能是什么	单身或没有真心朋友	7.9 (73)	6.1 (33)	3.0 (15)	1.8 (8)	<0.001	0.13	<0.001	<0.001	Pearson's chi-squared
	生活压力太大	29.1 (267)	31.8 (171)	39.4 (200)	32.3 (145)					
	精神空虚	38.1 (350)	33.8 (182)	24.4 (124)	23.4 (105)					
	没有一技之长	2.2 (20)	1.9 (10)	2.6 (13)	4.0 (18)					
	修养不够	3.5 (32)	4.6 (25)	2.6 (13)	5.6 (25)					
	其他	6.3 (58)	4.8 (26)	6.9 (35)	6.2 (28)					

（7）公民不够幸福的归因与宗教信仰关系不大。

有无宗教信仰的中国公民不够幸福的归因没有显著差异，卡方检验p值为0.074，大于0.05。不过数据直观显示，信仰宗教的受访者不够幸福的首要归因为精神空虚，而无宗教信仰者不够幸福的归因首要的是生活压力。

表3—186　　有无宗教信仰公民对不够幸福的归因差异

		无宗教信仰	有宗教信仰	p-value	Test
如果一个人感到不够幸福，您觉得最主要的原因可能是什么	贫困	9.1 (195)	11.8 (22)	0.074	Pearson's chi-squared
	疾病	8.2 (175)	14.5 (27)		
	单身或没有真心朋友	5.6 (120)	4.8 (9)		
	生活压力太大	32.9 (707)	26.9 (50)		
	精神空虚	31.9 (684)	30.1 (56)		
	没有一技之长	2.4 (52)	3.2 (6)		
	修养不够	4.1 (87)	2.7 (5)		
	其他	5.9 (127)	5.9 (11)		

(8) 精神空虚是未婚公民不幸福的首要归因，显著高于已婚公民。

不同婚姻状态的中国公民不够幸福的归因差异非常显著，卡方检验 p 值小于 0.001，显著小于 0.05。数据显示，未婚公民不够幸福的归因主要集中于精神空虚和生活压力，且精神空虚占比（37.3%）显著高于生活压力过大的占比（29.8%）；已婚公民不够幸福的归因除首位的生活压力和次位的精神空虚外，疾病和贫困都很重要，占比分别达到 13.2% 和 10.4%，超过 10%。另外，值得注意的是，未婚公民精神空虚占比（37.3%）高出已婚公民（24%）达 13.3 个百分点，十分显著。

表 3—187　　不同婚姻状态公民对不够幸福的归因差异

		未婚	已婚	p-value	Test
如果一个人感到不够幸福，您觉得最主要的原因可能是什么	贫困	8.4 (114)	10.4 (104)	<0.001	Pearson's chi-squared
	疾病	5.1 (70)	13.2 (132)		
	单身或没有真心朋友	7.3 (100)	3.1 (31)		
	生活压力太大	29.8 (406)	36.4 (364)		
	精神空虚	37.3 (508)	24.0 (240)		
	没有一技之长	2.3 (32)	2.9 (29)		
	修养不够	3.8 (52)	3.8 (38)		
	其他	5.9 (80)	6.2 (62)		

对策建议篇

第一章 中国公民价值观调查的基本结论

2017—2019年,"当代中国公民价值观现状实证研究"课题组根据科学抽样,分三次赴辽宁、广东、浙江、河南、贵州、黑龙江、甘肃、湖南、上海、福建、陕西、江苏、四川、湖北、吉林等15个省市,分别就中国公民国家价值观、中国公民社会价值观、中国公民人生价值观进行了面对面的调查,分别收回有效问卷2451、2627、2469份。在对调查问卷进行数据处理和分析研究的基础上,分别撰写了《中国公民国家价值观报告》《中国公民社会价值观报告》《中国公民人生价值观报告》。同时,根据最初课题设计,连续出版了《解读:2016》《社会热点:2017》《社会热点解读:2018》《社会热点解读:2019》,对我国年度社会热点进行了价值评析,以人文解读方式研究当代中国价值观现状。此外,在《哲学动态》《江海学刊》等刊物发表相关学术论文3篇,其中《价值观研究亟需自觉的人类学视角》一文为《新华文摘》全文转载。通过科学调查、人文解读和理论研究,课题组对当代中国公民价值观现状有了总体性的把握。基于此,我们得出了一些基本结论,并对于我国价值观建设特别是进一步培养和践行社会主义核心价值观提出系列建议。

一 当代中国公民的价值观总体积极乐观,与社会主义核心价值观要求的方向基本一致

尽管我们常常能于媒体见到各种足以证明当今中国公民道德滑坡、价值观堕落的乱象报道,但我们必须认识到,对于14亿人的大国而言,

任何个别的事例都无法说明全体。正如吉登斯说到的高度现代性时代的"现实倒置"现象，媒体发达、信息迅捷交流导致人们总是把一些例外的事情理解为了日常状况。当然，在一个多少有些"后真相"的时代，要真正了解当下中国人的价值观状况是不容易的，除开进行科学的抽样调查之外，没有别的更好办法。调查对象所代表的是生活在中国大地上的普通公民，也是未曾被媒体聚光灯照亮的沉默的绝大多数，但正是他们构成了真实的中国人，支撑着整个的中国社会。调查显示的中国公民的价值观现状、心灵秩序图谱表明：总体上，无论是有关国家价值观、社会价值观，还是个人价值观和人生价值观，公民理想偏好务实，底线诉求清晰，现实评价客观，具体选择倾向积极，体现出比较理性的、正能量的价值观。

文化是一个民族、国家的灵魂，而文化的核心是价值；任何民族、国家得以维系都需要一套核心价值体系，而核心价值观又是核心价值体系的内核。一个国家只有公民承认、接受并践行了其倡导的核心价值观，它才能真正获得合法性和永续存在的根本力量。进入社会主义时期以来，中国一直在把捉、提炼并试图表述自己的核心价值即社会主义核心价值观。党的十八大明确提出"三个倡导"，即倡导富强、民主、文明、和谐，倡导自由、平等、公正、法治，倡导爱国、敬业、诚信、友善。从此，这24字就成为社会主义核心价值观基本内容的表达。按照通行的理解，富强、民主、文明、和谐是国家层面的价值目标，自由、平等、公正、法治是社会层面的价值取向，爱国、敬业、诚信、友善是公民个人层面的价值准则。我们的调查并不限于但包含了这些方面的考察，结果总体上是比较乐观的。一方面，正如国家文化价值观部分的相关调查结果显示，大多数（86.19%）的受访公民认同社会主义核心价值观；另一方面，更为重要的是，我们在分项考察中发现，大多数公民不仅在认知上对社会主义核心价值观有比较准确的把握，而且在实践中能基本践行——尽管后者的比率要小于前者，绝大多数公民的价值观尽管不理想、不完美，但与社会主义核心价值观是同向契合的。这是当前中国公民价值观现状的基本面，是我们进行价值观建设、进一步培育和践行社会主义核心价值观的基础。

二 人们高度评价党领导下国家、
社会发展取得的巨大成就

价值观是人们对人或事物价值的根本性看法和观点，总是离不开对客体的价值评价。或者说，我们总是要在人们对对象的评价中去窥见人们的价值观。因此，在我们的调查中不可避免地涉及公民对国家、社会、公民的方方面面的评价问题。毫无疑问，公民对一个国家、社会的满意度与政府、执政党的努力是分不开的，公民价值观的调查，在一定程度上也是人们对政府、执政党满意不满意的调查。在调查中我们发现，无论对国家、社会目前总体发展状况，还是从"和其他国家相比""和过去相比""未来发展趋势"等维度判断国家、社会诸方面的发展状况，大多数公民都给予很高的评价，认同中国走自己特色的道路，并整体上为自己作为中国人而感到骄傲。同时，在国家价值观、社会价值观、个人价值观和人生价值观中涉及众多生活条件、生活方式变化的方面，公民总体上都持正面、积极的态度。尤其值得指出的是，在现实生活中我们经常能听到关于中国社会不够自由、民主的诟病，而我们的国家政治价值观的调查显示，74.14%的受访公民认为自己是自由的，77.92%受访公民认为当前中国是民主国家。今天的中国公民对中国共产党领导人民从站起来、富起来到强起来取得的伟大成就是高度评价的。

按照马克思主义社会存在决定社会意识的观点，人们奋斗的一切都和他们的利益有关，人们的价值观念特别是价值评价归根结底都与其现实生活的条件有关。现代政治是政党政治，任何执政党只有获得统治合法性即得到广大人民群众的认同，才能维护其执政党的地位。人民群众是否认同一个执政党的执政，就在于这个执政党能否保证一个好的国家和好的社会。为此目的，执政党主要依靠绩效和意识形态宣传两方面的系统努力来保障。所谓的绩效努力其实就体现为最大限度地满足人民日益增长的美好生活需要。执政党真正把人民对美好生活的向往作为自己的奋斗目标，而且人们也实实在在地感受到了生活正在朝好的方向改变，其对社会现实的评价就会是积极的。

三 党员价值观和群众价值观贴近度高，价值共同体依然牢固

中国共产党从诞生之日起就是人民的政党，为人民谋幸福是最根本的初心，全心全意为人民服务是中国共产党的根本宗旨。2019 年党内进行的"不忘初心，牢记使命"的教育以及共产党十八大以来一再强调脱离群众的危险是其面临的"四大危险"（精神懈怠危险、能力不足危险、脱离群众危险、消极腐败危险）中最大的危险，是十分有针对性的。那就是在改革开放三四十年的条件下，无论是党内外、群众中，还是国内外，都有人对共产党可能遗忘初心、丧失人民性而担忧。但实际调查的结果是，除开上述提到大多数公民承认和拥护党领导人民创造的成就外，更为本质的是党员与群众的价值观高度贴合。在调查中，不同群体特别是不同政治面貌的群体的各项数据表明，尽管存在着很大的差异性，但大多数情况下，党员和群众的相关比较 p 值都显著大于 0.05，即表明两者差异不大，他们作为价值共享的群体却常与其他群体存在显著差异。这也就可以理解，为什么在一些西化的所谓精英群体看来，中国共产党这也不对、那也不对，似乎岌岌可危、垮台指日可待，但底层老百姓却对此无动于衷的真正原因所在。

中国共产党的领导是中国特色社会主义最本质的特征。毋庸讳言，中国共产党自身依然存在着这样和那样的问题，但其在中国大地深耕百年，更伟大的胜利不是经济、科技等方面的成就，而是在价值观上与最广大的人民群众在根本性的方面贴合。价值观是最深层、最根本的力量。只要共产党与人民群众形成真正的价值共同体，那么其合法性地位就是稳固的，什么样的东西南北风吹来都无济于事。而且，正是基于这种价值观的贴合，使得中国共产党能集中力量办大事，放手去创造很多奇迹。这不仅不是每个国家的政党可以做到的，也不是任何政党可以做到的。这一点尤其是在 2020 年的抗击新冠肺炎过程中生动地体现出来。在此意义上，中国共产党的领导不仅是中国特色社会主义的最本质特征，确实也是中国特色社会主义制度最大优势——在国家价值观调查部分涉及当前中国政治的最大优势时，"中国共产党执政地位稳固"以 31.06% 选择率位列首位。

四 公民价值观的中国特色十分鲜明

习近平曾经指出:"我们生而为中国人,最根本的是我们有中国人的独特精神世界,有百姓日用而不觉的价值观。"[①] 确实如此,作为有着五千年文明历史的炎黄子孙,中华优秀传统文化已经成为中华民族的基因,植根在中国人内心,潜移默化影响着中国人的价值观念、思维方式和行为习惯。尽管在历史的某个阶段,例如20世纪80年代后半期,出现过西化的热潮,但改革开放、主动融入全球化的总结果,并没有使绝大多数中国公民认同全盘西化,认同所谓西方普世价值。相反,中国公民所体现出来的价值观具有深刻、鲜明的中国特色。例如,在个人与国家利益发生冲突时,绝大多数人优先选择国家;倾向于拥有强有力的政府,总体上并不认同西方所谓的民主体制;认为和谐是理想社会的首要特征;认同稳定压倒一切;对安定、平等的诉求显著优先于自由;认为自由最重要的是生存自由而非政治自由;既视家庭美满为人生中最理想的追求和最起码的状态,又视家庭美满为人生幸福的最重要因素和起码因素;等等。贯穿其中的家国情怀、伦理本位、价值排序与西方的价值观形成鲜明对比。一句话,那就是我们依然"很中国"。调查还显示,绝大多数公民认为保持这种特色是必须的。例如,对于法治的认识,有88.84%的公民认同不同国家法治应该拥有不同特色;更有80.16%的公民为中国特有的文化感到自信——特别值得指出的是,团员、学生、90后和00后分别在不同政治面貌、职业、年龄组中都是最具有文化自信的群体,也就是说,公民越是年轻越是对中国文化自信。

多样性是文化的本然特性,也是其生命之根本所在。作为文化内核的价值观也是如此。在世界面临百年未有之大变局,多样性文化相互激荡之际,文化自信极端重要,而所谓文化自信说到底乃是价值观自信。坚持价值观自信,才能保持精神上的民族独特性和独立性,才能使中国人永远是中国人,实现民族伟大复兴才是可能的也才是有意义的。否则,皈依于西

[①] 参见习近平《青年要自觉践行社会主义核心价值观——在北京大学师生座谈会上的讲话》,人民出版社2019年版。

方价值观，以西方价值观为自己的价值观，成为黄皮白心的"香蕉人"，即使是"强大"了，那也不再是中华民族的伟大复兴。因此，公民价值观所反映出来的鲜明中国特色是令人欣慰的，总体上应该予以发扬光大。

五 价值观总体处于现代化转型快速嬗变时期

公民的价值观不仅具有阶级性、民族性，也具有明显的历史性。自1978年开启的改革开放开始，中国社会就进入社会转型时期。按照十九大的擘画，到2050年全面建成社会主义现代化强国，也就是说到那时全面完成社会转型。所谓社会转型既包括经济、政治、社会等体制机制的转型，也包括人们生活方式、样态的转型，本质上都是面向现代化的转型，最为深层的是文化、价值观的现代化转型。应该说，对于少数的先进分子而言，很快就完成了自己价值观的转型，但对于大多数公民来说，价值观的转型具有滞后性，随着经济体制、生产生活方式的转变而渐渐发生了转变。也就是说，进入新时代，中国在经济发展、社会结构转变方面渐渐放慢了节奏，经济发展进入新常态，社会流动性减少，一切似乎开始进入"尘埃落定"阶段之际，价值观的现代化转型却开始进入快车道。

调查发现，几乎所有的价值观差异分析年龄都是一个强相关因素，而且绝大多数情况下都具有这样的特色：90和00后公民之间没有显著差异，而他们与其他年龄段有显著差异；70后及其以上公民价值观都相对比较传统，90和00后则相对比较前卫，形成了非常显著的两个极端，80后则介乎两者之间。90后及以下与70后及以上在很大程度上成为现代与传统价值观的代表，例如，在关于国家的功能价值判断中，70后及以上认为最重要的是经济，这也是所有样本最后呈现的结果；但90后及以下则认为是社会（在国家价值观调查部分关于环境保护和经济增长何者优先时，50.23%的90后及以下公民选择了优先环境保护）。再如，在对同性之间也会产生爱情的认同度上，在1—10的认同度中，70后及以上选择的中位数是2，而90后及以下选择的中位数是7。也就是说，前者总体不认同同性之间有爱情，后者则总体上认同同性之间有爱情，完全是对立的。

同时，本调查沿用了2012年世界价值观调查若干原题，在中国相同问题前后调查结果的比较更能形象地说明这一问题。例如，2017年公民国家价值观调查部分有关收入差距合理性的调查，在1—10分的认同度中，2012年均值为4.45，也就是总体倾向于缩小差距，注重平等；而5年后的均值为5.58，总体倾向于拉大差距，注重公平。这可以说是一个质的变化。再如，2019年公民人生价值观调查部分有关同性恋的调查，反对者占62%，比7年前89.5%下降了27.5个百分点——2019年调查还显示有47.7%也就是近一半的公民相信同性之间也有爱情，这真是华夏亘古未有之大变化。当然，我们对同性恋自身的正当性与否不作评论，只是想指出两点：第一，人们对同性恋态度的变化从根本上说是现代化带来的；第二，在短短七年发生这么大的变化、长辈和晚辈之间差异如此悬殊，都是让人震惊和引人思考的。

价值观快速嬗变是现代化转型进行到一定程度的必然结果。价值观的特殊重要地位就决定了这意味着在一个不长的时间内，也就是"担当民族复兴大运"的青年一代（90后、00后）成为社会骨干之时，中国公民将总体上以基本现代化的价值观、新的文明形象展现于世界。

六 公民价值理想与现实评价之间还存在巨大差距

对于国家价值、社会价值以及个人价值和人生价值，乃至其中某个具体的维度，公民都基于自己的认识、体验具有自己的理想偏好，作为一种数据统计，这些理想偏好合起来反映了这个时代公民们的共同的理想偏好。一如前述，大多数人的理想偏好"很中国"、很务实。但是，即便在高度评价当前中国发展状况及社会主义核心价值实现水平的时候，很多公民对现实中存在的诸多问题反映强烈，所有的不满最终都综合地反映到生活感受上来。这种生活感受就是所谓美好生活（good life）的感受程度，就是幸福（well being）感的高低。我们看到，国家价值观调查部分关于国家发展的最终目标的调查中，超过一半（51.59%）的公民都选择了人民幸福，领先排在第二位的选项30多个百分点，可以说是有压倒性优势。这既与执政党的为人民谋幸福、满足人民美好生活需要的初心与使命完全一致，也与古往今来思想家们关于政治共同体终极价值和人生终极意义的理解完全一致。但是，个人价值和人生价值观部分的调查显示，64.56%

即近三分之二的受访者认为现在的人幸福感普遍偏低。同时,联合国《2019全球幸福指数报告》显示,在参与调查的156个国家和地区中中国的幸福指数排名第93位,而且已经连续三年下降。中国公民价值理想与现实评价之间的巨大差距之大可见一斑。

其实,正如马克思早在青年时代就困惑于"应有"与"实有"之间的矛盾一样,理想和现实之间的矛盾、差距是一种普遍现象。只不过是在新时代的中国,由于人们的美好生活需要无论是在量上、面上还是质上都有了根本性的改变与升级,以往"贫穷限制想象"的欲望被极大释放和激发,而这种释放和激发所提供的可能性空间远远超越了社会发展实际水平可以提供满足的限度,从而就产生了一种不对称的"供需"矛盾。在此意义上,党的十九大明确指出,新时代社会主要矛盾已经转变为人民日益增长的美好生活需要和不平衡不充分发展之间的矛盾,是十分准确和正确的。只要积极、真诚地予以面对,理想和现实之间的张力就正是现实不断趋于理想的重要动力所在。

七 公民价值观差异乃至冲突日益复杂化

在三年的调查中,我们对调查结果进行了基于政治面貌、职业、收入、受教育程度、居住地、年龄、宗教信仰、婚姻状况等方面的差异分析,大多数的秩和检验 p 值以及比较 p 值都显著小于 0.05,也就是公民的价值观与这些因素强相关,而且内部差异很显著。基于连续四年的中国社会热点观察与分析以及人们生活中的直接体验,我们都能感受到价值观差异、冲突的日益凸显和复杂。一方面,正如上述,中国进入价值观快速嬗变时期,冲突当然就日益突出。另一方面,越是具备丰裕物质条件,越是接受良好的教育,人们思想价值观念对行为的影响越大,人们之间的许多矛盾冲突已不单纯是因具体利益而起,而是基于价值观不同而产生。随着现代科技、社会分工日益精细化发展和世界多样文化价值的相互激荡,不同区域、阶层、群体、个人的价值观日益分化。在知识大爆炸、信息大超载背景下,一个人掌握的知识、信息,进而是所领悟到的道理日益成为人与人差异的重要原因,不同的人处于不同层次、境界乃至世界中,日益难以彼此理解、公度和达致共识。宏观地说,我国当前价值观客观上呈现出多元共存态势，既有以执政党思想为代表的主流价值观，也有以儒释道为代表的传统价值观；有以所谓自由、民主为代表的西方价值观，也有以解构、非主流为代表的后现代价值观。这些价值观因为全面深化改革的推进、经济利益的深刻调整而深度碰撞。这样的价值观冲突不但体现在慎重的价值选择和价值判断方面，也渗透到基于网络信息的人们日常生活和行为方式中，人们关于很多问题的矛盾、冲突事实上不再完全是利益、是非之争，而更多成为有态度的价值观攻防，甚至动辄上升为价值观的决斗。这就是所谓"后真相"（post‐truth）时代的重要特征。

通过现代化转型，中国已经永远走出了"同一首歌"的时代，价值观的差异性存在是一种进步。一方面表明不同公民有了自己的主见、主体性，拥有自己独立的思想和价值观，或者说实现了价值观的觉醒和自觉；另一方面表明人们的物质生活有了根本性的保障，才会在思想、价值层面凸显差异。但是，由差异导致的冲突超过一定的限度，也使得整个社会存在被撕裂的危险，更可能带来不可预料其他风险。这是我们在进行价值观建设时面临的基本事实和挑战。

第二章 价值观建设的对策建议

中国极其重视价值观建设问题，党的十九大报告中将坚持社会主义核心价值体系、弘扬和培育社会主义核心价值观作为习近平新时代中国特色社会主义思想的重要内容和坚持发展中国特色社会主义的基本方略。基于三年的中国公民价值观现状实证调查的深入分析以及价值观、价值哲学相关理论的学术研究，课题组对进一步搞好我国的价值观建设提出一系列对策建议。具体分理念篇、内容篇、对象篇和方法篇4部分，共32条。

一　理念篇

思想理念是行动的向导，进一步搞好价值观建设首先要从思想理念入手。但我们要说的不是简单的观念上"高度重视"云云，党和政府对价值观建设重视程度已经可谓空前了。我们要强调的是，在价值观建设的顶层设计层面应该有更加基于现实和学理分析的战略思考，以更为科学、理性、精准的理念指导我们的价值观建设实践。

1. 要自觉在统筹"两个大局"中思考价值观建设

在全球化的背景下，地球成为名副其实的"地球村"，国际间物质、信息、文化都是彼此连通、相互影响的，价值观亦是如此。当今中国不仅在一般意义上在倡导、推动人类命运共同体建设，而且随着"一带一路"倡议的逐步落实、"亚投行"的业务扩展等，客观上我们在世界各地已经有了自己的独特利益。换言之，新时代我们不但处于全球化的境遇中，更是主动地融入全球化的发展中，并在全球化中发挥着越来越重要的引领作用。同时，一些西方发达国家依然没有改变霸权主义的冷战思维，依然通过各种手段干涉我内部事务，尤其是进行文化、价值、意识形态的渗透，甚至是明目张胆的攻势。因此，我们的价值观建设不能自外于这种现实，而必须统筹"两个大局"即世界面临百年未有之大变局与实现中华民族伟大复兴战略的全局。

当今世界正面临百年未有之大变局。事实上，百年来"局"一直在变，只不过从未如此"大变"。这个一直在变中不变、如今却正在大变的"局"乃是近代西方文化逻辑及其价值观塑造的历史结果。如今出现大变局既有世界力量对比发生变化的原因，更有西方文化、价值观自身内在缺陷的原因。尽管目前出现的变局还是只是"局势"（趋势）而非"局面"（结局），但"善战者，求之于势"（《孙子兵法·势篇》），我们只有顺势而为、借势而为，才能为人类争取一个"大变局"之后有利的或最不差的"新局"。从逻辑上说，这种大变局之后的"新局"有三种可能：一是西方对其固有范式的"保护带"稍作修正，但"硬核"不变，然后"重整河山"，继续主导世界；二是非西方力量得以主导世界，但基本行动逻辑与西方近代以来的那一套模式没有本质差别，不过是换了"主持人"；三是出现一个超越近代西方文化逻辑的全新文明模式，能为较好解决目前人类面临的系列危机创造条件。无疑，第三种可能才是我们最应该追求和筹划的，中国提出的构建人类命运共同体便是如此。

所谓"局"其实是一种秩序，秩序是事物存在的一种有规则的关系状态；这种规则所束缚的主要是一种时间和空间上的结构顺序；人们借此时间和空间上的结构顺序所需要获得的是整个系统的功能——协同彼此的行动。规则是秩序的关键，在一定的系统中，规则对人们互动关系进行约束的根据来自居于支配地位的某种文化价值观念。同样，中国所倡导的人类命运共同体，其内核也是一种价值观。如是观之，世界面临百年未有之大变局引发的危机与冲突，本质上是价值观的危机与冲突，中国所贡献的中国方案、中国智慧首先是一种基于中国视角、体现人类共同价值的价值观范式。随着中国走近世界舞台中央，更为自觉地不仅为人民谋幸福、为民族谋复兴，而且为人类谋进步，价值观建设也必须与时俱进，从更为广阔的视野、更为多层的维度来谋划。换而言之，以往我们把价值观建设仅仅理解为国内文化建设的一部分的思维是需要突破的。一个最直接的任务就是要把中国特色社会主义价值观和我们倡导的人类共同价值贯通起来，一道研究、一道筹划、一道实践。

2. 要自觉基于满足人民美好生活需要思考价值观建设

价值观是关于价值的信念、偏好和态度的稳定观念。所谓价值，最通俗的理解就是客体满足主体需要的一种意义关系。因此，对价值观和价值观建设的理解绝不能离开人的需要。今天中国发展进入超越"站起来""富起来"的"强起来"阶段，人们的需要发生了翻天覆地的变化。正如党的十九大报告指出的，我国社会主要矛盾已经发生历史性的全局变化，已经从人民日益增长的物质文化需要与落后的生产之间的矛盾转化为人民日益增长的美好生活需要同不平衡不充分的发展之间的矛盾。所谓美好生活（good life），是人们向往、需要的总体性表达，也是人们价值观的终极性指向。所谓新时代人民美好生活需要日益增长，一指人民的美好生活需要面上的日益广泛，以前没有的需要成为了需要了，需要的种类和内容都扩展了；二指需要的质量、层次或品味的"升级"，随着社会的发展，人们会对同一种需要提出更高的要求；三指人民的美好生活需要日益多元，不同个体、不同群体从自己的立场出发注重、强调生活的不同方面，形成不同的关于美好生活的理解，从而选择各自不同的实现美好生活的方式；四指人民的美好生活需要具有愈加明显的比较性，人们总是倾向于在将自己的生活美好程度与自己的过程进行纵向比较的同时，更多与其他人、其他家庭、其他单位乃至其他国家进行比较。新时代人民美好生活需要的这些特点至少给我们的价值观建设提出了两点启示：

一是价值观建设总体上只能顺应人们的需要并帮助人们实现对美好生活的向往，而不能无视人民日益增长的美好生活需要，设计一套自认为理想的价值观，然后进行自上而下的教育灌输。换而言之，当我们说，人民对美好生活的向往就是我们的奋斗目标、我们所做的一切就是为了实现人民对美好生活的向往的时候，事实上，是否满足人民的美好生活需要已经成为检验我们一切工作的标准。当然，这也成为我们价值观建设是否成功甚至是是否合法的标准。同时，我们并不认为人民对美好生活的需求都是正当的，都应该无原则满足的，更不应该盲目承诺，把大家的胃口吊得高高的，而是认为美好生活需要本身也是需要正确引导的，这正是价值观宣传、教育之必要所在。当然，依然要强调的是，引导、教育一定以顺应、满足为前提。

二是要更多地把价值观差异、矛盾、冲突看成不同美好生活观之间的差异、矛盾和冲突。毫无疑问，在两个大局视野中，无论是国际还是国内的价值观冲突，有些的确是是与非、善与恶、美与丑的冲突，对于这些我们必须立场坚定，毫不含糊。但是在人们社会生活、日常生活中遇到的绝大多数情况下的价值观冲突却未必如此。正是因为人们对美好生活形成不同理解，但在资源和制度保障仍然不够充分的条件下，不同区域、阶层、群体、个人从自身出发对美好生活的诉求不仅有差异，而且时有矛盾、冲突。例如，调查中提到的"邻避效应"——人们反对将有可能损害身体健康、环境质量、资产价值也就是预期有损自己美好生活的设施（如化工厂、核电站、垃圾场、殡仪馆）建设在自家附近，但并不反对其建在别处却有损别人的美好生活。这种效应如今是普遍存在的，并不能简单理解对错之分，那样只会扩大矛盾，造成撕裂甚至是社会的不稳定。这种不同人们基于各自理解的美好生活的矛盾、冲突是美美冲突、"诸善"冲突——已经成为当前中国社会的一个十分突出的问题。甚至可以说，这一矛盾是新时代人民内部矛盾的集中展现，也是我们进行价值观建设必须认识到的问题。这也就意味着，进行价值观建设和正确处理新时代人民内部矛盾是个相辅相成的过程。

3. 要自觉地运用价值观理论最新学术成果以更新理念

价值观建设是意识形态属性极其鲜明的工作，但就工作自身而言却又是一门科学，有关价值观的学术理论研究是价值观建设的基础和支撑。目前价值观建设存在的问题与目前的价值观研究的学术理论基础比较薄弱、陈旧有关。正如前言中指出的，目前价值观研究中最为突出的问题就是，在强调以人为本、尊重人的主体地位、入心入脑、内化于心、外化于行的同时，对人的现实复杂性、人的主体素质、人的"行"特别是人的"心""脑"究竟是什么样的状况却少有比较细致的研究。也就是说，目前的价值观研究过多强调了什么是价值观和人们应该拥有什么样的价值观，而相对忽视了现实的人是怎么样的和人们可能拥有什么样的价值观。这样一来，价值观研究中反复叙述和强调的关于"现实的人"等思想大多还只是停留于哲学抽象和政治原则，对于人的重视还主要止于形而上学的演绎和语言修辞性宣誓,真正现实的人和人的现实却往往被这些抽象演绎和原则宣誓所遮蔽。在学界目前最新相关理论研究中,强调走向自觉的人类学视角与方法的观点恰恰能帮助价值观建设达到新的境界。

人类学或至少社会文化人类学的如下相互关联的思想方法对价值研究是很有启发意义的:一是聚焦和照亮非中心、非精英的群体。对价值观研究而言,这就意味着要走出精英和上层,对那些在主流话语中以抽象面目、匿名方式出现的"群众""大众""人们"展开进一步分层分类分群的切实、细致研究。二是关注和解放本土性或地方性知识。对价值观研究而言,这就意味着不能满足于普遍性知识自上而下的灌输,而需要一种对地方性知识的尊重与把握,真正读懂表现为隐藏话语的各种群体的"潜台词"。三是基于经验事实进行客观描述。对价值观研究而言,这就意味着客观理解应该先于宣传教育,在理论论证之外需要一种经验、实证的考察,甚至是一种感性形式的刻画与描述,在真正的生活实践中理解和把握活生生的人。四是坚持行动者取向的主位观点。对价值观研究而言,这就意味着要真正站在大众或所研究群体的立场思考问题,而不是代替他们思考问题;要了解他们所思所想所需,尽量避免想当然的主观主义错误。五是凸显文化的主体间性。对价值观研究而言,这就意味着"群众""大众""人们"不仅仅是自上而下界定的价值观建构主体——主要是践行的主体,而且他们从来就拥有自己的道德智慧(the popular moral wisdom)和既定的价值观,他们在整个价值观建构中与官方、精英是互动的关系,一种本质上平等的主体间关系,价值观的培育和践行因而也在本质上表现为平等主体之间的价值共识过程。

立足于当下中国,在自觉的人类学视野中,价值观研究将自觉关注诸多以往被遗忘或遮蔽的"接地气"的真问题。例如,作为任何价值观最终承担主体的个人的心理、素质、趣味、主体能力、现实处境、生命体验、易感方式等对价值观形成究竟有什么样的影响,这种影响又有什么样的地域、民族、性别、群体、代际的差异;价值观形成的日常生活机制是怎样的;如何评价自在的大众道德智慧和既定价值观,它的形成机制是怎样的,在价值观教育中应该和能够起到什么作用;大众与精英、小众与大众、小众与小众之间以及代际价值观冲突各有何特点,应该如何理解和应对;网络化时代造成的虚拟依赖对人们价值观形成有着怎样的影响,网络大众文化带来价值观粉丝化、圈子化以及不同价值观群体、圈子是否可以和如何取得价值共识；如何辨析网络语言、符号的价值内涵以及掌握其在价值观传播教育过程中的影响；公共性活动和私人性活动在价值观构建中分别处于什么样的地位和发挥怎样的作用，两者又是一种怎样的关系；新媒体条件下媒体信息在传播、阅读中怎样生产自己的意义，又是怎样抵制或解构官方文本的支配意义；如何能准确、及时把握到人们最真实的价值观，现代性意义上的价值观反思性监控（Reflexive Monitoring）机制如何构建；等等。总之，自觉的人类学视角就意味着，真正地把价值观的主体看作非抽象的，看作现实的，处于具体社会、文化背景下，具有特定文化心理、生活经验和既定价值观的活生生的人，正视并以这样的多样性、复杂性为基础，从对"人是什么"的追问转变为对"人是怎样"的具体研究，使价值观研究获得日益全面的合理性、合法性和有效性。这是价值观研究的"最后一公里"，但是也是最关键、最困难的"一公里"。

价值观研究运用自觉的人类学视野与方法，对于价值观建设最大的启示就在于，价值观教育和传播要重视受众并不是抽象的存在，不是"心""脑"白板、价值观缺省的存在，而是知情意合体的现实的人，拥有自己既定的价值观或道德智慧。这种道德智慧，既有个人经验的体悟，也有千百年来代代相传的积淀，还有现代大众文化潜移默化的影响，尽管具有朴素性、经验性和混杂性，甚至人们也只是以一种朦胧、模糊的方式拥有它，但它在人们日常生活中发挥着恒常的作用。相对于各种理论体系，大众道德智慧是草根的、粗糙的，在其合理性上很难说"可信"，但它无疑是"可爱"的，具有蓬勃而顽强的生命力。事物存在的合理性不以完美为理由，任何精致完美的理论如果不能以这种粗糙的大众智慧为基础，就将失去群众、失去生命力。无视这些大众道德智慧的价值观教育就是无的放矢，甚至是十分危险的。因此真诚对待大众道德智慧是价值观教育的一项基本规范，而系统、全面、深入、细致地研究当下中国的大众道德智慧问题是价值观教育乃至一切理论宣传教育的前提性的紧迫课题。由此我们还可以得出三点理论结论：

一是价值观教育本质上是一个引导形成价值共识的过程。毋庸置疑，大多数人拥有的道德智慧或价值观与理想的核心价值观之间是存在着差异或距离的，但这并不意味着表现为大众道德智慧的价值观都是错误的、需要被拯救的。相反，一个社会的核心价值观的合理性可能来自基于某种理想认同的形而上学建构，但其合法性一定要基于大众的价值认同。或者是，真正的核心价值观有可能外在于某个具体的个体，但不会外在于作为整体的大众。作为社会精神之纲的核心价值观，纲举才能目张，但"目"中一定要有人。只有放下身段接地气，把"目"毛细化，核心价值观才能为大众所理解和切身感受到其本己性，从而既从认识到自己既有价值观正确的方面获得鼓励，也从认识到自己价值观偏差的方面获得鞭策。因此，核心价值观教育不能是一种单向的灌输，更不能理解为是对被教育者既有价值观的"格式化"。理想的价值观教育，不是简单地大众向核心价值观的靠拢，也不是简单地从核心价值观向大众道德智慧的下降，而是两者都是能动的，彼此相向而行。当然，两者相向而行不是等量齐观的，核心价值观的下降主要是一种方法（"近乎""不远"），大众道德智慧上升主要是一种内容上的系统化、明晰化。质而言之，在整个价值观教育过程中，除一个特殊身份之外，教育者与被教育者是主体平等的，这个特殊身份就是教育者在整个教育过程中扮演着主持人的角色，通过设置议题、掌握文化领导权的方式，引导多样、参差的价值观，促使作为"历史效果"的价值共识最终能靠向社会所希望的核心价值观。

二是在价值观教育中表现为公共讨论与自我修养的启蒙比教导更重要。正如哲学家康德所揭示的，人人都有理性，但是一方面人人自在地拥有的理性总是有限的理性；另一方面并不是人人都有勇气和决心自觉地运用自己的理性。这是大众之所以拥有道德智慧但又必须提升的理性根源。立基于人类普遍的理性，一种正确的核心价值观就不是外在的，运用理性就会使其义自现。也就是说，在价值观教育中，任务的提出只是开始，真正接受与践行的主体是大众，我们必须相信大众、依靠大众，相信大众运用理性的结果，使价值观教育变成大众自己的事，使核心价值观在可能性上成为"我们的价值观"。当然，如果大众运用理性之后却走向了教育者希望的反面，那么本身就表明教育目标和内容的不合理性。康德把理性运用分为公开运用和私人运用两种，他更多强调的是自由地公开运用理性。结合传统儒家的观点，笔者认为，在价值观教育中启蒙人们勇敢地运用自己的理性主要在于两件事：公共讨论和自我修身。公共讨论就是康德意义上的公开运用自己的理性，在与别人的质询、辩驳中达到一种公共理性，也就是达到了一种合乎理性的公共价值观,这也就是近年来学界讨论得比较热的公共性的理路。自我修身是反求诸己的理性路径,尽心知性而后不断发扬光大就可能达致一种公共价值观,传统儒家所昭示的从内圣开出外王的方法正是这样一种路径。

三是价值观教育要始终保持理想与现实之间的张力。价值观教育是一个复杂的过程,其具有复杂性的最重要原因就是,被教育者是活生生的、千差万别的、现实的人。对于一个社会的核心价值体系,不仅不同的人与它的符合程度不一样,就是同一个人对不同方面价值规范的认知和遵循程度也会不一样。同时,由于主体能力的差异,人们运用理性的方式和功效也一定会不同。价值观教育必须正视这些事实,不能搞齐步走,也不能设定高不可攀的完美目标,不能对价值观教育的结果抱有非历史性的幻想。相反,应该设定阶段性、层次性的目标,因材因境地教育,对差异化的结果有充分的心理准备,接受并不十分完美的教育结果。当然,这样并不意味着对理想的放弃,纯粹去做被教育者的"尾巴"。我们应该像康德道德哲学和传统儒家启示的那样,在承认、尊重大众道德智慧的基础上,取法乎上,把大众道德智慧"团结"和"接引"到与核心价值观"近乎""不远"的水平,使之始终为核心价值观所统摄和辐射,始终保持着一种可以继续提升的、积极向上的可能。

二 内容篇

参照社会主义核心价值观关于国家、社会和个人三个层面的划分,但不囿于其确定的24字倡导,我们在调查中将公民价值观分为公民的国家价值观、公民的社会价值观和公民的人生价值观三个层面,分析调查结果,考察其存在的问题,认为在以后的价值观建设中,从内容角度需要特别注意16个方面。

1. 社会主义核心价值观必须贯彻到国家治理体系和治理能力现代化之中

社会主义核心价值观不仅是公民应有的价值观,而且是整个国家体制机制应该贯彻的价值观。特别是就国家价值观而言,首先就应该是国家治理体系和治理能力中应该全面践行的价值观。在关于国家价值观的调查中，虽然公民总体上对目前中国的发展是满意的，但不少公民对国家治理体系和能力的某些方面不放心。例如，33.18%即三分之一的受访公民不相信政府会大力改善生态环境；展望中国未来生态状况，受访公民只有37.33%认为会变得越来越好，有24.07%认为会变得越来越差，还有38.60%认为难以确定，难以确定的比率超过相信越来越好的比率。这说明相当一部分公民对国家的生态文明建设的意愿与能力是持怀疑态度的。同时，在关于中国成为世界强国最大的短板的调查中，"更加规范的法治秩序"以22.64%的响应百分比和56.65%的个案百分比位列第一，这与中共十九届四中全会关于推进国家治理能力和治理体系现代化的精神是深度契合的（公民国家价值观调查在十九大之前完成）。这一方面表明公民对法治价值的尊崇与追求；另一方面表明公民对目前体制机制和治理体系不够规范、不够法治、不够现代化即不能真正体现社会主义核心价值观的指认。如果整个国家的治理体系和治理能力都能贯彻、体现社会主义核心价值观，公民自然也就会更加认同和践行这些价值观。

2. 引导公民逐步改变凡事依赖政府的"巨婴"心理

政府无疑是为公民服务的，但不应该是无限责任的。虽然我们不能认同西方自由主义的政府只是守夜人的"小政府"观点，但强调自立、自治是现代公民的重要特征。在我们国家，由于几千年家国一体的历史和社会主义制度的特征，使得公民对强政府的诉求甚高，甚至可以说是过高。在对政府干预程度（1—10）的回答中，倾向于管得越多越好的受访者占65.92%，平均值为6.24。可见，中国公民总体上倾向于赞同政府干预。同时，在关于国家与个人应该承担生活的责任调查中，在1分（国家承担更多）到10分（个人承担更多）的分值选择中，6—10分的选择率是61.78%，也就是说有近四成公民认为，个人生活的责任应该更多由国家承担。可以说，中国公民总体的独立性和担当意识还是不够强，或者说与我们的现代化进程不太匹配。现实中更是不乏公民已形成政府大包大揽的依赖习惯，甚至一味等靠要。政府的民生兜底政策在给了一些人以保障的同时，也惯出了不少"巨婴"毛病，也让一些辛勤工作、自力更生的公民感到不公平。因此，如何真正发挥社会力量的作用，调动每个公民的主动性和积极性，是价值观现代化建设的大问题。

3. 持续以民生改善促进公民国家民主价值观认同

一般来说，民生就是民生，民主就是民主。一个属于社会范畴，一个属于政治范畴。但是，在关于政治价值中核心观念民主的调查显示，受访者最倾向于将女人与男人享有同等权利（均值7.74，81.01%）、人们的自由不受侵犯是受宪法保护的公民权利（均值7.43，79.77%）、政府提供失业救济（均值7，74.46%）视为民主的基本要素，远远高于其他要素。甚至在次要选项中，国家让居民收入平等的选择率也高于通过自由选举来选择领导人。同题的世界价值观调查2011年美国部分调查结果则显示，美国受访者对民主基本要素的理解为：人们通过自由选举来选择领导人；女人与男人享有同等权利；人们的自由不受侵犯是受宪法保护的公民权利。可见，中美两国公民相同的地方是都认为自由、平等是民主的基本要素。不同的地方是中国公民认为民主基本要素还包括民生。在一般意义上，人们都能认识到民生是民主的基础，民生得不到保障就谈不上民主。但在中国公民看来，民生本身就是民主的体现，不能保障民生、不以改善民生为目的的民主（尤其是选举）不是真正的民主。这应该说是中国公民关于政治民主的一个重要的特殊认知。其实，西方的生命政治理论，例如福柯，早就指出了这种倾向；习近平也曾明确指出，民生就是最大的政治。这给我们的启示就是，既要持续改善民生来增强公民的国家民主认同，又要在民生改善的过程中体现民主、实践民主，使得民主与民生的关系更为紧密地构成不二关系，使得中国特色的政治民主抓牢中国特色的民生根基。

4. 以实质有用和形式公正的方式引导公民合理释放政治热情

调查显示，多数公民（55.11%）认为自己对政治不感兴趣。在生活中我们也能经常听到不少人说自己对政治不感兴趣，似乎政治冷漠症很流行。其实不然，中国公民在私下对政治有着极高的热情，而且这种热情在发生一些重大事件时就会从私人转化为公开，或者被人所利用。可见，表面上的所谓政治冷漠症对一个社会而言绝非一件好事。调查还显示，公民在被问及影响公民是否参加基层（社区、村）选举的最重要因素时，是否有关切身利益、是否公开公正占住了头两位,选择率分别达到37.27%和33.24%,都超过三分之一受访者。此外,参与是否有效也占到20.4%,超五分之一。反过来说,在很大程度上,出现"政治冷漠症"、对政治不感兴趣的原因在于我们的政治活动与人们的切身利益没有直接关系、活动本身不够公开、公民在参与之后觉得没有效果。可见,总起来是一方面质疑在实质上"没有用";另一方面质疑在形式和程序上不公正。一个"民主"作为国家价值观的社会主义国度,并不会认为公民不关心政治是件好事,而应该以真正有效的方式让公民感受到这种核心价值观是活生生的。

5. 弥补文化建设短板使公民在精神需要得到更好满足中培育和践行正确的价值观

价值观是文化的核心,文化是核心价值观的涵养。进行价值观宣传教育最有效的方式是以满足公民文化需要的方式进行。然而,调查显示,在五位一体的建设中,公民恰恰对文化建设的满意度最低。调查显示,公民对目前中国包括学术研究、道德建设、公共文化服务、文艺创作在内的文化事业发展的评价,在"非常不好"到"非常好"的1—10分选择中,虽然有80%多的受访公民给予正面评价,但均值只有6.14,也就是刚刚及格;公民对目前我国包括电影、电视剧、游戏、旅游等文化产品的提供情况,在"非常不好"到"非常好"的1—10分选择中,受访公民满意率为60%,有近四成公民不满意,均值为5.84,刚过不满意的线,属于差强人意;47.82%的公民则认为自己的文化需要没有得到满足,占到近一半,在1—10分的分值中,均值为5.53,处于在满足与不满足的交界线上。这些数据都表明,我们要建设社会主义文化强国任务还很艰巨,我们满足人民日益增长的美好生活需要——美好生活需要和一般需要的差别正在于其精神文化的含丰度——还远远不够。与此相关,作为这些文化的内核的价值观当然也就难以有效抵达人民的心田。

6. 注重引导公民形成科学的安全观

中国自古就是一个追求稳定甚至是有着超稳定深层结构的国家。改革开放以来,"稳定压倒一切"逐渐成为执政党政治哲学的第一原理。在调查中也显示,关于"稳定压倒一切"的观点,倾向于认同的受访者占65.79%,在1—10分分值中,均值是6.26分。而且,在"和其他国家相比,中国社会的最大优点"这一问题的调查结果表明,有43.90%的受访者认为是安全稳定是最大的优势,排在第一位,高出排在第二的选项"集中力量办大事"近22个百分点。可见,稳定是公民的共识性偏好。不过,调查数据还显示,当"做任何事情安全是第一位的"和"稳定压倒一切"选项同时出现时,91.93%的受访者认同前者,72.4%的受访者认同后者,差异十分明显。这表明大多数公民知晓"安全第一"和"稳定第一"的差别,并不追求绝对的稳定,但追求绝对的安全。按照马斯洛著名的需要层次理论,安全需要是在生理需要得到满足后凸显出来的需要。中国经过富起来,很好地解决了生理需要满足的问题,于是安全需要就上升为首要的需要了。调查还显示,生态安全、隐私安全和食品药品安全是目前公民最关心的安全问题。只有在这些方面做得更好,才能让公民安心,更加认同这个社会。事实上,党中央从治国理政的高度十分重视安全问题。十九大报告就指出,"国家安全是安邦定国的重要基石,维护国家安全是全国各族人民根本利益所在";要"树立安全发展的理念,弘扬生命至上、安全第一的思想"。可以说,安全第一的观念也成为国家和公民之间的共识。安全不仅仅是个科学技术的问题,首先是一个价值观的问题,从价值观的角度对公民进行科学的安全观宣传教育,这样的工作很有必要但目前基本付之厥如。事实上,公民也普遍意识到了这一问题,调查数据显示,近三分之一(32.48%)的受访者认为维护社会安定首先要提高公民素质和责任意识;还有近四分之一(24.98%)的受访者认为当前中国社会最大的安全隐患是道德滑坡。两者都排在所调查问题的首位,这不能不引起我们的高度重视。

7. 从生存自由、人身自由角度强化公民对自由价值观的理解

一般认为正义是社会的首要价值,而自由和平等是正义最重要的体现。但是,自由和平等往往难以兼顾,自由往往就意味着不平等,而平等就往往意味着对自由的制约。调查数据显示,当两者发生冲突时,中国公

民 76.79% 选择平等，只有 23.21% 选择自由，前者高出后者 53.58 个百分比，可以说是平等对自由的压倒性胜利。这也表明社会主义平等观念在中国深入人心。在对自由的理解中，从理想偏好的角度看，43.57% 的受访者认为人身自由最重要，其次是言论自由（21.40%）；从底线诉求的角度看，公民认为生存自由是最基本和最起码应该保障的社会自由（36.20%），其次是人身自由（31.43%），两者合计占受访者三分之二（67.63%）强，而言论自由仅居第三（16.88%）。综合来看，生存自由、人身自由、言论自由是中国公民最重视的自由。毋庸讳言，在强化意识形态领导权的当下中国，公民和国家理解的言论自由之间是有落差的。明智的做法可能是把焦点更多放在生存自由和人身自由方面。这就意味着，一方面要在实际工作的层面保障公民的生存自由和人身自由，就当前来说，生存自由基本满足，更多的是如何保障人身自由的问题；另一方面要在价值观宣传教育方面更多强化从生存自由、人身自由的角度去理解自由。

8. 回应公民对机会平等的极度关切以更好践行公正价值观

中国公民对平等价值的极度重视直接影响了他们对公正的理解。调查中，47.44% 的公民认为自己所处社会阶层地位是不合理的。一方面，这种不合理感是人们向着更高社会阶层奋斗的动力；另一方面，也是导致公民对社会不满的重要因素和表现。而在关于自己社会阶层地位多大程度上能够快速改变这一问题的回答上，有 44.13% 的受访者持消极态度，表示不太可能或绝对不可能的比例分别是 38.44% 和 5.69%，比积极态度的公民比例高出 3.22 个百分点。可见，人们对社会地位的改变总体偏向于悲观。公民认为当前中国社会上存在的一些不公正现象中，位列前三的是官二代、富二代拥有更多机会，同工不同酬和教育资源分配不公。其中，超过三分之一的公民认为最不公正的是官二代、富二代拥有更多机会，其比例遥遥领先于其他不公正现象。这一系列数据表明，公民对社会阶层固化、社会阶层间的流动性减少所导致的不平等感、不公正感很强，公民盼望更多平等的机会，希望有奋斗就会有收获。因此，在国家、社会层面必须回应这种关切，并通过一系列制度改革能创造尽可能的机会平等环境，既使制度自身体现公正的价值观，也使公民对社会公正的价值评价更为积极。

9. 在培育和践行法治价值观过程中要突出守法教育

全面推进依法治国是"四个全面"战略布局的重要内容，也是国家治理体系和治理能力现代化的必然要求。法治是现代社会的基本特征和现代公民应该具备的价值思维。一般而言，法治可分为立法、执法、司法、守法等环节。调查显示，公民认为目前中国做得最好的是科学立法，选择率为32.56%即近三分之一公民认可；做得最不够的是全民守法，选择率超三分之一（33.95%）。可见，经过几十年的法治建设，我国法律体系基本建成，基本告别了无法可依的阶段。尽管生活中也不时出现执法不严、司法不公的抱怨，但进入新时代以来，已大为改观，所以公民在选择时并未把这两方面的不足摆在最前边。这样，守法环节的短板被凸显出来。在一般公民看来，这里的守法既包括一般公民的守法，也包括作为公民的党员干部的守法，有些执法不严、司法不公本就是知法、执法不守法的表现。中国社会自古至今还是个人情社会，实用理性远远超越形式理性，在行动中往往会机会主义地选择于我有利的方式去解决问题，也就不认为法律是唯一的途径。调查中，关于"当您或家人遇到法律纠纷而觉得自己委屈、冤枉时，您会采取何种措施"的回答，有近四成（39.36%）受访者表示通过法律途径来解决；三分之一（34.02%）的受访者表示会综合采取法律、上访、找关系的方法解决，18.18%的受访者则表示直接上访。这里既看到法治意识的觉醒，但更看出法治意识的薄弱。因此，在核心价值观的法治价值观教育中，突出全体公民的守法教育是十分必要的。

10. 注意在公民业余兴趣爱好中找到融入核心价值观的有效途径

兴趣是最好的老师，但在没有闲暇的岁月中，兴趣却往往做出了无妄的牺牲。当中国进入丰裕社会、人们追寻更高层次的美好生活需要满足的时候，闲暇时间相对增加，按照自己的兴趣去营造、享受美好生活也成为一种生活的日常。健身、古玩、读书、音乐、舞蹈，类似的兴趣团体如雨后春笋。这些兴趣团体不是自上而下建立的，而是完全自愿自下而上形成的，兴趣是门槛、自治是规则，共享某种价值观则是中轴和纽带。在调查中，受访者28.53%即近3成公民认为在参加兴趣团体中最能体现自己的价值，27.75% 则认为是在工作单位，还有 21.01% 即超过 2 成的受访公民选择的是社区生活。此外才是亲戚朋友圈（13.46%）和各种微信群（7.91%）。也就是说，参加兴趣团体已经超越在单位工作和在社区生活，成为公民认为最能体现自己价值的场所，这也是中国真正意义上市民社会形成的重要迹象。目前，我们的价值观教育还主要是集中于体制内的单位、学校、社区，殊不知更为重要的空间却基本在我们价值观教育的视野之外。如何适应这种新情况，找到核心价值观教育融入公民业余兴趣爱好的有效途径，是一个需要研究的课题。

11. 以人文精神为核心的公民人文素质教育是促进价值观教育重要和急需的途径

素质是指一个人具备的比较稳定的主体条件，通常可分为科学素质和人文素质。经过改革开放 40 多年的发展，中国公民的科学素质（素养）总体上有了很大提高，实际生活中反映"没素质"主要指的是人文素质。公民社会价值观的调查显示，受访者认为当前中国社会最大的安全隐患居然是道德滑坡；近三分之一（32.48%）的受访者认为维护社会安定首先要提高公民素质和责任意识；在对目前中国公民素质水平（1—10）的评价中，评分高于 5 的受访者占 52.67%，略高于评分低于等于 5 的受访者，平均得分为 5.68。2017 年公民国家价值观调查也显示，高达 34.25% 即超过三分之一的公民对中国公民目前的人文素质持负面看法，认为中国公民人文素质低；对于提升社会文明程度的相关举措，92.97% 的受访者肯定提高思想认识的作用，95.49% 的受访者肯定提高道德水平的作用，94.94% 的受访者肯定提高文化素养的作用。以上数据都指向以下意思：当前中国公民的人文素质比较低，这是造成国家安全、安定的最大隐患和社会文明程度不高的关键原因，提升公民人文素质势在必行也迫在眉睫。其实，人文素质包括人文知识、人文思想、人文方法和人文精神。人文精神是核心，本质上就是一种价值观。价值观的教育只有落实到人文精神的层面，而不止于知识、观念，才能真正内化于心、外化为行。

12. 加强健康价值观的教育、引导

随着人们生活水平的提高、人均寿命的延长，人们日益重视也有条件讲究健康问题。近年的健身热、养生热及对更好医疗、养老保障的向往都感性地说明了这一点。在调查中我们发现，公民关于生命的理解中，一半以上（50.11%）受访者认为生命最重要的是生活质量，遥遥领先于其他选项；而在集体、家庭、荣誉、金钱、事业、知识、爱情、朋友、生命、健康、享乐等这些人生事项中，公民进行重要性排序时，健康超越家庭排在第一位，这在一个极其重视家庭生活的社会来说是十分罕见的，值得我们高度重视。党的十九大明确提出"实施健康中国战略"，指出"人民健康是民族昌盛和国家富强的重要标志。"当人们都重视健康时，什么是健康、怎样才能健康就成为一个很重要的问题了，这正是正确的健康价值观的问题。2019—2020年从湖北武汉爆发的新冠肺炎，肆虐全国，造成人民生命的巨大损伤甚至丧失。与17年前同样的肆虐的"非典"一样，都导源于人们吃食野生动物等不良饮食习惯。因此，对灾难的沉痛反思必须深刻吸取教训，非常重要的一条就是要让我们的人民树立和践行科学、合理的健康价值观，从生活中的点滴做起，从衣食住行做起。

13. 加大吃苦耐劳品质的培养力度

吃苦耐劳一直是中华民族的优秀品质，甚至是改革开放以来40多年中国能迅速发展、取得辉煌成就的重要原因和比较优势所在。然而，很多公民有着小富即安的心理，在国家总体上富起来以后，追求精致、舒适的生活自身并没有错，但不少公民与此同时逐渐丧失勤奋、努力、刻苦的精神，"佛系"心态大行其道，享乐主义盛行。调查显示，58.18%的受访者认为当今中国享乐主义盛行；53.64%的受访者认可现在的年轻人不如老年人能吃苦；更有66.03%的受访者认可现代的人不如过去的人能吃苦。也就是说，多数公民都认为当今中国吃苦精神正在或已经衰落，享乐主义行为泛滥，蕴藏着很大的危机。同时，72.74%的公民自我评价事业成就感一般或没有成就感；有36.02%即超过三分之一的受访者承认如果条件允许会选择不工作。更为直接的是，在关于"八荣八耻"的认同度调查中，八个方面排在最后的两位分别是"骄奢淫逸"（6.01%）和"好逸恶劳"（4.38%）。也就是说，现在的人们最能容忍、最不认为是错误的就是好逸恶劳、骄奢淫逸。凡此种种表明，我们曾经引以为自豪的、也是中华民族自立于世界的独特规定之一的吃苦耐劳精神正在迅速丧失。劳动是一切美德的基础,也是幸福的源泉。正如习近平总书记指出的,人世间一切成就、幸福都源于劳动创造。在价值观建设中,一定要加强劳动观的教育,使人们特别是年青一代养成和保持吃苦耐劳的品质。

14. 关注公民生存焦虑和精神空虚的危机

一般认为,人们的生活水平提高了,幸福感自然就高了。事实却出现相反的情况,随着物质生活的提高,人们的幸福感不升反降。调查显示,64.56%的受访者认为"现在的人幸福感普遍偏低"。其原因是多方面的,但物质方面的原因反而不是最主要的。在关于"您觉得一个人感到不够幸福的最主要原因是什么"的回答中,"生活压力大"或"精神空虚"位列前两位,比例分别为32.43%和31.44%。可见,生活压力大和精神空虚是影响人们幸福的主要"元凶"。生活中就表现为:时间不够用,生活密度大、节奏快,"忙"和"赶"成为日常状态;不愿真实呈现自己,精神憋屈,"宅""孤独"风行;太多事情需要选择、判断而产生疲劳感,在物质丰裕、知识信息大爆炸的时代,因为对各种物质、知识乃至思想的选择判断而感到"心累";在高度复杂的现实面前,感受到未来的不确定性,特别是对自己的事业、情感等产生忧虑。这些焦虑本质上是本体性安全感的缺失。客观原因主要是,高速现代化导致生产、生活方式急剧变革,给人们的心理带来不适应感。中国以四十多年的时间走过了西方发达国家三四百年的现代化进程,人们的心灵缺少"均匀加热"的过程,所以焦虑表现得较为突出。主观原因主要是,一些人心灵得不到安顿,弄不清、找不着自己的人生意义和努力方向。因此,我们的价值观建设不能简单理解为意识形态灌输、思想政治教育,而应该是"为天地立心、为生民立命",使人们的心灵得到抚慰,拥有真正的精神家园,获得真正的人生意义。

15. 引导公民形成对人生幸福的合理理解

在人们吃苦精神相对丧失的同时,人们幸福感也在降低。这绝不是偶尔的关系,而是有着强相关的关系。调查显示,75.04%的受访者表示认可幸福就是活得快乐,表明大多数中国公民将幸福与快乐等同。殊不知,正是因为很多人把幸福就理解为享受快乐,结果却反而不幸福。诚如李泽厚先生指出的，中华民族具有乐感文化的基因。本来这种快乐、愉悦都具有身心两方面的，但在长期的发展中，特别是在以娱乐化为重要特征的大众文化时代，很多人都将这种愉悦作了更接近享乐的理解。事实上，幸福和快乐愉悦的向度不同、愉悦的源头、愉悦的层次不同，更重要的是量度与质态不同、死与生前途不同、手段和目的不同。幸福（well being）说到底是一种好的、理想的生活状态，是让人好好活着的，是全面生活的意义所在，从来不作为手段，而只能永远作为终极的目的。快乐则是可以量化的，其极致追求将把人引向毁灭、死亡，也经常被作为消解、缓解焦虑的手段。古希腊哲学家亚里士多德承认人是追求快乐的，但他早就指出只有最为平庸的人才会把快乐和幸福等同。他没有机会知道，在今天的中国，这种最为平庸的人是数以亿计的。因此，当我们明确宣告人民对美好生活的向往就是我们的奋斗目标、我们的初心和使命就是为人民谋幸福时，紧接着要做的就是要给出美好生活、幸福的合理内涵。幸福对于人生而言具有终极意义的性质，只有合理理解了幸福的真谛，人民的心灵才能真正得到安顿，生活才能充满意义。

16. 进一步归纳凝练社会主义核心价值观

2006年10月，党的十六届六中全会通过《关于构建社会主义和谐社会若干重大问题的决定》，第一次明确提出建设社会主义核心价值体系的重大命题，并认为马克思主义指导思想、中国特色社会主义共同理想、以爱国主义为核心的民族精神和以改革创新为核心的时代精神、社会主义荣辱观，构成社会主义核心价值体系的基本内容。此后学界、政界进行过多次研讨，试图凝练出比较简洁的社会主义核心价值观。2012年在党的十八大报告中指出，"加强社会主义核心价值体系建设，要倡导富强、民主、文明、和谐，倡导自由、平等、公正、法治，倡导爱国、敬业、诚信、友善，积极培育和践行社会主义核心价值观"。显然，这三个"倡导"并不是直接界定内涵、内容。但在2013年中办印发的《关于培育和践行社会主义核心价值观的意见》明确指出，24个字就是社会主义核心价值观的基本内容；富强、民主、文明、和谐是国家层面的价值目标，自由、平等、公正、法治是社会层面的价值取向，爱国、敬业、诚信、友善是公民个人层面的价值准则。从此确定下来，宣传、培育和践行至今。但社会主义核心价值观的提炼存在先天不足，各界人士特别是学者对此的质疑一直没有停止。除开不少人一般性地认为字数太多、不便识记之外，我们尤其不能忽视相互关联的以下几个方面：

一是关于"生态美丽"的国家价值观未能体现的问题。目前社会主义核心价值观中国家层面价值追求的归纳明显是对应着中国特色社会主义事业"四位一体"的总体布局的（2005年提出），富强对应经济建设，民主对应政治建设，文明对应文化建设，和谐对应社会建设。然而，就在确认三个"倡导"的十八大报告中，已经将"四位一体"升级为"五位一体"，即增加了"生态文明建设"，而且报告中第一次提出了"建设美丽中国"的目标——这一目标在十九大报告中得到了重申。也就是说，实际上在提出24字内涵之初就已经认识到了"美丽"是国家的重要价值目标，但就是至今没有在社会主义核心价值观中得到体现。在本课题关于国家价值观的调查中，关于国家功能和追求目标方面都加上了生态美丽的内容，结果显示，其选择比率远高于文化文明、政治民主。

二是关于"人民幸福"的国家价值观未能体现的问题。进入新时代以来，习近平明确将实现中华民族伟大复兴称为中国梦，而且将中国梦的内涵确定为"国家富强、民族振兴、人民幸福"；多次指出人民对美好生活的向往就是我们奋斗的目标，强调共产党的初心和使命首先在于为人民谋幸福。这些都表明，人民幸福（与美好生活的差异可以忽略，基本等同）是这个国家的价值目标，甚至是终极的价值目标。在本课题公民国家价值观部分中关于国家发展的最终目标的调查中，"人民幸福"以51.59%，超过排第二位20.61个百分点位列第一，说明这是公民压倒性的价值共识。然而，就是这样一个既在党的文献中明确提出，也在实际调查中证明的国家价值目标，在现有的社会主义核心价值观中没有体现。

三是关于公民个人层面的家庭美德未能体现的问题。在目前的公民个人层面的价值准则表述中，且不说一般关于人生的生死、义利、荣辱、苦乐的价值准则没有得到体现，最为重要的是，中国最注重的家庭方面的美德没有涉及，而在我们的调查中，家庭美满是人生幸福最理想也是最起码的要素，是人生最想追求的也是最起码的状态。如果说，就整个人类而言，家庭都是最小的细胞、人生的第一所学校的话，家庭在中国社会具有更多伦理、价值规范的意义。在我们的社会主义核心价值中没能得到体现，不能不说是一种缺憾。

四是关于国家、社会、个人层次的合理性问题。目前将24字分为国家层面价值目标、社会层面价值取向、个人层面价值准则的表述，带来至少4个方面的问题：首先，有些范畴到底应该属于哪个层面的问题，例如，和谐明显是社会层面的价值追求，但目前在国家层面；其次，国家层面的价值目标和社会层面的价值取向似乎与公民关系并不大，只是国家和社会要尽力去落实保障的，对个人来说更多是一种认知上的认同罢了，或者至少说，公民基本谈不上去培育和践行这些价值观；再次，在中国，国家和社会历来高度同一，尤其是在大多数公民那里，根本不知道国家和社会的差别，他们理解的国家价值目标和社会价值取向是混同的，很难将其中涉及的12个字进行分类；最后，目标、取向特别是准则，对个人而言都是一种规范、规训而不是一种满足。当然我们承认，价值观总是要体现为一种应然的规范。但是，人更是价值满足的主体，核心价值观首先要体现的正是对人的价值的尊重与满足，其终极作用也就是促进人的自由全面发展或曰幸福。

基于以上原因，学界近年已经进行了进一步提炼的尝试，还提出了一些进一步提炼的原则。本课题组认为，进一步凝练社会主义核心观势在必行，凝练工作应该在目前24字的基础上进行，坚持以下标准：一是足够核心。既然是核心价值观，就应该把中介性质的范畴去除，留下最"元"的范畴。二是能与他者相异。社会主义核心价值观是民族之魂、国家最深层持久的力量所在，不仅要与一般民族、国家的核心价值相区分，以体现中国特色，而且要与非社会主义的核心价值观区分开来，以体现中国特色社会主义本质规定。三是自成体系。具有理论自身的自洽性、合理性和广泛的解释力，通过逻辑推理，至少能将目前24字内涵能全面推演出来。四是凝练出来的内涵既是国家的价值目标，也是社会价值取向，更是个人价值准则，而且是立基于现实的人，以人为核心和目标的。五是当然是字数越少越好。

基于上述理解，我们提出的方案是，将社会主义核心价值凝练为"自由、公正、和谐、幸福"8个字。自由是个人、社会、国家的共同的价值追求。但是，正如前述，自由与平等往往不可得兼，只有自由没有平等就是不公正的。公正既是国家、社会应有的理想状态，也是个人的价值准则,公正使得自由得到规范,往往是通过民主、法治的途径。但是公正不等于简单的平等,依据罗尔斯作为公平的正义的原则,不平等在两种情况下也是正义或公正的:第一是这种不平等有利于所有人,比方说通过一定的贫富差距让先富带动后富;第二是这些不平等的机会对所有人都是平等开放的。简单地说,公正能涵盖平等,但平等未必就是公正的。这也是我们不建议使用"平等"概念而代之以"公正"的重要原因。公正能对自由进行有效节制,但未必能构建彼此的积极关系,甚至有可能因为自由、公正问题产生矛盾、冲突,于是需要和谐作为价值取向。国家、社会层面固然需要和谐,个人也需要和谐,因为广义的和谐,既包括人与自然的和谐、人与社会的和谐,还包括人自身的身与心的和谐。和谐并不是我们追求的终极目的,作为一种关系结构性的状态,和谐最终要指向其功能性的结果,那就是幸福。幸福(well being)是人的一种好的、理想的存在状态,是人们所奋斗的一切的最终目的,其他一切都只是手段。幸福的国度、幸福的社会里住着幸福的人民,这就是人们对美好生活向往的真实版本,就是我们的奋斗目标,就是社会主义核心价值观的旨归。

三　对象篇

在自觉的人类学视野中考察今日之中国,不难发现以下特点:

一是分众化的趣味和利益。进入现代社会,科学技术的极端精微化发展,不仅导致社会分工日益精细化,也使得人们的生活世界日益分崩离析。无论是工作的领域、专业,还是生活的空间、时间,不仅高度碎片化,而且在表面相关之下存在深深的锁闭。与此相关,人们的趣味和利益日益毛细化、分隔化,趣味和利益共同体日益不再表现为可通约的、同质性的"大众",而是众多彼此区隔的小众。作为泛称的人民、群众、大众的内涵因为内部的高度异质化而正在销蚀,拒绝"被代表"也往往成为一种基本的态度,基于趣味和利益不同造成的矛盾、冲突成为社会矛盾的基本层面。

二是阶层化的政治立场。随着中国改革开放和现代化进行到常态的平台期,大规模的社会流动逐渐进入末期,社会出现不同分层而且相对固化。社会依然在发展，但保持着"类型相似"。社会分层的细化与相对固化导致社会结构出现明显的阶层化，使得社会成员从原有的人民、群众一体分化开来。不同阶层的生存处境、切身利益、所受教育是不一样的，所能运用的社会资源也有着泥云之别，对于公共事务的立场表达出现矛盾是自然而然的事情，甚至会出现完全对立的冲突。这也是一些人以各种方式怀念"文革"、试图重拾"阶级斗争"理论的重要原因。

三是圈子化的关系互动。市场经济确实将人抛入陌生社会，但强大的重情基因会使中国人在各种随机的群落中重建亲密关系，各种基于业缘、学缘、趣缘、聚缘的"圈子"自组织地出现。特别是智能通信技术的发达，形成有力的"抽离机制"，使得这种圈子超越了物理空间的限制，在手机中人人拥有的多样"微信群"和自己的"朋友圈"就是一种感性的体现。当代人的互动因此具有了比以往时代更加突出的圈子性质。圈子通过资格审查、定点邀请和特定的退出机制等方式，建起了某种壁垒，对圈子之外的人进行排斥。

四是垂直化的认知差异。在知识大爆炸、信息大超载的时代，知识和信息本身越来越不是问题，而如何在"乱花渐欲迷人眼""山重水复疑无路"中选择知识、信息却越来越是个问题。一个人掌握的知识、信息，进而是所领悟到的道与智慧日益成为人与人差异的重要原因，不同的人因为种族假相、洞穴假相形成的认识差异垂直地散落在不同层次、境界乃至世界中，难以彼此理解、公度和达致共识。在物理的意义上，大家同居于一个世界；但在精神层面，不同的人隔着十万八千里，彼此沟通往往是"夏虫不可语冰""白天不懂黑夜的黑"。

总之，在当代生活，人们的知、情、意、利、理、情，都高度复杂化了，都拥有着一个别人难以轻易进入的复杂"小宇宙"。面对复杂的情况，在统计的意义上，可操作的做法是从不同角度区分不同群体，才能尽可能地把握他们的思想观念。在本课题的调查中，我们分别从政治面貌、职业、年龄、受教育程度、居住地、收入水平、宗教信仰和婚姻状况等角度进行了统计，根据相关性 p 值进行分析，考察各群体的差异，从呈现的问题提出建议。当然，众所周知，青年是民族、国家的未来，相对于其他群体，他们的价值观具有新锐性、可塑性，从来都是价值观教育的重点。故针对这个群体的建议会多一些。

1. 充分认识和应对青年一代作为网络原住民带来的价值观教育亘古未有之大变局

按照共青团的划分，14—28 周岁为青年，这正是我们调查中的 90 后、00 后。在绝大多数问题的年龄差异分析中，90 后、00 后之间没有显著差别，而都与其他年龄段群体有显著差别。调查结果显示，相对于其他年龄段群体，他们最强调国家社会功能而非经济功能，最强调人民幸福作为国家终极目标；对当前中国的民主、文明、自由、和谐、公正、法治程度评价都低于其他年龄段，对中国发展现状的理解更为谨慎、理性，但对未来发展更乐观；最反对政府干预，也最不认同稳定压倒一切；最崇尚文化多样性，文化上最自信，最认同社会主义核心价值观；他们注重自由，对目前的言论自由最不满，但对自由的至上性认同度最低，对自由的理解更为理性；突出强调人格平等，但能更理性地认识自己的地位，认同自己社会地位合理的比率最高；最认同利益和责任得到公正分配的现代性公正；更愿意接受人治与法治、德治与法治的有机结合；最倾向于（48.1%）综合运用法律、信访、找关系解决法律纠纷；具有更强的底线道德意识和公共精神，在关于建设核电站、垃圾场、化工厂或殡仪馆选址讨论中，73.2%受访者认为应该由当地百姓充分讨论、作出相关利益补偿，比率高于其他群体 20 多个百分点；对大公无私认同度最低，对公民素质评价也最悲观，但自私自利的表现最少；婚恋中最强调三观相合，最不能容忍家庭暴力，是各年龄段中对同性之间可能产生爱情唯一持基本肯定态度的群体；认为朋友最起码应该志趣相投，而其他群体都强调的是互相帮助；最不认命、最不愿苟活——对"生死有命、富贵在天""好死不如赖活着"认同度都最低；为国而战的选择比最小，有近三成受访者（28.9%）不知如何决策；吃苦的意愿和对吃苦意义的认同度最低；将生活不幸福的首要原因归结于精神空虚，而其他年龄段首要归因都是生活压力……

总体可见，青年一代的价值观十分鲜明、个性十足，充满朝气和锐气。与其他年龄段相比，其价值观整体上更理性、更现代，更具主体性和责任感，体现出较高的素质和正能量，可谓令人欣慰和振奋。当然，其中反映出来的一些问题，也不能简单地用说教来解决，而是要充分地理解这一代青年人的特殊性。总的来看，网络原住民是 90 后、00 后构成的当代中国青年的特殊身份和总体特征。所谓网络原住民，是相对于网络移民而言的。网络移民是指 80 后及以前出生的人，经历过没有网络或前网络时代，而 90、00 后之所以被称为网络原住民，是因为他们自出生就际遇互联网的环境，互联网是其生活不可或缺的一部分——北京大学心理与认知科学学院 2019 年 4 月 18 日发布的报告显示，95 后日均使用手机超过 8 小时！互联网对年青一代而言是先验、先天、从来就有的，并已延伸到人们的生理、心理、心灵层面，产生着根本性的影响，这种影响完全不能还原为前互联网时代的某些因素。虽然我国国情十分复杂，不同的人所处的数字、媒介环境有所不同，但总体这代青年都属于网络原住民。他们具有所有时代青年人的共性，也具有了不同于以往青年的鲜明特点。

第一，网络化生存的生活方式。对于绝大多数当代青年来说，电脑、手机、Wi-Fi 不仅是他们的须臾不可离开的工具，甚或成为他们的重要器官，网络成了这代青年人的基本生存背景和重要标识。他们通过网络来生活、学习、工作、交流，他们生活在现实当中，更生存在虚拟的网络之中。（1）"宅"成为当代青年的基本生活状态。网络世界与现实世界的呈现方式不同，丰富多彩的网络世界不需要过多的外部条件，仅仅凭电源、Wi-Fi、移动终端即可实现，而现实中的一切也都先以网络的方式呈现出来，并可以通过网络的方式与之发生关系——如外卖、视频、网购等。于是，"宅"成为大多数网络原住民的生活习惯。他们足不出户，不太愿意与社会进行现实接触。从身体的"宅"也逐渐过渡到精神的"宅"，整体上表现出一种"趋于封闭"的个人感受和独立的心理状态。（2）"秀""刷存在感"成为当代青年日常生活的重要内容。网络成为一个公共世界，现实世界也是一个需要在网络这个公共世界中来展现的世界，所有的现实因此都具有了景观、秀的意味。"存在就是被感知"也被理解为只有在网络中被感知到才是真正的存在。于是，通过微博、朋友圈、微信群"刷存在感"成为不少青年人的真实"存在"方式，甚至生活渐渐演变为一场旷日持久的现场直播，很多青年也将自己活成了网络上的景观，希望获得别人的点赞和认可。（3）"趣缘"交流构成当代青年交往的主要方面。与传统社会中人们的交往范围更多地基于血缘、地缘和业缘交往不同，当代青年更多的是基于兴趣和趣味建立起自己的社交圈层。与传统社会中人际直接交往的交往方式不同,他们更多的是借助网络软件如微博、QQ、微信、陌陌等网络通信工具进行,因而构建了"人—机—人"的间接交往方式,人与人之间的交流也"虚拟化"了。他们可能在线下是一个孤独、孤僻的个体,但是在网络空间里,却有着非常丰富的极具情感热度的趣缘社交。正是在这个虚拟空间里,他们构建了自己的社会身份,形成了他们的自我认同。

第二,数字化经验的认知方式。网络无限链接的开放性,使这一代青年人具有了以往时代无法想象的开阔视野,几乎能即时地获得来自世界各个角落的信息。作为网络原住民的知识与信息,不仅有来自客观现实世界的直接知识和前人所积累的间接知识,更有他们最为熟稔的网络虚拟知识。(1)"碎片化阅读,整体性建构"的知识生成模式。当代青年不再依赖纸质媒介传统的图书获取知识,甚至较少读取文字信息,而直接进入"读图时代"。信息获取也已经不再是传统的整体、系统、完整地阅读,而是典型的碎片式阅读,甚至只看标题,只看关键词,只看自己感兴趣的部分。而基于关健词所进行的网络搜索,则大大强化了获取知识的便捷性和广泛性,搜索引擎将他们的碎片化知识构成一个更为繁复的知识系统。(2)"关系重于事实"的认知接受方式。在网络时代,代任何事件都以新闻被报道,而注重讲故事方式的新闻往往出现反转,越来越多的情感性、关系性、场景性因素渗透进信息传播过程,甚至成为决定性的因素,信息、知识的传播与教育发生根本性改变,进入所谓"后真相时代"(post‐truth)。不是说真相被篡改了,而是说真相对于青年一代来说变得次要了,他们只相信感觉,只愿意去听、去看想听和想看的东西,更加注重态度、情感而不是事情本身的是非对错。也就是说,在网络原住民的社会认同中,社会关系资源的调用、接近以及情感同频共振等,已经比事实更为重要。(3)"网络先于现实"的知识检验方式。在其成长和知识、经验建构中,网络原住民总体上是先接触、熟悉网络虚拟世界,而后才接触复杂的现实世界,也就是在他们那儿总体上是虚拟经验先于现实的经验的。网络虚拟的经验、知识成为他们认识现实世界的一种"成见",他们的知识世界表现为基于网络虚拟世界的成见与基于现实世界视域的融合。这种网络认知带来了现实经验倒置(reality inversion)的普遍现象,他们常以网络经验来验证现实经验,甚至以虚拟的认知经验怀疑现实经验。(4) 智能化认知时代正在来临。智能技术方兴未艾，青年绝对是最乐于运用这一技术的主体。智能机器日渐成为内在于这些主体的可拆卸、可更换的部件。有些人24小时都处于接入网络的状态，贴身的数码设备如同人体器官，使人时刻处于与智能设备高度交融之中，发生持续不断的信息数据交流与反馈。他们一方面随时都在自身的有机体与智能设备之间进行自我调节，以达成信息的反馈和循环；另一方面又在生理和心理上将智能设备内在化为自我调节系统的组成部分。他们开始以一种人机交融的有机整体的姿态和心态来应对外部环境，以达成信息的交流传播。这种状态在一部分高度依赖网络的青年中已经是一种现实，且正成为更多青年人的未来。

第三，"小时代"、个性化的价值取向。当代青年际遇了中国历史上最为丰裕、和平的时代，强调自由、平等的现代意识与崇尚差异、个性的后现代思潮，凭借基于智能技术传播的大众文化，对他们产生了无微不至的全面、深刻影响。(1) 拒绝宏大叙事成为他们价值判断的基点。受到互联网去中心化、去权威化特点的深刻影响，网络原住民对宏大叙事有着本能的疏离，更加注重自己的"小时代"和美好生活的体验。在价值接受上注重有创意、有意思的互动体验，乐于享受个性化定制的服务。加之于"独生子女"一代的个性特征，他们更加自我、更加独立，更追求个性化。他们也许不会为高目标去努力，却会为底线去战斗。(2) 娱乐化成为相当多青年的时尚追求。由于基于智能网络技术的自媒体的高度发达，网络空间中无处不在的游戏人物、游戏广告、游戏术语，让生活在网络中的人们无法回避，无孔不入的大众文化具有明显的娱乐特点，使得这代青年在价值选择上具有明显的娱乐化倾向，"以爽为本"成为部分青年的基本追求。而在现实中一旦受挫，他们又往往难免陷入"丧"的精神状态，进而入"佛系"寻求精神安慰，甚至认"怂"以屈求伸，仅以"小积极""微抵抗"求得独善其身。(3) 价值选择上出现"粉丝化"倾向。不少青年的价值判断和选择，受"明星""偶像""意见领袖"的影响十分显著。"明星""偶像""意见领袖"的"粉丝"动辄数百万乃至上千万，过亿的也有。他们的思想观点、情感态度乃至生活情趣，都成为网络青年竞相模仿、为之辩护的对象，他们在青年的价值追求中发挥着巨大的示范效应。

社会存在决定社会意识。总体而言，网络原住民的新特点是时代进步的反映，代表着未来发展的新方向，具有以往世代不具备的优点。例如，这代青年视野开阔、信息通达；他们具有强烈的自主意识，个性鲜明，独立性强；他们具有较强的学习能力和辨析能力；他们思想解放，更具创新冲动和现实转化能力；他们率真直爽，更少忌讳和俗套。更为重要的是，网络原住民创造了一种全新的青年亚文化，以网络为载体，以网络语言为工具，以显在或隐藏的话语，发挥着无处不在的"微权力"，逐渐影响公共舆情，一定程度上倒逼着主流话语，进而影响整个社会的风尚和进步。

青年人天然就与最新的技术结盟。一日千里的网络技术赋予他们更多的话语权，数字技术为青春赋能、赋权。这就与传统的社会格局必然发生冲撞、博弈，产生某种矛盾和问题。在这个时代，虽然老年人的经验还起着非常重要的核心的、定盘星的作用，但在处理具体问题时，青年人的创新、青年人的接受变成最重要的引领性、动力性的因素。今天作为"后喻时代"网络原住民的青年反哺中老年人，已成为一个基本趋势性。肯定青年人的社会主体地位，尊重青年人的创新创造能力，是时代的客观要求。

但是，我们也必须注意到，成长中的网络原住民青年一代，也存在一些值得注意的问题。例如，由于对网络虚拟世界的依赖甚至沉迷，以及现实经验的倒置，使得一些青年与真正的现实世界疏离，甚至产生社交恐惧，"宅"文化盛行，现实生命感受力也因之下降；注重感性认知、创意互动也容易导致认识的表浅化、碎片化；大数据的智能推送服务也带来"信息茧房"的问题，即只是不断加深和累积自己感兴趣的知识，从而造成对其他方面的遮蔽，反而导致知识信息的片面化；"后真相"时代的来临也导致青年人科学、求真精神的弱化；网络只是"人性"地满足青年人的兴趣爱好，在造就一批专长者的同时，也使不少年轻人沉湎于小趣味而玩物丧志；对感性、快感游戏性的追求也使得不少人失去对崇高、厚重的追求，出现去道德、反道德、反智的倾向；对"新"与"更新"的着迷，导致没有积累的文化"疏松症"；丰裕社会使得一些年轻人丧失奋斗精神，成为"佛系青年"；"粉丝化"地追逐意见领袖，也会动摇基本社会规范，冲击主流价值观念。总之，网络原住民的精神生活日益面临着丰富而不丰厚、聪明而不智慧的危险。这些都表明，对于作为网络原住民的当代青年，我们还必须进行精准的教育、引导。

"青年兴则国家兴，青年强则国家强"。这不仅仅因为青年是社会的主力军，还因为青年是一个国家、一个民族最大的变量，"青年是标志时代最敏感的晴雨表"。谁掌握青年，谁就掌握未来。今天，谁掌握网络原住民，谁就掌握了国家的未来。我们不仅要一般地顺应网络和青年的特点，以创新的形式进行吸引，以正能量的内容进行引导，全面改进我们的青年工作，而且要特别注意做好如下几方面的事情。

一是从战略高度重视网络原住民的研究。一代人有一代人的际遇，一代人有一代人的思考、风范和使命。今天我们面临着"百年未有之大变局"，但网络原住民的出现则是人类历史上从未有过的大变局——这一点远未受到重视。网络原住民独特的生活方式、思维方式、认知方式、价值取向和行为方式，他们的身份特征、精神气质、情感诉求、社会责任，不时引起广泛的社会关注、讨论甚至是争议，成为我们这个时代社会分析的一个重要样本。如果不重视我们面前这头巨大的"灰犀牛"，更多的"黑天鹅"可能铺天盖地而来。这些年来，我们都很重视青年一代的教育、引导，之所以效果不太理想，根本的一条就是没有认识到网络原住民的出现是旷古未有之大变局，没有真正因这一代青年网络原住民的特点开展工作。研究、理解是教育、引导的前提基础。全国哲学社会科学工作办公室应设立系列国家重大社科攻关项目，组织哲学社会科学各领域的力量，从哲学、社会学、教育学、心理学、法学乃至于自然科学各个不同的角度，对网络原住民这一全新的群体、事业接班人进行全面系统的研究，基于实证准确把握这一群体的整体特征，真正走进他们的精神世界，科学预测其未来走向。

二要把激发劳动、智慧作为网络原住民奋斗教育的重点。要对青年进行奋斗教育已成为社会的基本共识。但是，我们要注意到，一方面，网络原住民的"佛系"特点与"宅"是相关的，也就是说奋斗意识、吃苦意识相对较弱与脱离现实、疏于劳动直接相关。在人工智能快速发展的今天，劳动教育的重要性格外凸显。习近平总书记在全国教育大会上谈到培养德智体美劳全面发展的社会主义建设者和接班人时，特别强调："要在学生中弘扬劳动精神，教育引导学生崇尚劳动、尊重劳动，懂得劳动最光荣、劳动最崇高、劳动最伟大、劳动最美丽的道理，长大后能够辛勤劳动、诚实劳动、创造性劳动。"这是至理之言。劳动是一切美德和素质的基础。对网络原住民进行立德树人教育，要特别注意以劳树德，以劳增智，以劳强体，以劳育美，以劳创新。另一方面，马克思曾说过："我们的一切发现和进步，似乎结果是使物质力量成为有智慧的生命，而人的生命则化为愚钝的物质力量。"当前，我们的技术、工具越来越智能化，青年在追求和实现自主的同时，很多人却成了"低头一族"，成为手机、网络、智能技术的奴隶。因此，青年只有提升自己的智慧，而不是一般的聪明、技能、智能，才能掌握这个所谓"智能时代"的主动权，成为驾驭时代的真正主体，否则就有"人工愚蠢"之虞。这正是目前我们青年工作中相对忽视的方面，也是难度很大的方面，但也是带有根本性的方面。

三是要探索复杂环境下的网络管理模式。我们必须认识到，不能把互联网简单看成一个工具，它早已超出了简单的信息传播渠道，而成为社会生活的基础设施。基于互联网，社会场景、发展阶段、外部环境、社会要素已发生巨大乃至根本改变，呈现在管理面前的是全新的领域、全新的复杂局面，仍然用点对点的、割裂复杂社会联系进行原子式的治理，必然会付出沉重代价。青年人在掌握了新的科技手段的时候，必然要进行社会参与、行业参与、专业参与，这种参与锐气十足，不可避免地带有野蛮生长的因素，对社会环境的融入会表现出一些缺陷；同时，青年人也需要有一些成熟、兼容以及更加具有某种社会价值融入的磨合过程。在很大程度上，能否探索出复杂环境下的社会治理范式以引导青年，是国家治理体系和治理能力是否实现现代化的重要试金石。

四是特别注意对作为网络原住民的当代青年的心灵关怀。人是生理、心理、心灵的存在物，其中最内在和根本的是心灵。长期以来，对于网络青年，我们往往要么忽视其网络原住民的特点，认为其某些行为不可理喻；要么一味曲意迎合、宠着哄着。出现问题之时，更多是从心理层面寻找答案，而不知道当今时代的青年，其很多问题不是心理问题而是心灵问题。正如前述，我们的调查显示，青年一代将不幸福的首因归为精神空虚而不是其他年龄段公民的生活压力。网络存在的独特性决定了网络原住民的独特的心灵世界，喧嚣与孤寂同在，独立与依赖并存，丰富与空虚杂陈。心病还须心药医，心灵的无序需要心灵的抚慰，这也是作为网络原住民美好生活需要的重要内容。这种需要得不到正确途径的满足，就会寻找各种各样的"心灵鸡汤",甚至皈依宗教、堕入邪教。因此,青年工作必须真正从网络原住民的所思所想、所苦所恼出发,步步接引,帮助他们树立科学的信仰,解决精神家园的问题。

五是共青团必须在培育和践行核心价值观方面发挥更大更切实的作用。共青团是青年的先进组织,也是中国共产党的后备军。在很大程度上,共青团团员怎么样就决定中国青年怎么样,中国未来怎么样。在调查中我们发现,团员的价值观总体上是积极上进、充满锐气的。但是,在与党员、群众的比较中,团员对当前中国的民主、文明、和谐、自由、公正、法治的评价都是最低的,对中国未来生态建设前途也最悲观;最不认同吃苦精神、对"大公无私"的认同度最低,在发生战争时最不愿意为国而战,做事却愿意讲究"风风光光"。更有两组数据让人担忧。一组是当团员对中国的法治给出比其他群体更差的评价的同时,在关于"当您或家人遇到法律纠纷而觉得自己委屈、冤枉时,您会采取何种措施"这一问题的调查中,只有33.6%的团员始终通过法律途径解决问题,而党员和群众的选择比分别是45%和41.2%。也就是说,团员一方面认为中国不够法治,但另一方面却意识不到自己不能很好践行法治价值的精致的利己主义行为正是造成这一局面的重要原因。另一组是在公民对生活不够幸福进行归因分析时,生活压力大成为最主要的因素,唯独只有团员将首因归于精神空虚,百分比(38.8%)明显高于生活压力太大(30.2%)。这个所有群体中的例外,这应该引起高度重视。这些年来,各级共青团组织在引导广大团员培育和践行社会主义核心价值观方面做了大量工作,搞了很多活动,但实际的情况却不够理想,值得好好反思。

2. 给产业工人、农民以信心和尊严,帮助其平稳实现价值观的现代化转变

改革开放前,我国的社会阶层结构相对简单,主要是"两阶级一阶层",即工人阶级、农民阶级和知识分子阶层,工人阶级是领导阶级,工农联盟是人民政权的基础。改革开放后,随着我国由农业社会转向工业社会、由计划经济转向市场经济,社会阶层结构发生重大复杂变化。农民工的加入使得工人阶级人数大幅增加,同时服务业工人人数超过工业工人,国有企业工人比例日益减少;农民数量大幅减少,其内部日益分化并且高龄化。下岗工人和农民工都曾经是现代化进程中的独特景象。如今，产业工人和农民的社会地位已经急遽下降。按照陆学艺的中国社会十大阶层理论，分别处于第八、第九阶层，地位仅高于第十位的城乡无业、失业、半失业阶层。事实上，第十位本就从属于第八、第九阶层，也就是说，产业工人、农民目前是中国社会中最底层的阶层，也是改革开放40多年社会地位改变最悬殊的阶层。从调查中可以发现，当前中国产业工人和农民阶层在价值观方面具有以下一些特征：

一是普遍对国家、社会实现其价值目标或取向方面持消极悲观态度。在各群体中，工人、农民不仅对国家当前及未来的总体评价最不乐观，而且对中国经济、政治、文化、社会、生态等的未来发展都持各群众中最悲观的态度。尤其是不仅对生态文明建设现状满意度最低，而且在关于生态文明建设的未来判断中，工人和农民是唯一一个认为生态将越来越差的占比（34.5%）超过将越来越变好占比（26.8%）的群体。此外，工人和农民对中国目前的公正状况评价最为消极，文化自信程度也最低，对社会主义核心价值观的认同度在各群体中也是最低的。

二是最重视社会平等也对当前社会不平等现象最不满意。在关于自由和平等不可得兼考虑如何优先选择时，85.9%的工人、农民选择平等，远远高于其他职业。同时，60%工人、农民不满意目前的社会地位（全体平均值是47.44%），高出第二名的专业技术人员（含教师）多达10个百分点。也就说多数工人农民不满意目前自己的社会地位。可能有不少人觉得农民现在免了农业税，种田还发放补贴，也有了养老金、新农合医疗保障，应该满意度比较高才是。但是，关于社会平等的理解中，与精英阶层认为最重要的是权利平等不一样，工人、农民和商业服务业人员一样，认为最重要的是人格尊严平等。也就是说，工人、农民对自己社会地位的不满意，更多来自人格尊严的不平等。

三是代表着中国最传统最保守的价值观。当我们说到传统首先得注意两点，一是传统有大传统和小传统之分，所谓大传统是几千年来的古老传统，所谓小传统是1949年到中国特色社会主义形成之间的"一大二公三纯"的社会主义传统；二是传统既有美好的，永远值得珍惜和传承的方面，也有必须与时俱进加以改进、转换的方面。工人、农民不仅极度注重平等，而且最倾向于加大政府干预力度，最支持按劳分配，最偏好单一文化，对大公无私认同度最高，这些无疑受到传统计划经济时代的深刻影响。工人、农民对公民人文素质评价最高；目前构建和谐社会中，认为做得最好的是诚信友爱，而不是其他群体选择的安定有序；产业工人、农民最体验生活之苦，也最愿意吃苦；对社会公正的理解更多是报应的正义；当自己或家人遇到法律纠纷而觉得自己委屈、冤枉时，选择私下报复和听天由命的人也在各群体中最多。这些无疑是千百年来中国传统的体现。尤其是婚恋观上更能体现工人、农民的传统性和保守性。在理想的婚姻爱情中他们最不看重三观相合，百分比比其他职业低18—34个百分点；对爱情纯粹性的认同度最低；关于同性之间有爱情之说回答中位数为2，其他职业都是等于或大于5，差距极大；他们最反对试婚制，回答中位数为2.5，其他群体为4。这些我们很难作出好坏的判断，但确实以极致的方式反映了中国公民中最保守、传统的一面。

四是本能自利、过于务实的价值观。虽然工人、农民最认同大公无私的境界，但也是认为日常生活中接触自私自利的人最频繁的群体；对于"建设核电站、垃圾场、化工厂或殡仪馆的选址"的看法，农民、工人选择"选址应该由当地百姓充分讨论，作出利益补偿"的比率在各职业中最小，而选择"建的地方离我住的地方越远越好"选择比率在各职业中最高（25.7%）占四分之一强。在人生理想的最低标准的选择中，工人、农民把健康长寿排第一，其他群体都是把家庭美满排第一。关于事业理想的描述，其他职业都是自我实现，而商业服务业人员、产业工人和农民最认同事业理想的是赚钱多。更为令人唏嘘的是，社会上一些对百姓不太公正的举措，恰恰最予以支持的就是工人、农民。例如，调查对"城市为保障本地人的生活条件，遣散外来务工人员"这一行为的看法时，工人、农民是唯一倾向于认同的群体——在1—10的认同度中，唯一一个超过5（5.2）。

基于上述特点，工人、农民阶层在整个社会中处于相对弱势、失落的阶层，其价值观状况特别是广大农村地区的农民的价值观还很传统。同时，由于众所周知的原因，农民的价值观教育实际上很难有效开展，从而形成了整个价值观教育的洼地和短板。要对工人、农民开展有效的价值观教育，首先要保障和改善民生，仓廪实而知礼节，使之拥有获得感；要充分尊重他们，使之收获到平等感。然后才能逐步引导他们实现价值观的现代化转变。在此过程中,尤其值得注意的是"礼失求诸野"现象,正在普通的工人、农民中间,可能掩藏着可贵的民族基因、传统美德,我们要使他们创造性转化、创新性发展,把优秀的一面发扬光大。

3. 帮助技术专业人员(含教师)舒缓生活压力,做价值观现代化的骨干

改革开放以来,原来两阶级一阶层中的知识分子阶层发生了分化,其中的专业技术人员构成了逐渐形成的中产阶级的主要力量,其经济及政治地位大幅提高。专业技术人员(含教师)有知识、懂技术,整体文明素质高,生活总体殷实。正如社会学理论指出的,一个理想的社会应该是中产阶级占主导的社会,在中国确实日益是中产阶级占主导的社会。从调查来看,他们对中国发展及未来走向持较乐观的看法。有自己的独立的价值观,不轻易为外在所改变,最认同做事要讲良心,而不是一些空洞的说教。最讲究生活质量,最重视家庭,对理想社会最重要特征的判断中,其他群体都是和谐,而该群体是安居乐业;在人生幸福的起码条件中,在各群体中最强调家庭美满。极其重视感情忠诚,在婚姻中最不能容允婚外恋,其他职业最不能容允的都是家庭暴力。交朋友最讲究志趣相投,既是他们友谊观最理想的也是最起码的状态。在关于处理公私关系时最理想状态的描述中,是大公无私这项选择最低的群体,更多倾向公私兼顾;在义利关系理想状态判断中,是最认同义利兼顾的群体,其他群体除商业服务人员外都指向舍利取义;对"先天下之忧而忧"在各群体中认同度最低。对理想事业的描述中是最强调自我实现的群体;最具有公共精神,主张公共性讨论。特别值得指出的是,在进行不幸福的归因中,专业技术人员(含教师)是生活压力大这一原因中占比最高的群体(43.3%),比其他群体至少高出 10 个百分点。

可见,专业技术人员(含教师)正直、敬业,有教养,讲品位,做事不极端,理性、中庸、辩证、稳妥,实事求是。在很多方面都代表着现代价值观的品质。当然也不乏一种最精致的利己主义、犬儒主义的意味。在科技是第一生产力的时代,专业技术人员当之无愧是社会的精英和骨干,是现代化所着力依靠的力量,也是现代社会稳定的依靠所在。提高他们的待遇,帮助他们更好舒缓生活压力,将之有效团结在社会主义核心价

值观周围，引导其做价值观现代化的骨干，是对他们进行核心价值观宣传教育的重点。

4. 发掘受教育程度低公民的价值观亮点，引导其实现价值观的现代化转变

毫无疑问，一个人的受教育程度是一个人价值观状态的重要致变因素。在本调查的数据分析中，为了对比方便，将教育程度分为上过大学和没上过大学两大群体。结果显示，受教育程度越高越看好中国的未来；越认同自己的中国公民身份；越认同文化的多样性，也越认为自己的文化需要未能得到满足；越认同社会主义核心价值观，越对目前中国的公民人文素质评价较低；对自由的理解也更全面和理性；越认为自己目前的社会地位是比较合理的；更具有公共意识和公共精神；越有公正意识，更强调遵守公德；越能超越自我，关心公共利益；爱情方面更注重三观相合；更能接受同性之间的爱情；交朋友更强调要志趣相投；更认为理想事业应该自我实现；更认为生活不幸福的首要原因是精神空虚。同时，受教育程度越低的公民，除开与上述受教育程度高的公民的相反面外，越认同政府干预，越认同稳定压倒一切；更认同今天中国的人民当家做主，对我国民主程度评价更高；更相信中国是自由、公正、最安全的国度；越注重平等、品德、情义；更强调理想的大公无私；认为朋友之间起码要互相帮助；理想的事业最应该赚钱多；将生活不幸福的首要原因归结为生活压力太大。

简单地说，受教育程度高的公民在观念上更认同社会主义核心价值观，而受教育程度低的公民对目前中国有关社会主义价值观的实现程度评价更高。不过我们必须认识到，由于知识、见识的不同，两者所指或所理解的内涵是不太一样的。受教育程度低的公民表面看来更认可、认同当今中国的状态，因此构成了社会稳定的重要基石。但是，社会主义核心价值观不仅具有凝聚功能，而且更具有先进的导向、塑造作用。我们并不认为受教育程度高的公民的价值观一定是对的，对于受教育程度比较低的公民，要发掘、拨亮其价值观的宝贵之处，以其知识水平为基础，结合其生活实践，充分利用其对国家的信任与依赖，使之向着现代性的价值观转化和升华。

5. 以激发自强不息的内在动力为抓手实现最低收入人群的价值观教育引导

存在决定意识，个人的收入状况直接影响着人们的生活条件，而这些条件也会影响到人们的价值观。在三年三次的调查中，由于一些缘故未能采取前后一致的收入标准进行调查，是为遗憾。但是，就将收入区分为高中低的角度来看又是完全一致的，具有连贯的可比性。调查显示，经济收入越低的公民越重视国家的社会功能价值和人民幸福的终极价值，但基于自己的生活状态对中国整体评价越低；他们越倾向于强调政府决策和干预；越认同中国是世界上最安全、稳定的国家，越认为中国比别国在自由、平等、文明、和谐方面做得更好；越认同自由的至高无上性，对自由的理解更加感性、任性；越注重平等且越认为自己目前的社会地位不合理；更偏向于报应的社会公正；越视法律为最后屏障；更在意物价、言论自由而非民众公共性参与，越不愿意为公共利益作出牺牲（如为国而战）；更在意脸面和荣誉；更倾向于接受同性恋。与此对照，中高等收入者反而更相信吃苦的积极意义，更强调劳动的重要性，更认同稳定压倒一切，收入越高反而越将不幸福的首因归结为生活压力大，而最低收入者反而将不幸福的首因归为精神空虚。

从上述可知，有不少与我们的主观感受是不同的，例如，低收入人群认为当前中国在社会主义核心价值观的很多方面做得很好；他们不如中高收入者更吃苦、更热爱劳动；不太愿意为公共利益作出牺牲、为国付出；比中高收入者更倾向于接受同性恋；物质生活水平低但精神空虚成为影响幸福的首要因素；等等。这些看起来有些荒诞的组合就是当前中国最低收入公民群体的总体真实状况，而形成这种状况则有着十分复杂的原因。但无论如何，激发其内在自强不息的动力是进行有效的价值观教育引导的重要抓手。

6. 以健康、亲情、休闲为触发点，鼓励老年群体发挥更积极作用

2019年，中国人口中60周岁以上占18.1%，65岁以上公民已经占到总人口的12.6%，中国已经是不折不扣的老龄社会。由于平均寿命的大幅延长，老年人的社会生活参与度非常高，其价值观对社会的影响非常大,特别是在具有尊老传统的我国更是如此。近年来,关于各种所谓"坏人变老了"的老人"失德"现象不时形成热点,恰恰从一个反面说明老年群体价值观的影响之大。在本课题的调查中,由于样本量的问题,未能专门就 65 岁以上公民进行专门分析,但通过年龄段考察得出的趋势,我们依然可以窥见老年群体的价值观大致现状。老年群体更重视国家经济功能;对国家现状更满意;最不愿意扩大收入差距;更相信政府干预;更认同稳定压倒一切;更倾向于把民生理解为民主的一部分;不如年青一代文化自信;更注重个体理性而非公共理性;更注重自由高于一切;更注重平等、法治;道德底线和公德意识最弱;是唯一将安稳平顺作为理想人生最低标准的群体,其他群体都是家庭美满;是当前生活幸福度最高的群体;最认可大公无私;最爱国和愿意为公共利益作出牺牲;最认同舍利取义和以义取利;最愿意吃苦,相信吃苦的意义;更讲究良心;最认同"好死不如赖活";婚恋中更在意是否尊敬和赡养老人;更相信爱情;最相信没有爱情人生就不幸福;最反对同性恋、试婚制;最重视孩子是夫妻感情的纽带;最希望从朋友那儿得到理解;对事业起码要养家糊口认同度最高;认为幸福最起码要素是家庭幸福和健康长寿,与其他群体相比,突出了健康长寿的因素;自认为在生活中遇到自私自利频率也最高。

老年群体是社会主义现代化曾经的建设主力,他们对中国目前的一切总体肯定,充满感情,他们的价值观明显具有传统的特色和晚年特征,家国情怀浓烈,注重健康长寿、节俭,突出劳动、吃苦的意义,相信爱情、注重亲情,享受休闲,但确实是道德底线和公德意识相对薄弱。对于老年群体,价值观彻底定型,改造的可能性不大;对其一些不足进行简单的批评、嘲讽也是不正确和无济于事的。应该根据他们念旧、重情的特点,同情理解、充分尊重,发挥老年兴趣组织的作用,鼓励他们老有所为,为后辈排忧解难,多发挥余热。

四 方法篇

对于价值观建设的问题,我们党已经足够重视。对于培育和践行社会主义核心价值观,党的十九大专门提出系统要求:"要以培养担当民族复兴大任的时代新人为着眼点，强化教育引导、实践养成、制度保障，发挥社会主义核心价值观对国民教育、精神文明创建、精神文化产品创作生产传播的引领作用，把社会主义核心价值观融入社会发展各方面，转化为人们的情感认同和行为习惯。坚持全民行动、干部带头，从家庭做起，从娃娃抓起。深入挖掘中华优秀传统文化蕴含的思想观念、人文精神、道德规范，结合时代要求继承创新，让中华文化展现出永久魅力和时代风采。"这是搞好价值观建设的根本遵循。根据这一精神，结合本课题的调查研究，从工作方法的角度提出以下十条建议。

1. 旗帜鲜明地进行价值观自信教育

人们践行某种价值观的前提是认同它、相信它，尤其是在与其他价值观相遇时，能为自己的价值观感到自豪；当与其他价值观发生矛盾或冲突时，能坚定自己的价值观立场；面对未来的发展，对自己价值观的正确性充满信念和信心。这就是所谓价值观自信。一句话，要让人们接受社会主义核心价值观，将之转化为自己的情感认同和行为习惯，首先要激发的是人们对社会主义核心价值观的自信。我们都熟悉习近平同志提出的四个自信，即理论自信、道路自信、制度自信和文化自信。但事实上，他第一次提出文化自信的时候（2014 年）恰恰就提到了第五个自信，即价值观自信："增强文化自信和价值观自信。"价值观是文化的核心，文化自信说到底就是价值观自信。进入新时代以来，在反对西方普世价值过程中，我们党提出人类共同价值和坚持社会主义核心价值体系，这些本身就是价值观自信的体现。因此，建议结合社会主义核心价值观的进一步凝练，对价值观自信理论进行更加系统的阐述，旗帜鲜明地在全社会特别是学校中开展价值观自信教育。

2. 将贯彻核心价值观作为国家治理体系和治理能力现代化水平的重要检验标准

一如前述，培育和践行社会主义核心价值观不仅仅是公民的事情，而是国家、社会机构及其体制、机制、方针政策、执行过程都必须加以贯彻的。一言以蔽之，就是要贯彻到国家治理体系和治理能力的全方面、全过程。"君子之德风，小人之德草""子率以正，孰敢不正"。只有这些方面做到了、做好了，作出了表率，公民就信服了，培育和践行社会主义核心价值观就更容易了。实现国家治理体系与治理能力现代化是全面深化改革或者说改革开放升级版的总目标。在其与社会主义核心价值观的关系论述中，以往往往只强调社会主义核心价值观是其支撑的一个方面，而相对忽视了社会主义核心价值观对国家治理体系和治理能力的规范、规训的方面。那就是，贯彻社会主义核心价值观是国家治理体系和治理能力现代化的一条基本要求和检验标准。不能贯彻、体现社会主义核心价值观，就不是我们所要的国家治理体系和治理能力的现代化。从治理能力的角度说，这里也就包括党员干部身教重于言教的问题，所谓"干部带头"，当作如是观。

3. 探索以家庭为原点的价值观建设模式

家庭是社会的细胞，原生家庭是人生的第一所学校，是每个人扣价值观第一粒纽扣的地方。重视家庭生活和家庭教育是中国自古以来的重要文化传统。今天，在很多方面，中国传统都发生了翻天覆地的变化，但唯独这样的传统还极其鲜明地延续。调查中有几个数据令人瞩目：中国公民认为关于幸福最重要的要素和最起码的条件都选择的是家庭美满；在关于生活环境及媒介重要性判断中，家庭的选择率最高（97.66%）；在价值观影响因素中，选择"父母"的比例高达67.22%，比第二名高出60.28个百分点，形成一枝独秀的压倒性局面；担心不能给自己的孩子提供很好的教育成为现实生活中公民最担心的事情，在各项中占比达60.77%。这些数据都透出的一个共同信息就是，家庭以外的价值观教育——尤其指学校的价值观教育——远不是我们想象的作用那么大。这些给我们的启示就在于，即便是我们所希望的那些价值观，也最好通过家庭的方式来进行，或者至少不能外在于原生家庭，否则就将大打折扣。忽视家庭的价值观教育在理论上是不合法的，在实践中是无效的。事实上，党的十九大报告也明确指出，培育和践行社会主义核心价值观，要"从家庭做起"。问题在于，并不是每个家庭都天然地能够进行很好的价值观教育，绝大多数情况下为人父母都是第一次，社会对作为父母这一重要事项也没有任何教育资格审查。因此，如何探索和推进以家庭为原点的价值观建设模式就成为一项极其重要的课题和工作。

4. 充分激发见贤思齐、学习榜样的动力

价值观教育不同于知识、技能的教育，更需要融入情感、体验，甚至是人格化的生动范本，这就是所谓榜样的力量。在当前的社会现实中，同时存在着这样看似悖谬的现象。一方面，不少人特别是青年人往往有自己的偶像，自己成为这一偶像的粉丝，不仅在生活方式上加以模仿，而且常常价值观上也粉丝化了，以偶像的立场为立场，以偶像的好恶为好恶。另一方面，对于身边的道德英雄、楷模，越来越少有人愿意真正学习他们。比如在本课题的调查中就发现，对于身边那些大公无私的人，有29.62%即近三成的受访者诚实地表示"很敬仰他们但是自己不会像他们那样做"，甚至还有近一成的受访者对这些人的做法表示怀疑。在一个追求感性娱乐、告别崇高的时代，"英雄枯骨无人问，戏子家事天下知"形成了一种对联式的悲凉与讽刺。因此，在知荣辱、懂贤愚、辨美丑、明是非的基础上，如何充分激发人们见贤思齐、学习榜样的动力极其重要。

5. 分众化精准地接引不同群体的价值观

一如前述价值观理论研究最新理论显示的，一方面价值观教育本质上不是单向的灌输，而是确认受教育者已经拥有既定的价值观的基础上对其价值观进行于我有利的接引，接引的结果也未必要追求与理想的完全一致，而是要朝向、跟随我们所倡导的价值观，为核心价值观所领导和统摄，始终保持向上的可能性。另一方面，人们已经拥有的价值观不是均质的，而是高度分化、彼此矛盾甚至相互冲突的，不再可能以一个药方治好所有人的病，而必须一把钥匙开一把锁，或者至少应该尽量精准地分众化，这也正是价值观研究借鉴人类学视野与方法的重要启示。因此，不仅要对不同政治面貌、职业、年龄、收入、受教育程度、居住地、宗教信仰者乃至婚姻状况的人要有不同的重点和方法，而且对于每一个群体，也要考察价值观中哪些因素是强相关的，哪些内容是最薄弱和短板所在。唯其如此，才可能真正做到有的放矢，对症下药，事半功倍。

6. 基于智能网络技术以创新的形式吸引人

相对于事实和真理，价值总是意味着应然的规范，因此价值观教育具

有鲜明的意识形态属性，其内容的政治正确性是第一位的。以科学的理论武装人，以正确的舆论引导人，以优秀的作品鼓舞人，以高尚的精神塑造人。这是我们长期以来形成的宣传教育的四条方法论性质的原则，无疑是正确的，但是这些原则主要涉及的都还是内容方面。现代传播规律恰恰是再正确的内容首先必须被人感知到，才有可能被认知和接受。"存在就是被感知"，否则再优秀的内容都是白搭。此所谓宣传教育的第五条方法论原则：以创新的形式吸引人。一如前述，现在处于智能网络时代，作为价值观宣传教育主要对象的青年一代恰恰是网络原住民。其实，我们的调查还发现，在影响公民国家价值观因素中，上网已经超越家庭和学校排在了第一位。因此，我们以创新的形式吸引人，也不是一般意义上传统的喜闻乐见方式，而是必须在智能网络技术这一"座驾"上去思考、去创新，否则所谓创新也只是一场自嗨的过场，事倍而功半。

7. 对全媒体进行全方位治理

如波兹曼所言，媒介即认识论。今天的人们把握世界、获得一种价值观越来越依赖于媒体，而今天的媒体也不在是以前一般的大众传媒，而是基于智能网络技术的全媒体。全媒体就是指包括传统的纸质媒介、局域电视网、国际互联网，以及移动互联网等传输渠道，并涵盖视听等人们接受信息的全部感官的各种传播形态的总和。正如习近平在2019年1月25日中共中央政治局集体学习时指出的：全媒体不断发展，出现了全程媒体、全息媒体、全员媒体、全效媒体，信息无处不在、无所不及、无人不用，导致了舆论生态、媒体格局、传播方式发生深刻变化，新闻舆论工作面临新的挑战。对于价值观教育来说尤其如此。一方面，出于以创新的形式吸引人的考虑，我们必须依赖它、基于它进行创新。另一方面，更为重要的是，这种无处不在、无时不在、去中心化的媒体方式，所承载的是一种流量为王的大众文化，内蕴着一种娱乐化、商业化、表浅化为特征的价值诉求，甚至不乏庸俗、腐朽的价值观。但由于其去中心化的特点，每个人都可以成为一个信息源、自媒体，所以监管十分困难。如何在全媒体时代进行有效的治理，在保证文化、文娱繁荣的同时，敦促其保守底线，也是一项重要的工作。

8. 以文化繁荣涵养核心价值观

实事求是地说，目前的价值观教育之所以不够理想，一个非常重要的原因是很多人——包括组织者、教育者和受教育者——都将之简单地等同于一般的思想政治教育，而由于长期的历史原因，人们已经形成关于思想政治教育并不理想的刻板印象。同时，我们在强调以创新的形式吸引人的时候，也不能为了创新而创新，或只剩下形式的创新。当我们说价值观是文化的核心的时候，反过来就意味着，文化就是价值观的涵养。离开一定的文化，价值观就是抽象的、没有营养的，就是离开水的鱼。中国古来就强调文以载道、文以化人，文化的教化功能是最普遍、最无声、最有效的。习近平同志也多次从涵养社会主义核心价值观、滋养共产党员理想信念的角度强调过弘扬优秀传统文化的极端重要性。结合中国公民将不够幸福的最重要原因归结于生活压力、精神空虚以及公民文化需要满足满意度低的调查结果，我们应该得到这样的启示：尽量减少赤裸的价值观教育，而应该推进文化的繁荣兴盛，以精品力作和周到的文化服务，在帮助公民舒缓生活压力、抚慰心灵的过程中，以文化熏陶、"皮下注射"的方式，让文化所承载的思想理念、人文精神和道德规范逐渐成为公民的自觉价值观。

9. 建立价值观宣传教育的反思监控机制

反思性是人类活动的重要特征，而现代社会成熟的重要标志之一是将这种反思性制度化，"根植于人们所展现、并期待他人也如此展现的对行动的持续监控过程"，它体现了"持续发生的社会生活流受到监控的特征"①。价值观建设也是如此，不能"脚踩西瓜皮、滑到哪里算哪里"，一笔糊涂账，而必须在一个有基本台账的基础上进行整个过程、各个环节、效果评估反馈的反思监控，从而形成一种反思性监控（Reflexive Monitoring）系统。构建反思性制度和监控系统过程中，有两项工作尤其必需和紧迫：一是基于调查研究特别是网络信息的大数据抓取与分析；二是对公

---

① [英]安东尼·吉登斯：《社会的构成：结构化理论大纲》，李康等译，生活·读书·新知三联书店1998年版，第62页。

共领域中的公共性批判进行敏感反应。前者是科学性的,后者是人文性的,后者甚至比前者更为重要。这正是本课题在进行价值观调查的同时坚持进行了四年的社会热点解读的重要原因。当然,我们做的工作是极其初级的,国家层面应该建立一个复杂的系统。健全有效的价值建设制度反思性机制是一个有机、坚韧的社会容器,不仅能及时反馈信息,还把所有对价值观建设的反思、批判、建议都变成改进的及时营养,使价值观建设不断自我修正,从而具有累积、发展、不断优化的性质。

10. 加大价值观建设的系统研究力度

价值观极端重要,价值观建设极其重要。价值观重在建设,实践是第一位的,来不得半点纸上谈兵。但同时,没有革命的理论就没有革命的运动。总结今日价值观建设中存在的诸多问题,首先恰恰就在于总体上缺乏坚实、科学、系统的理论支撑。立足第二个一百年奋斗目标的实现,放眼中华民族的永续昌盛,必须从战略高度加大价值观建设的系统研究力度。一是价值观的基础理论研究,要瞄准、借鉴世界最前沿,综合哲学(特别是其中的价值哲学、人学、文化哲学)、社会学、心理学、文化学、民族学尤其是社会文化人类学,开创和深入研究价值人类学,为落实马克思主义的"现实的人",消灭价值观建设的最后一公里提供最新的坚实理论支撑。二是要持续进行调查实证研究,要结合世界价值观调查研究,分主题、年度进行科学的抽样调查,多年积累,形成中国特色的权威量表,形成最全的数据库;要科学和人文学科联手,探索出真正能进行实时有效抓取的价值观大数据分析机制。三是要对价值观的宣传和教育的规律性进行进一步的深入挖掘,提供更多有价值的对策研究成果。

附　件

一　公民国家价值观调查问卷（2017年）

区　号	卷号

公民国家价值观调查问卷

尊敬的朋友：

　　您好！

　　为了解我国公民的国家价值观状况并为国家相关决策提供依据，特邀您参与此项调查。本次调查是以匿名的形式填答，所有信息仅供参考研究使用。请您在同意的答案后打"√"或在_____上填写，期待您真实完整地填写问卷，对于您的回答我们将严格保密。

　　衷心感谢您的支持与合作！

公民国家价值观调查课题组
2017 年　月

一、您的基本情况

01. 性别：［1］男　　　［2］女
02. 年龄：［1］00 后　　［2］90 后　　［3］80 后　　［4］70 后

　　　　　　［5］60 后　　　［6］50 后及以上
03. 民族：［1］汉族　　　　［2］少数民族
04. 政治面目：［1］共产党员　　　［2］共青团员　　　［3］民主党派
　　　　　　　［4］群众
05. 宗教：［1］无宗教信仰　　　［2］有信仰宗教
06. 文化程度：［1］小学及以下　　　［2］初中　　　［3］高中或中专
　　　　　　　［4］大专及以上（文科）　　　［5］大专及以上（理科）
07. 当前职业：
［1］机关、党群组织、企业事业单位负责人
［2］机关、党群组织、企业事业办事人员
［3］专业技术人员（含教师）　　　［4］商业、服务业人员
［5］产业工人　　　　　　　　　　［6］农民
［7］学生　　　　　　　　　　　　［8］无业、失业人员
［9］其他
08. 个人收入情况：
［1］2000 元/月及以下　　　［2］2001—3000 元/月　　　［3］3001—4000 元/月
［4］4001—5000 元/月　　　［5］5001—10000 元/月　　　［6］10000 元/月及以上
09. 现居住地：［1］城市　　　［2］小城镇　　　［3］农村

二、问卷内容
1. 当人们畅想国家最理想的经济状况时，有以下一些看法，您的态度是：

	非常认可	认可	不认可	非常不认可	不确定
A. 经济总量世界第一					
B. 人均收入居世界前列					
C. 完全实行市场经济					
D. 完全实行公有制					
E. 共同富裕					

2. 有人认为，一个国家的经济如果处于如下状况将是不可忍受的，您的态度是：

	非常认可	认可	不认可	非常不认可	不确定
A. 经济出现负增长					
B. 国库空虚、债台高筑					
C. 货币严重贬值					
D. 百姓衣食住行得不到基本满足					
E. 企业大规模倒闭					

3. 您对坚持"发展就是硬道理"这一做法的态度。下列量表中 1 表示非常不赞成，10 表示非常赞成，请根据您的实际情况进行打分（下同）。

非常不赞成　　　　　　　　　　　　　　　　　　　　非常赞成

1	2	3	4	5	6	7	8	9	10

4. （1）中国的经济总量已居世界第二，这是否意味着中国已经是世界强国？
　　　A. 是（请转至第 5 题）　　B. 否
（2）您认为中国成为世界强国的"短板"主要有：（限选 2 项）
　　　A. 更加公正的社会制度　　B. 更加规范的法治秩序
　　　C. 更加民主的政治　　　　D. 更强的文化软实力
　　　E. 更加和谐有活力的社会　F. 更加健康宜居的生态环境
　　　G. 更强的创新能力　　　　H. 其他

5. 关于国家强大（国强）和百姓富裕（民富）的关系，您更赞同下列哪种说法？
A. 国强才会民富　　B. 民富才会国强　　C. 二者相辅相成、相互促进
D. 二者没有必然联系　　E. 说不清楚

6. 您对个人收入差距的看法：

收入应该尽可能均等　　　　应该加大收入差距以鼓励个人努力工作

1	2	3	4	5	6	7	8	9	10

7. 当评价中国经济发展状况时，您认为主要应该看：（限选 3 项）
A. 经济增长速度　B. 科技创新能力　C. 老百姓的购买力　D. 产业结构
E. 国家外汇储备　F. 政府宏观调控　G. 与互联网结合程度　H. 其他

8. 您认为未来几年中国经济发展会：

越来越差									越来越好
1	2	3	4	5	6	7	8	9	10

9. 下面列举了一些不同形式的政治体制，假如在我国采用这种政治体制，您的态度是：

	非常好	好	不好	非常不好	不知道
A. 一个不受人大选举干扰的强有力的领袖					
B. 依据专家而不是政府的意见进行决策					
C. 实行军事统治					
D. 实行美国式的政治体制					

10. 对于"稳定压倒一切"这个观点，您是否认同？

完全不认同									完全认同
1	2	3	4	5	6	7	8	9	10

11. 当今中国是人民当家做主的国家。对于这个判断您是否认同？

完全不认同									完全认同
1	2	3	4	5	6	7	8	9	10

12. 您认为一个政府应该是：

管得越少越好									管得越多越好
1	2	3	4	5	6	7	8	9	10

13. 和欧美政党制度比较起来，您认为中国共产党领导下的多党合作制是：

更差									更好
1	2	3	4	5	6	7	8	9	10

14. 如何处理国内不同民族之间的关系，下列说法中您最认同的是：（单选）

A. 要尽量保护和突出少数民族的特色
B. 各民族应该尽快融合成为一个民族

C. 不要人为干预，要让各民族自然而然地发展　　D. 不确定

15. 政党、政府、国家、个人的利益发生冲突时，您认为要优先考虑哪个？

A. 政党　B. 政府　C. 国家　D. 个人

16. 民主包括很多内容，其中一些是最基本的，下列各项内容是否是民主的最基本要素？

不是基本要素　　　　　是基本要素　　　　　不知道

1	2	3	4	5	6	7	8	9	10	88

A. 政府向富人收税补贴穷人

1	2	3	4	5	6	7	8	9	10	88

B. 宗教领袖可以解释法律

1	2	3	4	5	6	7	8	9	10	88

C. 通过自由选举来选择领导人

1	2	3	4	5	6	7	8	9	10	88

D. 政府提供失业救济

1	2	3	4	5	6	7	8	9	10	88

E. 当政府无能时军队应该接管

1	2	3	4	5	6	7	8	9	10	88

F. 人们的自由不受侵犯是受宪法保护的公民权利

1	2	3	4	5	6	7	8	9	10	88

G. 国家让居民收入平等

1	2	3	4	5	6	7	8	9	10	88

H. 民众服从他们的统治者

1	2	3	4	5	6	7	8	9	10	88

I. 女人与男人享有同等的权利

1	2	3	4	5	6	7	8	9	10	88

17. 有人认为，公民参政议政的程度是衡量当下中国民主程度的重要标准。您是否赞同？

完全赞同　　　　　　　　　　　　　　　　　　　　　完全不赞同

1	2	3	4	5	6	7	8	9

18. 一些人认为他们完全可以选择和掌握自己的生活，另外一些人觉得自己无法掌握自己的生活。请问您觉得在多大程度上您可以选择和掌握自己的生活？

根本无法掌握　　　　　　　　　　　　　　　　　　　完全可以掌握

1	2	3	4	5	6	7	8	9	10

19. 您对政治感兴趣吗？

A. 很感兴趣　　B. 有点感兴趣　　C. 不太感兴趣　　D. 完全不感兴趣

E. 不回答

20. 影响你是否参加基层（社区、村）选举的最重要因素是：（单选）

A. 是否公开、公正　　　B. 是否有关切身利益　　　C. 参与是否便利

D. 参与是否有效果　　　E. 其他

21. 当评价目前中国政治发展状况时，您认为主要应该看：（限选3项）

A. 政治理论是否与时俱进　　　B. 中国共产党执政地位是否稳固

C. 能否集中力量办大事　　　　D. 人民代表大会制度是否真正落实

E. 政治协商制度是否真正落实　F. 惩治贪污腐败是否彻底

G. 公民权利是否得到有效保障　H. 国强是否变得日益强大

I. 是否学习西方的政治制度　　J. 其他

22. 您认为未来几年中国政治发展会：

越来越差　　　　　　　　　　　　　　　　　　　　　越来越好

1	2	3	4	5	6	7	8	9	10

23. 以下一组关于文化的说法，请在量表上标出您的看法。

A. 更愿意接受单一的文化　　　　　　　更愿意接受多元的文化

1	2	3	4	5	6	7	8	9	10

B. 更愿意接受竞争的文化　　　　　　　更愿意接受合作的文化

1	2	3	4	5	6	7	8	9	10

C. 更愿意接受安定自足的文化　　更愿意接受流动、进取的文化

1	2	3	4	5	6	7	8	9	10

24. 对于文化方面的需要，您自身的感受是：

　　总是得不到满足　　　　　　　　　　　　总是能得到满足

1	2	3	4	5	6	7	8	9	10

25. 和别的国家比较起来，您对中国文化感到：

　　非常不自信　　　　　　　　　　　　　　非常自信

1	2	3	4	5	6	7	8	9	10

26. 您对社会主义核心价值观（富强、民主、文明、和谐、自由、平等、公正、法治、爱国、敬业、诚信、友善）的态度是：

　　非常不认同　　　　　　　　　　　　　　非常认同

1	2	3	4	5	6	7	8	9	10

27. （1）您认为当前中国人的人文素质水平：

　　非常低　　　　　　　　　　　　　　　　非常高

1	2	3	4	5	6	7	8	9	10

（2）您认为自己的人文素质水平：

　　非常低　　　　　　　　　　　　　　　　非常高

1	2	3	4	5	6	7	8	9	10

28. 影视、游戏等文化产品应该弘扬正能量。您对这样的观点：

　　非常不认同　　　　　　　　　　　　　　非常认同

1	2	3	4	5	6	7	8	9	10

29. 您觉得当前我国的学术研究、道德建设、公共文化服务、文艺创作等方面：

　　非常不好　　　　　　　　　　　　　　　非常好

1	2	3	4	5	6	7	8	9	10

30. 在下列几种文化中，您最喜欢哪种文化？（单选）

　　A. 传统文化（中国古代文化）　　B. 西方文化（欧美文化）

C. 革命文化（红色文化）　　　D. 当代中国文化

31. 您对高雅文化和通俗文化的态度：

　　　更喜欢通俗文化　　　　　　　　　　　更喜欢高雅文化

1	2	3	4	5	6	7	8	9	10

32. 面对"十里不同风，百里不同俗"的情况，往往有两种态度：

A. 这种不同很好，我们要学会欣赏。

B. 应该用先进的现代生活方式改变它们。

您更赞同哪种态度？

　　　A　　　　　　　　　　　　　　　　　　　　　B

1	2	3	4	5	6	7	8	9	10

33. 当评价目前中国文化发展状况时，您认为主要应该看：（限选3项）

A. 全社会是否有共同的价值观　　B. 文化产品是否满足人们的需求

C. 是否很好弘扬传统文化　　　　D. 是否很好吸收国外先进文化

E. 能否通过文化推动经济发展　　F. 人们的素质是否得到提高

G. 中国文化的在世界上的影响是否提升　　H. 其他

34. 您认为未来中国文化发展会：

　　　越来越差　　　　　　　　　　　　　　　越来越好

1	2	3	4	5	6	7	8	9	10

35. 您认为一个理想的社会，以下哪点最为重要？（单选）

A. 稳定　B. 安全　C. 自由　D. 平等　E. 和谐　F. 安居乐业　G. 公正

36. 在过去的一年中，您和您的家人是否常常出现以下状况？

	经常	有时	很少	从不	不知道
A. 没有足够的食物充饥					
B. 由于高犯罪率，在家感到不安全					
C. 没有得到所需的药品和医疗					
D. 没有现金收入					

37. 您认为当前中国应着力解决好的主要问题是：（限选2项）

A. 学有所教（教育）　　B. 劳有所得（就业）　　C. 病有所医（医疗）

D. 老有所养（养老） E. 住有所居（住房）

38. 您认为合理的社会阶层结构应该是什么样？

A. 金字塔形，即底层阶级、中产阶级、顶层阶级人数由多到少递减

B. 橄榄球形，即中产阶级人数最多，底层和顶层最少

C. 倒金字形，即顶层阶级、中产阶级、底层阶级人数由多到少递减

D. 其他

39. 您对当前社会在衣、食、住、行、用等方面提供的相关服务是否满意？

非常不满意　　　　　　　　　　　　　　　　　非常满意

1	2	3	4	5	6	7	8	9	10

40. 您认为在下列哪些组织中最能体现自己的价值？

A. 工作或学习所在地方　B. 生活所在社区　C. 参加的兴趣团体

D. 亲戚朋友圈　　　　　E. 各种微信群　　F. 其他

41. 您是否出于安全考虑做过以下事情？

	是	否	不知道	不回答
A. 不随身携带太多钱财				
B. 晚上尽量少出门				
C. 随身携带自卫工具				

42. 您觉得最近您家周围或者是居住的地区安全吗？

A. 非常安全　B. 十分安全　C. 不是十分安全　D. 一点都不安全

43. 对于以下状况，您是否担心？

	非常担心	担心	不太担心	从不担心	不知道
A. 失去工作或者没有找到工作					
B. 不能给孩子提供很好的教育					
C. 自己的国家卷入战争					
D. 恐怖袭击					
E. 内战					
F. 政府监控个人信息					
G. 饮食不安全					

44. 未来的社会是资源节约型、环境友好型的社会，您是否认同？

　　非常不认同　　　　　　　　　　　　　　　　　　非常认同

| 1 | 2 | 3 | 4 | 5 | 6 | 7 | 8 | 9 | 10 |

45. 您对目前中国的生态文明建设的满意度：
A. 非常满意　B. 满意　C. 一般　D. 不满意　E. 非常不满意

46. 对于石油、天然气、水、空气、森林等自然资源，您是否担心它们枯竭？

　　从不担心　　　　　　　　　　　　　　　　　　　非常担心

| 1 | 2 | 3 | 4 | 5 | 6 | 7 | 8 | 9 | 10 |

47. 您认为雾霾的治理：（单选）
A. 完全是政府的事情　　　B. 完全是企业的责任
C. 谁造成的谁负责　　　　D. 每个人都应该尽一份力

48. 环境保护和增加就业有时会发生矛盾，在这种情况下您认为：

　　环境保护优先　　　　　　　　　　　　　　　　增加就业优先

| 1 | 2 | 3 | 4 | 5 | 6 | 7 | 8 | 9 | 10 |

49. 政府会大力改善生态环境，您是否认同？

　　完全不认同　　　　　　　　　　　　　　　　　　完全认同

| 1 | 2 | 3 | 4 | 5 | 6 | 7 | 8 | 9 | 10 |

50. 有些生态问题如气候变化是世界性的，您认为中国是否应该在这方面承担更多的责任？
A. 是　　B. 否　　C. 无所谓

51. 当评价目前中国生态发展状况时，您觉得主要应该看：（限选3项）
A. 资源是否匮乏　B. 人口是否太多　C. 空气、水等污染是否严重
D. 环境是否优美　E. 生态技术创新能力　F. 人们环保意识高低
G. 其他

52. 一般来说，一个国家的建设包括如下5个方面，您认为哪个方面最重要：（单选）
A. 经济　B. 政治　C. 文化　D. 社会　E. 生态

53. 关于国家与个人关系的描述：您认为：

A. 个人应该承担更多责任并为国家做出贡献。

B. 国家应该承担更多的责任以保障每个人的生活。

	A									B
	1	2	3	4	5	6	7	8	9	10

54. 你对国家的看法主要受以下哪些因素影响？（限选3项）

A. 学校教育　　B. 观影视　　C. 出国　　D. 自己思考

E. 和家人朋友或同事交流　　F. 看书报杂志　　G. 上网

H. 听广播　　I. 其他

55. 有人认为中国已经引领世界发展。对这种观点您的看法是：

A. 非常赞同　　B. 赞同　　C. 不赞同

D. 非常不赞同　　E. 不确定

56. 您认为未来中国在国际社会上的地位将会：

　　　　越来越低　　　　　　　　　　　　　　　　越来越高

1	2	3	4	5	6	7	8	9	10

57. 您认为国际间冲突的本质是什么？（单选）

A. 利益冲突　　B. 文化冲突　　C. 制度冲突　　D. 种族冲突　　E. 其他

58. 作为一个中国人，您感到：

A. 非常自豪　　B. 自豪　　C. 不太自豪　　D. 根本不自豪

59. 人们的自我归属感各有不同，对下列描述您的看法是：

	非常不同意	不同意	同意	非常同意	不知道
1. 我是一个世界公民					
2. 我是本社区的一个成员					
3. 我是一个中国公民					
4. 我是一个亚洲公民					
5. 我是一个自主的个人					

60. 国家发展的终极目标是：（单选）

A. 国家富强　　B. 民族复兴　　C. 生态美丽　　D. 人民幸福　　E. 社会和谐

F. 其他

61. 您认为中国目前的总体发展状况：

非常不好　　　　　　　　　　　　　　　　　　　　　　非常好

| 1 | 2 | 3 | 4 | 5 | 6 | 7 | 8 | 9 | 10 |

（问卷结束，衷心感谢您的支持与合作！）

二 公民社会价值观调查问卷（2018年）

区 号	卷号

公民社会价值观调查问卷

尊敬的朋友：

您好！

为了解我国公民的社会价值观状况并为国家相关决策提供依据，特邀您参与此项调查，您的宝贵意见和建议将成为我们科学研究的重要参考资料。期待您真实完整地填写问卷，调查以匿名形式填答，对于您的回答我们将严格保密。请您在同意的选项后打"√"或在_____上填写答案，感谢您的支持与合作！

北京师范大学

公民社会价值观调查课题组

2018 年　月

一、您的基本情况

01. 性别：[1] 男　　　　[2] 女
02. 年龄：[1] 00后　　[2] 95后　　[3] 90后　　[4] 80后
　　　　　[5] 70后　　[6] 60后及以上
03. 民族：[1] 汉族　　　　[2] 少数民族
04. 政治面目：[1] 共产党员　　[2] 共青团员　　[3] 民主党派
　　　　　　　[4] 群众
05. 宗教信仰：[1] 无宗教信仰　　[2] 有信仰宗教
06. 文化程度：[1] 小学及以下　　[2] 初中

[3] 高中（含中专/职高）

[4] 大学（含大专）　　[5] 研究生（含博士生）及以上

07. 当前职业：[1] 机关、党群组织、企业事业单位负责人

[2] 机关、党群组织、企业事业办事人员

[3] 专业技术人员（含教师）　　[4] 商业、服务业人员

[5] 产业工人　　[6] 农民　　[7] 学生

[8] 无业、失业人员　　[9] 其他_____

08. 家庭年收入：[1] ≤5万　　[2] 6万—10万　　[3] 11万—35万

[4] 36万—50万　　[5] 51万—100万

[6] 100万—200万　　[7] 200万以上

09. 现居住地：[1] 城市　　[2] 小城镇　　[3] 农村

二、问卷内容

1. 人们往往从以下一些方面描述一个理想的社会，量表中 1 表示很不重要，10 表示很重要，请在量表中标出您的看法（下同）。

	很不重要									很重要
安定	1	2	3	4	5	6	7	8	9	10
自由	1	2	3	4	5	6	7	8	9	10
平等	1	2	3	4	5	6	7	8	9	10
公正	1	2	3	4	5	6	7	8	9	10
法治	1	2	3	4	5	6	7	8	9	10
良善	1	2	3	4	5	6	7	8	9	10
和谐	1	2	3	4	5	6	7	8	9	10

2. 关于社会安定的理想状态，有以下一些看法，您的看法：

	非常同意	同意	不同意	非常不同意	说不清
A. 人身和财产安全有保障	1	2	3	4	8

B. 家庭幸福和睦	1	2	3	4	8
C. 贫富差距小	1	2	3	4	8
D. 没有重大冲突、战乱和各种危机	1	2	3	4	8

3. 以下关于社会安定的一些看法，您的看法：

	非常认同	认同	不认同	非常不认同	说不清
A. 做任何事情安全是第一位的	1	2	3	4	8
B. 稳定压倒一切	1	2	3	4	8
C. 坏的秩序总比没有秩序好	1	2	3	4	8
D. 警察可以击毙拒捕的犯罪嫌疑人	1	2	3	4	8
E. 过于追求安定，社会就会丧失活力	1	2	3	4	8

4. 对于以下状况，您是否担心？

	非常担心	担心	不担心	非常不担心	说不清
A. 身体受到伤害	1	2	3	4	8
B. 失去自己拥有的财产	1	2	3	4	8
C. 食物、药品有害健康	1	2	3	4	8
D. 个人信息被监控或窃取	1	2	3	4	8
E. 生态环境日益恶化	1	2	3	4	8
F. 领土受到侵犯或卷入战争	1	2	3	4	8
G. 发生经济危机	1	2	3	4	8
H. 发生暴力恐怖袭击	1	2	3	4	8

5. 有人认为，中国是世界上最安全、稳定的国家之一。您的看法：

非常不认同									非常认同
1	2	3	4	5	6	7	8	9	10

6. 对中国社会安定的评价：

	非常认同	认同	不认同	非常不认同	说不清
A. 与别国相比，中国是个安定的国家	1	2	3	4	8
B. 与以前相比，当今中国更安定了	1	2	3	4	8
C. 中国社会未来会更加安定	1	2	3	4	8

7. 您认为当前中国社会最大的安全隐患是：（单选）

A. 外敌入侵　　B. 台独、港独等分裂活动　　C. 恐怖袭击

D. 群体性事件　E. 金融危机（如股灾）

F. 关键技术（如芯片）受制于人

G. 房地产泡沫　H. 社会道德滑坡　I. 生态危机

8. 维护社会安全稳定，您认为最重要的是：（单选）

A. 加强法治建设　B. 缩小贫富差距　　C. 完善基层社会治理

D. 加大公共安全检查、监控力度　　　　E. 建设强大的公安警察队伍

F. 发展志愿组织和人员　　　　　　　　G. 提高公民素质和责任意识

9. "生命诚可贵，爱情价更高，若为自由故，两者皆可抛。"这首诗体现了自由至高无上的价值观，您的看法：

　　过于浪漫，并不认同　　　　　　　　　　　人生真理，非常认同

1	2	3	4	5	6	7	8	9	10

10. 当人们谈论社会自由时，往往涉及以下一些方面：

您认为其中最重要的是_____；最起码的是_____。

目前中国做得最好的是_____；最不够的是_____。

A. 言论自由　B. 人身自由　C. 信仰自由　D. 生存的自由

E. 发展的自由

11. 以下关于社会自由的一些观点，您的看法：

	非常认同	认同	不认同	非常不认同	说不清
A. 自由是想干什么就干什么	1	2	3	4	8
B. 自由是不想干什么就可以不干什么	1	2	3	4	8
C. 自由是做法律允许的事情	1	2	3	4	8
D. 有选择才有自由	1	2	3	4	8
E. 人生处处有障碍，谈不上自由	1	2	3	4	8

12. 有人认为网络（包括微信群、朋友圈）是虚拟世界，可以想怎么说就怎么说，您的看法：

非常不认同　　　　　　　　　　　　　　　　　　　　非常认同

1	2	3	4	5	6	7	8	9	10

13. 对中国社会自由的评价：

	非常认同	认同	不认同	非常不认同	说不清
A. 与别国相比，中国是个自由的国家	1	2	3	4	8
B. 与以前相比，当今中国更加自由	1	2	3	4	8
C. 中国社会未来会更加自由	1	2	3	4	8

14. 您认为当前社会自由还不够理想的原因在于：（选2项）

A. 经济条件还不够好　　B. 法律制度不完善　　C. 政治体制改革滞后
D. 公民素质较低　　　　E. 敌对势力的破坏　　F. 思想观念落后
G. 社会风气不良

15. 人们在谈论社会平等时，往往涉及以下一些方面：
您认为其中最重要的是_____；最起码的是_____；
目前中国做得最好的是_____；最不够的是_____。

A. 人格尊严平等　　B. 法律面前人人平等　　C. 机会平等
D. 结果平等　　　　E. 能力平等（平等拥有生存和发展的能力）
F. 资源平等　　　　G. 福利平等

16. 人们有时会把自己划分到高低不同的阶层，您认为自己属于：
A. 上层　　B. 中上层　　C. 中层　　D. 中下层
E. 下层　　F. 说不清

16.1 您觉得您目前所处社会阶层地位合理吗？
A. 合理　　B. 不合理

16.2 您认为自己的社会阶层地位能够很快得到改变吗？
A. 非常有可能　B. 有可能　C. 不太可能　D. 绝对不可能　E. 不好说

17. 自由和平等往往难以兼顾，假如有机会重新选择，您倾向于选择：
A. 更注重自由的社会　　　B. 更注重平等的社会

18. 对中国社会平等的评价：

	非常认同	认同	不认同	非常不认同	说不清
A. 与别国相比，中国更平等	1	2	3	4	8
B. 与以前相比，当今中国更加平等	1	2	3	4	8
C. 中国社会未来会更加平等	1	2	3	4	8

19. 下列现象在您周围是否经常发生？

	经常	偶尔	从不	说不清
A. 为了办成事，到处托关系、走后门	1	2	3	8
B. 对有权、有钱的人格外尊重	1	2	3	8
C. 为能获得一般人没有的特权而高兴	1	2	3	8

D. 对社会上不平等的事情十分愤慨　　1　　2　　3　　8

20. 您认为目前中国社会不够平等的主要原因：（选 2 项）
A. 经济上还不够富裕　B. 制度安排不合理　C. 官员腐败严重
D. 公民个人能力问题　E. 思想观念落后　　F. 历史传统的影响

21. 在一个公平正义的社会里，您认为最重要的是_____；最起码的是_____。
A. 确保做坏事的人得到惩罚　　　　B. 好人有好报
C. 利益和责任得到公正分配　　　　D. 依照法律办事

22. 一位农民婚房遭强拆，投诉无果后怒杀村支书，最终被判处死刑。您的看法：

	非常认同	认同	不认同	非常不认同	说不清
A. 忍无可忍，以暴制暴也是公正	1	2	3	4	8
B. 任何情况下都遵守法律和程序才有公正	1	2	3	4	8
C. 强拆者和杀人者都应该受到惩罚	1	2	3	4	8
D. 这个社会从来就没有什么公正可言	1	2	3	4	8

23. 以下分配方式最能体现公正分配的是：（单选）
A. 按劳分配　B. 按资分配
C. 按生产要素（如技术、人才、管理、出资等）分配
D. 按需分配　E. 综合调剂分配

24. 某地公开招聘一个特殊技术岗位的公务员，年薪 50 万，引发社会热议，您的看法：
A. 年薪太高，太不公平了　　B. 急需的特殊技术岗位，这样其实很公平
C. 只要公开、公正招聘就好　D. 谁有能力谁上，没什么公不公平

25. 某城市为了保障本地人的生活条件，遣散了大量外来务工人员，您的看法：

非常不认同   非常认同

| 1 | 2 | 3 | 4 | 5 | 6 | 7 | 8 | 9 | 10 |

26. 对中国社会公正的评价：

	非常认同	认同	不认同	非常不认同	说不清
A. 与别国相比，中国更公正	1	2	3	4	8
B. 与以前相比，当今中国更公正	1	2	3	4	8
C. 中国社会未来会更加公正	1	2	3	4	8

27. 以下社会现象，您认为最不公正的是：（单选）

A. 官二代、富二代拥有更多机会　　B. 地域歧视　　　C. 同工不同酬

D. 性别歧视　　　E. 户口决定权利　　F. 黑恶势力猖獗

G. 冤屈无处申诉　　　H. 教育资源分配不公

28. 您觉得大多数人只要有机会就会利用您，还是会尽量公正地对待您？

会利用我   会尽量公正地对待我

| 1 | 2 | 3 | 4 | 5 | 6 | 7 | 8 | 9 | 10 |

29. 您认为促进社会公正最需要：（单选）

A. 制度保障　　　　　B. 提升政府治理能力　　C. 提高国家经济发展水平

D. 推进政治体制改革　　　E. 提高公民的意识、能力和勇气

F. 优化社会风气

30. 对于人治与法治这两种社会治理方式，您更倾向于：

人治   法治

| 1 | 2 | 3 | 4 | 5 | 6 | 7 | 8 | 9 | 10 |

31. 对于法治与德治这两种社会治理方式，您更倾向于：

德治   法治

| 1 | 2 | 3 | 4 | 5 | 6 | 7 | 8 | 9 | 10 |

32. 您认为建设法治社会，关键是_____；目前中国做得最好的是_____；最

不好的是_____。

A. 科学立法　B. 严格执法　　C. 公正司法　D. 全民守法

33. 下列关于法治的一些说法，您的看法：

	非常认同	认同	不认同	非常不认同	说不清
A. 统治者用法律来治理国家	1	2	3	4	8
B. 任何组织、个人（包括统治者和领袖）都不能凌驾于法律之上	1	2	3	4	8
C. 不同国家法治的特色不同	1	2	3	4	8
D. 我国是一个法治国家	1	2	3	4	8
E. 法律不可能解决所有问题	1	2	3	4	8

34. 下列关于社会法治基本要求的一些看法，您的看法：

	非常同意	同意	不同意	非常不同意	说不清
A. 法律程序上能做到公平正义	1	2	3	4	8
B. 有法可依、有法必依、执法必严、违法必究	1	2	3	4	8
C. 公民的权利和自由得到最大程度的保护	1	2	3	4	8
D. 公民遵守法律，并且始终通过法律途径维护自身权益	1	2	3	4	8

35. 关于中国社会法治化水平，您的看法：

	非常认同	认同	不认同	非常不认同	说不清
A. 与别国相比，中国更法治	1	2	3	4	8

B. 与以前相比，当今中国更加法治	1	2	3	4	8
C. 中国社会未来会更加法治	1	2	3	4	8

36. 对于"人在哪儿死的就要哪儿赔钱"这种现象，您的看法：

A. 死者为大，要点可以理解

B. 这是法治社会的体现，人们懂得伸张自己的权利

C. 自私自利、道德败坏的体现

D. 不做评论，反正我不会这么做　　E. 看情况而定

37. 当您或家人遇到法律纠纷而觉得自己委屈、冤枉时，您会：（单选）

A. 始终通过法律途径来解决　　B. 法律达不到目的就进行信访

C. 托人找关系　　　　　　　　D. 综合采取前三者

E. 私下报复以出气　　　　　　F. 听天由命

38. 下列一些社会负面现象，您为之痛恨的是：（选2项）

A. 为了出名、牟利，说话做事没有下限　　B. 各种诈骗猖獗

C. 在公共场合举止不文明　　D. 网络暴力　　E. 拜金主义

F. 享乐主义　　G. 办事要走后门、托关系

H. 贪污腐败　　I. 婚丧嫁娶讲排场

39. 社会上有些人持以下观点，您的看法：

	非常认同	认同	不认同	非常不认同	说不清
A. 己所不欲，勿施于人	1	2	3	4	8
B. 一定要遵守社会公德	1	2	3	4	8
C. 事不关己，高高挂起	1	2	3	4	8

40. 对中国社会文明程度评价：

	非常认同	认同	不认同	非常不认同	说不清
A. 与别国相比，中国社会更文明	1	2	3	4	8
B. 与以前相比，当今中国社会更文明	1	2	3	4	8

C. 中国社会未来会更加文明　　1　　2　　3　　4　　8

41. 您认为目前中国公民素质水平：

非常低　　　　　　　　　　　　　　　　　　　非常高

1	2	3	4	5	6	7	8	9	10

42. 过去一年，您是否常常遇到以下状况？

	经常	有时	偶尔	从未
A. 自己或亲友上当受骗	1	2	3	4
B. 自己或亲友遭受不公正待遇	1	2	3	4
C. 为给亲戚朋友送礼而苦恼	1	2	3	4
D. 有人闯红灯	1	2	3	4

43. 下列关于提升社会文明程度的说法，您的看法：

	非常认同	认同	不认同	非常不认同	说不清
A. 要靠提高思想认识	1	2	3	4	8
B. 要靠提高道德水平	1	2	3	4	8
C. 要靠提高文化素养	1	2	3	4	8
D. 要靠党员干部引领	1	2	3	4	8

44. 建设和谐社会，您认为最关键的是_____；目前做得最好的是_____；最不足的是_____。

A. 民主法治　B. 公平正义　C. 诚信友爱　D. 激发活力　E. 安定有序
F. 人与自然和谐相处

45. 下列关于和谐社会的描述，您的看法：

	非常赞同	赞同	不赞同	非常不赞同	说不清
A. 身心和谐	1	2	3	4	8
B. 人际关系和谐	1	2	3	4	8
C. 阶层、区域、城乡和谐	1	2	3	4	8
D. 国际关系和平	1	2	3	4	8
E. 人与自然和谐	1	2	3	4	8

46. 下列关于和谐社会基本要求的描述，您的看法：

	非常同意	同意	不同意	非常不同意	说不清
A. 身心健康	1	2	3	4	8
B. 人际关系没有重大冲突	1	2	3	4	8
C. 城乡、区域和阶层贫富差距逐渐缩小	1	2	3	4	8
D. 国家之间没有战争	1	2	3	4	8
E. 没有重大生态危机	1	2	3	4	8

47. 对中国社会和谐程度的评价：

	非常认同	认同	不认同	非常不认同	说不清
A. 与别国相比，中国更和谐	1	2	3	4	8
B. 与以前相比，当今中国更和谐了	1	2	3	4	8
C. 中国社会未来会更加和谐	1	2	3	4	8

48. 您认为当今中国社会不够和谐的主要原因：（选2项）
A. 贫富差距大　　B. 政府社会治理能力不够　　C. 社会组织不发达
D. 缺乏良好高效的沟通机制　　E. 社会不公正现象严重
F. 公民素质较低　　G. 精神文明与物质文明发展失衡
H. 人与自然关系失衡

49. 您认为构建理想社会，最重要的是_____；第二重要的是_____。
A. 维持良好的社会秩序　　B. 民众广泛参与社会治理　　C. 控制物价上涨
D. 保障言论自由　　E. 繁荣文学艺术　　F. 保护自然环境

50. 和其他国家比较起来，中国社会最大的优点是：（单选）
A. 集中力量办大事　　B. 安全稳定　　C. 绝大多数人是善良的
D. 生活很方便　　E. 人与人之间重情义　　F. 社会保障制度比较完善

51. 对于建设核电站、垃圾场、化工厂或殡仪馆的选址，您的看法：
A. 建的地方离我住的地方越远越好

B. 选择相对偏远落后一点的地方建设
C. 选址应该由当地百姓充分讨论，作出相关利益补偿
D. 由政府统一规划，决定了就应该强制执行

52. 请就下列各项在您生活中的重要程度进行评分：

根本不重要　　　　　　　　　　　　　　　　　特别重要

家庭	1	2	3	4	5	6	7	8	9	10
亲戚	1	2	3	4	5	6	7	8	9	10
朋友	1	2	3	4	5	6	7	8	9	10
邻里	1	2	3	4	5	6	7	8	9	10
社区	1	2	3	4	5	6	7	8	9	10
学校	1	2	3	4	5	6	7	8	9	10
信仰	1	2	3	4	5	6	7	8	9	10
互联网	1	2	3	4	5	6	7	8	9	10
广播电视	1	2	3	4	5	6	7	8	9	10
报纸杂志	1	2	3	4	5	6	7	8	9	10

（问卷结束，衷心感谢您的支持与合作！）

三 公民人生价值观调查问卷（2019年）

区　号	卷　号

公民人生价值观调查问卷

尊敬的朋友：

  您好！

  为了解我国公民人生价值观状况并为国家相关决策提供依据，特邀您参与此项调查，您的宝贵意见和建议将成为我们科学研究的重要参考资料。期待您真实完整地填写问卷，调查以匿名形式填答，对于您的回答我们将严格保密。请您在同意的选项后打"√"或在＿＿＿＿上填写答案，感谢您的支持与合作！

北京师范大学
公民人生价值观调查课题组
2019年 月

一、您的基本情况

01. 性别：［1］男　　　　　［2］女
02. 年龄：［1］00后　［2］95后　［3］90后　［4］80后
　　　　　［5］70后　［6］60后及以上
03. 政治面目：［1］共产党员　［2］共青团员　［3］民主党派
　　　　　　　［4］群众
04. 宗教信仰：［1］无宗教信仰　［2］有宗教信仰
05. 文化程度：［1］小学及以下　　［2］初中
　　　　　　　［3］高中（含中专/职高）
　　　　　　　［4］大学（含大专）　［5］研究生（含博士生）及以上

06. 当前职业：［1］机关、党群组织、企业事业单位负责人
　　　　　　　［2］机关、党群组织、企业事业办事人员
　　　　　　　［3］专业技术人员（含教师）　　［4］商业、服务业人员
　　　　　　　［5］产业工人　　［6］农民　　［7］学生
　　　　　　　［8］无业、失业人员　　［9］其他_____
07. 您的月平均收入：［1］≤2000元　［2］2001—5000元
　　　　　　　　　　［3］5001—8000元　［4］8001—10000元
　　　　　　　　　　［5］10000元以上
08. 现居住地：［1］城市　［2］小城镇　［3］农村
09. 你的婚姻状况：［1］未婚　［2］已婚　［3］离异　［4］丧偶

二、问卷内容

1. 人们描述理想的人生时往往会涉及到如下方面：
A. 家庭美满　　B. 生活富裕　　C. 健康长寿　　D. 安稳平顺
E. 自由自在　　F. 掌握权力　　G. 事业有成　　H. 名扬四海
您最想追求的是_____；最起码要达到的是_____。

2. 总的来说，您觉得自己目前的生活美好吗？量表中1表示完全同意左侧的看法，10表示完全同意右侧的看法，请在量表上标出您的看法（下同）。

　　非常不美好　　　　　　　　　　　　　　　　　　非常美好

1	2	3	4	5	6	7	8	9	10

3. 您觉得自己和下面描述的人相像吗？

	完全不像	不像	只有一点像	有些像	像	很像
A. 自己有一套行事准则	1	2	3	4	5	6
B. 做有利于社会的事情	1	2	3	4	5	6
C. 关心和帮助周围的人	1	2	3	4	5	6
D. 追求财富和地位	1	2	3	4	5	6
E. 享受生活，惯着自己	1	2	3	4	5	6

F. 生活中循规蹈矩，避免别人非议	1	2	3	4	5	6
G. 注重传统，遵从家庭/宗教的习俗	1	2	3	4	5	6
H. 追求冒险、新奇和刺激的生活	1	2	3	4	5	6
I. 注重安全的环境，尽量远离危险	1	2	3	4	5	6
J. 头脑灵活，具有新思想和创造力	1	2	3	4	5	6
K. 追求成功和他人对自己成就的认可	1	2	3	4	5	6

4. 请说明下列各项在您生活中的重要程度。

	非常重要	重要	不重要	非常不重要	说不清
A. 集体	1	2	3	4	8
B. 家庭	1	2	3	4	8
C. 荣誉	1	2	3	4	8
D. 金钱	1	2	3	4	8
E. 事业	1	2	3	4	8
F. 知识	1	2	3	4	8
G. 爱情	1	2	3	4	8
H. 朋友	1	2	3	4	8
I. 生命	1	2	3	4	8
J. 健康	1	2	3	4	8
K. 享乐	1	2	3	4	8

5. 下列各项中对您人生影响最大的是：（单选）
A. 父母   B. 兄弟姐妹   C. 亲戚长辈   D. 中小学老师
E. 大学老师   F. 朋友   G. 恋人   H. 影视明星
I. 商界成功人士   J. 影视、文学作品   K. 其他

6. 人们往往这样描述公私关系：

A. 大公无私　B. 先公后私　C. 公私兼顾　D. 先私后公　E. 损公肥私

您认为最理想的是_____；最起码的是_____。

7. 我们都不希望战争，但是如果发生了战争，您是否愿意为国家而战？

A. 是　　B. 否　　C. 不知道

8. 对于以下说法，您如何看待：

	非常认可	认可	不认可	非常不认可	说不清
A. 自私是常情，关键时刻能服从集体就好	1	2	3	4	8
B. 有便宜就占，不占白不占	1	2	3	4	8
C. 关心公事往往吃亏，所以管好自己就好	1	2	3	4	8
D. 人人都追求私利，集体利益就会最大化	1	2	3	4	8

9. 生活中经常会听到一些大公无私的人物的故事，您会认为：

A. 他们很可敬，愿意向他们学习

B. 很敬仰他们但是自己不会像他们那样做

C. 他们只是比一般人做得好一点而已，宣传报道把他们抬高了

D. 其实都是假的，世界上根本没有这样的人

10. 生活中，您是否经常遇到自私自利的人？

　　　从未遇到　　　　　　　　　　　　　　　　　　经常遇到

1	2	3	4	5	6	7	8	9	10

11. 关于义利关系，一般有以下几种情况：

A. 舍利取义　B. 重义轻利　C. 义利兼顾　D. 重利轻义　E. 见利忘义

您认为最理想的是；最起码的是。

12. 您对"君子爱财，取之有道"这一说法的看法：

　　　非常不赞同　　　　　　　　　　　　　　　　　　非常赞同

1	2	3	4	5	6	7	8	9	10

13. 您周围是否经常有这样的人？

	经常	有时	偶尔	从不
A. 赤裸裸地只顾利不顾义	1	2	3	4
B. 表面为义，实则为利	1	2	3	4
C. 靠不义手段而取得成功	1	2	3	4
D. 见义勇为，不考虑利	1	2	3	4

14. 现今社会"碰瓷儿"现象普遍，以致老人倒地"扶不扶"成为一个问题。您的看法：
A. 多一事不如少一事，从来不扶　　B. 汲取"碰瓷儿"教训，不敢再扶
C. 打110或120求助，但自己不去扶　D. 先拍好照、找好证人，再去扶
E. 毫不犹豫直接去扶

15. 您认为自己的人生属于：
A. 苦乐参半　　B. 苦多乐少　　C. 苦少乐多　　D. 痛（苦）并快乐着

16. 以下关于人生的看法，您的态度：

	非常不认可								非常认可
A. 活着就是受苦受累	1　2　3　4　5　6　7　8　9　10
B. 苦尽才能甘来	1　2　3　4　5　6　7　8　9　10
C. 做人该先天下之忧而忧，后天下之乐而乐	1　2　3　4　5　6　7　8　9　10
D. 只要做的是有意义的事，再苦也是乐	1　2　3　4　5　6　7　8　9　10
E. 人生苦短，就该及时行乐	1　2　3　4　5　6　7　8　9　10

17. 对于以下描述，您认为最痛苦的是：
A. 因为贫穷而奔波　B. 失去亲人　C. 不知道生活的意义　D. 没有希望

18. 以下判断，您是否认同：

	非常认可	认可	不认可	非常不认可	说不清
A. 中国人比外国人更能吃苦	1	2	3	4	8
B. 现在的人不如过去的人能吃苦	1	2	3	4	8
C. 现在的年轻人不如老年人能吃苦	1	2	3	4	8
D. 当今中国享乐主义盛行，蕴藏着危机	1	2	3	4	8
E. 我认为自己是个能吃苦的人	1	2	3	4	8

19. 对于以下观点，您的看法：

	非常不认同								非常认同
A. "不要脸"就能成功	1 2 3 4 5 6 7 8 9 10
B. 做人就该风风光光的	1 2 3 4 5 6 7 8 9 10
C. 做事要对得起自己的良心	1 2 3 4 5 6 7 8 9 10
D. 荣誉感是进取的重要动力	1 2 3 4 5 6 7 8 9 10

20. 下列几种情况中，你最希望发生在自己身上的是：（单选）

A. 成为娱乐明星，粉丝众多，受人瞩目

B. 成为企业家、商人，财力雄厚

C. 成为国家公务员，服务群众

D. 成为科研工作者或著名学者，受人尊敬

E. 成为国家劳动楷模，广为赞扬

F. 成为高级白领，收入高，生活时尚
G. 成为社会工作者，为增进人类福利而工作

21. 以下现象您最不能容忍的是：（单选）
    A. 危害祖国   B. 背叛人民   C. 违法乱纪   D. 骄奢淫逸
    E. 损人利己   F. 见利忘义   G. 愚昧无知   H. 好逸恶劳

22. 您多大程度上能接受下列行为？

	完全不能接受			完全能接受						不知道
A. 乘坐公共交通逃票	1	2	3	4	5	6	7	8	9	10	88
B. 向政府要求自己无权享受的福利	1	2	3	4	5	6	7	8	9	10	88

	完全不能接受			完全能接受						不知道
C. 偷盗	1	2	3	4	5	6	7	8	9	10	88
D. 有机会就逃税	1	2	3	4	5	6	7	8	9	10	88
E. 接受贿赂	1	2	3	4	5	6	7	8	9	10	88
F. 婚前性行为	1	2	3	4	5	6	7	8	9	10	88
G. 离婚	1	2	3	4	5	6	7	8	9	10	88
H. 同性恋	1	2	3	4	5	6	7	8	9	10	88
I. 堕胎	1	2	3	4	5	6	7	8	9	10	88
J. 未婚生子	1	2	3	4	5	6	7	8	9	10	88

| K. 卖淫嫖娼 | 1 | 2 | 3 | 4 | 5 | 6 | 7 | 8 | 9 | 10 | 88 |

23. 以下论述，您的看法：

	非常认可	认可	不认可	非常不认可	说不清
A. 人生只有一次，必须活得像样	1	2	3	4	8
B. 生死有命，富贵在天	1	2	3	4	8
C. 除了生死，都是小事	1	2	3	4	8
D. 好死不如赖活着	1	2	3	4	8

24. 死亡是每个人的最终归宿，您的看法：（单选）

A. 人生很荒谬和虚幻，没有什么意义

B. 要努力过好此生，使之灿烂而有意义

C. 及时行乐，享受生活

D. 更加热爱他人和这个世界

25. 关于自杀，您的看法：

	非常认可	认可	不认可	非常不认可	说不清
A. 自杀是懦弱的表现	1	2	3	4	8
B. 如果有机会，所有自杀的人都会后悔	1	2	3	4	8
C. 每个人都有处置自己生命的权利	1	2	3	4	8
D. 曾经有过自杀的念头	1	2	3	4	8
E. 对于抑郁患者而言，自杀是一种解脱	1	2	3	4	8
F. 生命是父母给的，应该好好珍惜	1	2	3	4	8

26. 您认为生命最重要的是：（单选）

A. 寿命的长短   B. 生活的质量   C. 创造的价值

D. 自我潜能的挖掘

27. 您认为婚姻或爱情中，最重要的是_____；最起码应该达到_____。
 A. 三观相合　　　B. 优势互补　　　C. 门当户对　　　D. 性格相合
 E. 情感依恋　　　F. 势均力敌　　　G. 相敬如宾

28. 以下关于爱情的观点，您的态度：

非常不认同　　　　　　　　　　　　　　　　非常认同

 A. 爱情是纯洁的，宁缺毋滥　　1　2　3　4　5　6　7　8　9　10

 B. 只要曾经拥有，何必天长地久　　1　2　3　4　5　6　7　8　9　10

 C. 没有爱情的人生是不幸的　　1　2　3　4　5　6　7　8　9　10

 D. 爱情很美好但只是人生的一部分　　1　2　3　4　5　6　7　8　9　10

 E. 同性之间也可能产生爱情　　1　2　3　4　5　6　7　8　9　10

29. 择偶时您最关注对方的哪些方面：（选3项）
 A. 相貌　　　B. 学历　　　C. 职业　　　D. 能力
 E. 人品　　　F. 家庭背景　　　G. 收入
 H. 健康　　　I. 地域　　　J. 性格　　　K. 属相
 L. 年龄　　　M. 感情经历　　　N. 其他

30. 如下对婚姻的看法，您的态度：

非常不认同　　　　　　　　　　　　　　　　非常认同

 A. 婚姻是爱情的坟墓　　1　2　3　4　5　6　7　8　9　10

B. 门当户对决定婚姻成败　　1　2　3　4　5　6　7　8　9　10

C. 应该推广试婚制　　1　2　3　4　5　6　7　8　9　10

D. 孩子是夫妻情感的重要纽带　　1　2　3　4　5　6　7　8　9　10

E. 婚姻是一种形式，真正的感情最重要　　1　2　3　4　5　6　7　8　9　10

31. 您身边是否有这样的人？

　　　　　　　　不常见　　　　　　　　　　　非常常见
A. 不结婚但不缺伴侣　　1　2　3　4　5　6　7　8　9　10

B. 是大龄剩男或剩女　　1　2　3　4　5　6　7　8　9　10

C. 离过几次婚　　1　2　3　4　5　6　7　8　9　10

D. 有婚外情　　1　2　3　4　5　6　7　8　9　10

32. 在恋爱或婚姻中您最不能忍受的是：（单选）
A. 婚外恋　　　B. 家庭暴力　　　C. 夫妻一方不承担家务
D. 同性恋　　　E. 不尊敬和赡养老人　F. 性生活不和谐

33. 您认为最好的友谊应该是_____；最起码应达到_____。
A. 志趣相投　　B. 一起玩乐　　C. 相互欣赏　　D. 互相帮助
E. 共同进步　　F. 生死之交

34. 您最希望从朋友那里得到：（单选）
A. 理解　　　B. 鼓励　　　C. 陪伴　D. 自己能力的提升
E. 需要时得到帮助　　　F. 无所求　　　G. 其他

35. 以下一些观点，您的看法：

	非常认可	认可	不认可	非常不认可	说不清
A. 君子之交淡如水	1	2	3	4	8
B. 现在的社会很难交到真正的朋友	1	2	3	4	8
C. 只要真心就能交到知心朋友	1	2	3	4	8
D. 朋友越多越好	1	2	3	4	8
E. 友情比爱情更重要	1	2	3	4	8
F. 没有知心朋友的人生是不完整的	1	2	3	4	8

36. 与朋友相处过程中，最可能使你选择绝交的是：（单选）
A. 和我的敌人成为朋友　　B. 霸占我的重要东西　　C. 在背后说我坏话
D. 不能给我及时的帮助　　E. 对很多事情的看法不一致

37. 您选择朋友最重要的标准是什么？（单选）
A. 道德品质　　B. 兴趣爱好　　C. 家庭条件　　D. 性格
E. 经济水平　　F. 处事作风　　G. 个人能力　　H. 从事职业
I. 其他

38. 您认为理想的事业最应该是_____；最起码的是_____。
A. 赚钱多　　B. 有挑战性　　C. 充满乐趣　　D. 能够帮助别人
E. 有更多闲暇　　F. 能实现自我　　G. 稳定的　　H. 体面的
I. 养家糊口

39. 近一年中，您在工作或学业上有成就感吗？
A. 非常有成就感　　B. 有成就感　　C. 一般
D. 没成就感　　E. 非常没成就感

40. 对于下列说法，您的态度：

	非常认可	认可	不认可	非常不认可	说不清
A. 劳动是一切美德的基础	1	2	3	4	8

B. 如何度过休闲时间使人与人之间差距凸显	1	2	3	4	8
C. 工作都是替别人打工	1	2	3	4	8
D. 如果条件允许，我会选择不工作	1	2	3	4	8
E. 工作永远是第一位的，哪怕牺牲休息时间	1	2	3	4	8

41. 请暂时不考虑您目前的职业，设想一份理想的工作时，你认为下列各项的重要性如何？

	根本不重要				非常重要
A. 职业有保障	1	2	3	4	5
B. 工作轻松且没有压力	1	2	3	4	5
C. 有机会获得高薪	1	2	3	4	5
D. 有机会升职	1	2	3	4	5
E. 工作单位距离居住地较近	1	2	3	4	5
F. 有足够的业余时间投入个人和家庭生活	1	2	3	4	5
G. 为你的国家服务	1	2	3	4	5
H. 在一个有地位的和成功的公司或机构工作	1	2	3	4	5
I. 工作多样且富有挑战性	1	2	3	4	5

J. 拥有选择工作方式的自由	1	2	3	4	5
K. 上司在做出决定时征求你的意见	1	2	3	4	5
L. 你对公司或机构的成功作出实际的贡献	1	2	3	4	5
M. 可以获得个人成就感	1	2	3	4	5
N. 具备良好工作条件	1	2	3	4	5
O. 与合得来的同事一起工作	1	2	3	4	5
P. 与上司有良好的工作关系	1	2	3	4	5
Q. 有机会帮助别人	1	2	3	4	5

42. 下列关于幸福的要素中，您认为最重要的是_____；最起码的是_____。

A. 物质富裕　　B. 拥有权力　　C. 爱情美好　　D. 家庭美满
E. 杰出的子女　F. 健康长寿　　G. 自由的生活　H. 豁达的智慧
I. 成功的事业　J. 好品德

43. 对下述观点，您的态度：

	非常认可	认可	不认可	非常不认可	说不清
A. 现在的人幸福感普遍偏低	1	2	3	4	8

B. 幸福都是自己奋斗出来的	1	2	3	4	8
C. 幸福是比较出来的	1	2	3	4	8
D. 幸福其实就是活得快乐	1	2	3	4	8

44. 如果一个人感到不够幸福，您觉得最主要的原因可能是什么？（单选）
A. 贫困　　　B. 疾病　　C. 单身或没有真心朋友　D. 生活压力太大
E. 精神空虚　　F. 没有一技之长　　G. 修养不够　H. 其他

（问卷结束，衷心感谢您的支持与合作！）

后　　记

　　本著作是我主持的教育部重点研究基地重大项目"当代中国公民价值观现状实证研究"（项目编号16JJD710006）的最终成果。感谢北京师范大学价值与文化研究中心的信任，使我有机会担此重任、有此成果。

　　"事非经过不知难"。2017年到2020年的四年时间里，我和课题组成员从理论攻关、量表研制、抽样设计，到分三次赴15个省市进行实地调查，再到数据处理、理论分析和报告撰写，漫长、复杂、琐碎、曲折的过程，对于我这样一直从事理论研究的哲学工作者来说，回想起来都令人生畏。好在在大家的共同、接续努力下，任务最终得以比较圆满地完成，我们对中国当下公民价值观的整体状况有了比较科学的把握，对中国的价值观建设提出了一系列的建议。不同于以往的纯理论研究，这些把握和建议，由于立基于实打实的调查研究，也使得我们心里格外多了一份踏实和欣慰。

　　在课题完成过程中，刘志洪（中国人民大学副教授）、邓莉（中央党校副教授）、薛晋锡（大连理工大学副教授）、刘莹（北京航空航天大学副教授）、原理（中国人民大学副教授）、王园园（北京师范大学编辑）以及我的研究生端木雯敬、孟子媛、王怀秀、张海满、赵婧、陈晨、苏冠中等参与了基础理论研究和问卷研制。谭江华（北京师范大学副教授）负责全部问卷的科学性把关、抽样框的设计以及实地调查的总体指导。北京师范大学社会学院和哲学学院近80人次的本科生、研究生参与了一线调查。张力（清华大学博士生）负责进行了数据处理。我和我的博士生王怀秀撰写了整个报告稿。侯静（北京师范大学社会学院副教授）、谭江华以及我的研究生苏冠中、王璇、陈永睿、李松美等也为报告的修改贡献了力量。总之，这个报告即这部著作是集体力量与智慧的结晶，感谢所有为之付出的老师和同学们！

  在一个日益智能化的大数据时代，我们这种花几年时间、奔赴全国各地进行面对面调查的"笨"方式越来越显得不合时宜了，尽管我们深知无论到什么时候它都有着不可替代的价值。的确，在艰难的实地调查和繁芜的数据分析中，耽于研究的特殊性和团队水平的限制，我们深深感到，留下了一些未能尽善却也无法逆转的遗憾，只能在以后的研究中去继续探索。

沈湘平
2020 年 6 月 25 日于京师园